新編分類明時良輔文武星案卷

逸客　斗南　陸位　著
後學　景亭　時通　閱

五曜從陽　梅國禎　李芳　許元幹　劉生和

餘拱陰　劉元震　陳祖苞　何洛文　何洋之

政在內　張國輔　張時信　[illegible]

餘劍外　陳文燦　彭好古　于明照　朱次溪

四環月　王士奇　孫陞　祝以豳　陳治本

四餘拱垣　陳治本　[illegible]芳　何洛文

文武兩班　鄒德涵　翁汝(?)　裘宏道

君臣慶會　林民止　林俊民　林民悅　張汝霖

日月夾拱　王士奇　吳定向　沈節甫　沈演

羅計攔截　周懋卿　吳(?)亮　丁文熙　劉廷蕙

貴星木土　顧允成　何洛書　陳與郊　王尚齡

夜逢火會　王宗沐　沈淮　王士性　俞士章

陰陽得體　孫鑨　潘允哲　潘恩　周德溥

福官明健　王士昌　潘允端　俞霑　楊惇

五曜連珠　岳元聲　謝廷讚　劉生和　黃洪憲

二星合璧　梅守相　趙欽湯　周應治　晏文輝

衆曜拱南　何棟如　陳文炅

群星朝北　耿定立　楊時峻

戴天履地　劉廷蕙

出乾入坤

天地開明　林民悅　于明照

山澤通氣　耿定向　潘允哲

水火既濟　吳中行

風雷鼓舞　于明照　何棟如

命主[illegible]

喜 炁羅捧月　忌水犯孛奴

身嗣居宮　木入齊尾

格 金居衛分　格日月背宮

福祿夾拱

父子四進士

正月十九日號敬所

癸未　王　浙江臨海人

甲寅　宗　癸卯甲辰科

辛酉　沐　刑部侍郎

巳丑　四子科第

乾造夜生　辛卯卒

經 向陽花木三台　群星環陽土好

八座之榮火星守　齊尾卯辰進捷

財帛來躔翼佐　房日氐土限度

證 助主僕權要職

限主高併祿貴尤

刻八

經木天火　緯木地土　馬火人水　驛水合木　職月　局火

文月　魁木　名水　術計　甲水　祿月　官土　喜火　印孛　爵火

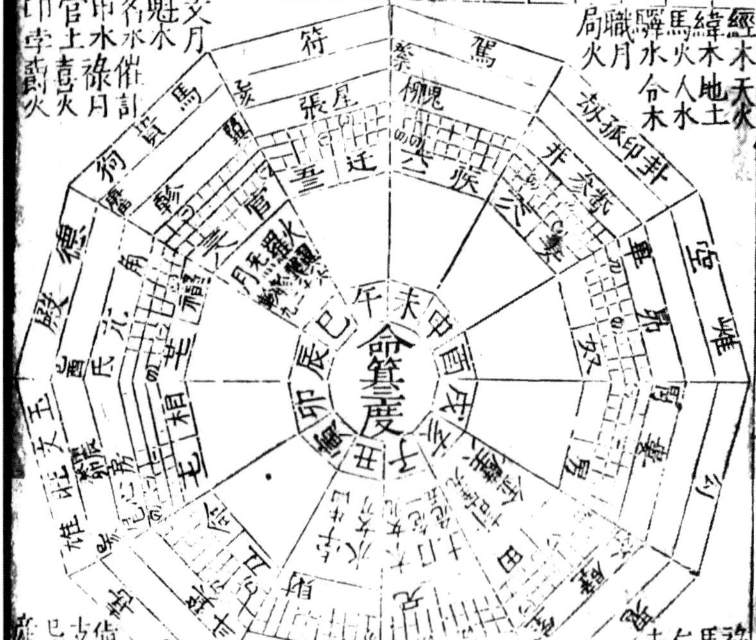

祿土　祿羅　馬水　暗火　仁水　福孛　壽木　耗木　蔭金

貴土　值日　刑月　支日　印水　忌金　囚炁　産火　權計

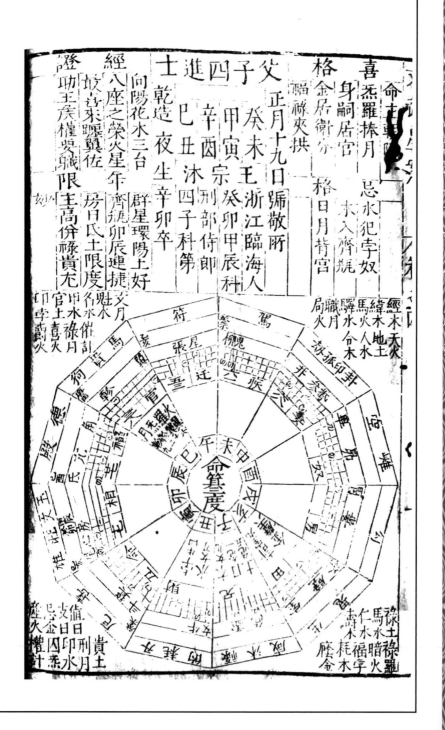

夫子五進士

格
日月拱夫
嗣星朝天
四餘環月
五星從陽
身命得地

忌
五星拱命
金木相刑
格
孖雄居夫

二月廿一日
丙戌
壬辰
甲戌
乙丑
坤造夜生

夫嘉靖五年生
宗長子士崧
次子士琦
沐三子士昌
四子士性

經
夫宮日月雙拱
照及雄併於夫
嗣星水奏天池年宮辛卯年限運文金

證
此謂夫子俱貴
歩此良人有妨
堪期兩誥褒封
限井木金傷壽終

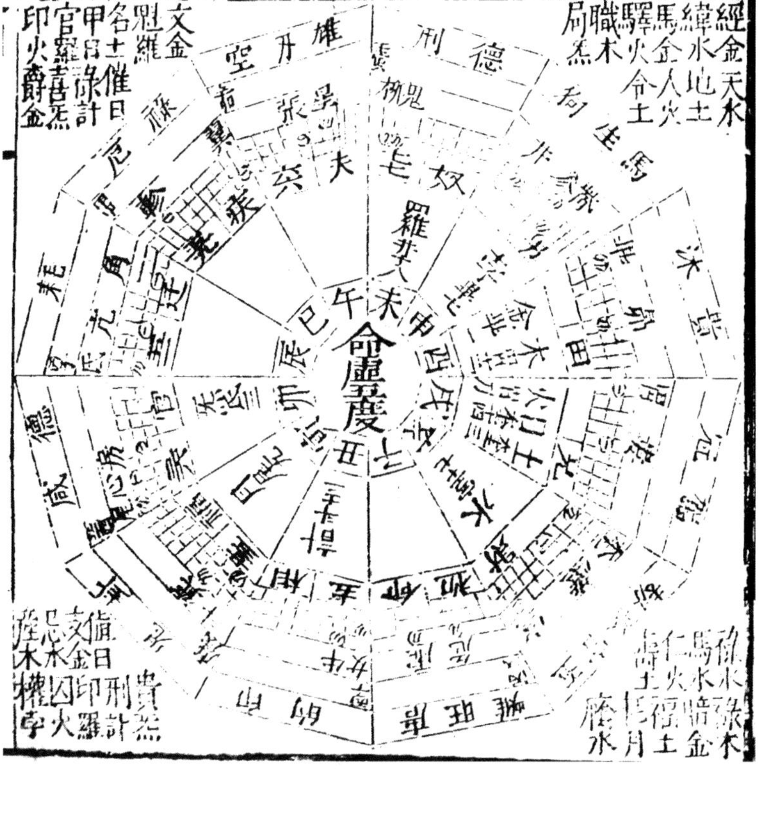

格
月照廣[illegible]
喜木羅會合
命宮朝陽
福祿夾身
田財垣殿

忌格
身星掌刃
火入金鄉
諸星背命

夅第進士
正月十二日踊禺陽
巳酉 王 浙江臨海人
丙寅 士 癸酉癸未科
癸未 松 丁酉科主政
癸丑 無子戊戌卒
乾造夜生

經
木星到奎須刻 土歸本宮木升
經辭命宮朝陽當年 本殿陰木科第
頭達月照廣寒 羅火宮度兩弱

證
不宜從刃火陷限数止於此

子類

經火 天木
緯木 地水
馬火 人木
驛水 命木
職金
局計

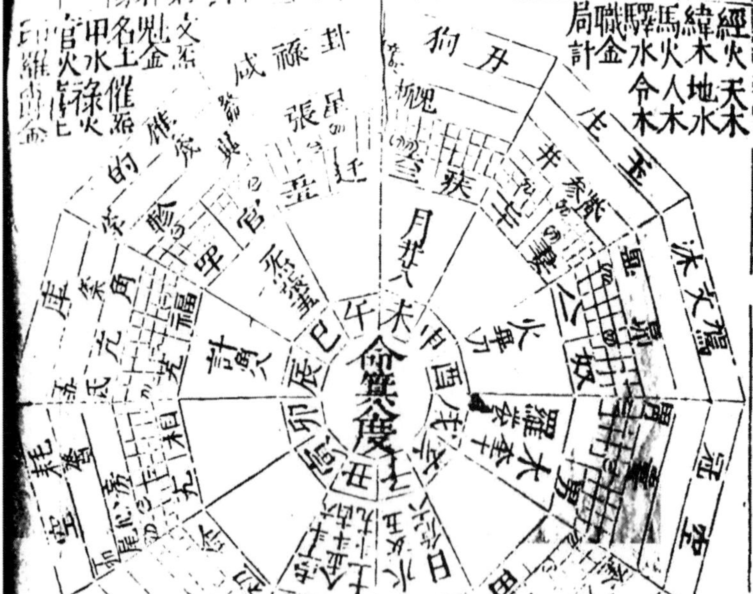

祿日 祿月
馬木 暗水
仁土 福炁
壽土 耗計
儉羅

貴火
刑孛
印木
囚金
難土

四金環日月

喜 四餘拱季土 忌身坐殺符

日月夾命 主居閑極

格 太乙抱蟾 格 羅計臨兄

官福垣殿

四月廿九日卯時

年 辛亥 王 浙江臨海人

甲午 士 丙子癸未科

兄弟 癸未 琦 甲寅左布政

甲寅

進士 乾造夜生

經 官臨顯而福星明 官高發陰年 陽夾命當臍 丙子室火高明 癸未太乙抱蟾 宜乎春秋高捷

證 子之萬鍾

限

經火 天金 緯金 地土 馬金 人火 驛木 合火 職學 局水

文土 魁孛 名金 催土 甲火 祿炁 官水 喜木 印計 爵水

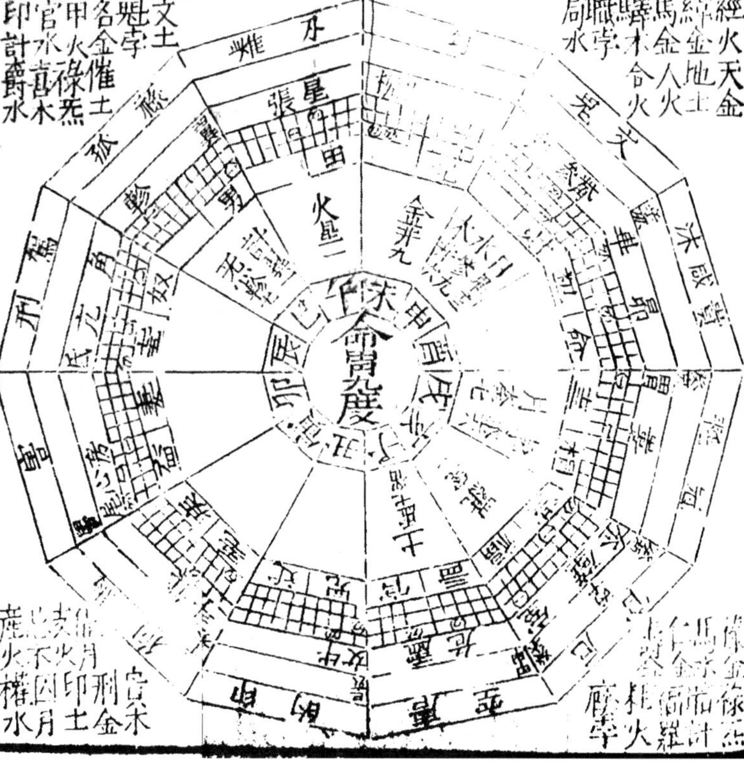

官木 刑金 印土 囚月 權水

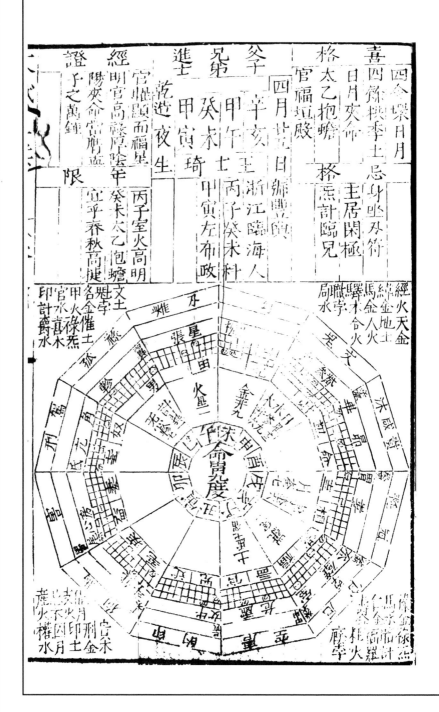

日日得位

喜 金水會垣 官福垣殿

忌 羅化太陽 金木怒地

格 木孛符印 火炁職權

格 身掌刃雖

九月上九日 獅子淇

父子 丁巳 毛 浙江臨海人

庚戌 土 巳卯丙戊朴

兄弟 巳巳 昌 五子任給事

壬申 辛丑年謫

進士 乾造甚生

丙八三月要分 巳甲丙戊火仁

經明月居 [illegible]

為 [illegible] 但 [illegible]

證 當富貴

限 未盡美之境

經金天炁 緯水地土 馬水人土 驛金金土 職月 局火

甲水祿羅 官月貴水

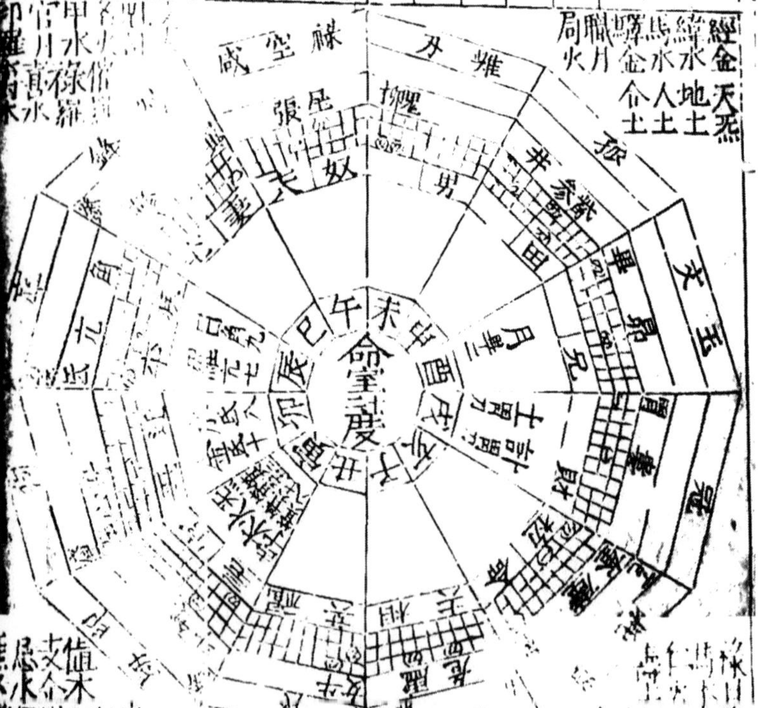

祿月祿金

貴計 信木刑羅 支合印火 忌水囚孛 旄水櫃火

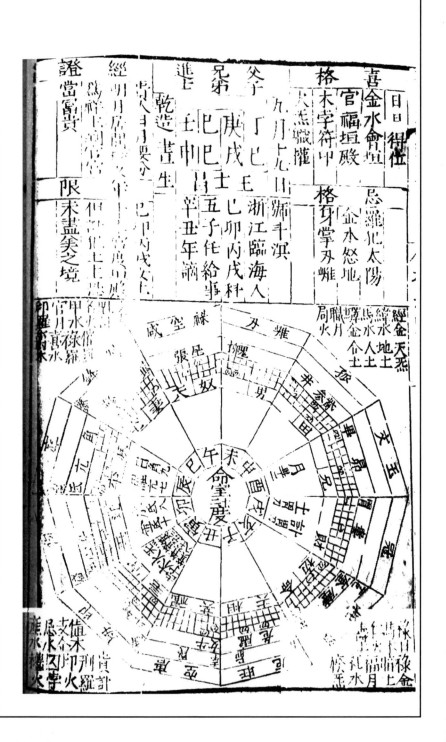

李發進

三月初七日獅太初
浙江臨海人

丁未 癸卯 戊午 癸丑
王上 性
癸酉丁丑科
乙未鴻臚卿
戊戌年卒

喜格
火月同霄
四餘獨次
主恩對生
官祿隨身
財福拱命

忌格
孫陽失輝
木上五魁
諸星散誕

經論
乾造夜生
不寅卯
長生交長生殘年
晦之月見火羅
以增輝四餘帷限
宜獨行
水受金生火月
夜輝癸酉丁丑
限行箕尾

經水天計
緯水地火
財水人土
殺火木
職水
局孛

文火
魁計
名火
甲日
官計
印月
催羅
祿羅
喜水
壽火

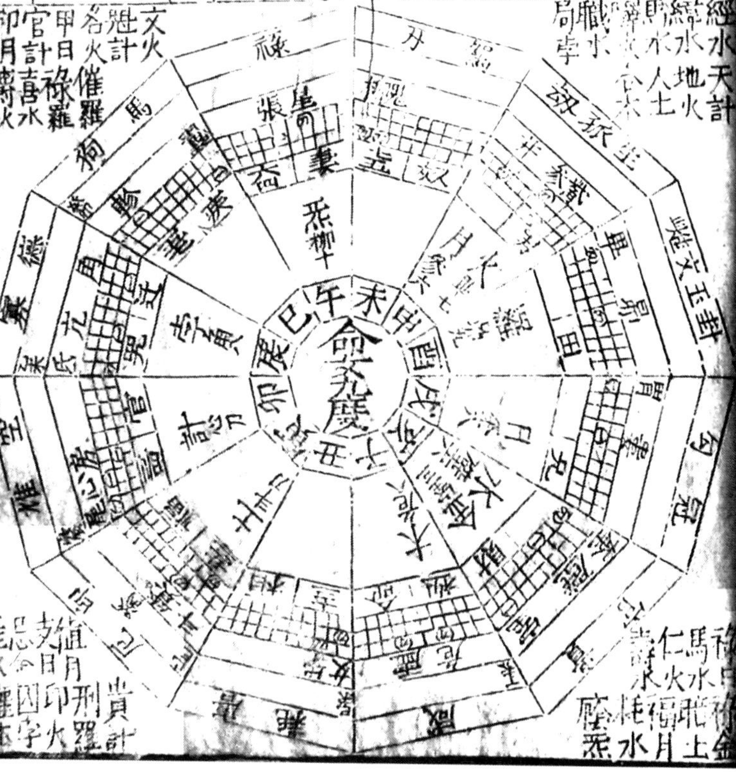

值月
支日
忌命
產火
貴計
刑羅
印火
囚孛
權木

祿日
馬水
仁火
壽木
祿金
祇土
福月
楊水
蔭炁

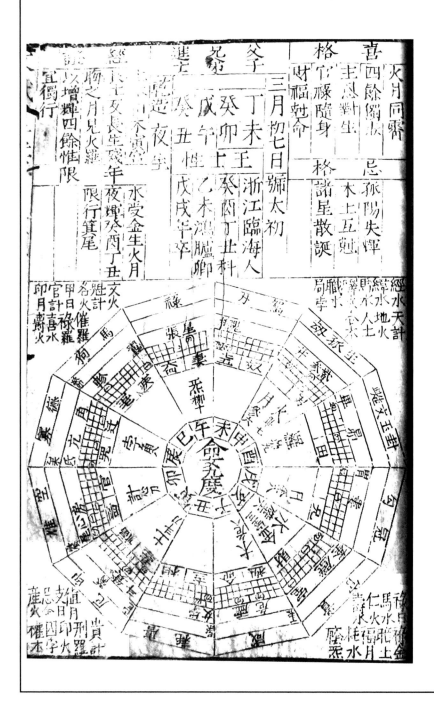

兄弟都院

十月初十日歸楚伺

甲申　湖廣黃崗人

乙亥　七子丙辰科

辛丑　定　南都察院

庚寅　向

乾造　夜生

格　羅計子午

格　身命垣殿　格木七共戰

官福得地

官福　忌

日月拱官

經

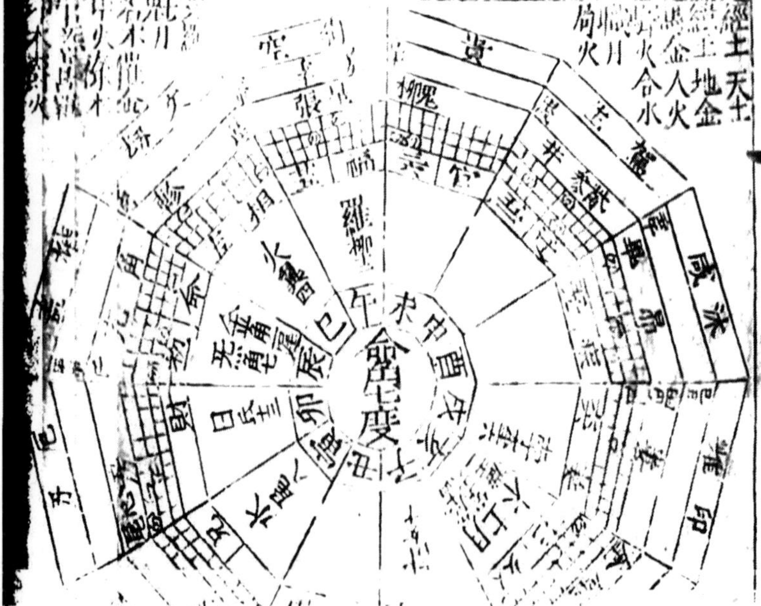

兄弟都院

喜

月桂柳稍
土歸鄭國
羣星拱北
福官照令
日木土高

忌　**格**

日月稍背
泉枯牛𤼵
火計相泄

正月十四日號三臺

辛丑　耿　湖廣黃岡人
庚寅　定　隆慶辛未科
辛丑　力　南都察院
辛卯　丁未年卒

乾造耆生

經　證

土歸鄭國月桂　泉枯牛𤼵全憑
柳稍爲命爲身年　金曜生成辛未
則倍佳矣又云　限行箕水之欻
星朝北地眞奇　限翼火升蛇刑恙
命㸃　卒

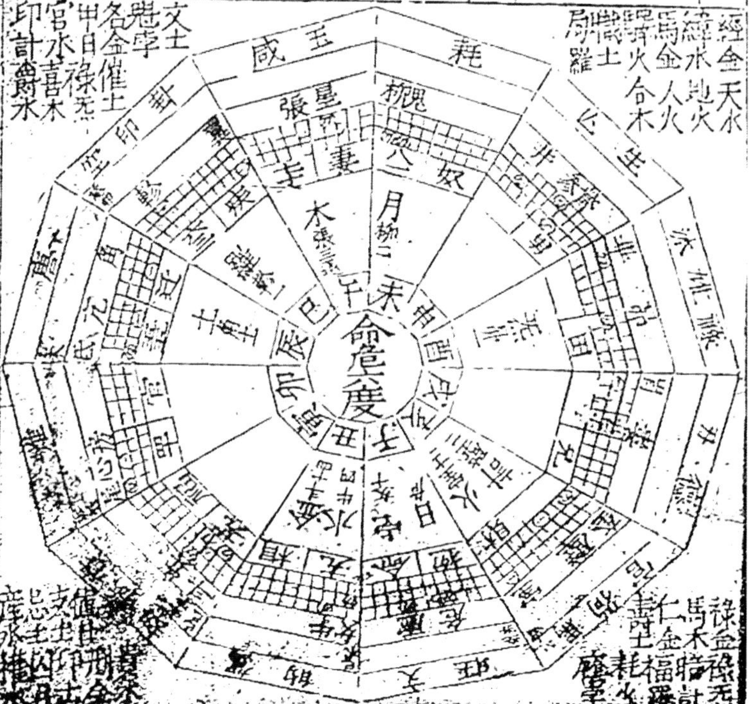

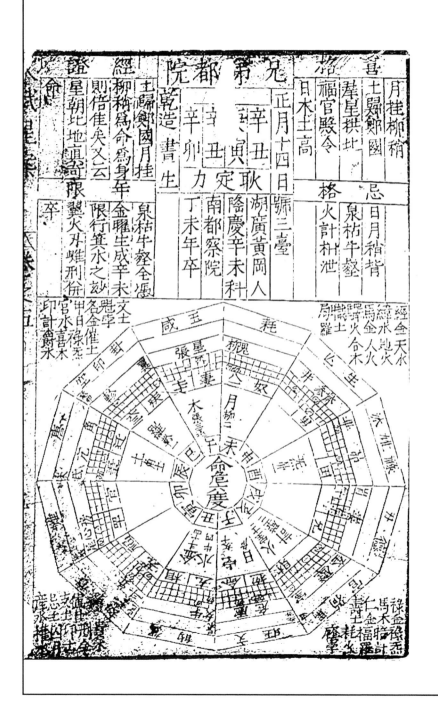

喜格

日月殿旺
日月拱子
福官登籍
字金朝天
財嗣起垣

忌格

計月同躔
火羅同度
諸星背行

父子四科甲

三月十一日
癸巳 丙辰 甲寅 甲戌
乾造夜生
沈鄧甫
號鏡宇
浙江烏程人
戊午巳未科
壬辰工侍郎
三子皆科第
巳酉卒

經證

木臨寅亥是真垣精神百倍日月官福齊拱嗣星兆合河東三鳳

年限

水化伏疑過太陽豈爲惡躔度躔軫水九行限主朝陽名遂功成

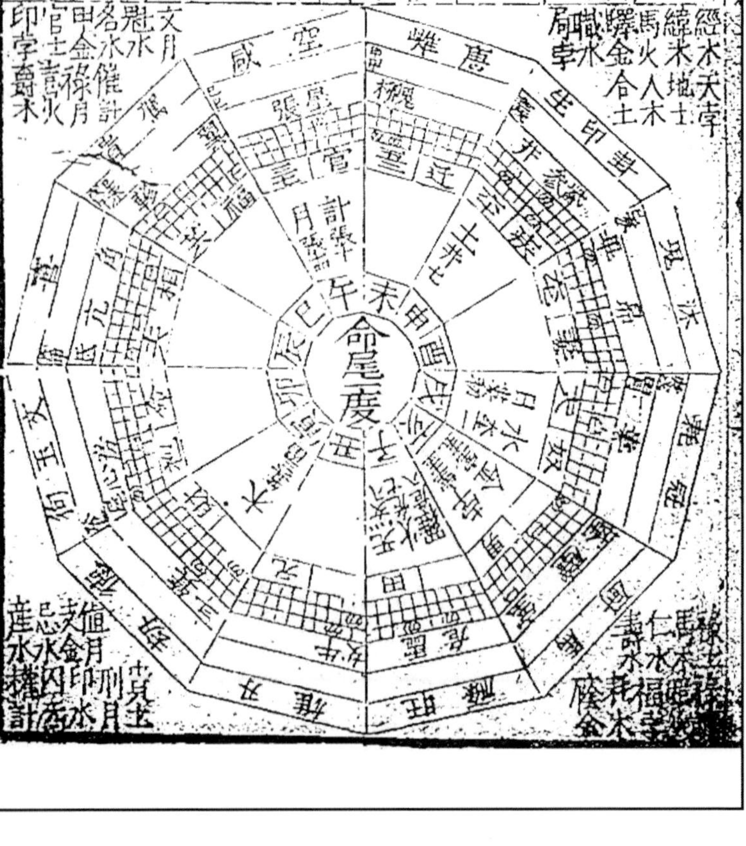

喜格

日月得所
命官夾陽
福星守福
君福登駕

忌格

計犯太陰
妻祿失次
孖金居福

父子　兄弟　科甲

十月十八日

乙卯　丁亥　己卯　戊辰

沈淙

乾造　晝生

浙江烏程人
萬曆乙酉科
父鄭甫侍郎
弟 閣老 方伯
子榮進士

經證

火臨燕分月升
畢殿忌犯羅計
水金官福夾陽
夾命稍嫌孛炁

年限

大抵格高星困
苗而不秀秀而
不實軫水發著
限主朝君又嫌
孛孖

經土天土
緯木地金
馬金人火
驛水令水
職炁
局木

文計
魁日
各木催水
甲水祿水
官水喜計
印日壽炁

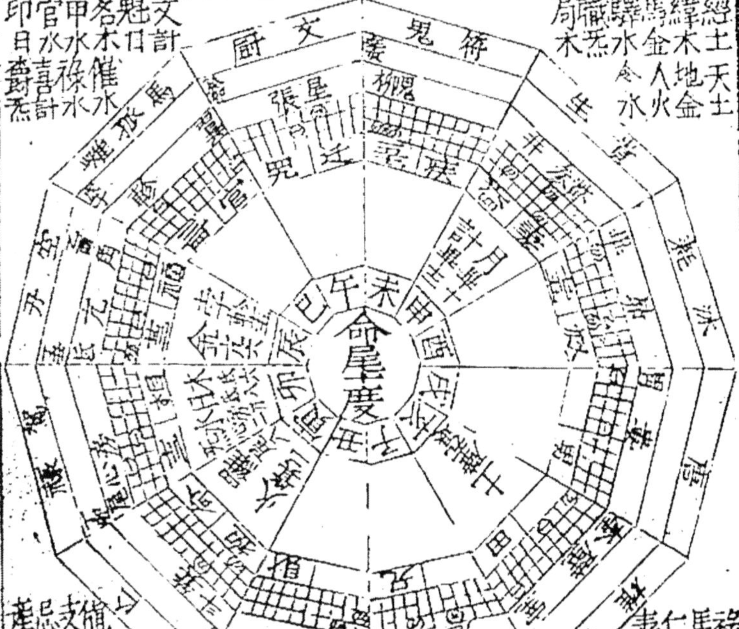

貴水
值炁刑炁
支木印計
忌月囚羅
產火權水

祿火祿孛
馬水暗木
仁木福金
壽水扺土
蔭月

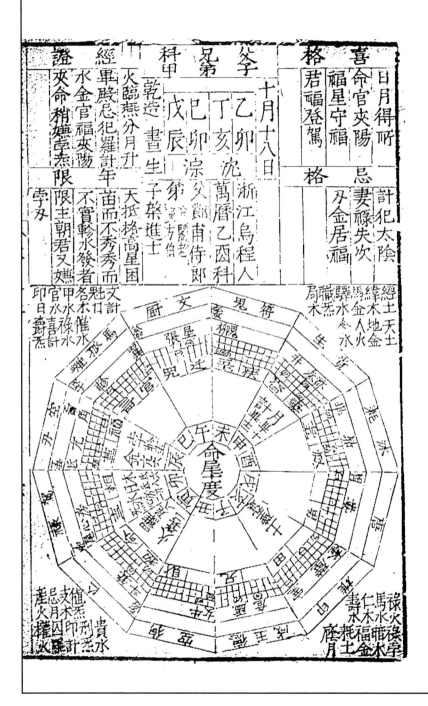

喜格

龍躍天門
太乙抱蟾
日過白羊
火炁織權
月金夜輝

忌格

日月背行
木土同宮
身命坐刃

父子　兄弟　科甲

三月十三日號銘鎮
乙丑　庚辰　庚戌　乙酉
沈濯
浙江烏程人
辛卯壬辰科
父鄮甫侍郎
兄弟同科甲
乾造夜生庚申年進閣

經證

火金羅月是陰
星遇夜生逢主
翰林三學士者
身居清吉

年限

太乙抱蟾官必
顯卯辰連捷限
行張月信乎驗
矣

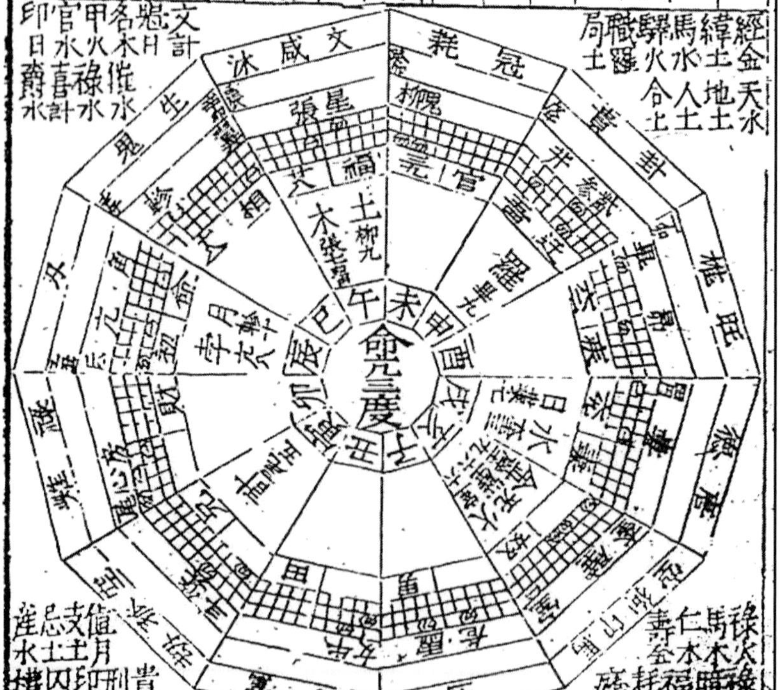

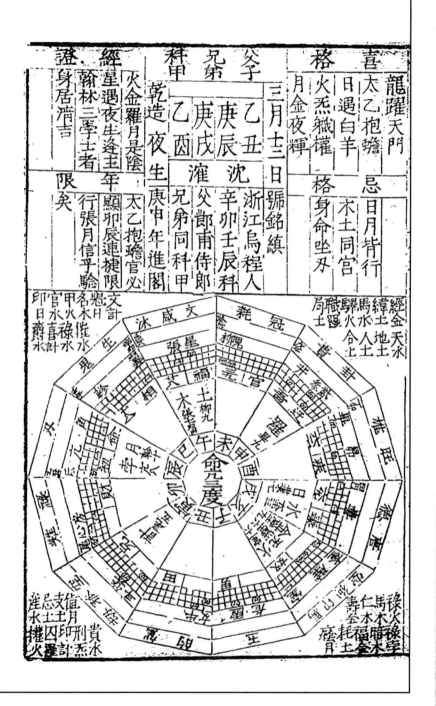

喜格		字兄命	科甲	經證
日月拱官	忌格	七月十二日號何山	乾造夜生	五曜從陽四餘
太乙抱蟾	官福弱宮	丙寅 沈 浙江烏程人	次兄雈閣老	昴日金垣土恩
四餘環月	身命奴地	乙未 辛卯壬辰科		捧月是皆棟梁年
五星從陽		辛丑 演 癸酉南侍郎		傍陽玉堂文星
嗣祿升殿		庚寅 己未年方伯		之材廟堂之器
				填限卯辰年捷
				但計孛夾身次限
				祿貴臨垣尤妙
				之

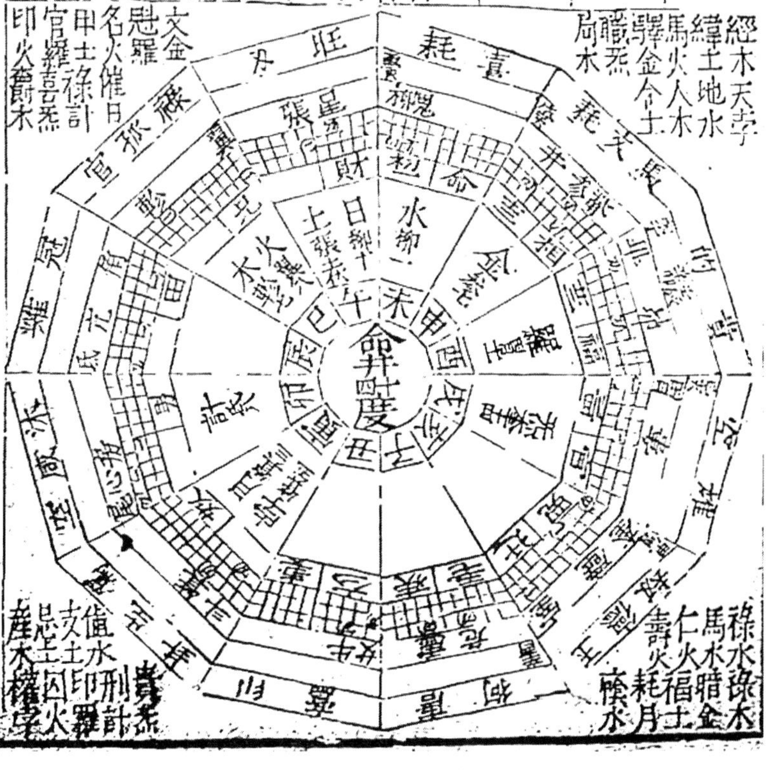

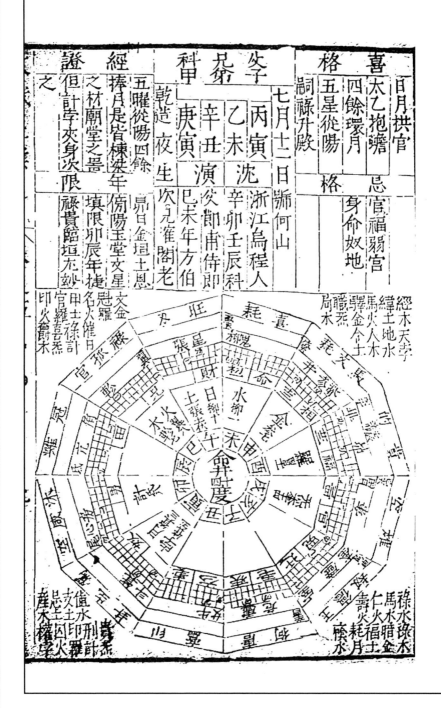

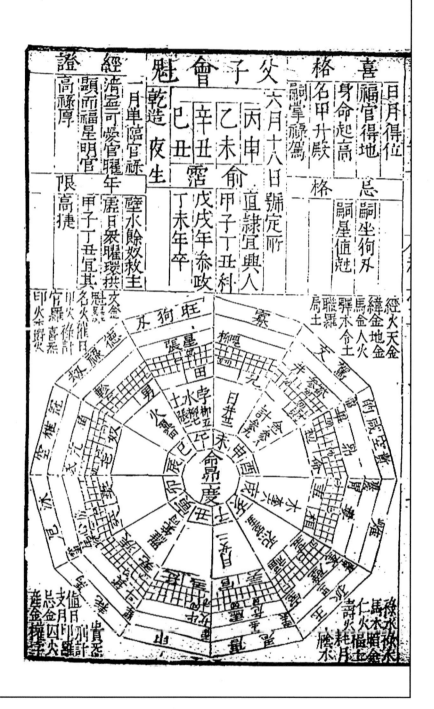

喜格

日月得位
福官得地
身命起高
名甲升殿
嗣掌祿馭

忌格

嗣坐狗牙
嗣星值尅

父子會魁

乾造 夜生
丙申　六月十八日 號定所
乙未　命　直隷宜興人
辛丑　宮　甲子丁丑科
巳丑　戊戌年叅政
丁未年卒

經證

一月單臨官祿　壁水餘奴救主
淸虛可愛官曜年虛日與曜環拱
頭而福星明官　甲子丁丑宜其名
高祿厚　限高捷

經火　天金
緯金　地金
馬金　人火
驛木　命土
聯羅
局土

文金　魁火　名火雑日　卯火祿計　官羅喜炁　卯火孛火

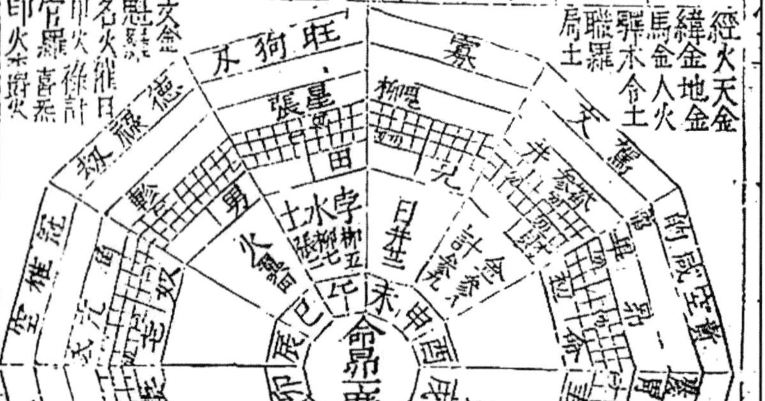

祿水　祿木
馬木　暗金
仁火　福土
誥火　耗月
陰木

貴炁
値月　刑計
支月　印羅
忌金　囚火
產金　權字

癸子會魁

喜格

火月交輝

官福守命

土金豪富

水遲角道

忌格

金水對傷

日月背行

火孛同宮

五月初十日彌養弘

直隸宜興人

乙卯 命 巳卯癸未科

壬午 上 壬寅年參政

癸卯 章

癸丑 丙午卒

乾造 夜生

經證

木升殿火助月 巳卯限官坐貴

爲身爲命則倍年 向祿癸未天祿

生矣經云官福 臨垣

同守命宮乃爲限

上客

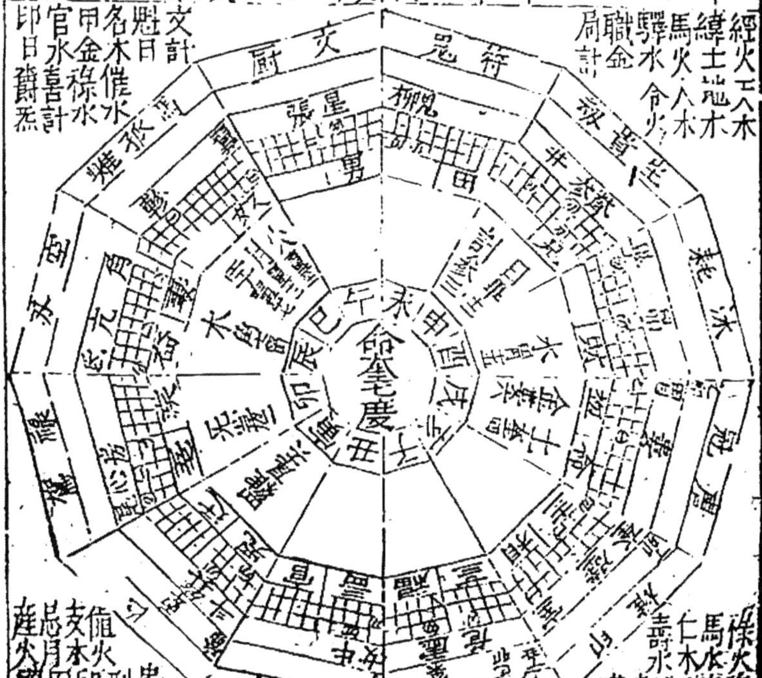

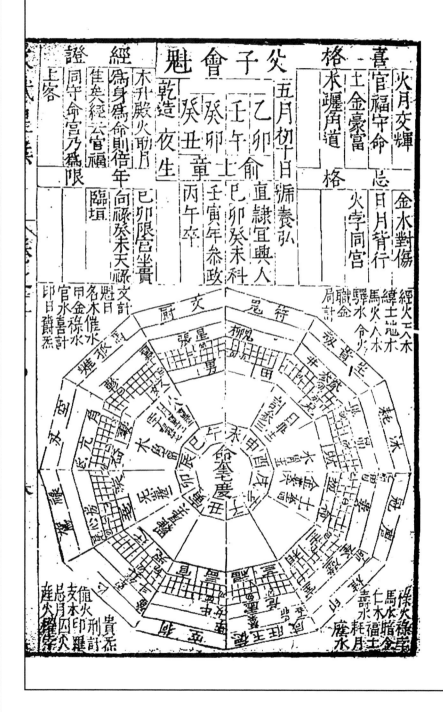

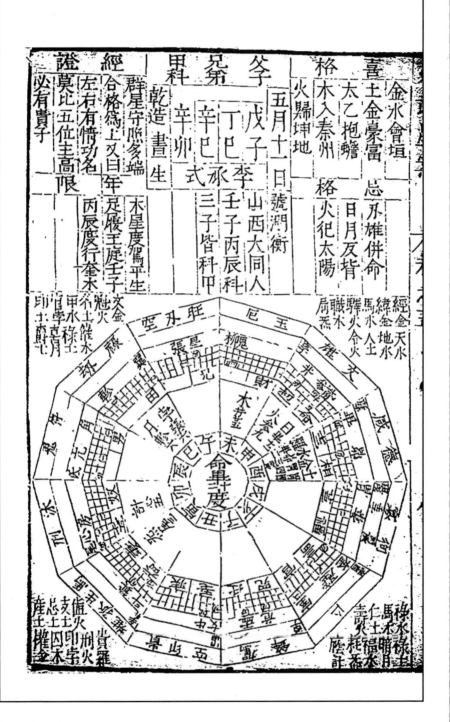

喜格

金水會垣
土金豪富
太乙抱蟾
木入秦州
火歸坤地

忌格

刃雄併命
日月反背
火犯太陽

李兄弟甲科

五月十一日號澗衛
戊子　山西大同人
丁巳　壬子丙辰科
辛巳　三子皆科甲
辛卯
李承式
乾造書生

經證

群星守照多端　木星度爲平生
合格爲上又日年　足履王庭壬子
左右有情功名　丙辰度行奎木
莫比五位主高限
必有貴子

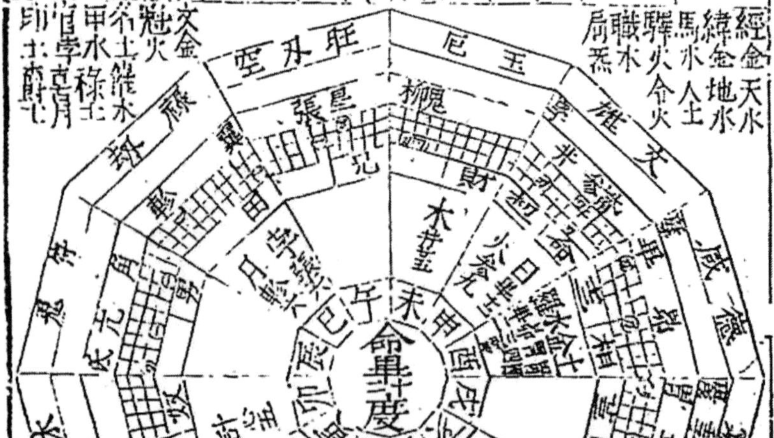

喜格	忌格
日月拱貴	計月同垣
福祿互垣	木到大梁
官星貫日	日酉月東
坐祿向貴	
田財得地	

五月初十日號順衡

巳酉	李	山西太同人
庚午		丙子丁丑科
巳卯	植	戊戌年巡撫
巳巳		父式進士

父子兄弟甲科

乾造晝生二弟科甲

經證

官坐德德坐官丙子丁丑限歷

乃是往來貴客年井參水木滋生

官星貫日顯達登駕水金互垣

之人父貴者尤限更佳

驗

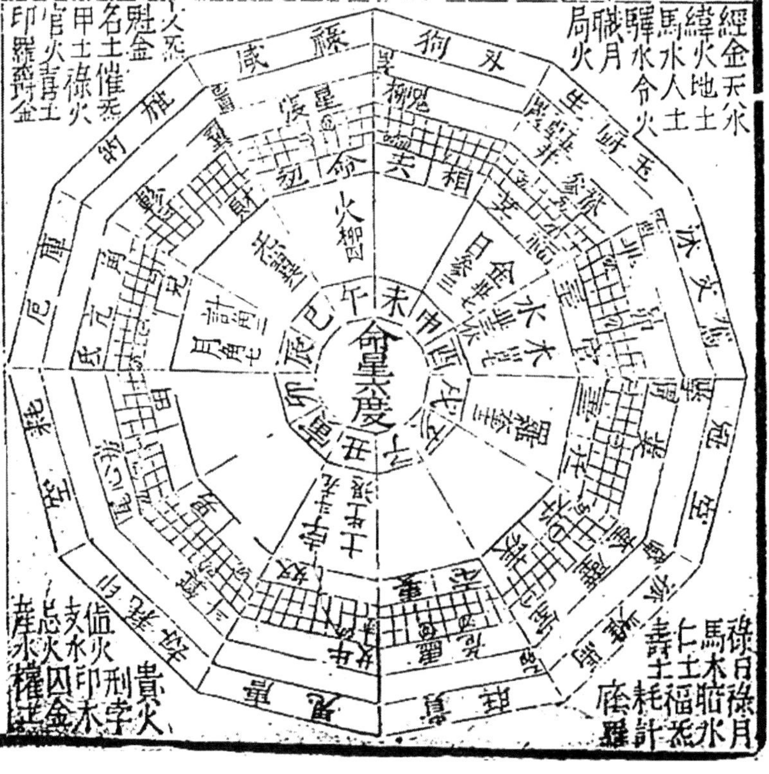

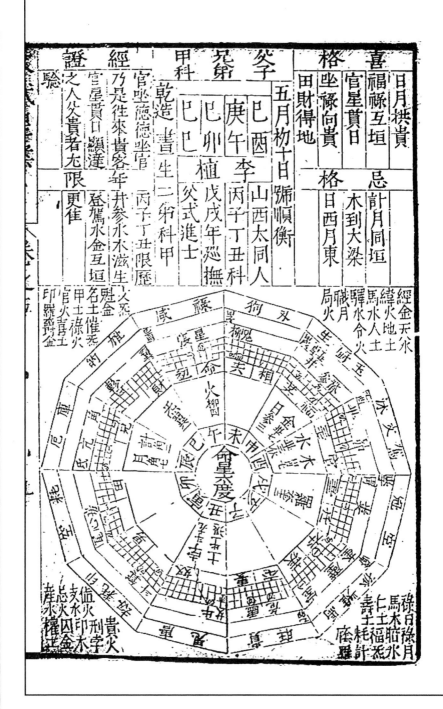

喜格

玉兎東升
日遇白羊
火月夜輝
名甲歸垣
金月對助

忌格

日月反背
官福弱宮
羅計摻殿

李兄弟甲科

三月十九日獅肖衡

辛酉 壬辰 己卯 甲戌

乾造夜生

李杜

山西大同人
乙酉丙戌科
甲辰年郎中

經證

玉兎始生心宿度桓圭衮冕侍年
君王夜遇火金而煥𢀡

水化伏廐遇太陽豈爲惡曜酉戌連登限行軫

限水

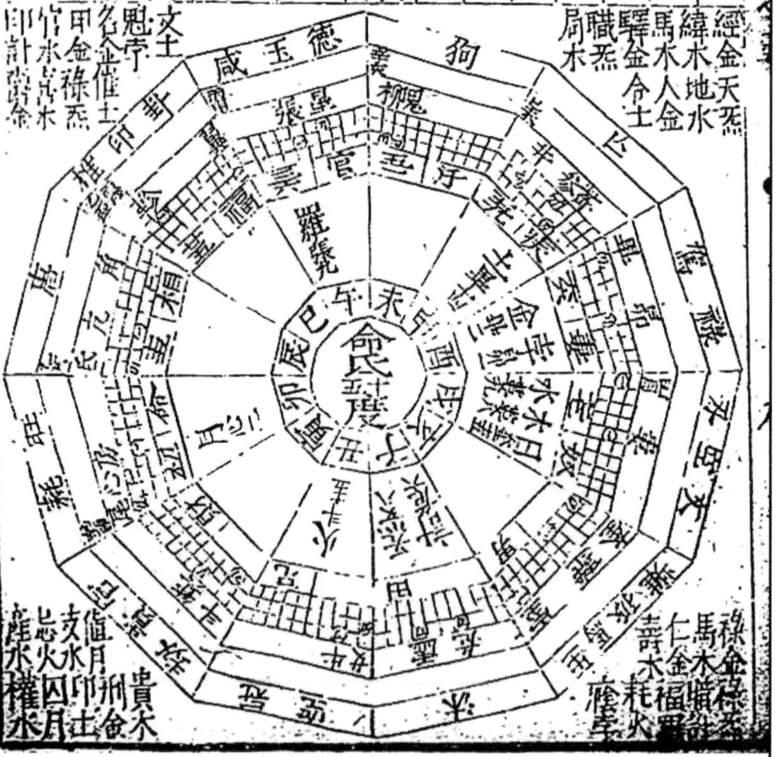

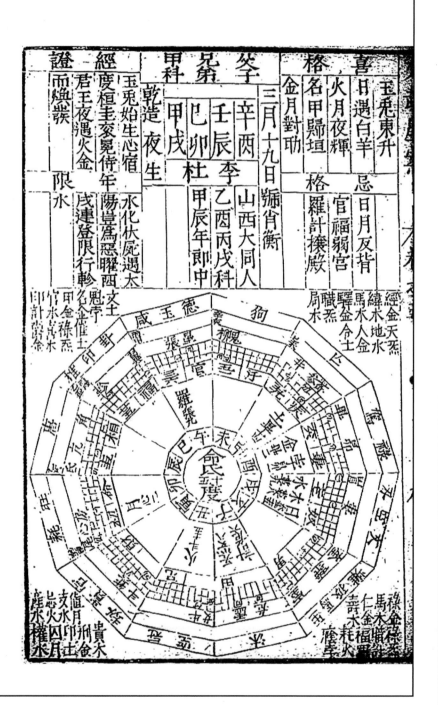

經論	年限	父子 兄弟 甲科	喜格	忌格
晝生日而金水相從命度朝陽當顯達月居間極反爲祥	癸卯限歷井木木日同宮限主朝陽名遂功成	八月初九日 乙丑 乙酉 癸酉 丙辰 乾造晝生 李柄 山西大同人 癸卯鄉科 父承式進士 兄植巡撫 二兄杜進士	金水會蛇 命度朝陽 四餘環月 五曜捧日 田財官福	計孛交戰 火月失輝 計羅截斷 漏出晝月

經金 天水 緯土 地土 馬水 人土 驛火 令金 職羅 局土

文計 魁日 名木 催水 甲火 祿水 官水 誥計 印日 爵水

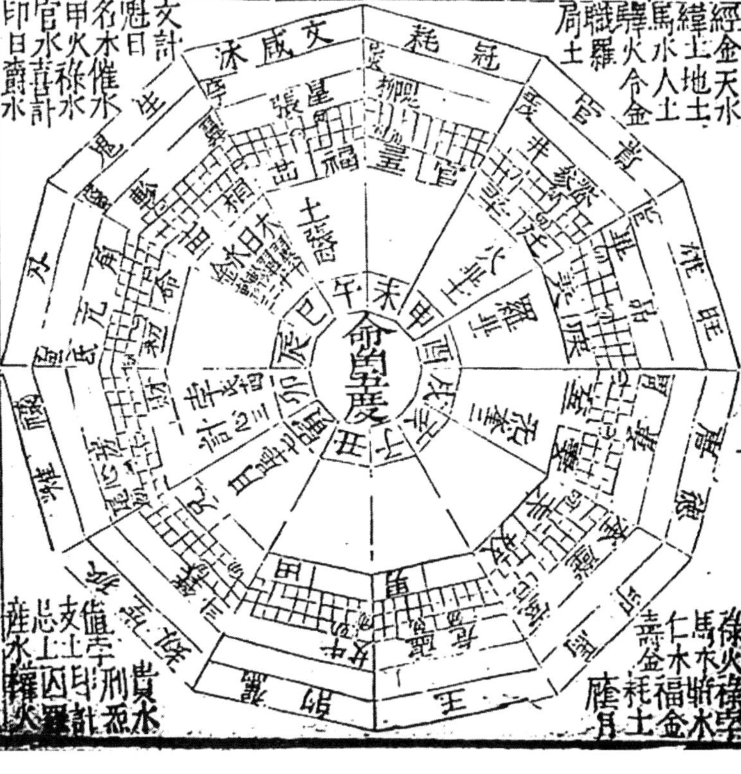

祿火 馬水 仁木 壽金 權孛 暗木 福金 耗土 蔭月

催孛 支土 忌土 難水 貴水 刑炁 印計 囚羅 權火

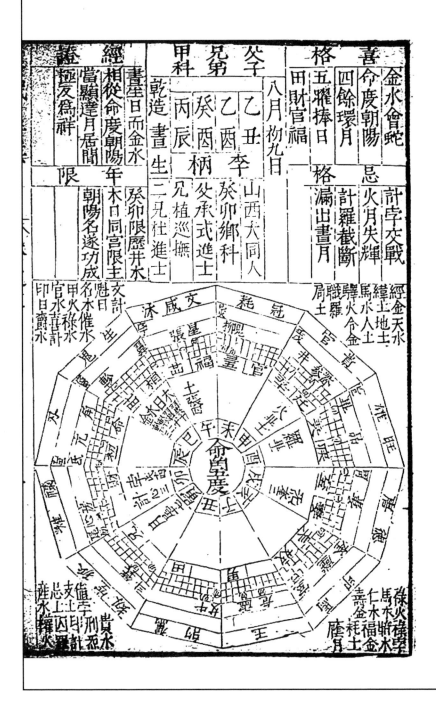

經證					父子兄弟進士					喜格				
當貴顯	叅入命主朝陽限	鳳閣高遷龍墀 木宮度兩強	侍衛合𡖋格者年 角度看月夾金	夜誕月而火羅 乙未春榜限行	乾造夜生	乙亥 四子皆科第	甲戌 乙未科榜眼	壬辰 弘治十四年	辛酉 浙江餘姚人	三月廿六日號繼泉	身命升殿	四餘拱季土	四令環日月 命身值冠	火月同宮 水計相刑	向陽花木

孫陞

忌格

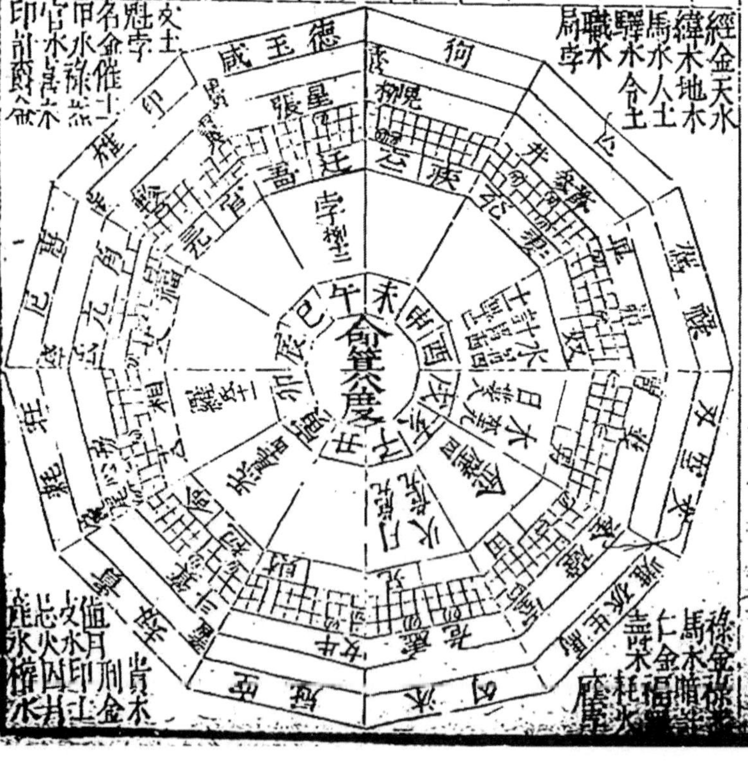

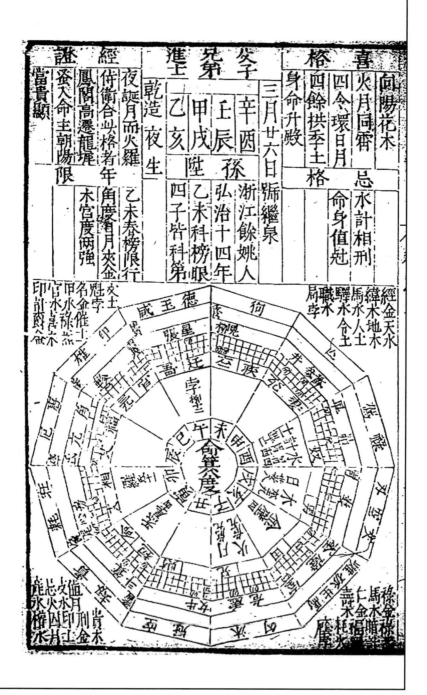

喜格
日月得體
四餘獨步
群星向限
金水從陽
福官扶身

忌格
土月同宮
水金怒地
官福弱所

父子兄弟進士
十月十一日號玄峰
乙酉 浙江餘姚人
丙戌 孫 嘉靖四年生
丙申 鑨 癸卯丙辰科
丙申 天官
乾造 書生

經
性逸素無拘火
星朝北地真奇
臨蕊分四餘獨年
命癸卯火月得
步能教衆國來
所丙辰祿貴拱

證
降木照命人聰
慧
限
限

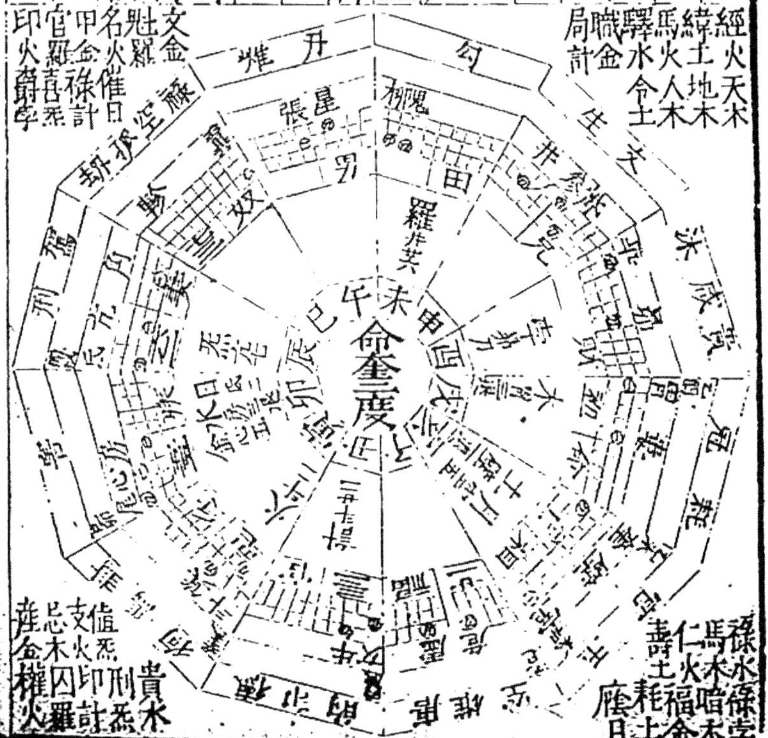

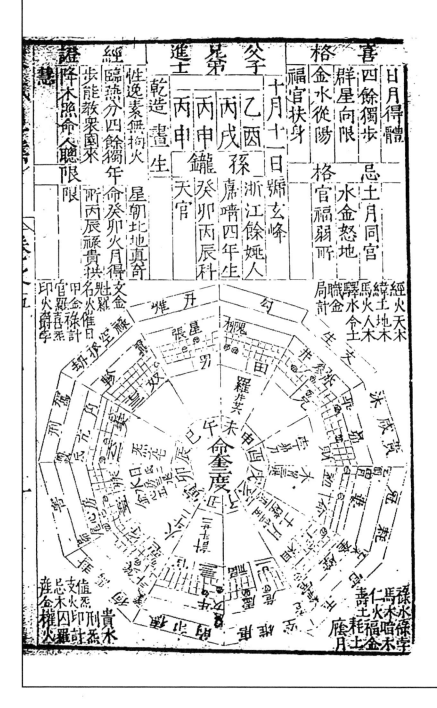

書格

金水會垣
火土官高
木入秦州
四餘獨步
五曜得經

忌陰陽無輔
泉枯牛壑
格計入三陽

登弟進士

正月十九日號正峰
戊子 孫浙江餘姚人
甲寅 巳酉癸丑科
庚寅 鋟 庶吉士
庚辰

乾造 書生

包涵萬象身居
危月太陽臨垣

經
楚智遇千夫命年
女土限主資生
守闈屋逢格局
巳貴癸祿併限

證
便論垣案
限系最

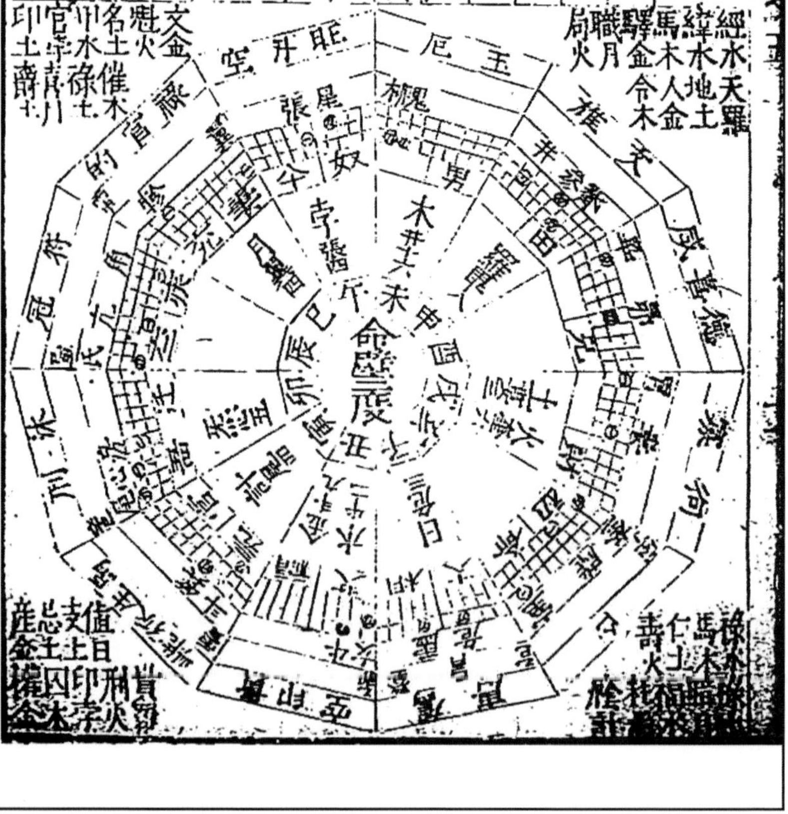

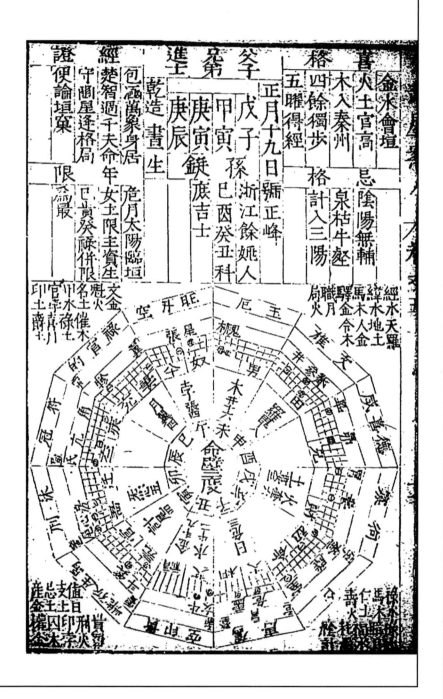

喜格	忌格
火月夜輝	日月無光
二曜雙濟	王埋雙女
水濟寶瓶	木到太梁
官度主高	
福嗣臨田	

父子兄弟進士

丁酉十二月廿九日獅鶴峰

乾造夜生

戊戌　甲寅　甲戌　甲子

孫錝

浙江餘姚人

戊午戊辰科

太常卿

鑛命列樂集

經證

水從陽金伴月　戊午胯角交移

謂之二曜雙濟年　水星朝陽戊辰

宮火度土居官　天祿臨限水火

臨福卯命次之限　宮度高明

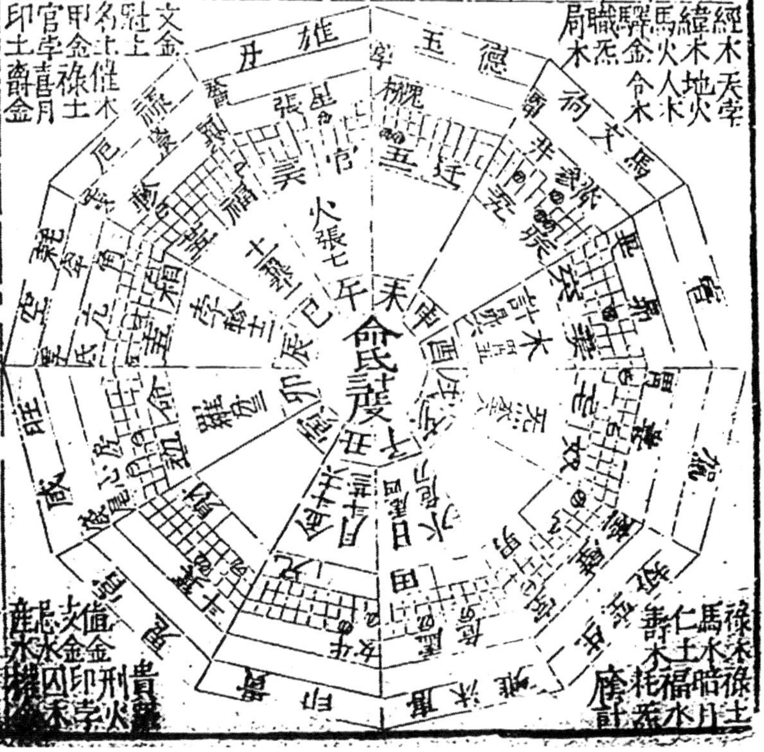

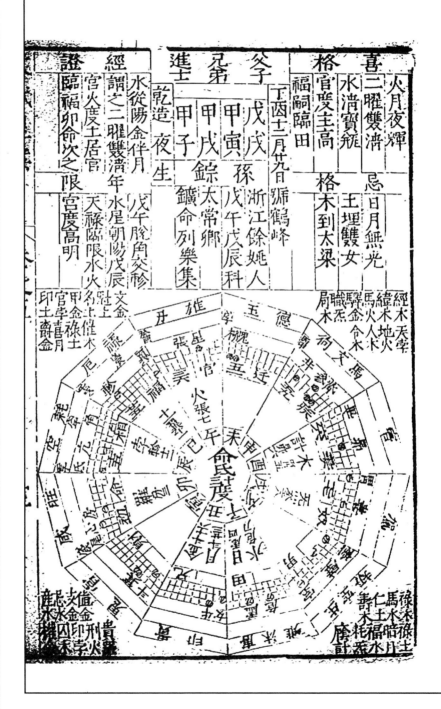

喜
日月夾天門
日月夾官貴忌水火交戰
日月夾嗣令孤陽失輔

格
土金豪富格火入金鄉
日遇白羊

父子兄弟進士
三月廿六日
丙辰直隸上海人
壬辰潘嘉靖癸未科
甲辰恩尚書廕一孫
己巳二子皆進士
乾造書生

經
計羅截諸星於經云五宮主到
西北行限次第年官祿子必出賢
相向無日月夾木火對生乃弱

證
詞星於官祿強限中之強春生尤
官奇

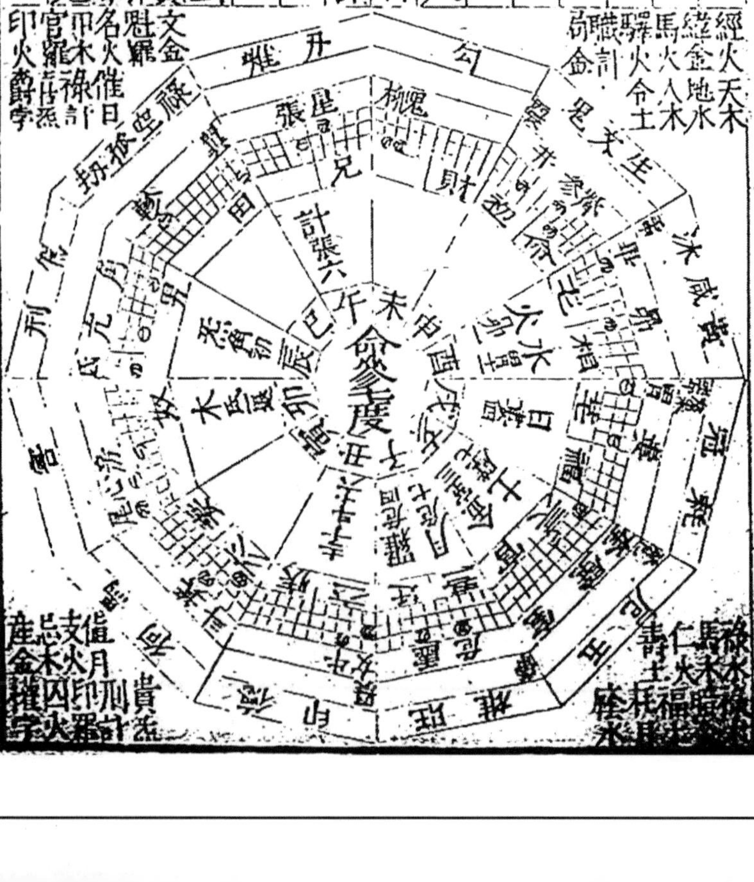

書格					李第進士						經證			
日月拱福祿	日月拱祿馬	日月得體	金觜太常	朱雀乘風	十月二十日觜衡渚	甲申	乙亥	辛亥	丙申	乾造書生	尊莫尊乎日月	美莫美於官福	又云身命得地	福祿難量
忌格						潘允哲					年限			
	陰陽無輔	官福值尅	孛破火垣			直隸上海人	甲子乙丑科	陝西提學	巳丑卒		金到辰官觜太	常品秩榮昌輔	聖王子丑春秋	所以連登

經木	緯土	馬火	驛水	職孛	局水
天火	地木	人水	命水		

文羅	魁月	名木	甲金	官炁	印木
		催金	祿木	喜羅	爵火

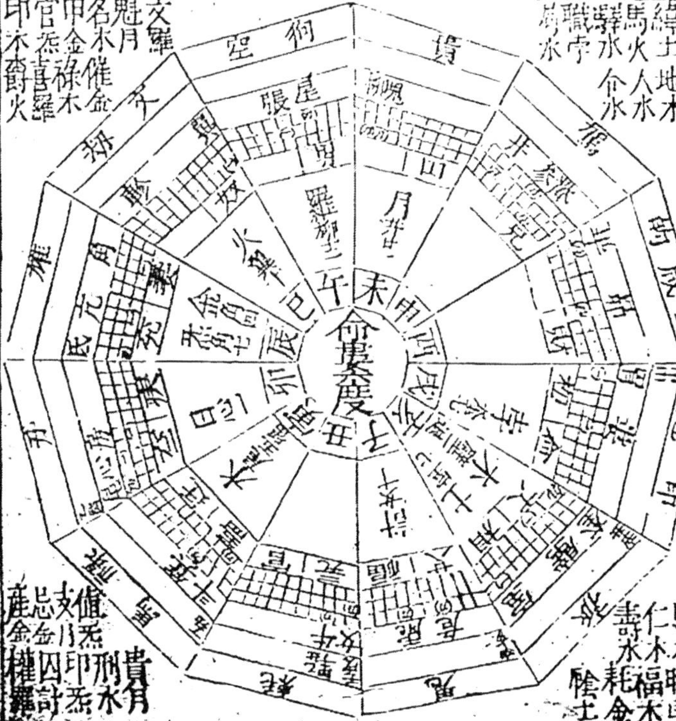

貴月	刑水	印炁	四計	權羅
值炁	支月	忌金	產金	

祿木	馬木	仁木	壽水	
祿火	暗孛	福木	耗金	陰土

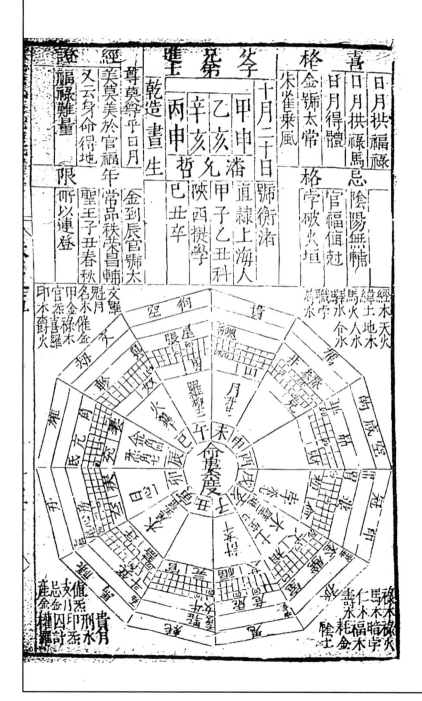

喜格

計羅擱截
漏出夜月
日月拱福
身命拱福
官福守命

忌格

金木相刑
火孛交戰
土月對掩

孚兄弟進士

四月十四日號允庵
丙戌 南直上海人
癸巳 潘允 乙卯壬戌科
丙寅 端 丁丑叅政
巳丑
乾造夜生

經

討羅擱截漏睽 乙卯父壬登雋
光宜值夜漏忝年 壬辰亦喜土燮
恩貽恩賞齎官 火宮但金木相

證

福守命乃為上限 刑喜中之惧不

客 無

經土 天土
緯土 地金
馬金 人火
驛水 合火
職火
局月

文金
魁羅
名火 權月
甲金 祿計
官羅 喜忌
印火 爵金

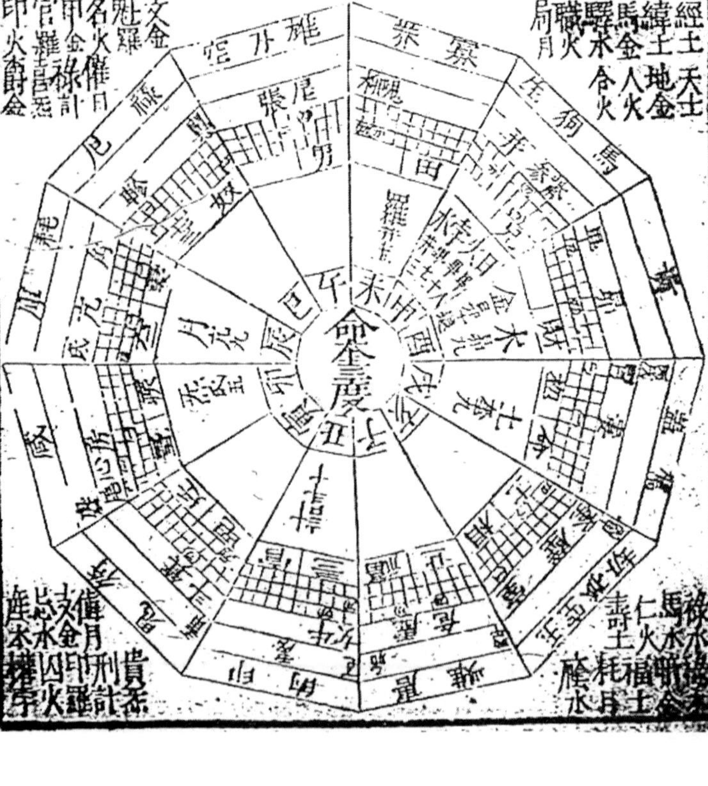

祿水 福合
馬水 暗金
仁火 福土
壽土 耗月
蔭水

貴忝
傳月 刑計
文金 印羅
忌水 囚火
產木 權孛

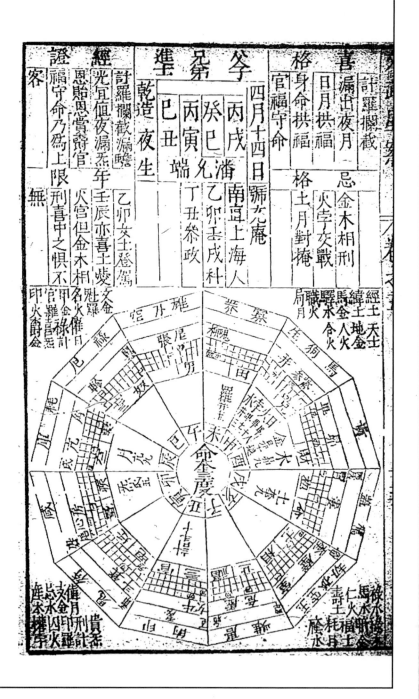

喜格

四餘列外
七政在內
福官登駕
君恩來嗣
日月拱命

忌格

金騎人馬
四餘向命
月金寒冷

父子科第

十二月二十日 獅豸庵鄭 姓

癸卯 張 南直江寧籍
乙丑 國 崑山人甲戌
庚寅 輔 科仕至副使
癸未 長子起元 會元
乾造 晝生 次子起鳳 進士

經證

文武兩班日月拱命是皆棟梁之材廟堂之器借乎命安四餘串次之

年限

甲戌壁水朝陽名遂功成又云五官主星朝陽子必貴顯

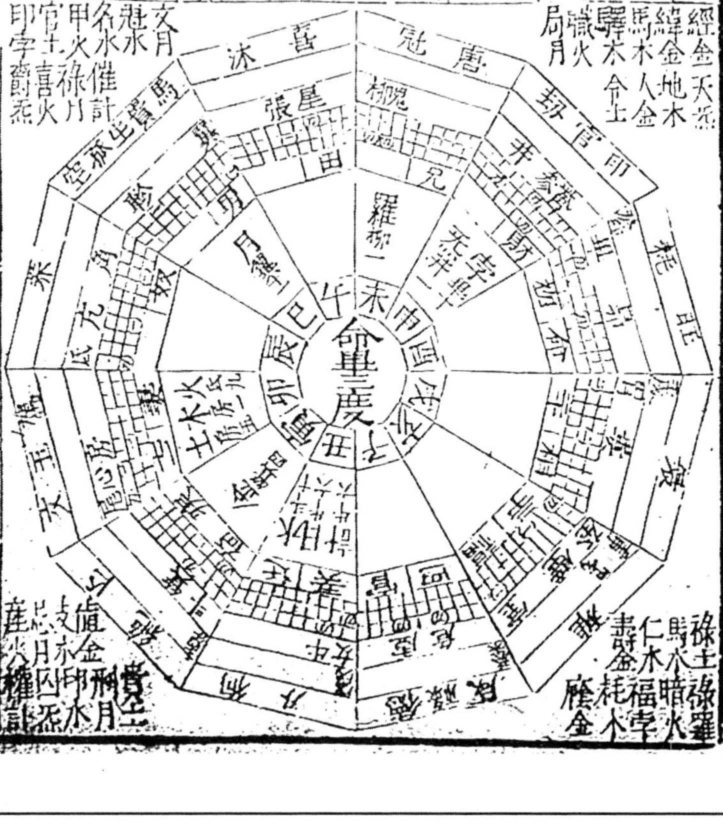

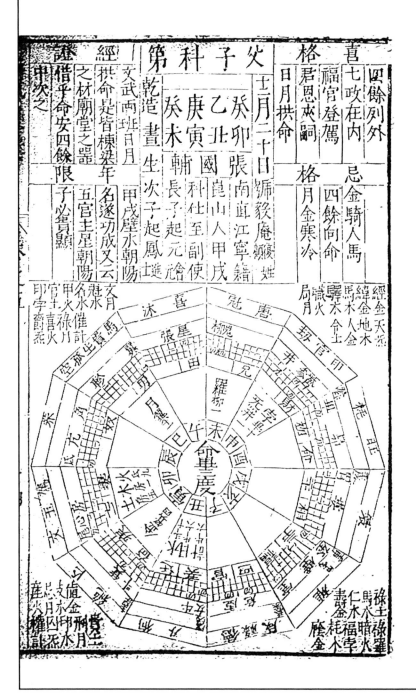

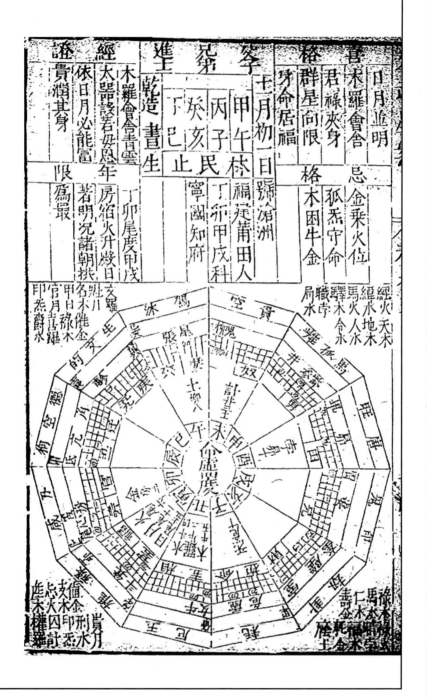

書格					李第進士						經證			
日月並明	木羅會舍	君祿夾身	群星向限	身命居福	十一月初一日	甲午	丙子	癸亥	丁巳	乾造晝生	木羅會合青雲	太器謁若叅年	依日月必能富	貴搢其身
忌格						林民止					年限			
	金乘火位	孤悉守命	木囷牛金		歸化滄洲	福建莆田人	丁卯甲戌科	寧國知府			丁卯尾度甲戌	房宿火升叅日	若明况諸朝拱	為最

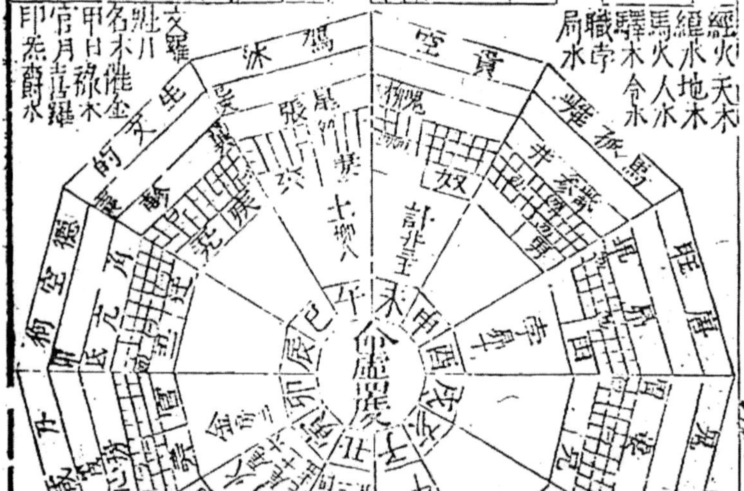

書格	李兄第進士	經證
日月並明 水陽相會 火土官高 福官登駕 田財居福	六月初一日 號靜春 丙申 甲午 甲申 辛未 乾造 晝生 林民悅 福建莆田人 戊午庚辰科 雲南副使	日月並明水金 歸垣火土高明 木升奎熙其榮 顯可知矣
忌格		年限
身命弱地 火炎土燥 計月同躔		火居午位名天 赫木到奎星須 列爵戊午庚辰 翼井限高

文金 魁羅 名火催日 甲火祿計 官羅喜炁 印火爵火

經水天計 緯土地火 馬木人金 驛火令火 職土 局羅

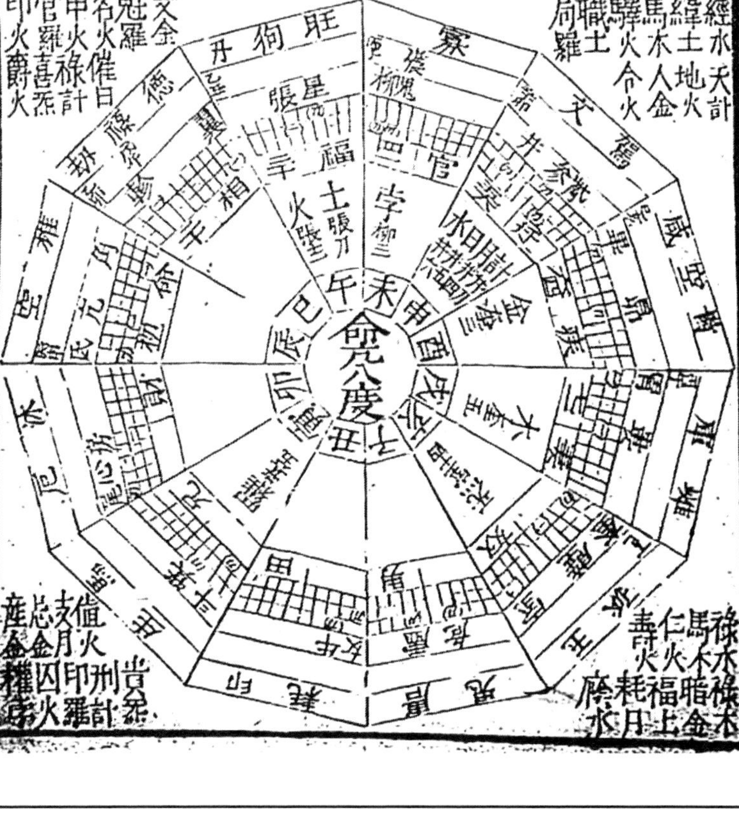

值火 支月 忌金 產金 貴炁 刑計 印羅 囚火 權孛

祿木 馬木 仁火 壽火 祿木 暗金 福土 耗月 蔭水

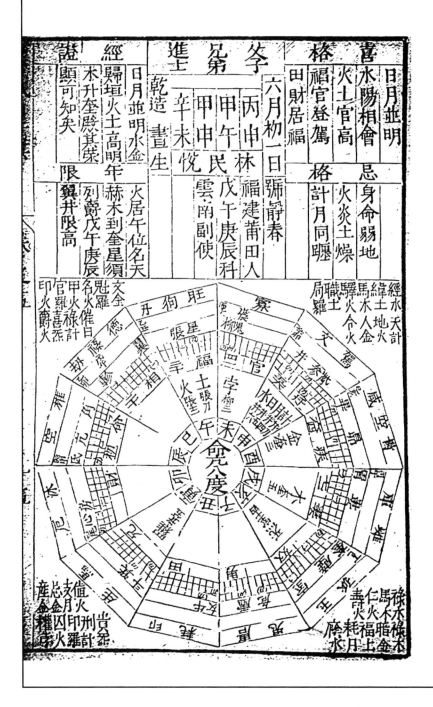

經證	父子尚書	喜格

喜格

官福朝陽
日月夾福
身命得位
群星向限
嗣祿朝陽

忌格

金羅相刑
土孛雙女
火金交戰

父子尚書

五月廿四日

己巳	庚午	乙卯	庚辰

楊博　山西蒲州人　正德四年生　乙酉己丑科　長子俊民尚書　次子俊卿武狀元

乾造　晝生

經證

世作公卿身命　乙酉木星起垣
榮於十位官福年己丑官福迎限
朝陽斯命必貴　五宮主掌官福
身命得地福祿限　子父出賢
雜量

經金　天炁
緯土　地金
馬木　人金
驛金　命火
職水
局孛

父炁
財金
名士　催炁
印土　祿火
官火　貴土
印羅　財木

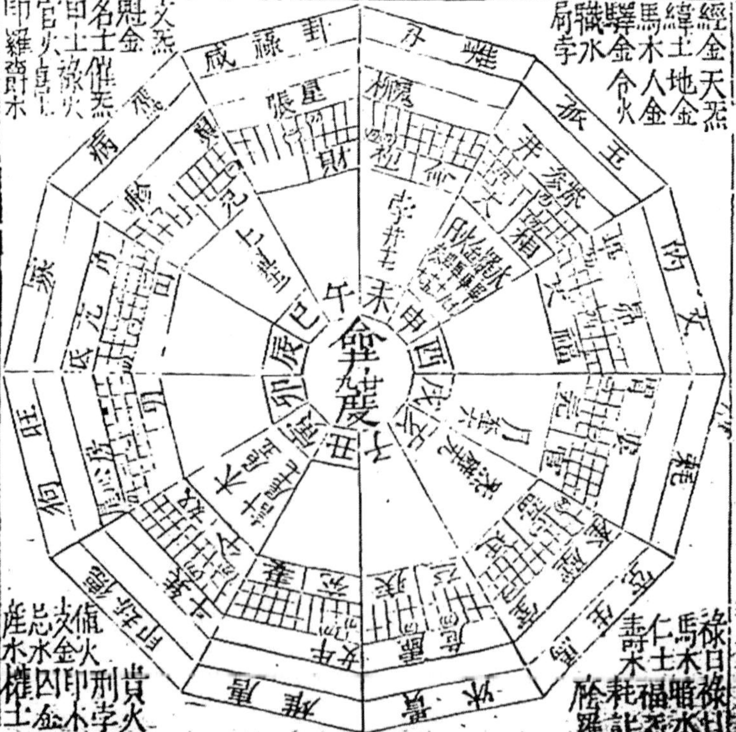

貴火
刑孛
印木
囚金
權土
催火
交金
忌水
產木

祿日　祿木
馬木　暗福
仁土　福炁
壽木　耗計
陰羅

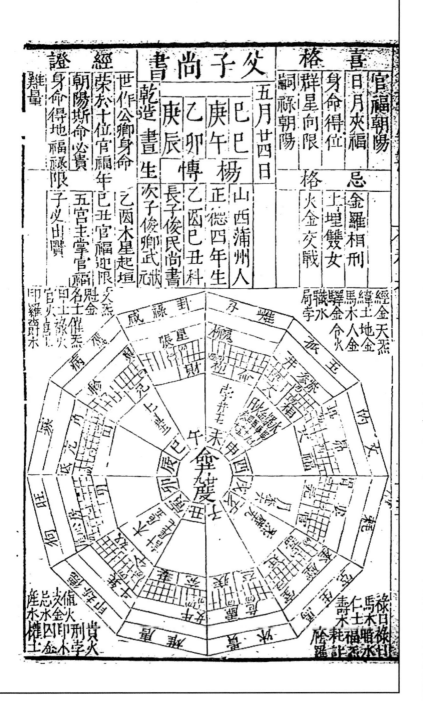

青格

日月並明
水木登駕
名甲夾身
群星向明
出乾入巽

忌
金騎人馬
水居火位

格
月在日後

父子尚書

十月三十日[illegible]儀補

辛卯　楊　山西蒲州人
庚子　俊　壬子壬戌科
庚戌　民　翁修卿武狀元
壬午

乾造　書生

經讃

計羅攔截諸星　壬子日晝者明
群聚於東方所年　壬戌木卷歲駕
書四角有星入　但忌犯斗木宮
必貴

限
中之慎

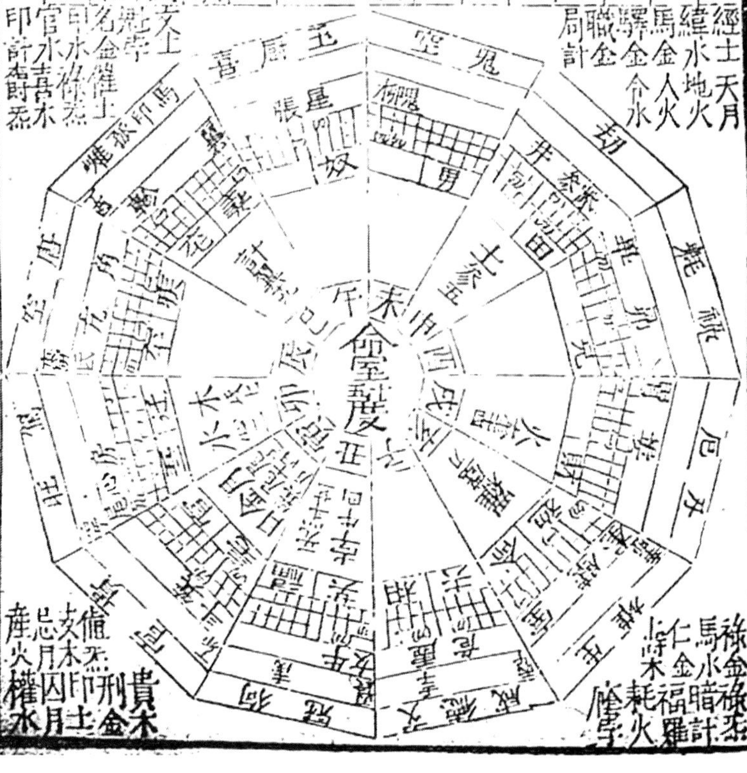

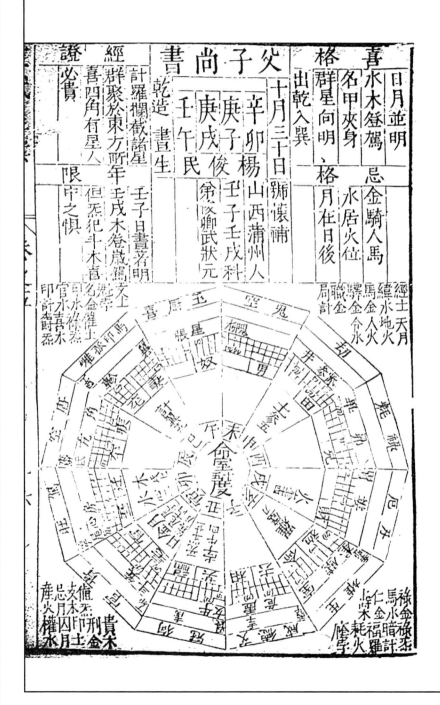

喜格

七政連茹
四餘列外
祠官歸垣
日月高明

忌格

火孛交戰
祠星値尅
月金晝晦
土埋雙女

會祖交子科第

八月初五日䝙凝庵

乾造

戊戌
辛酉
乙巳
壬午

唐鶴徵

書生

南直武進人
隆慶辛未科
太常寺少卿
父荊川會元
子効純進士

經證

福星守福爲眞
福官曜居官作年
顯官日月分明
是貴人文武兩限
下商哭子五位
災星逢惡曜在
未會健限主朝
陽歸垣於官祿
班格尤眞

經木天火
緯木地火
馬火人水
驛水合金
職水
局孛

文金
魁火
名土催木
甲水祿土
官孛喜月
印土商金

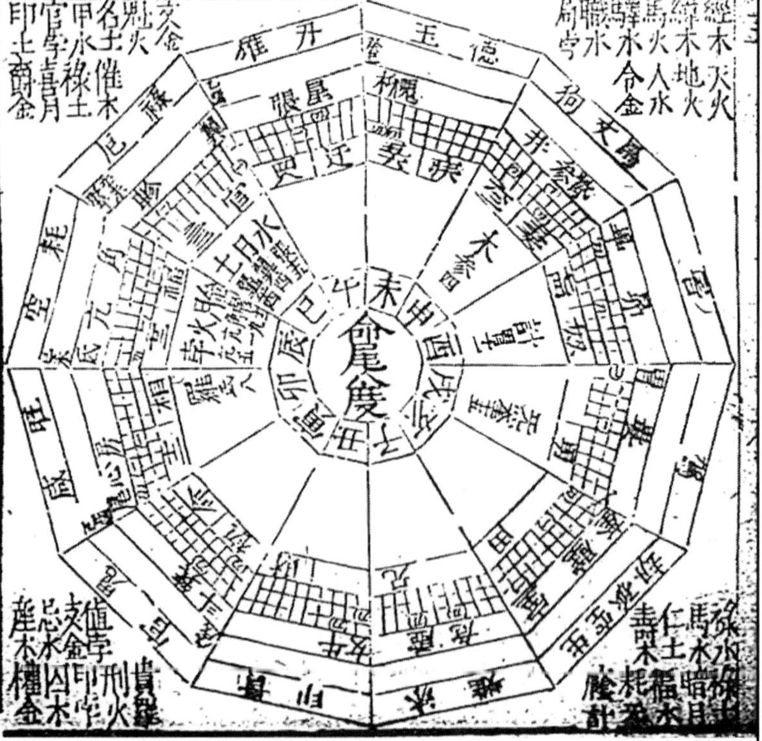

祿水殺羅
馬木暗月
仁土福木
壽木耗炁
陰計

值孛貴羅
支金刑火
忌水印孛
産木囚木
權金

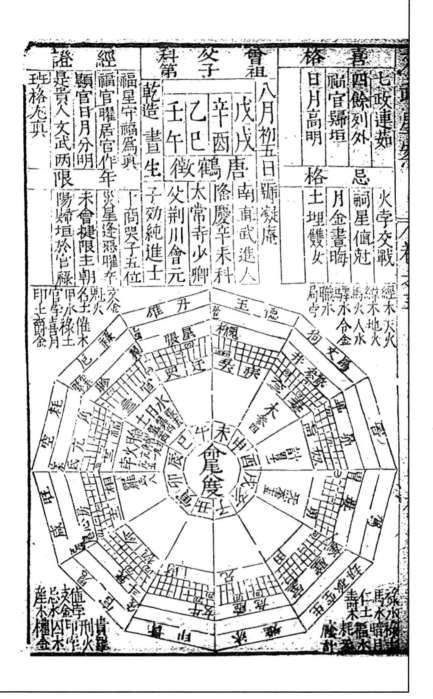

五世進士

十月十五日號完初

戊午 唐 南直武進人

癸亥 劾 子午巳丑科

戊午 族 占士本年

甲寅 純 十一月卒

乾造 夜生 父鶴徵

喜格

日月得位

木孛符印

水金坐命

度壬升殿

忌格

孤陽無輔

火金失次

木入齊纏

土月相掩

經讖

贊者金水坐命

陰陽得位鎮星年

廟官宜度貫佩

玉鳴珂朝紫陛

夜遇火金而𡙇𡙇

限

經去格高星囿

苗而不秀秀而

不實壬午巳丑

限官坐祿遇貴

張月丹中 包故 發辛

經木 天孛

緯木 地火

馬火 人木

驛金 命水

職炁

局木

文金

魁火

名土 催木

甲金 祿土

官學 喜月

印土 貪水

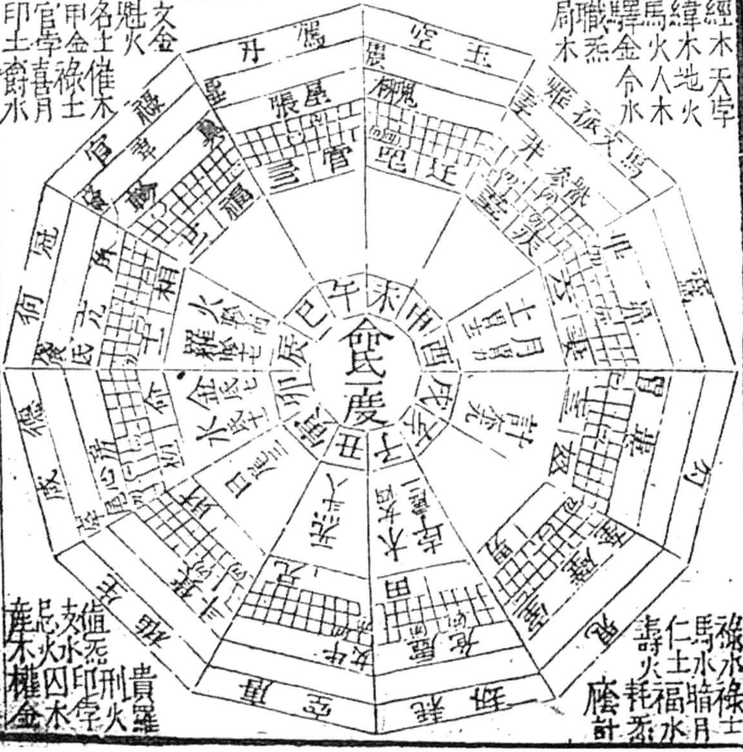

祿水 祿土

馬水 暗月

仁土 福水

壽火 耗炁

蔭計

貴羅

刑火

值炁 印孛

交水 囚木

忌火 權金

產木

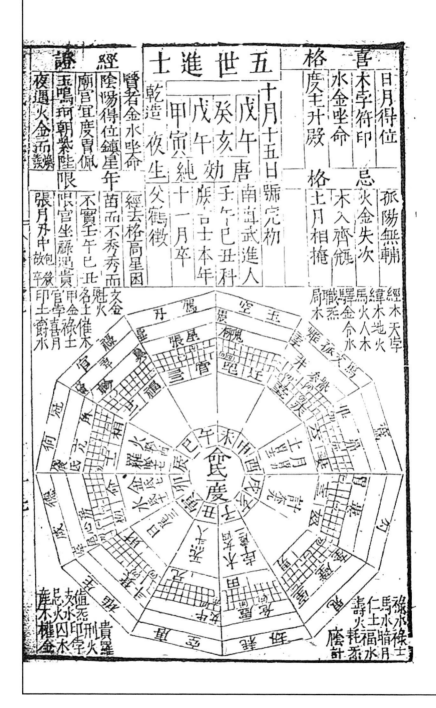

貴格	日月得位	身命得所	官祿朝陽
	嗣祿秉令	群星環拱	
忌格	土計夾月	火入金鄉	

癸第進士

七月十九日

辛巳	丙申	戊辰	庚申

鄒善 乾造貴生

江西安福人

正德十六年生

乙卯丙辰科

父守蓋命元

經證

日金相會福生　元金秉令朝陽

艮天產奇才異年　丙木起指於寅

世倫官祿朝陽　乙卯丙辰正當

父顯達嗣主隨限　限度

君子奇英

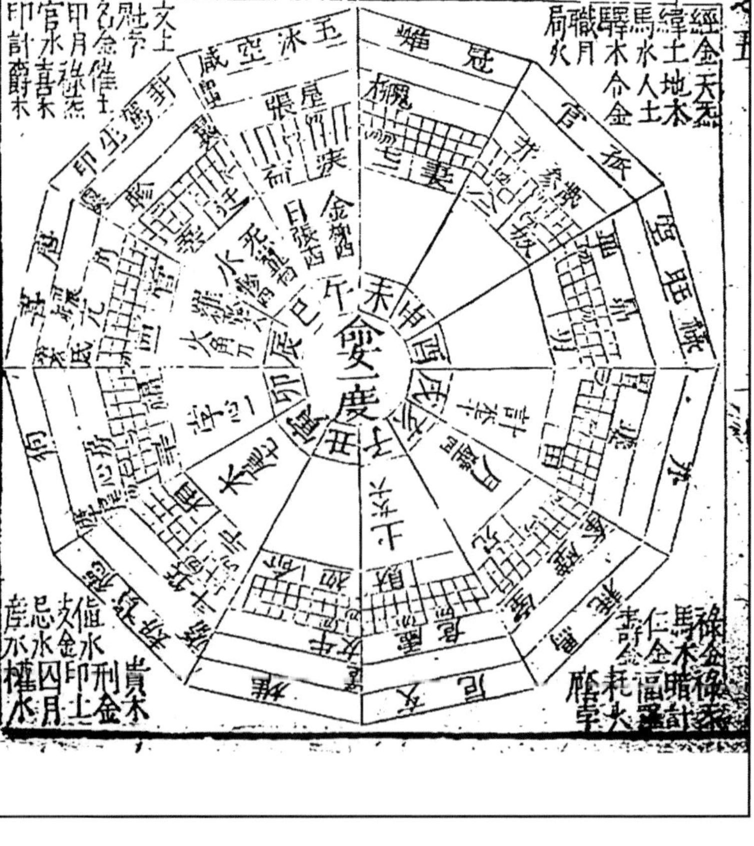

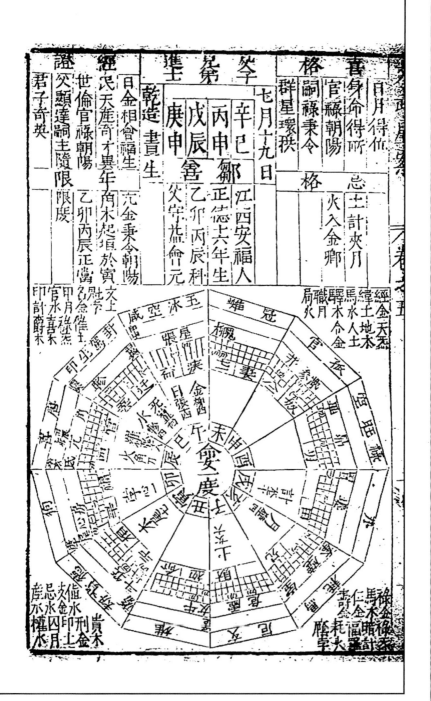

喜格

七政連茹
四餘列外
火土官高
水金會垣
日月夾拱

忌格

日月失輝
木到大梁
土埋雙女

禝父 兄弟 進士

五月初二日號聚所

戊戌 戊午 甲戌 乙亥

乾造 夜生

鄒德涵

江西安福人
辛酉辛未科
河南僉事
巳卯降卒

經證

日月同宮月要 辛酉箕水歸垣
在於日前金水年 辛未尾火秉令
會垣金喜隨於 但日月無光七
水後政餘兩分限 所背行次之
尤妙

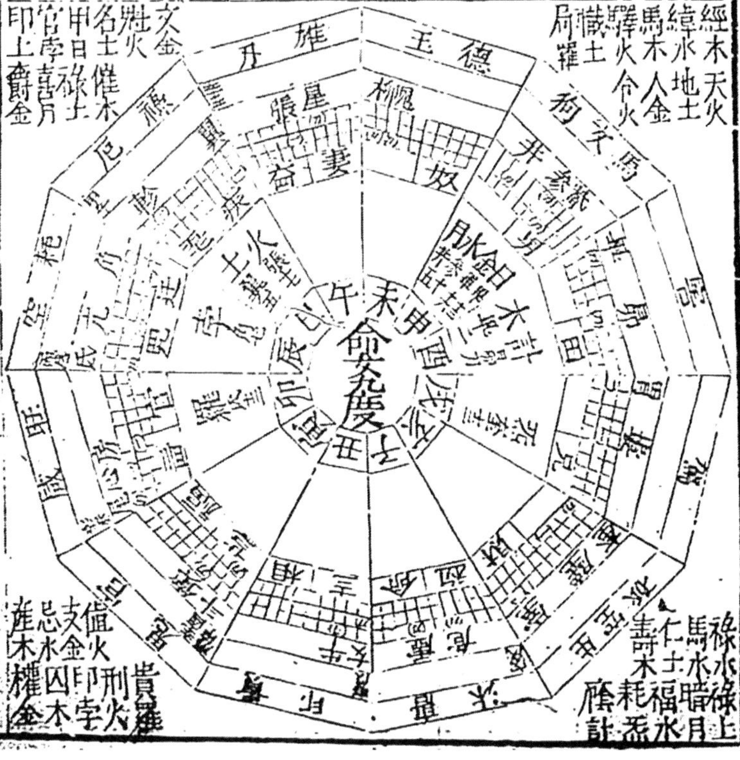

喜格

日月麗正
金水會蛇
福官起垣
身命得地
群星拱命

忌格

陰陽無輔
水火交戰
土孛相攻
木入金鄉

變象 甲科

七月廿七日 號泗山
巳酉 鄒 江西安福人
壬申 德 癸酉癸未科
甲午 溥 翰林丁酉回
戊辰 戊戌年為民
乾造 書生

經證

計羅截斷衆星 癸酉秋闈日帝
拱南北日月麗午 居陽癸未翰林文炁
正金水會蛇格 月歸巳宮陰陽各半
局高矣美矣 限無輔次之

經土 天月
緯火 地金
馬水 人土
驛木 命金
職水
局孛

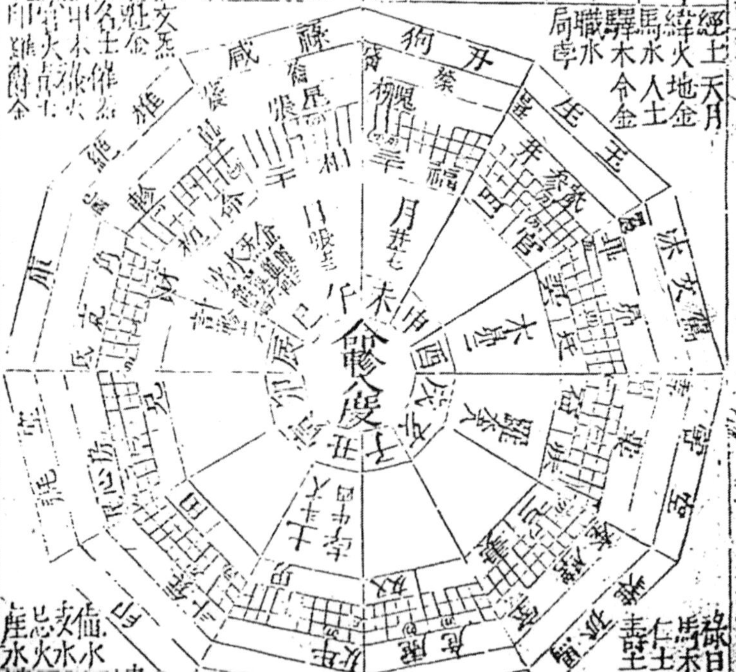

貴火
刑孛
印木
囚金
權土

偷火
爻水
总火
庄水

祿日
馬木
仁土
壽孛

祿月
暗水
福炁
耗計
蔭羅

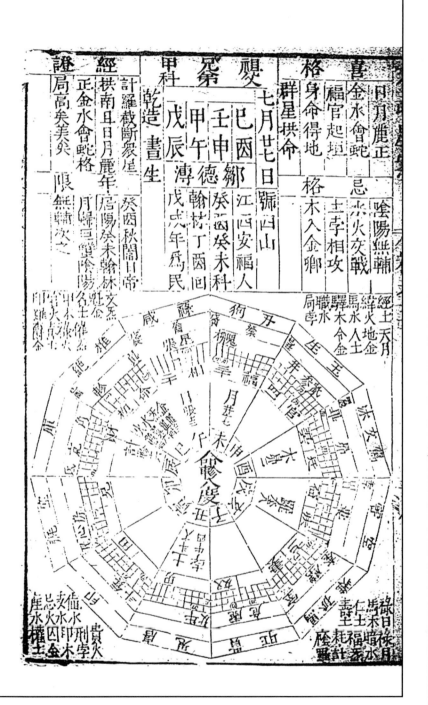

喜格

祥雲捧月
火鵰文昌
日到日躔
福官旺殿
仁壽得地

忌格

日西月東
火金晝晦

登第甲科

四月初九日䳟住田
己酉
己巳
戊申
丁巳
馬化龍
河南新野人
庚午丁丑科
癸卯卒
子之騏 庚戌榜眼
子之駿 庚戌進士
乾造 晝生

經證

日到日躔人特
達祥雲捧月性
聰明嗣祿火鵰
文昌福田金居
夔宿

年限

午丑春秋畢昴
司事日月拱名
甲戌陰陽背行
徽力

經金 天炁
緯土 地金
馬木 人金
驛金 命火
職水
局孛

玄炁
魁金
名土 催炁
甲土 祿火
官火 喜土
印羅 爵金

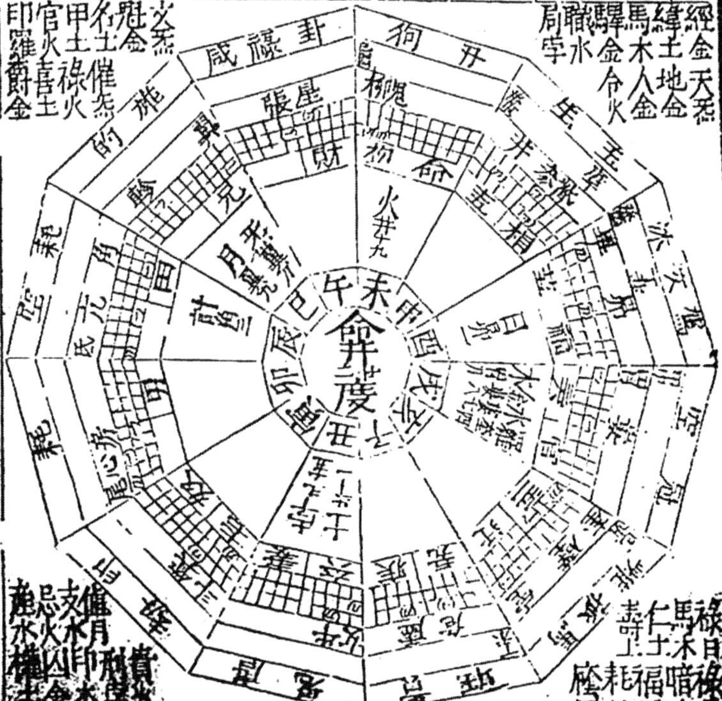

祿月 祿月
馬木 暗水
仁土 福炁
壽土 耗計
陰羅

催月 貴火
支木 刑孛
忌火 印木
鹿水 囚金
權土

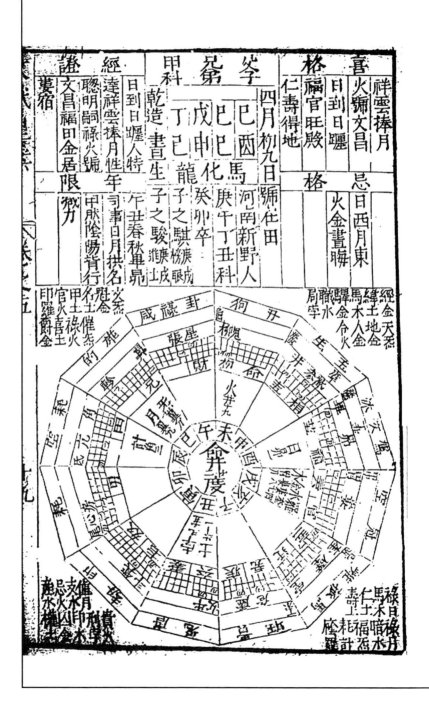

兒翁翰林

書格	忌格
日東月西	金木對傷
玄武持旌	火孛相攻
木入秦州	計伦陽光
身命升殿	
官令朝陽	

十一月十四日

丁亥　壬子　戊子　乙卯

乾造　晝生

吳商行

直隸武進人

丙午癸丑科

孫宗達探花

經證

木入秦州歸玉

班官祿朝陽名

必顯月升月殿

性涵靈

年限

氐土火位元金

化祿午丑當聚

煞計伦日木對

金火對孛格局

次之

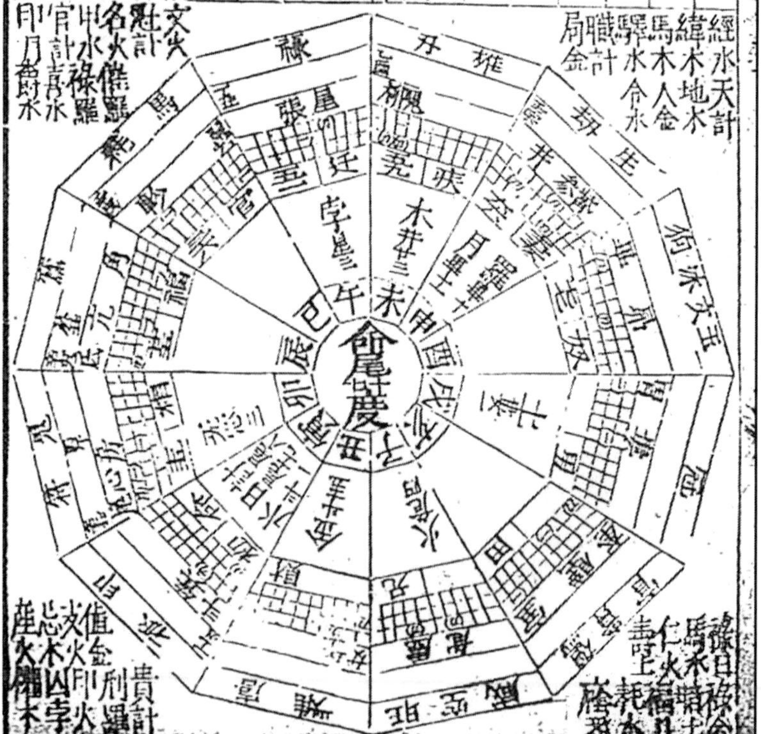

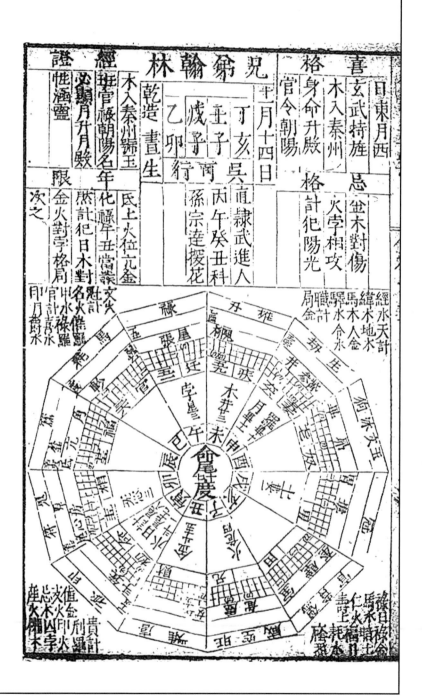

兄弟翰林

喜格

木入秦州
水奏天池
月明官祿
朱雀乘風
十歸鄉國

忌格

日西月東
計犯太陽
日月拱奴

二月廿二日
號後庵

庚子
庚辰
甲申
丙寅

吳中行

南直武進人
辛酉辛未科
丁丑建言廷
杖為民 癸未起官
弟亮奕玄
京兆襄褒

乾造夜生
公兄

經證

日月拱帝闕丑
星布均停世作
公卿身主榮於
十位祿木臨兒
兒貴顯

年限

土羅相生金居
趨分兩未春秋
之捷地雌居官
天雄守命建諫
著名

經火 天金
緯水 地木
馬火 人木
驛金 命土
職七
局羅

文木
魁木
名金 催學
甲水 祿金
官金 喜金
印金 爵土

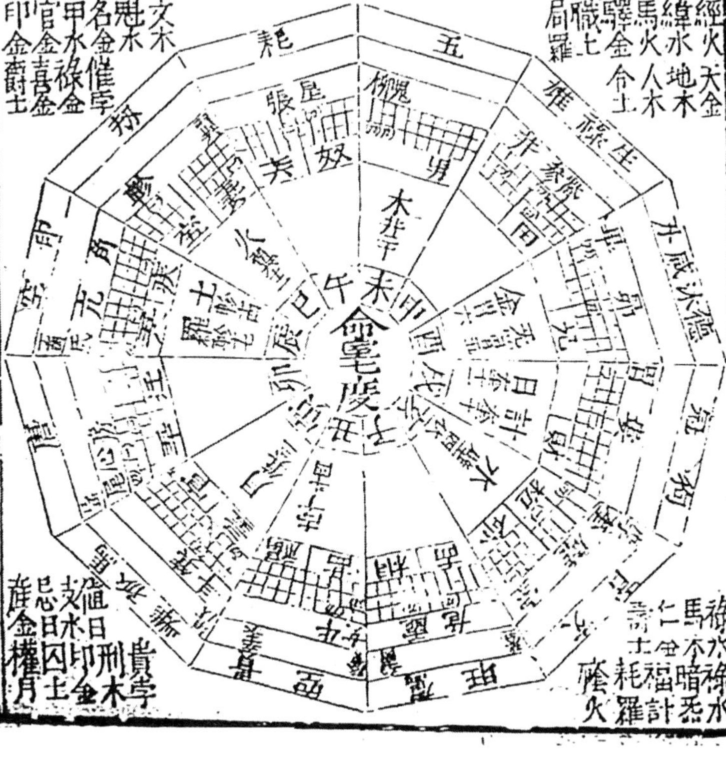

祿水 祿水
馬木 暗炁
仁金 福計
壽土 耗羅
蔭火

貴學
值日 刑木
支木 印金
忌日 囚土
産金 權月

卷之五 二十

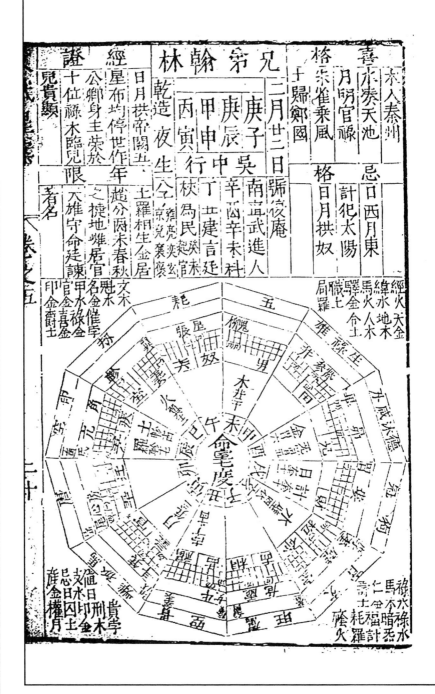

喜格

日月拱官
福官拱祿
福田歸垣
計羅攔截
漏出官星

忌格

土孛交戰
火計和刑
木到大梁

李衡 甲科

正月十一日嘯函所
壬戌 壬寅 丙申 庚寅
吳亮
南直武進人
辛卯辛丑科
辛亥巡按丁
憂
乾造夜生

經證

日月身命併福
祿皆拱官宮兼
羅計截出官星
貴者可知矣

年限

尾火歸垣氐土
胃生但逢限無
星謂之相背畧
減分數

經水天羅
緯土地水
馬木人金
驛木令木
職火
局月

文日
魁炁
名水催月
甲月祿日
官月喜炁
印水爵金

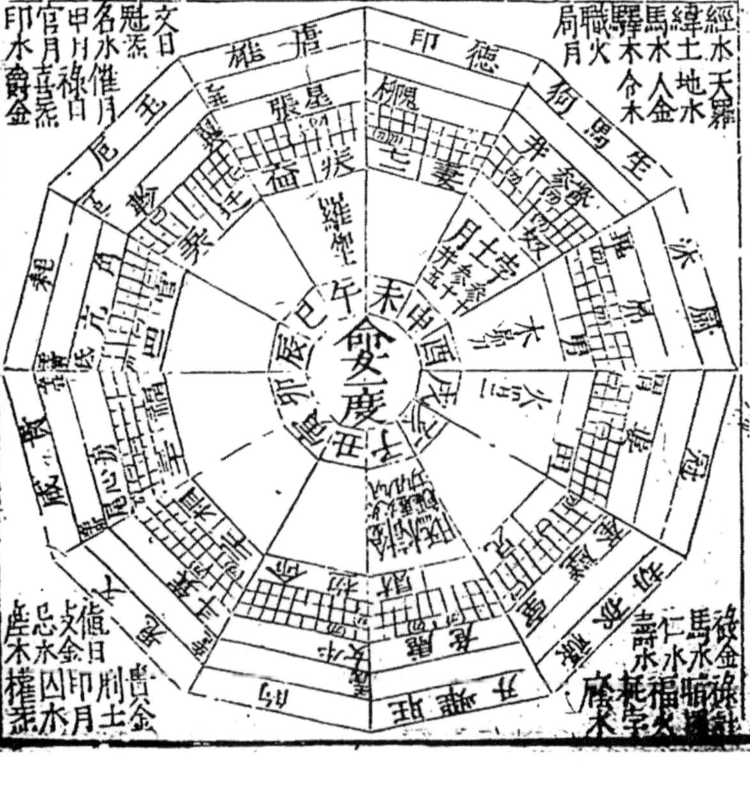

催日
文金
忌木
產木
貴金
刑土
印月
囚木
權炁

殺金
馬水
仁水
壽水
祿計
暗羅
福火
耗孛
廢木

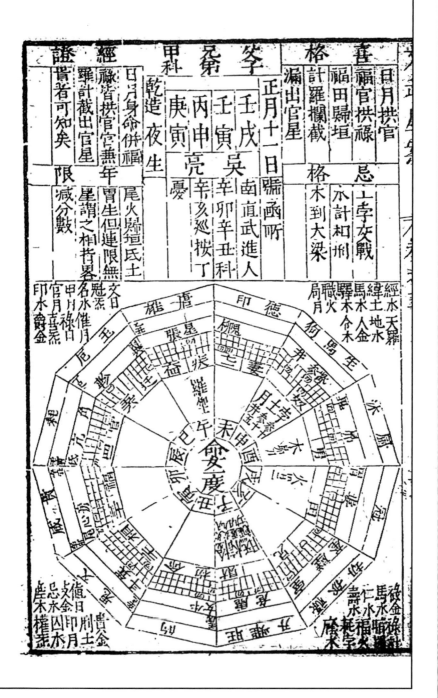

李旻第甲科

喜格

日月得位
陰陽拱命
火金對輝
木月得所
身命得地

忌格

金騎人馬
寒月單行
福官起弱

十月十二日亥時紀所

乙丑　丁亥　乙亥　丁亥

吳　玄

乾造夜生

南直武進人
辛卯戊戌科
乙卯副使
父中行翰林
兄弟皆科第

經證

陰陽拱命當膺
孟子之萬鍾火
金羅月是陰星
遇夜生逢貴顯
真

年限

昴日太陽照祿
胃土单羅夜逢
壬戌年于限祿
命貴

經水　天羅
緯土　地火
馬火　人水
驛金　令水
職孛
局水

文計
魁日
名木　催水
甲土　祿水
官水　喜計
印日　爵水

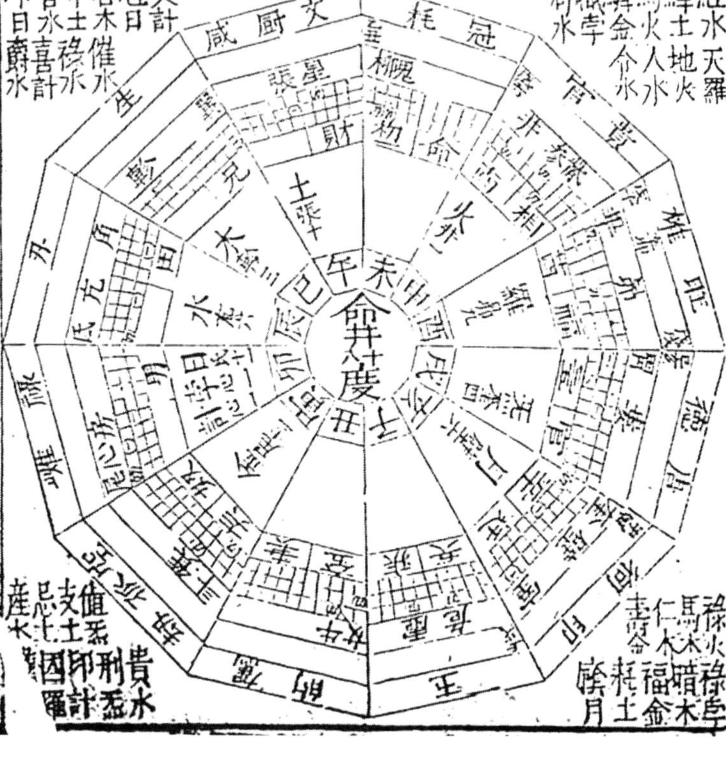

值炁　貴水
支土　刑炁
忌土　印計
產木　囚羅

祿火　祿孛
馬木　晴木
仁木　福金
壽金　耗土
　　　陰月

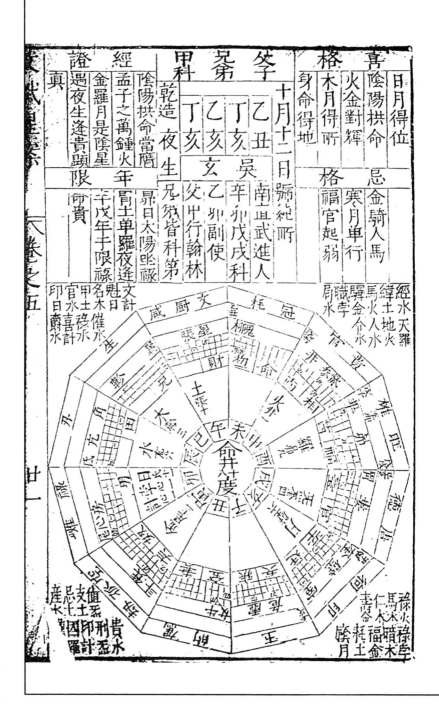

喜格
木入秦州
水陽朝天
金水夾陽
官福夾命
四角有星

忌格
計月同宮
火燒牛角
金乘火位

登第甲科
二月廿六日
甲子 丁卯 巳巳 庚午
乾造晝生
吳奕
縣敏所
西直武進人
庚子庚戌科
父中行翰林
昆玉皆甲科

經證
晝生日而金水
相從鳳閣高遷
龍墀叅入主到
官宮當富貴福
祿炎身爲上客

年限
計難傍月晝生
金命生人不忌
又云首尾陰陽
居四正爵尊權
重

經水天計
緯金地火
馬木人金
驛火命木
職羅
局土

文羅
魁月
名木催金
甲木祿木
官炁喜羅
印木爵土

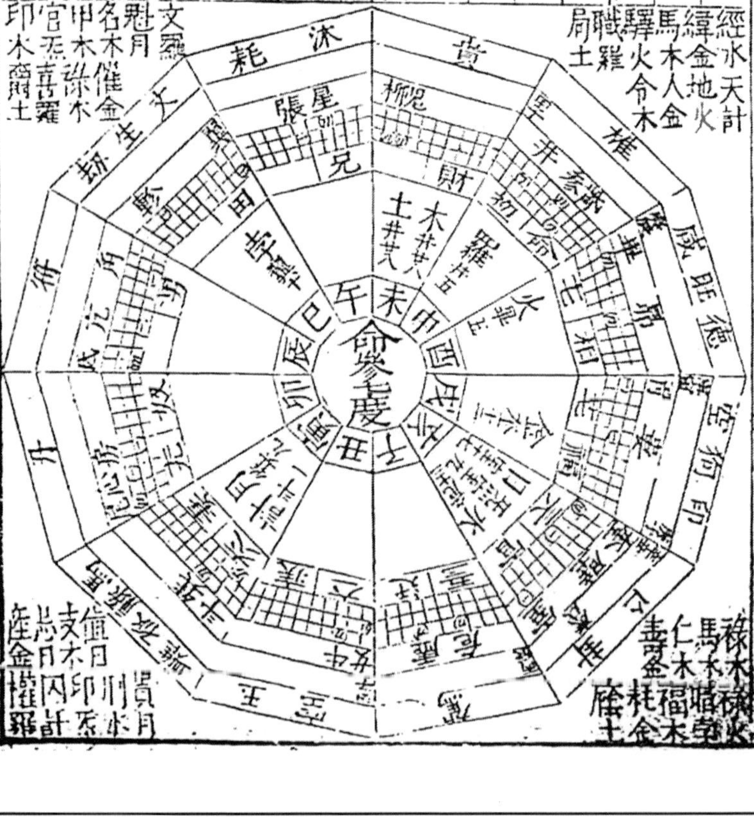

祿木
馬木
仁木
壽金
[illegible]火
[illegible]學
福木
耗金
蔭土

貴月
刑木
印炁
囚計
權羅
僉月
支木
忌月
産金

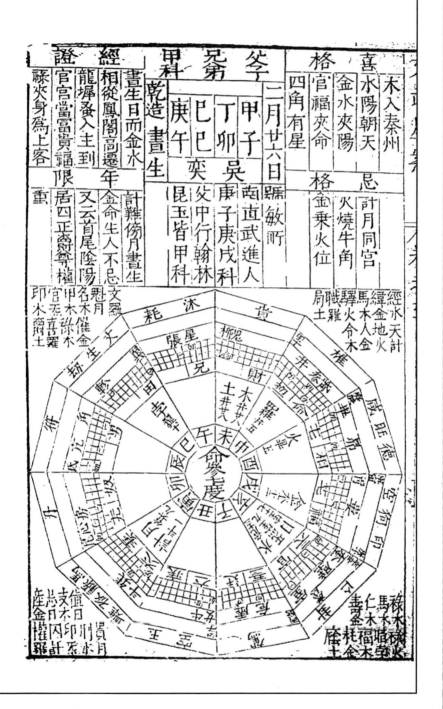

喜格

日月高明
身命居官
日月夾命
日月夾子
福祿拱田

忌格

木入金鄉
土水相攻
羅杷太陽

笲第進士

十月廿九日

癸酉 癸亥 丙子 癸巳

乾造 書生

吳兗

南直武進人
庚子癸丑科
登中行翰林
棠棣俱聯芳

經證

世作公卿身命
榮於十位陰陽
左右迎夾主朝
中朱紫貴嗣主
居官子必出賢

年限

亥子日羅填宮
癸丑日月諸星
夾限秖嫌水土
相攻嗣招虛實

經木 天火
緯水 地金
馬木 人金
驛火 命水
職金
局計

文月
魁木
名水 催計
甲日 祿月
官土 喜火
印字 爵金

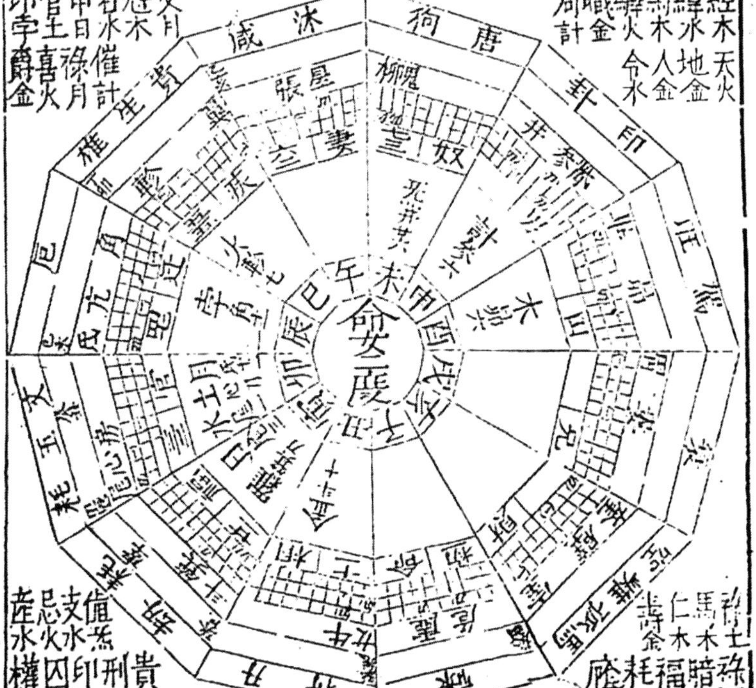

科土 祿羅
馬木 暗火
仁木 福字
壽金 耗木
蔭金

催炁 支水 忌火 產水
貴土 刑月 印水 囚炁 權計

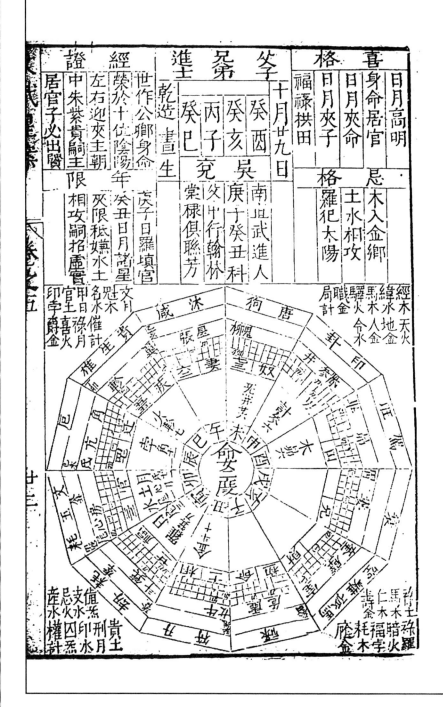

喜格

太乙抱蟾
賓主相和
官福夾陽
身命主高
四角有星

忌格

月南日北
金木相刑
孤陽失輝

父子甲第

正月十七日
壬戌
壬寅
庚寅
丙子
乾造夜生

陳堯

號桐岡
南直通州人
弘治十五年生
刑部右侍郎
子八科進士

經證

金木一纏春有利，名秋必折。太乙抱蟾官必顯，身到官宮當富貴。

年限

大抵金木同躔，限行四木度不利，得木旺於春，水命人有援。

經水　天計
緯木　地金
馬木　人金
驛水　命木
職孛
刑火

文日
魁炁
名水　催月
甲水　祿白
官月　喜孛
印水　蔭金

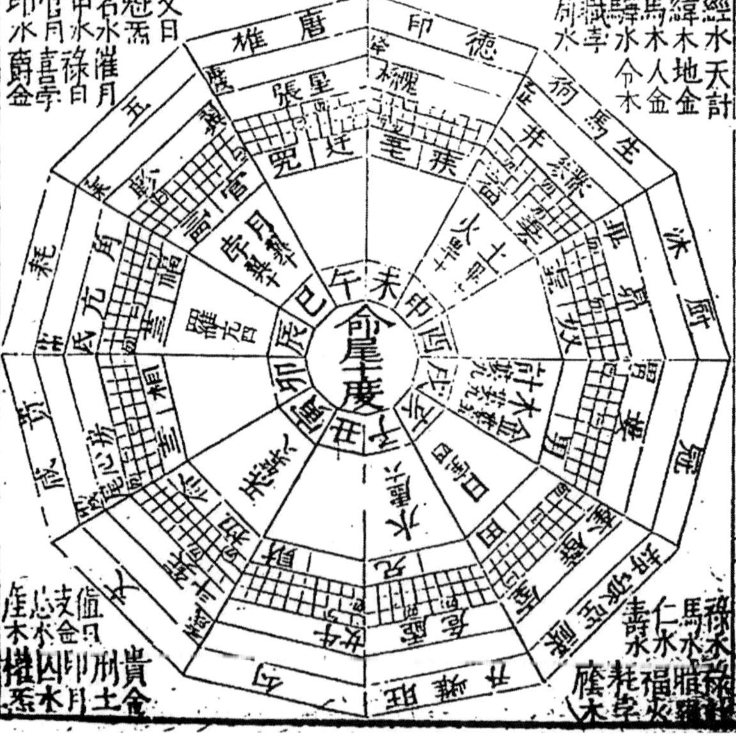

值月
支金
忌木
産木
貴金
刑土
印月
囚木
權炁

祿木
馬水
仁水
壽水
暗羅
福火
耗孛
蔭木

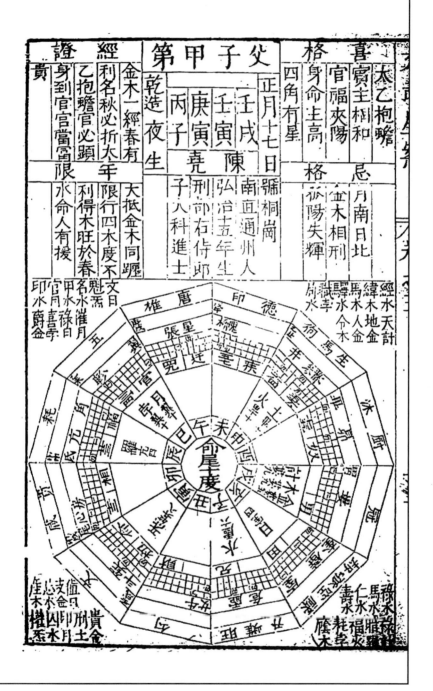

喜格

日月坎離
五曜得經
命官朝陽
身福升殿
計羅子午

忌格

丹星守命
身福弱宮

父子甲第

六月十七日　號如岡
甲午　南直通州人
辛未　戊午辛未科
壬子　右都御史
甲辰　己亥致仕
陳大科
乾造晝生　辛丑卒

經讚

水星隨日至天　戊午木升斗殿
中錦繡文章達年　辛未水金高明
聖聰太陰最高　以應鄉會年矣
彦危男必封侯限
女貴妃

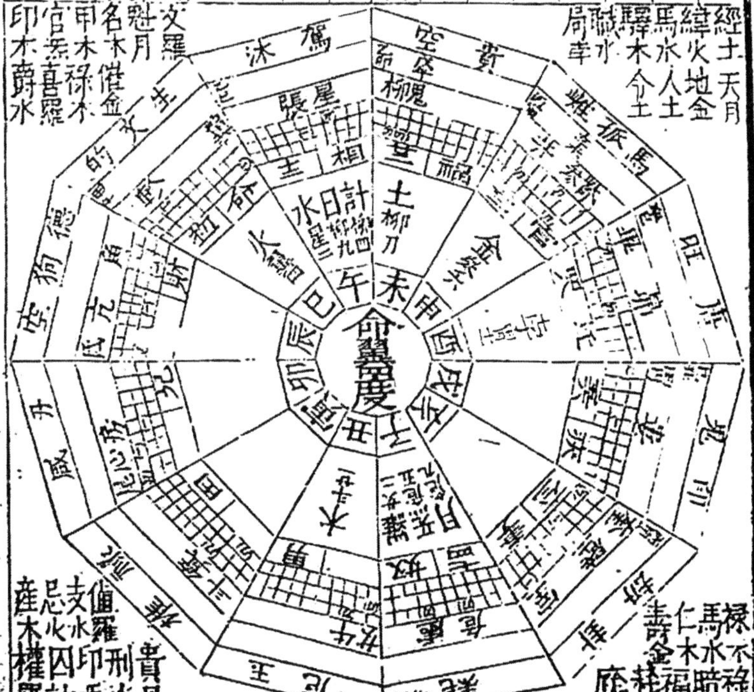

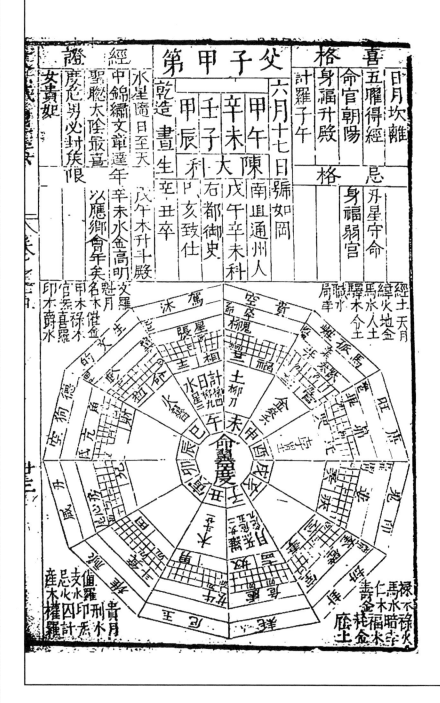

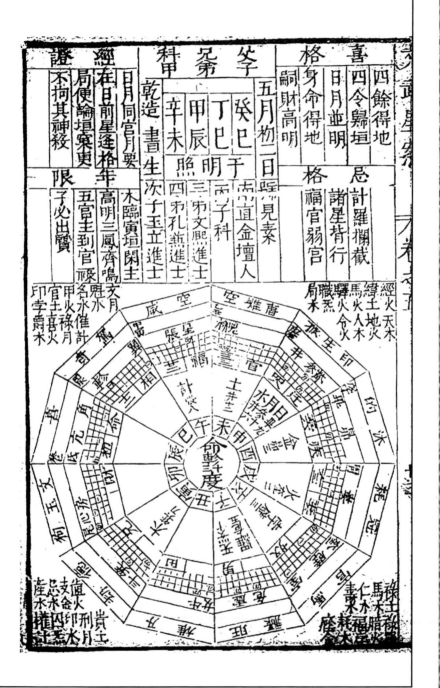

喜格

四餘得地
四令歸垣
日月並明
身命得地
嗣財高明

忌格

計羅攔截
諸星背行
福官弱宮

季弟科甲

五月初一日跻見素

癸巳	丁巳	甲辰	辛未

于明照

南直金壇人
丙子科
三弟文熙進士
四弟孔熙進士

乾造書生次子玉立進士

經證

日月同宮月要
在日前星逢格
局便論垣寒吏
不拘其神殺

年限

木臨寅垣閑主
高明三鳳齊鳴
五官主到官祿
子必出貴

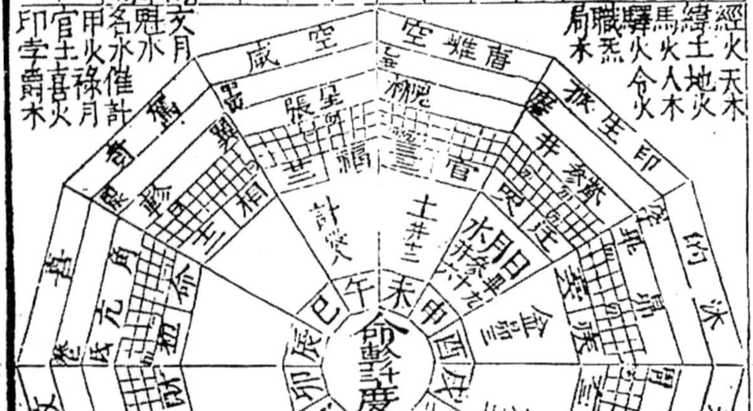

喜格

長庚伴月
福官高明
計羅擱截
漏出福星
四餘得地

忌格

木到大梁
水土相攻
日月背官

兄弟同科甲

六月初三日孺仔素

乾造夜生

丁酉
丁未
庚戌
丁丑

干文熙

南里金壇人
癸酉庚辰科
戊子兵備
戊戌致仕

經證

火金羅月是陰
星遇夜生逢最年
主文又云長庚
伴月必馳名

限

癸酉危月遇金
辰日火金夾陽
掌祿元爲美

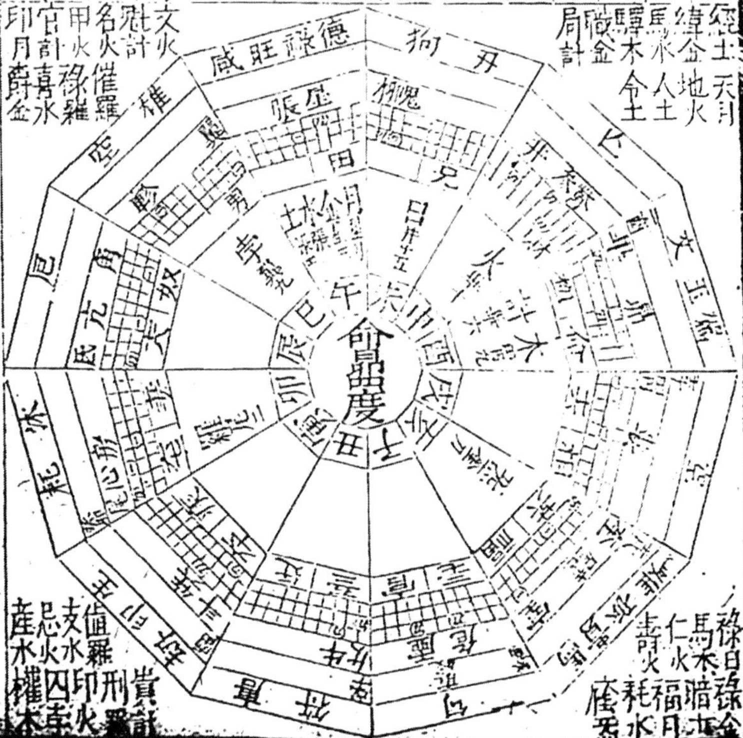

兄弟同科甲

九月初七日

戊	壬	丁	辛
戌	戌	丑	丑

乾造 夜生

于孔兼

號景素

南直金壇人

癸酉庚辰科

禮部郎中

乙卯年卒

喜格

日月夾官福

日月夾田財

身命夾官福

身命夾田財

嗣壽居福

忌格

火金相刑

水孛相攻

工埋雙女

經證

日月最宜拱夾

拱夾官福田財

者以爲伴裝比

龜齡壽星得地

年限

昴日水陽相會

胃土坐祿秉令

酉辰年捷乙卯

二殀併度卒

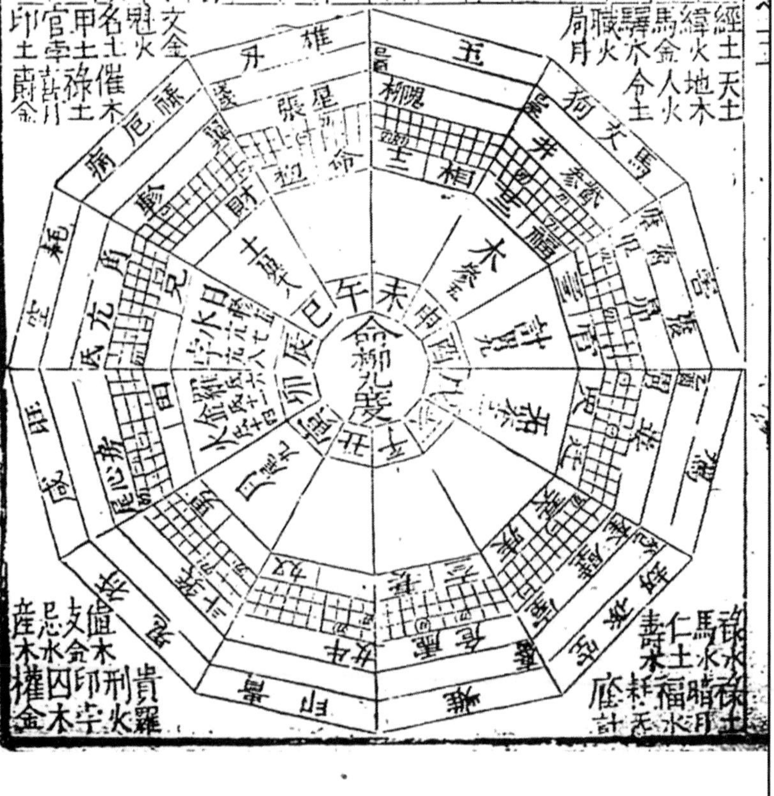

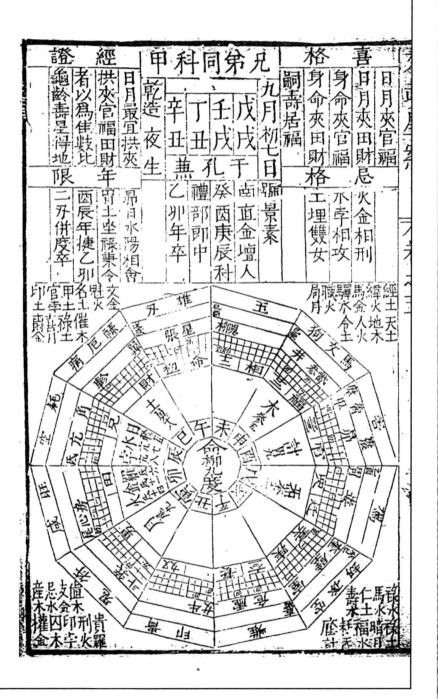

喜格	忌格
火炁聯權	火計相泄
水木登駕	水孛化主
命官坐祿	日西月東
身福臨貴	
嗣星朝陽	

嬰 伯叔 甫朴

乾造 辛酉 甲午 乙亥 壬午

于玉立

五月十六日號啟庵

南直金壇人

壬午癸未科

刑部郎中

癸卯爲民

書生由甲申年卒

經證

火逢紫炁最爲 壬午癸未限步

平龍鳳叢中第一年 柳土土星朝陽

一人玉堂祿馬 書生得體限主

位坐命安身真限 朝君名遂功成

富貴

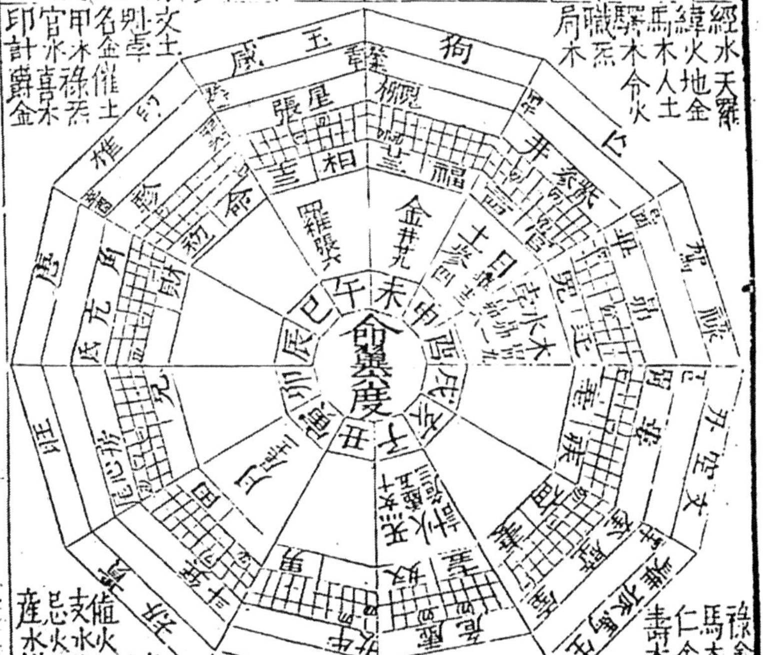

喜格

七政連茹
四餘列外
火金夜輝
日月夾命
福官夾主

忌格

四餘向限
七政背命
寒月单行

兄弟三進士

壬月初六日
[illegible]時之休

乾造夜生

戊辰
甲子
庚辰
丙子

袁宏道

湖廣公安人
戊子壬辰科
吏部郎中 庚戌年卒
兄宗道會元
弟中道進士

經證

日月最宜拱夾
夜遇火金而爍
侯又云文武兩
班棟梁之材

年限

太陰最喜度躔
危男必封侯女
貴妃戊子壬辰
春秋兩捷

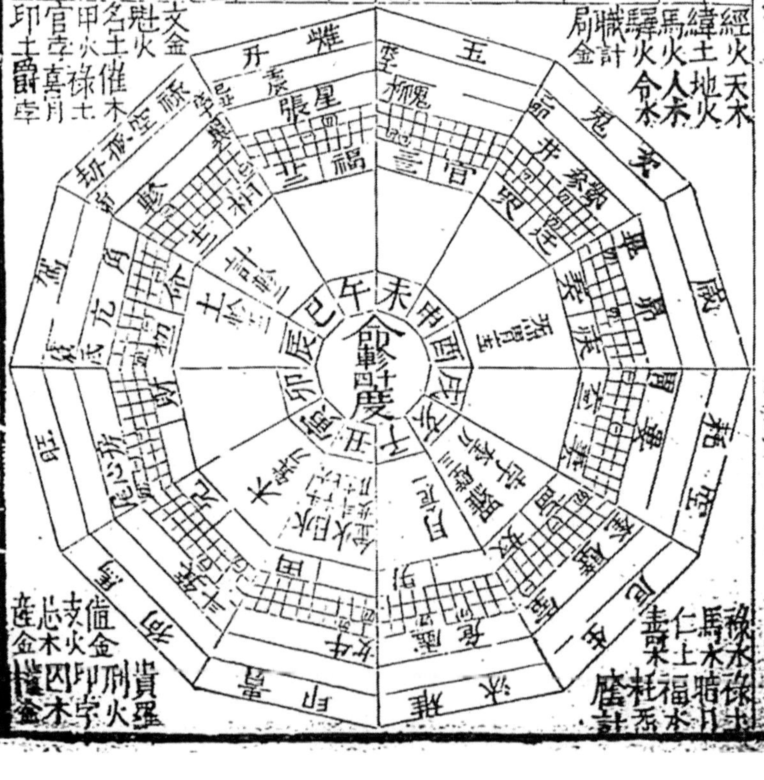

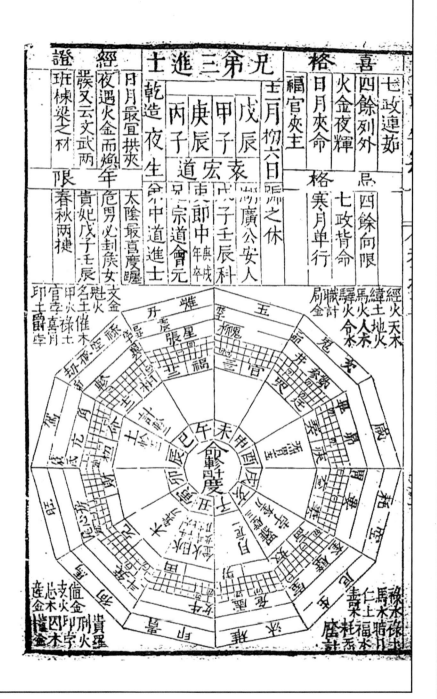

兄弟同科甲

喜格

計羅截斷
四餘捧月
五曜拱日
日月得位
嗣祿歸垣

忌格

炁難伴月
金木對刑
水破火垣

九月十九日
壬寅
庚戌
丙寅
癸巳

梅國楨

乾造晝生

號衡湖
湖廣麻城人
壬午癸未科
仕至巡撫

經證

五曜從陽於東
升四餘捧月於年
酉方命主朝陽
終富貴官曜居限
官作類官

金木垣殿限歷
角亢春秋榜中
人矣

經水 天羅
緯土 地水
馬木 人金
驛木 命土
職火
局月

文日
魁炁
名水 催月
甲月 祿日
官月 喜孛
印水 蔭木

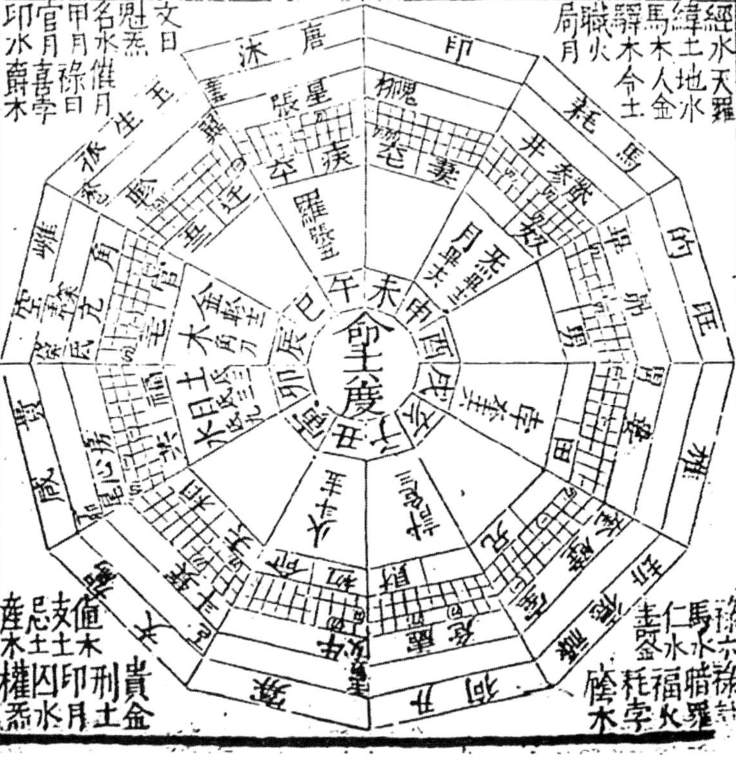

祿六 祿計
馬水 暗羅
仁水 福火
壽金 耗孛
蔭木

值木 貴金
支土 刑土
忌土 印月
產木 囚水
權炁

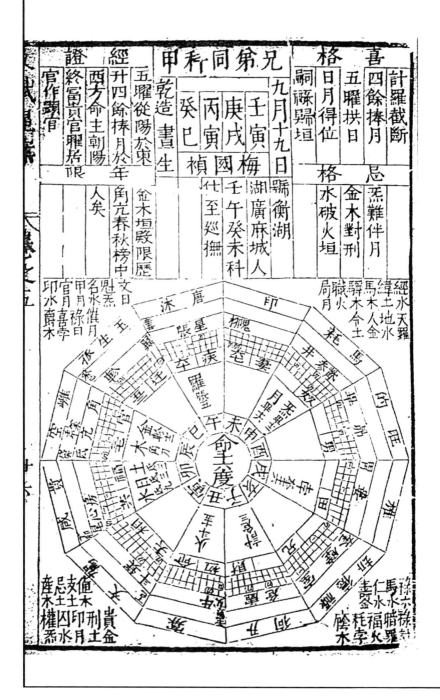

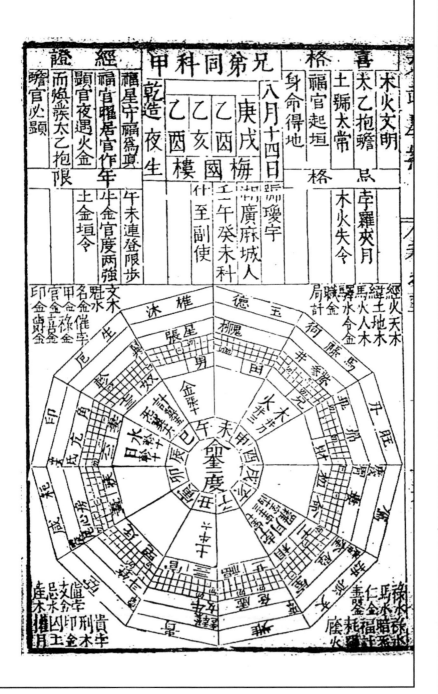

兄弟同科甲

喜格

木火文明
太乙抱曜
土禰太常
福官起垣
身命得地

忌格

孛羅夾月
木火失令

八月十四日

乾造夜生

庚戌　乙酉　乙亥　乙酉

梅國樓

號瓊宇
湖廣麻城人
壬午癸未科
仕至副使

經證

福星守福爲真
福官權居官作
顯官夜遇火金
而煥羨太乙抱
曜官必顯

年限

午未連登限步
午金官度兩強
土金垣令

貴格

土歸鄭國
月出艮方
官來拜主
主到官宮
身星濟吉

忌格

日月背行
火計相泄
水犯孛奴

三世四甲科

正月廿四日
號安鄭
辛丑
庚寅
辛亥
己丑
乾造夜生
具達可
南直宜興人
癸酉丁丑科
仕至通政使
子正志進士
孫洪亮洪裕舉人

經證

官來拜主身輔
帝闕主到官宮
富富貴孤月獨
明一世享康寧
之福

年限

癸酉丁丑限行
九金金升牛殿
官度兩強駉星
高明蘭桂芬芳

經金天炁
緯土地土
馬水人土
驛木命木
職月
局火

文土
魁孛
名金
催土
甲月
祿炁
官水
喜木
印計
爵水

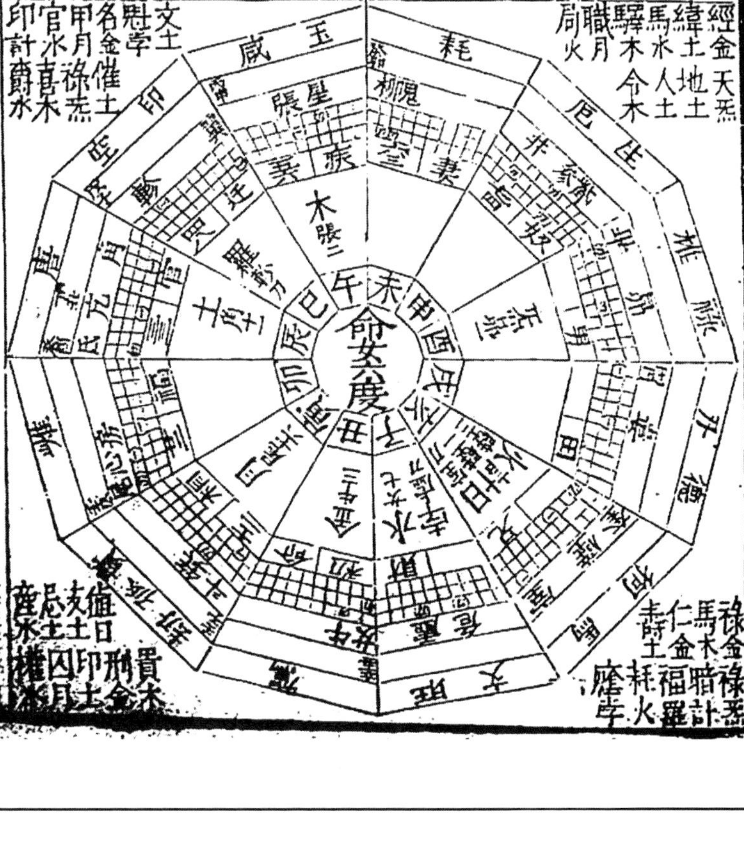

祿金
祿炁
馬木
暗計
仁金
福羅
壽土
耗火
麼孛

值日
支土
忌土
產水
貫木
刑金
印土
囚月
權水

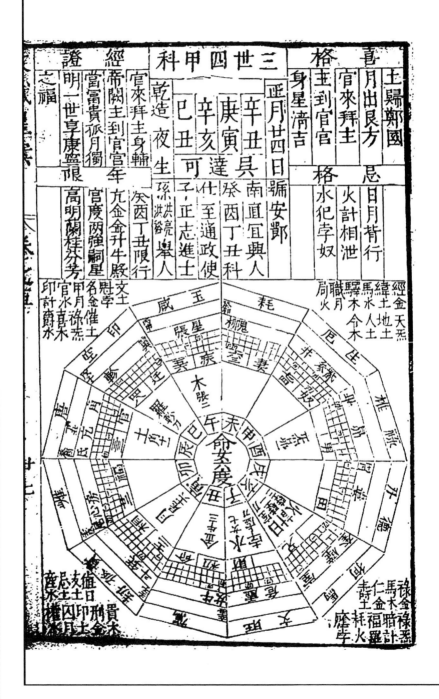

喜格

日月得位
福官拱命
太乙抱蟾
水陽相會
官星貫日

忌格

金木對傷
土月併刃
福官受傷

三世四甲科

九月廿二日號徹如

壬戌	庚戌	癸卯	己未

吳正志

乾造晝生

南直宜興人
乙酉己丑科
父達可進士
子洪亮洪裕舉人
戊午年卒

經證

官星貫日顯達之人太乙抱蟾年官必顯木炁拱照身命主有壽限而聰明
五宮福木子顯直英發膺酉丑鄉會木星井殿對金傷宦途崎嶇

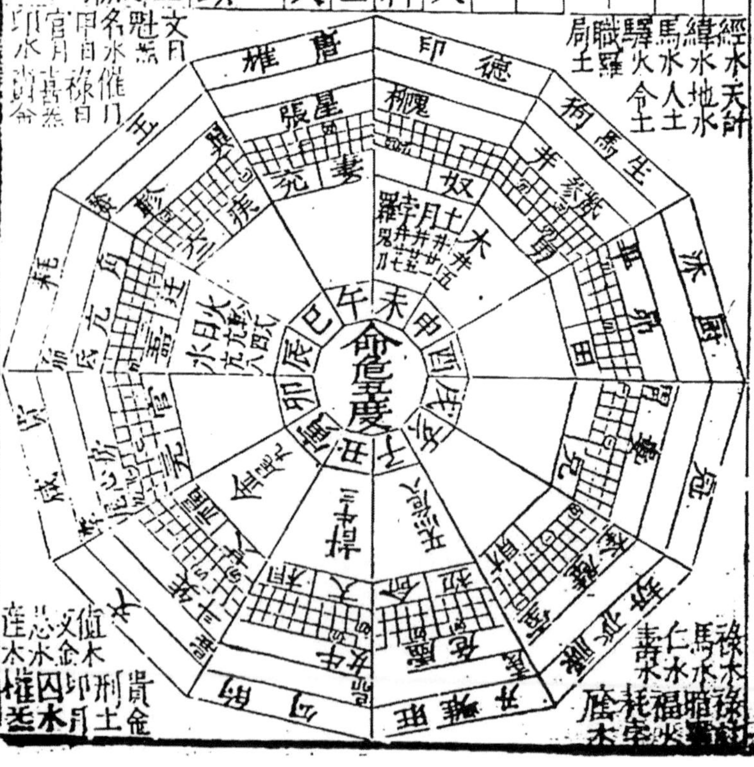

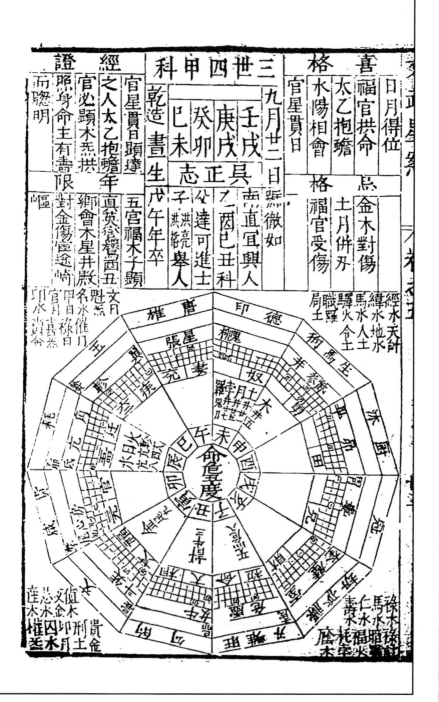

喜格	
日月合壁	
福官起垣	
土歸鄭國	
木羅會舍	
居三隅三	

忌格
計孛交戰
火金對傷
土水對尅

兄弟四甲科

三月初一日

壬寅	癸卯	辛巳	乙未

乾造 書生

梅守相

號春寰

南直寧國人

庚午巳丑科

仕至參政

子曆祚舉人

經證

日月分明是貴

人官福高強貴年

必須居三隅三

乃爲秀士

限

戌午日月合壁

巳丑木羅會舍

五官主掌官祿

子必出貲

經火天金 緯土地火 馬金人火 驛金令木 職水 局孛

文日 魁炁 名水催月 甲土祿日 官月喜孛 印水蔭木

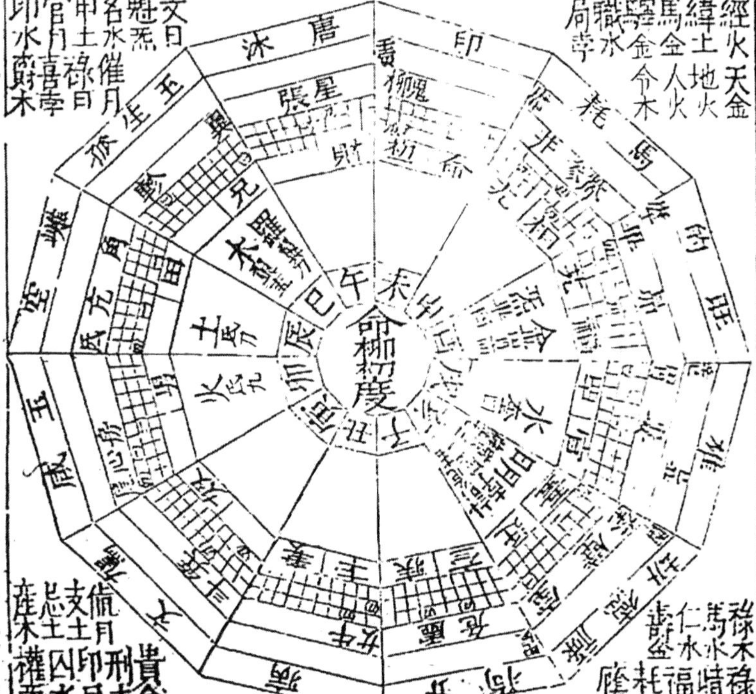

傷月 支土 忌土 產木

貴金 刑土 印月 囚水 權炁

祿木祿計 馬水晴羅 仁水福火 壽金耗孛 蔭木

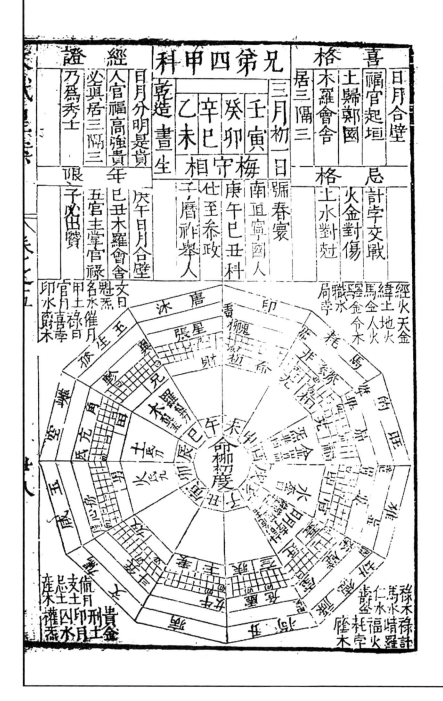

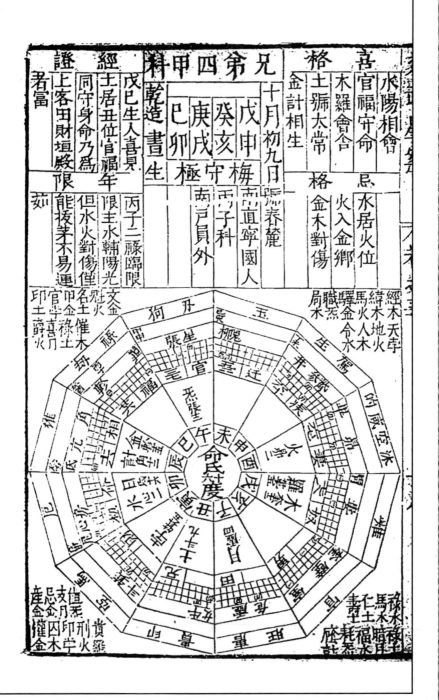

經證		兄弟四甲科	喜格
戊巳生人喜見土居丑位官福同守身命乃為上客田財垣殿君富		十月初九日□張春麓 乾造 書生 戊申 癸亥 庚戌 己卯 梅守極	水陽相會 官福守命 木羅會合 土孫太常 金計相生
年限			忌格
丙子二祿臨限限主水韓陽光但水火對傷僅能拔茅不易運如		南直寧國人 丙子科 南戶員外	水居火位 火入金鄉 金木對傷

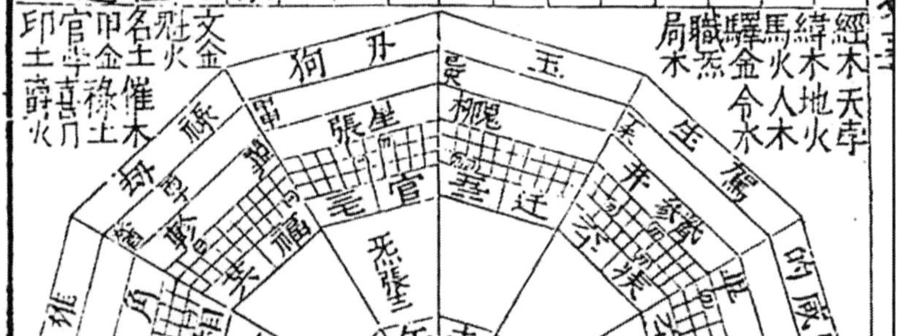

喜格

計羅截斷
群星拱北
漏出身命
主官垣殿
田財夾度

忌格

月火失輝
木入齊魁
水犯孛奴

兄弟四甲科

十二月十三日
戊午
乙丑
乙卯
己卯

乾造 書生

梅守峻

號太庚
南直寧國人
壬午丙戌科
仕至僉事
庚戌卒

經證

計羅榻截漏出
身命群星朝北
經云星朝北地
真奇命

年限

壬午水木朝陽
丙戌火燃天蝎
庚戌水犯孛奴
劫木度末

經木 天火
緯水 地土
馬木 人金
驛火 命土
職土
局羅

文金
魁火
名土 催木
甲日 祿土
官孛 喜月
印土 齋水

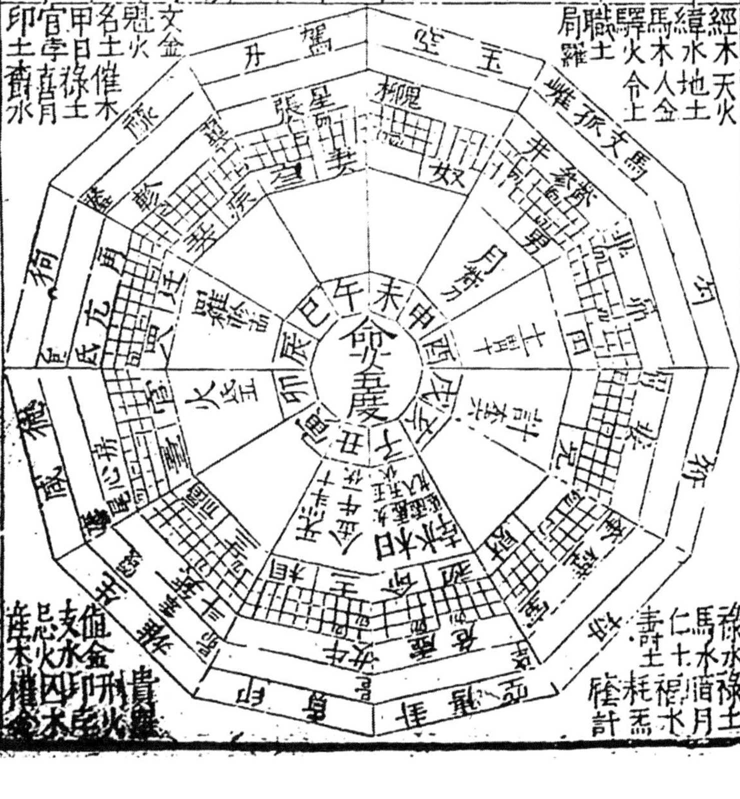

祿水 祿土
馬水 暗月
仁十 福水
壽土 耗炁
蔭計

値金 貴[illegible]
支水 刑火
忌火 印[illegible]
産木 囚木
權金

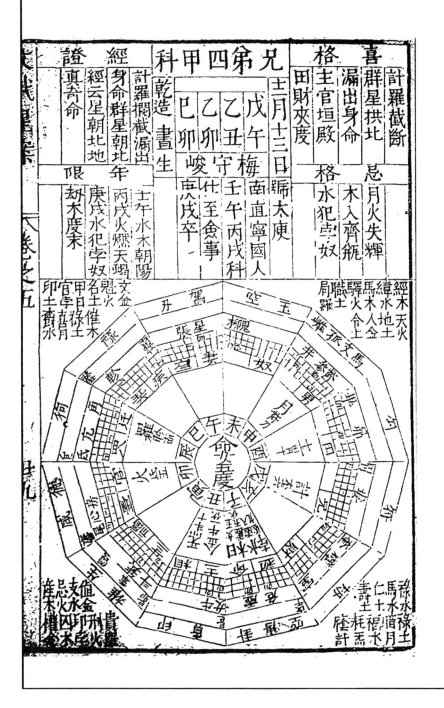

喜格

玄武持旌
火月同宵
命官朝陽
身福得地

忌格

山澤沉埋
土孛交戰

見第四科甲

十二月初七日
辛酉
辛丑
壬戌
辛亥
乾造夜生
梅守和
點二水
南直寧國人
乙酉戊戌科
仕至布政
癸□卒

經證

晝生日而金水
相後夜誕月而
火羅侍衛合岳
格着鳳閣高遷
龍墀番入

年限

土孛破官徒向
仕途奔走格局
次之酉捷水從
陽戌會木坐祿
駕

經水 天羅
緯火 地金
馬火 人水
驛木 令土
職炁
局木

文土
魁孛
名金 催土
甲木 祿炁
官水 喜木
印計 庫金

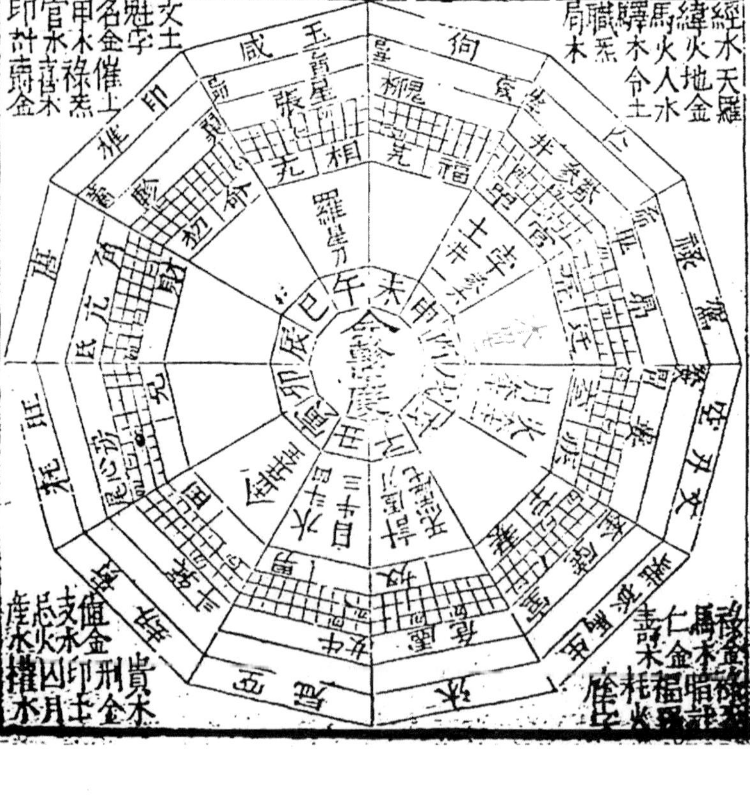

值金 支木 忌火 產水
貴木 刑金 印土 囚月 權水

祿金 馬木 仁金 壽木
[illegible] 暗[illegible] 福[illegible] 耗火 蔭土

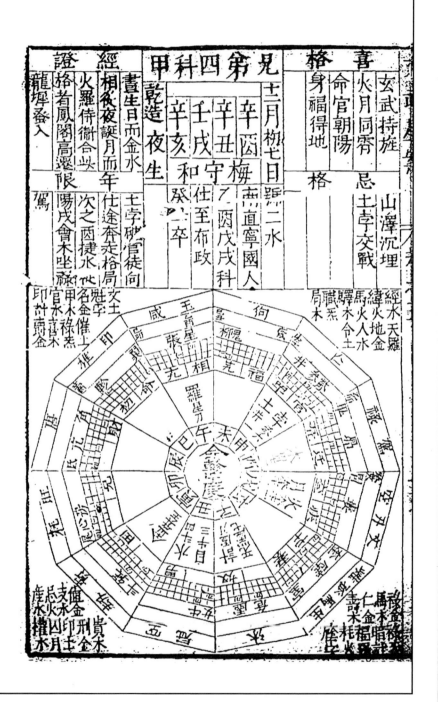

三世四甲第

喜格

日月拱命
土羅相生
火金夜輝
名甲升殿
嗣祿高明

忌格

計孛太陽
金騎人馬
木居獅子

閏月初九日
戊子
癸亥
丁丑
辛亥
乾造夜生

何汝德

直隸留守衛
嘉靖七年生
己酉癸丑科
子湛之淳之
孫棟如俱進士

經證

日月拱命當權
孟子之萬鍾夜年
水金會垣張月
遇火金而燦談
朝天巳酉癸丑
堂官福嗣主者限
限行參畢
貴

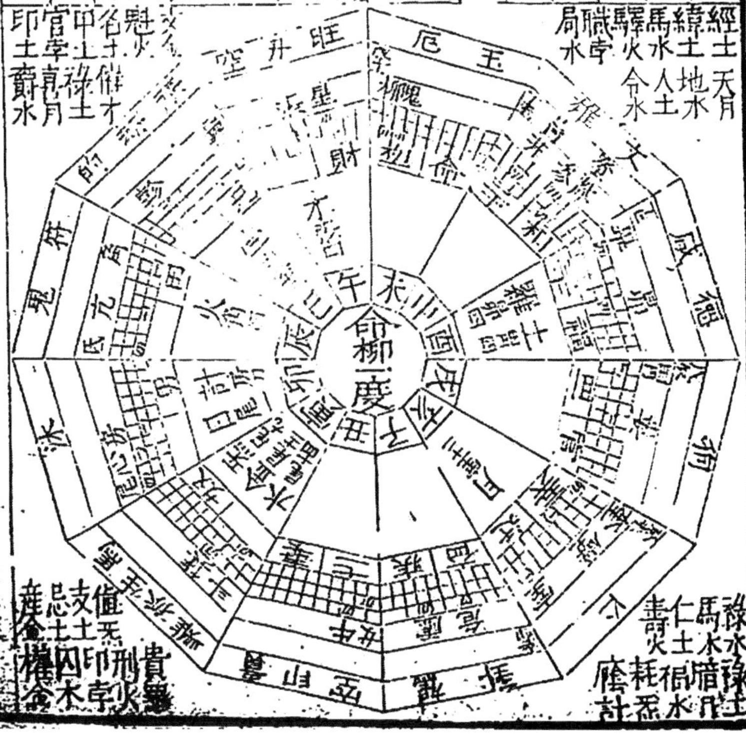

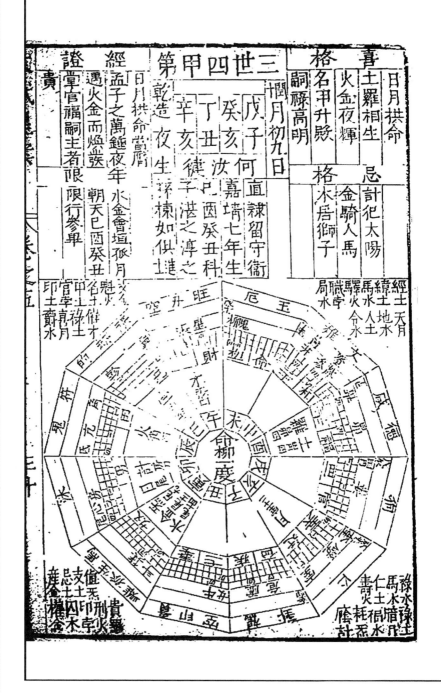

經證				嬰[illegible]進						喜格				
多端合格為上	聖聰群星守照	中錦繡文章達	水星隨日至天	乾造書生	壬辰	辛卯	戊申	壬申	七月初八日	群星拱命	計羅截斷	金歸太常	命官朝陽	水陽相會
限		年			如	棟	何				格		忌	
人不足	熙金木對傷佳	戊戌土升氐殿	甲午水陽相會	辛酉南躲方	甲辰九月出	辛丑年謫獄	甲午戊戌科	壬直留守衛	派玉峴		炁奴犯井	妻田值尅	金木對傷	

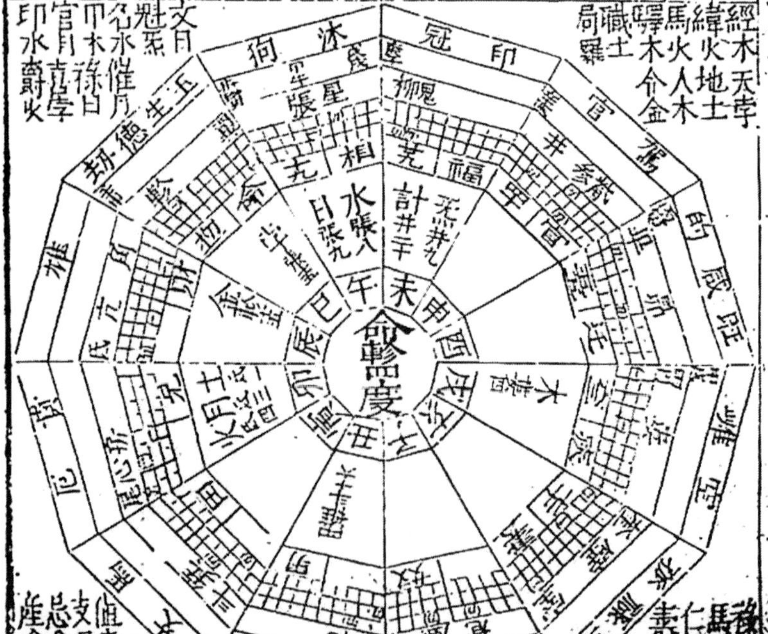

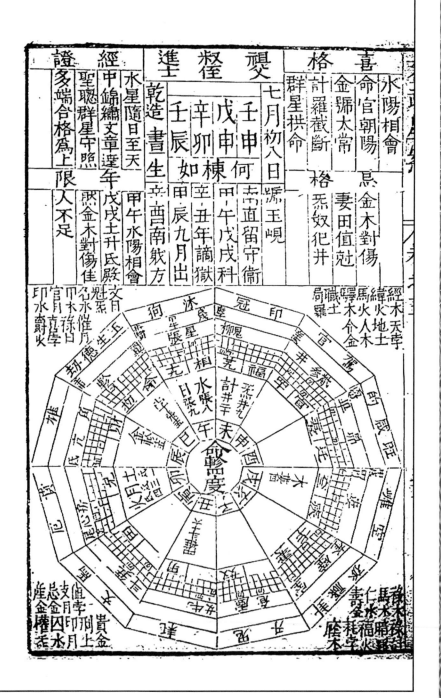

喜格	木月滿貴	桂林一枝	身福歸垣	命官臨財	星拱命	父子兄弟進士	八月廿四日	辛亥	丁酉	己卯	丁卯	乾造 晝生	經證
忌格	孤陽守命	火金易垣					時矩所	南直上元籍	丙子己丑科	仕至叅議	子棟如進士	何湛之	

經證	月中仙棲	平步青雲福星	守福為真福命	官臨財財豐富
年限	不入秦州歸玉	堦快入朝中作	諭官丙子秋闈	巳丑玉堂填限

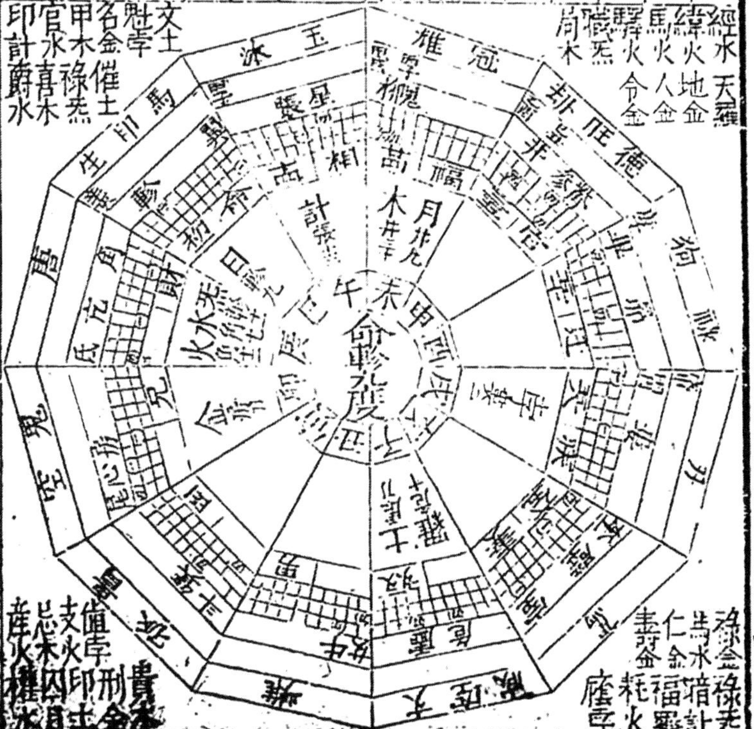

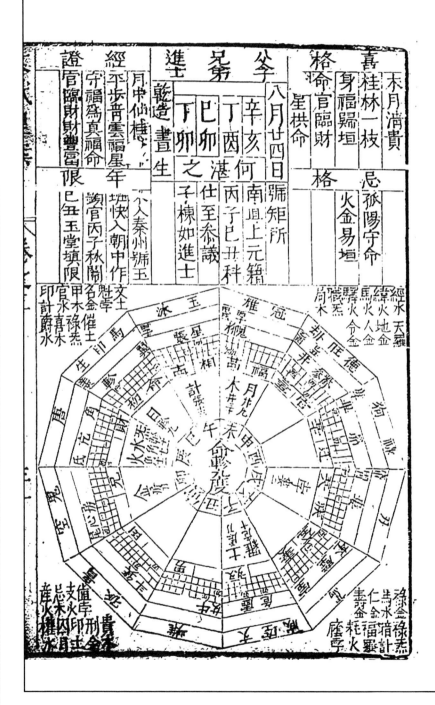

喜格		忌格
官福朝陽		日月背宮
四餘獨步		火金相刑
木月滑貴		
衆曜拱命		

父卒　兄任　進士

乾造書生　何淳之

四月十一日

甲寅　巳巳　辛巳　癸巳

號太吳　南直上元籍　丙子丙戌科　壬寅巡按　癸卯卒官

經證

四餘獨步能教衆国來降官曜頭而福星明官高福厚

年限

畢度木月滑貴　胃土遇火相生　以應鄉會年捷　癸卯劫木逢洩　宮火失所

經金天炁　緯土地土　馬木人金　驛金命火　職計　局金

文羅　魁月　名木催金　甲土祿木　官炁喜羅　印炁爵木

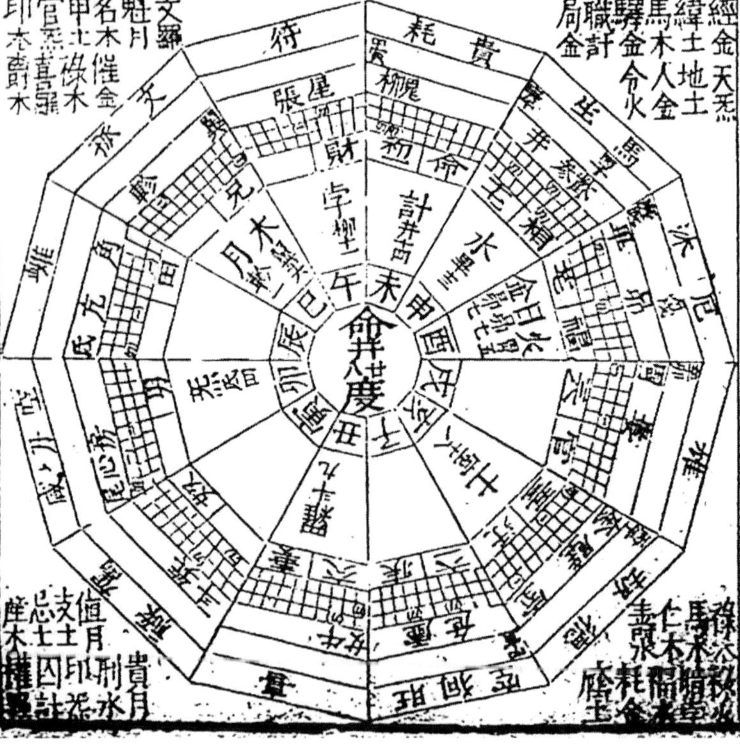

祿火　馬木　仁木　壽水
科火　暗土　福木　耗金　陰土

貴月　值月　刑水　支土　印炁　忌土　囚計　產木　權羅

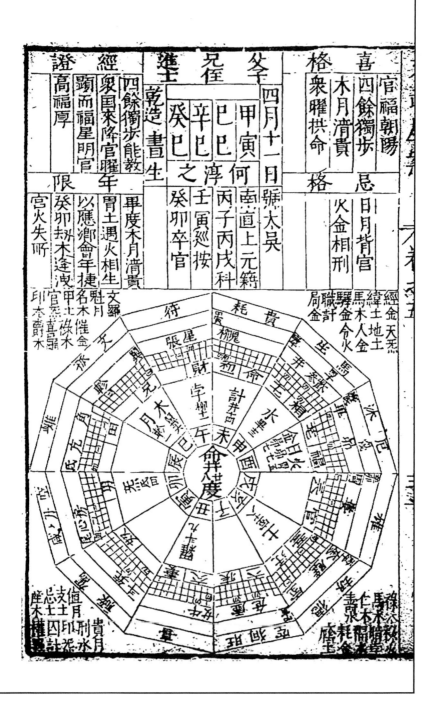

兄弟進士

三月十九日騙味玄

乙巳	辛巳	辛巳	丙申

黃道年

廬州合肥人
丁卯辛未科
知州癸未致仕

乾造書生
弟道月進士

喜格

木臨寅垣
水木互躔
身官遇恩
四餘得地

忌格

日月背行
金火相刑
土月同宮

經證

辰酉坐命土犯
月而尤佳木臨年
寅亥是眞垣精
神百倍

限

卜蘇辛貴臨限
且其高捷朕度
主宮土兩弱盡
美夫盡善也

經金 天水 緯土 地土 馬水 人土 驛火 令火 職羅 局土

文計 魁日 名木 催水 甲火 祿水 官水 喜計 印日 爵木

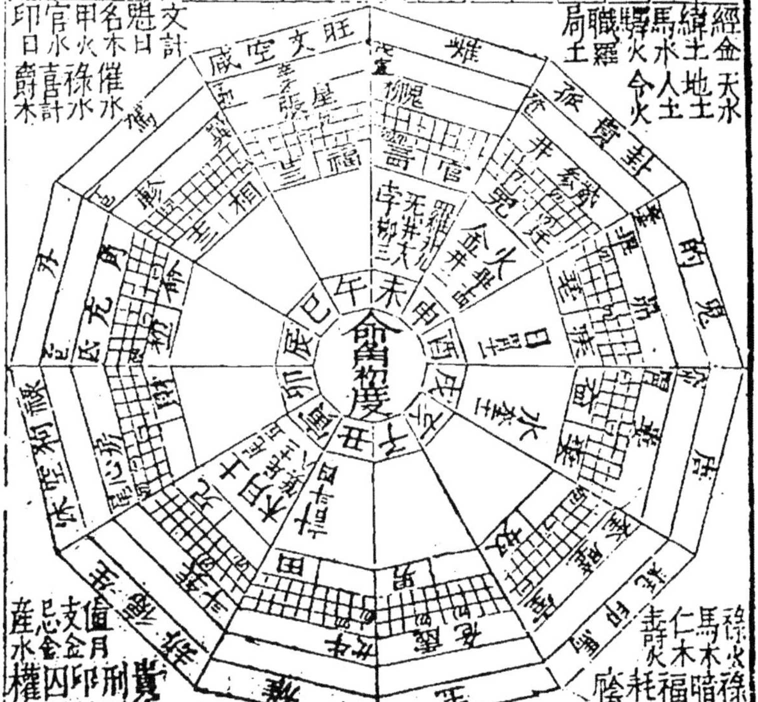

貴木 刑炁 偷月 印計 支金 四羅 忌金 權火 產水

祿火 祿木 馬木 暗孛 仁木 福金 壽火 耗土 陰月

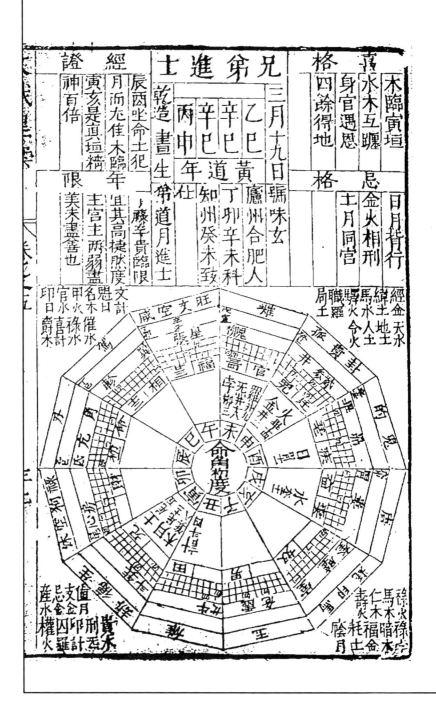

兄弟進士

十二月初四日雞鳴青玄

乾造 夜生

壬子 壬子 壬子 辛亥

黃道月

廬州合肥人
巳卯丙戌科
中書
庚寅年卒
兄道年進士

喜格

三台拱斗
羅月交輝
日月夾命
日月夾官
日月夾恩

忌格

土羅夾身
身福坐孕
孕冷金寒

經證

夜誕月而水羅侍衛，書生日而金水相從。合此格者，鳳閣高遷，龍墀蚤入。

年限

娟娟月色，土計為防；身福二主，皆被其魁，故遐齡少業，土孕九凶。

經木 天孛 緯火 地土 馬火 八木 驛木 命水 職土 局羅

文日 魁羔 名水 催月 甲木 祿日 官月 吉亭 印水 爵土

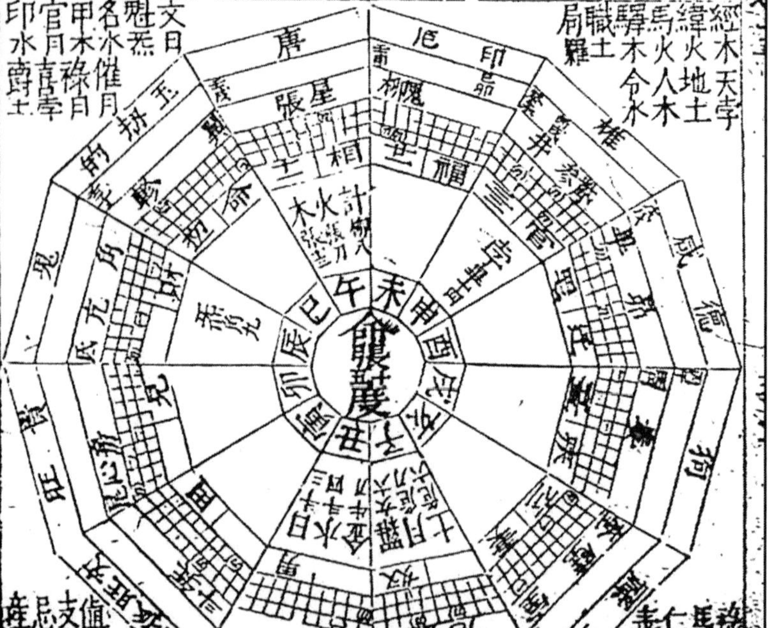

值金 支木 忌日 産金 貴金 刑土 印日 囚水

祿木 馬木 仁水 青木 福火 耗土 曆木

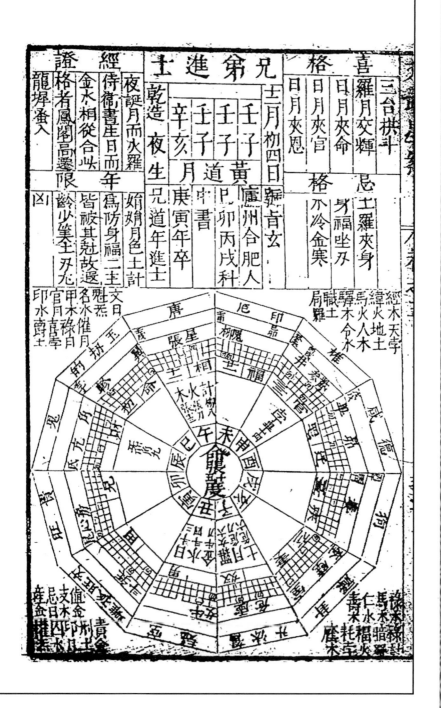

壽格

日月夾福
木火荆周
祿官拱祿
天月當手
四餘得位

忌格

金騎人馬
水居火位
諸星背行

兄弟進士

上月初四日
壬子
辛亥
壬午
辛亥
乾造夜生

史翰

[illegible]企愚
[illegible]直金壇人
乙酉壬辰科
御史京堂
弟樹德
子續烈進士

經證

火金羅月是陰
鼎日婁金乙酉
星遇夜生逢最忌
壬辰限行此度
夫文若爲身命
者利兄主朝陽
司官福三台八
𠂢棠棣聯芳
座顯揚名

經火 天金
緯土 地火
馬金 人火
驛金 合水
職水
局孛

文日
魁炁
名水
催月
甲土
祿日
官月
喜學
印水
爵土

祿木 祿計
馬木 暗羅
仁水 福火
壽木 耗孛
蔭木

貴金
刑土
印月
支木
忌日
權金

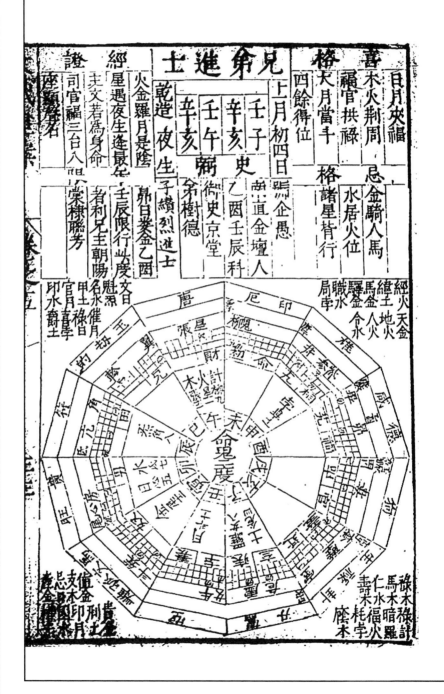

兄弟進士

九月廿七日號省愚

乾造晝生

甲寅	甲戌	乙丑	巳卯

史樹德

南直金壇人
丁酉辛丑科
戶吏郎中
兄弼京堂
伍纘烈進士

書格

計羅截土
日月夾輔
福官引從
群星拱命
水陽相會

忌格

火孛交戰
金羅相刑
妻財值尅

總證

計羅截斷漏出
恩星貽恩賞爵
諸星守照多端
合格為上

年限

丁酉辛丑限歷
井木經云木星
度駕平生足履
王旋

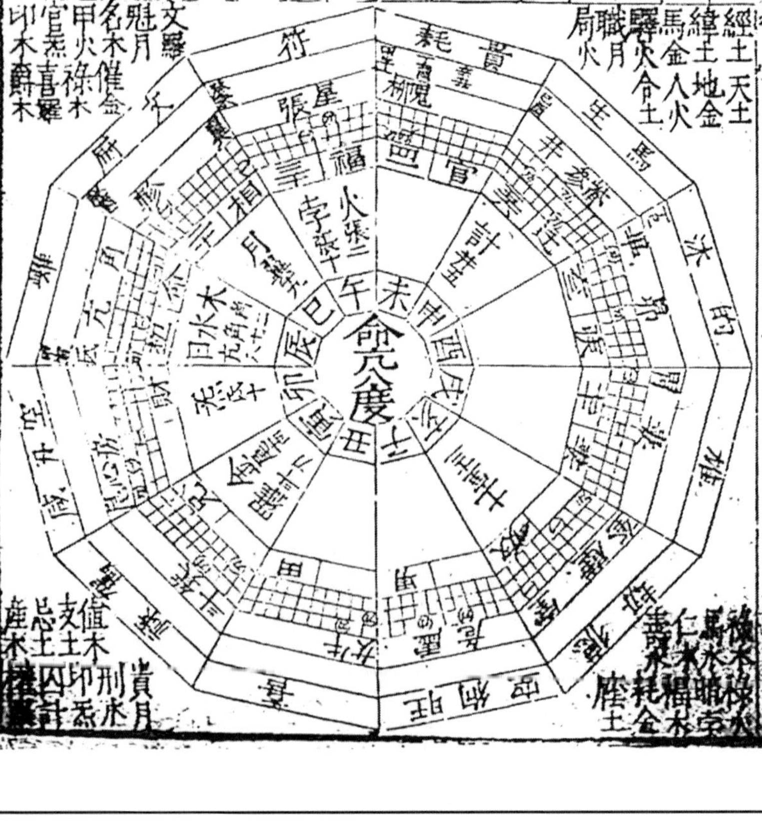

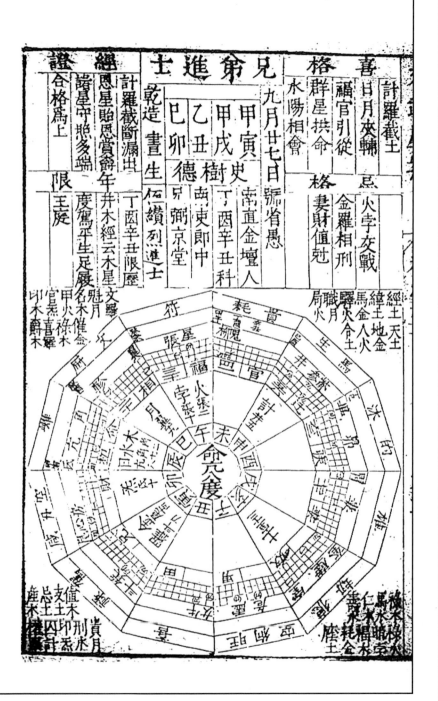

兄弟同甲

彭好古

五月廿五日號熙陽

湖廣麻城人

癸酉丙戌科

甲午尚寶丞

弟遵古

辛丑	甲午	庚戌	丙子

乾造夜生

喜格

身命奎壁

水金會垣

四餘獨步

福官高明

忌格

忌火金相刑

諸星背行

經證

爲人清秀主文章多因身命壁奎列四餘獨步能教衆國來降

癸酉手木坐貴丙戌箕水逢生但官福弱官諸星背行減力

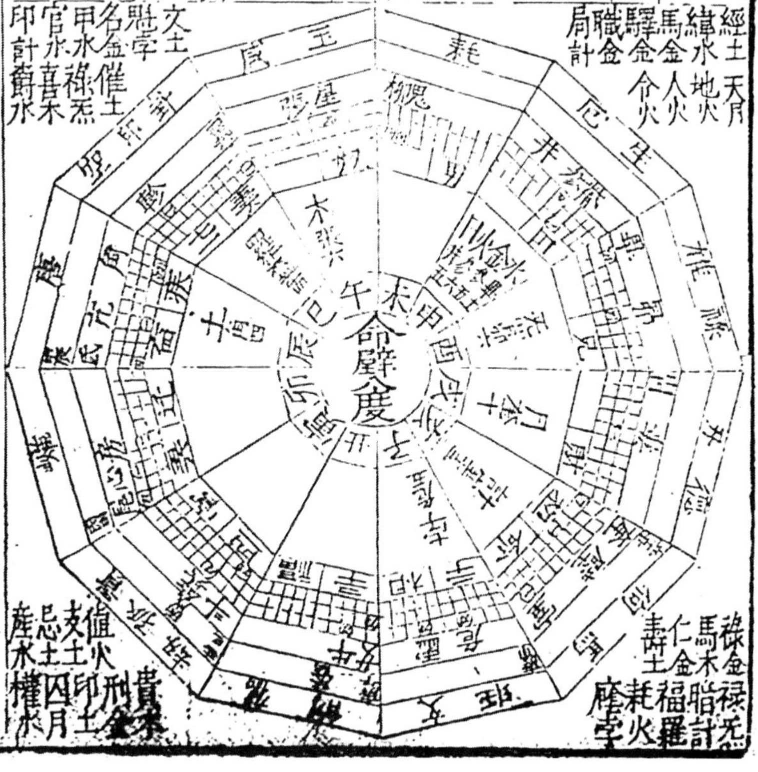

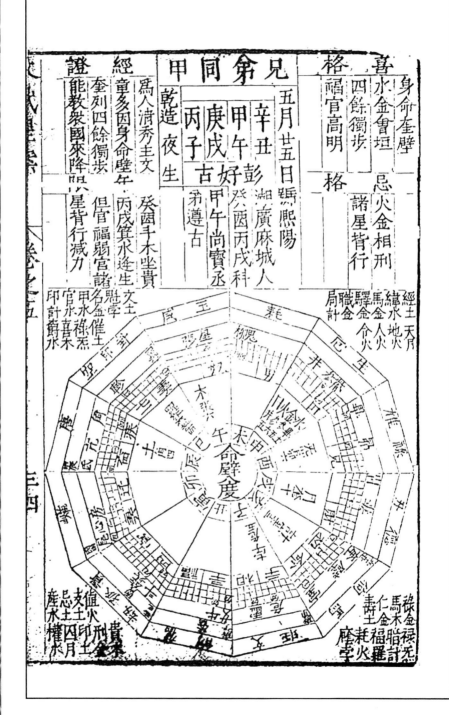

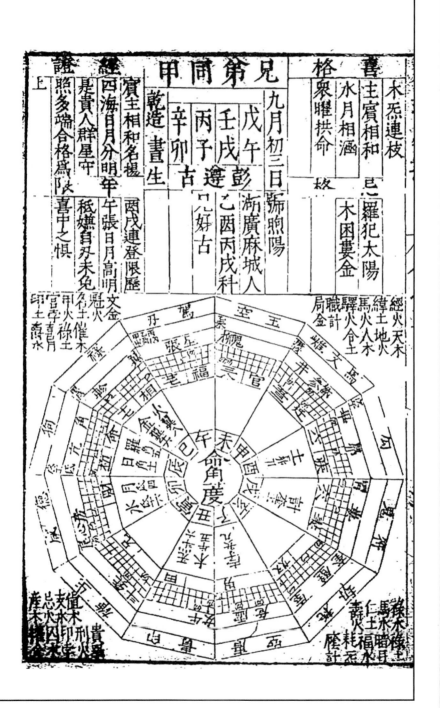

經證	兄弟同甲	書格
賓主相和名揚 四海日月分明 是貴人群星守 照多端合格爲限 酉戌連登限歷 年午張日月高明 秪嫌自身未免 喜中之惧 上	九月初三日 號煦陽 戊午 壬戌 丙子 辛卯 彭遵古 浙廣麻城人 乙酉丙戌科 號好古 乾造 晝生	木无連枝 主賓相和 水月相涵 衆曜拱命 格 忌羅犯太陽 木困婁金

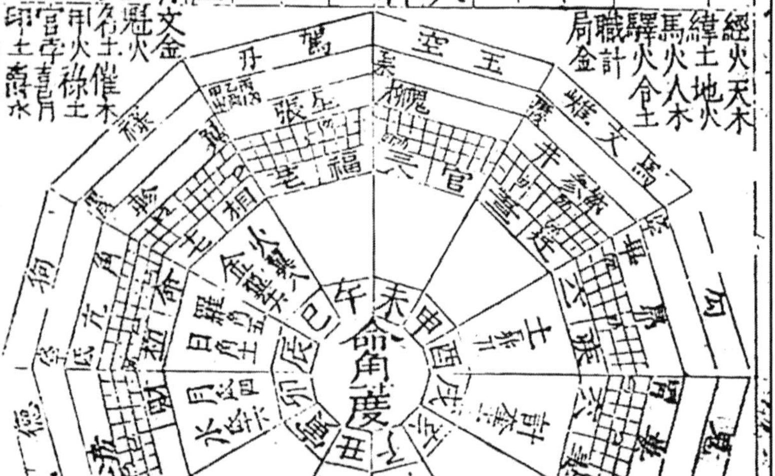

兄弟進士

喜格

羅月交輝
水陽相會
殺前主後
金居衛分
木星升殿

忌格

土孛交戰
日月背宮
火孛對尅

丙申閏七月廿四日酉時

丁酉　陳　直隷曲周人
壬寅　于　戊午己未科
丙子　于　乙未南戶部
戊子　陛　丁酉卒五子
乾造夜生　第十陛

經證

夜誕月而火羅　木星刑金須刻
侍衛合此格者　爵文章錦繡佐
鳳閣高遷龍墀　王侯午未連捷
蚤入殺前主後限　正行角木
海輸之權

經水　天羅
緯木　地水
馬火　入水
驛金　命木
職羅
局土

文火　魁計
名火　催羅
甲金　祿羅
官計　喜水
印月　爵金

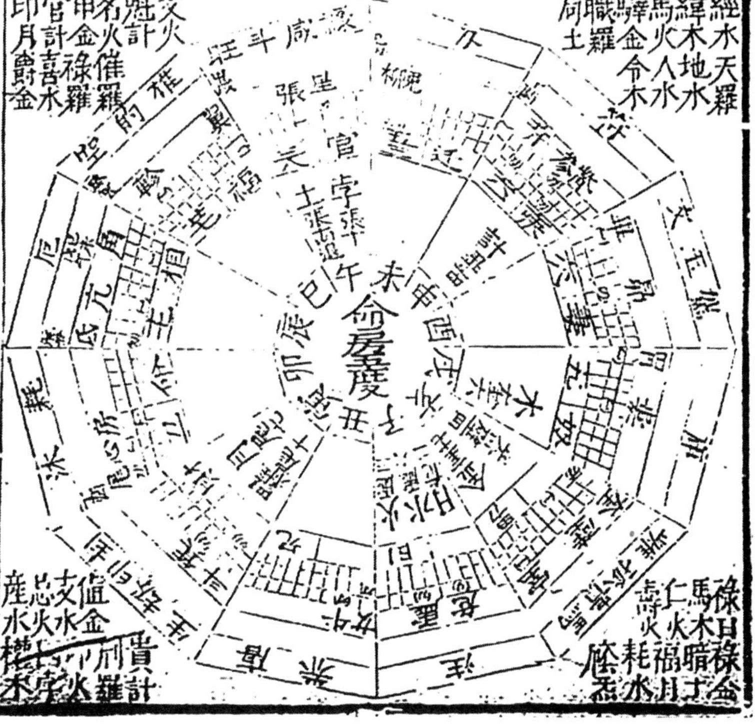

恒金　貴計
文水　刃羅
忌火　孛火
產水　權木

祿日　祿金
馬木　暗月
仁火　福水
壽火　耗水
陰孛

兄弟進士

喜格

火到南離
土歸鄭國
木羅會合
水宿歸經
金獅太常

忌格

計孛共鬪
水羅交戰
火月晝晦

九月初七日獅和斎

辛丑 陳 北直曲周人
丁酉 于 癸酉甲戌科
庚寅 階 仕至副使
庚辰 兄于陛

乾造 書生

經證

七政朝拱日月 年 癸酉甲戌限度
夾命若非間一 張月月起寅上
羅猶爲奇特身 坐貴玉堂守限
命得地福祿難 限 官主日書著明
邑

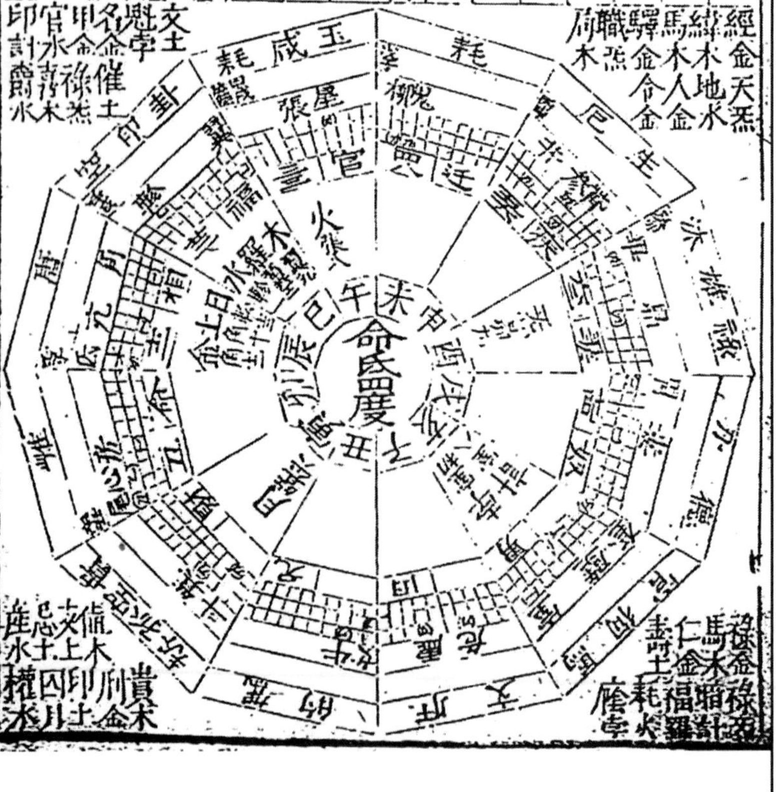

經金天炁 緯木地水 馬木人金 驛金令金 職炁 府木

文土 魁孛 名金催土 甲金祿炁 官水壽木 印計爵水

祿金 馬木 仁金 壽土
祿炁 暗計 福羅 耗火 蔭孛

催木 文上 忌土 産水
貴木 刑金 印土 囚月 權水

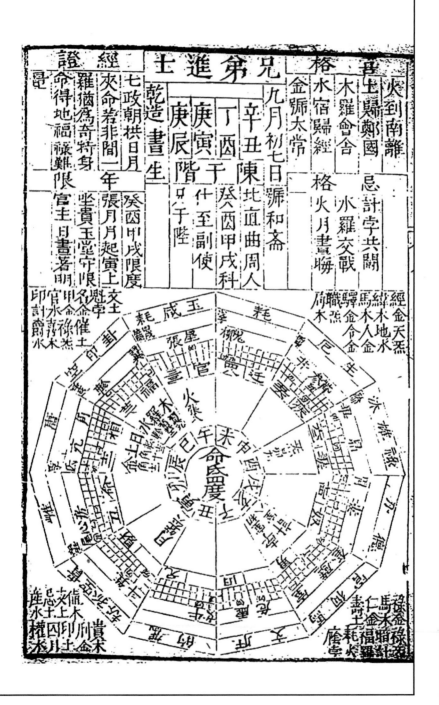

喜格

水陽度楚
官恩貫日
計羅截斷
掛星向朝

忌格

火孛夾身
土水對傷

兄弟同科

八月廿六日張覺宸
甲寅 周 江西安福人
癸酉 懋 乙酉巳丑科
甲午 卿 弟懋相
庚午
乾造 晝生

經證

計羅截衆曜於 乙酉亢金秉令
東南向明朝限 在 巳丑木躔軫水
得體且官祿朝 官度兩強
君身命夾君 限

經火 天木
緯木 地水
馬金 人木
驛水 命金
職金
局計

文羅
財月
名木 催金
甲水 祿孛
官炁 喜羅
印木 爵木

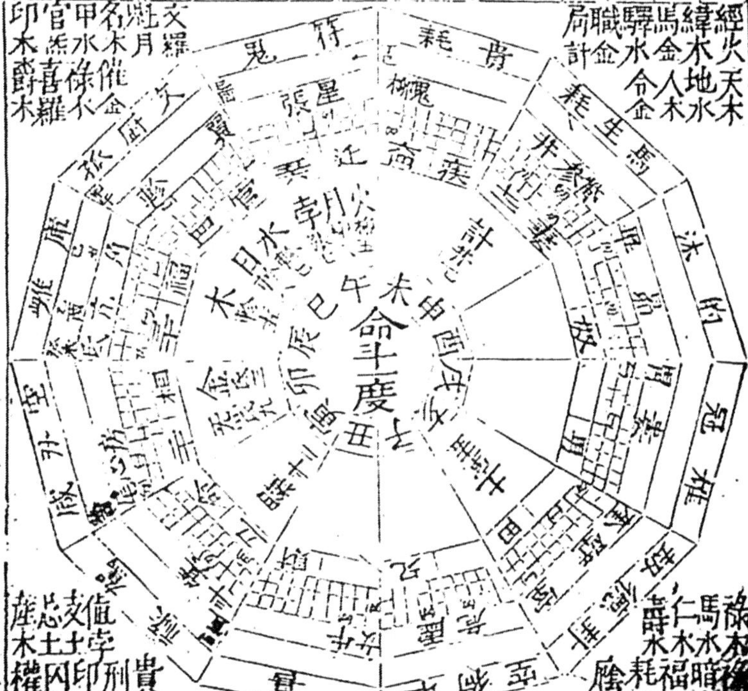

祿木 [illegible]
馬水 暗孛
仁木 福木
壽水 耗金
陰土

貴月
刑水
値孛 印炁
支土 囚計
忌土 權羅
産木

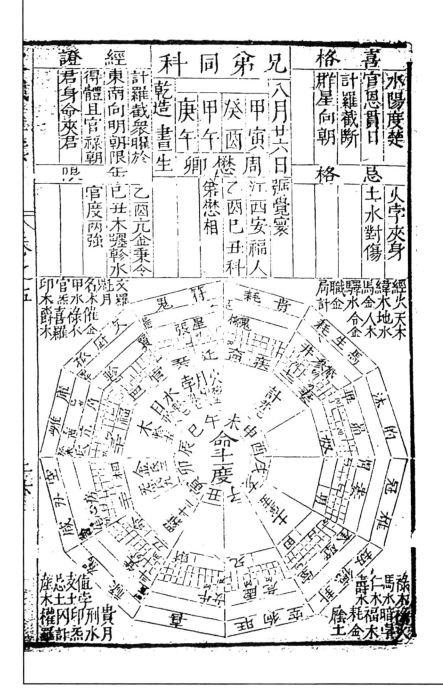

喜椿

太乙抱蟾
金水從陽
福官升殿
陰陽得體
身命高明

急格

金騎人馬
火入亢金
土水對傷

兄弟同甲

十一月十五日
庚申
戊子
丁丑
庚子
乾造夜生

周 戀 相

號兩峯
江西安福人
戊子巳丑科
壬子副使
庚申寧夏巡撫
兄戀卿

經證

日月分明是貴
人官福高強貴
顯眞四角有星
權要重

年限

戊子巳丑度行
井木升殿於奎
經云木星到奎
須列奇文章鉛
黼佐王侯

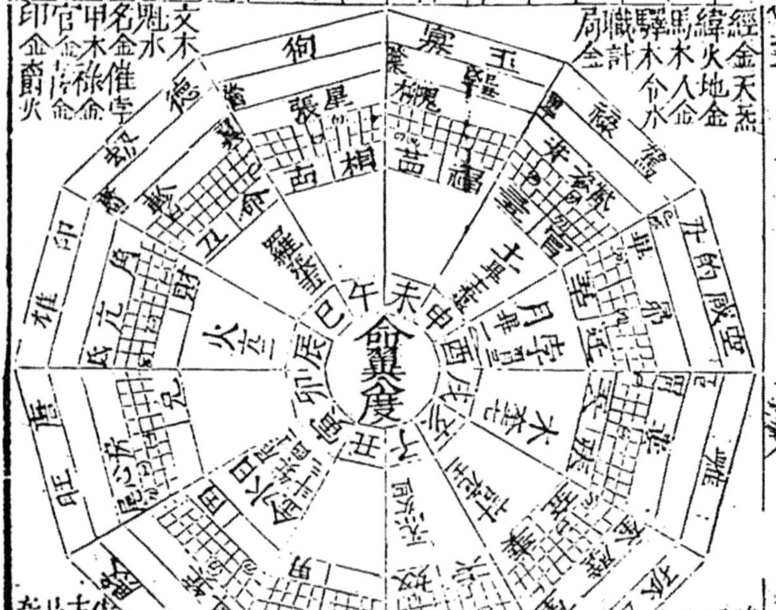

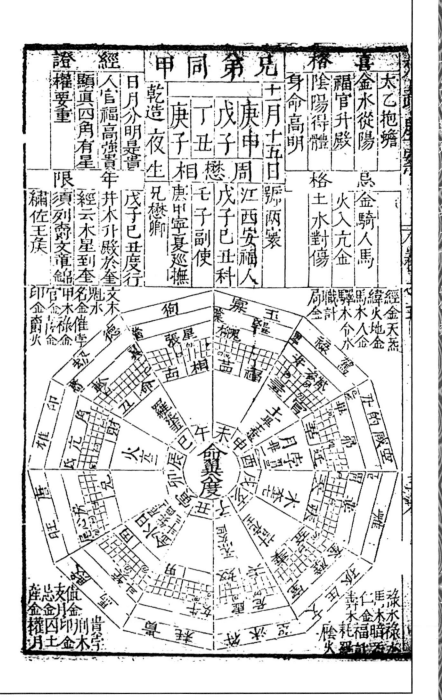

喜格

鰲頭獨步　日月背行

月明官祿　忌火燒牛角

水金會垣　計月相迎

天祿臨身　格

兄弟進士

正月十八日　號小嵩

壬辰　河南禹州人

壬寅　連　甲子丁丑科

丁卯　格　太僕寺少卿

庚子　弟逵標巡撫

乾造夜生

經證

官曜頭而福星　甲子秋試軫水

明官高福厚且年　受生丁丑春闈

學問冨山海之　夜火對生

藏由計都入刑限

亟之次

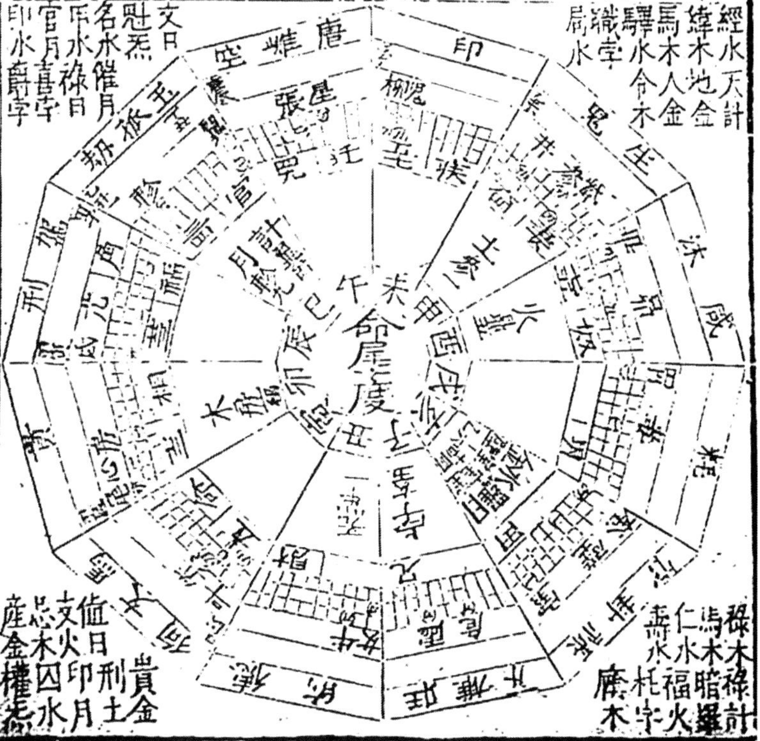

經鑑	兄弟進士	喜格

喜格：官福夾主；水陽相會；火月同宮；首尾陰陽；鎮於四角

忌格：水羅相戰；火月失輝；金木對傷

兄弟進士

五月廿三日 號少嵩

丙午 河南禹州人

甲午 壬午癸未科

戊寅 丁未巡撫卒

丁巳 兄連格

連標

乾造 書生

經鑑：首尾陰陽居四 午未連登度行；正權尊祿重叠年 并月宮度兩強；生權喜金水相 火對孛土對水；從顯達之士

限 金對木次之

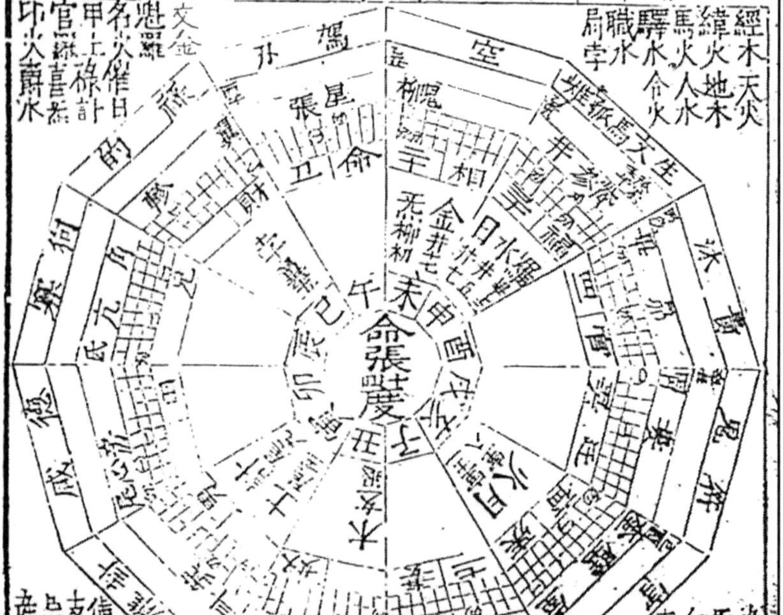

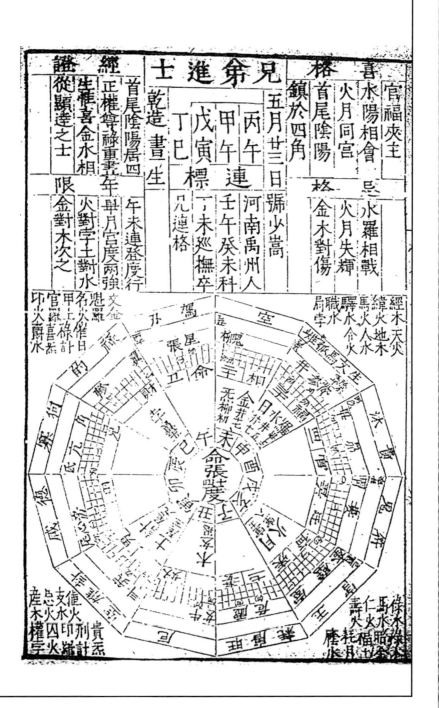

喜格

孤月獨明
水金從陽
木入秦州
朱雀乘風
土歸鄭國

忌水犯孛奴
寅月单行
格 丹雄居福

兄弟同甲

十月初五日號月航
巳亥
丙子
戊戌
壬子
乾造 夜生 余台卿

謝 福建晋江人
吉 庚午庚辰科
卿 巳丑知縣
辛卯致仕

經證

背雲得路恩星 木入秦州庚午
命官喜朝陽孤年 坐貴向貴水受
月獨明一世享 金生庚辰坐祿
康寧之福 限向馬

經土 天月
緯火 地金
馬水 人土
驛木 合水
職水
局孛

文炁
魁金
名土 催炁
甲木 祿火
官火 喜土
印羅 蔭水

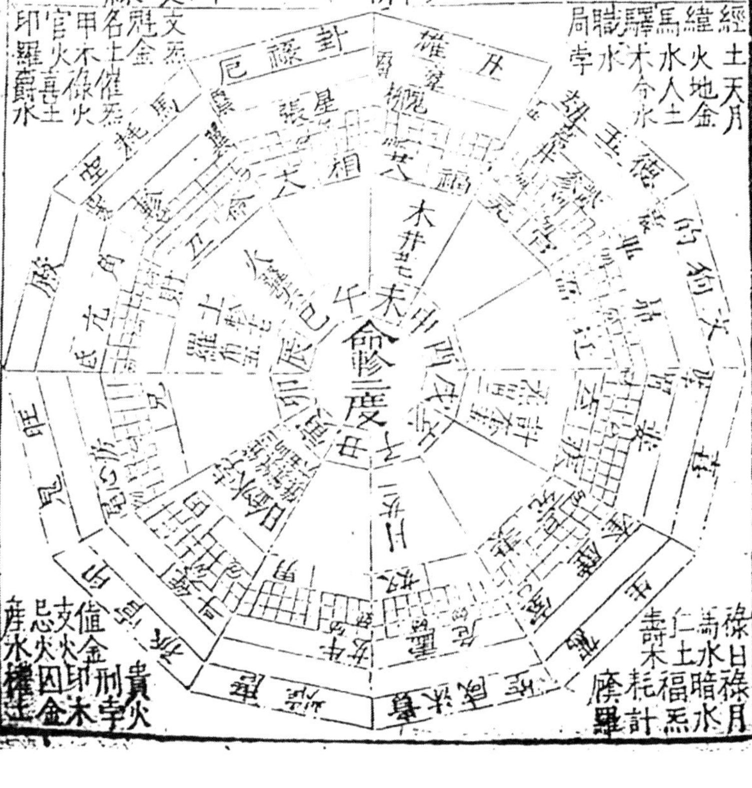

祿日 祿月
壽水 暗水
仁土 福炁
壽木 耗計
廕 畢

值金 貴火
支火 刑孛
忌炁 印木
庫水 囚金
權土

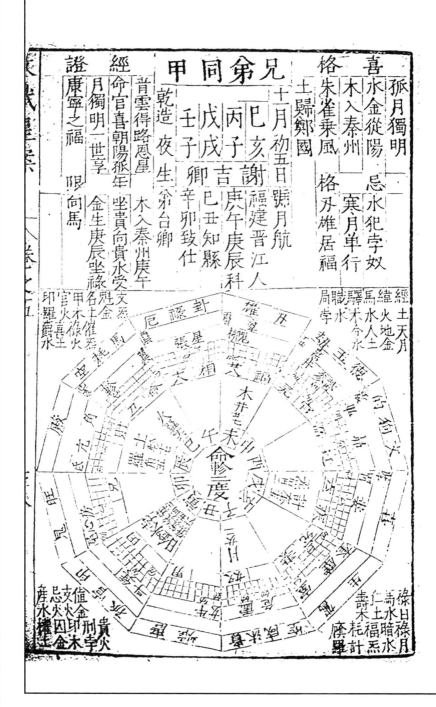

喜格

水陽相會
土木陽宮
身命起高
官福居官

忌格

計月相迎
土木交戰
炁孛臨兒

兄弟同甲

閏月廿五日張章紳
乙巳謙福建晉江人
巳卯台丙子庚辰科
戊子癸巳副使
乙卯卿兄吉卿
乾造晝生

經證

金水從陽晝生身命同守官福
夾命者奇土木年乃爲上客子辰
陽宮春晝居官兩榜手度禾春
祿宮者貴限起垣尤奇

經火天金
緯水地木
馬火人木
驛金令木
職土
局羅

文計
魁月
名木催水
甲水祿水
官水言計
印日爵木

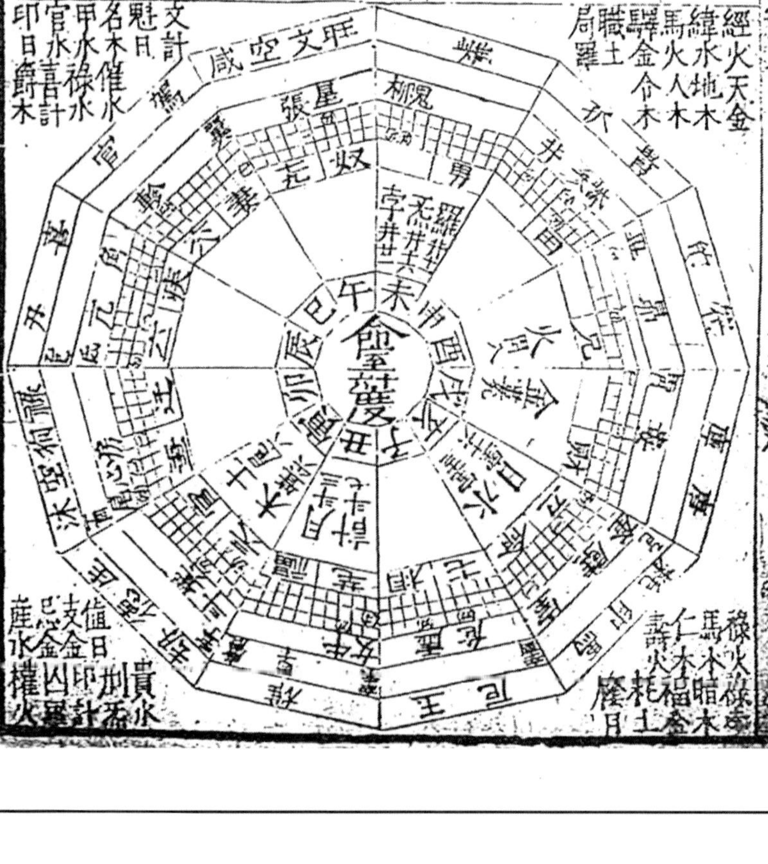

祿火福孛
馬木暗木
仁木福炁
壽火耗土
蔭日

值日貴水
支金刑炁
巳金印計
庄水囚羅
權火

兄弟四科第

喜格

月桂奎星
計恩傍陽
日月高明
祿官得地
群星向限

忌諸星散誕
火燒牛角
格月金晝晦

六月廿一日禡愚所

乙未
癸未
庚戌
壬午

陳文燧

江西臨川人
辛酉壬戌科
壬辰叅政
癸巳卒

乾造晝生

經證

貴人日月要分
西戌高登宮度
明官福高強貴年
兩弱辛金臨照
必眞土星若躔
限垣爲妙癸巳
於柳度虹霓臨限
孛奴刻度合形
氣鍾肝腸

經金天水
緯土地金
馬水人土
驛火命土
職羅
局土

文計
魁日
名木催水
印火祿水
官水喜計
印日爵火

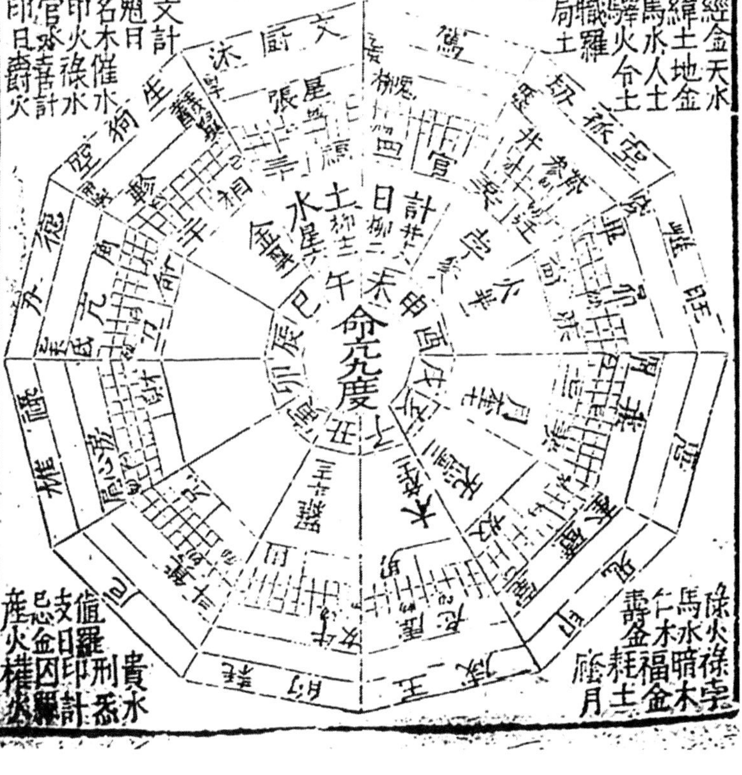

祿火祿孛
馬水暗木
仁木福金
壽金耗土
蔭月

貴水
刑忝
值羅印計
支日因羅
忌金權火
產火

計羅截衝

喜 象曜拱南

日月高明

格 身命得地

福官夾命

忌 土孛交戰

月金晝晦

格 孤陽無輔

兄弟四科第

八月廿六日號顯吾

丁酉 陳 江西臨川人

庚戌 庚午甲戌科

壬申 文 仕至員外郎

甲辰 艮庚寅辛

乾造 書生

日月最宜拱夾 午戌春秋最漢

經 拱夾命度福德年 伴月經云月命

着貴左右有情 三宿喜相交百

證 功名莫比身到限 六逢之慶瑞饒

宦宮富貴

經水 天羅
緯木 地水
馬火 人水
驛金 命土
職羅
局土

文昌
魁計
名火 催羅
甲金 祿羅
官計 喜水
印月 爵金

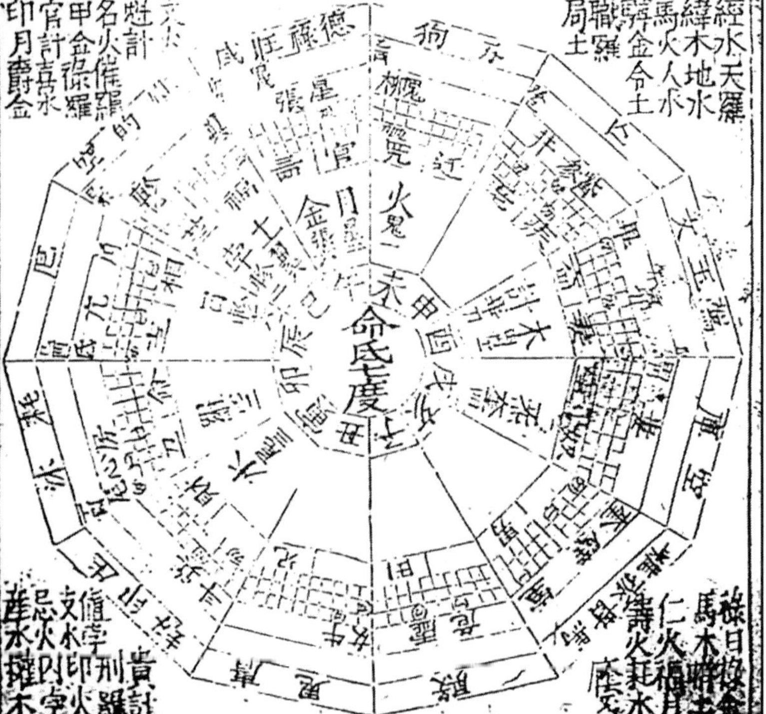

祿日 殺金
馬木 暗土
仁火 福月
壽火 耗水
產

貴計 刑羅 印火 刃孛 擁木
催孛 文木 忌火 產水

喜格

喜四令環陽
四餘獨步
日月拱乾
福官高明
身命得地

忌格

忌火月晝晦
日月拱計
陰陽背行

兄弟四科第

六月十一日號靜菴
辛丑 陳 江西臨川人
乙未 文 辛酉乙丑[illegible]
丙寅 煥 壬辰叅政
乙未 癸巳卒
乾造書生

經證

四餘不宜混雜 辛酉限角木宮
惟喜獨行為佳年 對生乙丑軫水
日月分明是貴 水金朝陽癸巳
人官福高強貴限 限井金星天雄
必真 掌殺尅限

經金 天炁
緯木 地水
馬木 人金
驛金 命土
職炁
局木

文土
魁孛
名金 催土
甲金 祿炁
官水 喜木
印計 爵水

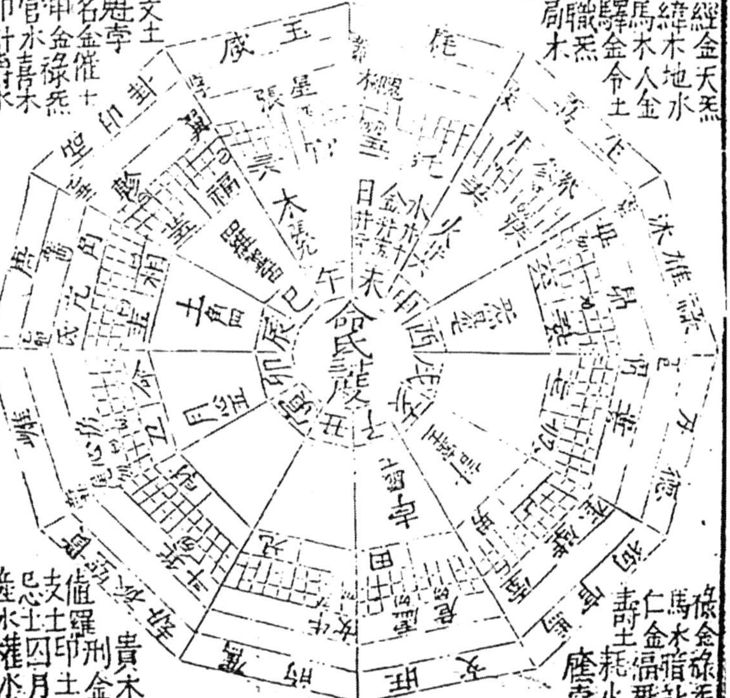

祿金 旅炁
馬木 暗計
仁金 福羅
壽土 耗火
磨孛

貴木
刑金
值羅 印土
支土 囚月
忌土 權水
產水

喜格

火金夜會
水涵蟾魄
福祿拱身
財嗣起垣

忌格

日月失輝
土木失躔

兄弟四科第

八月廿九日

巳酉	陳	江西臨川人
癸酉	文	乙酉科
丙寅	炤	仕知州
巳亥		

乾造 夜生

經證

夜遇火金而煥發福祿拱身爲上客逢高星困有科無甲日月不明同斷

年限

乙酉秋捷掌火失躔而刻對照日月水炁相助

經水 天羅
緯金 地土
馬火 人水
驛木 命金
職計
局金

文炁
魁金
名土 催炁
甲火 祿火
官火 喜土
印羅 爵金

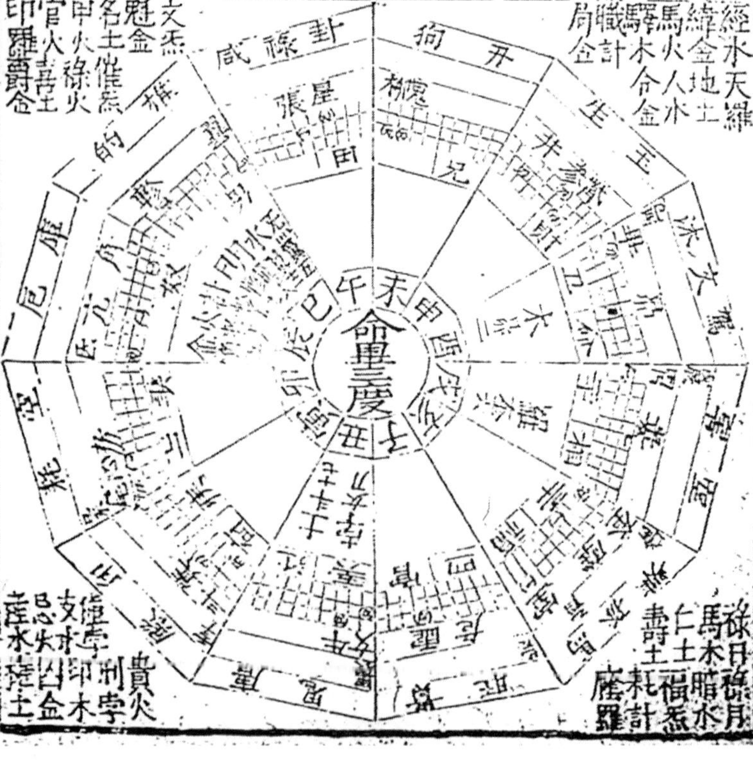

祿日 祿月
馬木 暗水
仁土 福炁
壽土 耗計
蔭羅

貴火
傷學 刑學
支財 印木
忌失 囚金
産水 蔭土

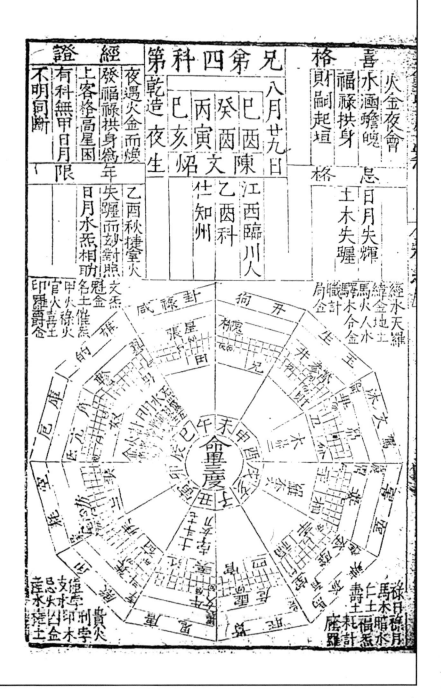

喜格
羅月交輝
木月清貴
金水夾陽
土孛太常
日月得體

忌格
火燒牛角
金木對傷

兄弟進士

八月十八日孛會軒
戊申 彭 河南光山人
辛酉 應 丙子庚辰科
庚申 壬辰巡按
丁丑 參 無子
乾造 夜生 弟應捷知府
金水從陽木羅 一丙子畢月庚辰

經證
夾月於巳於戌年卯日日月高明
火金夜輝則倍利於鄉會年矣
佳矣科名見貴限
學問過人

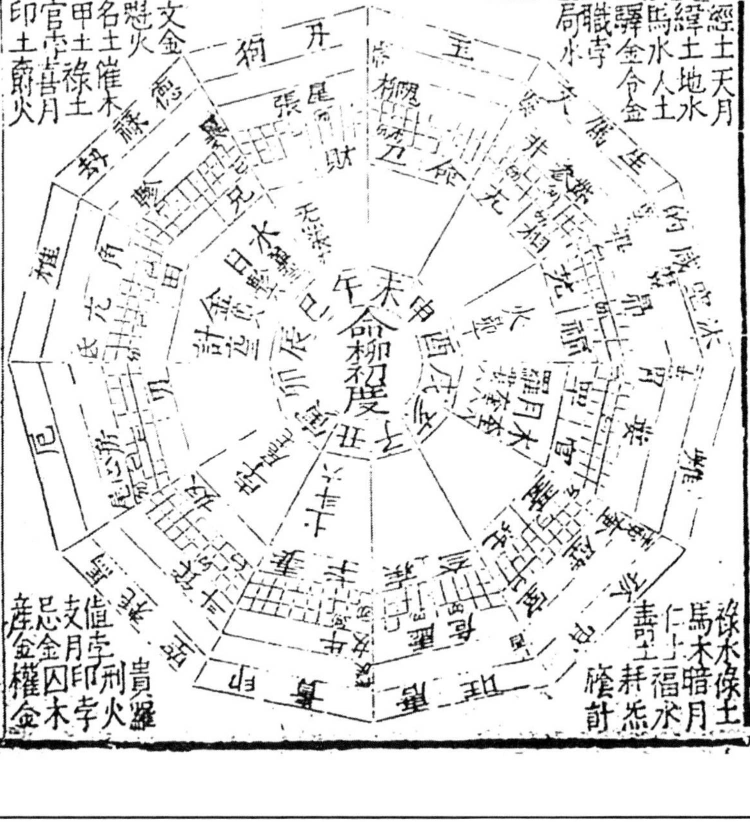

兄弟進士

書格

太乙抱蟾

福官升殿

官福夾身

三祿扶身

格

日月背宮

忌火孛交戰

金木對傷

五月初十日 號渾田

河南光山人

乙卯 彭

壬午 應

癸卯 捷

癸亥

壬午丙戌科

仕至知府

兄應參巡撫

乾造夜生

經

夜誕從月最喜

木火夾輔左右

吉星最喜拱主

福祿夾身為上限

證

經云火是最喜

年來躔翼佐助王

侯權要職雖火

孛交戰得官主

客

高吉

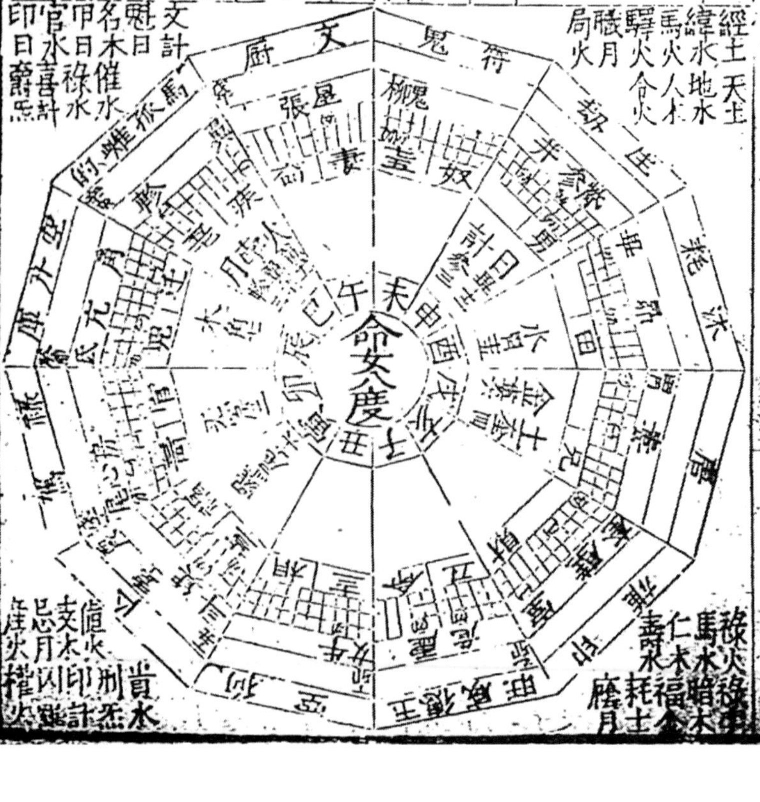

四餘拱季土

喜 四令環日月忌孛羅交戰

日月夾度主　火燒牛角

格 火金夾身星格諸星背行

福官歸垣殿

兄弟進士

嫺月廿五日𣇈惺存

庚戌　祝　浙江海寧人

甲申　以　壬午丙戌科

丁亥　翮　廣東僉事

辛亥　　　辛丑終養

乾造夜生

經 四餘擱出土𣇈　壬午丙戌春秋

六帝共謂一主年兩榜正行女土

星權況水從陽　升殿歸垣無不

證 木伴月木奇　限驟發

經火天木
緯土地木
馬木人木
驛水合金
職金
局計

文木
魁水
名金催字
甲金祿金
官金喜金
印金爵金

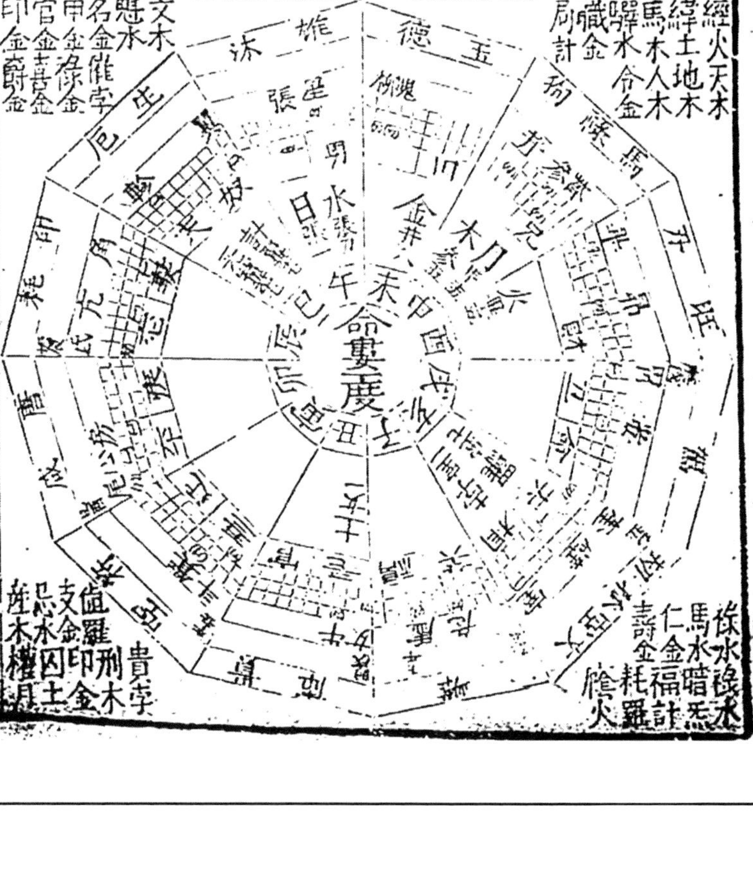

除水殺木
馬水暗炁
仁金福計
壽金耗羅
倉火

貴孛
值羅刑木
支金印金
忌水囚土
產木權月

兄弟進士

喜

木入秦州

土好齊瓶

月明官祿

忌

計羅化殿

火金失躔

格

命度朝陽

福官高明

格

九月初六日號心齋

辛亥　祝海寧人

戊戌　以丙子巳丑科

辛卯　仕至知府

丙申　庭

乾造書生

經

命度朝陽終顯　牛金蔟科箕水

達身到官宮當年　登第所書日月

富貴官曜顯而　夾水金故不嫌

證

福星明官高祿　限水金怒地

厚

經土天月　緯水地火　馬金人火　驛金令土　職金　局計

文土　魁亭　名金催土　甲金祿燕　官水喜木　印計蔭水

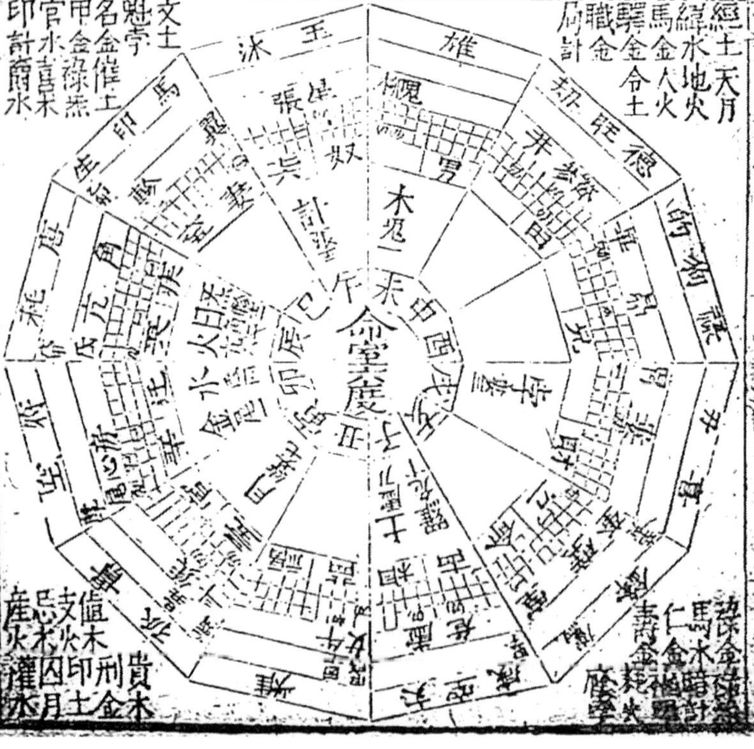

值木　支火　忌木　產火

貴木　刑金　印土　囚月　權水

祿金　馬木　仁金　壽金

兄弟四科第

喜格

日遇白羊
月朝斗府
福官夾陽
四餘得地
群星向限

忌火金互陷
嗣祿受傷
格格高星困

三月廿一日彌夏屏
辛丑　張江西南城人
壬辰　時庚午甲戌科
丁未　亨刑部主事
丙午　巳卯卒
乾造晝生

經證

大凡駕上喜日
月官坐德德坐年
官乃是往來貴
客惜乎火金官
福失次藏論

年
庚午月登歲駕
巳戌福官夾陽
巳卯胃土失躔

限
丹椎夾限

經木　天孛
緯土　地金
馬火　人木
驛金　令土
職羅
局土

文土
魁孛
名金　催土
甲土　祿炁
官水　喜木
印計　爵水

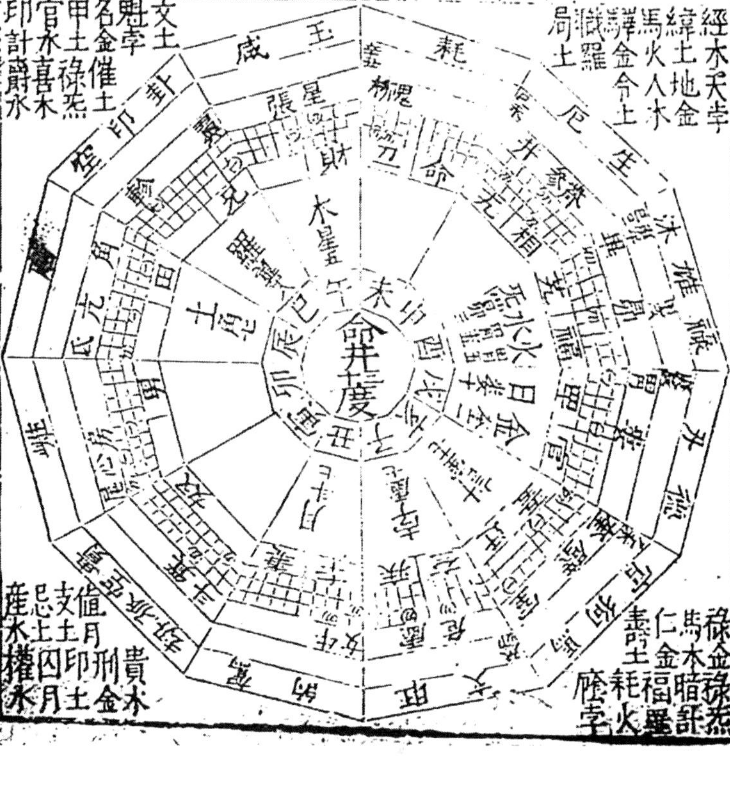

值月　貴木
支土　刑金
忌土　印土
因月
產水　權水

祿金　祿炁
馬木　暗
仁金　福
壽土　耗火
蔭孛

喜格
日月夾駕
福官夾身
四餘列外
七政在內

忌格
水金泄氣
孤陽失輔
七政背命

兄弟四科第

八月初七日
甲辰
壬申
癸酉
癸亥
乾造夜生

張時泰

江西南城人
癸酉科
兄時亨進士
弟時顯時豫
俱中科

經
祟勳歲駕相關
攝日月朝之定年
出倫金水會垣

癸酉鄉試限行
室危火臨燕分
福官夾月

證
終有慶福祿夾限
身為上客

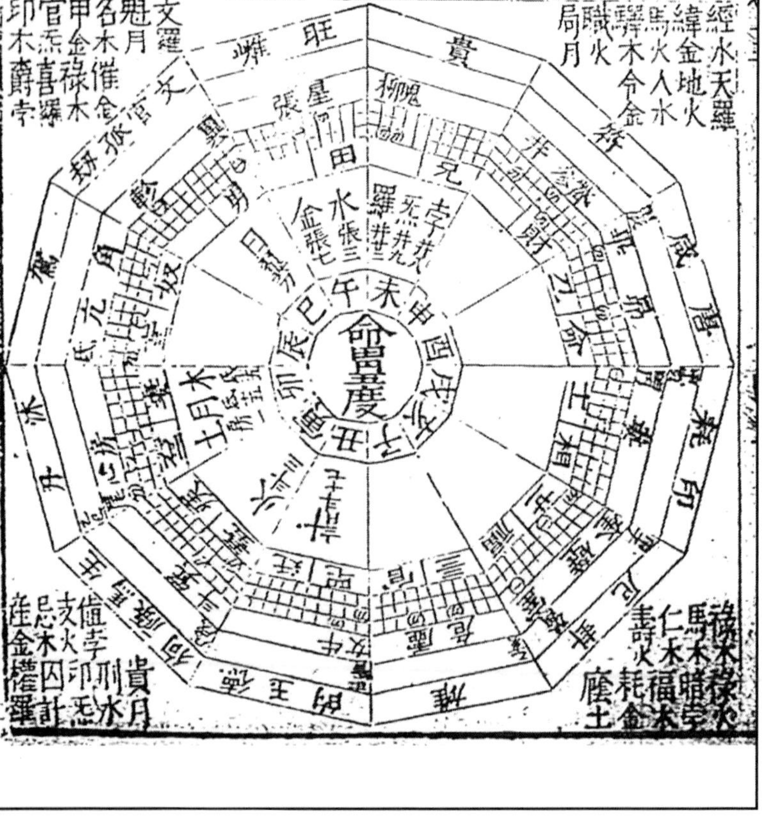

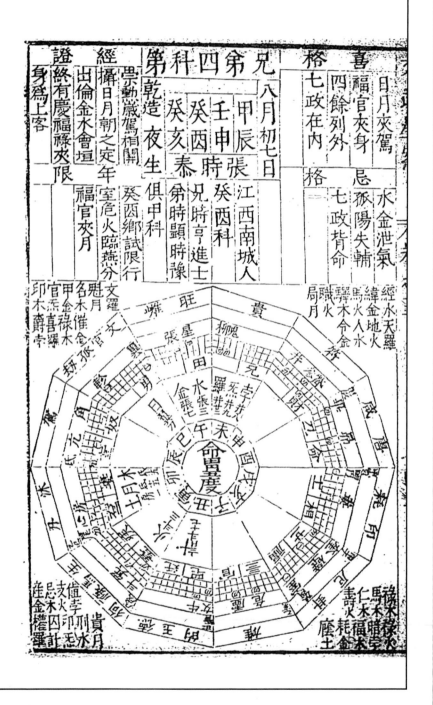

喜格

命主朝陽
福官守命
官福隨身
日月得體
五曜得經

忌格

孛羅居官
日月拱雌

兄弟四科第

八月廿一日 號新屏
庚戌 張 江西南城人
丙戌 時 庚午丙戌升
壬午 顯 甲午兵上事
辛亥 巳亥卒
乾造 夜生

經證

主星若是朝君
位定作當朝顯年
貴人身命同守
官福乃爲上客

限

庚午限胃土號
太常丙戌壁水
水輔陽光巳亥
危月土月加盤
天雄併井

經木 天火
緯金 地火
馬火 人水
驛火 令土
職孛
局水

文木
魁水
名金 催孛
甲木 祿金
官金 吉金
印金 爵金

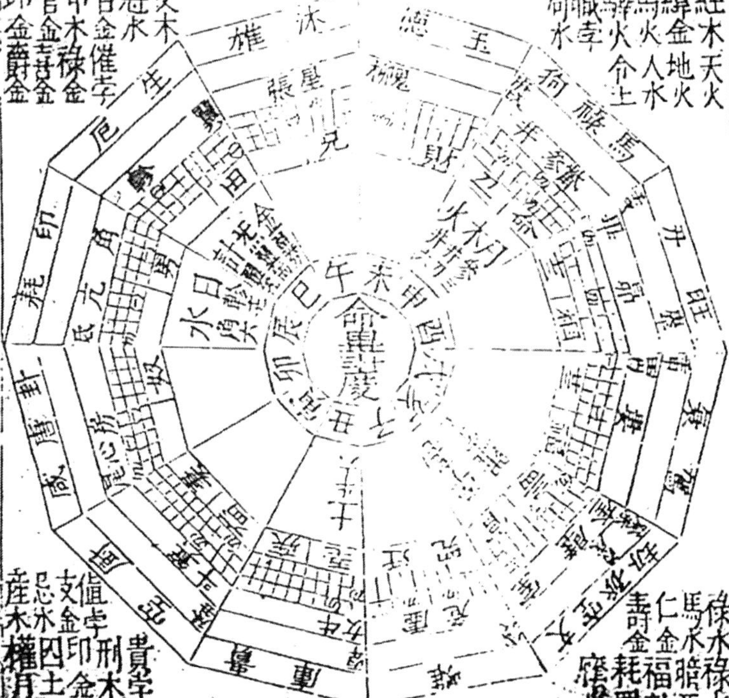

祿水 祿水
馬水 暗系
仁金 福計
壽金 耗羅
魔火

值孛 貴孛
文金 刑木
忌水 印金
產木 囚土
權月

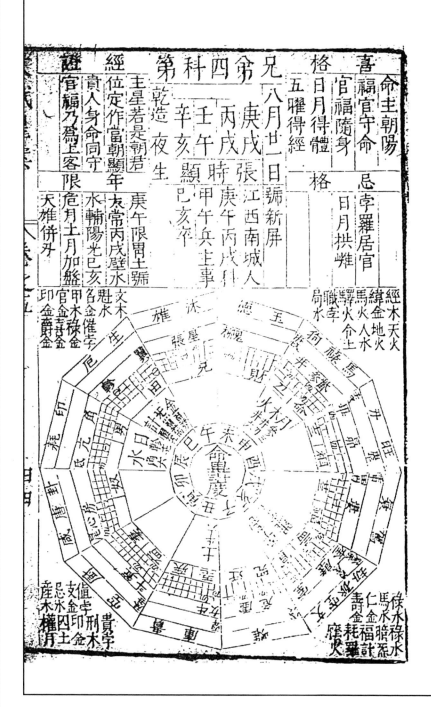

貴格

水涵蟾魄
夜火朝陽
日月夾命官
日月夾度主格

水寒月冷
忌身命臨奴
福官弱地

兄弟四科第

十二月初二日

癸丑　江西南城人
乙丑　張　壬午科
甲戌　時　兄時亨時泰
乙亥　豫　時顯俱甲科

乾造夜生

經

日月拱夾命官
度主者佳崇勳年
歲駕相關攝日

壬午秋闈井木
度下木躔水宮
躔木限至木度

證

月朝之定出倫限
必發

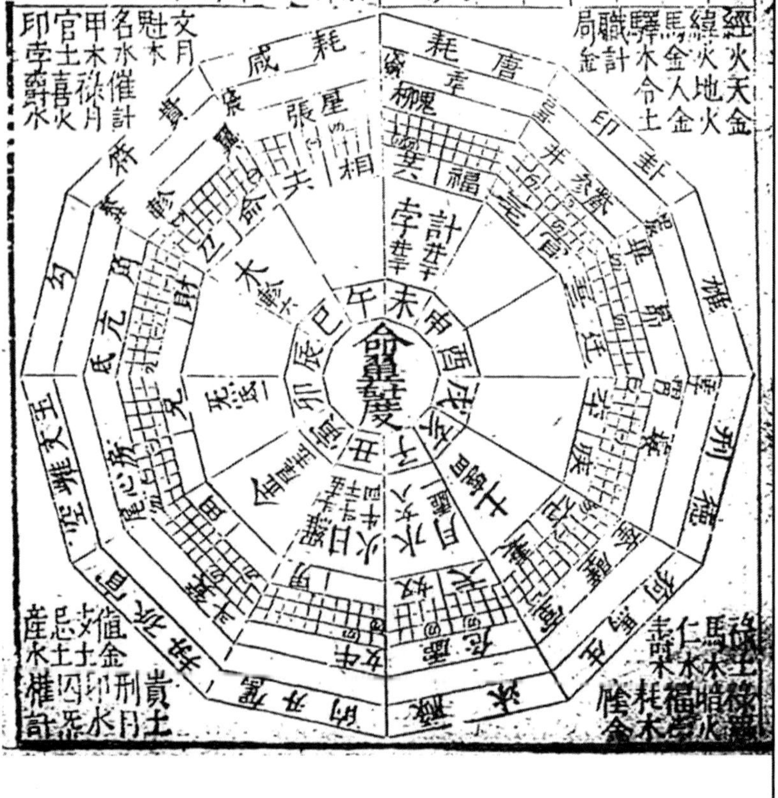

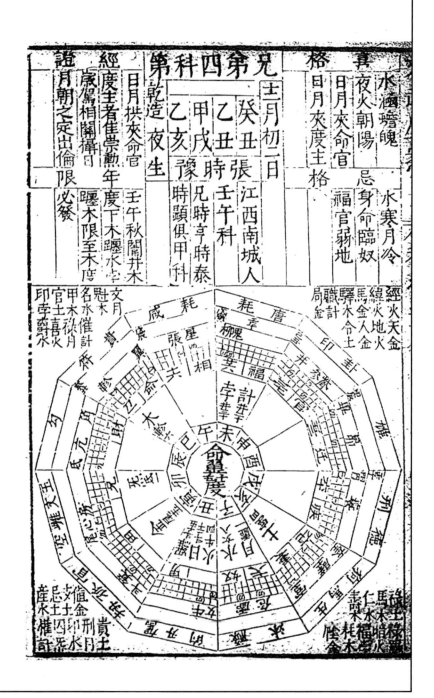

喜格

月照廣寒
水陽相會
木火拱月
土金豪富

忌格

火孛對傷
木困婁金
金騎人馬

兄弟進士

九月廿二日彌旨華

福建漳浦人

丙午
戊戌
丙子
戊戌

劉廷芥

丙子丁丑科
巳丑知府
弟廷蕙進士

乾造 夜生

經證

火金羅月是陰
星遇夜生逢最
有情若爲身命
司官福三台八
座顯聲名。

年限

火星最喜來躔
室佐助王侯權
要職鄉會連登
皆室火度也

經金 天水
緯金 地金
馬金 人火
驛木 命土
職羅
局土

文金
魁羅
名火 催日
甲火 祿計
官羅 喜炁
印火 爵木

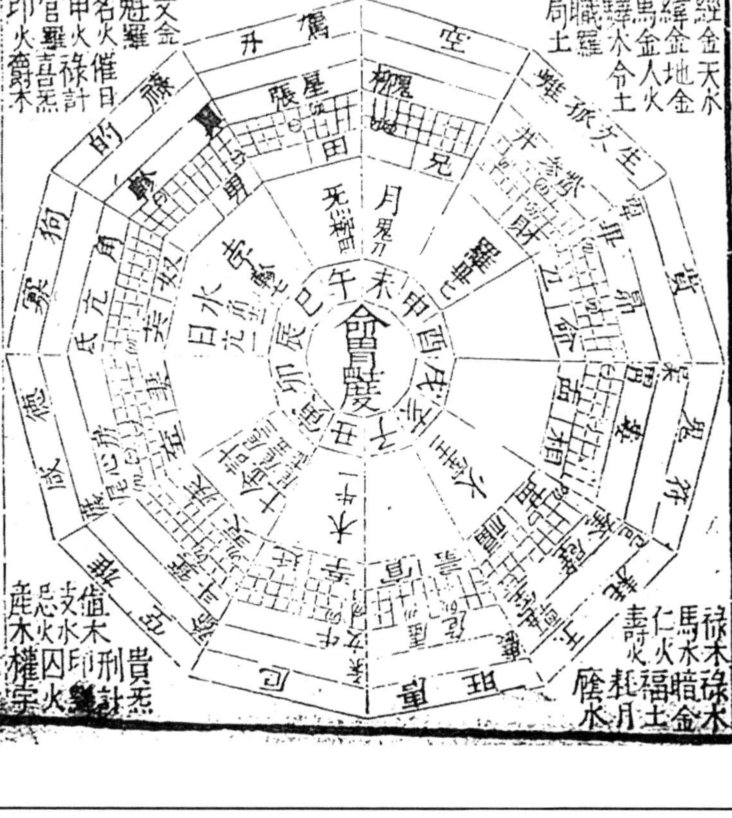

祿木 祿木
馬水 暗金
仁火 福土
壽火 耗月
蔭水

貴炁
值木 刑計
支水 印[illegible]
忌火 囚火
產木 權字

喜格	忌格
星布均停	日月背行
身楚命𠁿	土水對傷
計羅截斷	金羅相刑
漏出官福	
日月夾祿	

兄弟進士

六月初七日號雲嵩

丁未　劉　福建漳浦人

丙午　廷　丙子庚辰科

丙戌　蕙　雲南提學

巳亥　弟廷芥進士

乾造夜生

經　包涵萬象身居子辰鄉命俱屬楚智過千夫命年斗木經云木臨守𠁿官曜顯而寅亥是真垣精

證　福星明官高祿限神百倍

厚

經金　天元　緯水　地土　馬水　人土　驛金　命火　職月　局火

文火　魁計　名火　催羅　甲水　祿羅　官計　喜木　印月　尊火

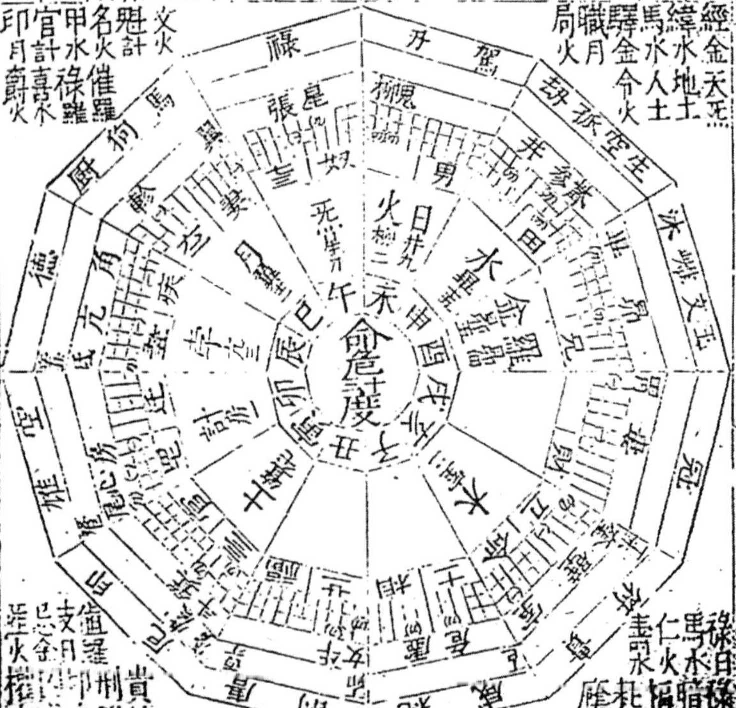

祿日　馬木　仁火　壽水　祿金　暗土　福月　杖水　蔭炁

貴計　刑羅　印火　權木　值羅　支月　忌金　姦火

父子進士

喜格

官恩登駕
身星滿吉
木火文明
金居衛分
土好齊瓶

忌格

水土相攻
寒月單行
諸星背命

癸丑年正月初十日

壬子 癸丑 丁亥 壬子

乾造夜生

鄭材

號誠軒
保定安肅人
癸酉甲戌科
父洛兵尚書
星巖刻射集

經證

水陽福官登駕
木火主恩居官
身星月到金牛
身命得地福祿難量

年限

鄉會酉戌限度
軫水水星朝陽
經云限祿朝君
名遂功成

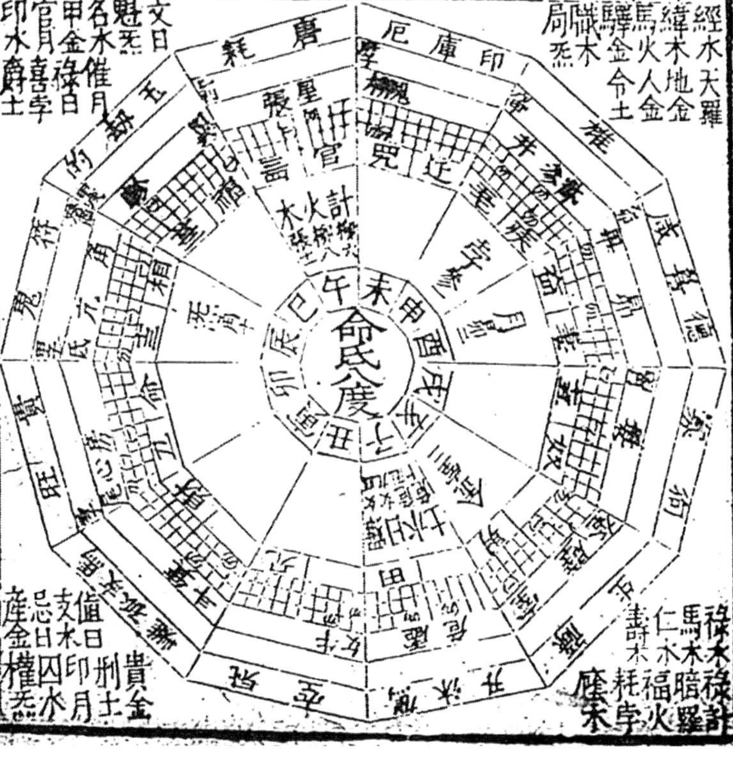

經水 天羅
緯木 地金
馬火 人金
驛金 命土
職木
局炁

文日
魁炁
名水 催月
甲金 祿日
官月 喜孛
印水 尊土

值日 貴金
支木 刑土
忌日 印月
產金 囚水
權炁

祿木 祿計
馬木 暗羅
仁木 福火
壽木 耗孛
壓炁

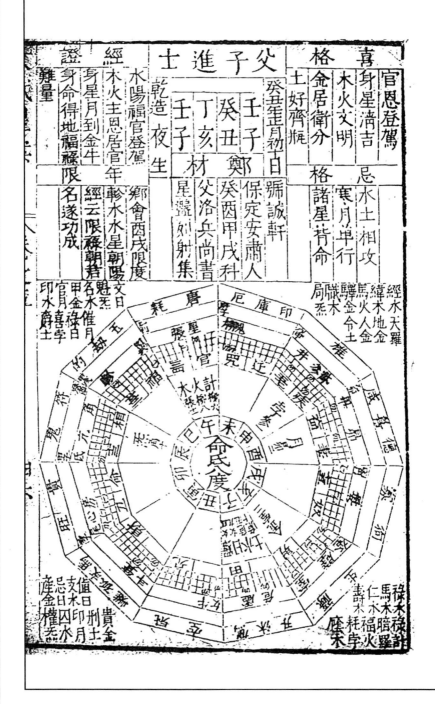

父子進士

書格

金月對輝
木火升殿
身福高明
命官臨兒

忌格

羅計撥殿
水土互尅

正月十八日寅養中
辛酉 姜南直丹陽人
庚寅 士 巳卯庚辰科
巳卯 仕至參政
甲戌 昌 父寶尚書
乾造 夜生子 志濂舉人 星載于后

經證

金月對輝火土 十九二十度遲
對生慕身命福 年 張月月金對朓
官拱祿拱駕文 經云長庚伴月
惟巳祭亦主嗣 限 少魁名
貴

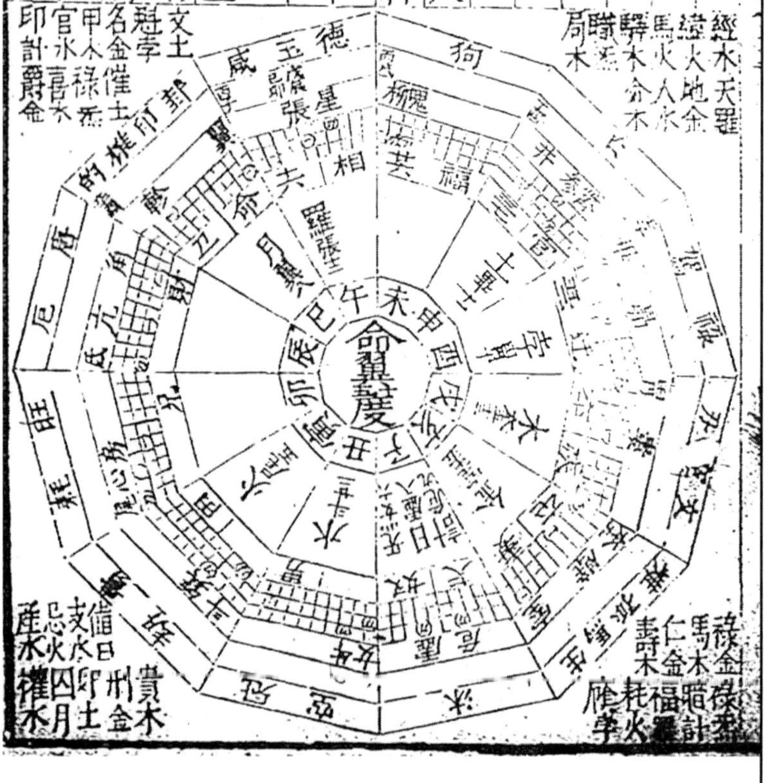

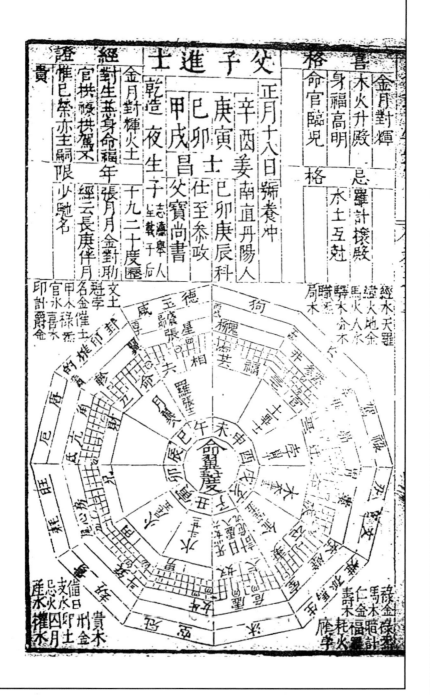

兄弟進士

十月廿九日號涇凡
甲寅 顧 南直無錫人
乙亥 允 巳卯丙戌科
丙申 成 癸巳禮主事
乙未 成 兄憲成進士
乾造 晝生 星盤列樂集

喜格

木躔角道
朱雀乘風
祥雲捧月
計羅截斷
漏出官福

忌格

金傷斗木
衆雕背行
水羅交戰

經證

火土對生福官
高明計羅截出
官福土朝天門
妻財金居衛分

年限

水陽晝逢巳卯
限宮坐貴向祿
金星朝斗丙戌
祿拱限為最

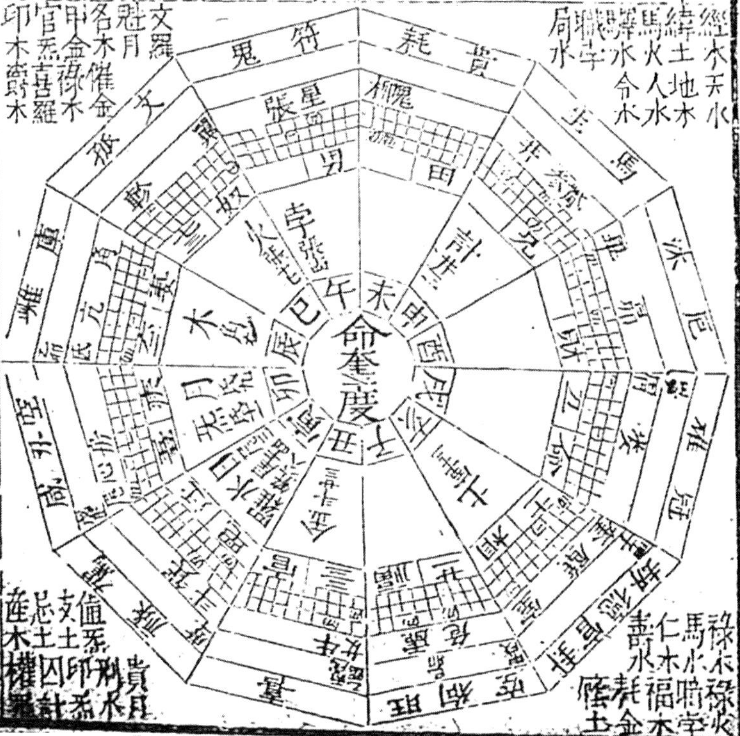

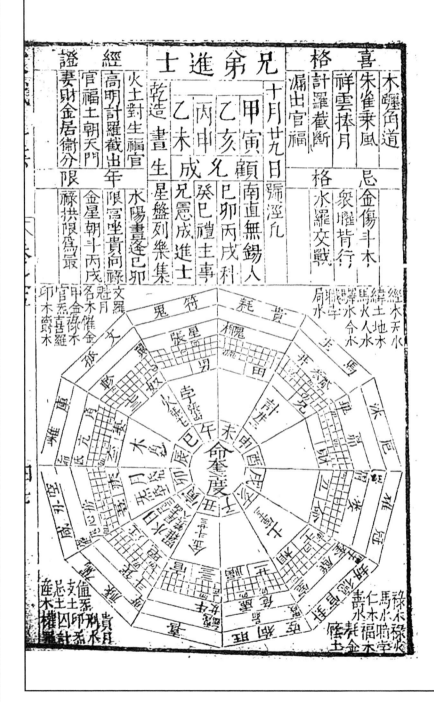

書格

火月同宵
木炁守命
官來拜主
群星環拱

忌格

孤陽無輔
火金失次

兄弟同甲

十一月廿四日 歸漢穎
丙辰 蕭 湖廣漢陽人
庚子 良 丙子庚辰科
巳卯 譽 辛丑叅政
丙寅 兄良有會元
乾造夜生 星叅列樂榮

經證

諸星環拱限官 丙子氐土對火
合格爲上文人年 相生亢金寅金
才士惟喜木炁 遇羅又云文魁
金水身命居福限催官入局一舉
充奇 成名

文金
魁羅
名火 催日
甲水 祿計
官羅 喜炁
印火 尊孛

經金 天水
緯木 地火
馬水 人土
驛水 今水
職木
局炁

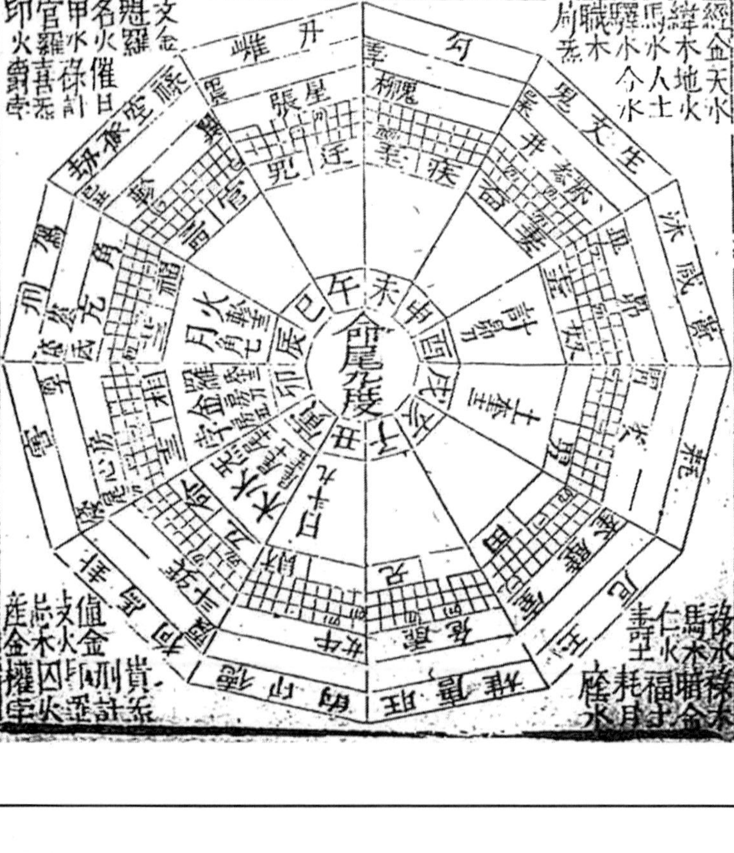

値金 貴炁
文火 刑計
忌木 印孛
囚火
產金 權孛

祿水 祿木
馬木 暗金
仁火 福土
壽土 耗月
廢水

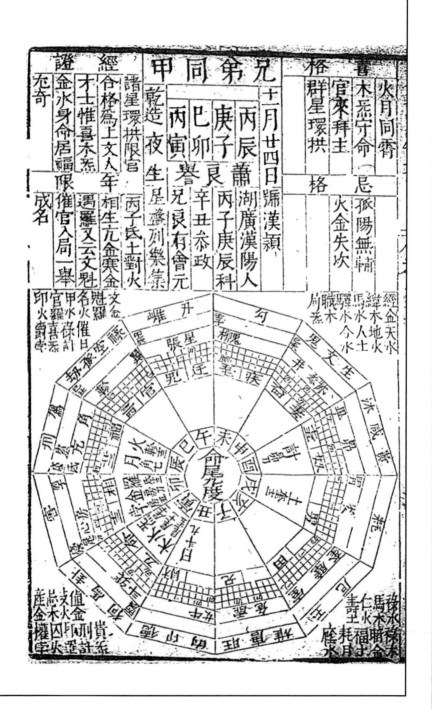

喜格

水金夾陽
四餘得地
福官登耤
身命得地
土木晝逆

忌格

日月背官
火月晝晦

兄弟進士

二月廿三日
甲辰
丁卯
壬辰
癸卯
乾造 晝生

陳與郊
號玉陽
浙江海寧人
丁卯甲戌科
北科太常卿
弟與相叅攷

經證

水金夾陽於天
門火月同躔於
官祿奈官福坐
丹晝美未盡善
也

年限

丁卯虛日晝明
甲午牛金逢生
薰丁年金化天
祿甲年坐貴向
貴

經木 天孛
緯水 地木
馬火 人水
驛金 命木
職火
局月

文羅
魁月
名木 催金
甲水 祿木
官炁 喜羅
印木 爵孛

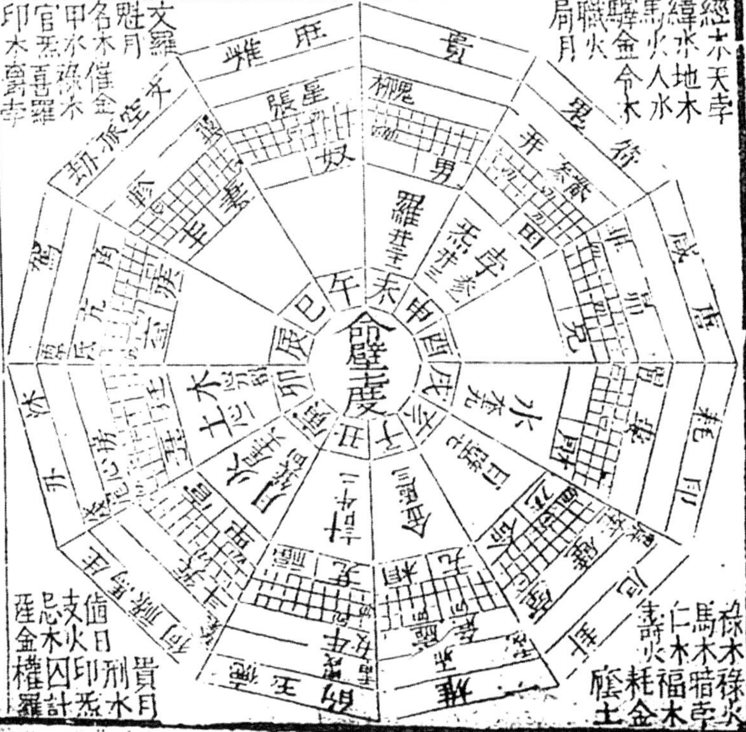

祿木 祿火
馬木 暗孛
仁木 福木
壽火 耗金
蔭土

貴月
刑木
印炁
值日
支火
囚計
忌木 權羅
殛金

喜格

計羅截木
月居天稱
火金夜輝
群曜拱命
嗣星朝陽

忌格

孛木併雄
水火失次
計犯太陽

兄弟進士

七月廿八日 歸處舟

乙巳 戊子 丁巳 辛丑

乾造夜生

陳與相

浙江海寧人
癸酉丁丑科
癸丑叅政
二子俱進士
兄與弟太常卿

經證

火金羅月是陰
星遇夜生逢最
有情若爲身命
司官福三台八
座顯聲名

年限

癸酉秋試丁丑
春闈皆屬柳土
土羅對生朝陽
名遂功成

經金 天水
緯土 地土
馬水 人土
驛火 命水
職羅
局土

文計
魁日
名木 催水
甲火 祿水
官水 喜計
印日 爵木

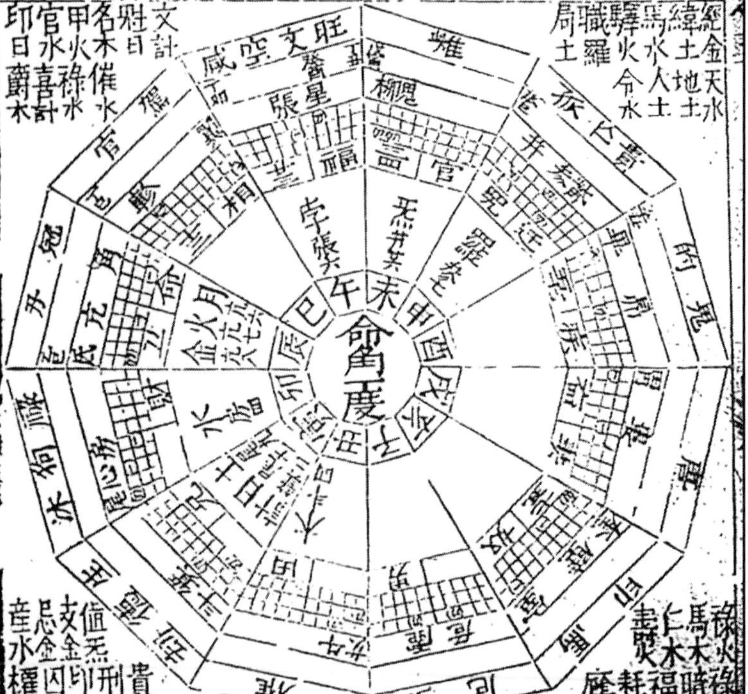

貴木
値炁 刑炁
支金 刃計
忌金 囚羅
產水 權火

祿火 發木
馬木 暗木
仁木 福金
壽 耗土
蔭月

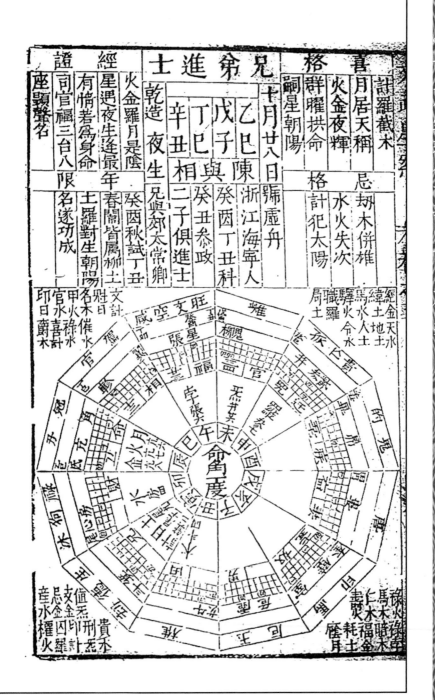

兄弟進士

喜格

日月得體
四餘獨步
金水會垣
陰陽拱駕

忌格

水土相攻
木居獅子

九月二十日 號後齋
北直任丘人
庚子 丙戌 戊申 丙辰
劉元震
丁卯辛未科
乙未會事
無子
乾造晝生

經詮

四餘獨步能教
衆國來降官曜年
顯而福星明官
高福厚

限

金水會垣水喜
在於金前丁卯
辛未限經軫水

經土 天月
緯木 地金
馬水 人土
驛金 命土
職水
局孛

文木
魁水
名金 催孛
甲金 祿金
官金 喜金
印金 爵土

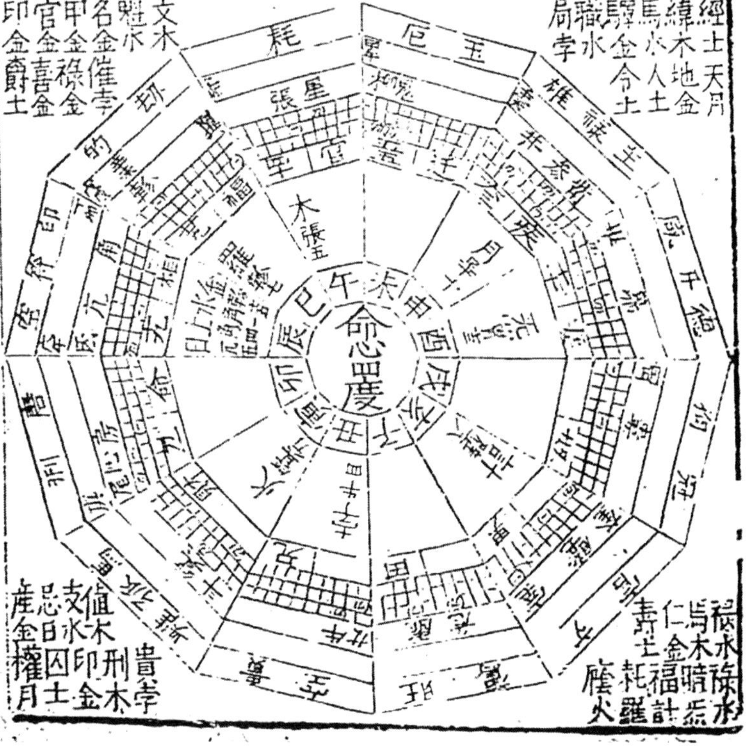

祿水 祿水
馬木 暗炁
仁金 福計
壽土 耗羅
蔭火

貴孛
值木 刑木
支水 印金
忌日 囚土
產金 權月

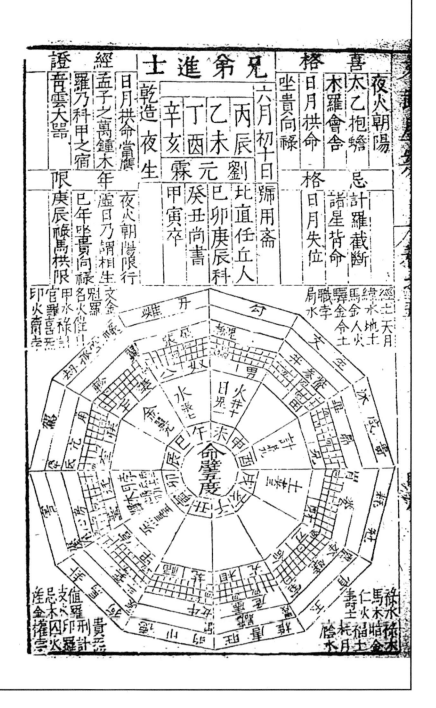

兄弟進士

喜格

夜火朝陽
太乙抱蟾
木羅會舍
日月拱命
坐貴向祿

忌格

計羅截斷
諸星背命
日月失位

六月初十日 號用斋

丙辰 乙未 丁酉 辛亥

乾造夜生

劉元霖

北直任丘人
己卯庚辰科
癸丑尚書
甲寅卒

經證

日月拱命當權
孟子之萬鍾木年
羅乃科甲之宿
晋雲大器

限

夜火朝陽限行
虛日乃謂相生
巳年坐貴向祿
庚辰帳馬拱限

經土 天月 綠水 地土 馬金 人火 驛金 命土 職孛 局水

文金 魁羅 名火 甲水 祿計 官羅 喜木 印火 壽孛

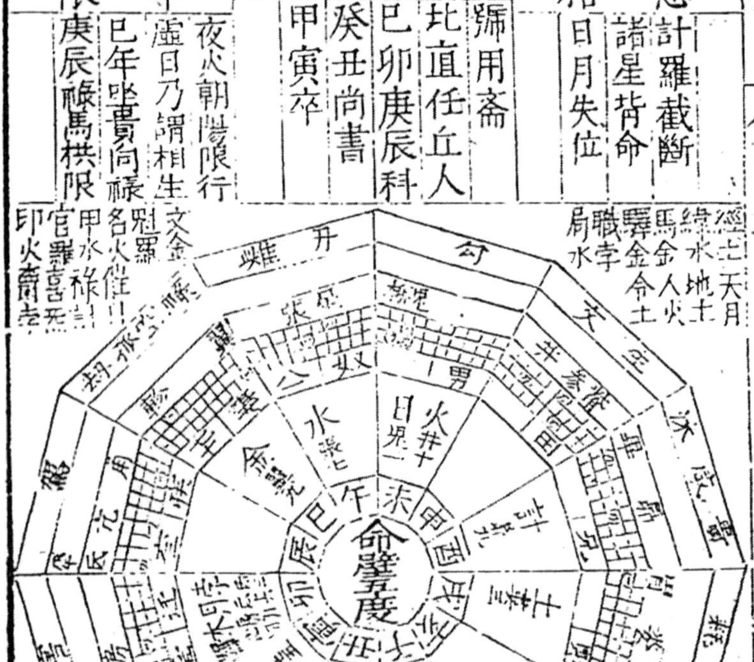

祿水 馬木 仁火 壽土 福土 耗月 陰水 祿木 暗金

貴孛 刑計 值羅 印羅 支火 忌木 囚火 產金 權孛

喜格				忌格	
夜火朝陽	長庚伴月	四餘獨步	坐祿向貴	土埋嫂女	日月無光

兄弟翰林

閏月初一日 號震川

乾造夜生

丙申　辛丑　壬子　辛亥

何洛文

河南信陽人

辛酉乙丑科

辛巳禮侍郎

甲申致仕

經證

金伴月水從陽

名為二曜雙濟

日月無光又喜

火助陰陽謂窮

谷司春之妙

年限

辛酉乙丑周天

度歷柳土旺於

丑月坐祿於巳

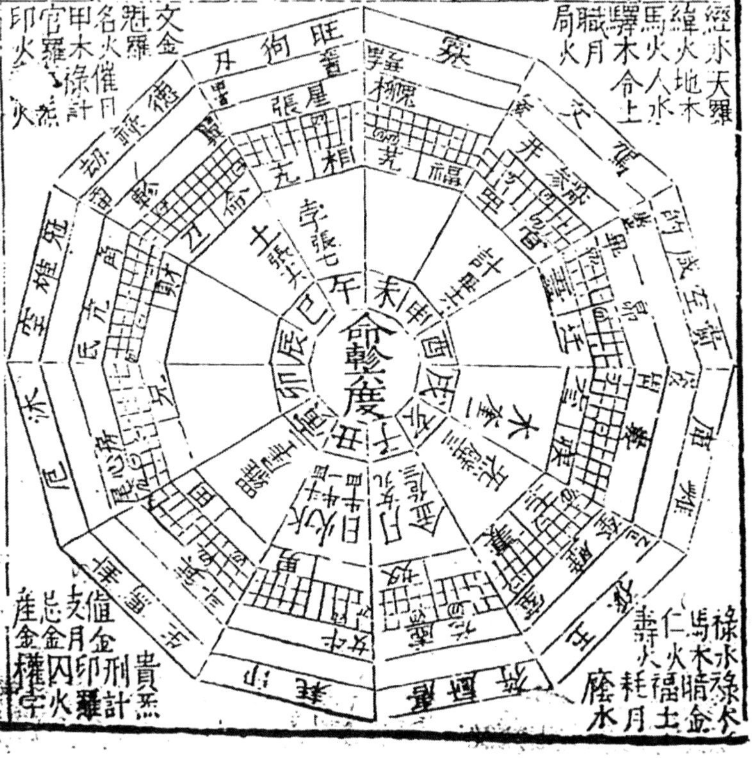

喜格	兄弟翰林	經證
木羅會合	八月廿三日	命亥月申名曰
日月得位	戊申	戴天履地且福
土孛太常	辛酉	官歸垣升殿申
水金夾陽	乙丑	𥌒下弦日月失
戴天履地	甲申	輝次之
	乾造晝生	
忌格	何洛書	年限
金木對傷	號錫川	癸祿居子月到
火燒牛角	河南信陽人	崑箭危虛秋捷
	癸酉丁丑科	水金夾陽土孛名
	己卯檢討	太常女土春闈

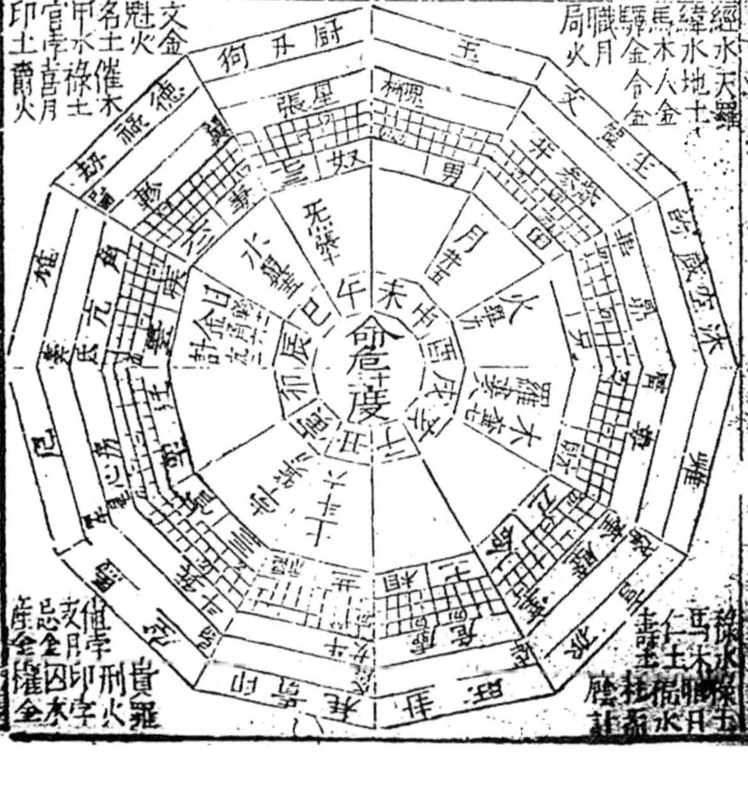

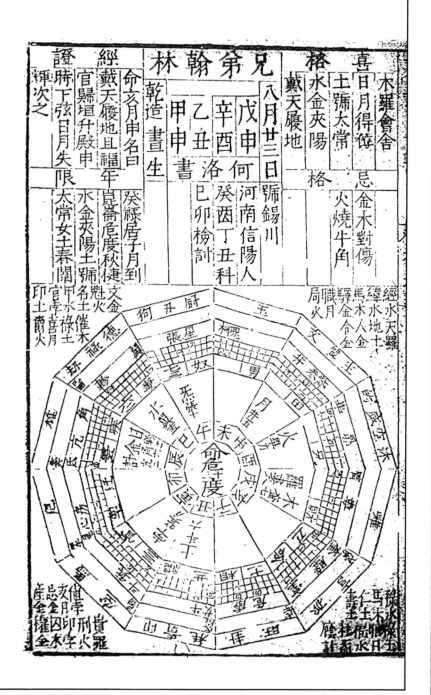

喜格	兄弟進士	經證
学著朱衣 火到南離 木臨營室 身居楚地 孛曜拱命	四月十二日號和石 丙申 王 南直太倉人 癸巳 鼎 甲子戊辰科 乙未 辛巳提學 辛巳 爵 兄錫爵閣老 乾造 書生 乙酉卒	諸星皆列西南 而命安坤方所 謂群星守照多 端合格爲上
忌格		年限
日月無輔 陰陽背行 水金失位		昴日昴土甲子 戊辰晝曜晝逢 得時得用

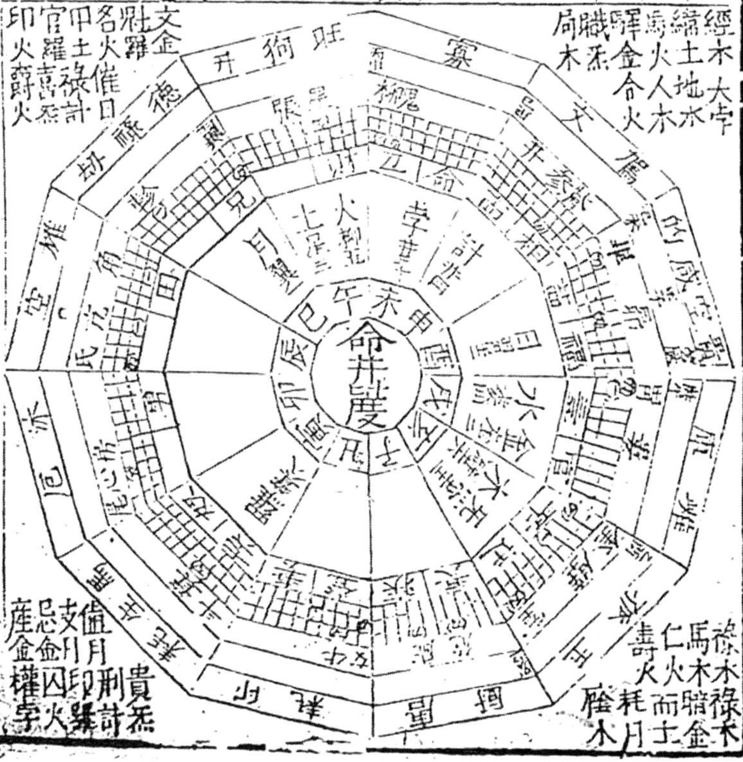

書格

五曜得經
龍吊夾身
衆曜拱命
字着朱衣
福官高明

忌格

水計相刑
祿主坐刃
計犯太陽

李弟兄進士

五月廿六日
丙申 甲午 庚辰 庚辰
乾造晝生

王世懋

號麟洲
南直太倉人
戊午巳未科
仕至少卿
父忬總督
兄世貞尚書

經證

五曜得經群星
環輔命限經云
世作公卿身命
榮於十位

年限

午未春秋連捷
限參水星升殿
計攻水剋假殺
爲權

經木 天字
緯土 地水
馬火 人木
驛金 命火
職炁
局木

文金
魁羅
名火 催刃
甲土 祿計
官羅 喜炁
印火 蔭火

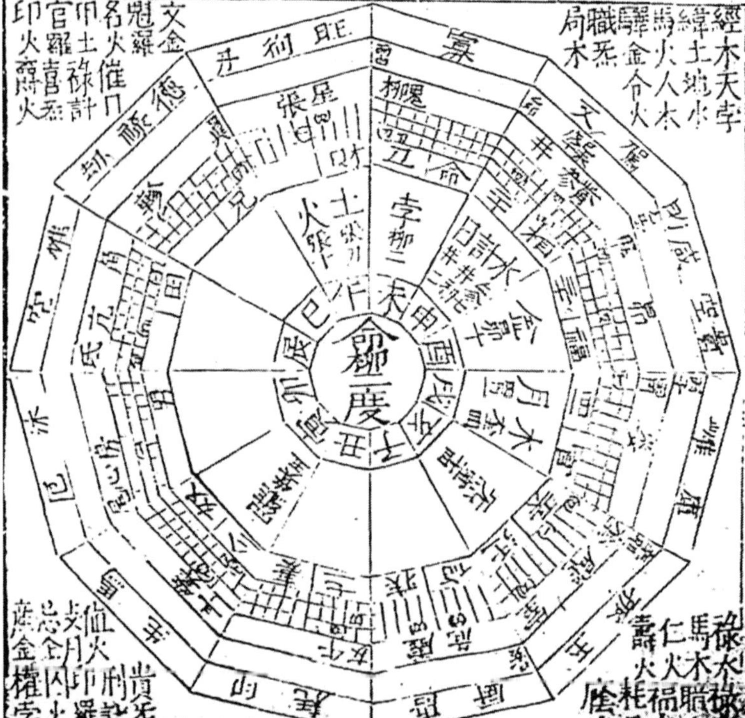

祿木 馬木 仁火 壽火
殺水 賊金 福土 耗日 陰水

位火 支月 忌金 產金
貴炁 刑計 印羅 囚火 權孛

書格

陰陽得體
火炁職權
水木朝陽
金計相生

忌格

土木對傷
計孛交戰

兄弟同甲

七月十九日號麓岳

乾造：癸丑　庚申　癸亥　己未

陳治本　書生

浙江紹興人
戊子壬辰科
丙午參政
僉都則給事

經證

奇雲得路恩星
命主兩朝陽日
月分明是貴人
官福高強貴必
真

年限

火逢紫炁最兼
平龍鳳業中第
一人戊子坐祿
壬辰遇貴

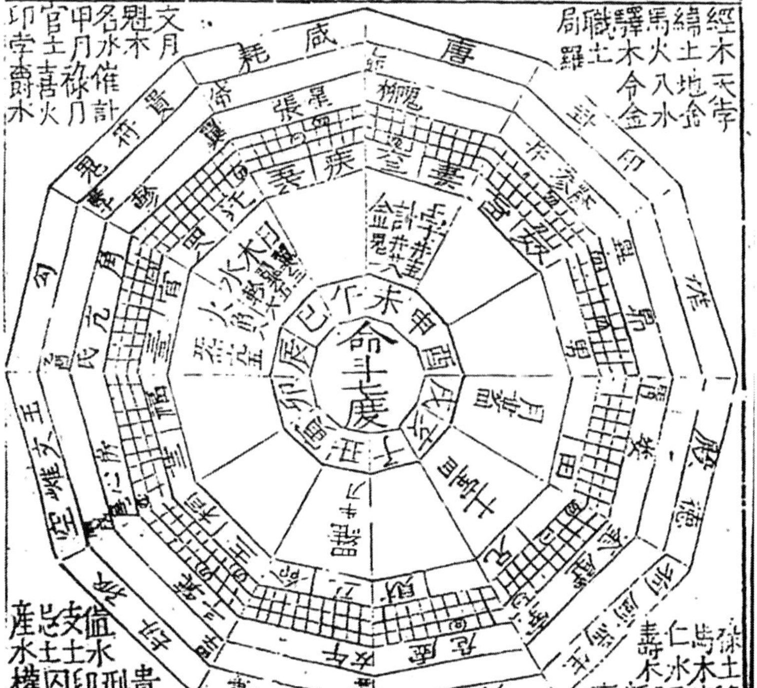

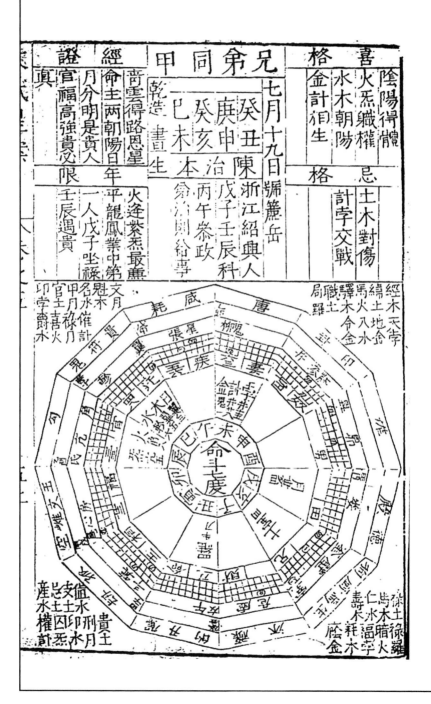

兄弟同甲

喜格

本垣連枝
水火既濟
官福夾度
日月居高

忌格

陰陽無輔
金木對傷
命官坐刃

閏月初九日號簫崖

戊午	庚申	甲申	庚午

陳治則

乾造晝生

浙江紹興人
乙酉壬辰科
吏科都給事
兄治本參政

經證

火居午位名天
赫然位朝君無
戰剋左右吉星
最喜拱主

年限

軫水君恩夾限
慶登駕但水火
官福剋命以名
立身以名敗身

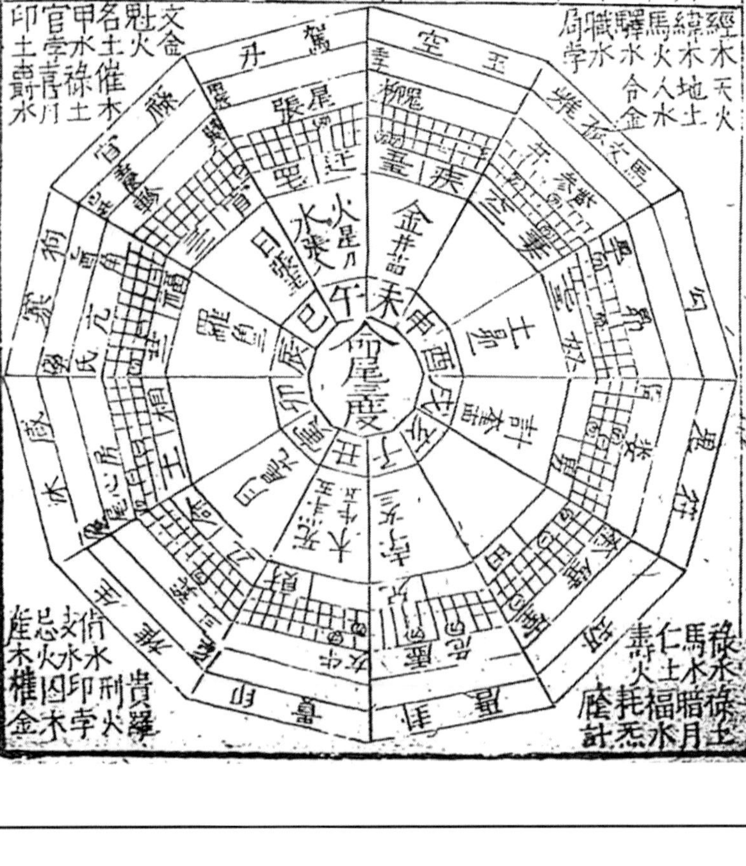

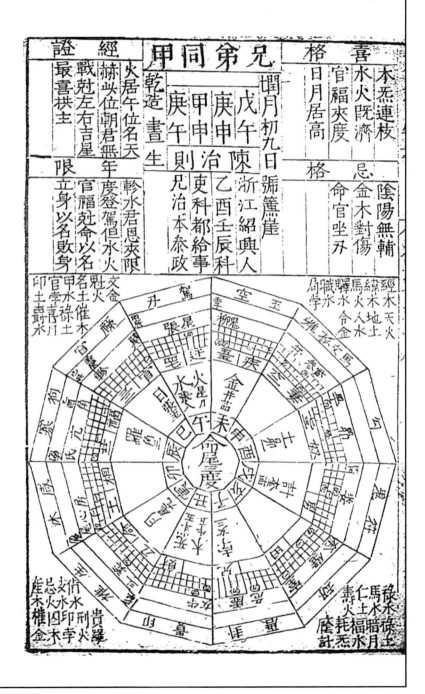

喜格
精神具足
土羅相生
木入秦州
月掛奎星
水陽相會

忌格
忌金騎人馬
水火相刑
計羅擾殿

兄弟翰林
十二月初八日　獅柱山
辛亥　陝西耀州人
辛丑　癸酉丁丑科
辛酉　王國　兵部右侍郎
辛卯　壬子養病
乾造　書生

經證
計羅截斷群星　癸酉木火對生
拱命漏出太乙　年丁丑月孛同躔
抱蟾木入秦州　然水火相攻福
命手身奎文章限　元值魁署見恭
之士　差

經金天然
緯土地木
馬水人土
驛木介土
職月
局火

文土
魁孛
名金
權土
甲月祿炁
官水喜木
印計蔭水

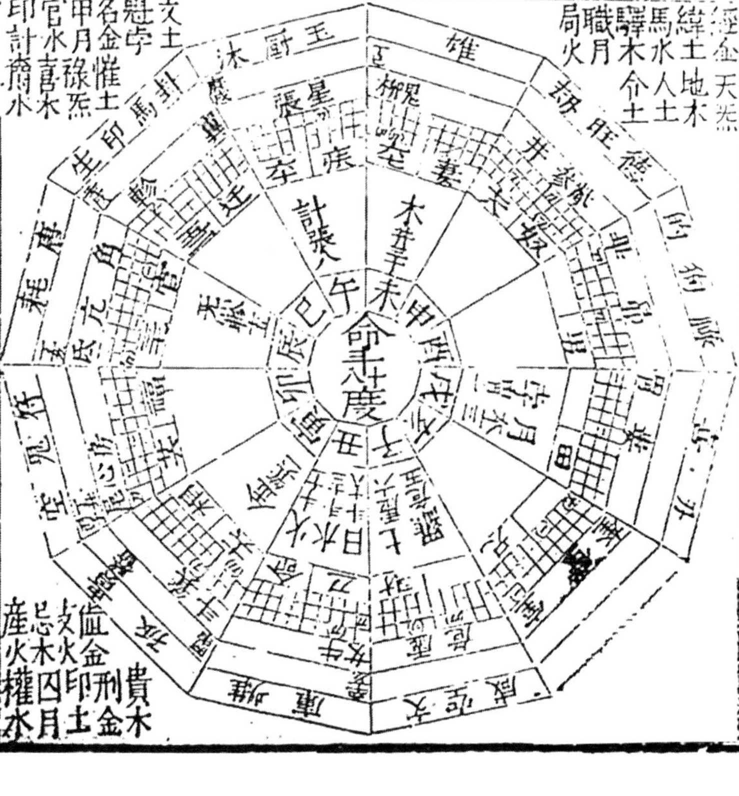

貴木
刑金
血金
印土
文火
印火
忌木
四月
產火
權水

喜格

五曜得經 計犯土主
水金朝陽 炁奴犯度
木火起垣 火犯羅奴
官福升殿

忌格

兄爺翰林

七月初三日 𨜟袁白
丁巳 陝西耀州人
戊申 丙子丙戌科
甲寅 吏部右侍郎
乙亥 兄國任兵侍郎

圖 王

乾造夜生 子進士

經證

文人才士惟喜 室火起垣女土
木炁金水夜遇 年升殿龍𢈔兩捷
火金而煥發包 然木犯炁土犯
涵萬象身居楚限 計盡美未盡善
也

經金天水
緯土地土
馬水人土
驛水命金
職月
局火

文火
魁計
名火催羅
甲金祿羅
官計喜水
印月𤕤木

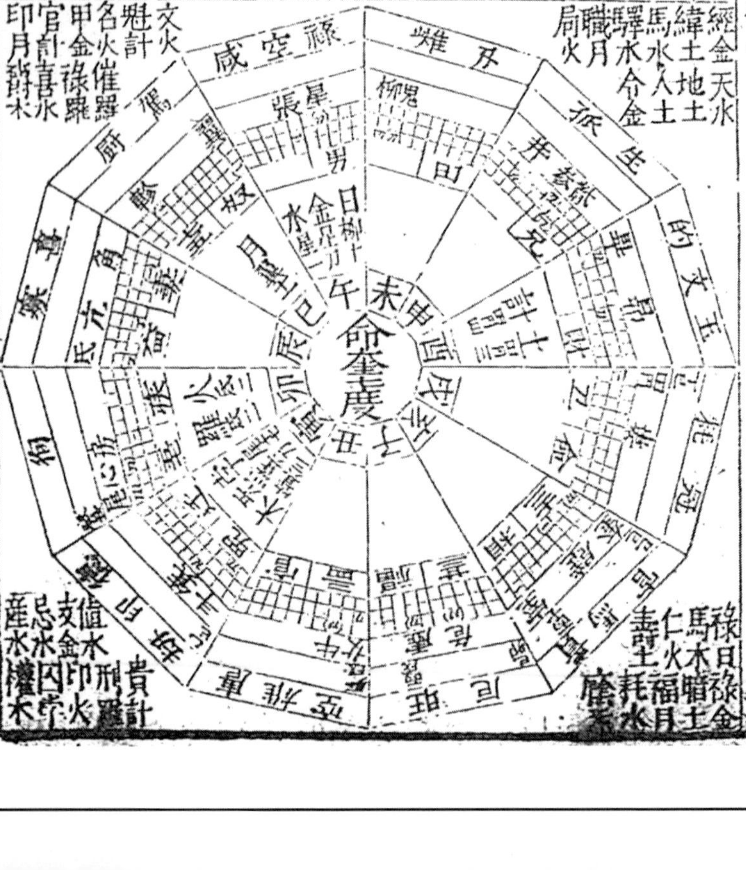

祿日祿金
馬木暗土
仁火福月
壽土耗水
蔭孛

貴計
值水刑羅
支金印火
忌水囚孛
產水權木

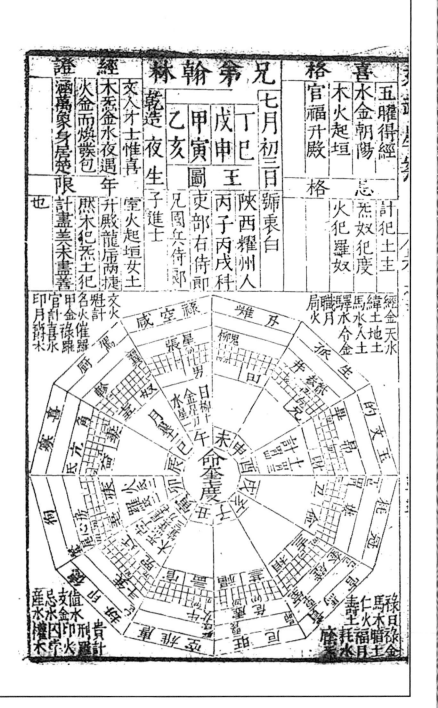

喜格
七政連珠
四餘列外
金水從陽
五星輔日
群星向限

忌土孛交戰
炁計佗月
格木入金鄉

兄弟甲科

三月廿四日酉完虛
壬戌 翁 蘇州常熟人
甲辰 憲 辛卯壬辰科
戊申 祥 甲寅常少卿
丁巳 祥 兄懋祥舉人
乾造 書生

經證
五曜從陽四餘列外且官福夾度夾陽身星祥雲捧月左奇

年限
卯辰鄉會連捷
限行胃度經云
限行四土火羅
限臨旺福左昌熾

經火天金
緯上地火
馬金入火
驛金合土
職水
局孛

文日
魁炁
名水催月
印土祿日
官月喜孛
印水爵金

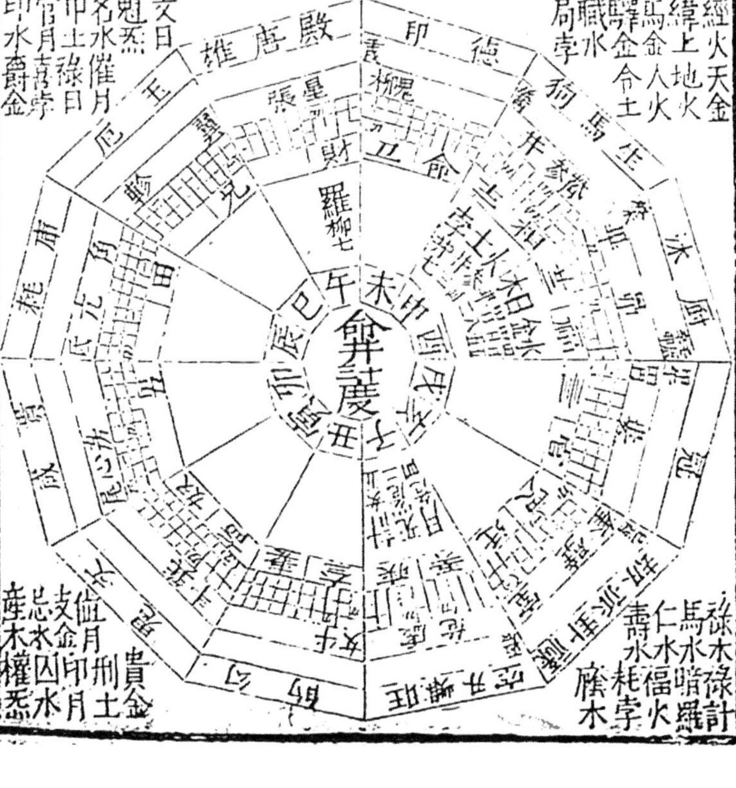

祿木祿計
馬水暗羅
仁水福火
壽水耗孛
蔭木

貴金
刑土
位月印月
支金囚水
忌水囚水
產木權炁

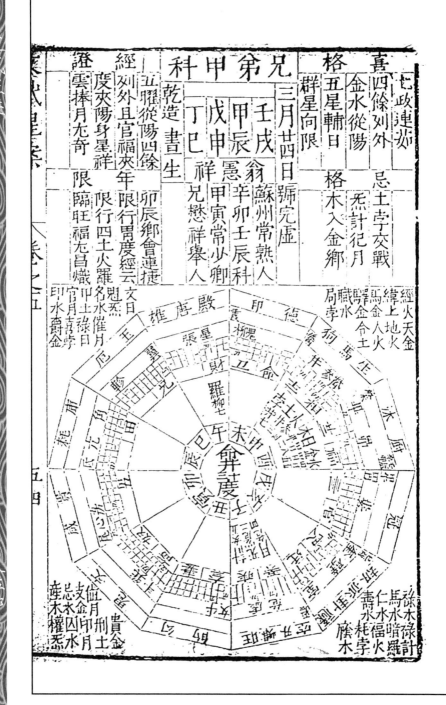

喜格
日月尚明
官福秉令
身命得位
水陽相會
坐貴向祿

忌格
水泛白羊
孛尾計氐
金羅相刑

兄弟甲科
三月廿三日 獅泰輿
丙寅 翁 蘇州常熟人
壬辰 愈 戊子戊戌科
甲寅 祥 己酉吏主事
丙寅 兄懋祥 憲祥
乾造夜生

經證
贊者身泊斗牛
命躔奎壁官聯
顯而福星明官
高福厚

年限
廛日戊子水陽
相會戊戌斗木
木躔恩度祿貴
拱限為美

經土 天月
緯水 地土
馬金 人火
驛金 令土
職孛
局水

文金 魁羅
名火 催日
甲水 祿計
官羅 喜炁
印火 爵木

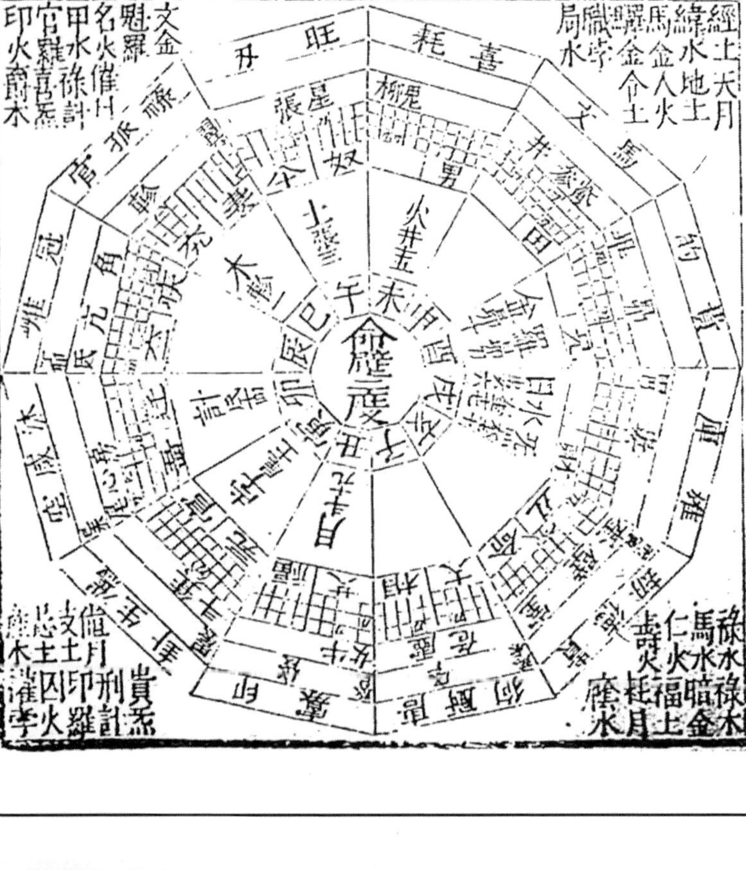

祿水 祿木
馬水 暗金
仁火 福上
壽火 杖月
蔭水

貴炁 刑計
催月 印羅
文土 囚火
忌土 催孛
燕木 [illegible]

喜格

日月拱官
官福朝天
日月拱駕
命主司令
金計相生

忌格

陰陽無輔
土月對掩
日月背行

父子兄弟進士

四月十一日 獅首峯
癸丑 張 山西蒲州人
丁巳 甲 壬午癸未科
丙戌 甲 巳亥工部郎中
庚寅 徵 父四維閣老
乾造 夜生

崇勳嶽駕相闕 壬午癸未限度

經證

攝日月朝之定年 危月月坐玉堂
出倫夜遇火金 臨限
而煥發

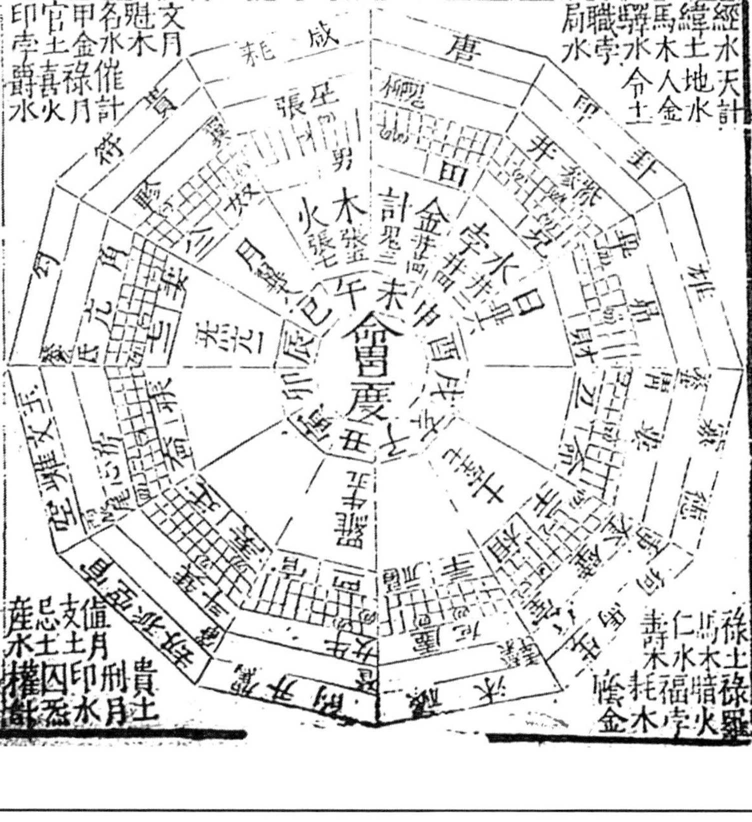

喜格

月明奎府
木躔角道
土金豪富
福官升殿
命主朝君

忌寒月单行
火孛交戰
格梟枯牛犁

筞第進士

十一月初八日號華岑
甲寅
丁丑
甲戌
癸酉
張泰徵
乾造夜生
山西蒲州人
丙子庚辰科
仕至叅政
父四維閣老

經論

月居戌上名天　丙子庚辰胃土
轉喜到奎婁尒年　妻金俱喜逢生
廟度命主朝陽　板龍附鳳正當
終富貴身居福限　此時
德福盈餘

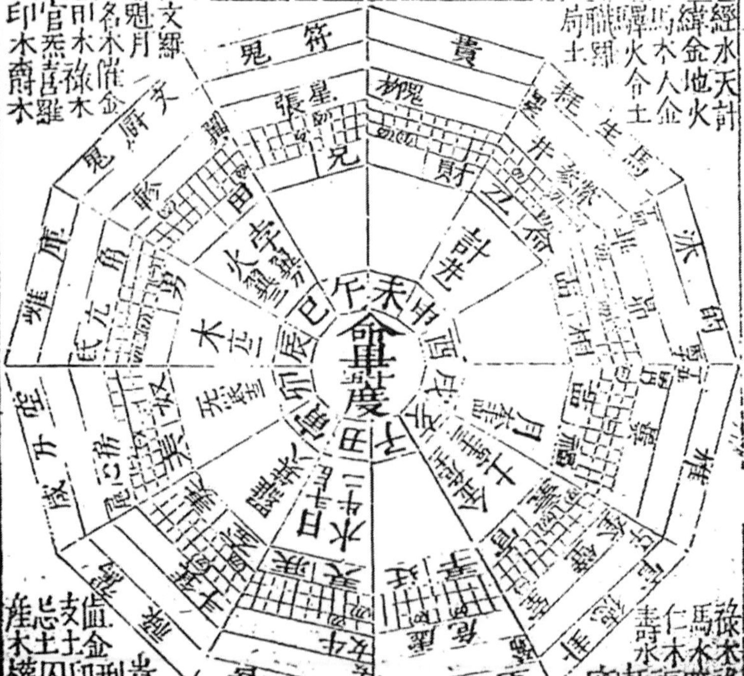

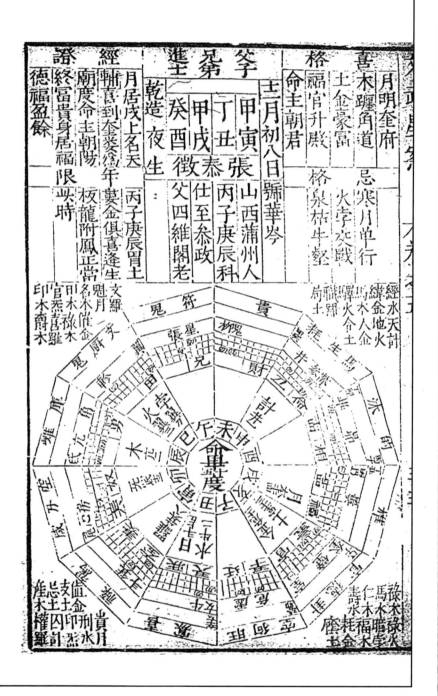

兄弟進士

喜格
垣聚天門
日月拱財
福祿拱財
安身傷母
夜火朝陽

忌格
金木對傷
木土對尅

二月初十日彌寅所
甲寅 周 浙江鄞縣人
丁卯 應 丙子癸未科
辛巳 甲辰禮侍郎
戊戌 賓 弟應治
乾造 夜生

經
辰酉坐命土計
熒惑歲星居廟
犯月而猶能該年
室月居月位夜
若承恩依日月
光明但張月遇

證
必能大富潤其限
計晝美未晝吉
身也

經上天上
緯土地金
馬金人火
驛火命木
備月
局火

文羅
魁月
名木能金
甲火祿木
官炁喜羅
印木爵木

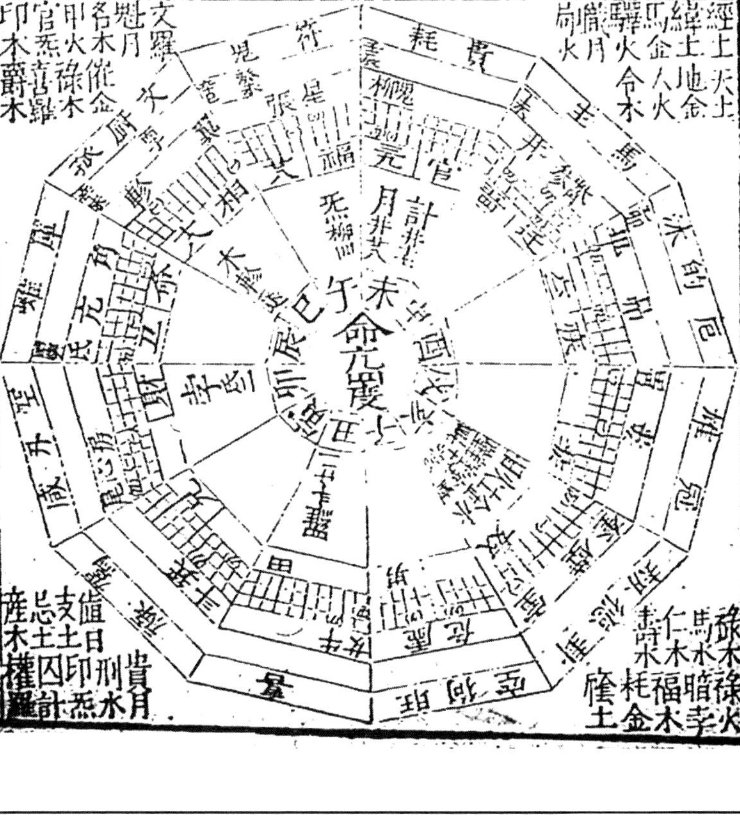

祿木祿火
馬水暗孛
仁木福木
壽水耗金
蔭土

值日
支土
忌土
産木
貴月
刑水
印炁
囚計
權羅

喜格	日月並明
	金水會蛇
	火驪文昌
	太白當秋
	官福高明
忌格	身祿坐夕
	日月夕雌

兄弟進士

七月初二日驅𢏺石

丙辰	丙申	戊午	丁巳
周	應	治	

乾造晝生

周：浙江鄞縣人 己卯庚辰科
應：甲辰荆南道
兄應賓

木會羅孛格精 己卯庚辰限度
經：奇白月同宮晝年 量火宮慶兩強
生宜水金會蛇 連捷已驗
證：火土高明為最限

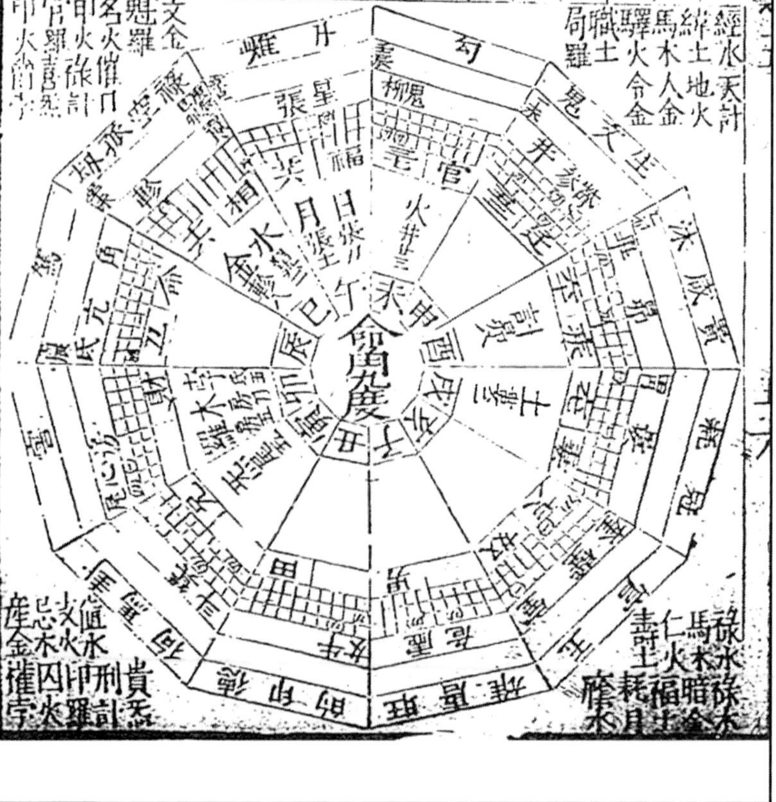

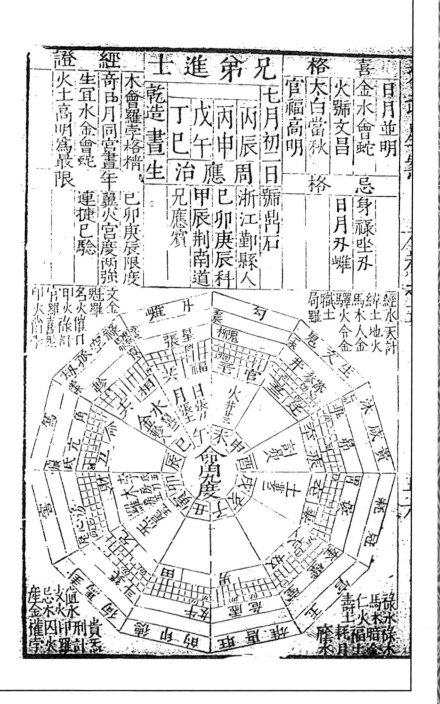

喜格

水輔陽光
火犄文昌
計羅截斷
漏出孤月
土金豪富

忌格

火孛交戰
福官居弱

兄弟三甲第

五月十五日犄子拙

壬戌	丙午	戊戌	庚申
岳	元	聲	
浙江嘉興人	壬午癸未科	壬辰工部中	丙申諫謫

乾造 耆生

經

計羅截斷漏蹄 午未運捷限度
光申特夜論爲年 亢金孛制火殺
最五曜環陽尢 金受土生元流

證

奇惜乎孛次之限 雙貴夾限

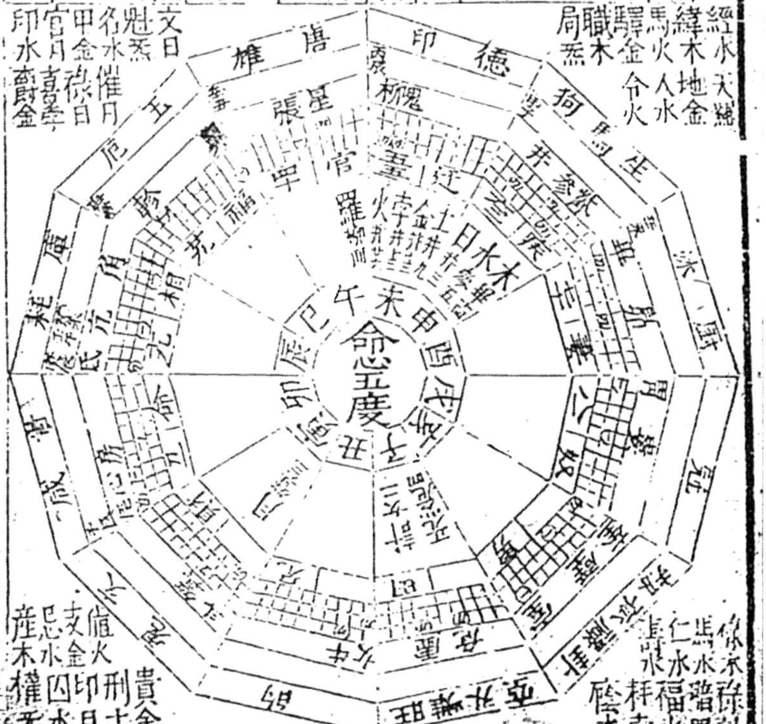

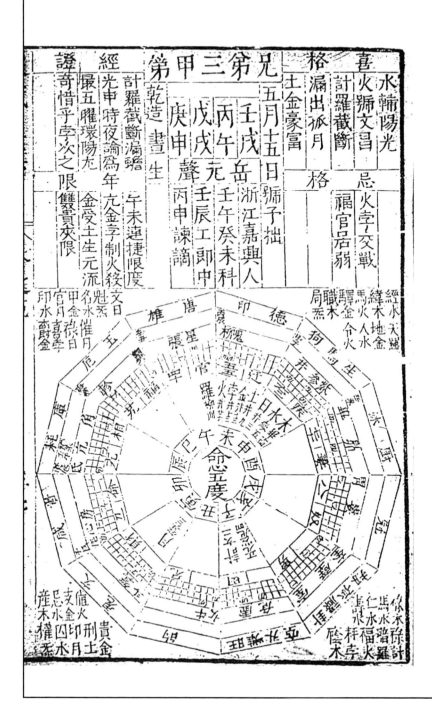

喜格

長庚伴月
福祿拱命
命田升殿
財星登駕
月照廣寒

忌格

水火交戰
土埋婺女
五宮逢孛

兄弟三甲第

五月初五日 䲘石梁

岳 浙江嘉興人

和 辛卯壬辰科

己巳
己巳
戊申
壬戌

聲 壬子知府

兄元聲郎中

乾造夜生 弟駿聲大叅

經

木星度駕平生 辛卯壬辰房日
足履王庭長庚年 遇羌坐祿坐貴
伴月少馳名上 限宮限度畫美

證

商類子五位發 限畫善
星逢惡曜

經火 天木
緯木 地水
馬火 人木
驛水 命火
職金
局計

文炁
財金
名上 忌悔炁
甲水 強（張）火
官火 吉曜土
印羅 酉（國）木

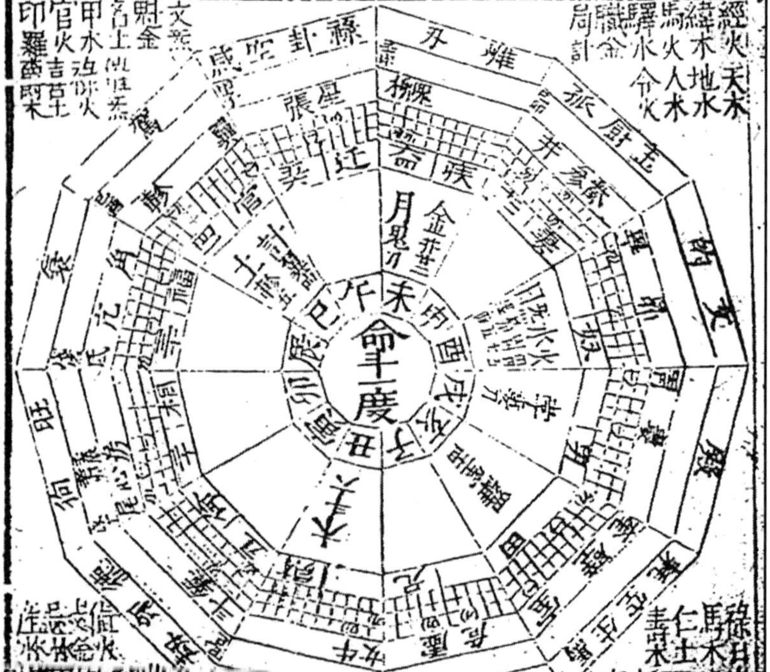

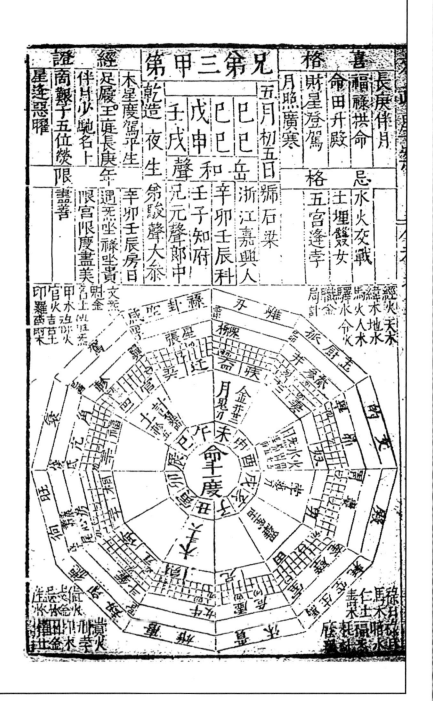

書格

計羅截斷

漏出官星

羅月交輝

金水互垣

火旺南離

忌 木到大梁

水犯孛奴

格 諸星背行

兄弟三甲第

八月初九日 獅石鍾

癸酉 岳 浙江嘉興人

辛酉 駿 丙午庚戌科

丙辰 乙卯知府

戊子 聲 兄元聲和聲

乾造夜生

經 水金互垣貫朽 丙午奎木對水

眾陳之宅夜誕年 庚戌壁水對金

月而火羅侍衛 但木入金鄉水

證 福主堅牢莫慮限 犯孛奴坎之

官

經金六水 緯金心水 身水八土 驛火分金 職羅 局土

文月 魁木 名水催計 刃木祿月 官土岩火 印孛蔭金

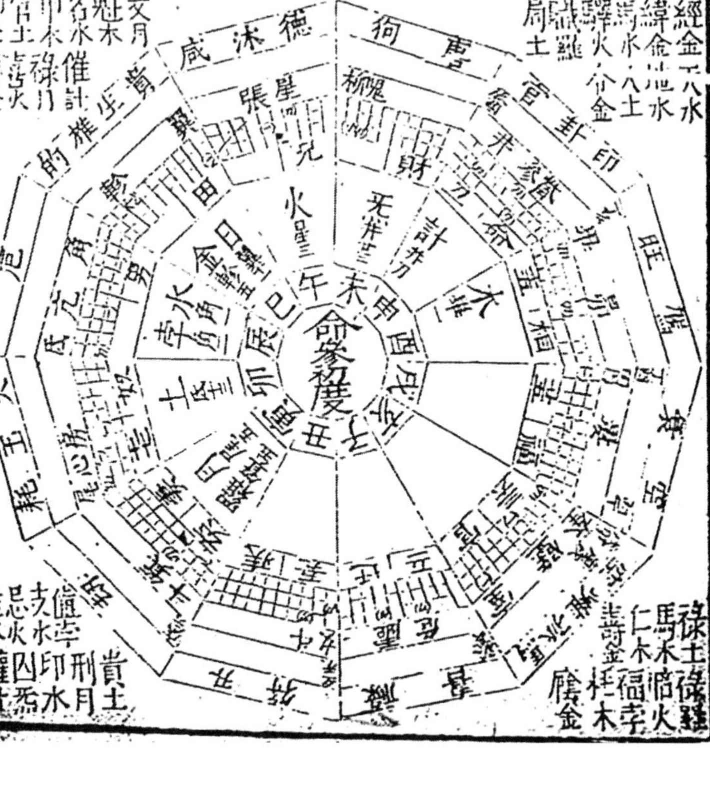

祿土祿羅 馬木暗火 仁木福孛 壽金杖木 蔭金

貴土 刑月 印水 囚炁 權計 儲孛 夫水 忌火 產水

書格

計羅攔截
漏出官命
火月同胥
官星登駕
日月夾財

忌
日月無光
木到大梁

格
木土對尅

八月廿六日號大茹

季登甲科

癸酉　辛酉　癸酉　辛酉

蕭丁泰

湖廣漢陽人
庚子辛丑科
甲寅兵部郎中
父良有會元

乾造夜生
弟同科舉人

羅計截出官星
庚子辛丑度行

經

命主登駕火月年女土經云土星
同胥木受金生若也度躔氐旌

證

福元升殿
限表門閭衣錦衣

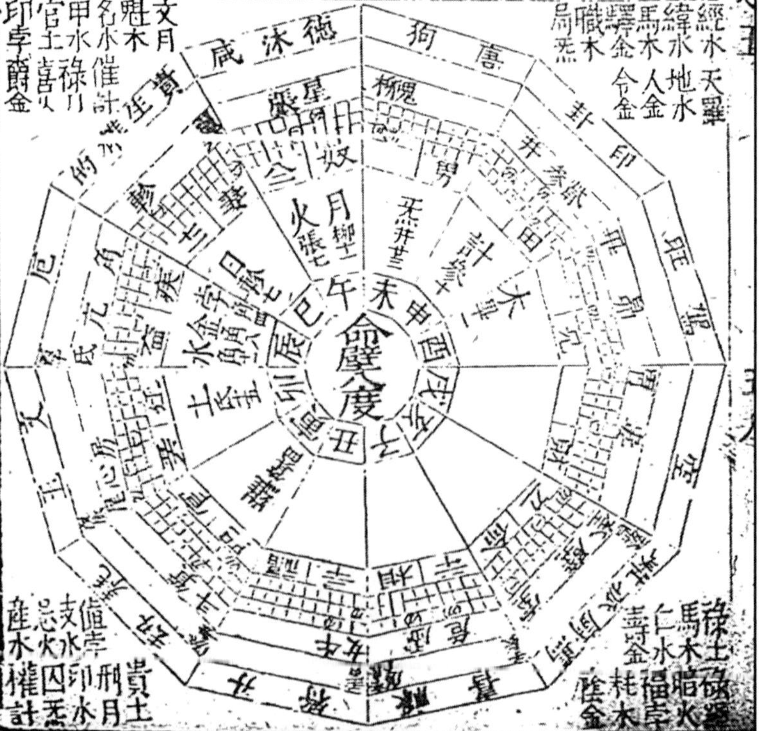

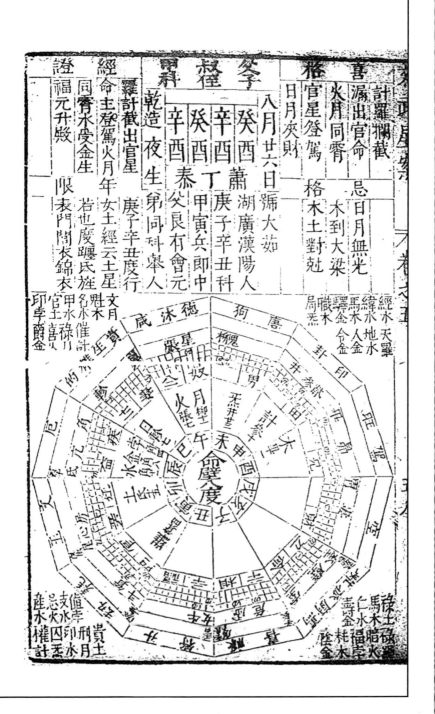

三世甲科

喜：五曜從陽　四餘環月　命主朝君

格：身居閑極　福元垣令　格

忌：土計拱身　晝火犯陽

八月十三日號鑑泉　浙江嘉興人　壬子壬戌科

乾造　書生

庚寅　乙酉　庚午　壬午

李芳　仕至同知　癸丑卒

五曜從陽於東　壬子土坐祿恩

經：南四餘環月於年　壬戌木星朝陽

北闕經云五宮　照癸丑奎木對

讖：主到官福子必限　金刃謂之壽限

出贊　兩傷

經土　天土　緯木　地金　馬金　人火　驛水　令金　闕炁　局木

文木　魁水　名金　催孛　甲水　祿金　官金　吉金　印金　爵木

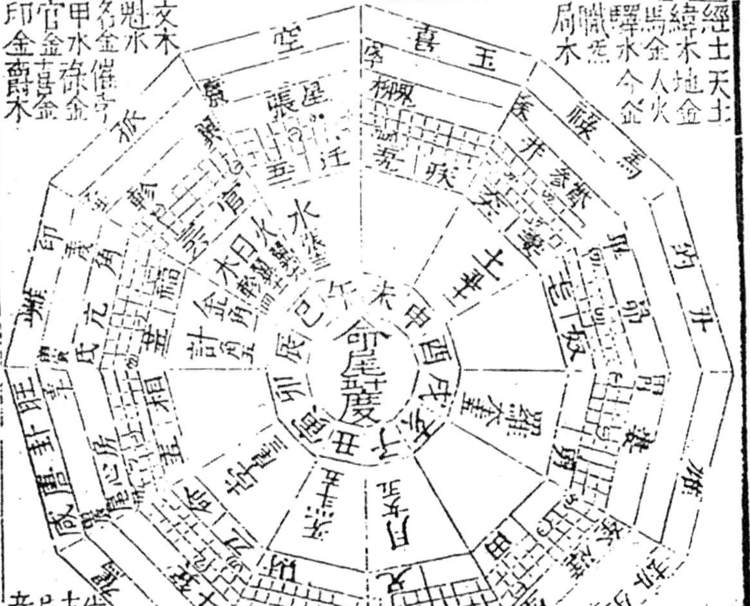

祿水　祿水　馬水　暗炁　仁金　福計　壽木　枉羅　陰火

貴孛　催孛　刑木　支土　印金　忌土　囚土　產木　權月

三世甲科

喜格

日遇白羊
火歸坤地
金居衛分
祥雲捧月

忌格

土孛交戰
木困婁金

三月十三日酉時曙岩

己酉　李　浙江嘉興人
庚辰　原　癸酉丙戌科
癸未　中　丁酉助教
戊午　子　士嵩擧人

乾造　書生

向陽花木三台　畢月金炁崇照
八座之榮門逢年　婁金金居乾位
紫炁最榮旨長　癸酉丙戌限行

經

諺　庚對月少年榮限是度

經金天炁
緯土地金
馬木人金
驛金令土
職水
局孛

文炁
魁金
名土
催炁
中土
祿火
官火
喜土
印羅
貴金

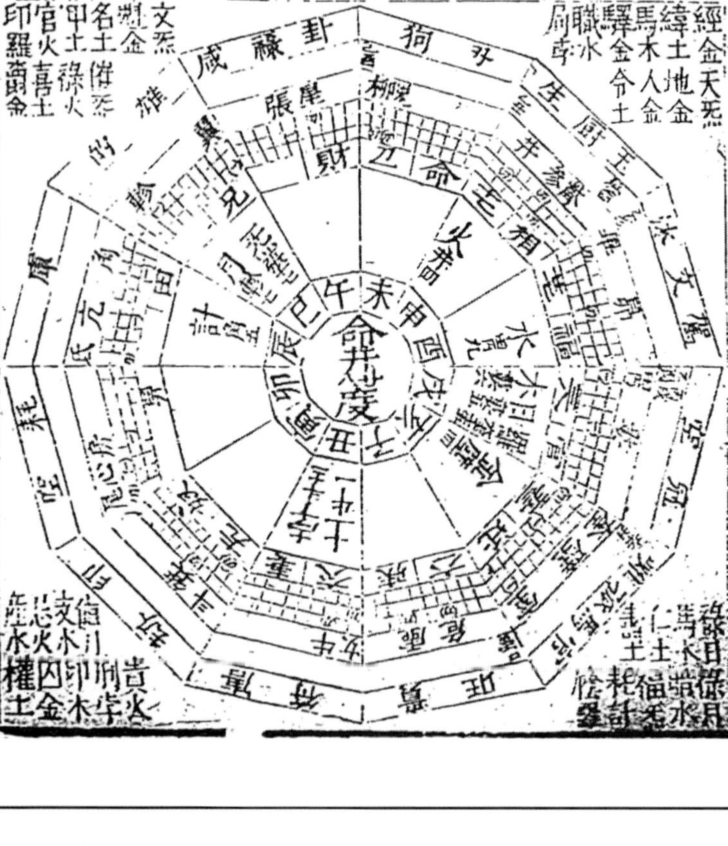

貴火
刑孛
印木
囚金
權土

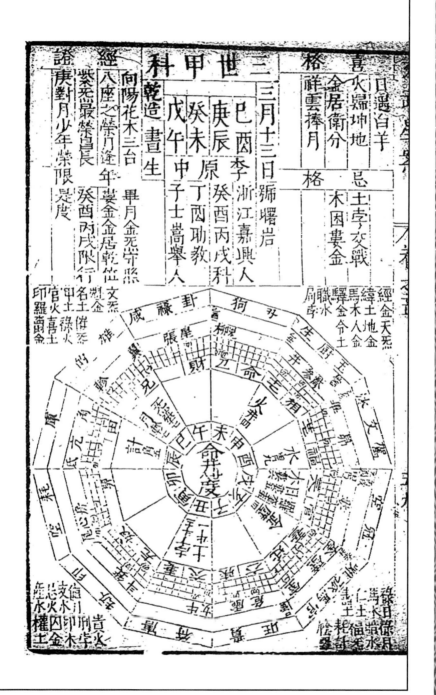

喜格

計羅攔截
群星向命
月居閑極
火燃天蝎
財主歸垣

忌格

金木相刑
火孛交戰

三世甲科

七月初六日

甲戌
辛未
戊寅
甲寅

乾造 夜生

李士嵩

浙江嘉興人
癸卯科
子芳進士卒
父原中進士

經

火金羅月是陰
星遇夜生逢最年
有情文人才士
諸權喜木忌金水

限

癸卯度歷胃土
火氐對生金計
同宮

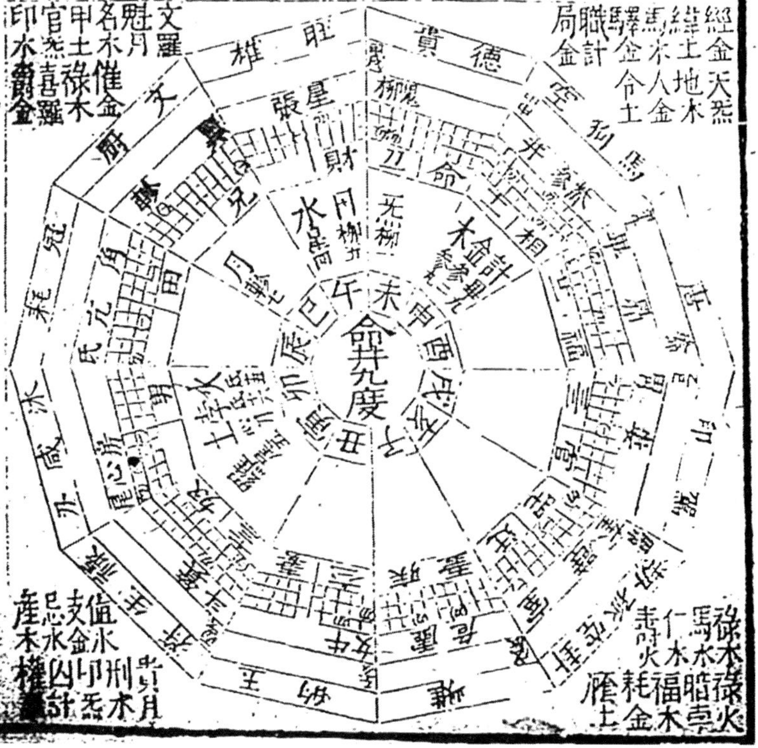

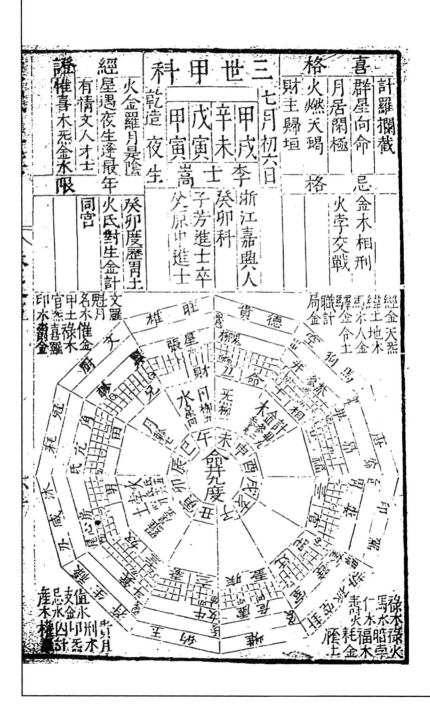

喜格	忌格
木月清貴	劫木丹火
夜火朝陽	臨身守命
金水會垣	計孛交戰
日月對望	
五曜朝天	

癸子甲第

正月十八日
甲寅
丙寅
己未
癸酉
乾造　夜生

朱敬循

號石門
浙江山陰人
辛卯壬辰科
太常寺少卿
父賡閣老
丁未卒

經證

齊龍椿御夜火
朝陽木金會垣
經云子母重逢
貫朽粟陳之宅

年限

卯辰連捷限行
參水宮度兩強
丁未度廢胃土
土木對傷壽限
兩尅

經土　天月
緯火　地金
馬水　人土
驛木　命木
職水
局孛

文羅
魁月
名木　傲金
甲木　祿水
日炁　喜羅
刃木　爵木

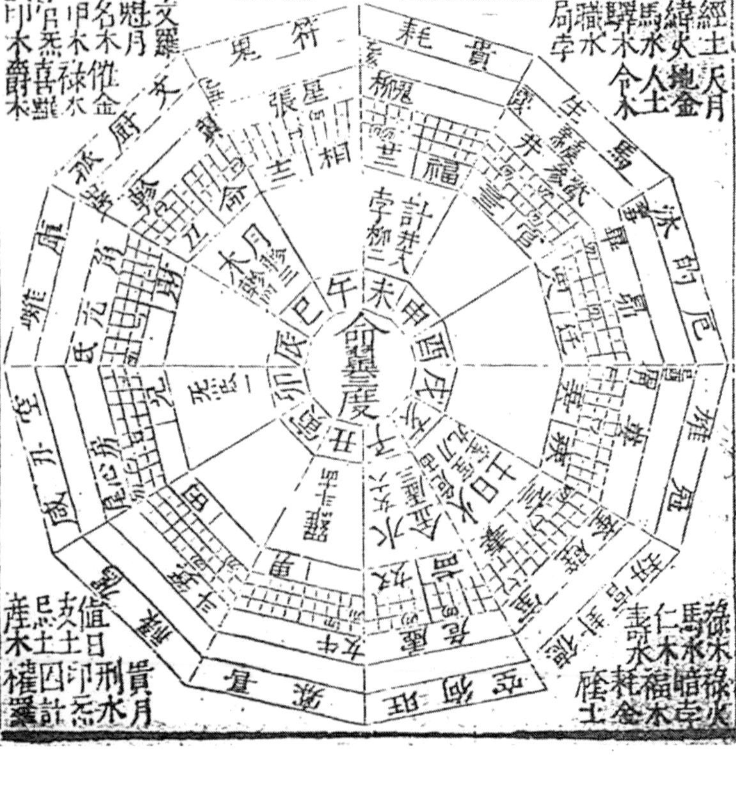

祿木　祿火
馬水　暗孛
仁木　福木
壽水　耗金
蔭土

貴月
刑水
值日　印炁
亥土　囚計
忌土　權羅
產木

兄弟三進士

喜格	忌格
日月夾命	木入齊瓶
祿嗣起垣	計犯太陰
火歸坤地	七政背命
月躔奎府	
土金豪富	

乾造夜生

戊午　丁巳　甲辰　乙亥

四月廿八日

洪輔聖

駢隣廣

直隸歙縣人

乙酉丁未科

戊申授行人

庚戌卒

經讚

晝生專取日木
土夜誕却以火年
金月若是當年
有用星以是發
用皆無阻

限

乙酉尾火對丞
丁未軫水朝陽
庚戌流計併刃

文金　魁火　名土　催木　甲月　祿土　官孛　喜月　印土　蔭水

經水　天孛　緯土　地土　馬火　人水　驛木　命火　暗月　刑火

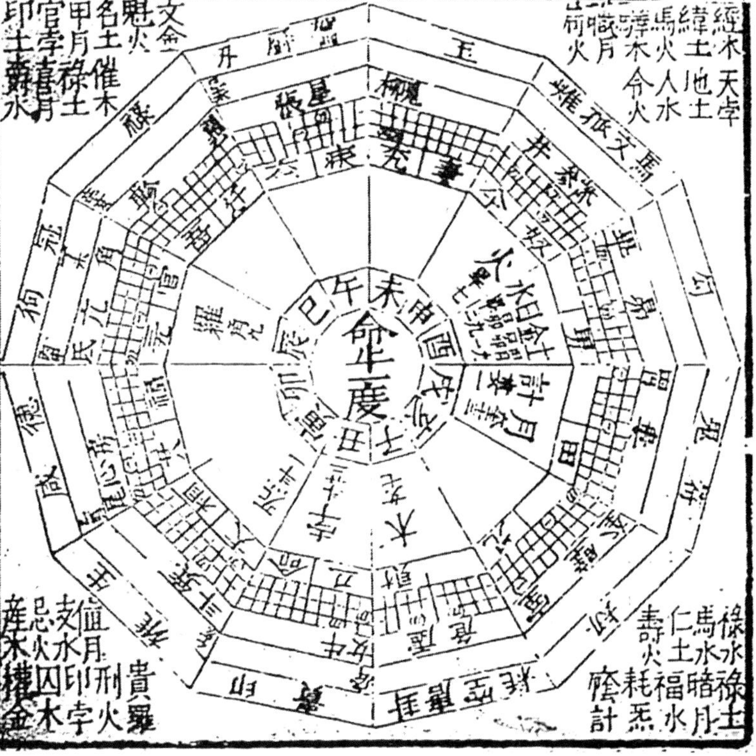

貴羅　刑火　值月　印孛　支水　囚木　忌火　權金　產木

祿水　祿土　馬水　暗月　仁土　福水　壽火　耗炁　蔭計

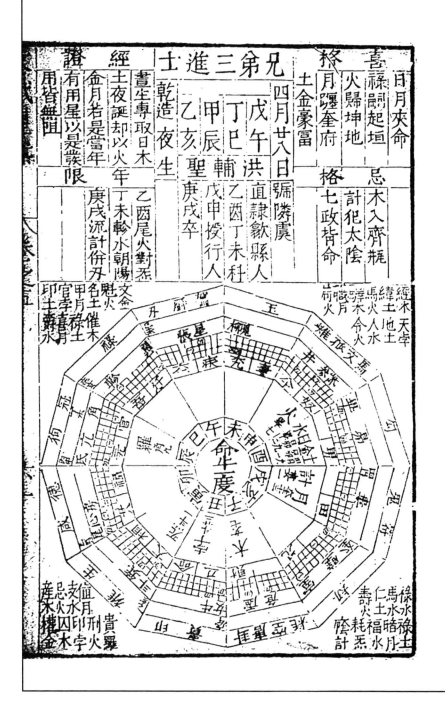

經證	兄弟三進士	喜格
火金羅月是陰星遇夜生逢最主文若爲身命司官福三台八座顯聲名	六月初八日 乾造夜生 辛酉 乙未 丙寅 戊子	身命拱福祿 羅計攔截 孫月獨明 木孛符印
年限	**洪佐聖**	**忌格**
壬午秋試限行壁水似無所取賴限宮坐祿向貴騰蹈功名之士辛丑女土曜	號經寰 直隸歙縣人 壬午辛丑科 丙辰按察使 庚申江西巡撫	日月背行 火計相泄 水羅相刑

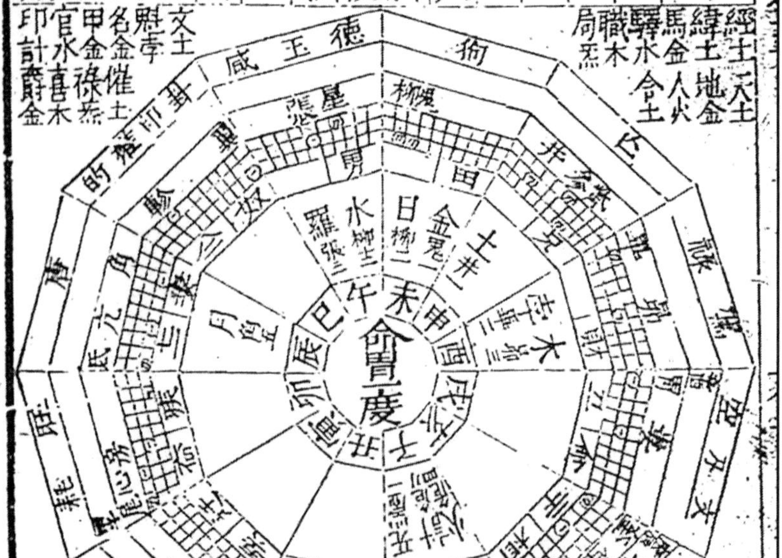

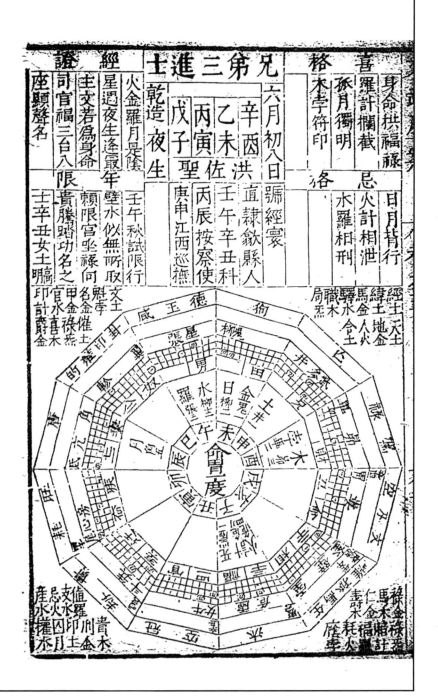

喜格

福祿拱官
火號文昌
官星登駕
日月夾命
日月夾嗣

忌格

金騎人馬
水計相刑
二難夾身

兄弟三進士

九月廿七日號南池
丁卯
辛亥
戊寅
壬戌
乾造夜生

洪翼聖

直隸歙縣人
丁酉戊戌科
甲寅叅政
兄韓聖佐聖

經讚

陰陽左右迎夾
主朝中朱紫貴年
寅主相和名揚
四海官星貫日
顯達之人

丁酉戊戌連登
限度奎木朝陽
宮主火號文昌
限危月如履深淵

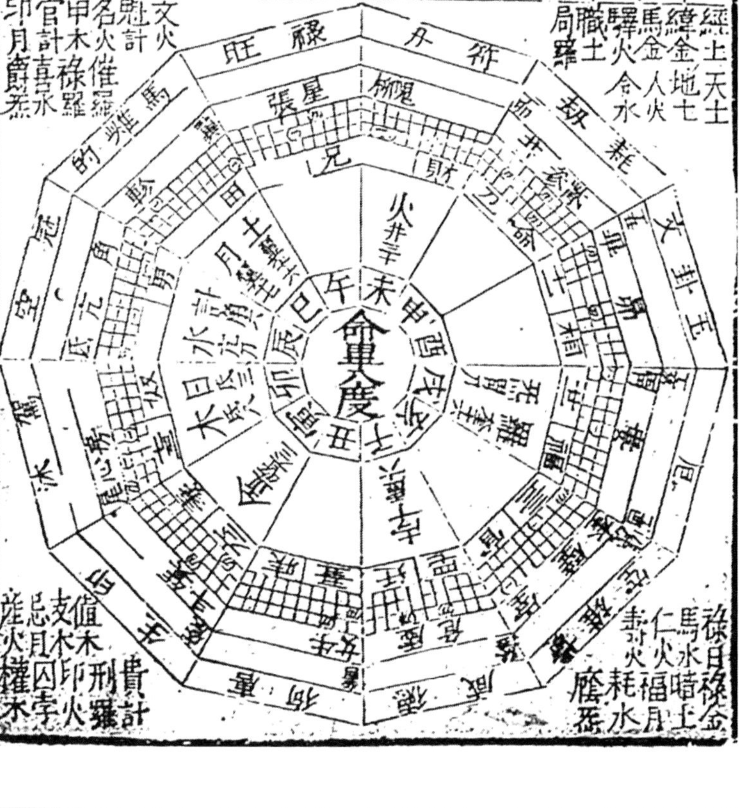

經上天土
緯金地七
馬金人火
驛火合水
職土
局躔

文火
魁計
名火催羅
甲木祿羅
官計喜水
印月爵炁

祿日祿金
馬水暗土
仁火福月
壽火耗水
蔭炁

貴計
值木刑羅
支木印火
忌月囚孛
産火權木

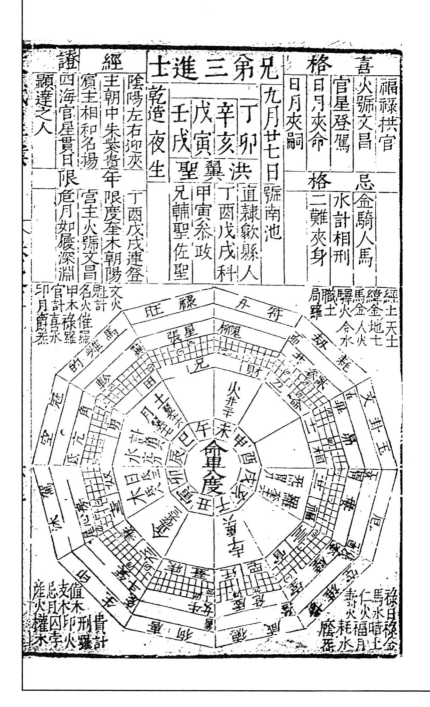

喜格
官福夾身命
日月夾田
火月同膂
田財夾命
夜火朝陽

忌格
命坐刃鄉
孛羅交戰
土計拱身

父子甲科
十二月初三日彌念所
戊戌
甲子
壬寅
庚戌
蔡廷臣
江西德化人
甲子乙丑科
仕至布政
子士芹解元
乾造 夜生 壬辰卒

經
日月無光最喜
子丑春秋限歩
火耿其輝富者年
參畢水宿歸經
田財夾命貴者
火金夾月五宮

證
官福夾身夾命 限主到官福子必
出賢

經土 天土
緯火 地木
馬金 人火
驛水 命水
職火
局月

文金
魁火
名土 催木
甲土 祿土
官孛 喜月
印土 爵金

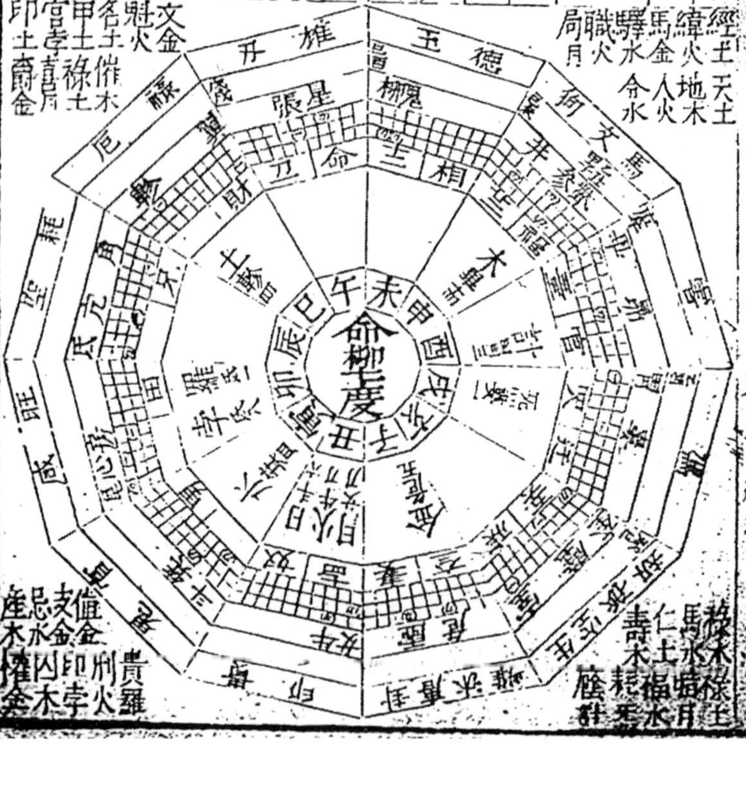

祿木 殺土
馬水 暗月
仁土 福水
壽木 耗水
蔭計

催金 貴羅
支金 刑火
忌水 印孛
產木 囚木
權金

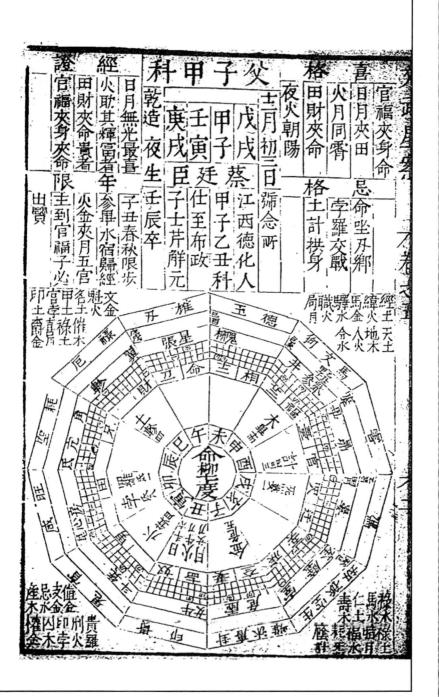

喜格

日照天門
火歸坤地
水湊天池
土好齊飛
福官起垣

忌格

日月背行
計月相掩
身命居弱

父子 兄弟 甲科

正月十七日
號昌明

辛亥 庚寅 乙巳 庚辰

施壽明

湖州歸安人
辛卯乙未科
甲辰僉事
叅浚民叅政

乾造晝生

經

木星會火福偏
饒官福歸垣格
局高水湊天池

諮

主峽詞源之豪
邁

年限

卯未鄉會限屬
斗木木土兩強
其驗尤奇

經十一天土
緯十一地火
馬金人火
驛元命木
職小
局烝

文土
魁亭
名金備土
甲金祿烝
官水喜木
印計蔔水

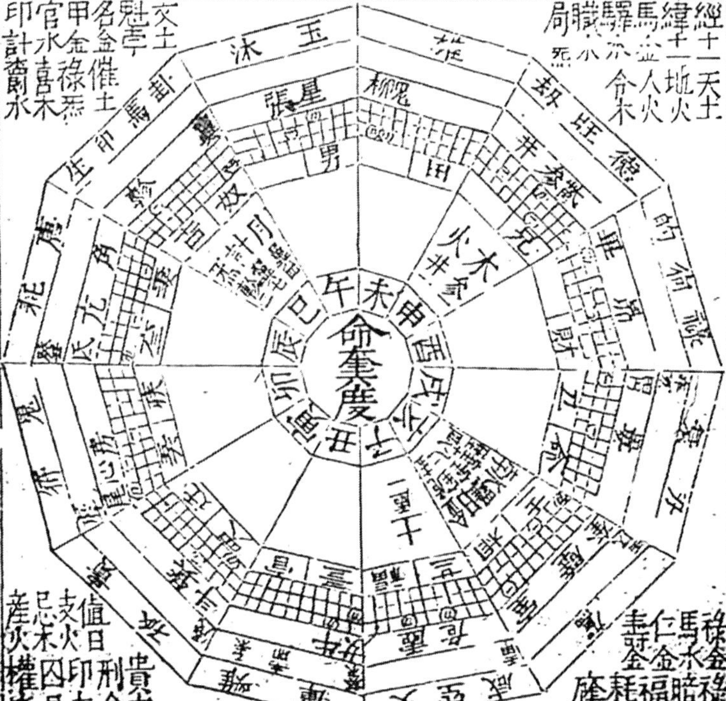

祿金祿烝孛
馬水暗計
仁金福羅
壽金耗火
蔭學

值日貴木
支火刑金
忌木印土
巳火囚月
產火權水

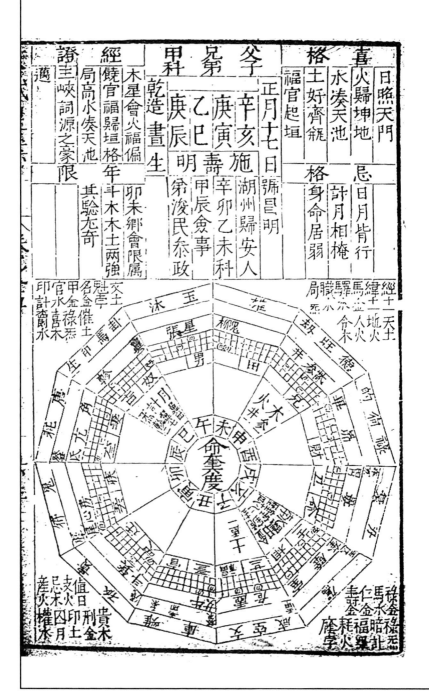

喜格

日月得體
孤月獨明
火炁職權
木孛符印
身命得地

忌格

金騎人馬
及鋒坐命
土計夾月

第發甲

九月十七日號二華

乾造夜生	
巳未	浙江歸安人
甲戌	辛卯壬辰科
乙酉	乙卯叅政
丙子	父同知

施浚明

經驗

火金羅月是陰 昴日胃土水退
星遇夜生逢最年 從陽火羅拱土
主文若爲身命 卯辰高捷信可
司官福三台入限 必矣
座顯聲名

綬金天炁 緯土地金 馬木人金 驛金命土 職水 局孛

文炁 魁金 名土催炁 甲土祿火 官火喜土 印羅貴火

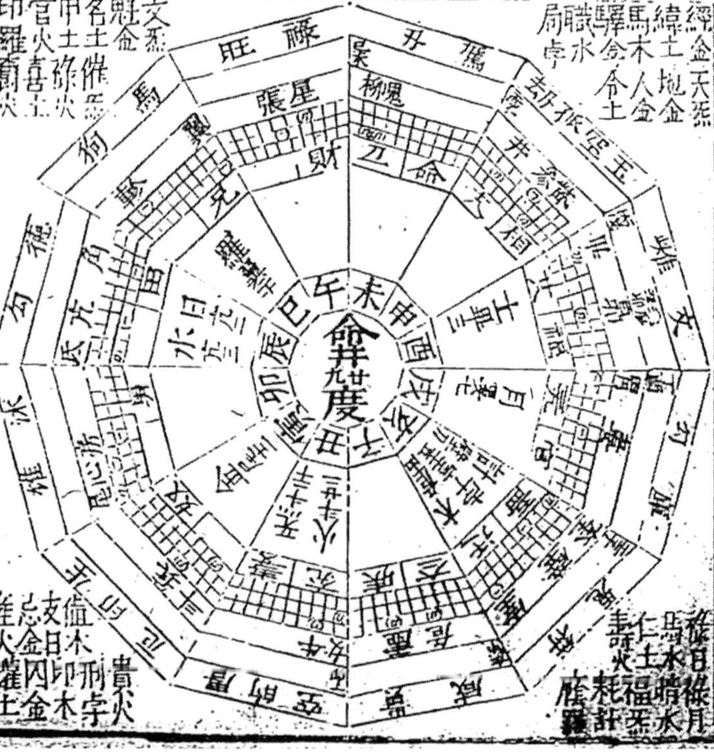

祿日祿月 馬水晴水 仁土福炁 壽火耗計 蔭羅

貴火孛火 血木刑木 支日印木 忌金囚金 差火權土

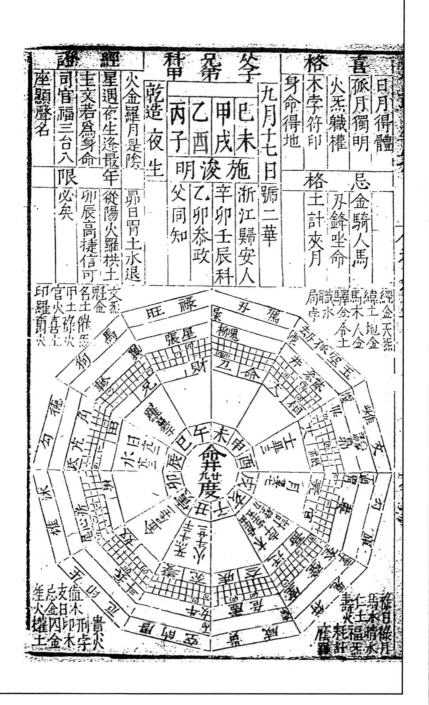

喜格

日月夾命
日月夾田
水宿歸經
財祿升殿

忌格

炁羅夾身
日月無光

兄弟進士

閏月廿六日
乙卯
己丑
丁亥
辛亥
乾造夜生

朱汝器

號午臺
浙江烏程人
乙酉巳丑科
乙巳副使
弟汝鰲主政

經讖

陰陽夾命當曆
孟子之萬鍾日
月最宜拱夾金
水須要分明

年限

乙酉巳丑井木
限度宮度木月
坐祿登駕炁奴
犯度喜恨同途

經金天炁
緯火地土
馬木人金
歸木命土
藏火
局月

文計
魁日
名木催木
甲木祿木
官木官計
印日
商炁

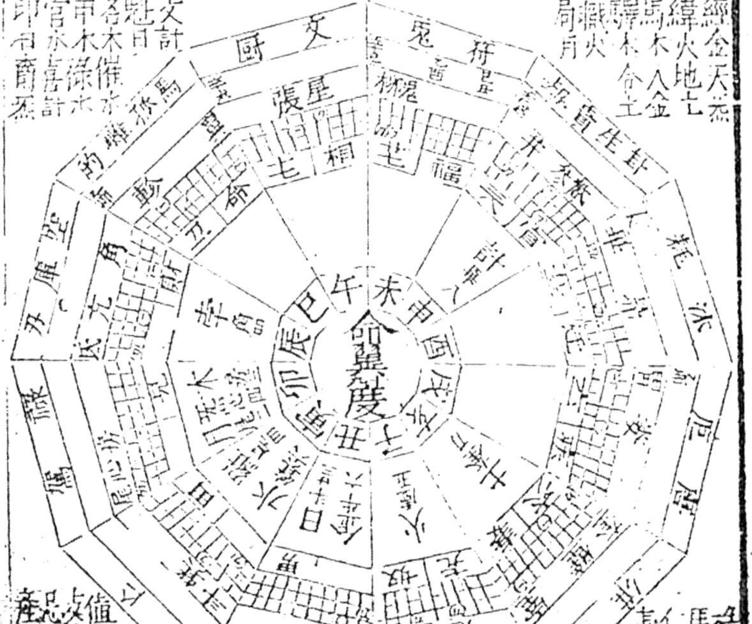

祿火
祿孛
馬水
暗木
仁木
福金
壽計
耗土
蔭月

值金
貴木
刑炁
印計
囚羅
權炁
產月
大月

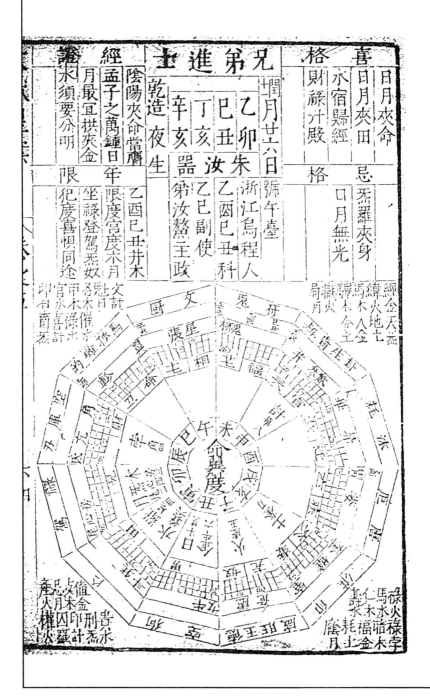

喜格

四餘列外
七政在內
木躔角道
官福高強

忌格

土埋雙女
火入金鄉

兄弟進士

五月廿五日
丁卯　丁未　己卯　庚午
乾造　晝生
朱汝鰲
號崑河
浙江烏程人
丁酉甲辰科
癸丑禮主政
乙卯卒

經證

計羅截斷文武
兩班紫曜拱南年
乃至尊之局惜
平福主坐丑次限
之

丁酉柳土乘令
逢生甲辰井木
升殿乙卯丑尾
刼頭金加井度

經木　天火
緯土　地水
馬火　人木
驛火　合土
職火
爵月

文火
魁計
名火　催羅
甲火　祿羅
官計　喜水
印月　爵炁

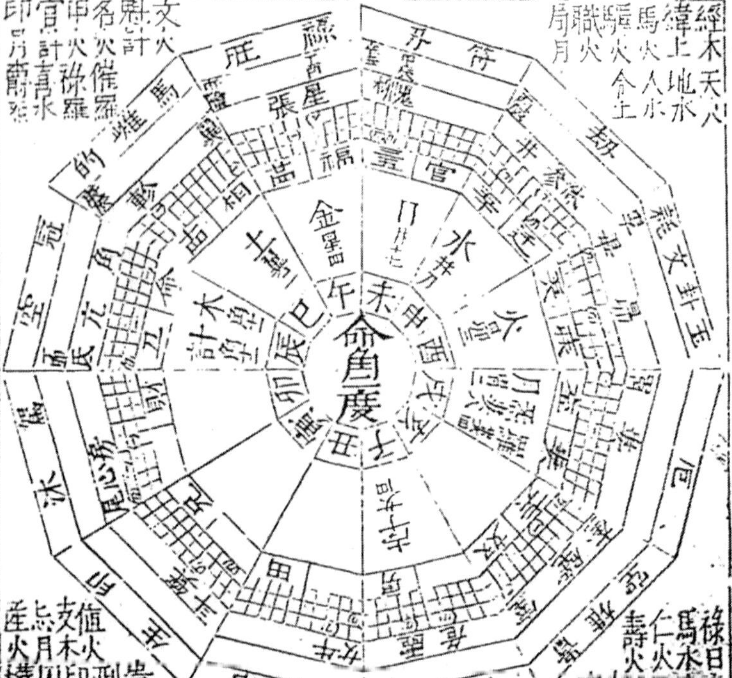

祿日　祿金
馬水　暗土
仁火　福月
壽火　桂水
蔭孛

貴計
值火　刑羅
支木　印火
忌月　囚孛
產火　權木

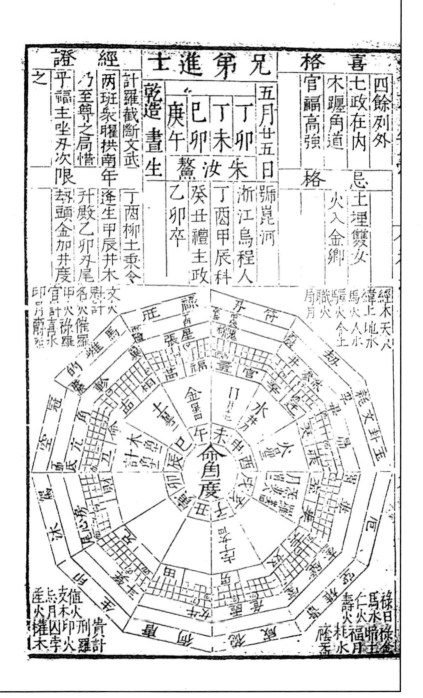

兄弟進士

喜格：日月得位　龍蟠虎踞　福官起垣　田財得所

忌格：火燒牛角　水計相刑

九月十五日　號鑑湖

戊申　孫　浙江餘姚人

壬戌　如　丙子壬辰科

丁亥　游　乙未庶吉士

巳酉　庚申年尚書

乾造　夜生　欽取進階

日月分明是貴　丙子危月遇羅

經：入官福歸垣貴年　對金壬辰斗木

緯：夜遇火金　升殿土躔太常

證：而煥僕

限：宮度兩強

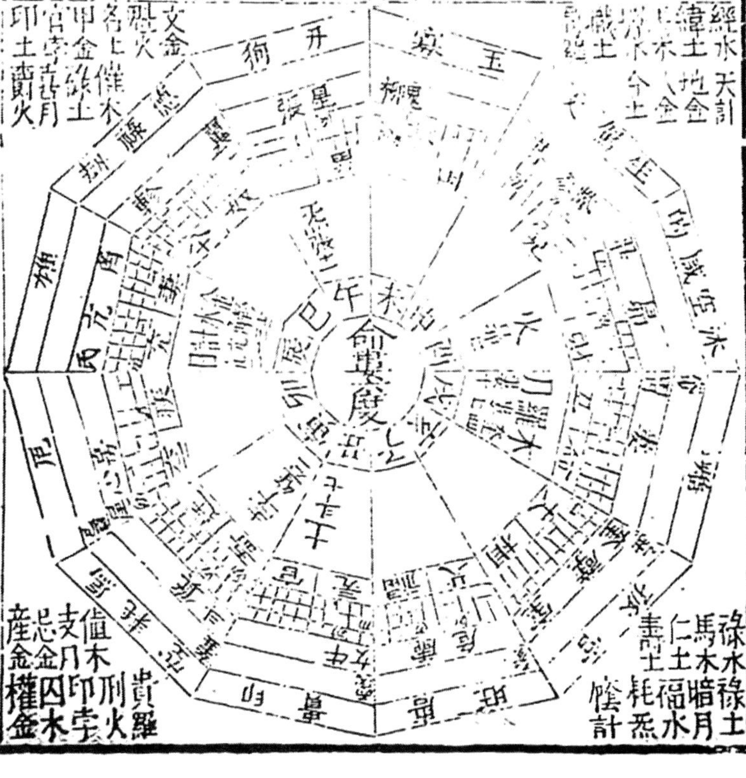

文金　殺火　名上催木　甲金然土　官孛喜月　印土爵火

經水天計　緯土地金

貴羅　值木刑火　支月印孛　忌金四木　產金權金

祿水祿土　馬木暗月　仁土福水　壽土耗炁　催計

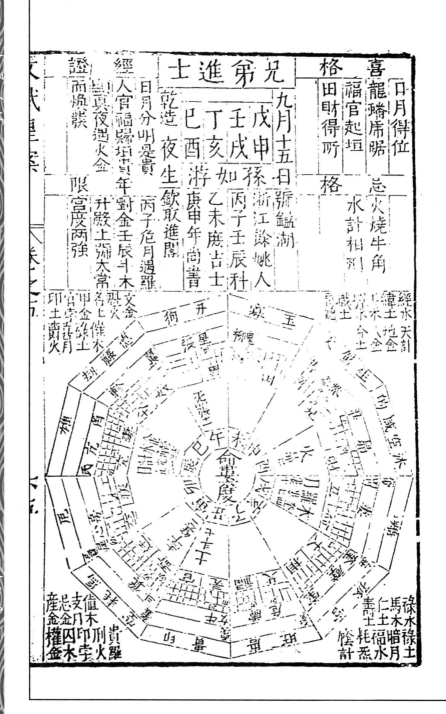

兄弟進士

六月廿二日寤侯居

乾造夜生

巳未　辛未　壬戌　辛丑

孫如法

浙江餘姚人
丙子癸未科
甲申刑主政
丙戌建言謫
弟如洵進士

喜格

月明奎府
福官拱命
日月得體
木孛符印
官福起垣

忌格

陰陽無輔
金羅相刑

經

陰陽得體福官
起垣身命得所
是皆棟梁之材

證

廟堂之器

年

胃土對火丙年
坐貴妻金夜耀
夜逢宫主火升

限

火殿

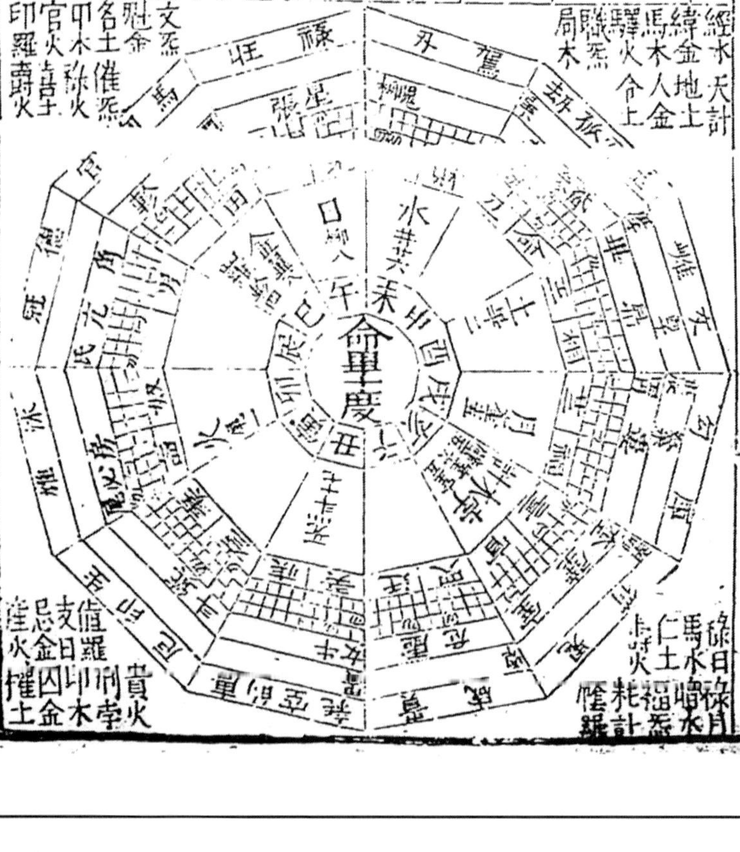

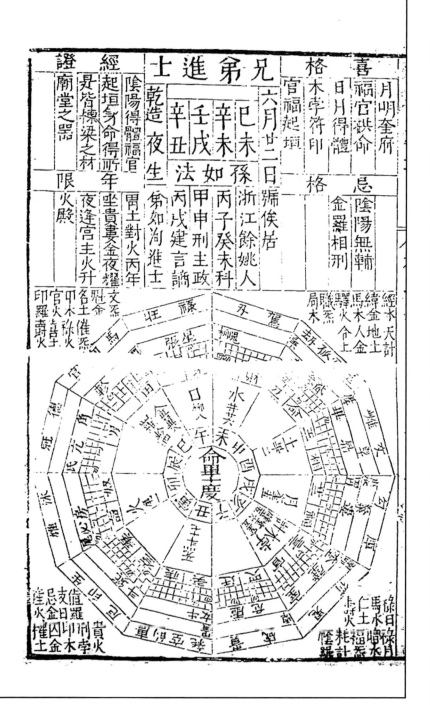

兄弟四科第

喜格

日月得位
火月同宵
福宮起垣
身命得體
田財歸垣

忌：孤陽失輔　孛羅交戰

格：外金對命

九月廿一日

庚戌
丁亥
辛亥
丙申

乾造　書生　饒景暘

江西進賢人
戊子科甲辰
選知州

經證

日月高明福宮
歸垣器業崢嶸
功名昭著但日
月拱孛羅減力

年：戊子斗木水水
對生宮主土號
太常限宮坐貴

限：向貴

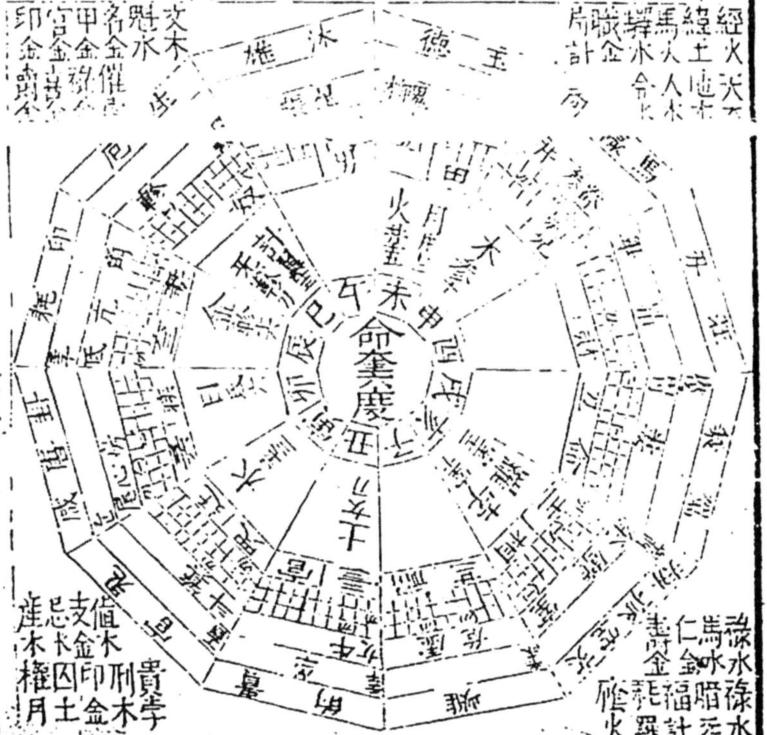

兄弟四科第

喜格

日月拱命
月明賓(繞)
金水互垣
火燃天蹻
命主朝君

忌格

金木相刑
木土對傷
土羅夾月

九月初九日 歸映垣

乾造 夜生

癸丑 壬戌 壬子 辛亥

饒景暉

江西進賢人
戊子巳丑科
甲寅太僕卿
庚申南兵郎

經證

命主朝君終留子丑運捷限全
貴月升丹殿性年值丑得火燃天
涵靈陰陽拱命蜀水躔角木猶
當膺孟子之萬限恐書慎同途
鍾

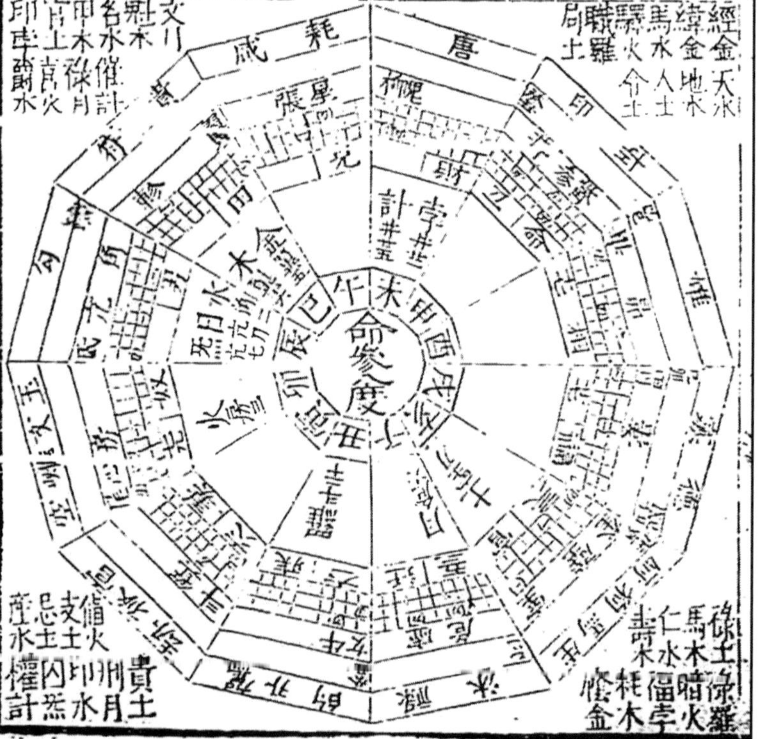

喜

太乙抱蟾
木炁連枝
火金夜輝

格

命主朝陽
官來拜主

忌

日月背行
泉曜背限

格

兄弟四科第

乙卯十二月廿一日虢崑圃

丙辰 庚寅 辛亥 巳亥

饒景曜

江西進賢人
乙酉壬辰科
甲辰提學
乙卯年卒

乾造夜生

太乙抱蟾官必
乙酉壬辰星柳

經

驗命上朝陽終年
歲度日金同宮
富貴官來拜主
兼煞雙鸞貴拱命

證

身輔帝闕
限交命

經水天計
緯土地火
馬木人金
驛火介木
職土
局羅

文金
魁羅
名火催日
甲火祿計
官羅喜炁
印火壽孛

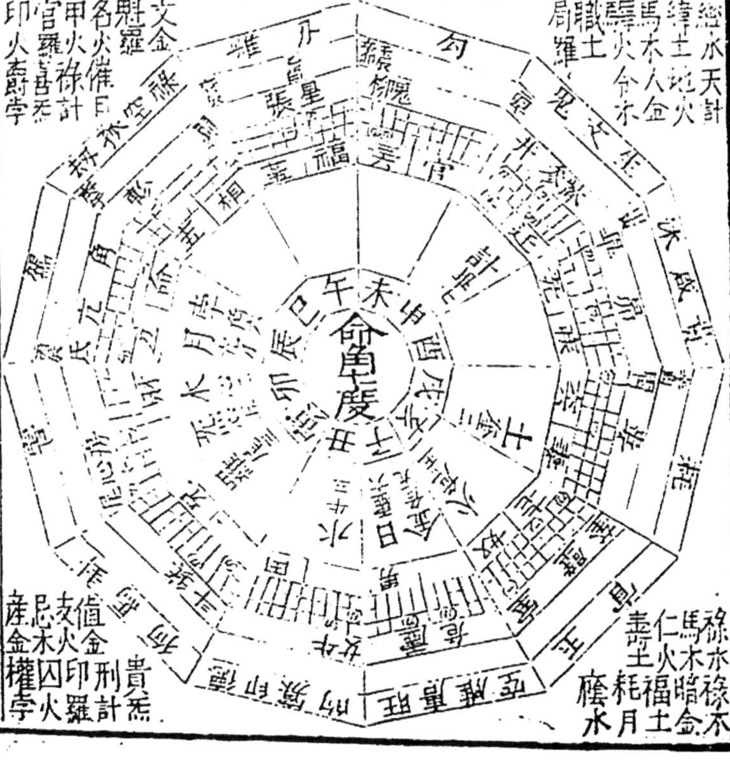

祿木祿木
馬木暗金
仁火福土
壽土耗月
蔭水

貴炁
值金刑計
支火印羅
忌木囚火
產金權孛

兄弟四科第

喜格

陰陽得位
福官高明
二曜朝陽
田財得地
身命得位

忌格

計月同宮
水羅交戰
火金和刑

七月十九日

庚申	饒 江西進賢人
甲申	景 戊子乙未科
癸未	暐 兄景暘景暐
癸丑	景曜科甲

乾造夜生

經證

日月得位晝非戊子限宴金火
輕官福高強更年朝陽乙未度奎
榮昌但身命過木孛符印
土計難星次之限

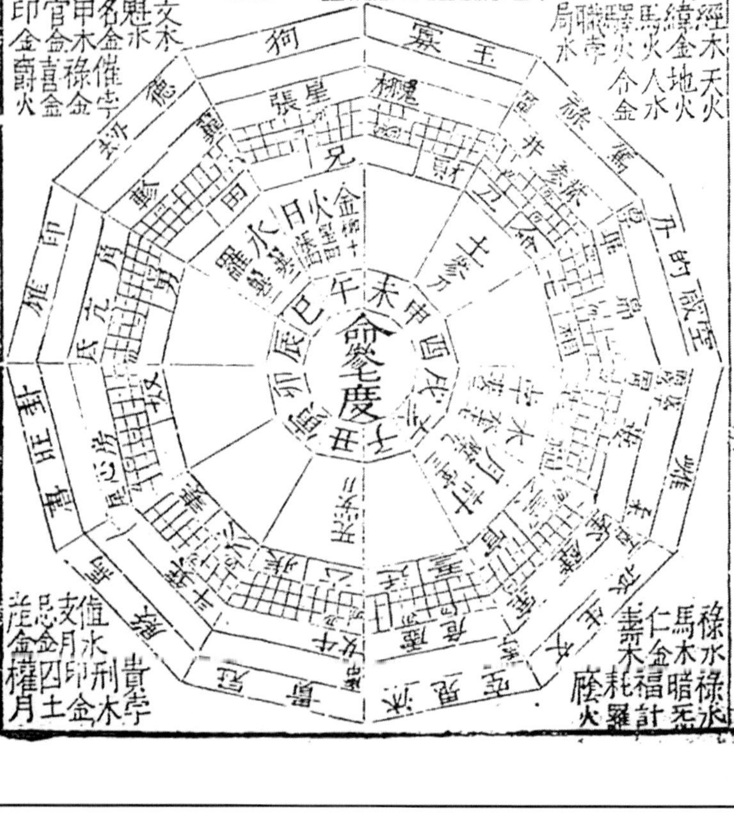

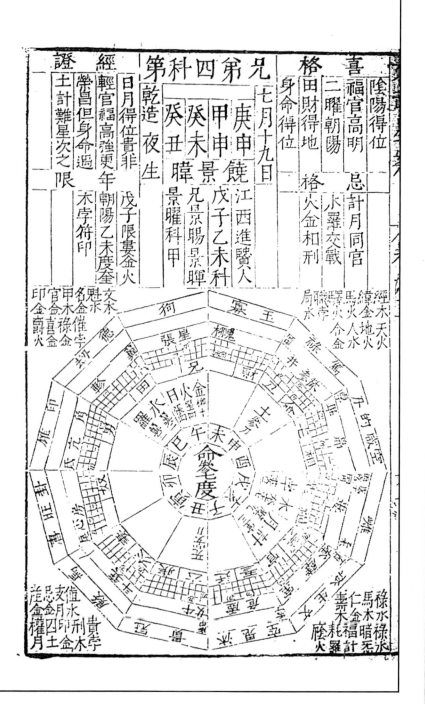

喜格

日月朝天
水土朝北
福官殿令
嗣恩居官
身星傍母

忌格

木打寶缾
日月夾計
水土同宮

父子四科第

二月初四日嘉靖二年生
癸未　劉　江西南昌人
甲寅　曰　已酉癸丑科
乙亥　材　位居方伯
壬午
乾造　書生
長子一擬把捴
次子一擬員外
三子一擬閑[illegible]

經證

日月同宮月要
在於日前長庚
伴月少馳名五
宮主到官福子
必出贒

年限

巳酉癸丑奎木
司事水木生旺
坐祿爲美但日
月夾計未盡善
也

經金天水
綿金垣水
馬水人土
驛火命木
職星
局土

文月
魁木
名水催計
甲木祿月
官土喜火
印孛爵火

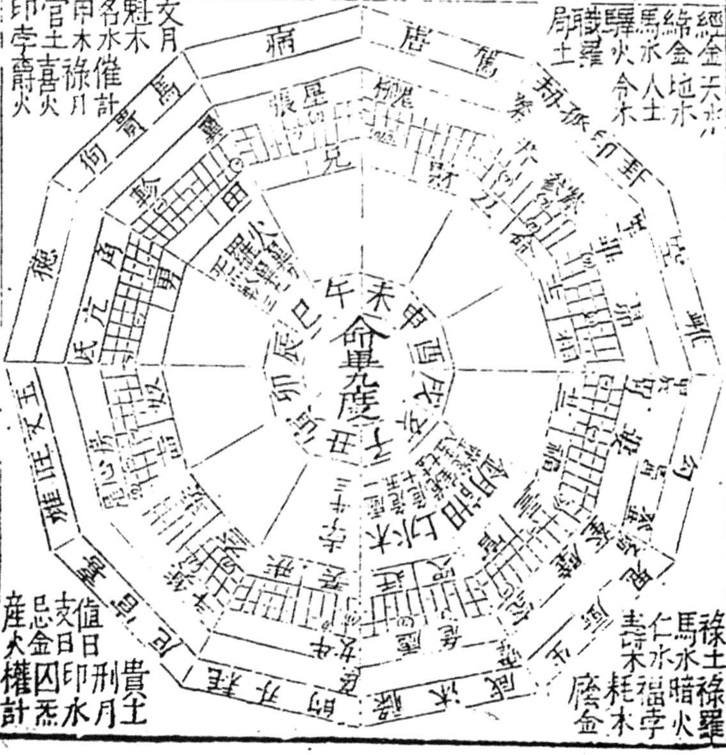

貴土
值日刑月
支日印水
忌金囚炁
産火權計

祿土祿羅
馬水暗火
仁水福孛
壽木耗木
蔭金

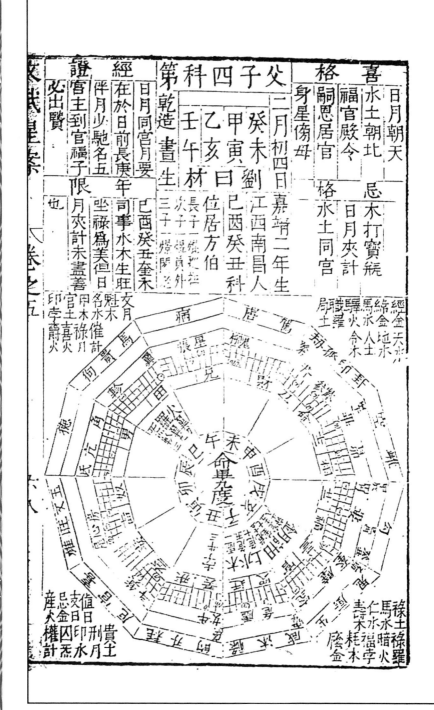

喜格

火臨燕分
月升危殿
福祿夾身
祥雲捧月
昆玉圭高

忌格

金木相刑
日月夾計
陰陽俱晦

季兄弟進

二月初一日
辛酉
庚寅
辛卯
戊子
乾造夜生

劉一焜

蹄石間
江西南昌人
戊子壬辰科
甲寅巡撫
庚申請告

經證

火星着躔於尾
宿龍門一躍過
天池文人才士
惟喜木炁金水

年限

水到齊縣臨王
池亭衛快步莫
遲疑子辰科第
格局忝差藏諭

經金天炁
緯木地水
馬木人金
驛金命木
職炁
局木

文士
冠亭
名金催土
甲金祿炁
官水喜木
印計蔭火

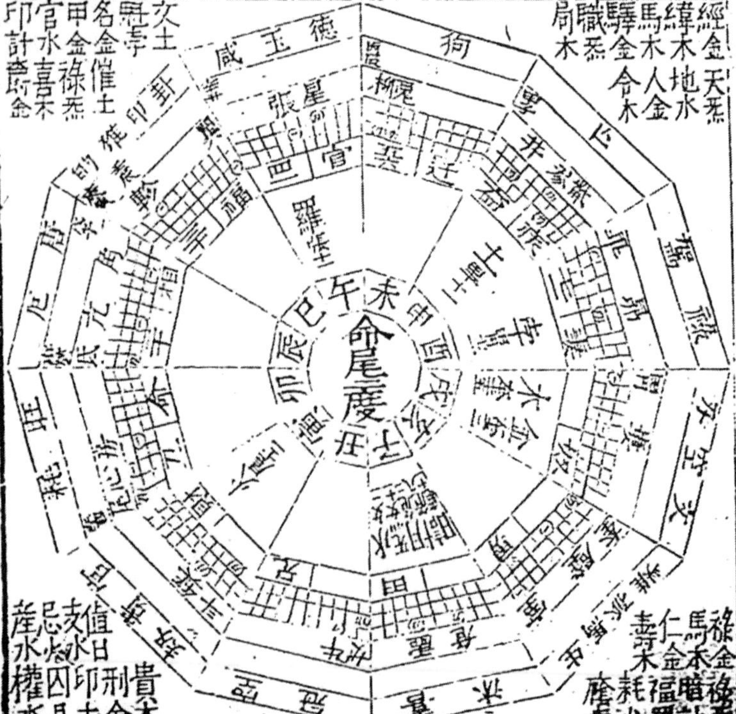

祿金格炁
馬木暗計
仁金福羅
壽木耗火
蔭孛

貴木
值日刑金
支水印土
忌火囚月
產水權水

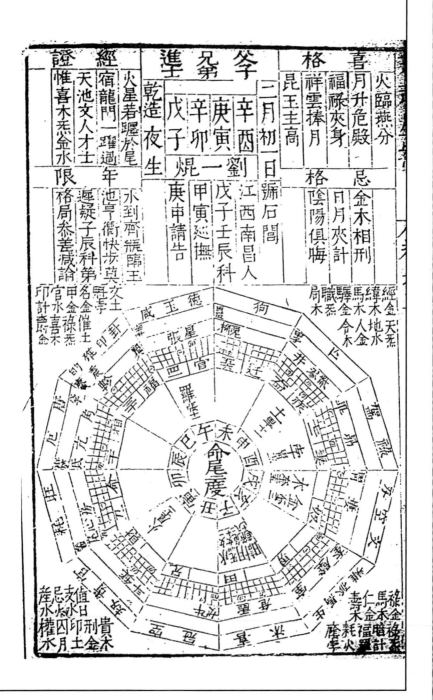

木月清貴
喜水金會垣
火居妻宿
格二恩拱命
田財夾身

忌土孛同宮
計炁犯陽
格衆曜背行

正月初六日號壊水

父子 壬戌 壬寅
兄弟 辛卯 巳亥
進士 筭造夜生

劉一煜
江西南昌人
戊子乙未科
辛丑兵員外
癸卯卒

火羅金月是陰
戊子巢火起垣

經 星遇夜生逢最年
乙未星月夜晦

顯名三方吉曜
經云名題雁塔

證 拱命者貴
限 天首周邦助日
之妙

經木天火 孛土 地土 馬火 人木 驛火 合木 職金 局計

文日 魁炁 名水 催月 日火 祿月 官月 喜孛 印水 爵金

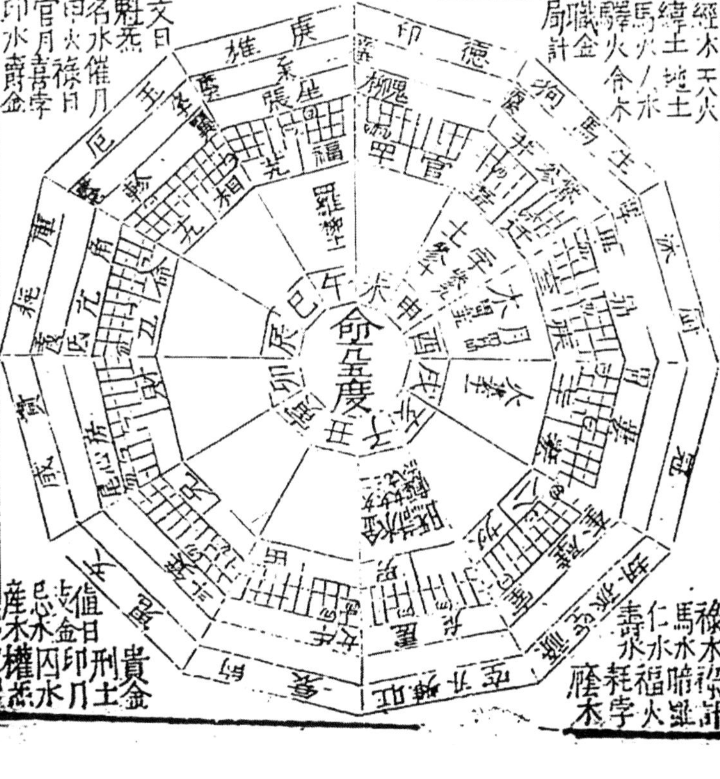

祿木 福計 馬水 暗熒 仁水 福火 壽水 耗孛 蔭木

貴金 刑土 值日 印月 支金 囚水 忌木 權炁 產木

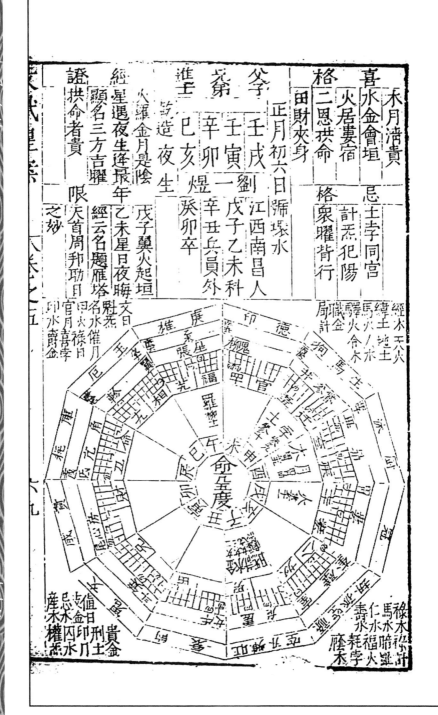

晝格

日月得體　忌金騎人馬

水金夾陽　土埋婺女

戴天履地

四餘得所　格計孛拱身

星布勻停

登兄弟進士

十一月十二日躔貞白

丁卯　劉一燝　江西南昌人

壬子　戊子乙未科

丁卯　翰林

丙午　庚申年進閣

乾造晝生

經

諸星布列均停　戊子虛日水金

日月東西得體年　兩夾乙未限度

證

四餘得地群曜　朝陽名遂功成

拱限廟堂之器臨

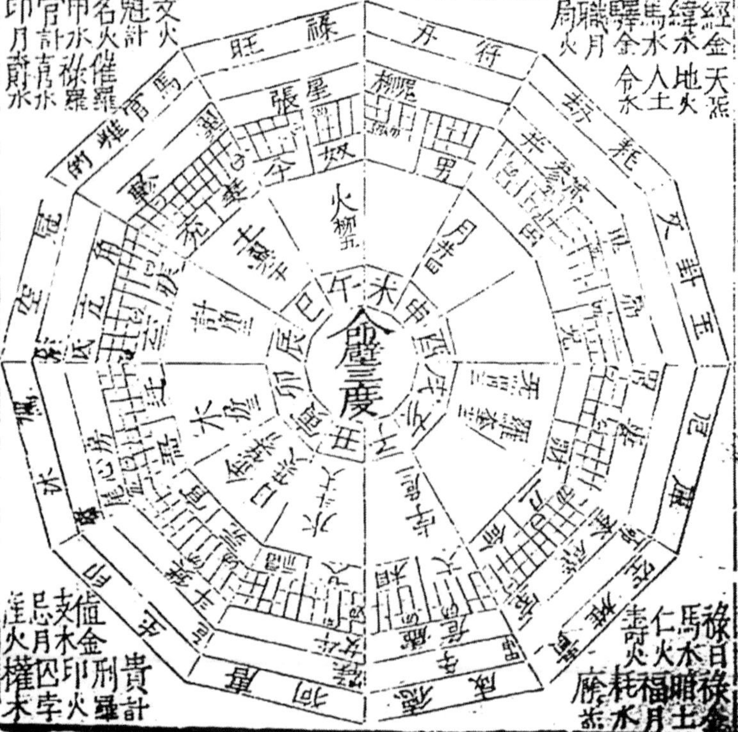

經金　緯木　馬水　驛金　職月　局火

天炁　地火　人土　命水

文火　魁計　名火　甲水　官計　印月

催羅　祿羅　吉水　蔭水

祿日　馬木　仁火　壽火

祿金　暗土　福月　耗水　廕炁

值金　支木　忌月　注火

貴計　刑暈　印火　囚孛　權木

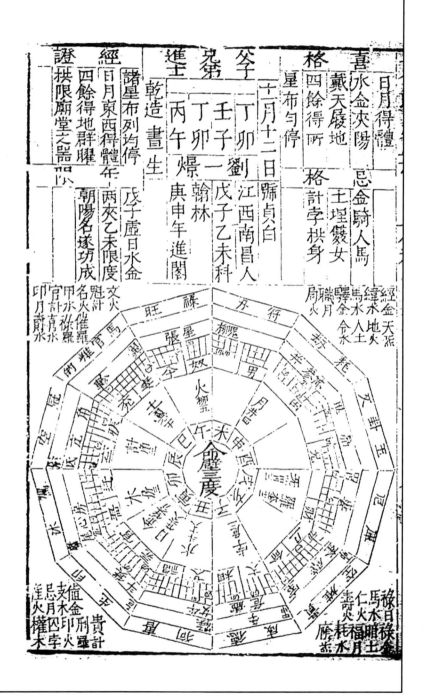

兄弟同科

喜：陰陽罨正　二曜雙清　木羅會合

格：福官居官　日月夾福

忌：孛騎獅子

格：土被木傷

七月廿八日[illegible]來沙

乾造　書生

癸亥　鄧　江西新城人

庚申　甲午甲辰科

甲辰　澄　庶吉士

庚午

經：水星隨日至天　火居宋曾縱日

中錦繡文章達年誕而祿自盈餘

聖聰君臣慶會　月金相助倍精

澄鐘鳴鼎食之家

限：神午辰年捷美矣

經木天孛　緯木地土　馬火人木　驛金命金　職水　局孛

文月　魁水　名水催計　印金祿月　官土喜火　印孛貴水

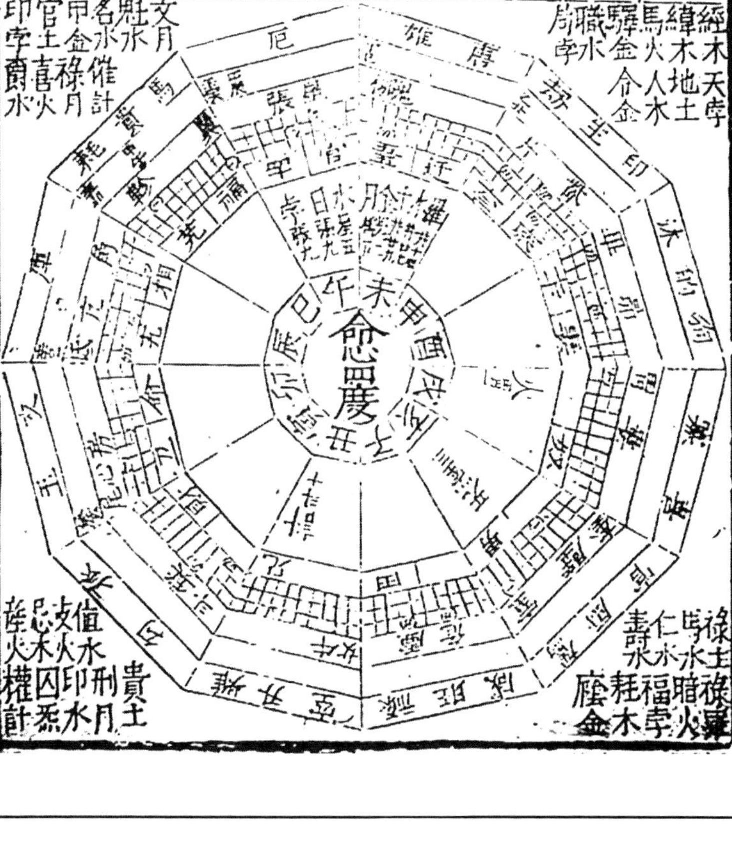

祿主祿羅　馬水暗火　仁水福孛　壽水耗木　蔭金

貴土　值水刑月　支火印水　忌木囚炁　隆火權計

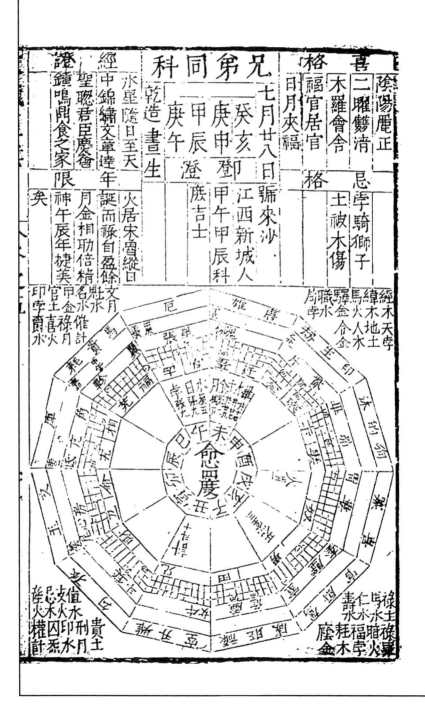

喜格

日月得位
土金豪富
福官高明
身命升殿
群曜得經

忌格

孛木守照
火月晝晦
丹雖臨妻

兄弟同科

十一月十六日酉
歸環丘

巳巳
乙亥
丙辰
壬辰

鄧渼

乾造書生

江西新城人
甲午戊戌科
乙卯副使

經證

日月東西得位
五星分布均停年
餉祿早鎮三台
位骨相先封萬限
戶侯

甲午戊戌限行
氐土土歸與國
高奐美奐火到
南離宮主猶強

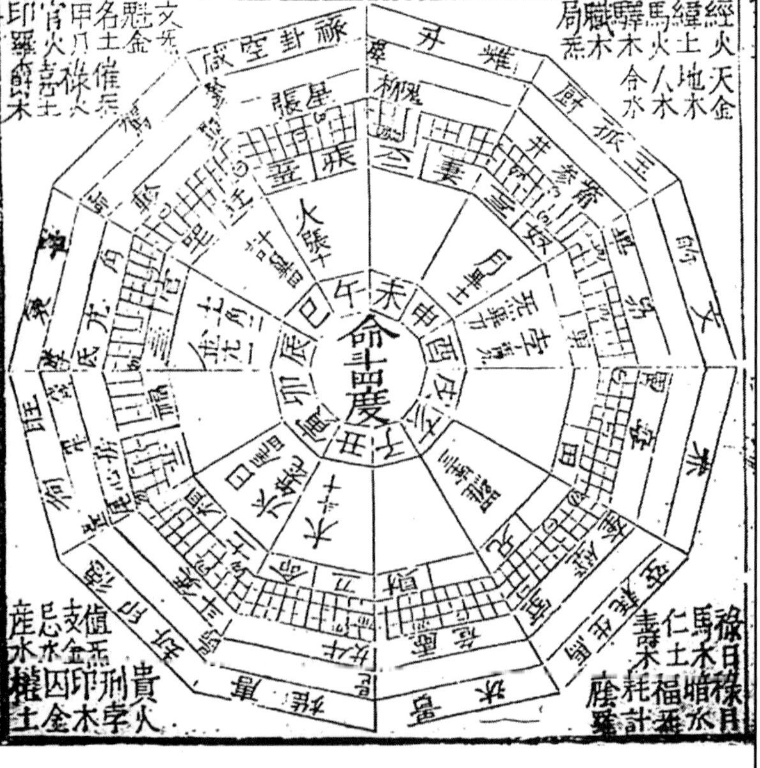

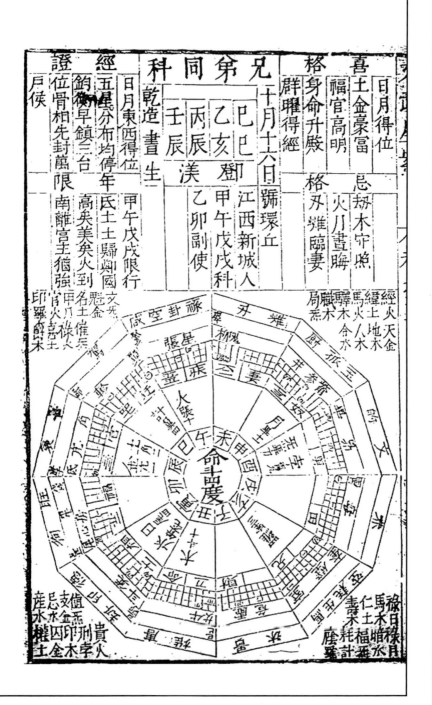

兄弟進士

專格

日出扶桑
月遶崑崙
福官高明
群星向限
嗣主居官

忌格

孛計戰妻
土木對傷
身福弱宮

十月十七日號洪原
癸丑 翁 浙江仁和人
癸亥 汝 巳卯戊戌科
庚寅 遇 乙卯知府
辛巳 戊
乾造晝生翁汝進

經證

計羅攔截犧命
主身星者貧火年
金官福拱身猶
妙

限

巳卯火臨燕分
戊戌金垣木生
宮度兩強

經木 天孛
緯土 地金
思火 人金
驛木 合水
職土
局羅

文月
魁木
名水 催
甲月 祿計
官土 喜火
印孛 爵水

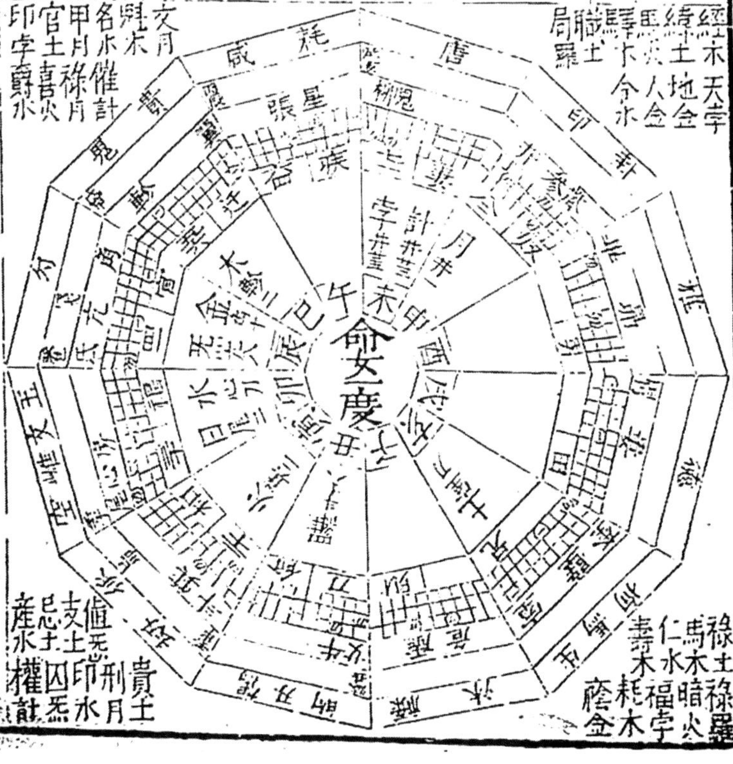

祿土 祿羅
馬木 暗火
仁水 福孛
壽木 耗木
蔭金

貴土
刑月
值元 印水
文土 囚炁
忌木 權計
產水

兄弟進士

七月廿六日

乙卯　甲申　戊午　己未

乾造晝生

翁汝進

號周埜
浙江仁和人
辛卯乙未科
甲寅叅政
兄汝遇知府

喜格

計羅截斷
群星向明
日月夾福
福官垣令
漏出晝土

忌格

火入金鄉
水孛逢楚
孫陽計月

經證

計羅截諸星於
東南晝生向明
朝限爲貴孛犯
水星次之

年限

水至巳申誠入
局氣象俱新卯
未春秋甚驗由
戌孛奴犯度忌
之

經土　天土
緯木　地土
馬金　人火
嗥水　命金
識忌
局木

文計
魁日
名木　催水
甲水　祿水
官水　喜計
印日　爵忌

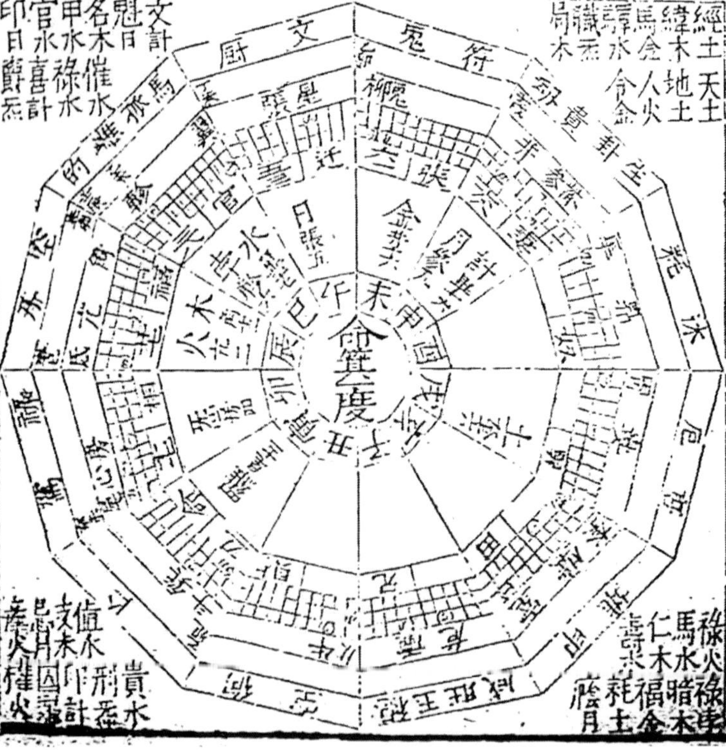

祿火　祿[illegible]
馬水　暗木
仁木　福金
壽忌　耗土
　　　蔭月

值水　貴水
支木　刑忌
邑月　印計
產火　囚[illegible]
　　　權火

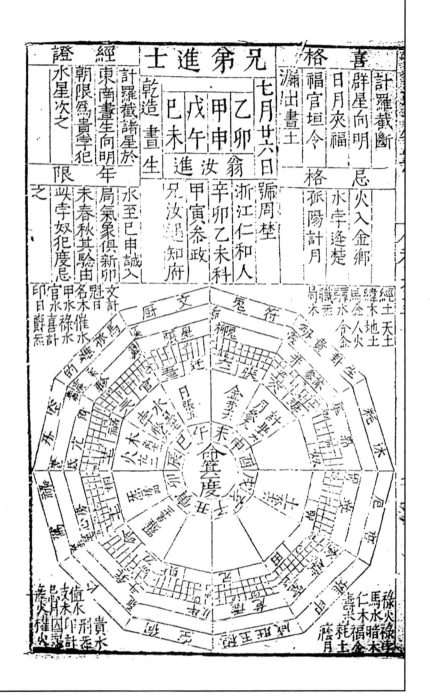

喜格

日月登駕
身命夾陽
火金助月
五曜朝命

忌木觸金龍
土埋雙女
格
金騎人馬

兄弟同科

十一月初一日彌性字
丙寅 劉 北直滄州人
庚子 生 辛卯壬辰科
丁巳 中 庶吉士 壬年 寅辛
己酉 弟生和進士
乾造夜生庚戌時原差

經證

崇勳嶽駕相閒 卯辰鄉會限行
攝日月朝之定年 胃土坐祿向貴
出倫身命朝陽 羅土互生尤奇
火金助月爲最限 壬寅木困亢金

經火 天木
綬金 地水
馬火 人木
驛火 命木
職計
局金

文金 魁羅
名火 催日
甲木 祿計
官羅 壽炁
印火 爵木

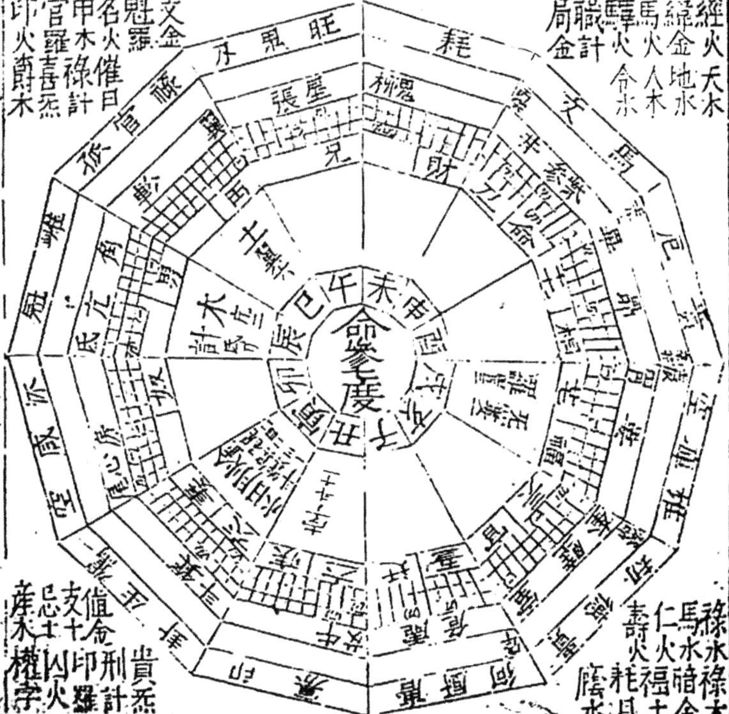

祿水 祿木
馬水 暗金
仁火 福土
壽火 耗月
蔭水

貴炁
刑計
值命 印羅
支土 囚火
忌土 權孛
產木 權字

喜格

四餘拱月
五星隨日
日月夾命
福官升殿
土歸鄭國

忌格

羅月晝晦
火計相泄
金騎人馬

兄弟同科

壬月初七日號環江
巳巳
丁丑
乙巳
庚辰
劉生和
北直滄州人
辛卯丁未科
壬子戶主政
兄生中翰林
乾造書生

經驗

五星次第相生
陰陽左右夾命
四餘拱月富貴
異常偉人間出

年限

斗木朝陽逢生
尾火升殿發駕
辛卯丁未正行
觜度

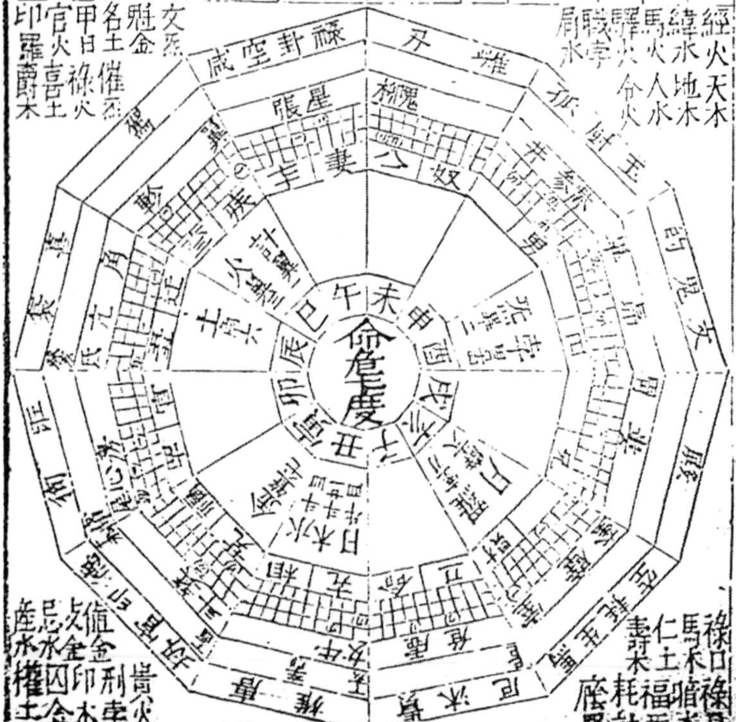

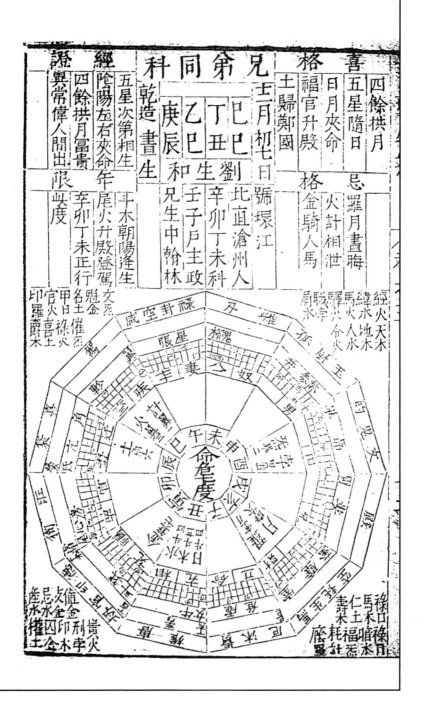

兄弟進士

喜格

大月當斗
火驕文昌
金居趙分
官福夾陽
田財垣令

忌格

水孛怒宮
計炁居官
衆曜背限

三月二十日驕紫會
辛亥
壬辰
戊申
壬戌
乾造夜生

謝廷諒

江西金谿人
壬午乙未科
庚戌知府

經證

水金官福朝陽
午未春秋限屬
火月身命得所年
軫翼水泛白羊
土木田財拱福
孛奴敵主金垣
巳是尊榮巨宮限
朝陽左奇
局也

經金天水
緯木地木
馬水人土
驛水合土
暗水
局孛

文土
魁孛
名金催土
甲水祿炁
官水喜木
印計爵木

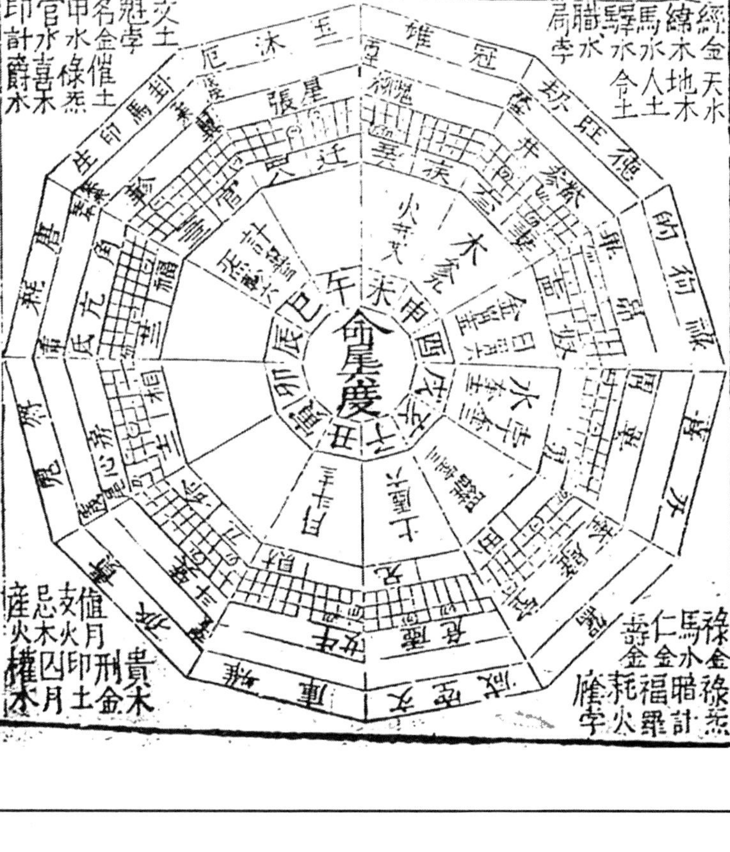

祿金祿炁
馬水暗計
仁金福羅
壽金耗火
蔭孛

貴木
值月刑金
支火印土
忌木囚月
産火權木

喜格

水陽度楚
月朗天門
金獮太常
五星垣殿
陰陽得位

忌格

金羅相刑
土計同躔
木炁相犯

兄弟進士

八月十七日
獮山子

丁巳
巳酉
丁酉
壬寅

乾造 夜生 丙辰年卒

謝廷讚
江西金谿人
丁酉戊戌科
刑部主政
建言爲民

經證

日南月北水金 酉戌鄉會昴日
夾陽爲身命司年 司事水金官福
官福則倍佳矣 兩夾與後奎木

限

餘奴犯度有阻

文火 魁計 名火 催羅
甲土 祿縣
官計 喜水
印月 爵木

經火 天木
緯火 地金
馬火 八木
驛水 合金
職木
局炁

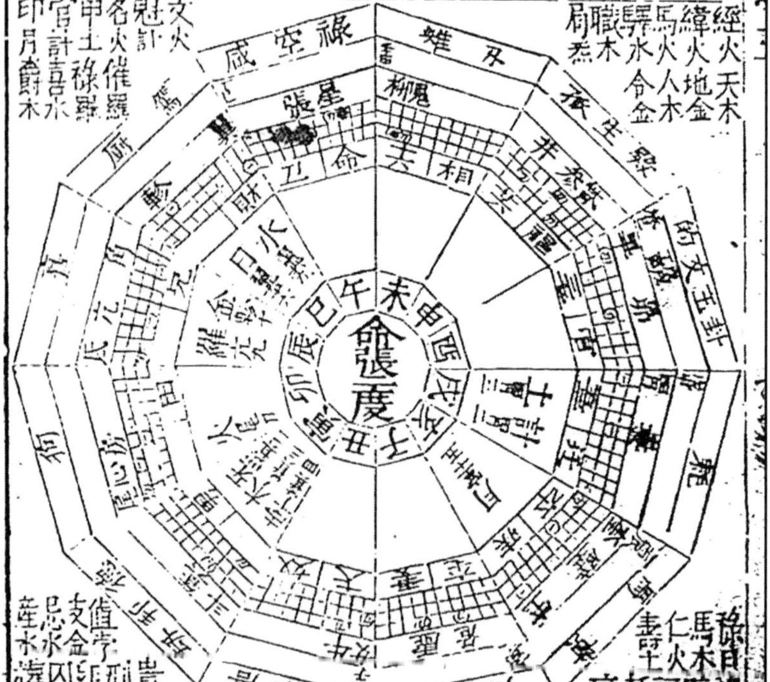

祿日 祿金
馬木 暗土
仁火 福月
壽土 耗水
蔭炁

貴計 刑羅
值孛 印火
支金 囚孛
忌水
產水 滯木

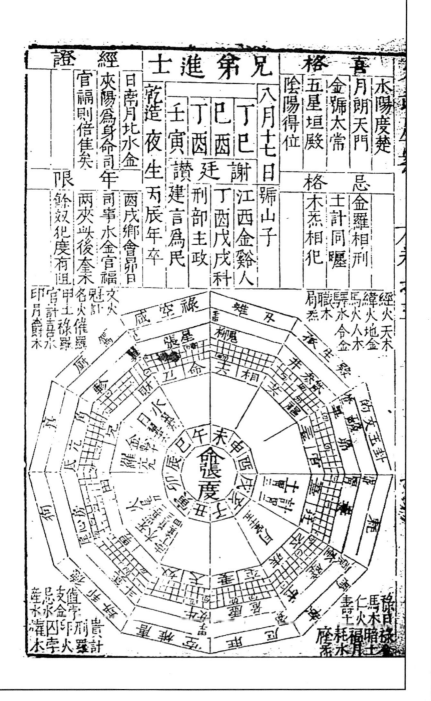

喜格

日月得位
五星得所
福官起高
身命垣殿
群星向朝

忌格

火月失輝
羅日相犯
木居獅子

父子 兄弟 進士

八月十四日鷀貞所

庚子 浙江嘉興人
乙酉 癸酉丁丑科
癸酉 辛卯副使
丁巳 乙巳卒

黃正色

乾造晝生

經

陰陽得地五曜
均停身命垣殿年

酉丑科年限屬
翼火宮度兩強

證

福官高明五宮
主到官福子必限
出贊

乙巳討孛夾月
土難金刃拱限

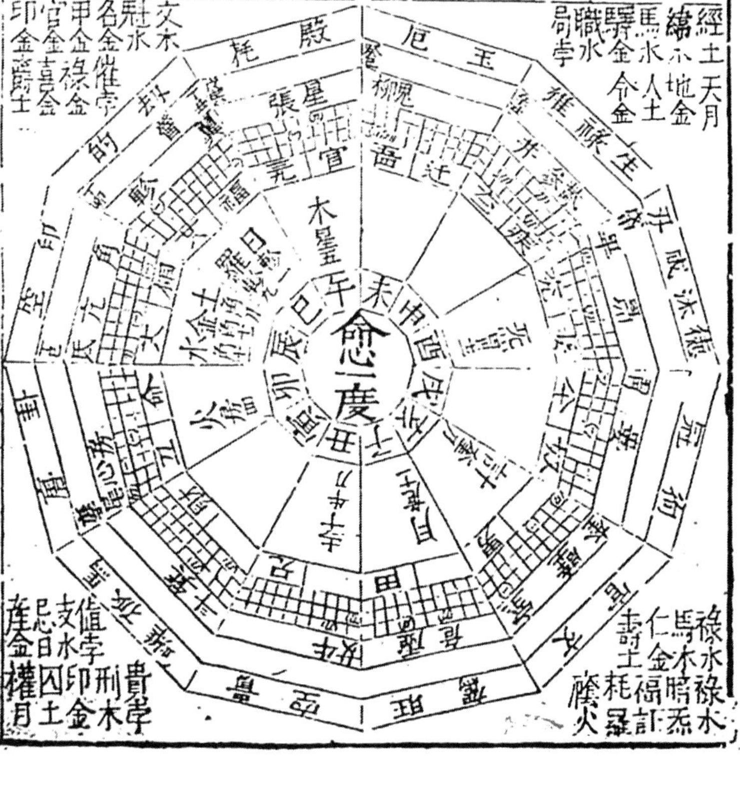

喜格

木羅會舍
火到南離
日月高明
福官歸垣
妻嗣得位

忌格

計孛犯月
刃劫居官

父子兄弟進士

九月十四日號葵陽
黃洪憲
浙江嘉興人
丁卯辛未科
己丑少詹
庚子卒

辛丑 戊戌 丁酉 乙巳

乾造書生

經證

福星守福爲眞
鄉科九命升殿
福官雁居官作主
會場彰示歸經
顯官諸星皆聚
庚子井五木劫度
強官稍嫌羅叉
限逢泄
官祿

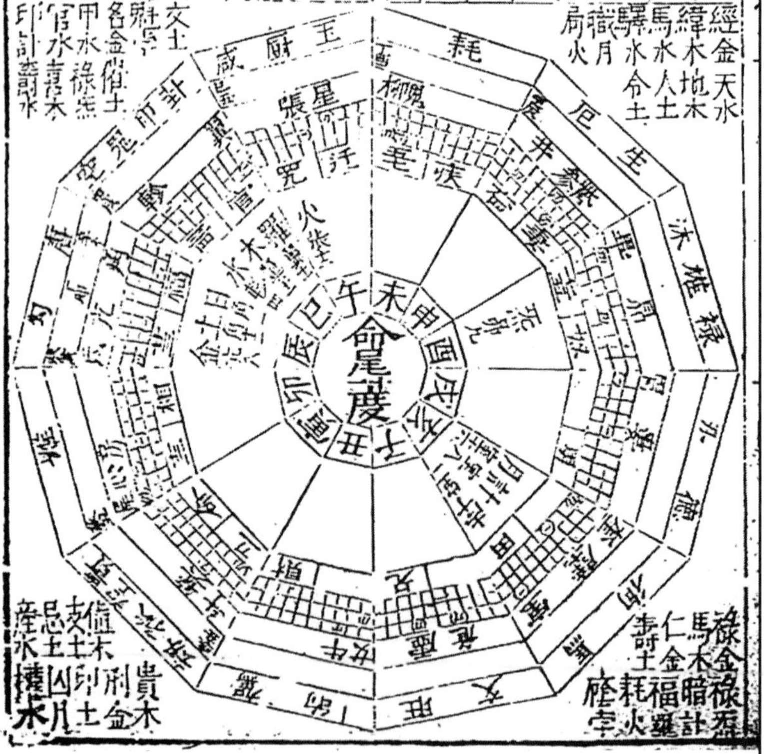

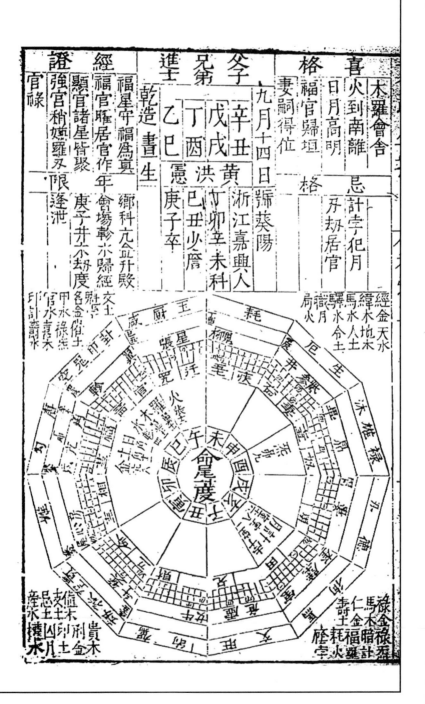

喜格
月中仙桂
水陽度殺
日月夾福
龍虎夾身
衆曜拱南

忌格
火燒牛角
土刃臨垣

祖孫　父子　兄弟　進士

八月廿六日躔與參
癸亥　辛酉　壬申　辛丑
黄承玄
浙江嘉興人
壬午丙戌科
乙卯巡撫
父洪憲翰林
乾造夜生弟承昊丙辰第

經
月中仙桂少年
平步青雲官曜年
顯而福星明官

證
高祿厚

限
水陽度楚月掛
柳稍壬午丙戌
限行參畢

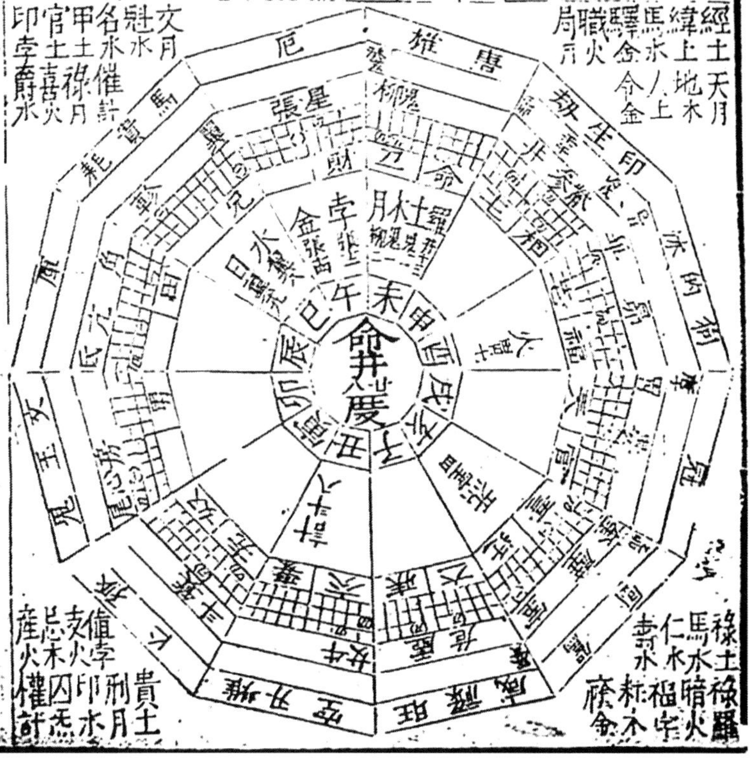

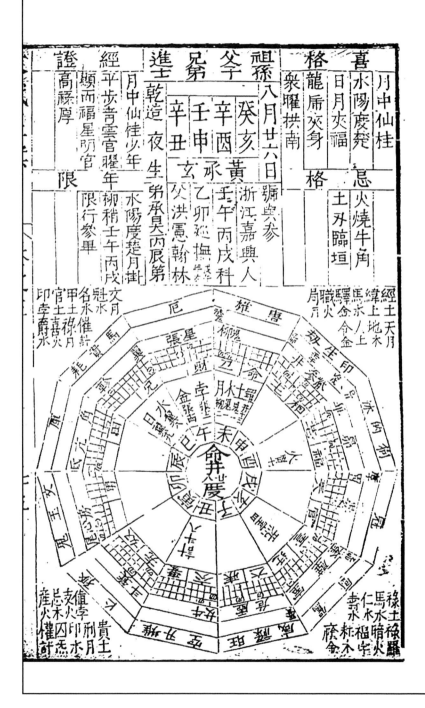

喜格		忌格
三台合格		土月對權
孤月獨明		孛尼臨垣
福官朝陽		
木炁連枝		
身星濟吉		

祖孫父子兄弟進士

八月廿四日號闇齋

浙江嘉興人

己酉丙辰科

父洪憲翰林

兄承玄都院

丙子	丁酉	甲申	丙寅

黃承昊

乾造夜生

經證

文人才士惟喜　巳酉水金朝陽

木炁金水日月年　丙辰水陽度楚

得位貴非輕官　原流祿貴拱限

福高強更顯名限

經木　緯火　馬火　驛水　職月　局火

天火　地木　人水　合金

文金　魁羅　名火　甲土　官羅　印火

僧口　祿計　壽炁　爵土

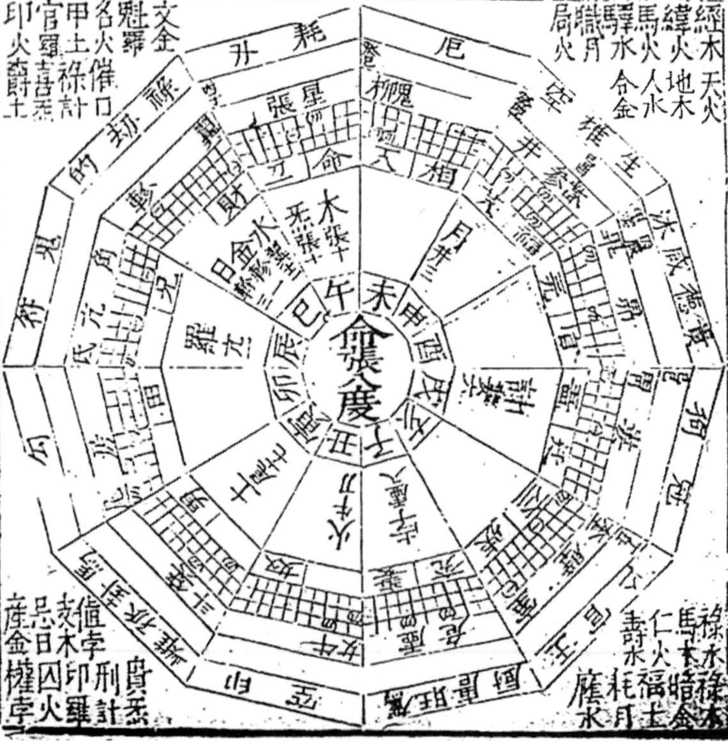

値孛　支木　呂日　産金

貴炁　刑計　印羅　囚火　權孛

祿水　馬木　仁火　壽水

祿木　暗金　福土　耗月　蔭水

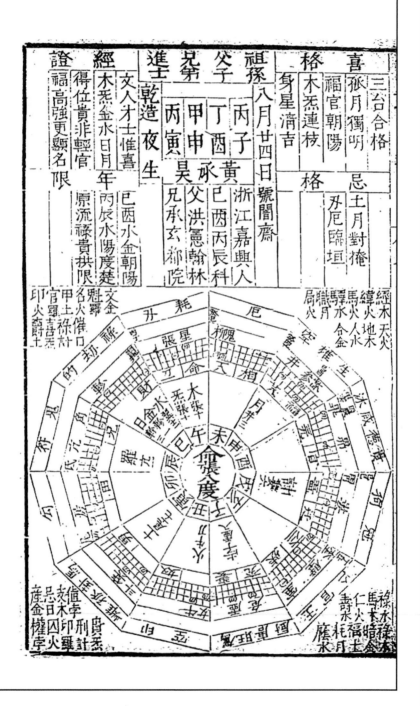

喜格
四餘環月
五曜從陽
命主朝君
官星貴日
木躔角道

忌格
土埋雙女
火燒牛角
安身傷難

五月初十日
鄒如庵

祖孫 父子 兄弟 進士

丁卯 黃 浙江嘉興人
丙午 承 庚子癸丑科
甲子 乾 父正色副使
庚午 丁巳年節推

乾造 晝生

經讚
晝生日而金水
相從入龍擧而
遷鳳閣命主朝
君終富貴官星
貫日必崢嶸

年限
庚子木星升殿
癸丑限主朝君
已驗春秋高捷

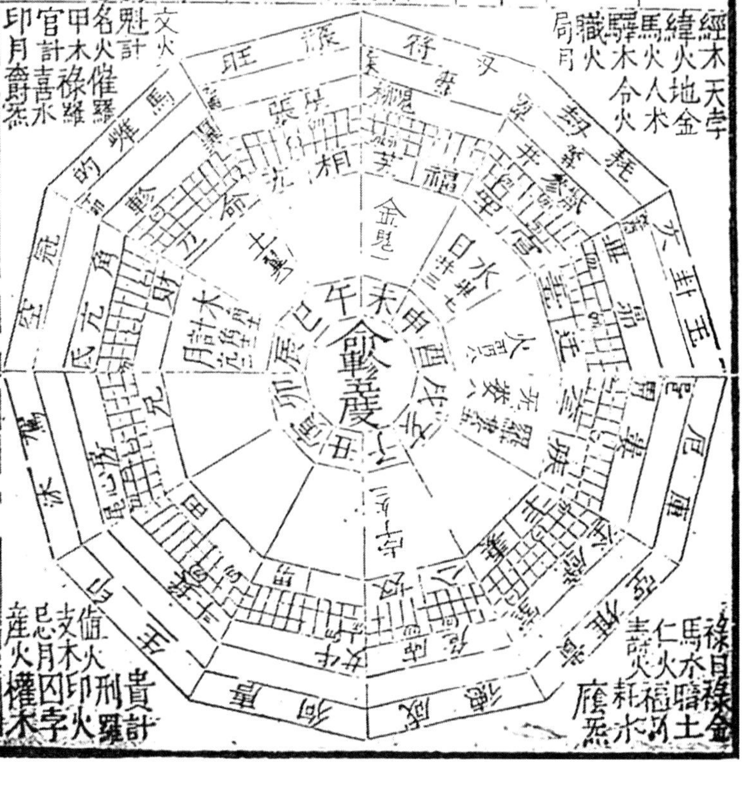

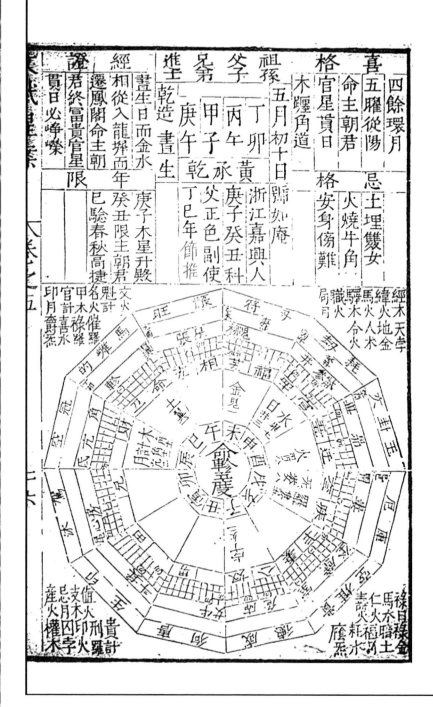

喜格	忌格
日到日躔	陰陽無輔
月升月殿	衆曜背行
火月夜輝	
木炁連枝	
殺前主後	

父子進士

正月初十日 號新盤

丙申
庚寅
丙寅
戊子

趙欽湯

山西解州人
隆慶戊辰科
子相俱位尊

乾造夜生

經證

日月合璧龍樓
鳳閣之人殺前年
主後當膺藩輔
之權

限

戊辰元流天祿
臨限火孛同井
假殺為權婁金
奎木週泄犯奴

經金 天炁
緯木 地火
馬木 人金
驛金 合木
職金
局計

文金
魁羅
名火 催日
甲金 祿計
官羅 喜炁
印火 爵火

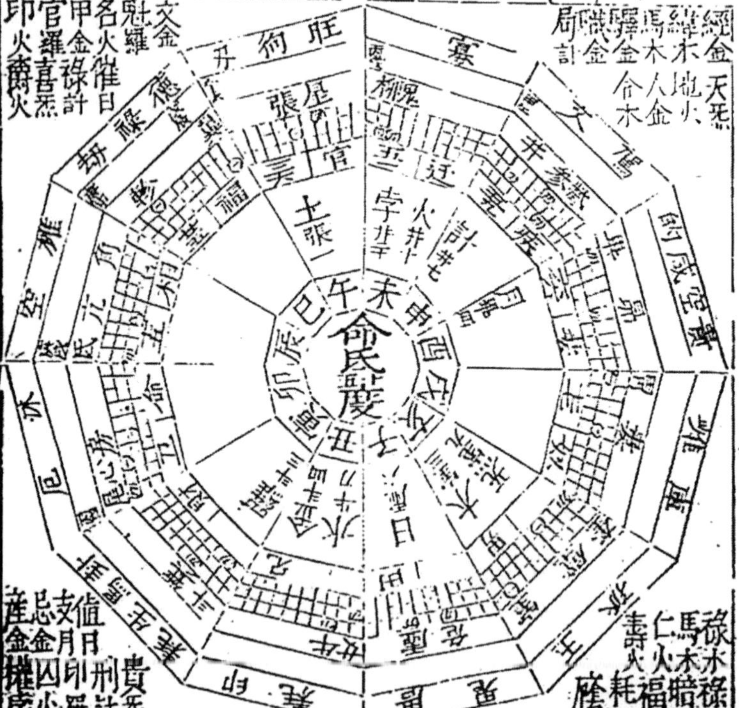

祿未 祿木
暗金 馬木
福土 仁火
耗月 壽火
蔭木

值日 貴炁
支月 刑計
忌金 印羅
產金 囚火
權孛

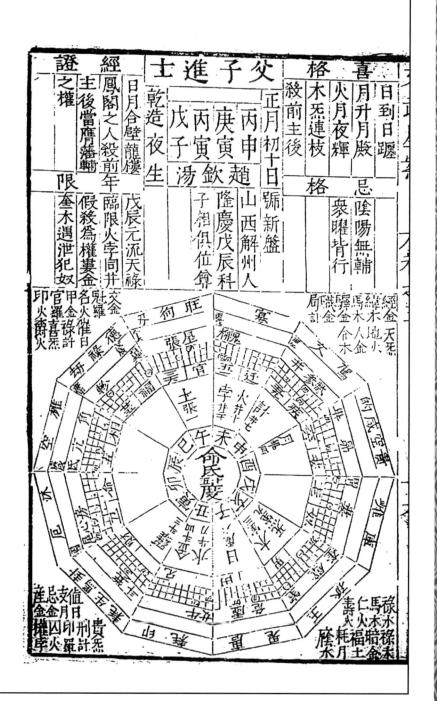

父子進士

喜
水淯寶瓶
金居衛分
日月夾駕

格
西餘得位
七政匀停

忌
日月稍背
土水對傷

格

十二月廿六日號準臺
山西解州人

乙丑
己丑
己丑
乙亥

趙標
乙酉丙戌科
父欽湯進士
乙巳太僕卿

乾造夜生

經
崇勳歲駕相關　乙酉丙戌限度
揜日月朝拱貴年　張月火月對輝

證
堪期命度朝陽　寒夜最宜土張
當顯遷月居閒限　醇處之殃
極反爲祥

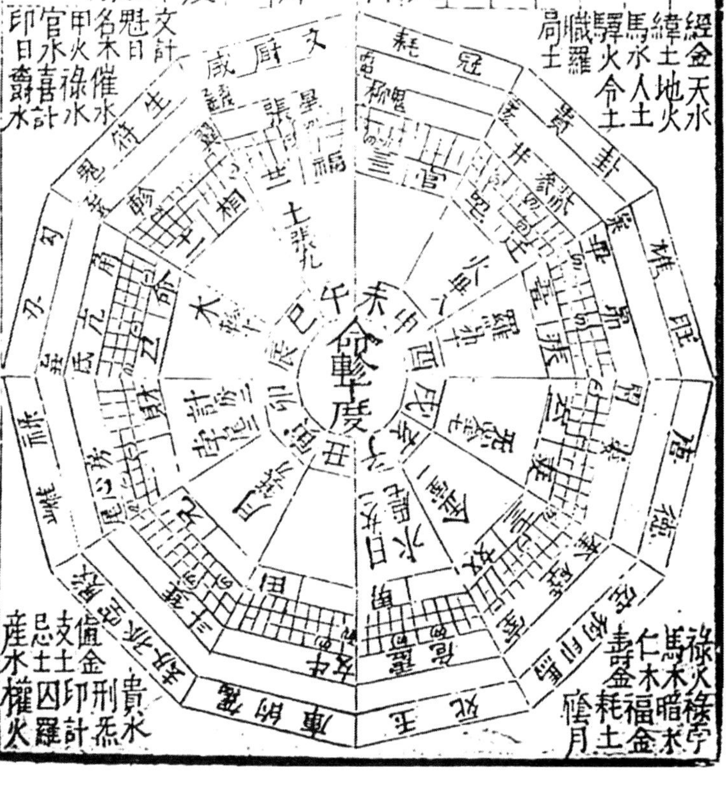

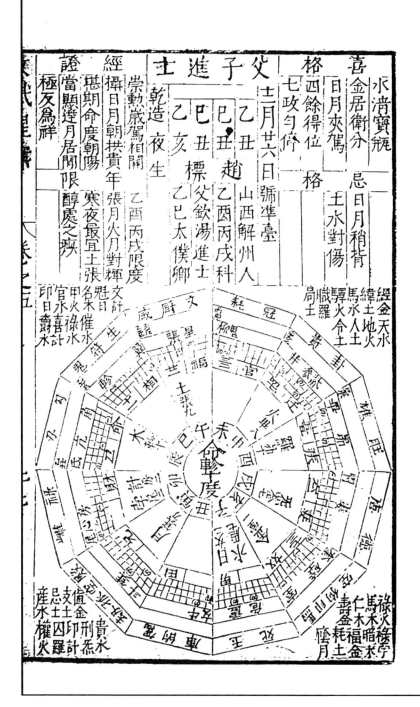

喜
日東月西
水金會垣
計羅攔截

格
畫漏土木
身命拱官福

忌水火交戰
木土互垣
格土月對照

閏月十九日騙翼軒
兄弟四甲科
丁未 李 湖廣京山人
辛亥 維 甲子戊辰科
丁酉 楨 巳酉布政
甲辰
乾造晝生

日月得位貴非
甲子戊辰限屬

經
水金官福更年
民土晝生向明
高明計羅截出
群星迎限爲殺

證
木土晝生合格限

經水天計
緯木地木
馬木人金
驛水合木
職計
局金

文火
魁計
名火催羅
甲木祿羅
官計喜水
印月貴火

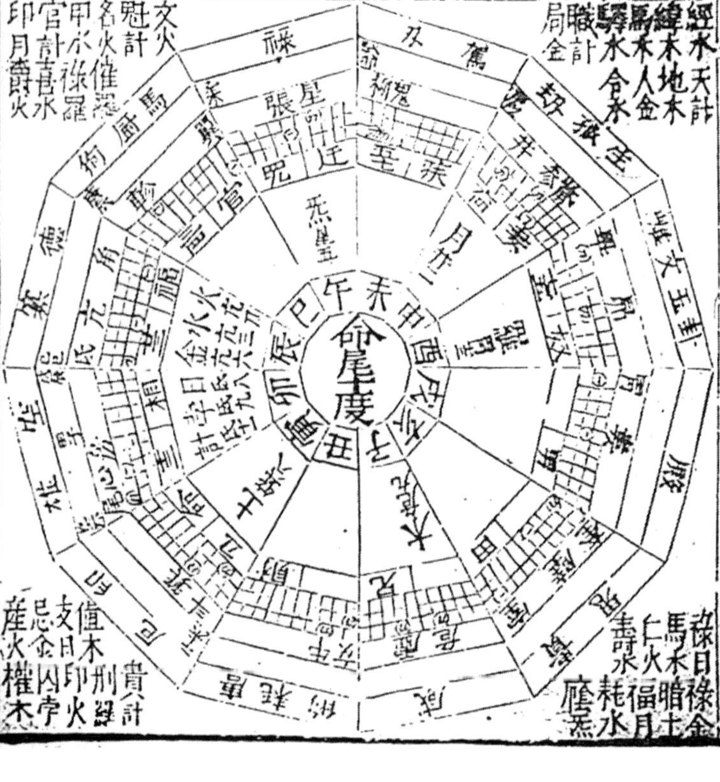

祿日祿金
馬木暗土
仁火福月
壽水耗水
廕杰

貴計
值木刑緑
支日印火
忌金囚孛
產火權木

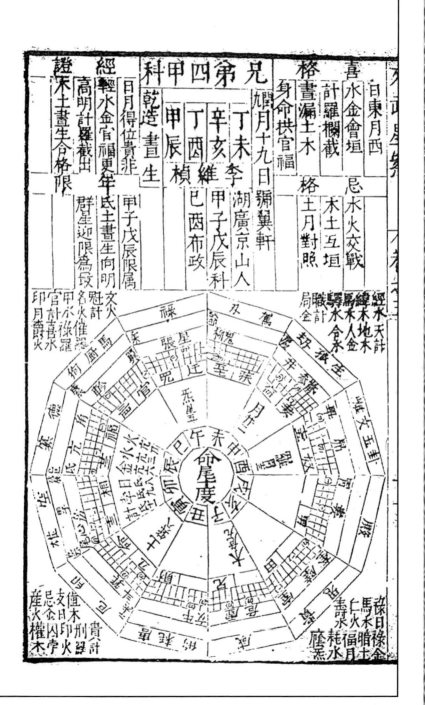

喜
計羅截斷
群星向明
福官居福

格
日月夾子
官慶居高

忌
火月晝晦
土木對傷

格
孤日单行

兄弟四甲科

十月初四日 湖廣京山人
癸丑 李
癸亥 維 巳卯科
丁丑 極 巳酉知縣
甲辰
乾造 書生

經
計羅截諸星於 巳卯秋闈限度
東南而命限歷年 亢金福祿填限
與且水金福祿

證
互垣命田居官
爲美

限

經木 天火
緯木 地土
馬火 人水
驛水 命水
職月
局火

文月
魁木
名水 催計
甲水 祿月
官土 喜火
印孛 貴水

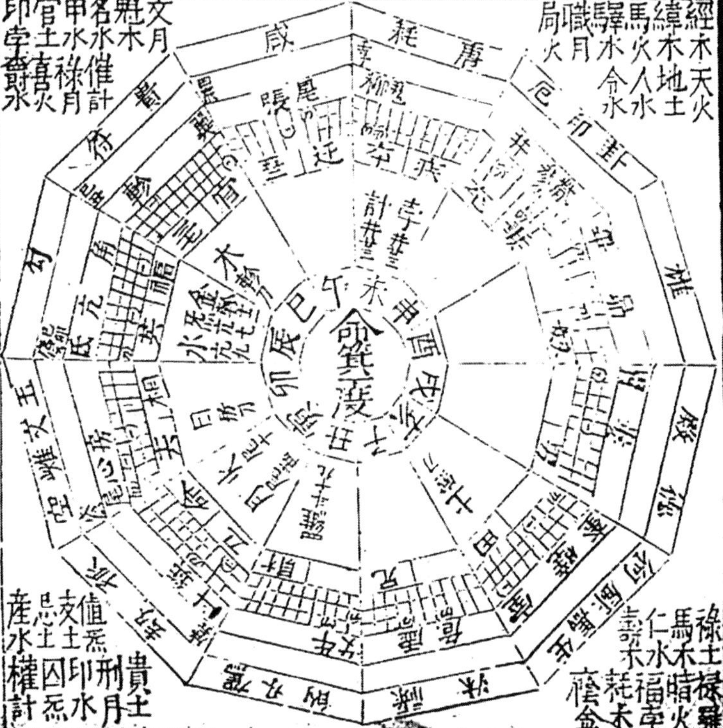

祿土 祿火
馬木 晴火
仁水 福孛
壽木 耗木
蔭金

貴土 刑月
值炁 印水
支土 囚炁
忌土
產水 權計

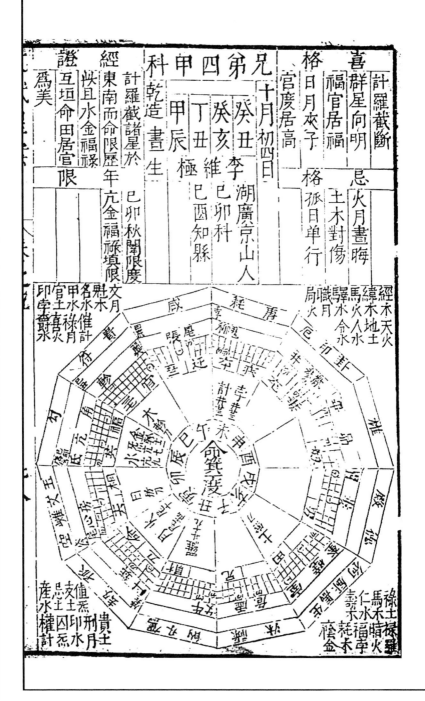

喜格

羅月交輝
水陽相會
福官升殿
土金豪富
妻嗣得地

忌格

日月背行
土金失次
火孛交戰

兄弟四科甲

四月二十日谿本后
乙卯 李 湖廣京山人
辛巳 維 巳卯科
甲申 同知
甲子 柱 乙卯卒
乾造夜生

經證

夜誕月而火羅
侍衛木與火官
福升殿水從陽
妻嗣雙俊遇計
次之

年限

巳卯秋闈限歩
斗度木躔角道

經土 天土
緯水 地水
馬火 人木
驛火 令火
職月
局火

文計
魁日
名木 催水
甲日 祿水
官水 喜計
印日 壽孛

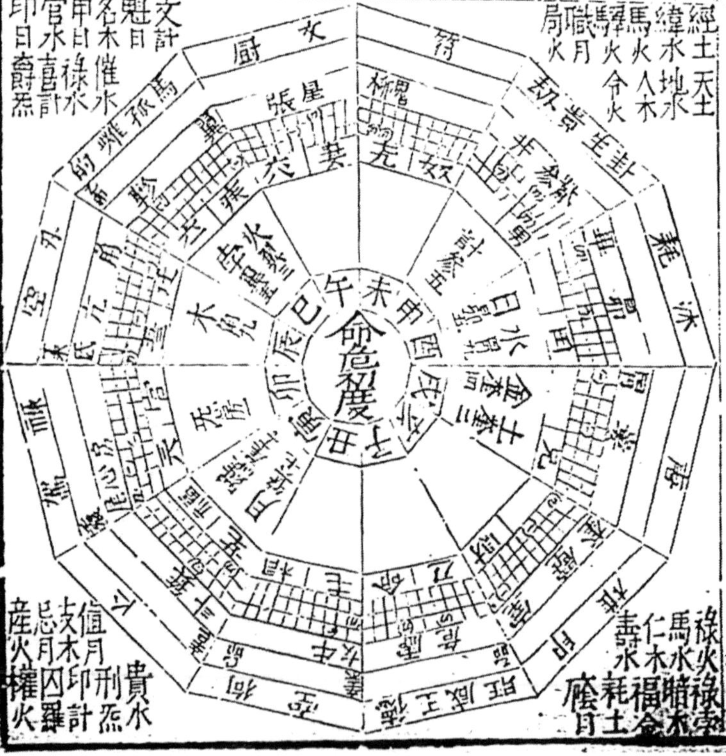

祿火 祿衆
馬水 暗木
仁木 福金
壽水 耗土
蔭月

值月 貴水
支木 刑孛
忌月 印計
產火 囚羅
權火

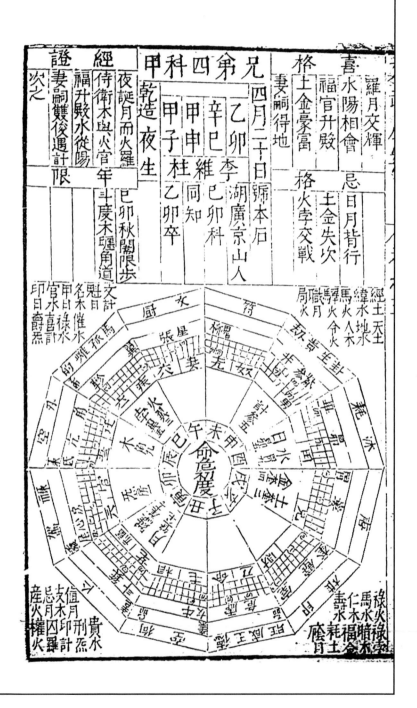

兄弟四科甲

喜格
官福守命
日月拱貴
身命得地
火月夜輝
水陽度楚

忌格
忌諸曜背行
孛羅交戰

七月二十日 號太瀛
丙辰 李 湖廣京山人
丙申 維 丙子丙戌科
丙子 標 兄維楨維極
戊戌 生 維柱甲科
乾造 夜

官福同守命宮 丙子水陽度楚
經乃爲上客身到年 丙戌月朔斗府
官宮當宮貴陰 壁度危限盡美
證陽拱輔田財平限盡善
地致宮

經土	天土
緯土	地金
馬金	人火
驛水	命金
職火	
局月	

甲子祿計
官祿壽炁
印火囚孛

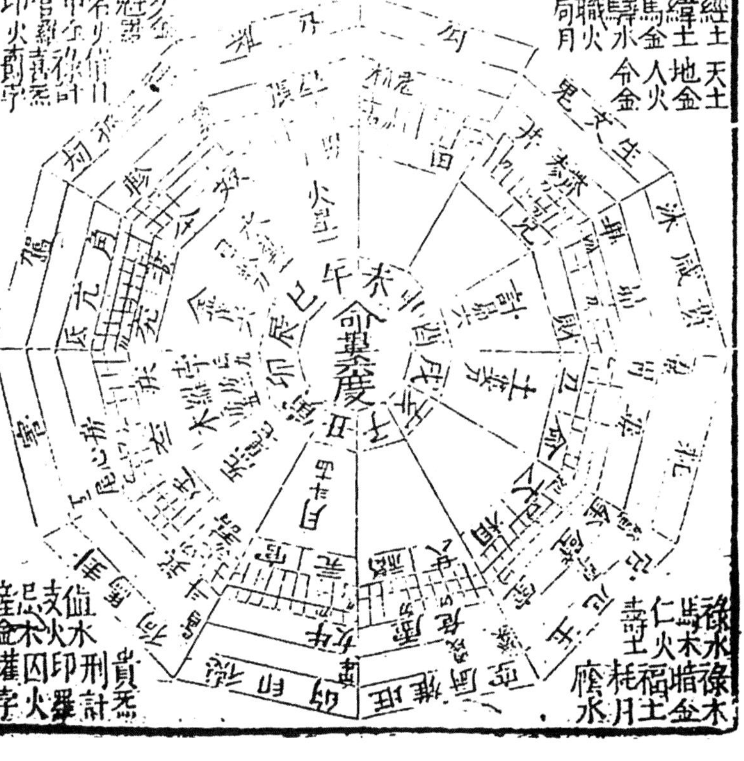

祿水	祿木
馬木	暗金
仁火	福土
壽土	耗月
蔭水	

	貴炁
仙水	刑計
支火	印羅
忌木	囚火
産金	權孛

兄弟進士

喜格

祥雲捧月
火到南離
水金夾陽
命官朝君
福官得地

忌格

日月失輝
衆曜背行

九月初六日獅太和

丙辰
戊戌
辛酉
庚寅

熊鳴夏

江西豐城人
壬午丙戌科
乙巳吏科
弟鳴岐

乾造夜生

經證

文人才士惟喜木羅會合靑雲
木炁金水大喜年大器壬午丙戌
金水之淵用官度行井木祿貴
祿朝陽斯命必限相關廸吉
貴

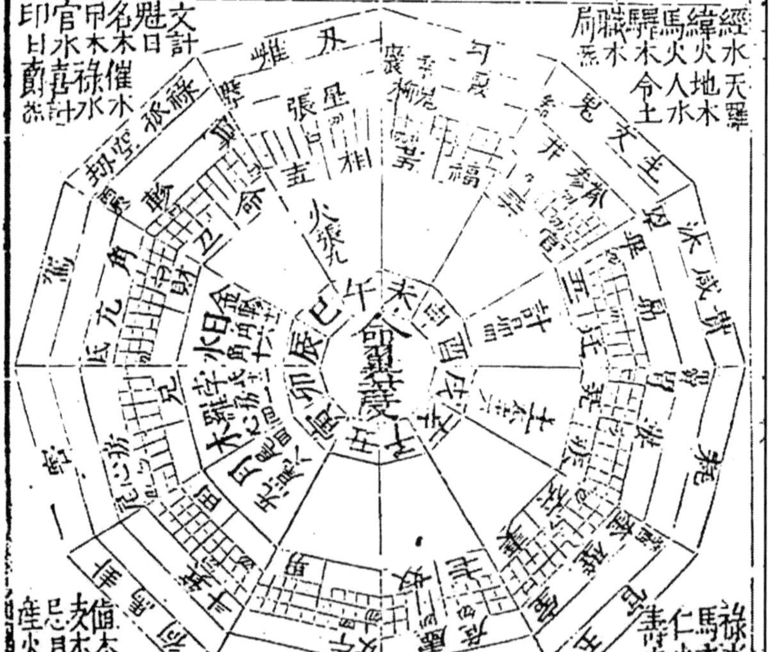

兄弟進士

喜：水涵蟾魄　金居趙分　火到南離　孛掛朱衣

格：福官高明

忌：孤陽守命　日月背躔

格

四月三十日　獅心印

戊辰	丁巳	己酉	丁卯

熊鳴岐

江西豐城人　辛卯丁未科　壬子知府　兄鳴夏

乾造　晝生

經：格合日月著明　辛卯要金祿切

福官木火高強　年丁未室火南離

水金主恩同垣　辛年坐祿一年

證：官官太乙朝天　限坐貴

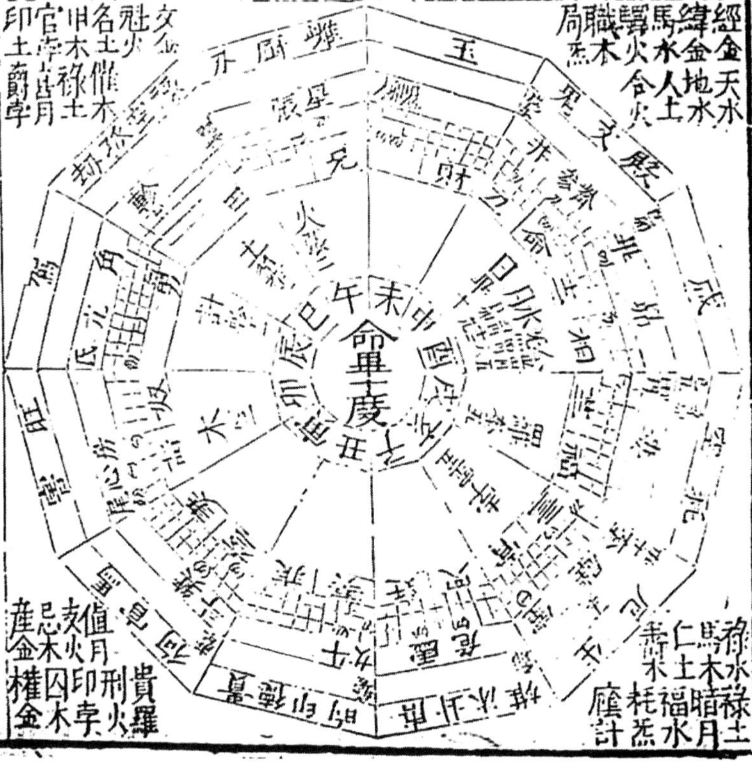

喜格

木煞夾月
火𥫗文昌
金居衛分
月金對助
土好齊飛

忌格

月南日北
水土相攻

父子同科

正月十八日𥫗文源

乾造
癸丑
甲寅
乙未
甲申

李廷諫　書生

江西吉水人
癸卯科
子邦華進士

經證

火金福官拱兒
身命月居楚心
五宮主𥫗文昌
子必出賢

年限

癸卯限行奎木
秉令宮主火𥫗
文昌

經土天月
緯金地木
馬水人土
驛金仝木
職火
局月

文月
魁木
名水催計
甲土祿門
官土喜火
印孛爵水

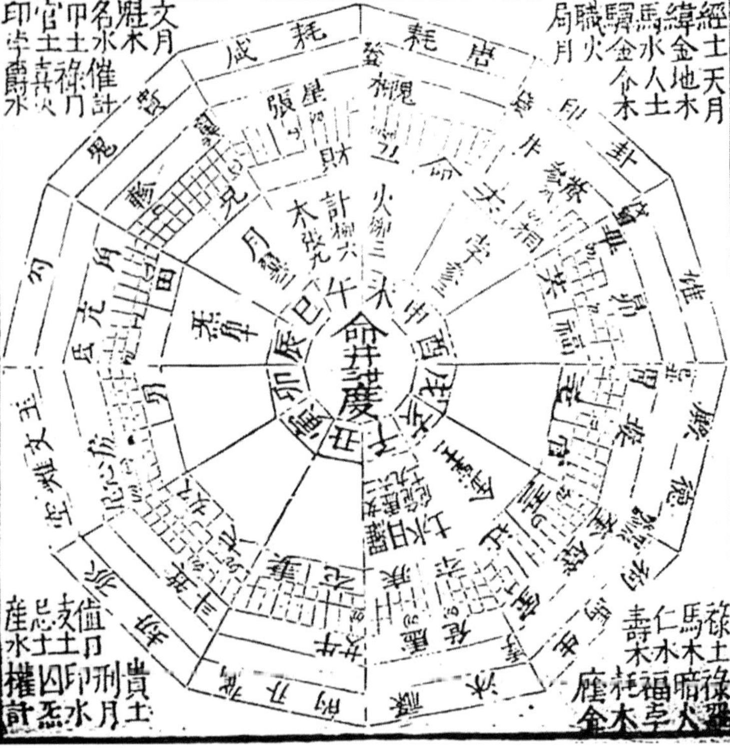

祿土
馬木
仁水
壽木
祿大
暗孛
福木
耗金
…

貴土
刑月
印水
囚煞
權計
值月
妻土
忌土
產水

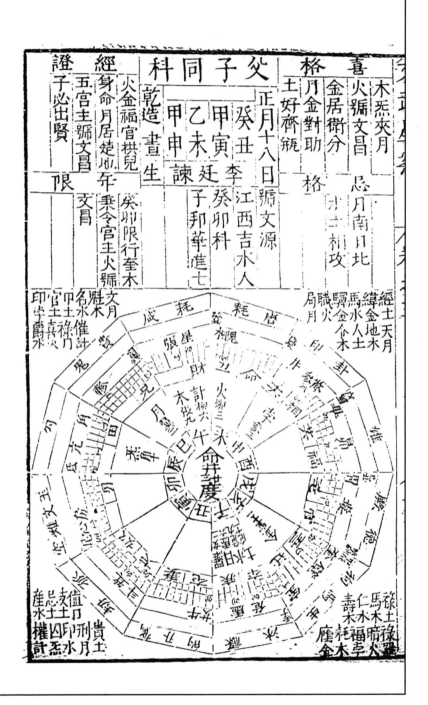

喜格

日月得位
木炁連枝
火臨燕分
水臨雙女
太白當秋

忌格

陰陽無輔
土孛交戰
木犯炁奴

父子同科

九月初九日 號懋明
甲戌 李 江水吉水人
癸酉 卯 癸卯甲辰科
庚辰 卯 同寅巡按
丙戌 華 公 ... 畝
乾造 夜生

經證

計羅戲出火月 卯辰連捷限履
夜生者明且秋年 室危火月夜離
金堅秋月明秋 夜降爲福散[illegible]
水清則倍佳矣限

經緯 水天歸 金地火
馬火人水
驛木合金
職火
局月

少羅 魁月 各木催合 甲火傚木 官炁吉羅 印木奎財金

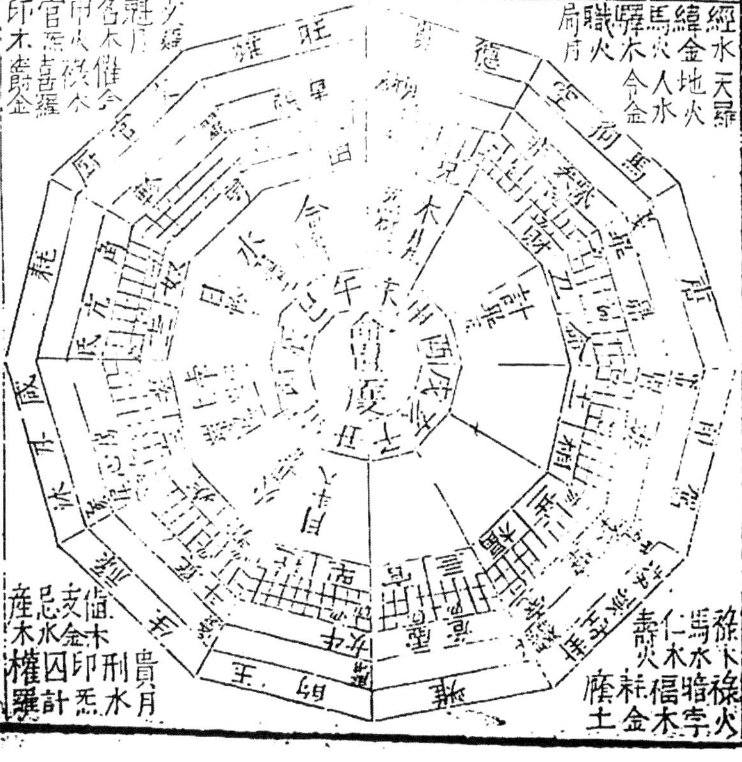

值木 刑水 貴月
支金 印炁
忌水 因計
產木 權羅

祿卜 祿火
馬水 暗孛
仁木 福木
壽火 科金
癃土

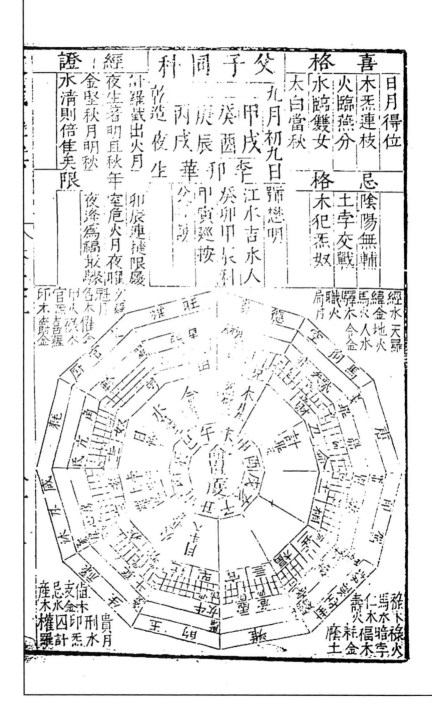

喜格

日月夾命
火月同宵
水陽相會
官福夾命
印財會垣

忌格

計孛夾陽
土木對傷
日月夾計

父子同科

六月廿六日
甲寅
辛未
丙申
庚寅
乾造夜生

張燦宗

江西臨江人
庚子科
子茂頤南監
選貢中

經證

日月夾命夾嗣
火月同宵聚曜
環拱爲最

限

庚子限奎火木
年逢生宮度兩強
橋梓同登

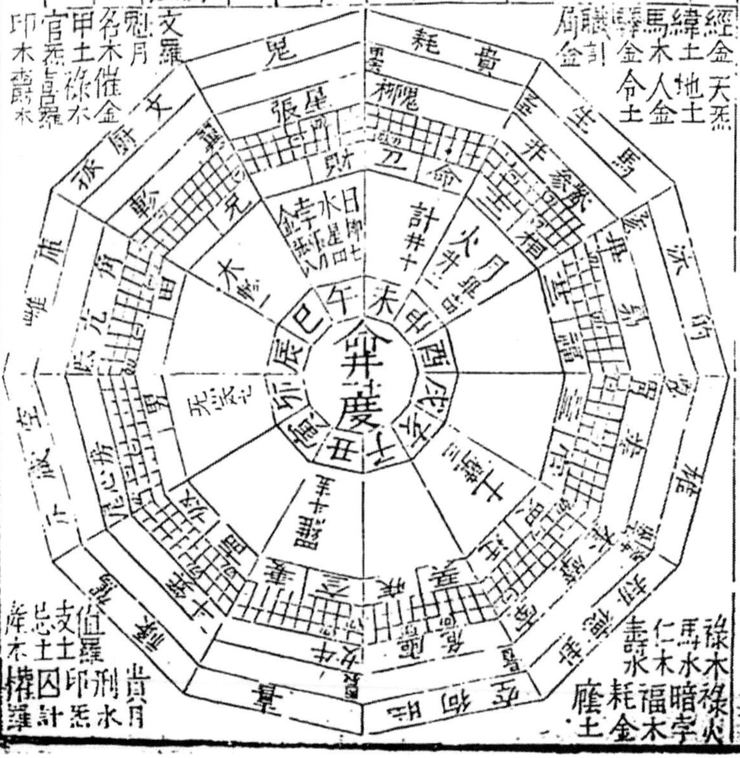

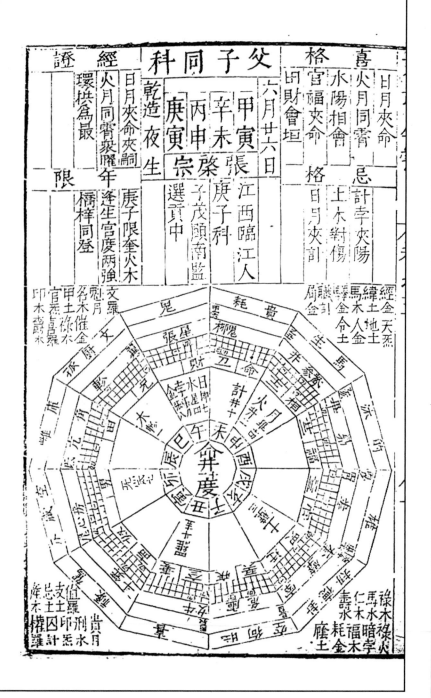

喜格

群曜拱命
日月夾福
四餘獨步
福官逢生
身命得地

忌格

陰陽無輔
木到大梁

父子同科

正月廿七日
甲戌
丙寅
癸卯
甲辰
乾造書生
張茂順
江西臨江人
庚子年選貢
南京監中
父啓宗

經證

格合四餘獨步
諸星分布均停
群曜環拱命限
但火月失輝次
之

年限

庚子年分限行
虛度日晝著明
日月夾限所以
父子同科

經木 天火
緯土 地木
馬火 人水
驛水 合木
職孛
局水

文羅
魁月
名木 催金
甲金 祿木
官炁 喜羅
印木 貴金

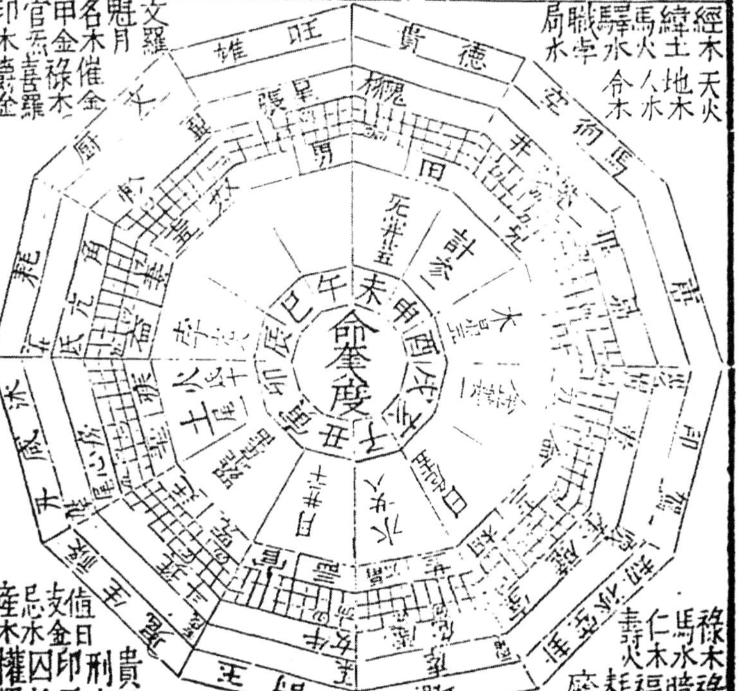

祿木 祿火
馬水 暗孛
仁木 福木
壽火 耗金
殯土

貴月
值日 刑水
支金 印炁
忌水 四計
產木 權羅

喜格

日月拱度
祥雲捧月
月照廣寒
福官夾陽
命祿身貴

忌格

日月拱夘
木到大梁
金忌白羊

父子兄弟進士

二月初十日
甲戌 丁卯 乙卯 丙子
乾造夜生

陳玄暉

號崑吾
浙江海寧人
己酉癸丑科
庶吉士
兄弟同科甲
父與祖恭政

經證

火金羅月是陰
星遇夜生逢最
主文若爲身命
司官福三台八
座顯聲名

年限

水清寶瓶火燃
天蝎己酉癸丑
限入軫翼其驗
尤的

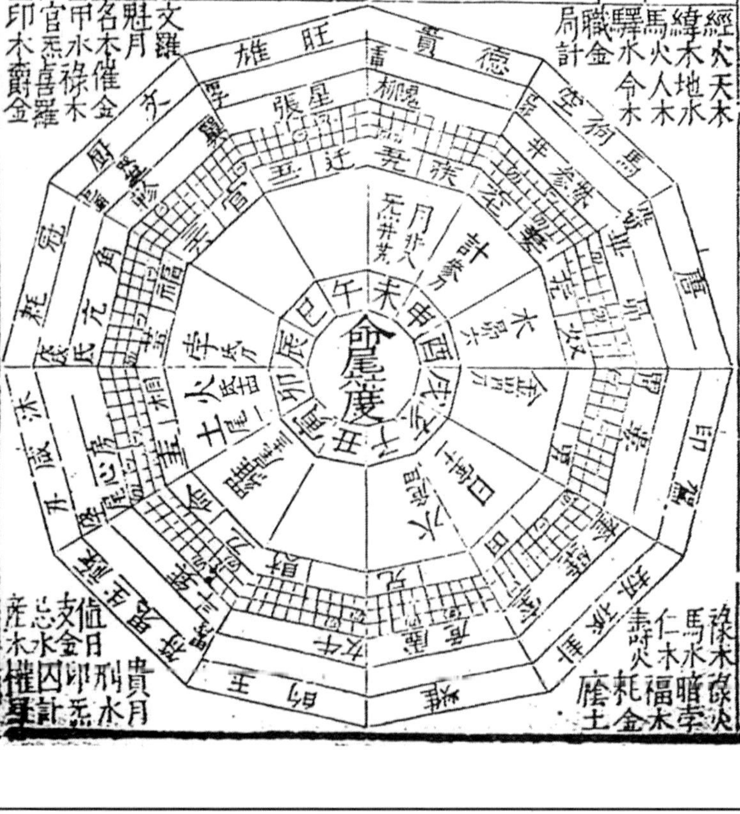

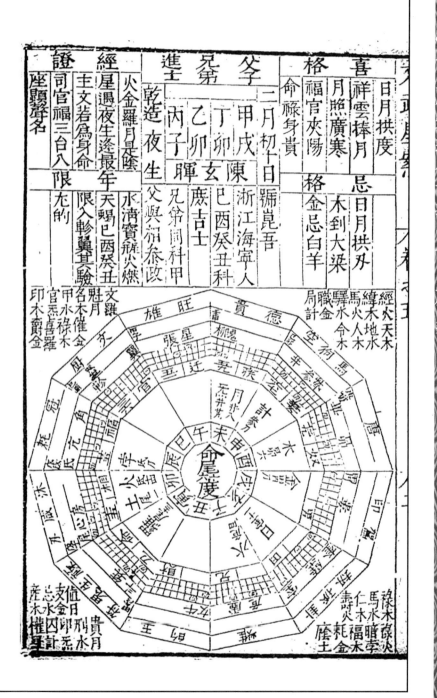

李兄弟進士

七月十九日躡令威

乾造夜生

丙戌	陳	浙江海寧人
丙申	祖	巳酉癸丑科
壬子	范	兄弟同科甲
辛丑		父與相參政

喜格

水金從陽
羅月交輝
木入秦州
五曜從陽
四餘拱月

忌格

土羅犯月
計月對掩

經證

七政得經四餘巳酉昴日癸丑環月木入秦州年胃土亦紗水陽知福厚身到官度禄土羅相生宮當富貴但字限且金水會蛇宮羅夾月次之主尤高

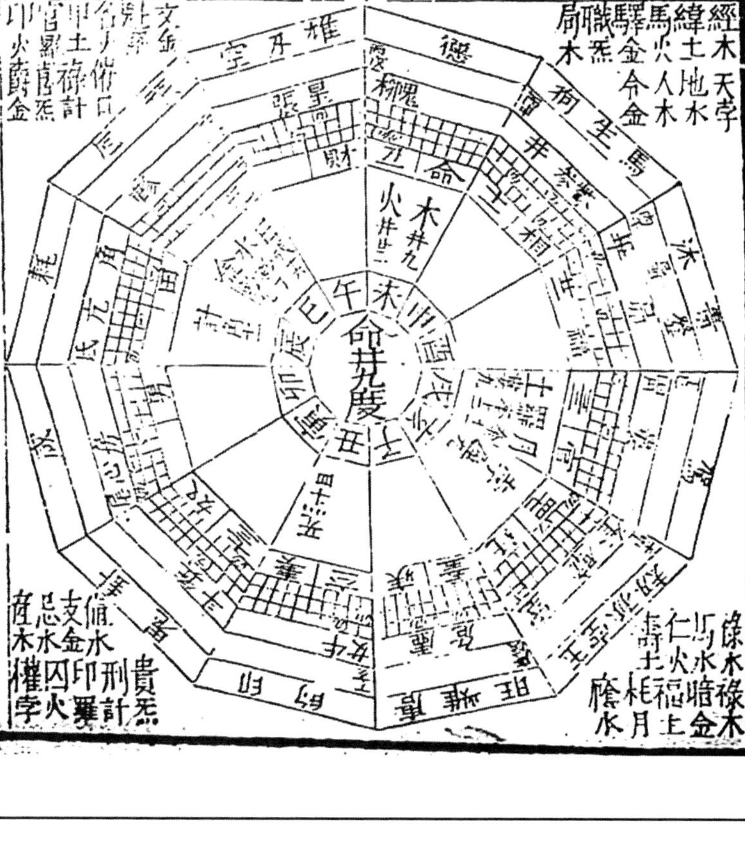

經木 天孛
緯土 地水
馬火 人木
驛金 令金
職炁
局木

祿木 祿木
馬水 暗金
仁火 福土
壽土 杖月
蔭水

貴炁
催水 刑計
支金 印羅
忌水 囚火
產木 權孛

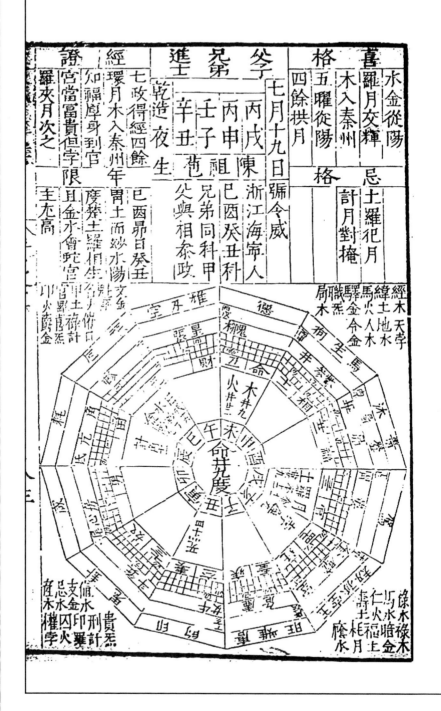

喜格

金水會蛇
日月並明
二曜朝陽
衆曜拱南
身命夾君

忌格

土孛交戰
刼刃官福

兄弟同甲

七月初一日騙鹿白
壬戌
戊申
癸未
丙辰
乾造書生

何如申

南直發源人
乙酉乙未科
甲寅叅政
弟如龍翰林

經證

二曜朝陽喜併離明之位水金年會垣終身有慶宿拱南方乃異人

限

乙酉柳土遇羅
乙未井木逢生
𤋮土孛羅戰限
垣喜中之惧

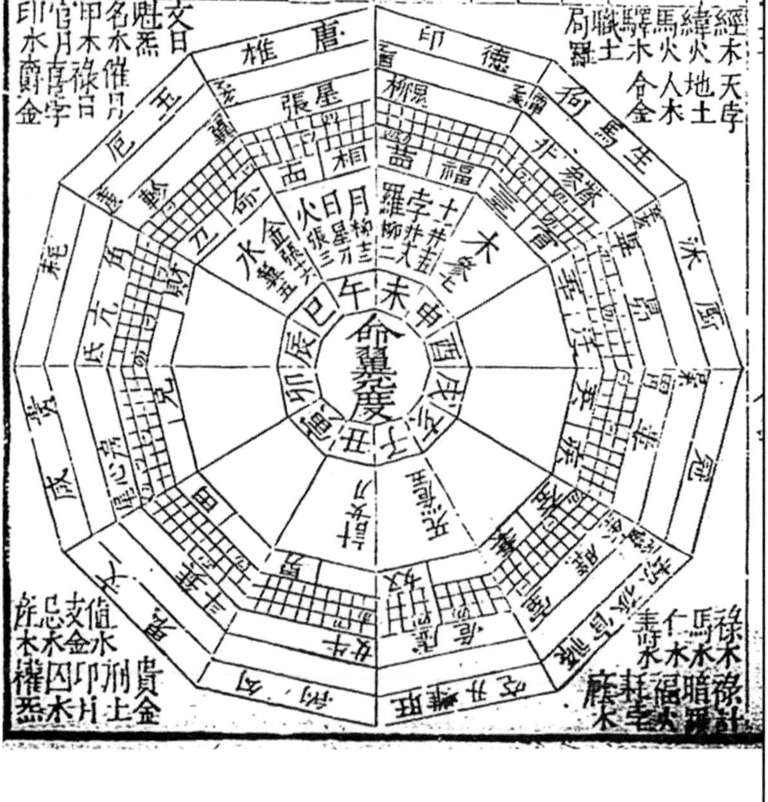

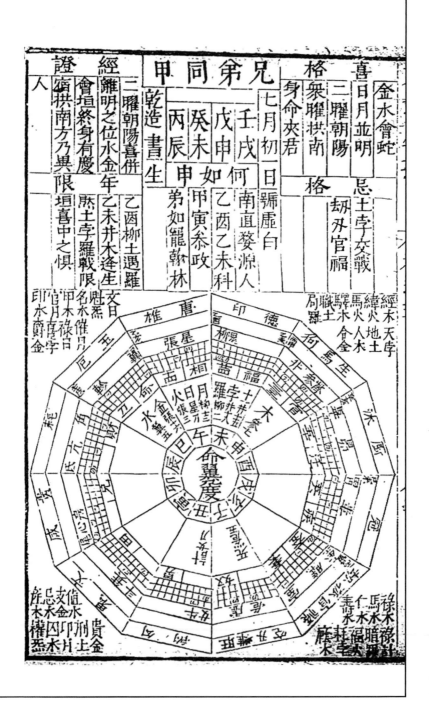

喜格	忌格
木臨營室	泉枯牛壑
土歸氐殿	金羅相刑
朱雀乘風	身命弱宮
祥雲捧月	
金水夾陽	

兄弟同甲

十二月十四日獅芝嶽

辛未　何　南直發源人

辛丑　如　辛卯乙未科

壬寅　　　戊戌庶吉士

丙午　寵　兄如申

乾造晝生

經讖

三台拱斗祥雲
捧月兼以福官年
土木升殿月火
身命高強

限

室火木火對生
危月炁祿伴月
辛乙年間限行
此處

經土　天土
緯土　地土
馬金　人火
驛水　命土
職木
局炁

文土
姊孛
名金　倒土
甲金　祿炁
官水　喜木
印計　爵火

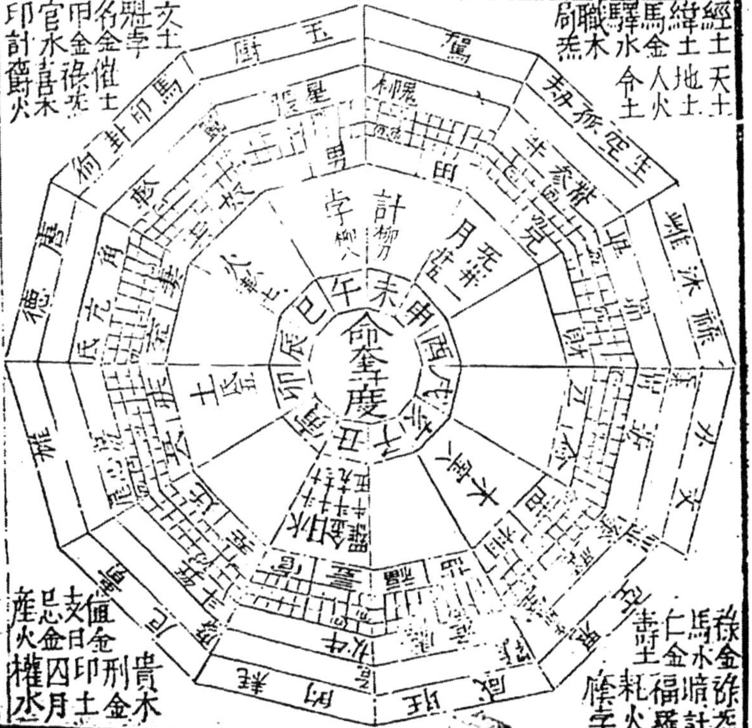

貴木
刑金
值金　印土
支日　四月
忌金　權水
產火

祿金　殺炁
馬水　暗計
仁金　福羅
壽土　耗火
蔭孛

喜格

日月夾天門
日月夾命度
官福夾命度
火土官高
長庚伴月

忌格

水計相刑
火燒牛角
妻嗣坐刄

祖孫 父子 兄弟 甲第

一月廿五日號玄渚
庚申
巳卯
辛酉
丁酉
申用懋
乾造夜生

南直吳縣人
壬午癸未科
父時行閣老
弟用嘉節推
侄紹芳進士

經證

身祿長庚伴月
福元日遇白羊
命度兄主最宜
日月福祿兩夾
十桂蘭山聯芳

年限

火土相生田財
妻嗣皆美但坐
刄枕膝有妨午
未運登張月遇
金

文木 財水 名金 催孛 甲火 祿金 官金 [illegible]金 印金 爵火

經金 天水 緯土 地金 馬水 人土 驛火 命木 職炁 局木

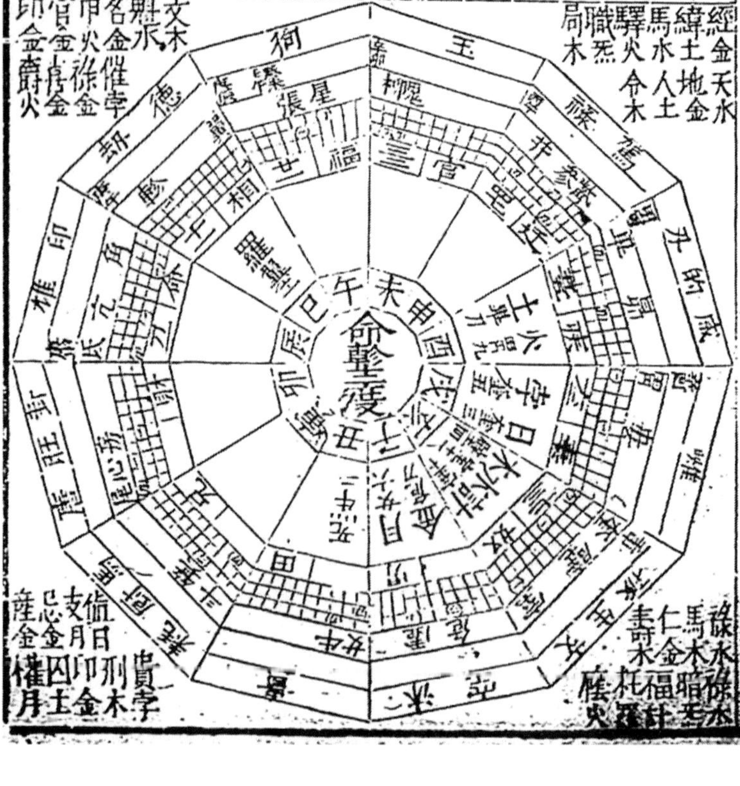

值日 支月 忌金 產金 貴孛 刑木 印金 囚土 權月

祿水 馬木 仁金 壽木 祿木 暗炁 福計 耗羅 廢火

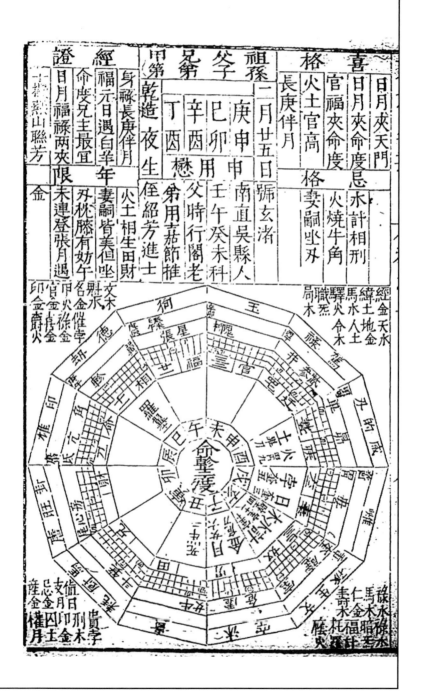

喜格 祖孫父子第進士 經證

計羅截斷
群星向限
官福夾陽
日月夾福
嗣居嗣位

忌
水計開尅
孛居官祿

格
金乘火位

十月廿七日𤢖經谷

癸亥申
南直吳縣人

癸亥用
壬午科

壬申嘉
子紹芳進士

甲辰
庚申補節推

乾造晝生
父時行閣老

計羅截衆曜於
壬午氐土遇羅

命限之前福官 年
巳躬之捷卯辰

夾君日月夾福
張月子蔵宮度

漏出嗣星歸垣 限
兩強

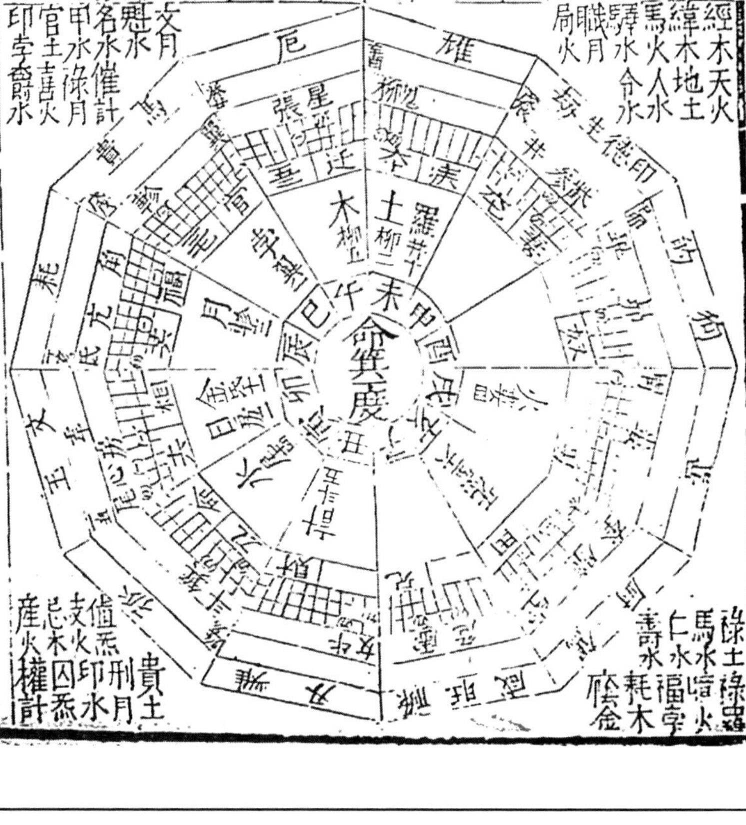

喜格

羅計攔截
群星拱命
日月並明
官福朝陽
身命夾君

忌格

土木共戰
日月夾刃
刼刃守命

同胞四進士

八月初三日彌廣裕

甲子 癸酉 壬申 癸卯

周廷侍

南直金壇人
甲午甲辰科
兄應秋都院
弟泰峙大叅

乾造晝生弟維持進士

計羅截諸星於火日爭光併刃

經

命垣無以日月年的刼耗仕途雀

官福身命無一角午捷限宮坐

讖

不得其用田財限貴辰年限水朝

夾命者富陽

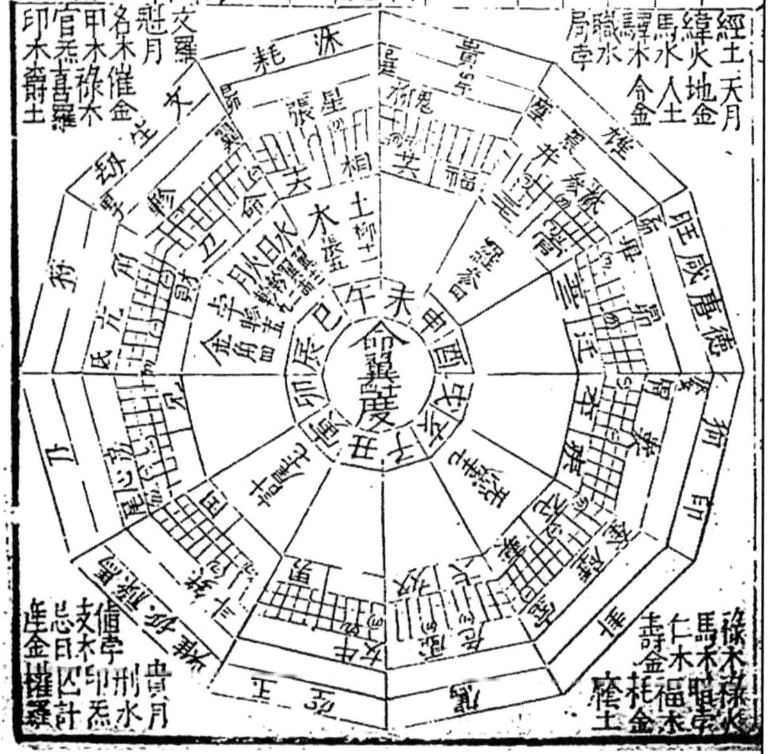

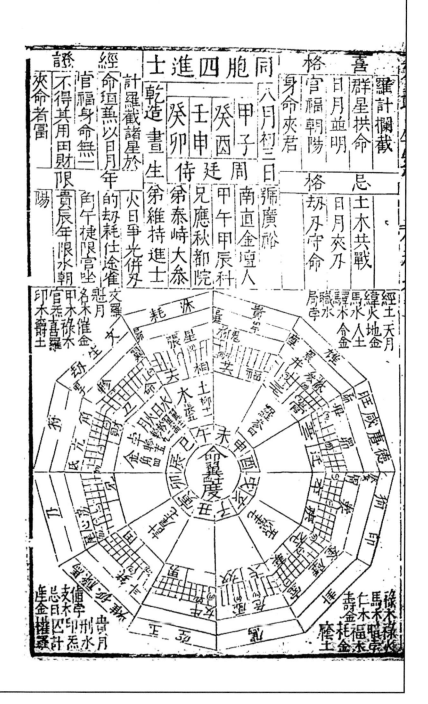

喜格

福官拱命
日月夾福
身命得地
群星同限

忌格

火孛交戰
土計相犯
水泛白羊

同胞四進士

三月廿四日號孟岩

己巳
戊辰
戊辰
丙辰

乾造書生

周泰峙

南直金壇人
癸卯丁未科
兄應秋都院
兄廷侍主事
弟維持進士

福官土木拱命
癸卯室火遇孛

經

月金身命得所
年得羅奴救主丁

身到官宮富富
未危月居官限

證

貴命主臨財財限
宮坐貴向祿

豐富

經水天羅
緯金地土
馬火人水
驛木命土
職計
局金

文炁
魁金
名土催炁
甲火祿火
官火喜土
印羅爵木

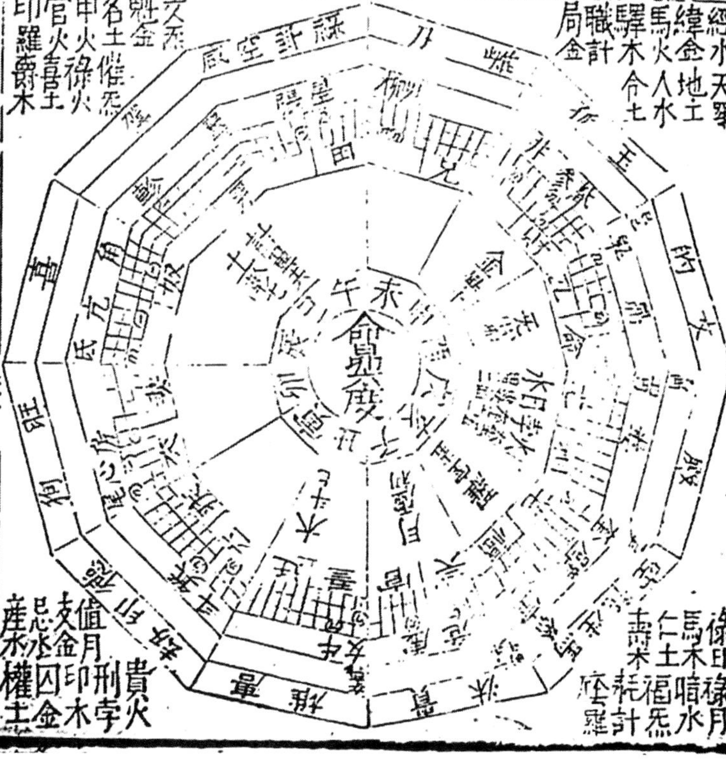

祿日祿月
馬木暗水
仁土福炁
壽木耗計
蔭羅

貴火
刑孛
值月
印木
支金
囚金
忌水
產水
權土

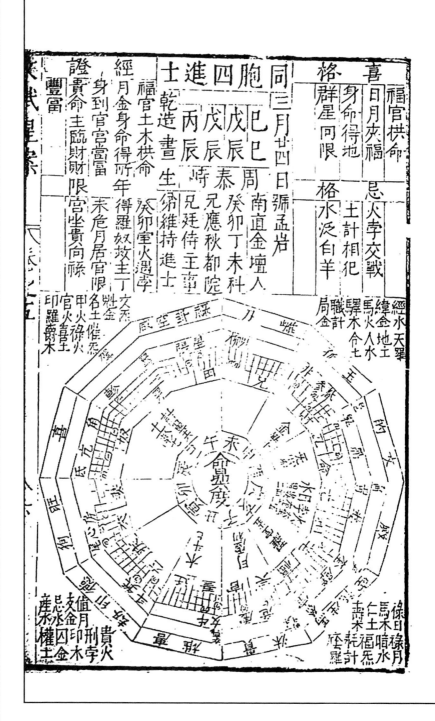

喜
日月夾官印
福官夾身命
群星向明

格
殺前主後
火號文昌

忌水土相攻
金木相刑
格計犯日月

兄弟三進士

九月初三日
丁卯
庚戌
甲寅
巳巳
乾造書生
解經雅
號代山輿
陝西韓城人
丁酉辛丑科
壬子吏給事
弟經傳經邦

經
水金掌官福夾
輔日月身命於年
官福之宮殺前
證
主後藩輔之權限

水宿歸經難遇
土尅他來尅我
我居廟旺以何
妨酉丑應當高
捷

經水天計
緯木地木
馬木人金
驛水金土
職計
局金

文火
魁計
名火催羅
甲水祿羅
官計喜水
印月爵炁

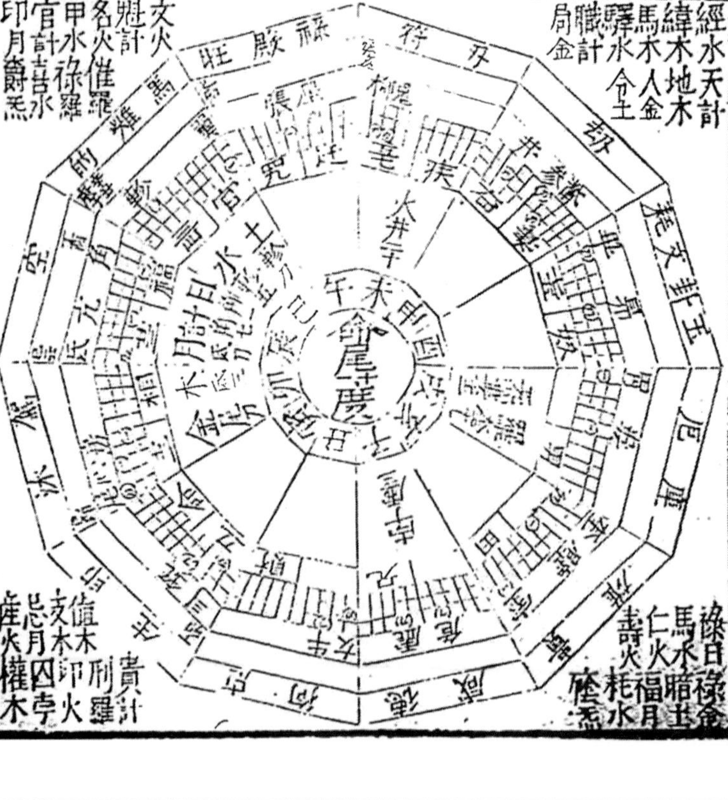

祿日祿金
馬水暗土
仁火福月
壽火耗水
蔭炁

貴計
刑羅
值木印火
文木四孛
忌月
產火權木

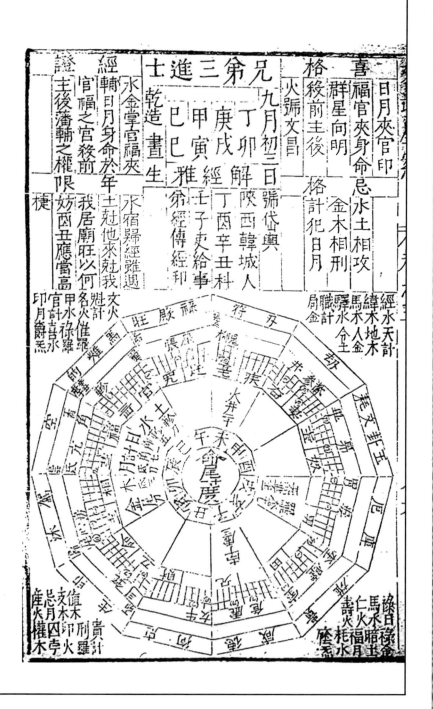

兄弟三進士

喜格

羅月交輝
金計相生
木星虜鴈
火到南離
土歸鄭國

忌格

羅逼孛月
水居火位
諸星背行

九月十二日號員嶠
己巳 解 陝西韓城人
甲戌 經 庚子辛丑科
壬午 壬子兵主政
辛亥 傳 兄經雅
乾造夜生 弟經邦

經證

日月得位木火
高明命主加之
命垣身星居於
官祿亦是高居
造化

年限

金計相生火到
南離于丑春秋
宮度兩旺

經水天計
緯金地土
馬木人金
囉火令土
職炁
局木

文杰
魁金
名土從炁
囚木祿火
官少土
印照孛木

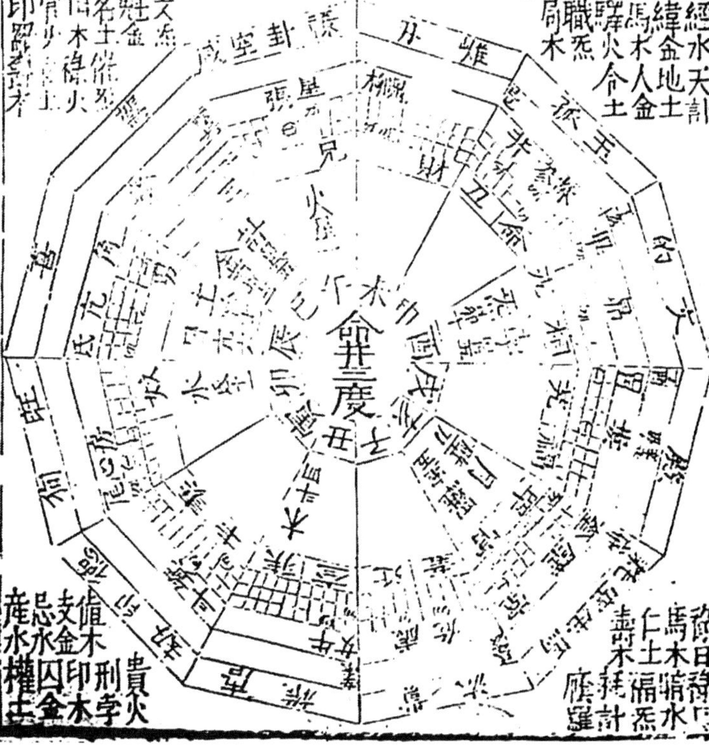

祿日祿
馬木暗水
仁土福炁
壽木耗計
廉羅

貴火
值木 刑孛
支金 印木
忌水 囚金
產水 權土

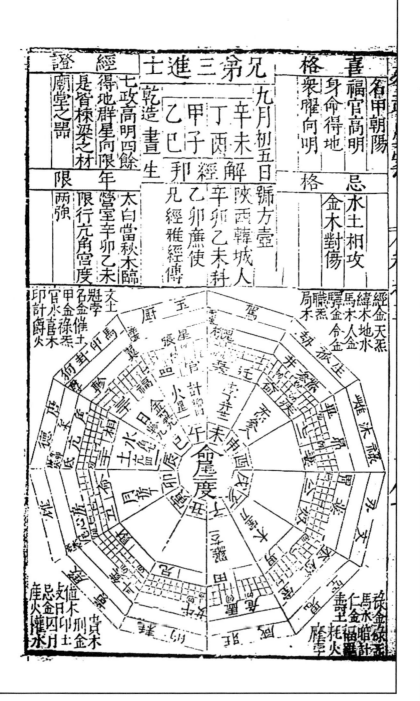

兄弟三進士

喜格	忌格
名甲朝陽 福官高明 身命得地 衆曜向明	水土相攻 金木對傷

九月初五日
乾造
辛未 丁酉 甲子 乙巳
晝生

解經邦 號方壺
陝西韓城人
辛卯乙未科
乙卯薦使
兄經雅經傳

經證	年限
七政高明四餘 得地群星向限 是皆棟梁之材 廟堂之器	太白當秋木臨 營室辛卯乙未 限行亢角宮度 兩強

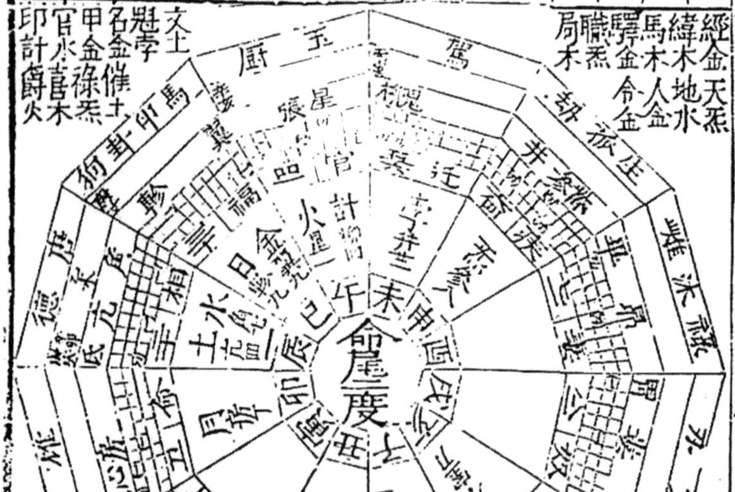

喜格

日月拱命
官福朝陽
火金夜輝
孛星朝斗
身星濟吉

忌格

土月對掩
金乘火位

兄弟三甲科

閏月初九日歸郢白

丙寅 巳亥 丙申 巳亥

乾造夜生

潘陽春

浙江餘姚人
辛卯戊戌科
壬子廉使
弟瑞春鄉科
融係甲第

經

貴賤先須明拱 辛卯昇月朝
夾賢愚須要辨年 昇日金火依陽
陰陽官福朝陽 炁土對月日掌

證

日月拱命格最限 乃喜恨同途

美矣

經木 天孛
緯土 地水
爲火 人木
驛金 命水
職炁
局木

文金 魁炁 名火 中 宮炁 印火
財 官 計 喜炁 蔭木

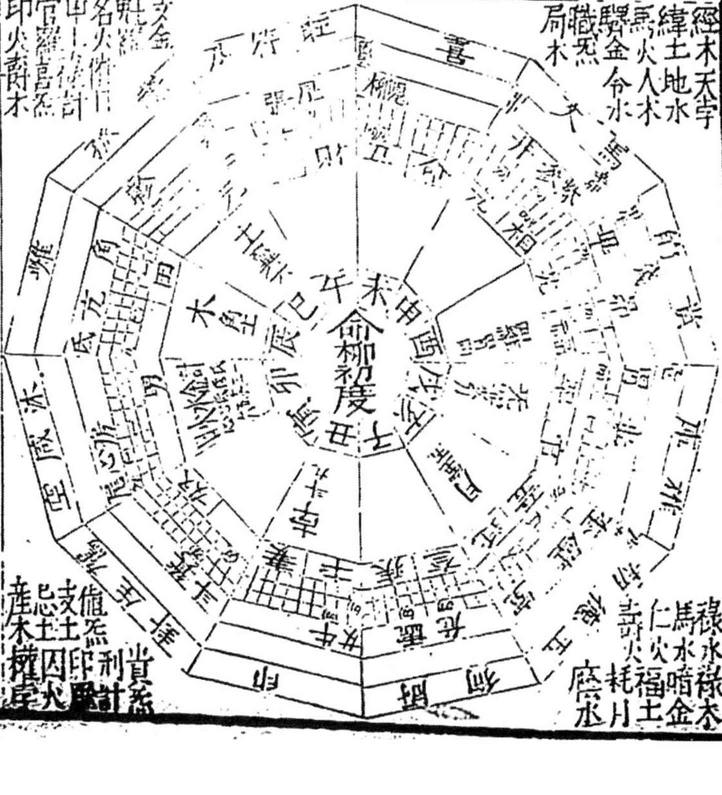

祿水 祿太
馬水 暗金
仁火 福土
壽火 耗月
蔭水

催炁 貴炁
文土 利計
忌土 印[illegible]
產木 因火
權孛

喜格

祥雲捧月
火金高明
日月得位
福田秉令
嗣祿守照

忌格

水計相刑
孛破官宮
歹難守命

兄弟三甲科

八月十八日
己巳　潘　浙江餘姚人
甲戌　瑞　丙午科
己未　春　兄陽春甲第
甲子　　　弟融春甲第
乾造夜生

經證

日月分明是貴　丙午限歷胃土
人官福高強格年土歸鄭國又朝
尤精但孛破祿　太陽
宮官星坐歹滅限
論

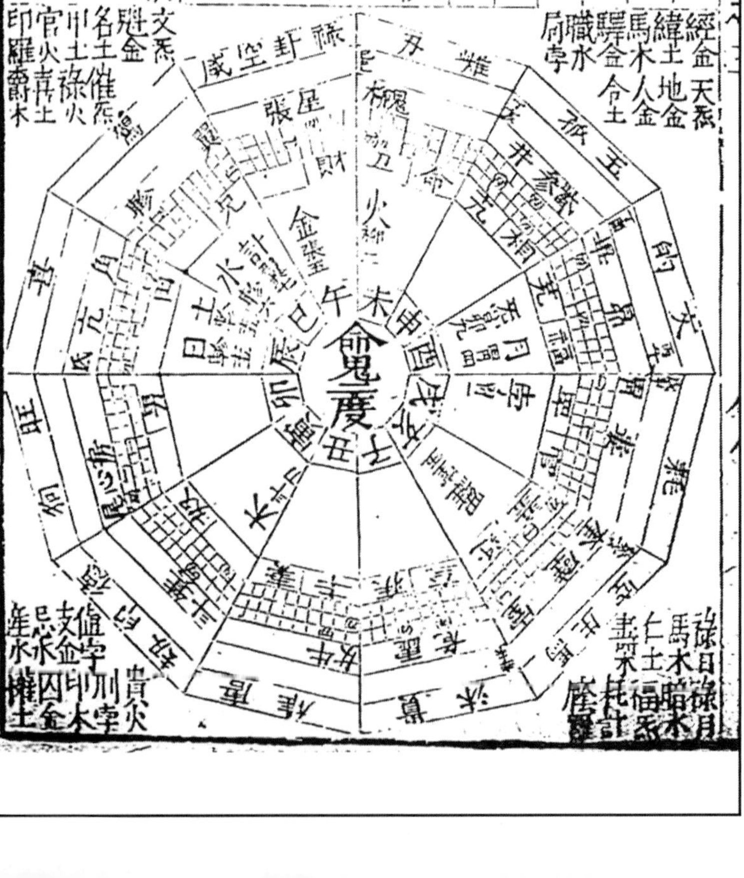

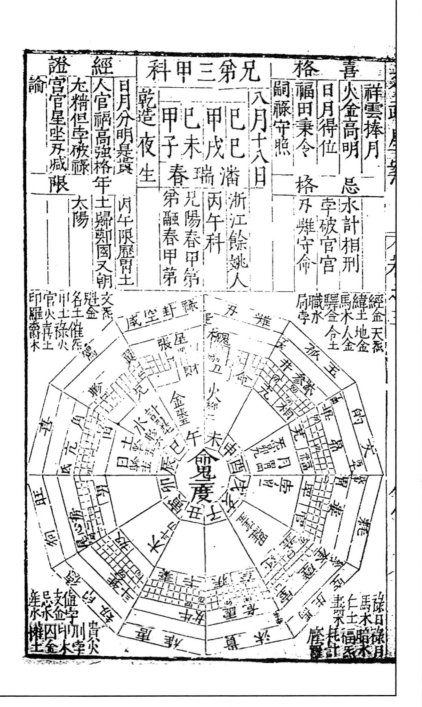

喜格	忌格
木星登駕	火孛交戰
太乙抱蟾	計犯太陽
金水會垣	福田泄氣
土獬太常	
日月夾官	

兄弟三科甲

二月初八日號與偕

己卯 潘 浙江餘姚人

丁卯 融 己酉庚戌科

癸未 春 兄陽[illegible]

己未 [illegible]

乾造 晝生

經 證

身星太乙抱蟾 帛日胃土晝曜

命度木登歲駕年 晝逢己庚連捷

日月又夾官祿 信乎驗矣

名甲土獬太常限

文炁 魁金 名土 催炁 甲土 祿火 官火 喜土 印羅 爵炁

經金 天炁 緯土 地金 馬木 人金 驛金 命木 職水 局孛

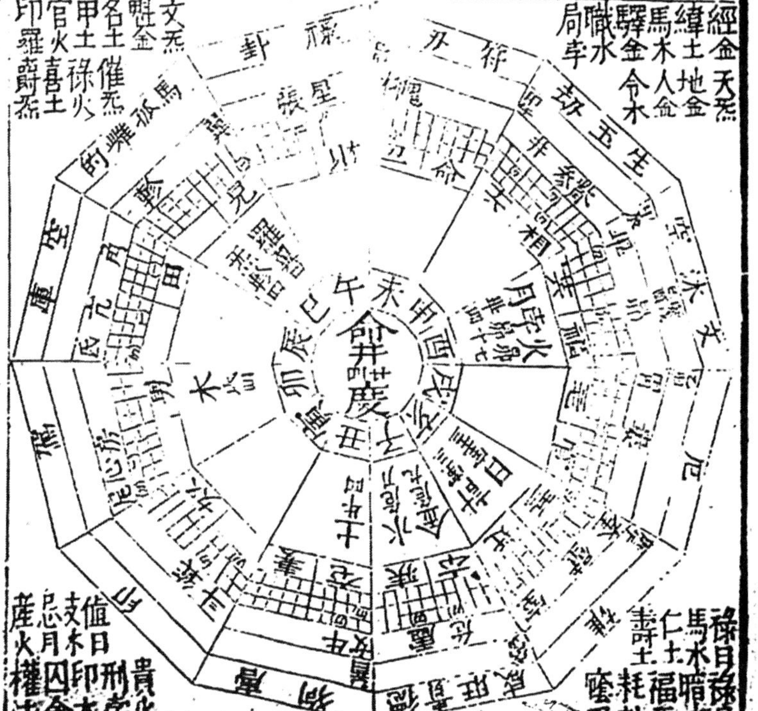

值日 貴火 支木 刑孛 忌月 印木 產火 權土 囚金

祿日 祿月 馬水 暗水 仁土 福炁 壽土 耗計 陰羅

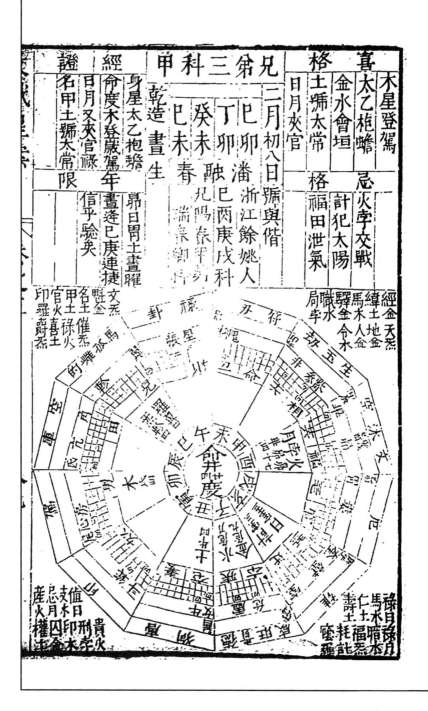

父子甲第

乾造夜生

閏月廿九日歸如吉
壬申　陳　江西南昌人
甲辰　維　辛卯壬辰科
乙酉　巳亥刑科
丁亥　春　父棟會元

臺格
日月奎婁
水木朝陽
土金垣殿
朱雀乘風
四餘獨歩

忌格
日月俱晦
水泛白羊

經證
四餘獨歩能教　卯辰高捷限行
衆國來降一主年　房心日月奎婁
專權敢掌當朝　水金夾輔美之
之事宮身慶主　限　極矣
隨陽左奇

經水天計
緯木地金
馬木人金
驛水命土
職孛
局水

文月
魁炁
名水催月
甲水祿日
官月喜孛
卯水奇火

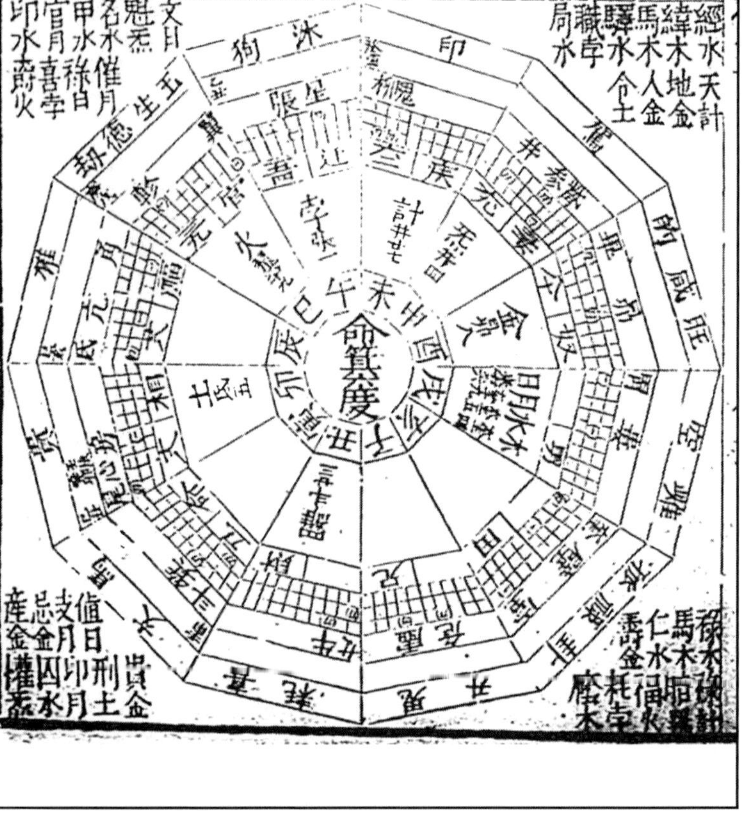

貴金
值日刑土
支月卯月
忌金囚水
產金權炁

祿木殺計
馬木暗火
仁水福火
壽金耗孛
壓木

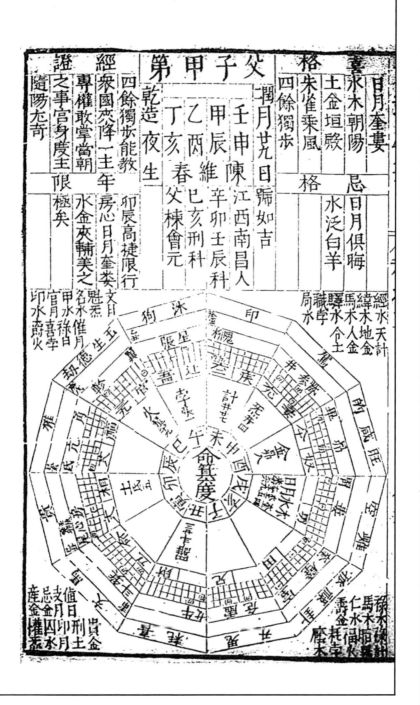

父子甲科

喜格

日月同宮
金水會垣
官福夾命
福祿夾身
諸吉臨財

忌格

月居日後
計孛夾身
土木對傷

七月初一日 號懷泉
甲寅 晏 江西南昌人
壬申 文 戊子戊戌科
己亥 輝 戊申南禮科
丙寅 子伯明舉人
乾造 夜生 庚申軍間國

經讖

单羅獨計能爲 胃土宮主高明
福宿拱南方乃年 奎木祿篤逢生
巽人左右吉星 子戌春秋高捷
最喜拱主

限

文昌
魁月
名木催金
甲土孫木
官孛喜羅
印木爵木

經金天孛
緯土地土
馬火人金
驛金分金
職計
局金

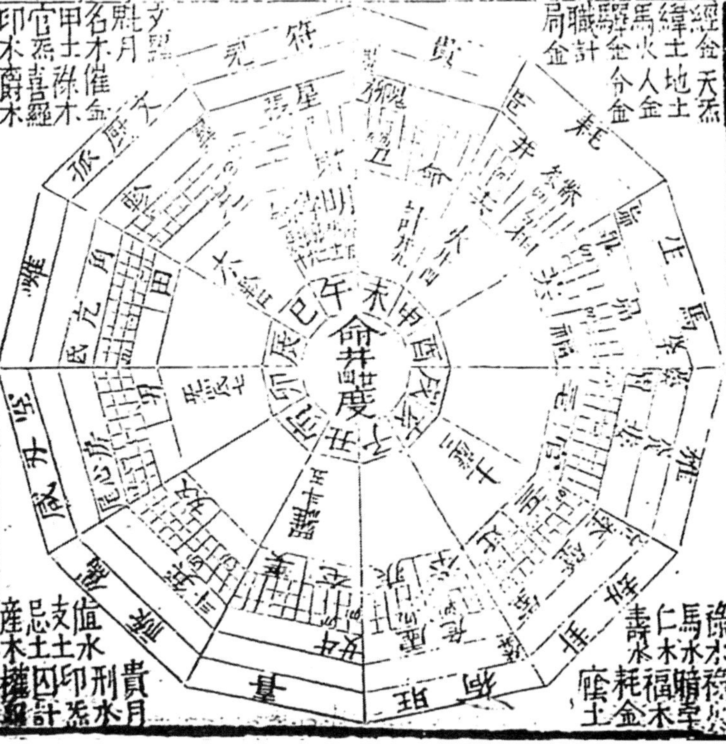

値水 貴月
支土 刑水
忌土 印孛
産木 囚計
權羅

祿木 祿孛
馬水 暗孛
仁木 福木
壽水 耗金
瘟土

壽格

土好齊旄

火居妻宿

大月當斗

福官高明

嗣居嗣位

忌土犯計奴

金羅相洲

將孛化太陽

父子甲科

五月十六日

庚辰 癸未 甲申 甲戌

乾造夜生

晏益明

江西南昌人

癸卯科

父文輝南科

經證

木火官福得宮

土月命身高明

身命得地福祿

難量嗣主歸垣

子英贊

年限

斗木箕水癸卯

秋捷氐亢角度

喜懼同途

經土 天土

緯水 地水

馬火 人木

驛火 合土

㯋月

扃火

文木

魁水

名土 催孛

甲日 祿金

官金 喜金

印金 南孛

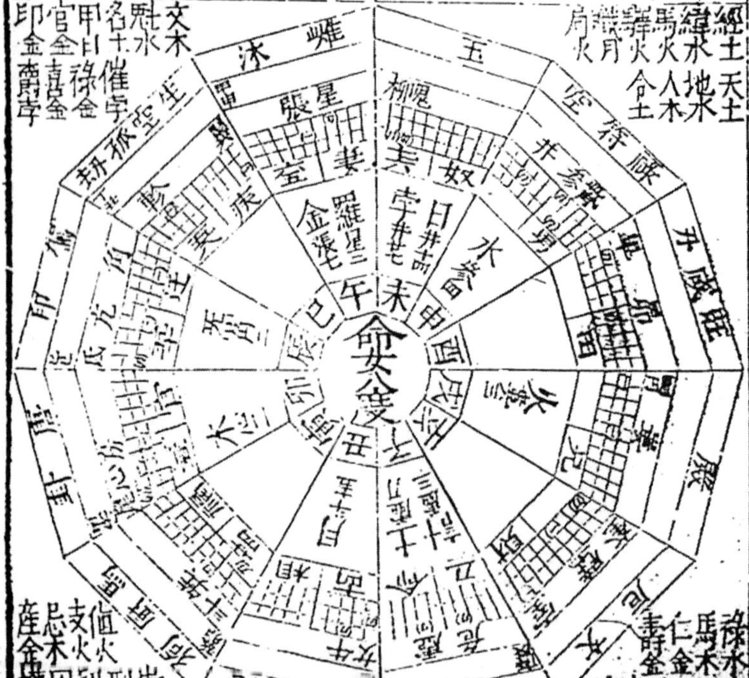

祿水 殺水

馬木 蝕炁

仁金 福計

壽金 耗羅

蔭火

貴孛

值火 刑木

支火 印金

忌木 囚土

產金 權月

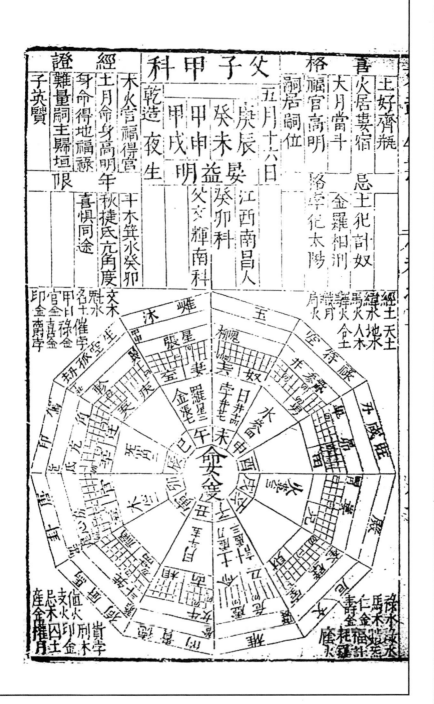

張氏星案

三世四甲第

喜格	
木炁連枝	
木孛符印	
福官夾垣	
居三隅三	
日月對照	

忌格
火入金鄉
刼木守命
日月失輝

五月初一日號雨岩

丁巳　張　浙江山陰人

丙午　汝　甲午乙未科

癸丑　祖天復太僕卿

辛酉　霖　父元忭狀元

乾造夜生　弟汝楙進士

經證

文人才士惟喜軫水與火甲午

木炁金水居三午乙木火旺水垣

隅三乃爲秀士　連捷無疑

福官歸垣貴出限

奇

經水　天計
緯木　地木
馬木　人金
驛水　命火
職計
局金

文火
鬼計
名計　催羅
田水　祿綵
官計　喜水
印月　爵木

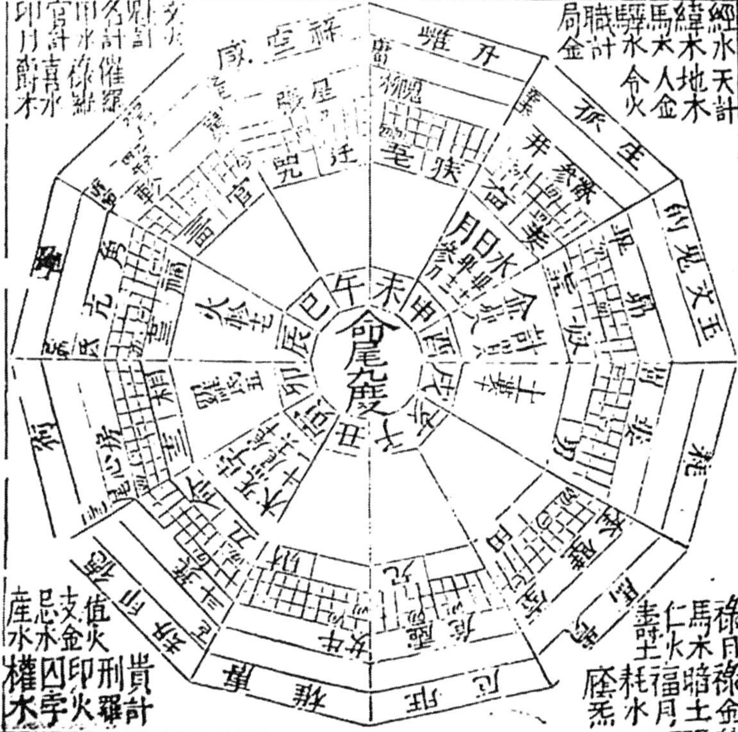

祿月　祿金
馬木　暗土
仁火　福月
壽土　耗水
蔭炁

貴計
值火　刑羅
文金　印火
忌木　囚孛
産水　權木

喜格

火炁職權
木孛符印
日月夾命
群星朝拱
日月夾田

忌格

忌土難守命
孛到大梁
福官失次

三世四甲第

五月初一日
號芝亭

辛	癸	庚	庚
酉	巳	申	辰

張汝懋

乾造晝生

浙江山陰人
癸卯癸丑科
父元忭狀元
兄汝霖進士
祖天復太僕卿

經證

計羅截斷漏出
火炁職權群耀
拱命日月夾主
附鳳非難扳龍
誠易

年限

日月夾水太乙
抱蟾癸卯癸丑
限歷壁危春秋
兩捷

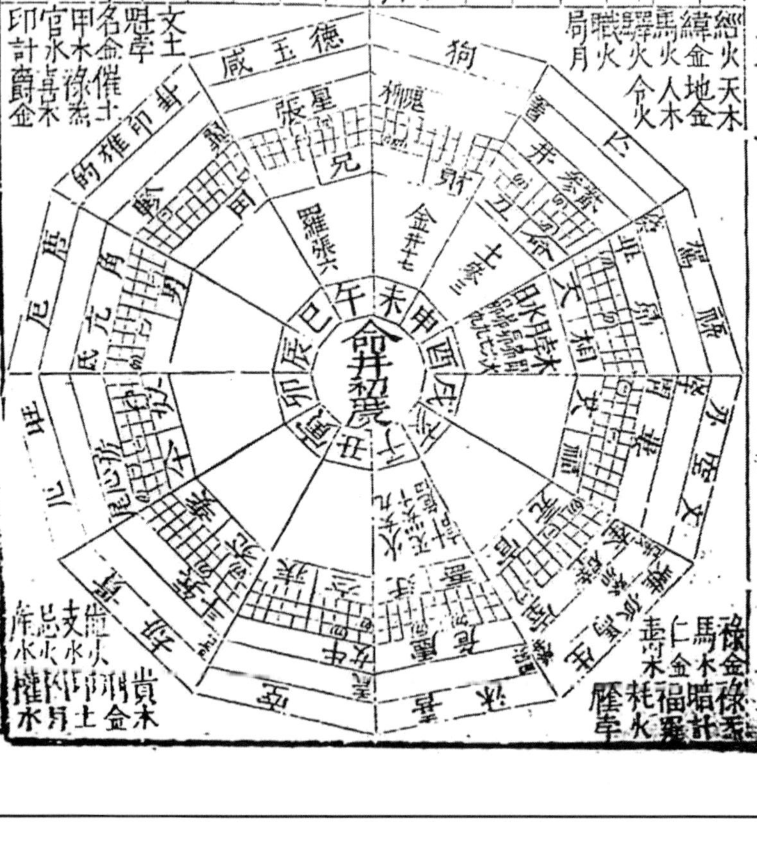

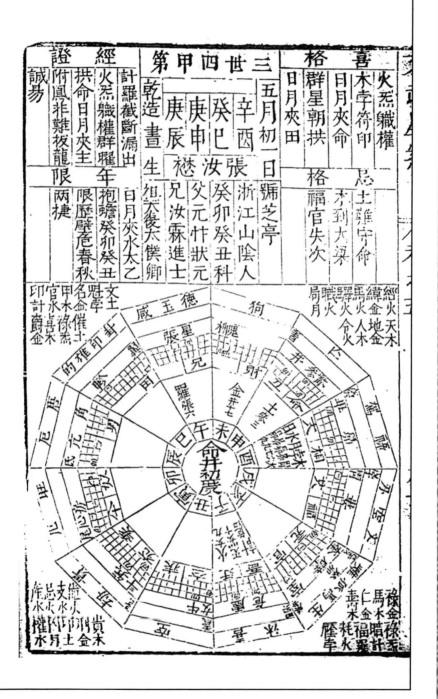

喜格

水陽相會
火月同宵
木星登駕
福官拱命
紫炁守照

忌

土躔井木
火刃逼月

格

日月拱刃

複敘 甲科

七月初十日歸清門

辛卯
丙申
癸酉
壬戌

乾造夜生

申紹芳

南直蕪州人
乙卯丙辰科
祖時行狀元閣老
伯用懋少卿
父用嘉郎推

經證

晝生日而金水相從夜誕月而火羅侍衛合此格者鳳閣高遷龍墀登入

知限聯拱巳吉年限纏亥虛土日文字高明但計犯土限主蓋美未盡善也世後但學術

魁亭 名金催土 甲水祿炁 官水吉木 印計爵炁

經土天月 緯水地木 爲金人火 驛金命金 職水 局孛

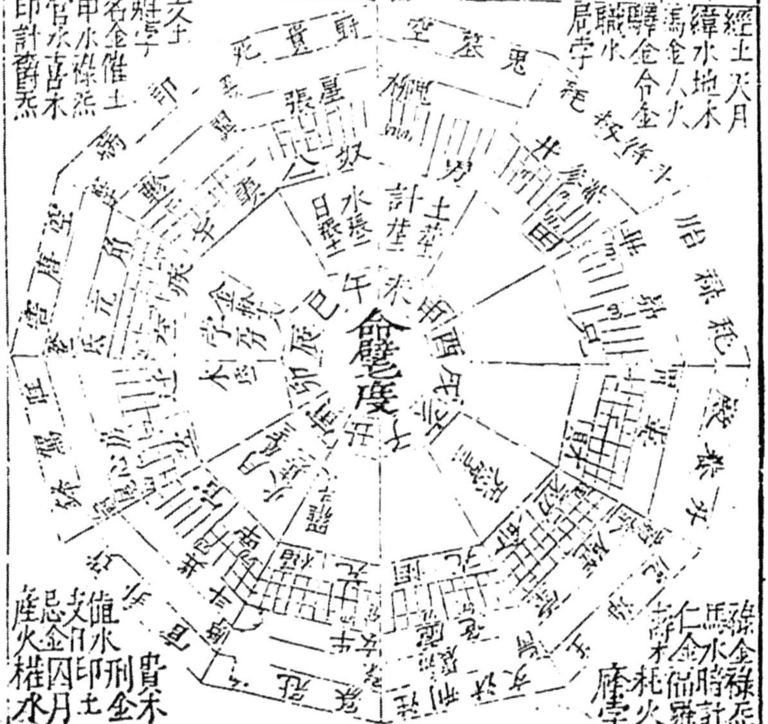

祿金 馬水 仁金 蔭木 祿炁 暗計 福羅 耗火 魔孛

值水 文日 忌金 産火 貴木 刑金 印土 囚月 權水

月明實瓶

喜格
木羅會合
水金從陽
福官得地

忌格
日居月位
上計夾月
孛剋財宮

兄弟同科甲

五月十八日孫素心
戊寅 廣南直金壇人
戊午 德 丙午丁未科
戊辰 降 兄弟會魁
癸亥
乾造夜生

經
張月獨明一世
午未聯登宮慶
孛壬之福木年
土不丙強大氐
羅食含書雲大
命坐兩岐主人

證
器福星守福為限
身逸心勞有之
真福

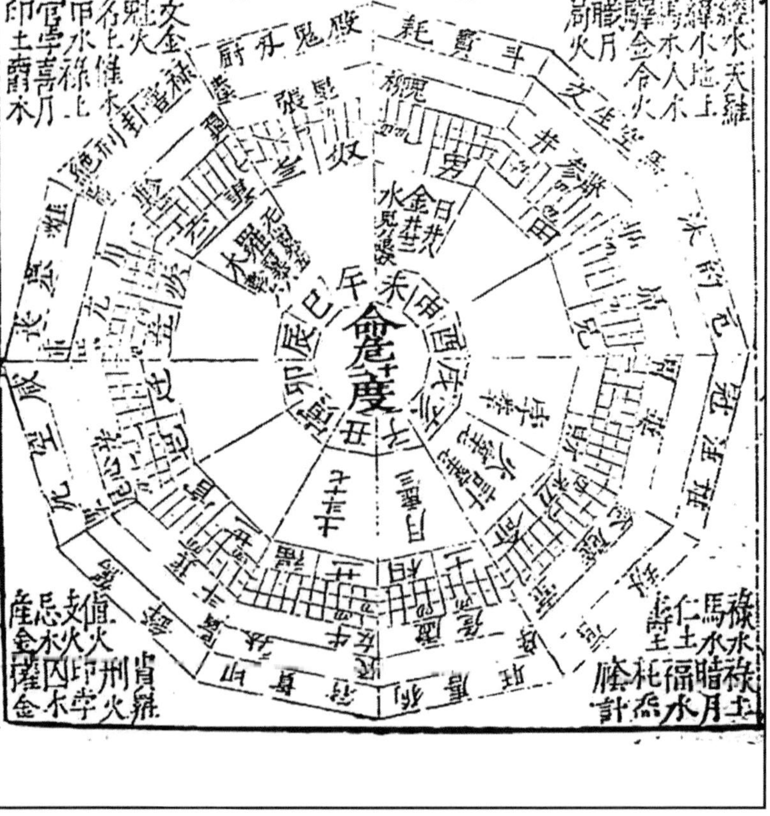

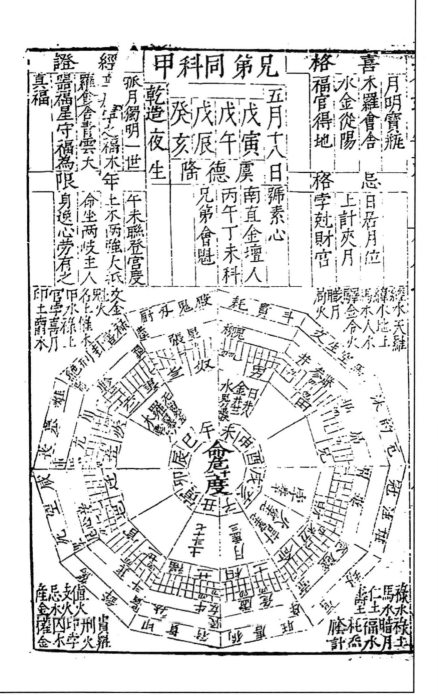

格

身星清吉　忌土月對掩
日月夾駕　火入金鄉
官福夾命　格羣星背限
田財夾主

兄弟同科甲

九月廿四日歸來初
辛巳虞南直金壇人
戊戌大丙午丁未科
乙酉　兄弟會魁
丁丑後
乾造夜生

經　證

崇勲感駕相關　丙午丁未限行
攝日月朝之定年　井木木星升殿
出倫左右吉星　於斗宮主孤月
最喜拱主身命限獨明
滑地福祿難量

經木天火
緯火地水
馬火人木
驛水命土
職計
局金

文土
魁孛
名金偕土
中上餘炁
官木善火
印計爵孛

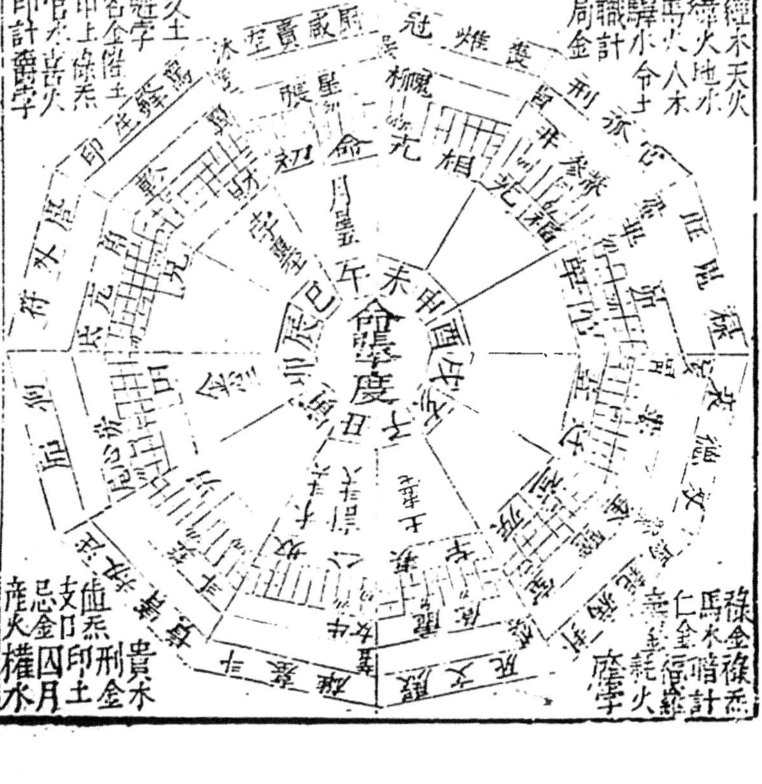

祿金祿炁
馬木暗計
仁金官紫
嘉土耗火
魔孛

貴木
刑金
値炁印土
支木四月
忌金
産火權水

喜格

日月高明
福官得所
身命起強
田財守照

忌格

水犯孛奴
木到大梁
財嗣失次

癸子甲科

九月十六日字仲容
癸酉
壬戌
癸巳
丙辰
乾造晝生
徐洌
南直蘇州人
癸卯科
癸申大京兆

經證

日月分明是貴
人身命得地福
祿難量幸福優
游主居福德惟限
嗣星失次
癸卯限歷翼火
年水星升殿宮度
兩強秋闈高捷

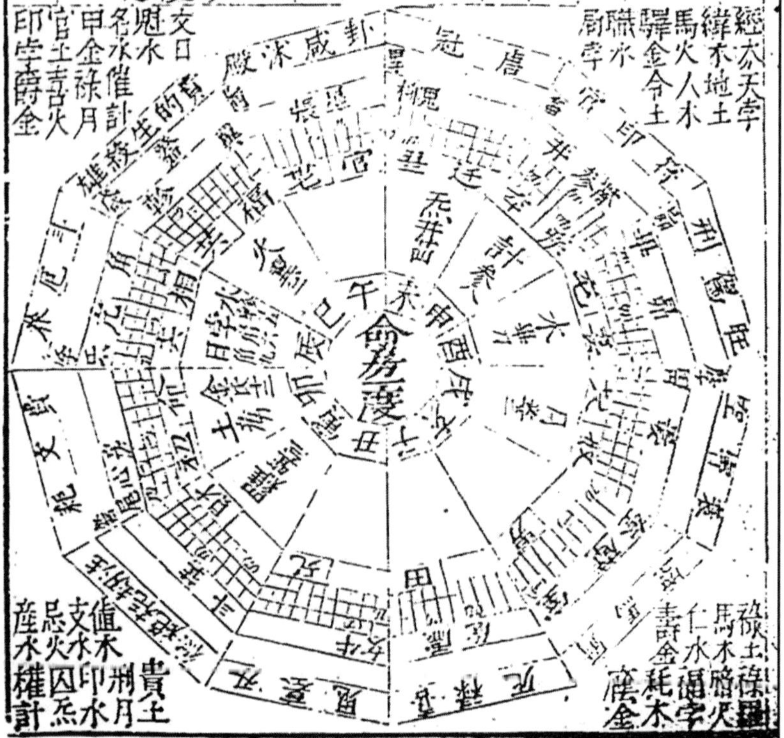

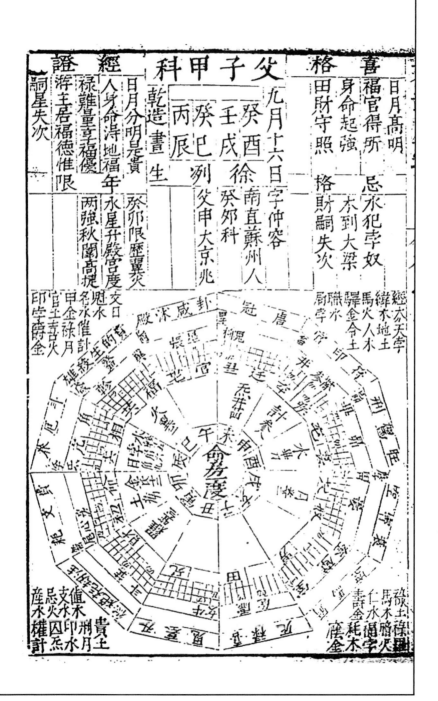

喜格

四餘列外
七政在內
文武兩班
福官坐祿
命主朝陽

忌格

日月背宮
水日拈洄
命躔刼木
身臨死地

父子伯叔兄弟進士

七月初二日號伯達

丙寅 陸 南直華亭人
乙未 彥 乙酉巳丑科
辛卯 章 父樹聲會元尚書
庚寅 叔樹德大中丞
乾造夜生 兄彥楨兵部郎

經證

政餘兩分名曰 乙酉巳丑榜舉
文武双班是皆年 胃度俱以得用
棟梁之材廟堂 次後奎壁危室
之器稍興限歷限 咸非佳境虛女
空地畢觜分数 千斗俱屬亨衢

經火天木 緯金地水 馬火人木 驛火命土 職計 局金

文金 魁孛 名火催日 甲木祿計 官羅真炁 印火爵木

祿水祿木 馬水暗金 仁火福土 壽火耗月 廕水

貴炁 刑計 值羅印孛 文土囚火 忌土 蓮木權學

今兄第進士

貴格

火月同宮
向陽花木
四餘獨步
身命居高
田財得位

忌格

日月背行
火入金鄉
金乘火位

二月十九日 獅醒石

顧	起	鳳	
壬申	南直江寧人		
癸卯	巳酉庚戌科		
丙午	父國輔副使		
巳丑	兄起元 会元 探花		

乾造夜生 星載樂集

經證

命度若去朝君位定是當朝顯貴人設使毋忌依日月必能大富潤其身

年限

火金羅月是陰星遇夜生逢必顯文若為官福臨限用三台八座主聲名

經水 天羅
緯土 地水
馬木 人金
驛木 仝木
職孛
局水

文月
魁炁
名水 催炁
甲日 祿日
官日 喜孛
印水 爵火

貴金
刑土
印月
囚木
禮炁
値日
支月
忌金
亮金

廉木
耗孛
福火
暗
金

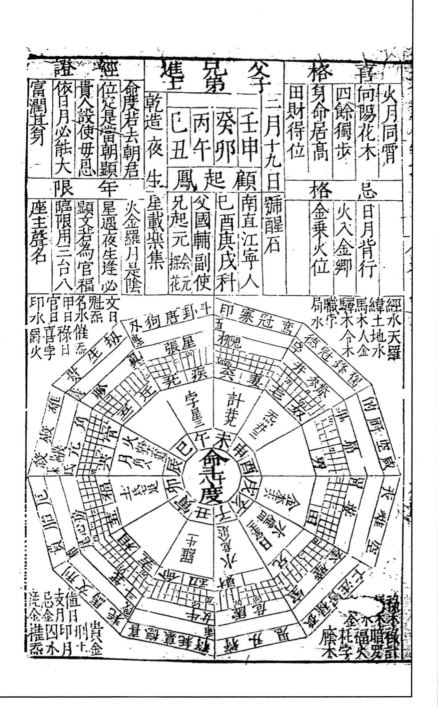

喜格

七政在内
四餘列外
文武兩班
日月夾官
金水互垣

忌格

四餘向命
七政背行
計孛居官

李兄弟甲科

九月初三日福建長樂人

壬寅 陳 鄉科同知
庚戌 長 父瑞尚書
庚戌 進 弟長祢方伯
丙戌

乾造在生子誇舉人

經證

文東武西日月夾官金水互垣格局固為尊矣但七政背命計孛居官減論

限

貴人日月要分明陰陽夾及貴減輕有官祿而無用官乃其孛雄

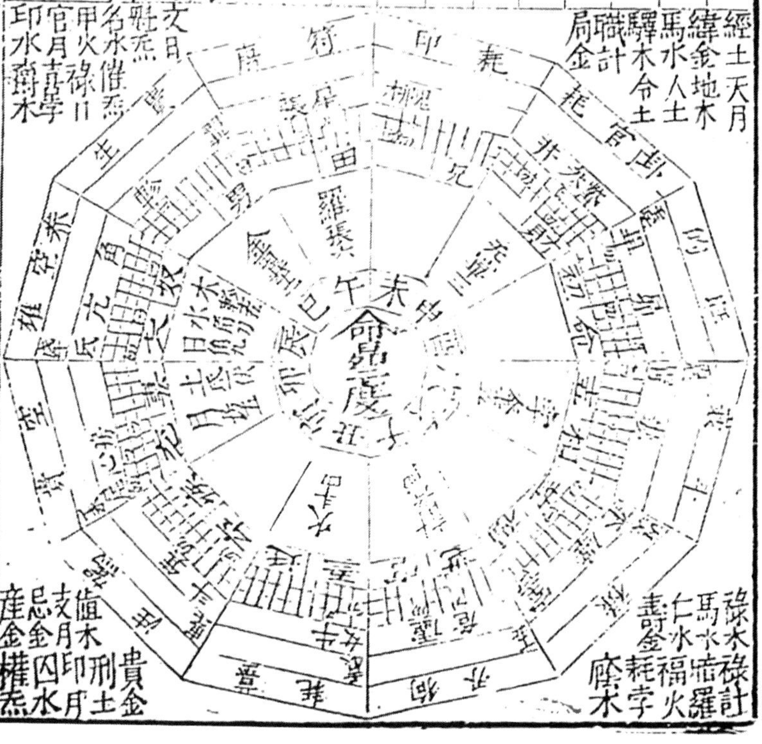

喜格	忌格
太乙抱蟾	木間四餘
命官朝君	土犯計奴
計羅擱截	火入金鄉
衆曜拱命	
福官高明	號培阿

父子兄侄甲科

九月廿四日福建長樂人

乙巳 陳 甲子辛未科

丁亥 父瑞尚書

甲申 長 兄長進同知

乙丑 祚 弟蔭部郎富

乾造夜生 侄諤舉人

經證

計羅截諸星於命宮前後兼以命官朝陽太乙抱蟾是皆揀采之材為福金倫造也

年限

經云群星守照多端合格為上又云貴而壽者乃官福高而毋令徒

文計 魁日 名木 催水 甲木 祿水 官水 喜計 印日 爵木

經金 天炁 緯火 地土 馬木 入金 驛木 命水 職火 局月

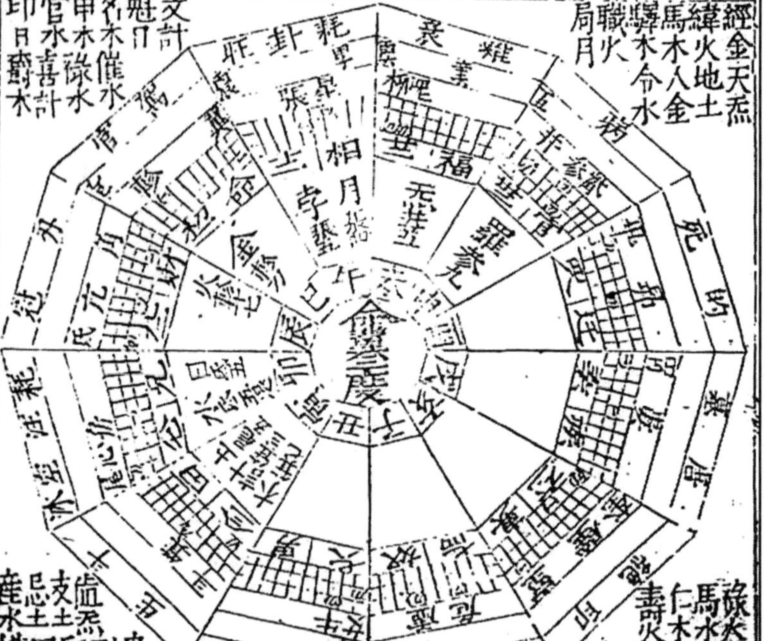

血炁 支土 忌土 產水 貴水 刑炁 印計 囚孛 權火

祿火 馬水 仁木 壽火 祿孛 暗木 福金 耗土 蔭月

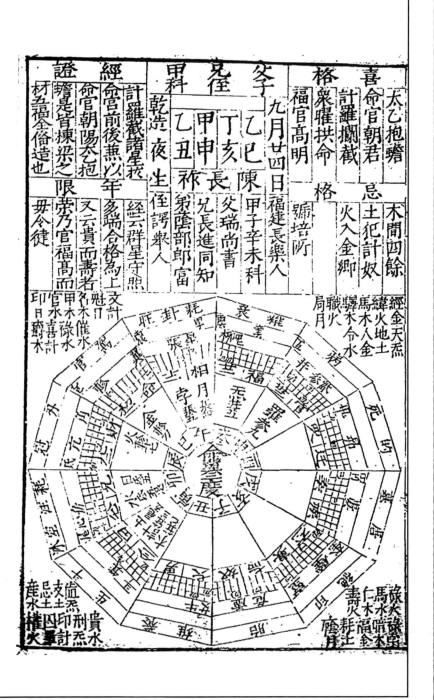

喜格

日南月比
官福垣殿
身命居官
名曜拱命
火炁職權

忌格

羅計攙殿
土羅夾月
火金同宮

季弟龔

六月十七巳福建長樂人

辛亥
乙未
甲戌
乙丑

陳長勉

父瑞尚書
恩蔭部郎
長兄同知
次兄方伯

乾造夜生任諤舉人

經證

月居子上號天
姬女貴男榮百年
種宜官曜顯而
福星明官高福限
厚羅計月度之次

煞土羅夾月又
孀火金及中包
煞飽富田財福
同官所以藏其
年限而已

經火天金
緯金地土
馬金人火
驛木命土
職孛
局水

文土
貴孛
名金
催土
甲火
祿炁
官水
喜木
印計
爵水

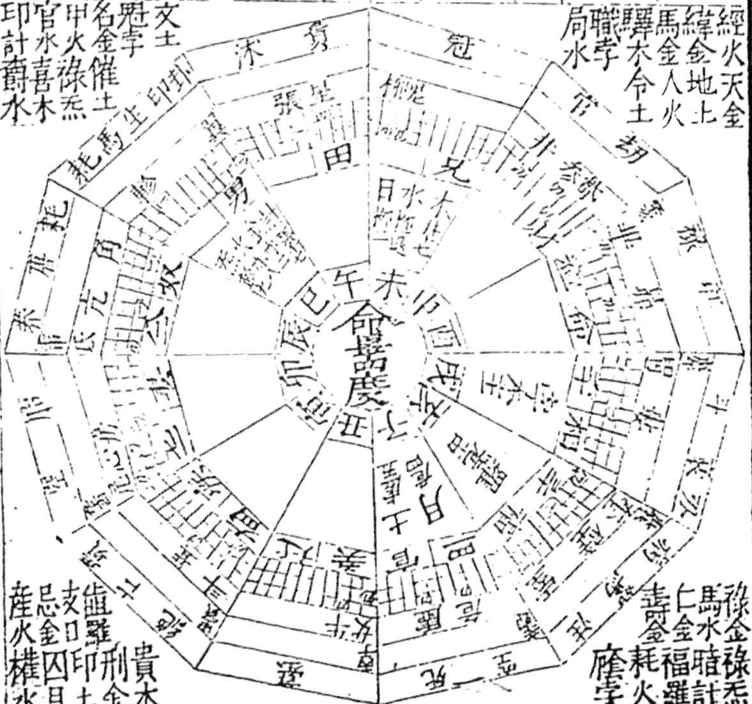

祿金
祿炁
馬水
暗計
仁金
福羅
壽金
耗火
蔭孛

貴木
刑金
亀羅
印土
支日
囚月
忌金
權水
產火

喜格

羅計攔截
漏出用神
官福垣殿
羅月交輝
主登歲駕

忌格

主奴同舍
火孛交戰
夜漏土木

嬰橙科

三月廿八日　福建長樂人

巳巳　陳　祖瑞尚書
戊辰　　　父長進同知
壬申　諤　叔長祚進士
辛丑　　　三叔長勉部郎

乾造　夜生　辛卯科

經證

經云夜誕月而火羅侍衛殘晦之月見火羅而增輝官曜顯而福星明官高福厚

年限

然月黯蔽命不宮掌刃雉又羅計相逼况火孛交戰主奴同舍且限度蹄嶇蹇遲

經火　天木
緯水　地木
馬火　人水
驛大　命土
職孛
局水

文炁
魁金
名土　催炁
甲日　祿火
官火　喜土
印羅　爵木

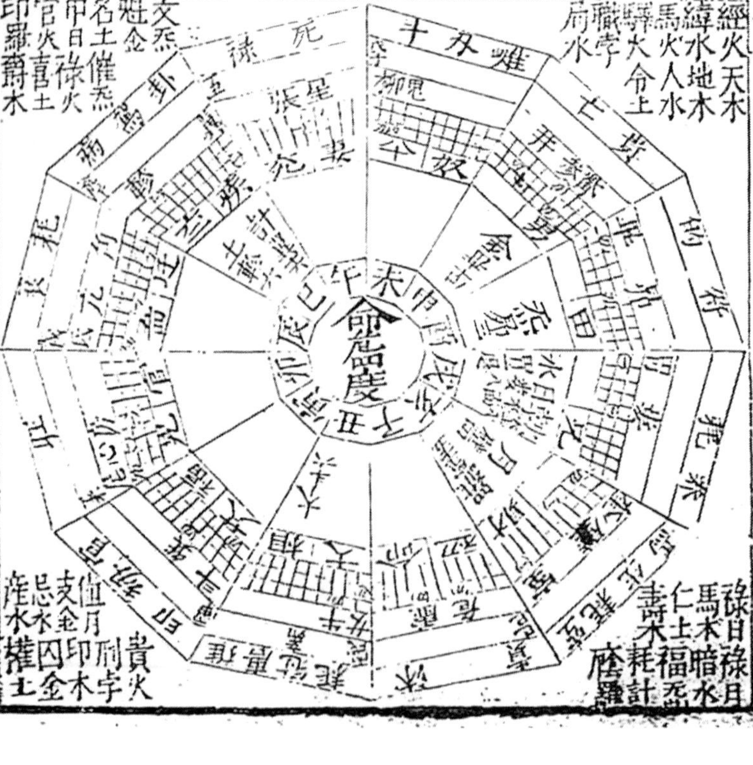

祿日　祿月
馬木　暗水
仁土　福炁
壽木　耗計
蔭羅

貴火
位月　刑孛
支金　印木
忌水　囚金
産水　權土

喜格

四餘列外
七政在内
日月夾命
福祿夾身
文武兩班

忌格

忌土木失次
孤陽無輔
劫及夾身

同胞四進士

三月廿五日 號念莪
壬午 周 南直金壇人
甲辰 維 戊午巳未科
癸未 持 兄 應秋 都院
甲寅 兄 𦍒時 大叅 持侍 主事
乾造夜生 長兄星列樂集

計羅關截格合 戊午巳未限行

經讚

文武兩班是皆年斗才宮主火土相生木星秉令棟梁之材廟堂之器惜其劫及限聯棟者驗矣
夾身次之

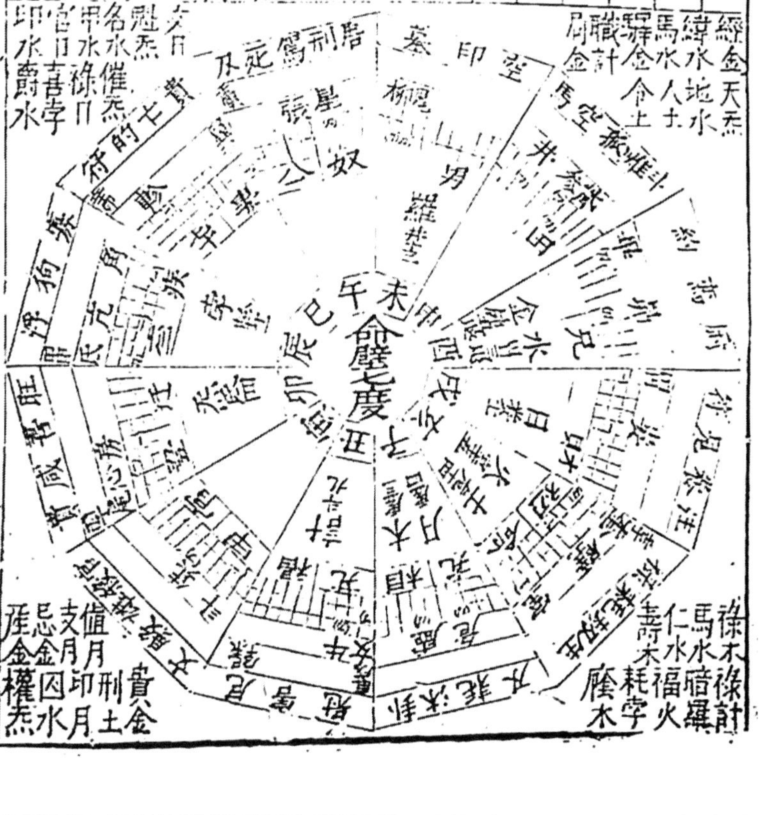

喜格
日月着明
官福陞殿
羣星朝北
水陽相會
泉曜拱命

忌格
金羅相刑
羅月晝晦
福財值空
及符居官

兄弟進士

十二月廿八日號太初

壬申 癸酉 甲寅 庚辰 己卯

鄭振先

南直武進人
辛卯乙未科
弟振光進士
任嘉興知縣

乾造晝生
好禪竟出家

經證

水陽相會木火陞殿無以羣星朝北而命安其間合格惟及雖居官福元空之次

木星到奎須列年爵文章錦綉佐皇家卯未科第限巳驗但及雖併祿無心於官仕

經木 天火
緯水 地金
馬木 人金
驛火 命木
職金
肩土

文月
魁水
名水 催計
甲日 祿月
官土 壽火
印孛 爵金

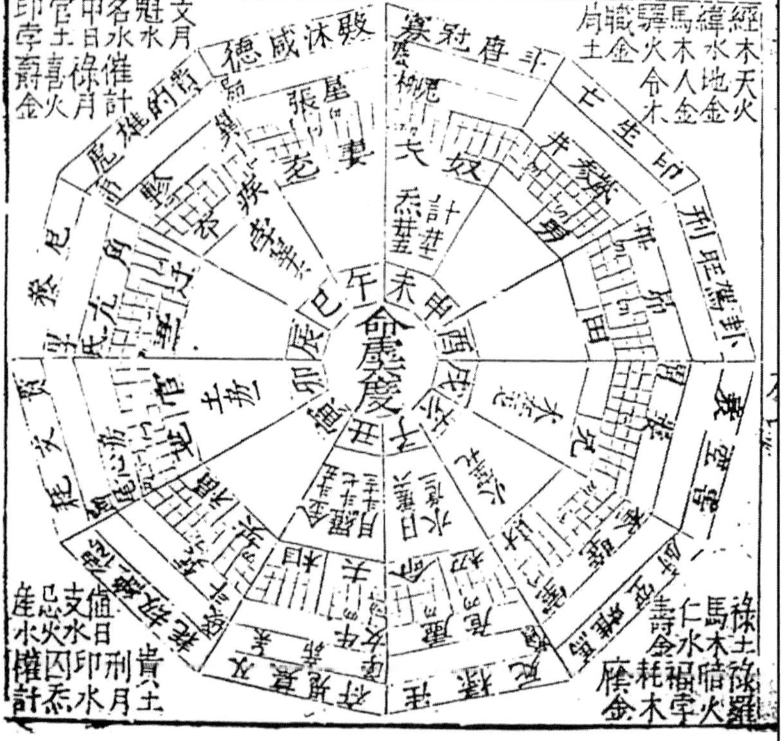

祿土 殺羅
馬木 暗火
仁水 福孛
壽金 耗木
廕金

貴土
刑月
值日 印水
支水 囚炁
忌火 權
產水 權計

喜格

計羅攔截
四餘在外
七政居内
宮福夾主
命財互垣

忌格

計月同宮
木土互尅
水火交戰

兄弟進士

四月廿二日
壬午
乙巳
己酉
甲子
乾造夜生

鄭振光

南直武進人
己酉庚戌科
兄振先知縣

經證

文武兩班而命
泊其間至尊局
而也惜乎木土
水火互爭雖非
大魁腰黃可待

年 限

丙午庚戌限歷
斗木二掌祿孛
又合生加以流
年祿貴拱限照
限爲最

經水天計
纏水地水
馬水人土
驛火命火
職羅
局土

文日
魁炁
名水催炁
甲日祿日
官水喜孛
印炁爵水

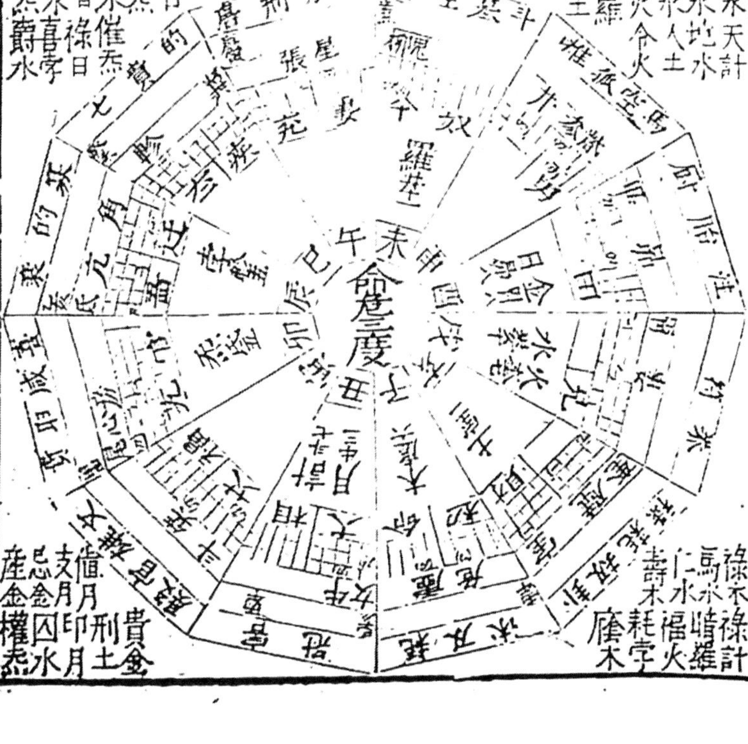

祿木祿計
馬水暗羅
仁水福火
壽木耗孛
蔭木

貴金
値月刑土
支月印月
忌金囚水
產金權炁

喜格

木陞井殿
朱雀乘風
日金登駕
官福守命

忌格

孛羅交戰
日月拱夾
陰陽背行

父子兄弟科甲

正月廿二日

丁	壬	壬	甲
亥	寅	子	辰

乾造壹

彭長宜生

世襲指揮
浙江海鹽人
乙卯兄弟同科
父宗孟御史
弟丙辰進士
父星載御集

經證

木星司令陞殿
命躔奎度着貴年
所謂一曜司權
蒲用得拱為先限
官福守命左奇

乙卯玉堂臨限
身坐流祿天祿
對照且宮度主
星掌官福高明

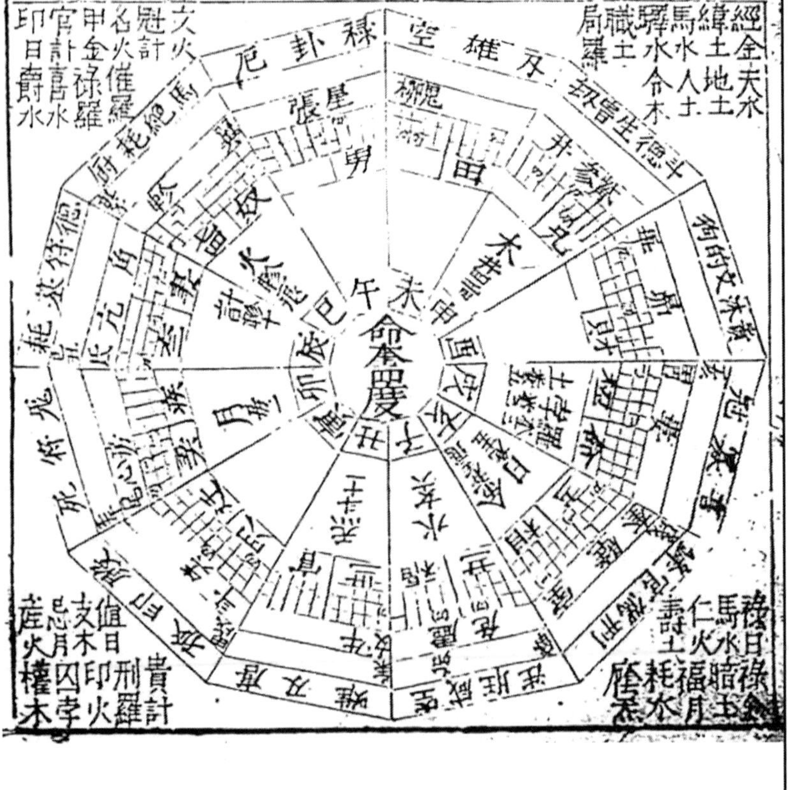

喜格

計羅截斷
漏出官恩
星朝向限
月月夾福
祥雲捧月

忌
火月晝晦
金居夾雉

格

父子兄弟甲科

十二月初八日甘襲指揮
癸巳 彭 浙江海塩人
乙丑 期 乙卯丙辰科
丁巳 與 父宗孟進士
丙午 生 兄長宜同科
乾造晝 生 兄弟同科

經證

計羅截出晝土
水爱金生君恩
學官恩度主者年
福元夾之卯辰
佳謂之一星滿
限行壁水理宜
用且日木高明限早簽
祥雲捧月爲最

經金天炁
纏金地木
馬木人金
驛木命土
職火
局月

文月
魁水
名水催計
甲火祿月
官土喜火
印孛爵木

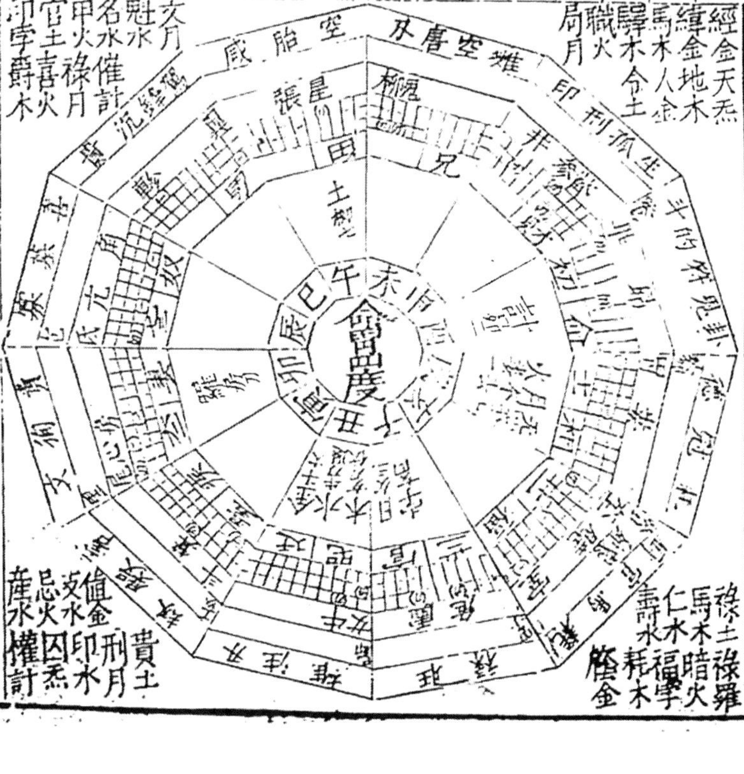

祿土祿羅
馬木暗火
仁木福孛
壽水耗木
蔭金

貴土
刑月
值金印水
文水囚炁
忌火
產水權計

喜格

羅月交輝
玄武持旌
命官朝陽
身福臨田
嗣星坐貴

忌格

水枯牛壑
金寒水冷
火孛交戰
木到大梁

伯仲繼美

十一月廿九日
癸酉
甲子
乙巳
丁亥
乾造戌生

李奇玉

歸刹陽
浙江嘉善人
兄奇珍進士
癸卯科
兄星載御集

經證

冬夜寒月最宜羅门交輝玄武持旌為命官者佳殘晦之月見火羅以增輝

限年

木到大梁翻作咎又宜炁奴陞殿於井此謂餘奴代主之用前邊驗後未亦佳

經火 天金
緯火 地火
馬金 人火
驛木 命水
職計
局金

文月
魁水
名水 催計
甲木 祿月
官土 喜火
印土 爵金

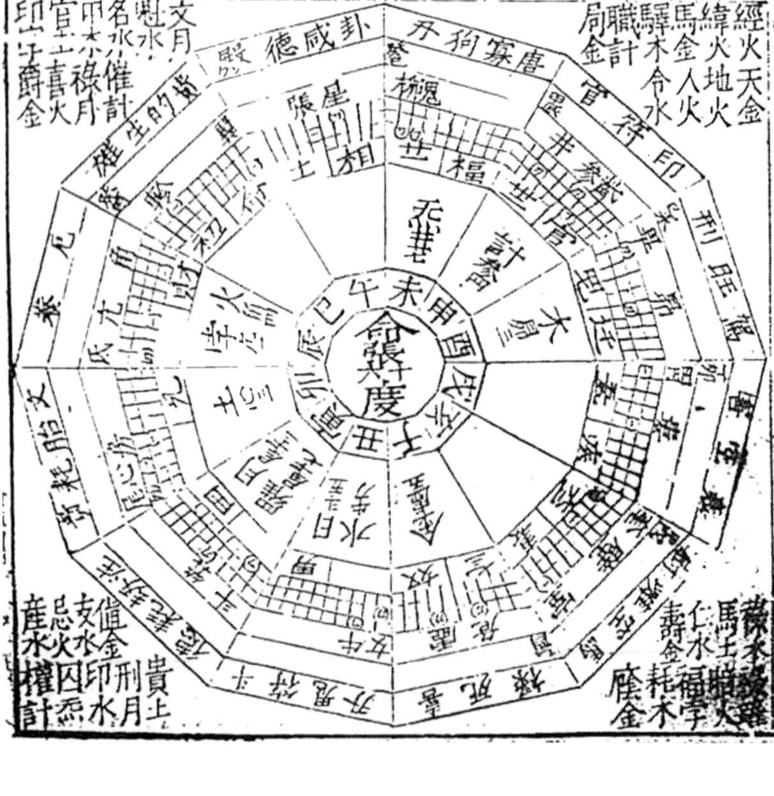

祿木
馬土
仁水
壽金
[illegible]火
福孛
耗木
蔭金

貴土
刑月
印水
囚炁
權計
催金
支水
忌火
産水

喜格

水陽相會
命主隨陽
日月夾命田
日月夾妻嗣
祿馬同鄉

忌格

計間七政
金木相刑
火計相𢦕
日月背行

第桂科甲

十二月廿六日廣東南海人
庚午
戊寅
甲子
辛未
乾造 畫 生

陳熈韶
已酉科
三弟熈昌 新元 進士
四弟熈陽 丙午科 丙辰卒
嫡侄子壯 乙卯科 己未探花
祖尚書

經證

初觀四餘列外七政聯茹惜乎間一計於內盡美未盡善也命田朝陽宦途淳意

年限

向前胃土妻金奎木咸非佳境惟壁水限度朝陽秋闈可捷斗木次之

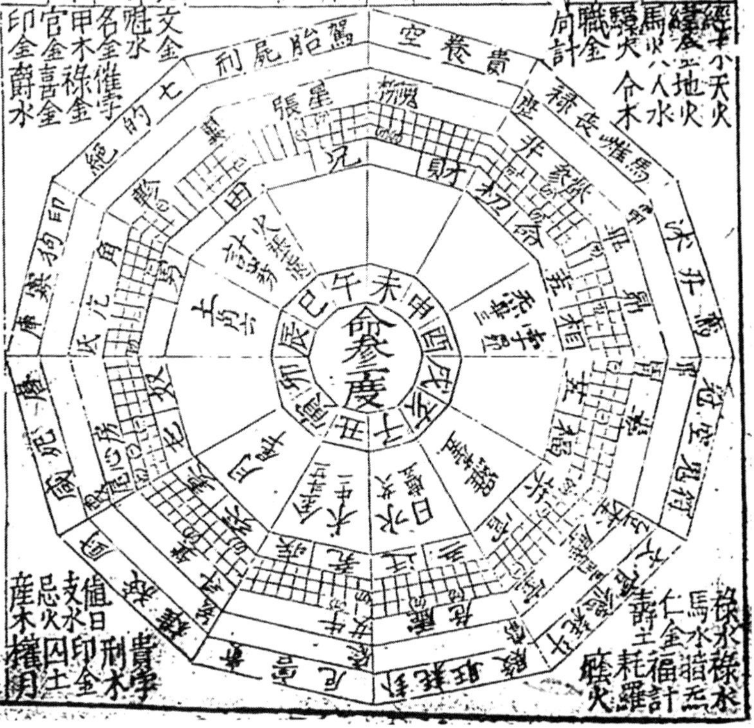

喜格

羅計截斷
羣星向朝
日月着明
福官得位
名甲朝陽

忌格

火孛耆晦
水土相攻
金木對傷
計臨卿位

第孝甲科

九月初五日彌杲菴

辛未
丁酉
甲子
己巳

陳熙昌

廣東南海人
丙午鄉丙辰進士
次兄熙詔己酉舉
四弟熙陽丙午科丙辰中

乾造晝生

子午坐巳未探花

經證

計羅喜居子午
晝生泉羅拱南
日月分明是貴
入官福高強格
尤真

年限

經云五宮遇木
子顯真英鶯鶯
丙午丙辰翼火
張月宮度兩強
睽解登第驗矣

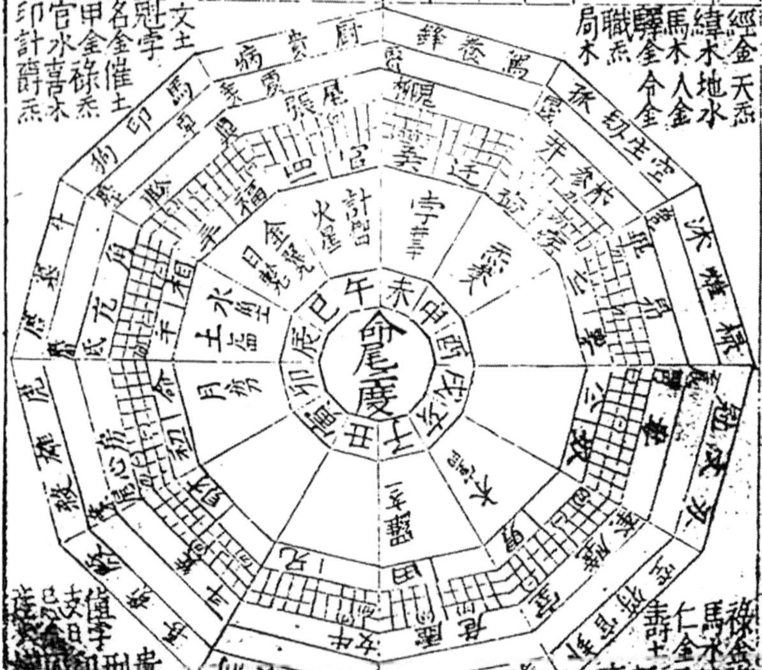

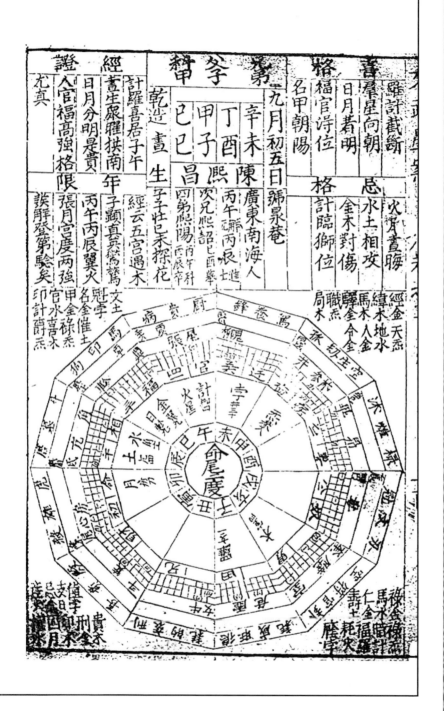

兄弟四進士		喜格	
正月十八日號玉峽		金水從陽	
甲子	南直桐城人	太乙抱蟾	
丙寅	癸卯癸丑科	木入秦州	
壬辰	授主政	四餘四角	
辛丑		身命得地	
方大鉉		忌格	
乾造夜生		火燒牛角	
單羅獨計能爲	癸卯巽火遇孛	土木共戰	
福太乙抱蟾官年	得炁化援癸丑	月南日北	
顯四角有星	張月遇孛盡美		
貴命朝限	盡善		
顯達			

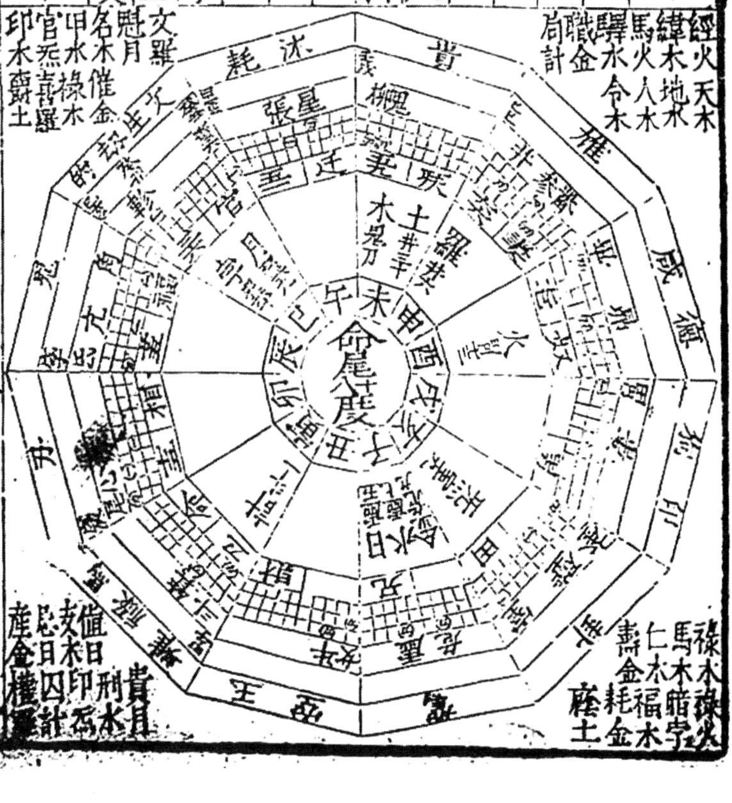

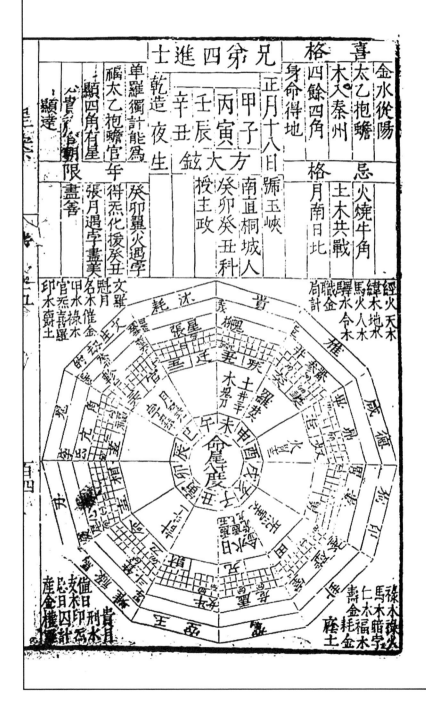

同宮
□□欄截
群星拱命
格
忌陰陽俱晦
火金失位
諸曜沉淪

兄弟四進士

九月廿九日
乙丑
丙戌
壬戌
庚子
乾造夜生

方大任

南直桐城人
癸卯丙辰科
侄孔昭同士
兄大美丙戌
大鉉癸丑
大鎮己丑

經

群曜皆衰一福
諸曜沉淪何以
高明終爲貴顯年
喬癸遲遲癸卯
吉人夜遇火金
胃土秉令丙辰

讖

而煥蔡
限奎木逢生

經水天羅
緯土地木
馬火人水
驛金令土
職字
尉水

文計
恩月
名木能水
甲土祿水
宮水喜計
印日尉水

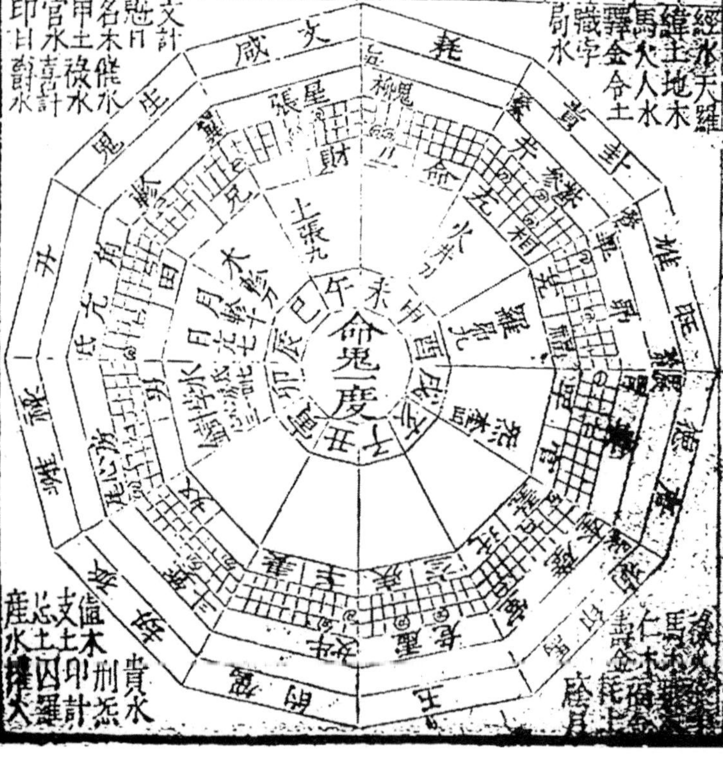

貴水
刑炁
卯計
四羅
值木
支土
忌土
產水
權火

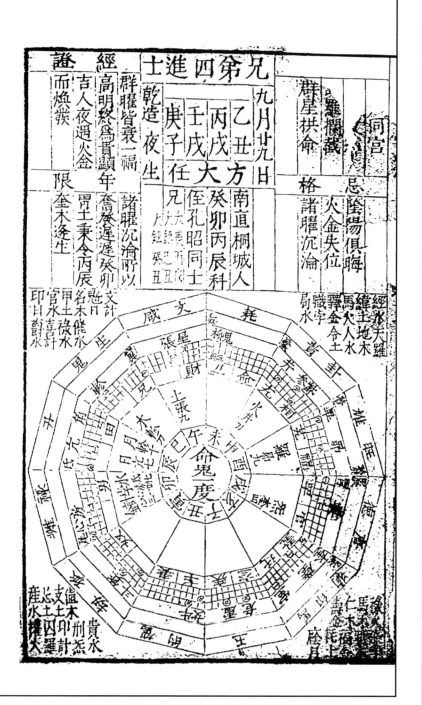

喜格
水金從陽
火月交輝
龍躍天門
命主朝君
福官得所

忌格
日月稍背
諸星弱宮

參殺進
二月廿三日
辛卯 方 南直桐城人
辛卯 孔 乙卯丙辰科
庚寅 昭 伯大美少卿
丙戌 父大鎮進士
乾造夜生 叔大[illegible]大[illegible]同進士

經證
書生日而金水
相從夜而自而
火羅侍衞閣
高遷[illegible]人

年限
乙卯丙辰限行
翼度火星若躍
於尾宿龍門一
躍過天池

經水天計
緯土地水
馬水人金
驛火命木
職計
局金

文士
魁字
名金催士
甲火祿炁
宮水喜木
印計爵炁

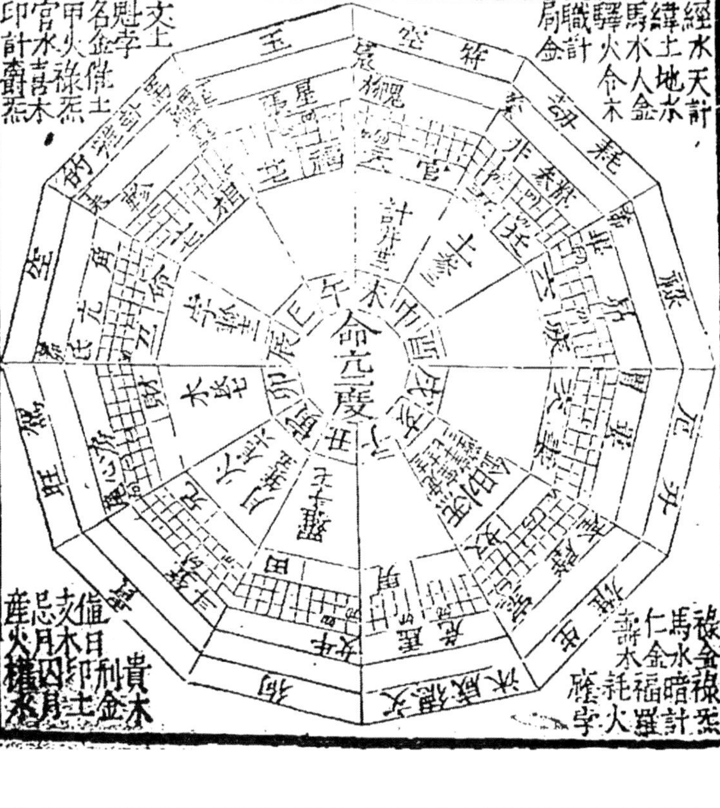

祿金
祿金暗祿炁
馬水福計
仁金耗羅
壽木火字
陰

貴木
刑金
仇日土
印卯月
文木
忌月
産火
權

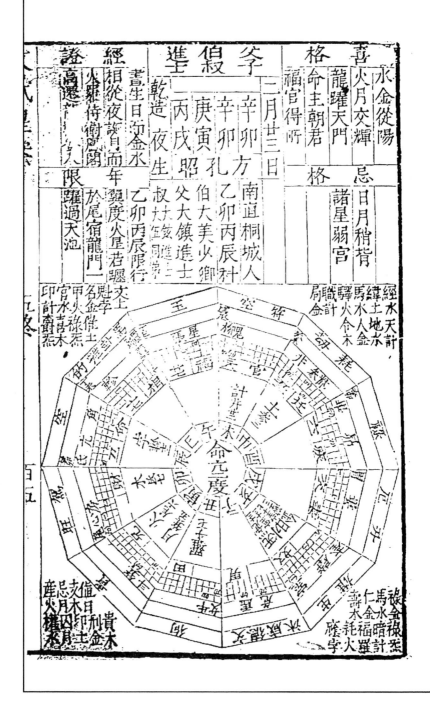

身命 位				
忌			格	
土[illegible]月	金騎人馬	衆曜背行		

父叔子弟

乾造夜生

乙未	戊子	癸巳	壬子

丁月二十五日

烹纘烈

字武璵

南直金壇人

辛酉壬戌科

父弼光祿卿

叔樹德恭政

經證

晝生日而金水

將從夜誕月而

火羅侍衛合此

格者鳳閣高遷

龍墀登入

年限

辛酉壬戌春秋聯

捷限歷柳土土

躔火火躔土限

至土度必發且

木躔室火尤奇

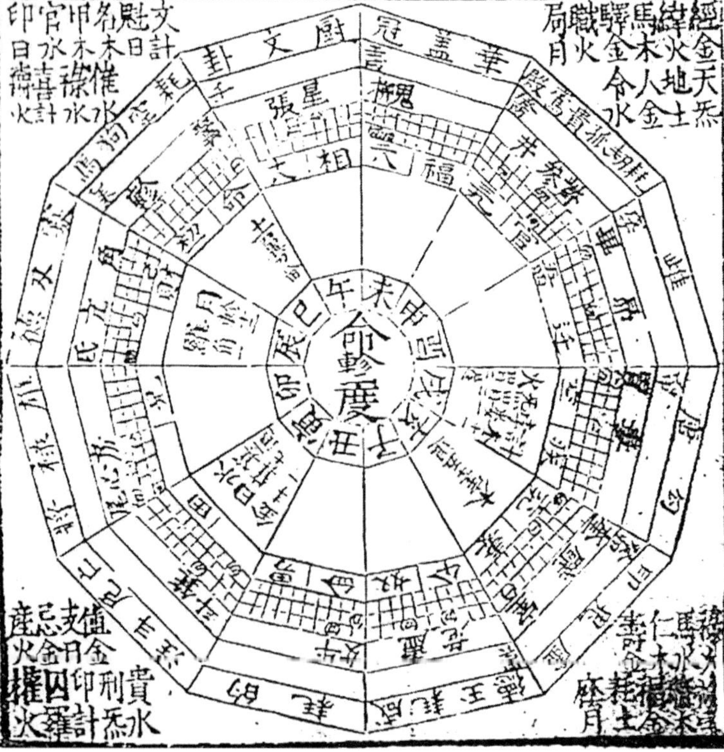

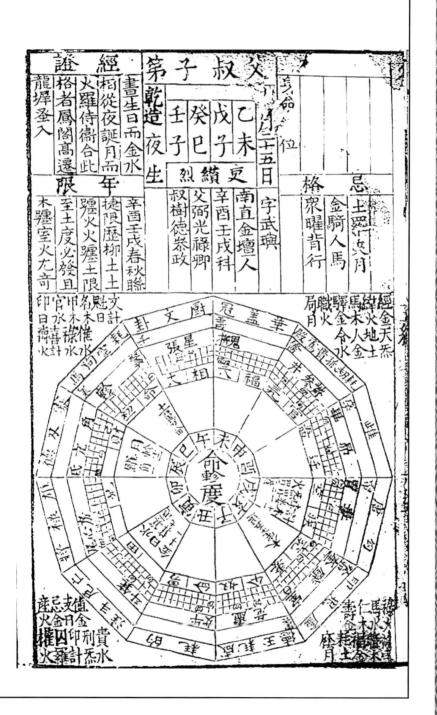

新編分類當代名公文武星案卷六　數集

同異辯　八字同　五星異　斗南　陸位　著

封贈　富壽　榮辱　刑殺　孤貧　瘵夭　猶龍　余應　輯

余嘗細考花甲一周。八字相同。五星迥異。非但品物霄壤。抑且得失殊途。蓋子平拘於局見。未分前後異同之辯。殊不知星度有歲差之法。豈止六十年已哉。至於百千萬億。毫不相符。況與證前諸緒細微。後凡俗流者。八字相同。屢有。五星相合。竟無偕乎。子平之難據。確然星度之可憑。高明幸鑒。　雖然尚五星。必命主度主。論恩難。定品格則可。斷流年禍福則不應。凡論行年以限度主看強弱。明喜忌。逢生者吉。遇尅者凶。斯乃不傳之秘。此訣累經試驗。凡學者當究心。

髮儒斗南陸位識

喜格	忌格
日月得體	孛羅居官
月明福德	火犯羅奴
土金豪富	木犯炁餘
水金夾陽	
財祠升殿	

天元一炁

九月十五日正德九年
甲戌地是這八字
甲戌物南京齊庶人
甲戌相係我朝宗室
甲戌同同此四柱
乾造夜生

經證

一月单臨福德
濟寄可愛土星
若也度𨓏氏旌
表門閭衣錦衣
孛羅居官次之

年限

室火餘奴敵殺
險中獲吉羅計
㨶殿限行危月
最凶次行斗木
同斷餘慶𨓏吉

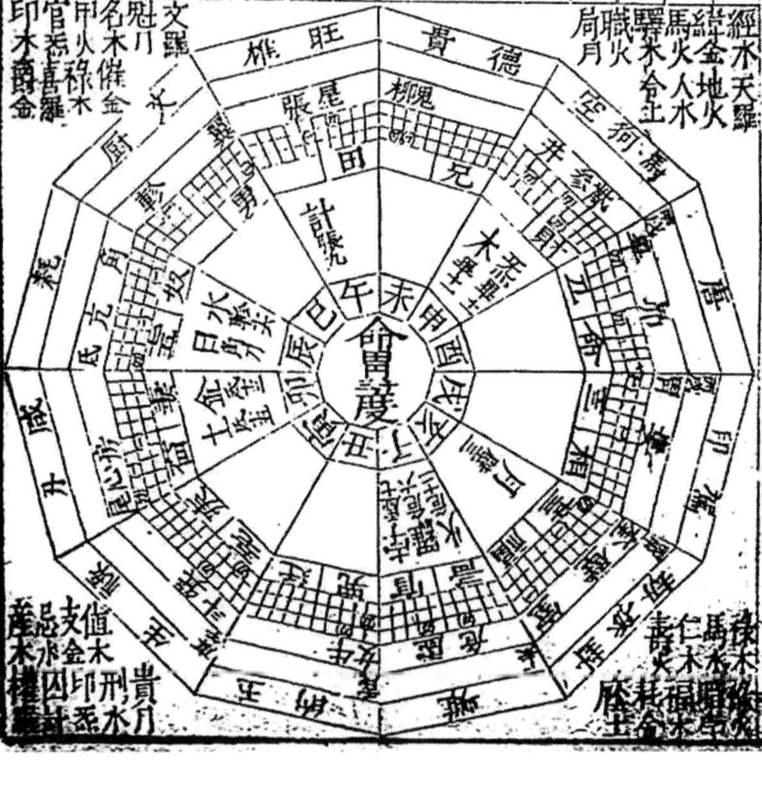

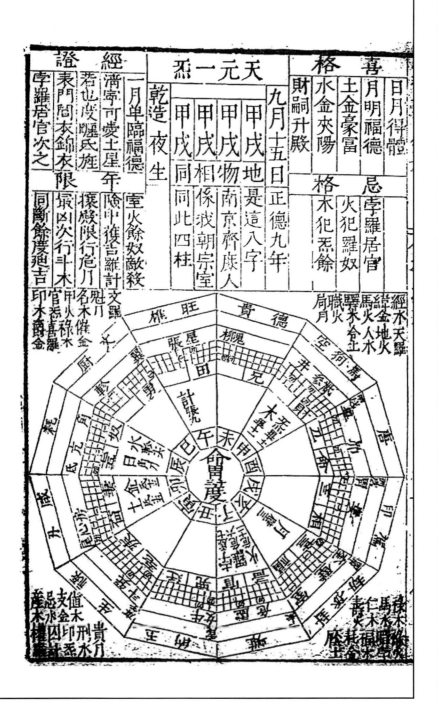

喜格

水金命垣
水陽度發
藏天殿地
福官起垣
田財起垣

忌格

金木對傷
炁計臨兒

天元一炁

八月廿二日永樂三年
乙酉地是這四柱
乙酉物
乙酉相嘉靖四年
乙酉同萬曆十三年
乾造夜生俱假借為例
月中水交關之金木對傷土躔
經藏天殿地且官年危月炁犯角木
來拜主福星起行三度皆否餘
證垣田財得地乃限限俱泰
巨富尊榮之造

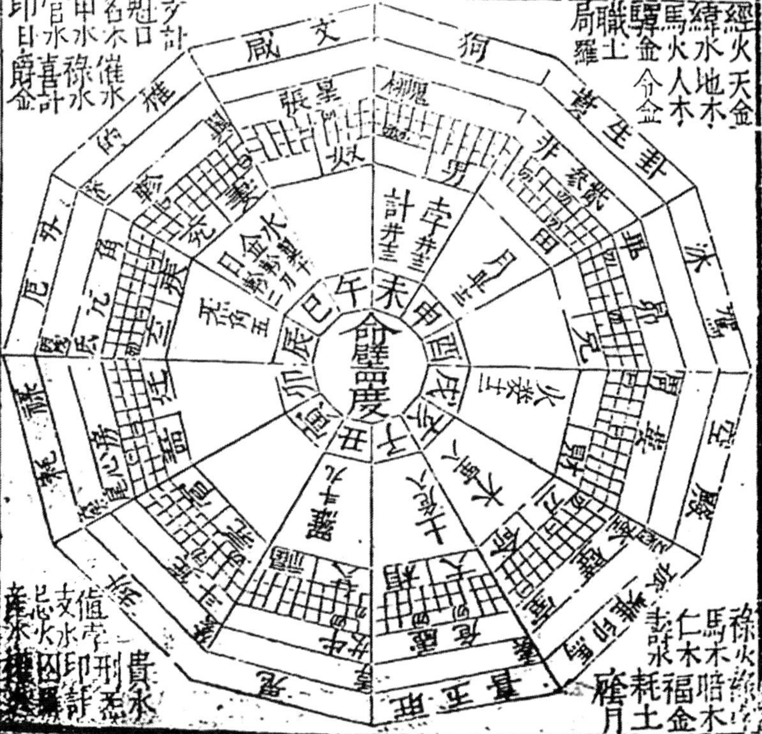

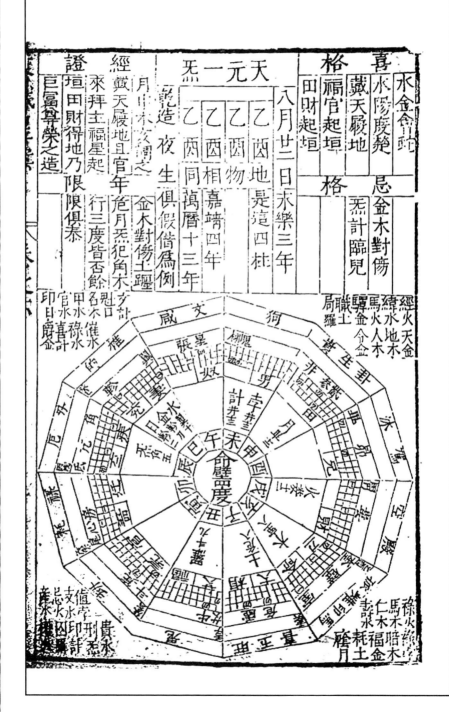

經證				天元一炁					喜格				
榮富爲也	星布均停已是	官祿福官得地	土金豪富月明	乾造晝生	丙申同	丙申相	丙申物	丙申地	七月初七日	群曜向限	土金豪富	火燃天蝎	陰陽夾祿
限餘度咸吉	惟此二限不作	年水傷房日之度	四木怕逢金徒	假借爲例	無此四柱	成化十二年		是這八字	永樂十四年				月居天秤

忌格：木入齊氛　土躔井木　金對斗度

經金天炁　緯土地火　馬水人土　驛木合金　職木　局炁

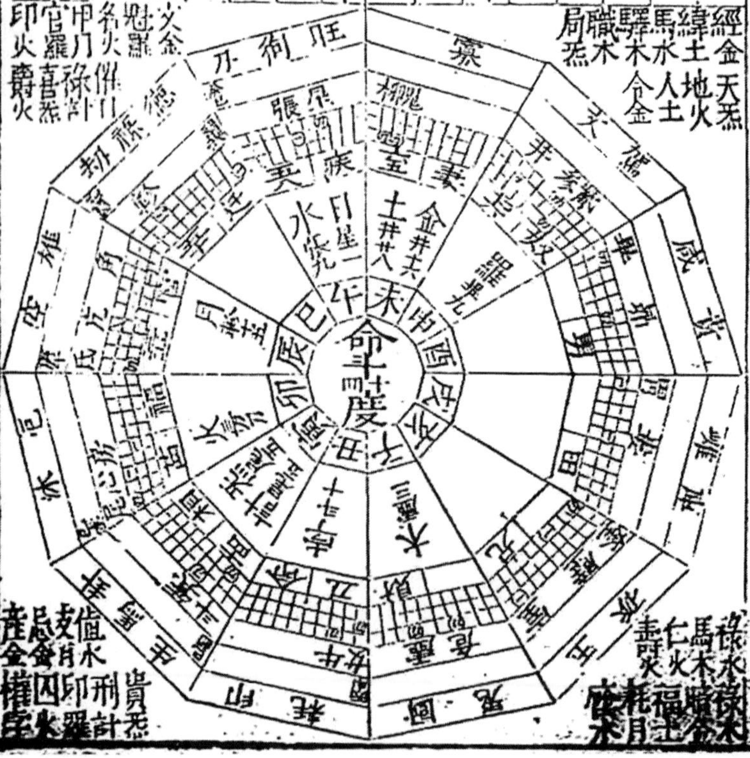

甲门 官羅 印火 祿計 喜炁 爵火

貴炁 刑計 印羅 囚水 權孛 值水 支月 忌金 產金

祿水 馬木 仁火 壽火 祿木 暗金 福土 耗月 傑木

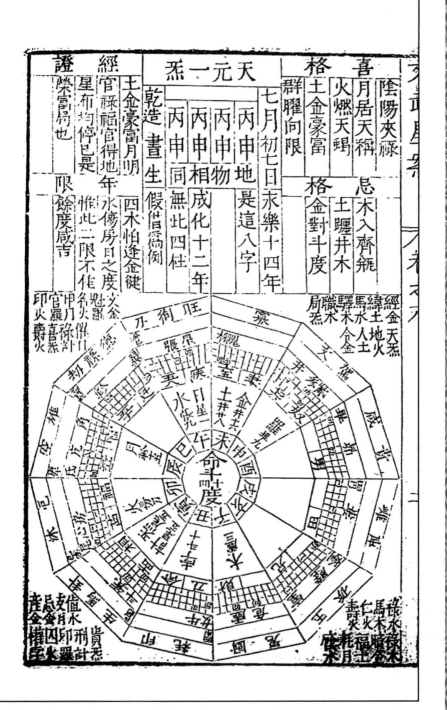

喜格

金孀太常
水陽相輔
身命坐祿

忌格

諸星背行
土埋鬟女
金木對傷
土月同宮

經金天煞
緯土地火
馬水人土
驛木合金
職木
局煞

八字同

八月初一日萬曆廿四年
丙申五是這八字
丙申星前者可觀
丙申與後邊不如
丙申

此造書生

此造後論星於火犯羅奴金木

經西南映開相違年對傷土月相犄而不相向惟濕限至木火月度

證金星掌官祿嗣限皆是坎坷之境

主者佳

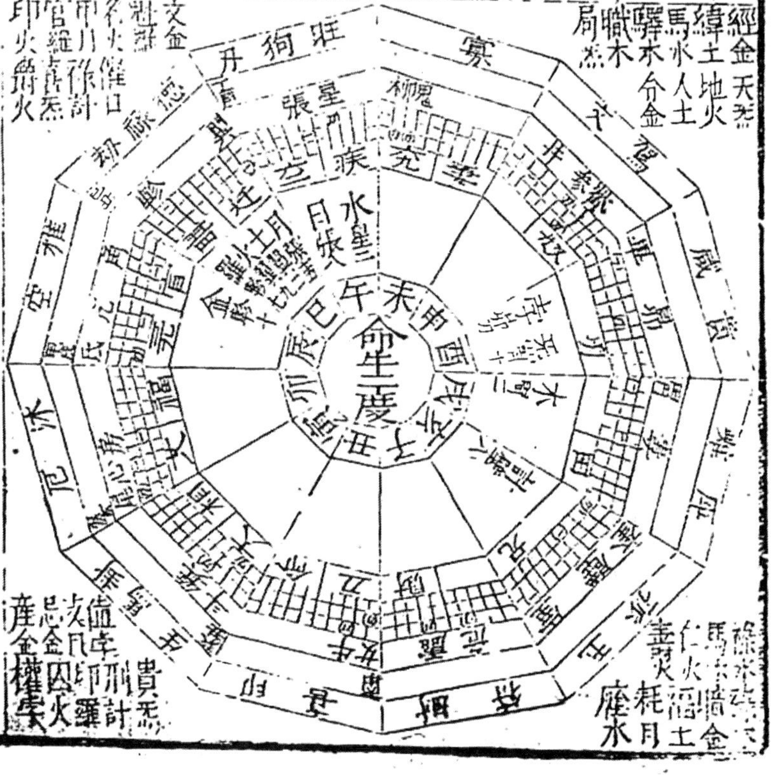

喜格

水陽相會
長庚伴月
火炁職權
木臨營室
四餘獨步

忌格

福官坐刃
月火失輝
羅計犯殿

經水天羅
緯木地水
馬火人水
驛金命土
職羅
局土

八字同

六月廿八日嘉靖廿六年
是這八字
丁未
丁未
丁未
丁未
五星異
進士江西人
生員徽州人
生員福建人
乾造書生

經讚

火逢紫炁最尊 日月皆明五尾
平長庚伴月少年得遂限行已收 文人
馳名財主歸垣之度則無適而名人僅
富不休其到官限非祿也惟土躔甲金孫紫
宮當富貴 其度水限次之 卯月衛

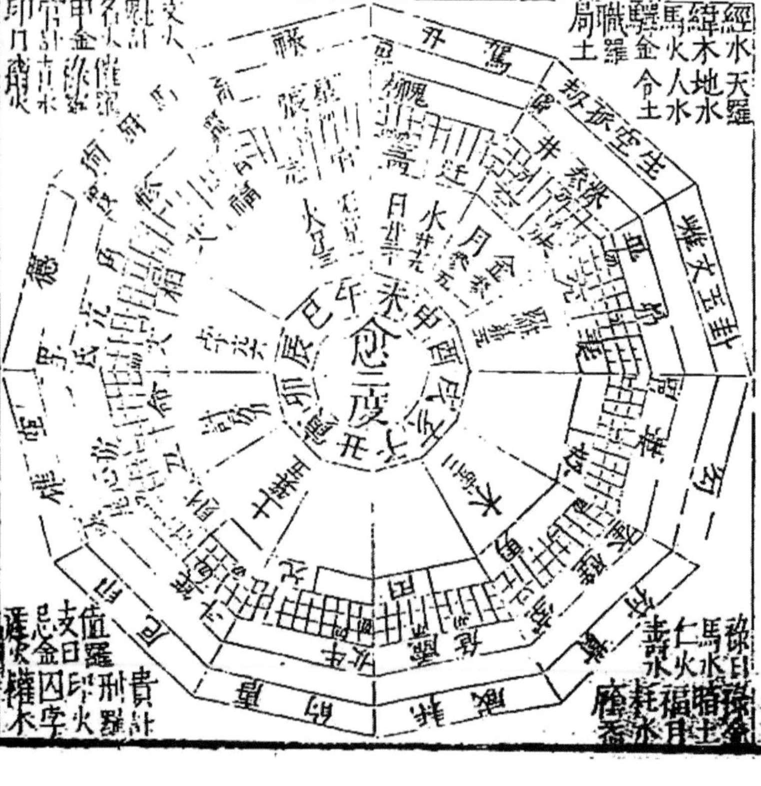

祿日 馬水 仁火 壽水
孫金 暗土 福月 耗水 蔭炁

值羅 支日 忌金 難炁
貴計 刑羅 印火 囚孛 權木

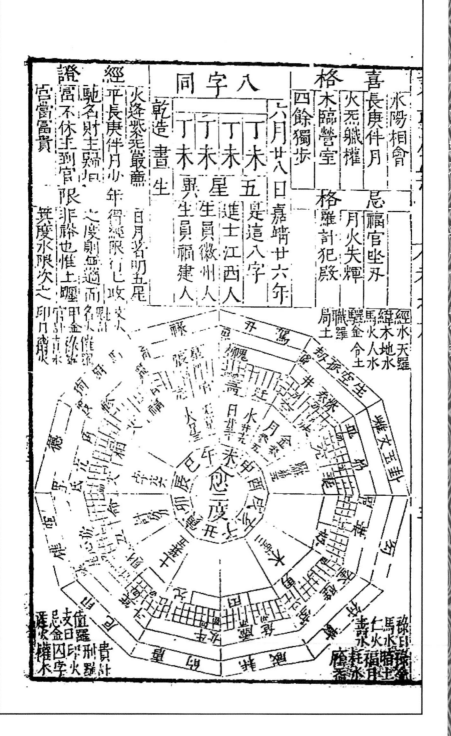

喜格

朱雀御符

木臨營室

身命閑極

忌格

晝火犯陽

土月同宮

孛計居官

主官坐夘

計羅犯殿

八字同

六月十六日萬曆三十五年

丁未

丁未

丁未

丁未

五星異

同此四柱

前者合格

後來不如

乾造晝生

經證

娟娟月色土計四月四日之度

爲防爍爍陽光年皆非善境木火

火羅可惧掌官高明行此二度

福司身命愈加限咸吉

失次

經水 天嗣

緯木 地水

馬火 人水

驛金 命土

職羅

局土

文火

魁計

名火 催惡

甲金 祿蝕

官計 喜水

印月 爵火

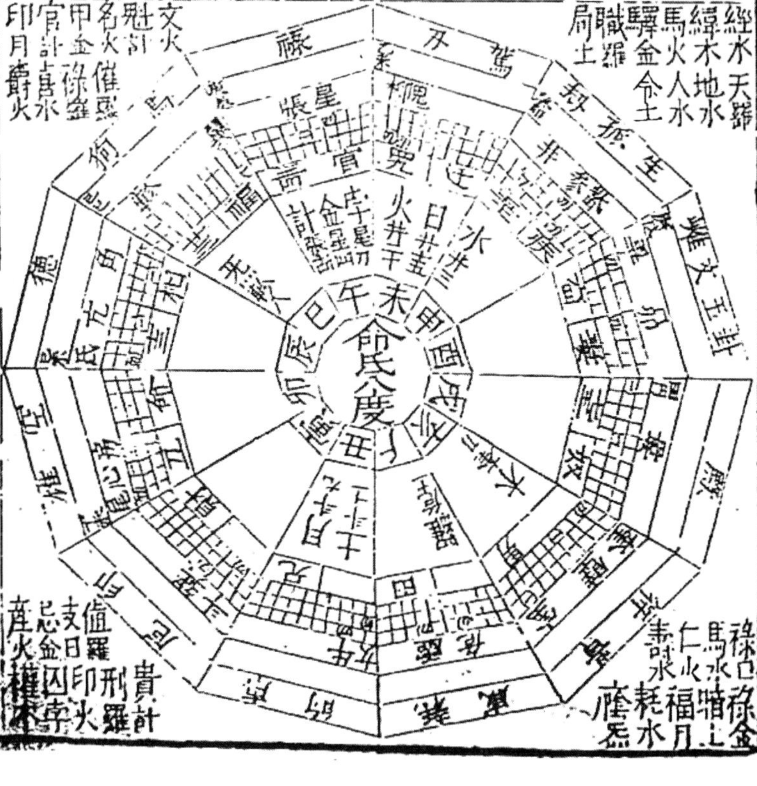

祿巳 祿金

馬水 蝕土

仁火 福月

壽水 耗水

蔭炁

貴計

刑羅

值羅 印火

支日 囚孛

忌金 權木

產火

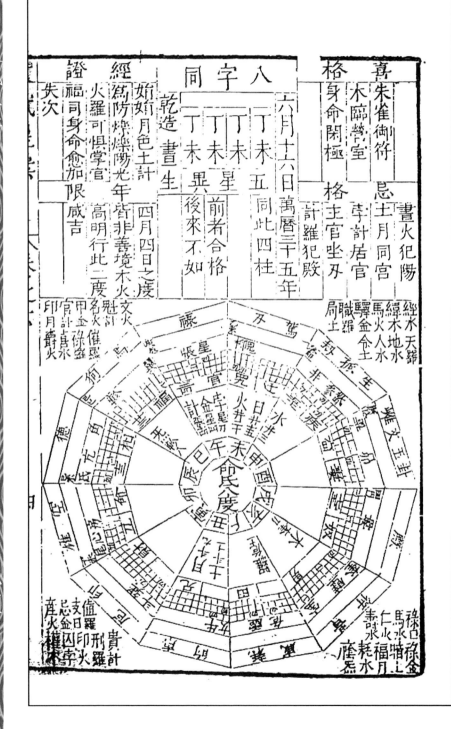

喜格
恩陽居官
身福朝天
木羅會合
命官居福

忌格
水計相刑
水火交戰
命官失次
身命逢難

經火天金
緯火地木
馬金人火
驛木命火
職羅
局土

八字同
五月廿三日弘治十一年
戊午 戊午 戊午 戊午
五星異
上海石英中 辛丑科進士 北刑部主政 因殺妾典刑
乾造 書生無子

經
恩金從陽於官 辛丑限度參水
祿身福月朝天年日命夾限照水文金
於驛木羅會合 計相刑命限兩名土催木

證
乍值但命官值限傷所以吉凶相
剋遇儺最凶 纏終於水度

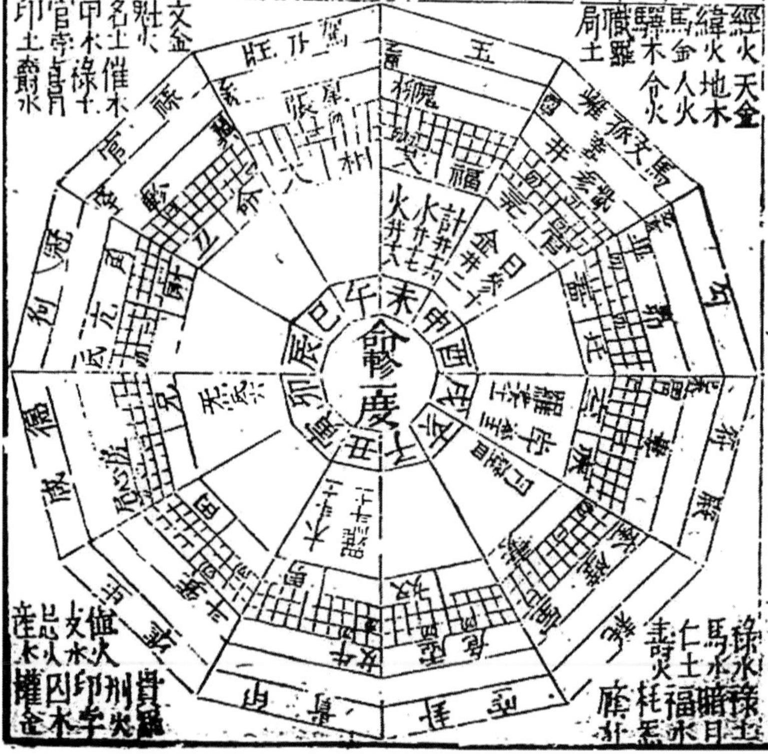

祿水 馬土 仁火 壽
祿土 暗月 福木 耗炁 廉孛

值火 文水 忌火 產木
貴羅火 刑字 印木 囚金 權金

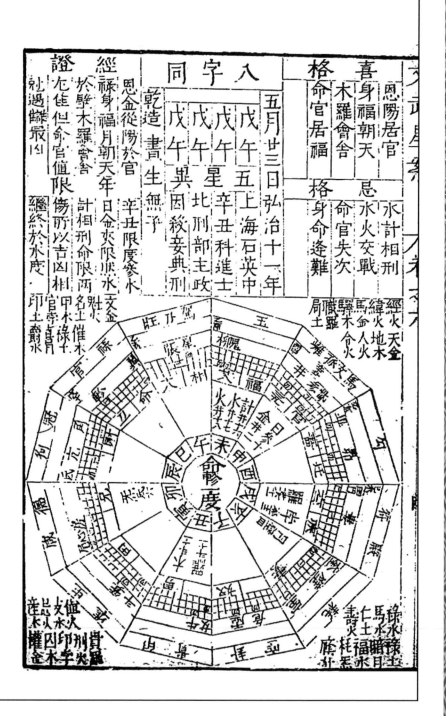

喜格

- 命祿居官
- 身福臨財
- 恩財起垣

忌格

- 陰陽背行
- 水火交戰
- 日月拱奴
- 木打實瓶

八字同

五月十一日

戊午　戊午　戊午　戊午

乾造　晝生

五星與

嘉靖三十七年
申時交芒種
原無此四柱
以借美爲式

經證

[illegible]陽光火羅
經可惧水火相刑
其務俱敗況日
月背行木入斉
叛失坎

年限

午未二限[illegible]宮
亥以[illegible]事
俱滿[illegible]

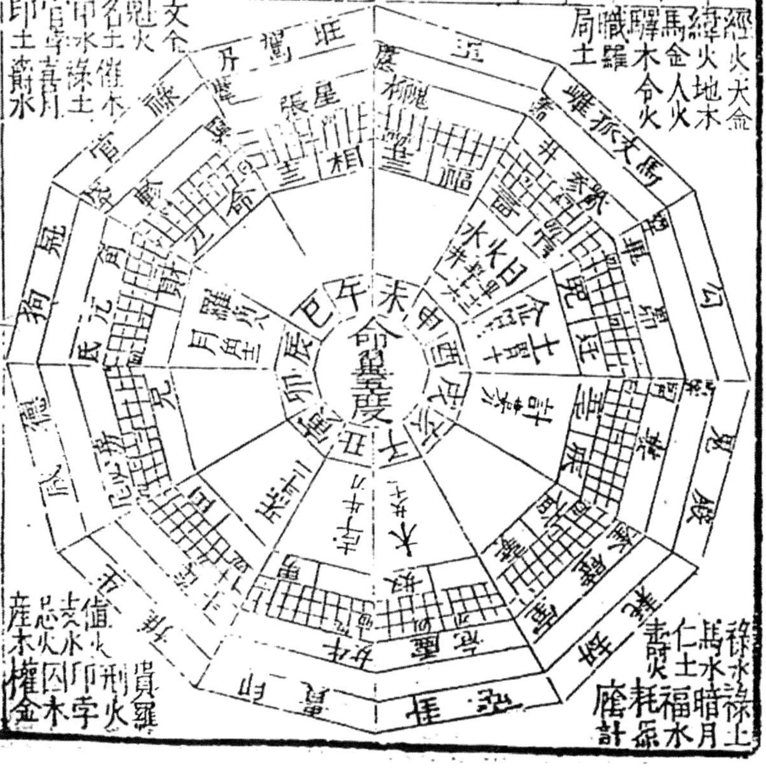

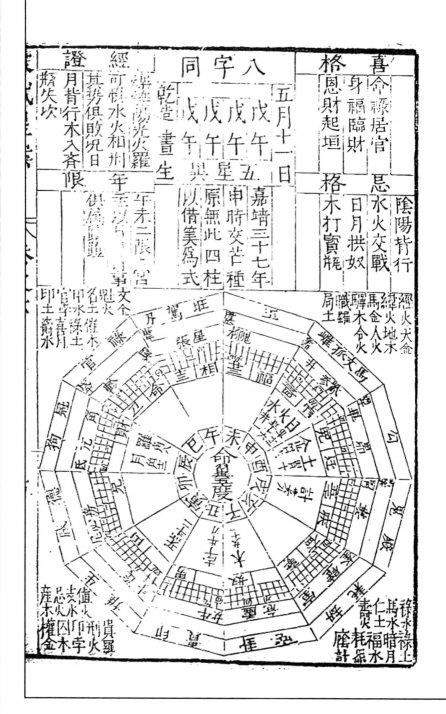

經證	天元一炁	喜格

喜格

太乙抱蟾
官福夾陽
木臨營室
福官互垣

忌格

月孛晝晦
火日爭光
金火互魁
福官失次
土埋雙女

天元一炁

四月初八日 正德四年四
巳巳地 月初十五夏
巳巳支 借排星為式
巳巳相
巳巳同 隆慶三年
乾造晝生 無此四柱

經證

太乙抱蟾月掛 月躔柳土火紀
柳梢官福夾陽年 太陽命曜奉木
惜乎晝生夜曜 水火交戰此數
失輝格高星困 限 限皆屬崎嶇

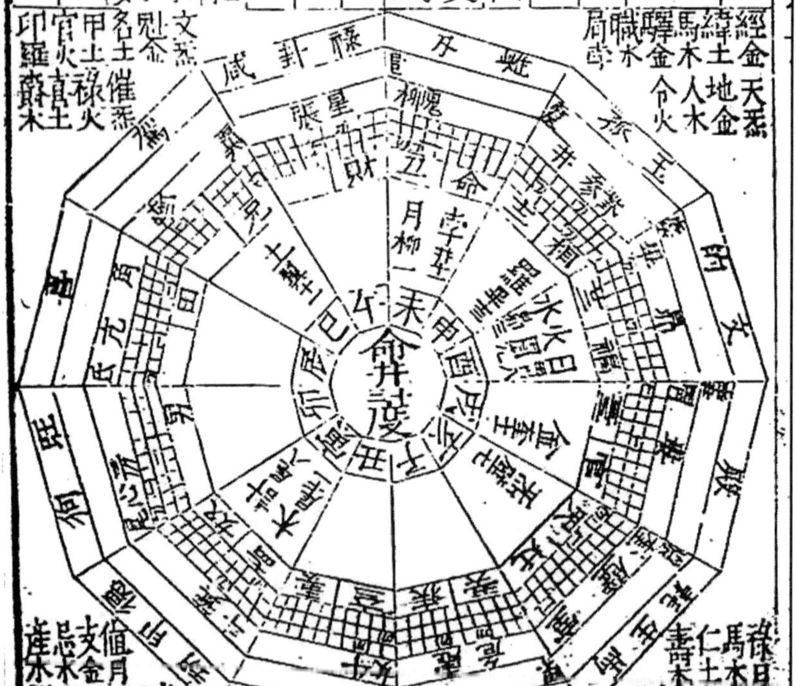

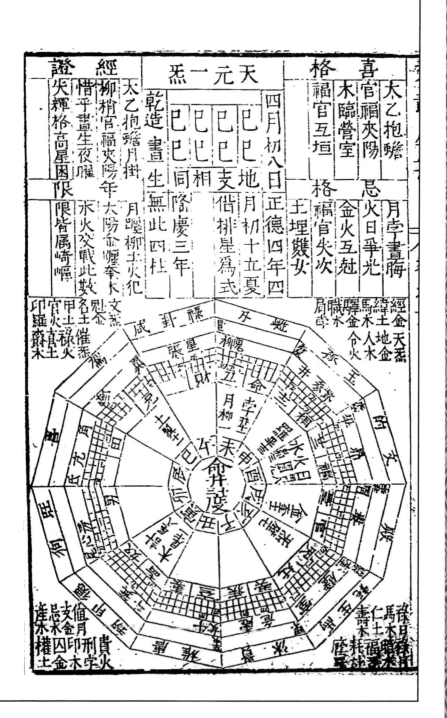

喜

水金互垣
木火垣殿
命田朝陽

格

身財升殿
恩祠歸命

陰陽背官

忌

木對金傷
羅計犯月

格

妻祿受尅

天元一炁

四月十一日正德十五年
庚辰地無此八字
庚辰支
庚辰相萬曆八年
癸巳同是這四柱
乾造 萱生 廩膳 蘇州人

經

水金互垣木火 羅計近月土犯
垣殿月升殿水年 計奴凡限最上
從陽格局固不 月二度不利次

證

凡奐然日月背限 到木度亦宜慎
行計羅犯殿之次 之

經木天火
緯金地火
馬火人水
驛火命土
職孛
局水

文木
財水
名土 催孛
用水 祿金
官金 喜炁
印金 爵孛

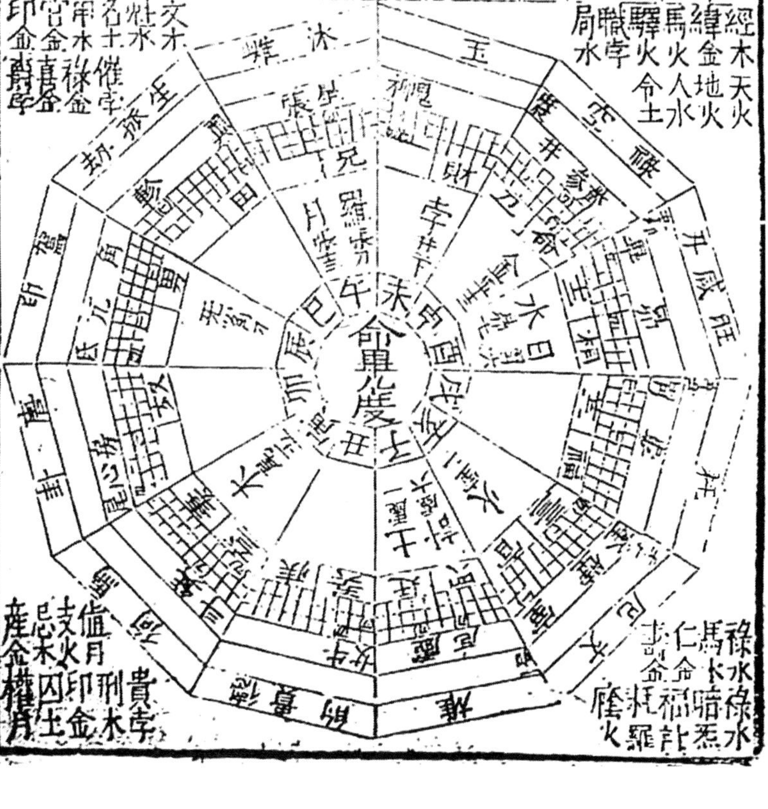

值月
支火
忌木
產金
貴孛
刑木
印金
囚土
權月

祿水
馬木
仁金
壽金
祿水
暗炁
福計
耗羅
蔭火

經諺	八字同	喜格
木躔角道火炁 職權日月夾祿 然羅彴日土近 司四孖併命則 又滅之	三月初六日	木躔角道
	辛卯 五 嘉靖十年	火炁職權
	辛卯 星 是此四柱	日月夾財
	辛卯 千戶南京人	日月夾祿
	辛卯 異 吏典福建人	
	乾造 書生	

年限	忌格
土彴月炁彴斗	羅彴太陽
行危月斗木度	土月同官
最凶孛躔箕水	金水泄氣
亦同	四孖併命

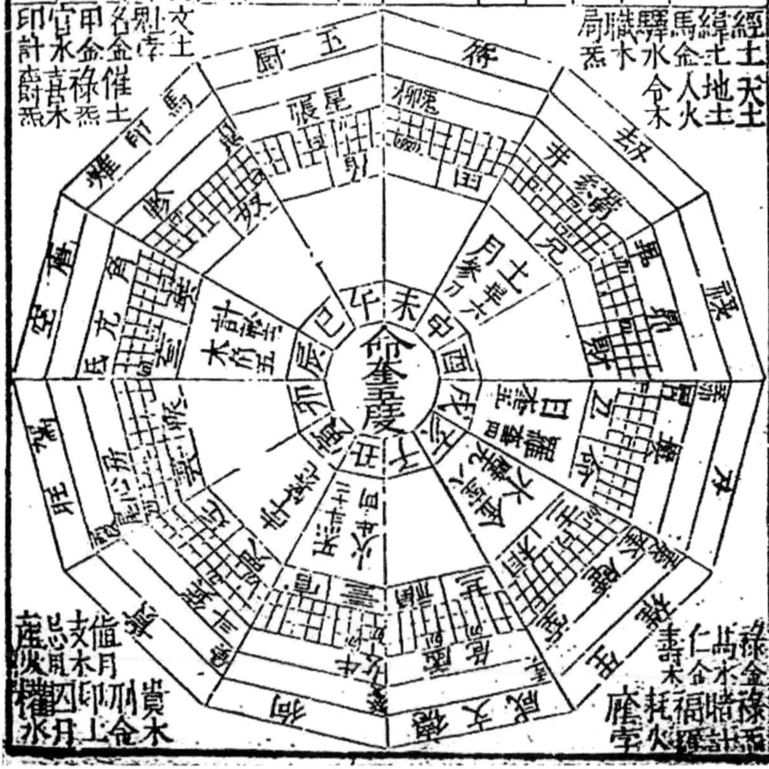

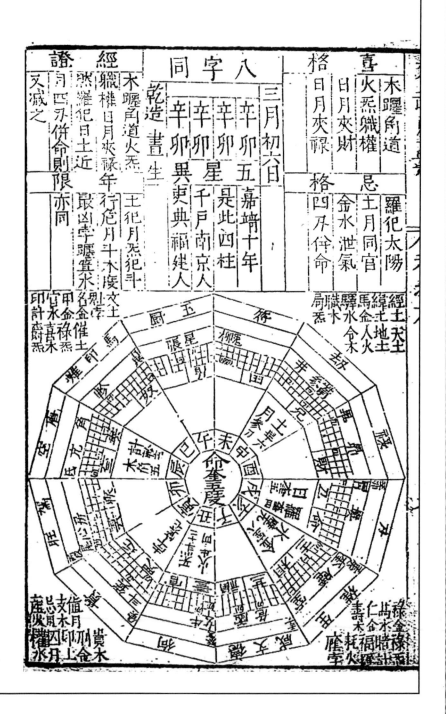

喜格

水金夾陽
命官登駕
身財居官

忌格

日月背宮
火月晝晦
金難守命
諸星散誕

八字同

二月廿四日
辛卯五
辛卯星
辛卯
辛卯與
乾造當生
萬曆十九年
是這四柱
長男蘇州人
乎藝鎮江人

經證

閑奴入命主到
亢宿蒸以日月
背行火歹逼月
不惟失格多招
災厄

年限

危度土對月火
歹逼有灾次行
箕水遇土躔參
限火黨利害

經土 天月
緯水 地火
馬金 人火
驛金 命水
職金
局計

文土
財孛
名金 催土
甲水 祿炁
官水 喜木
印計 爵炁

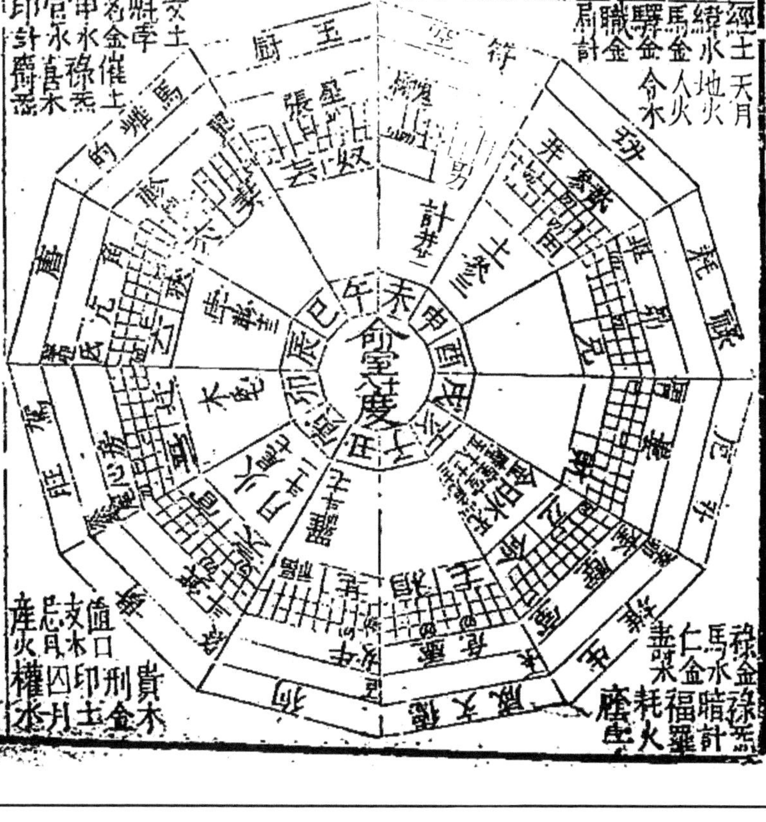

貴木
值口 刑金
支木 印土
忌月 四月
產火 權水

祿金 祿炁
馬水 暗計
仁金 福羅
壽木 耗火
產虛

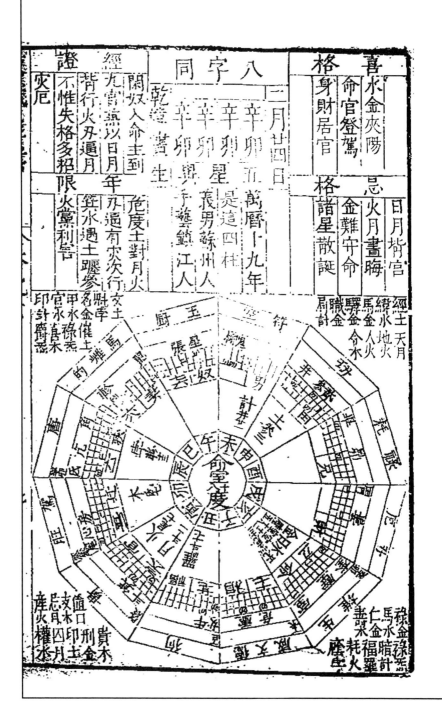

喜格

日月坐祿
水金會垣
四餘獨步
福官臨旺
身命得地

忌格

金木對傷
陰陽無輔

八字同

二月初三日
壬寅 壬寅 壬寅 壬寅
乾造夜生

五星異

成化十八年
是此四柱
歲久年遠
未得命證

經證

日月同宮月要在於日前金水會垣金喜躔於水後然日月無輔金對木傷之

年限

斗木對金箕水
失躔火對孛剋
心月羅計當闕
利而未利

經水天計
緯水地水
馬水人土
驛火令木
職羅
局土

文口
魁炁
名水催月
甲日祿日
官月喜孛
印水蔭木

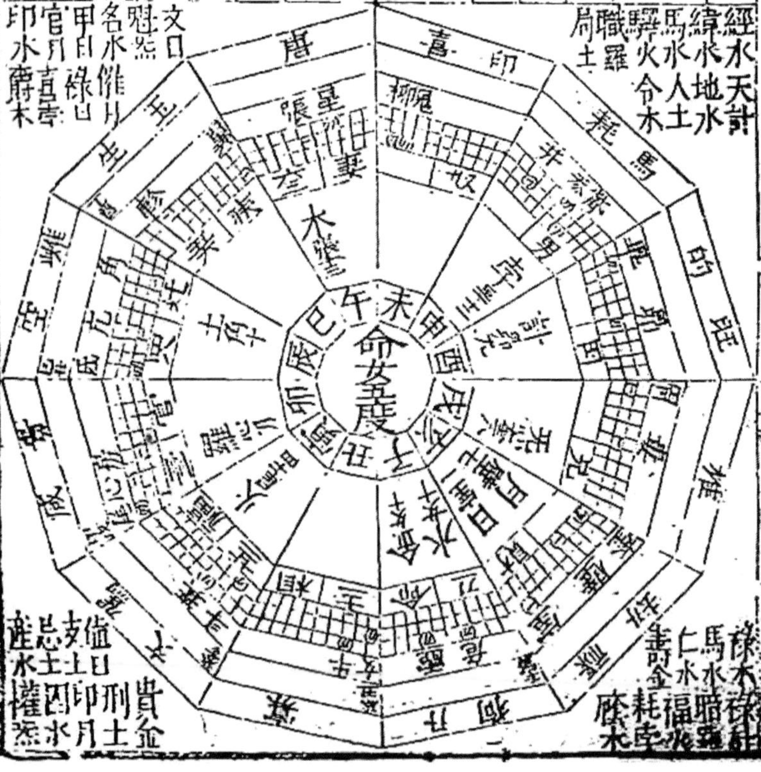

祿木 祿計
馬水 暗金
仁水 福水
壽金 耗孛
蔭木

貴金
值日 刑土
支土 印月
忌土 囚水
進水 權炁

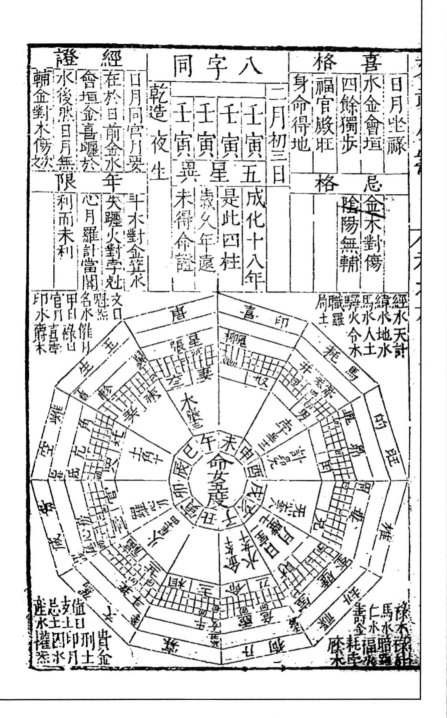

喜格

木羅會舍
火月同宵
身命居官
田財居官
身命逢恩

忌格

火金失躔
日月背行
泉枯牛斃

八字同

正月廿一日嘉靖十三年

壬寅
壬寅
壬寅
壬寅

乾造夜生

五星異

張令開江陰人
癸酉丙戌村
仕途崎嶇

經證

木羅乃科甲之
宿齊雲大器主
到官宮當富貴
身星傷毋必嵘
嵘

年限

大抵星辰失次
限行必主坎坷
五金火土當關
及中包殺

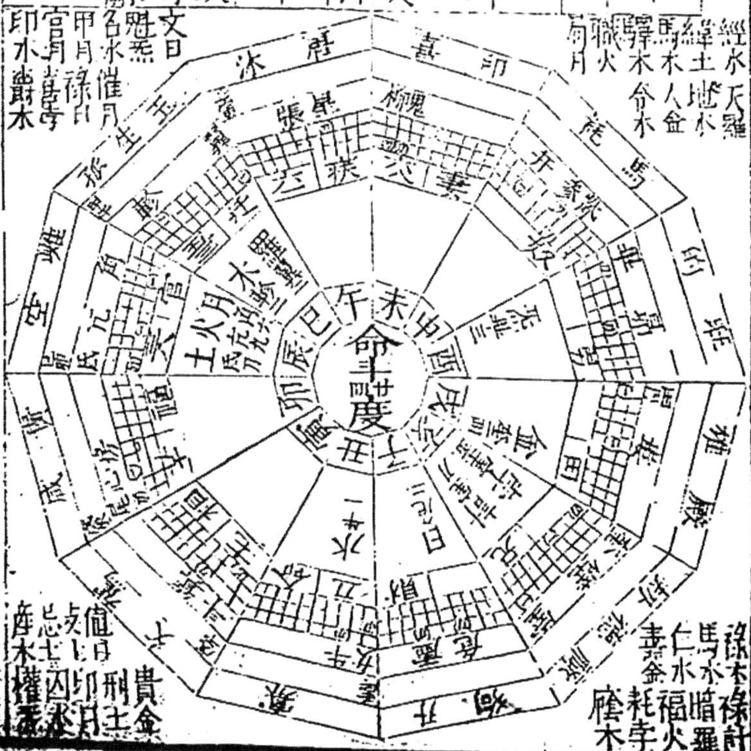

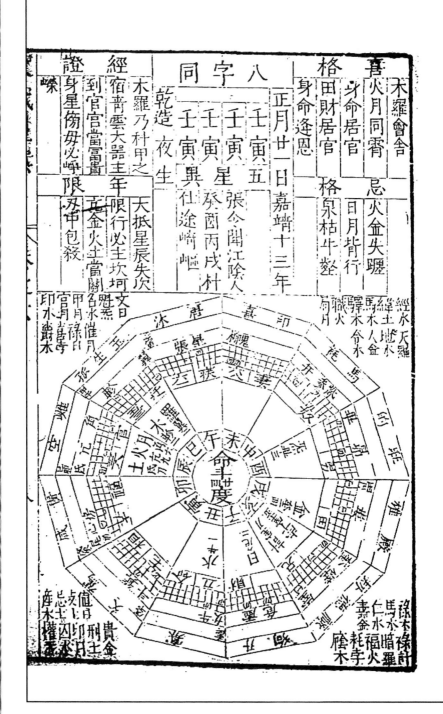

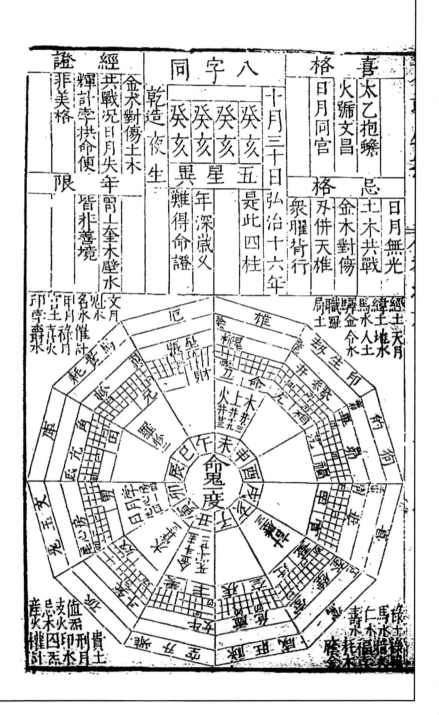

喜格

太乙抱蟾

火彌文昌

日月同宮

忌格

日月無光

土木共戰

金木對傷

孙併天椎

衆曜背行

八字同

十月三十日弘治十六年

癸亥 癸亥 癸亥 癸亥

乾造夜生

五星異

是此四柱

年深歲久

難得命證

經證

金木對傷土木共戰況日月失年罰土奎木壁水

輝計孛拱命便皆非善境

非美格

限

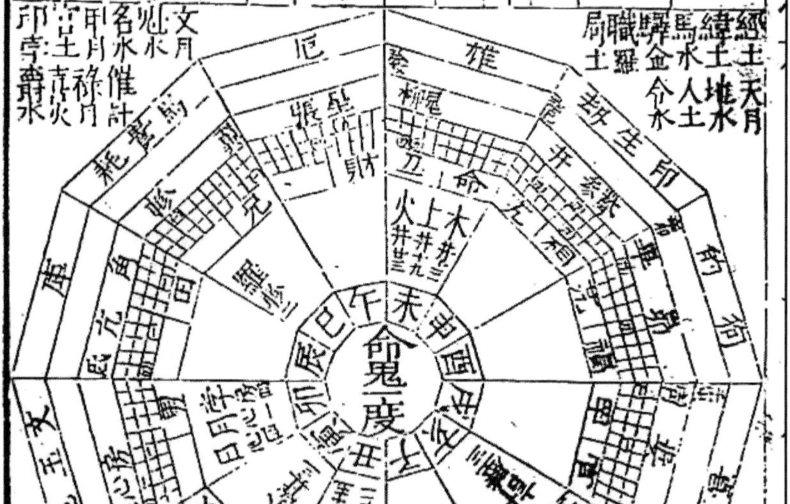

喜　格
日月得體
孫月滴輝
火居妻宿
土羅持刃
忌木居獅子
金乘火位
格月土通關

八字同
十月十八日嘉靖四十二年
癸亥　五　是此四柱
癸亥　星　吏員廣東人
癸亥　巽　貧寒浙江人
癸亥
乾造夜生

經　證
土羅持刃男子
畢月胃土妻金
兇碩未申通關年皆屬偃蹇限行
猶嫌蔽月所取
女土有限
火金夜輝禍官限
嗣田高明

經土　天月
緯上　地水
馬水　人土
驛金　合水
職羅
局土

文月
魁水
名水　權計
甲土　祿月
官土　喜火
印木

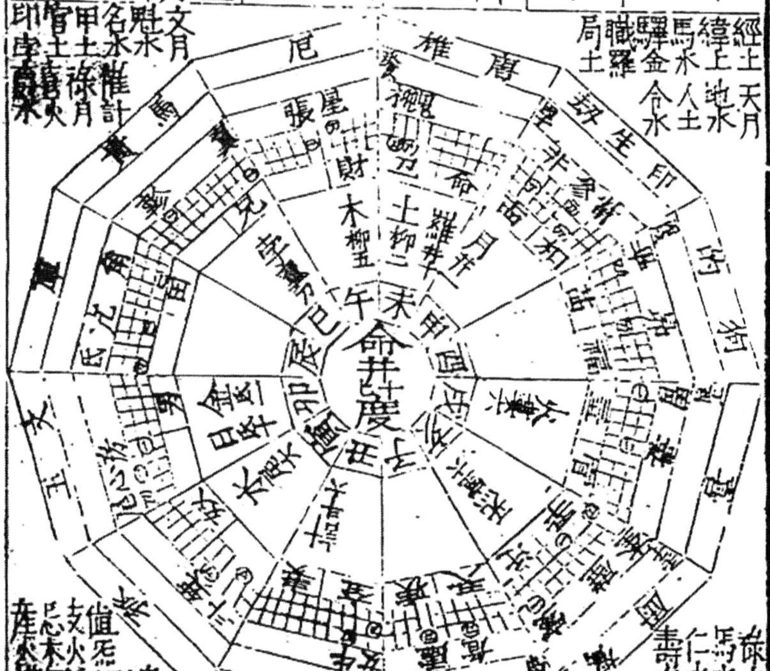

祿土　孫羅
馬水　明火
仁水　福木
壽木　耗木
蔭金

貴土
刑月
殺水
囚惡
印火
忌木
權

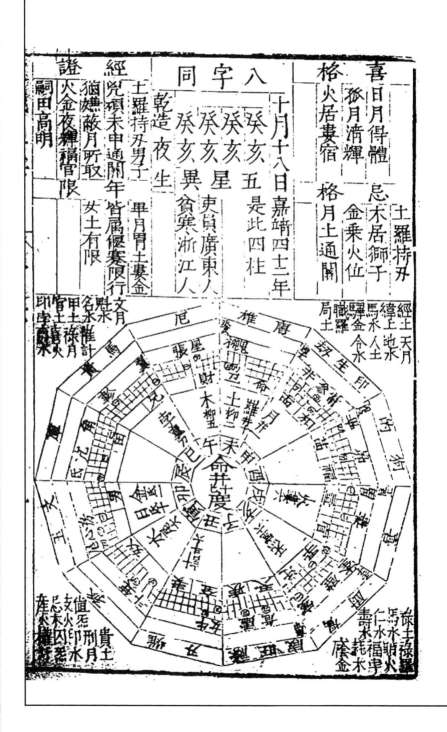

同異辯

會元許敎
南京上元人
乙酉乙未科
太常少卿

前六十年
是此八字
星叢樂集

八字同

甲子
戊辰
壬辰
壬寅

五星異

平常徽州人

前後分

前弘治七年
四月初一日
後嘉靖四十三
閏二月十九
日生

後六十年
同禀四柱
星列此圖

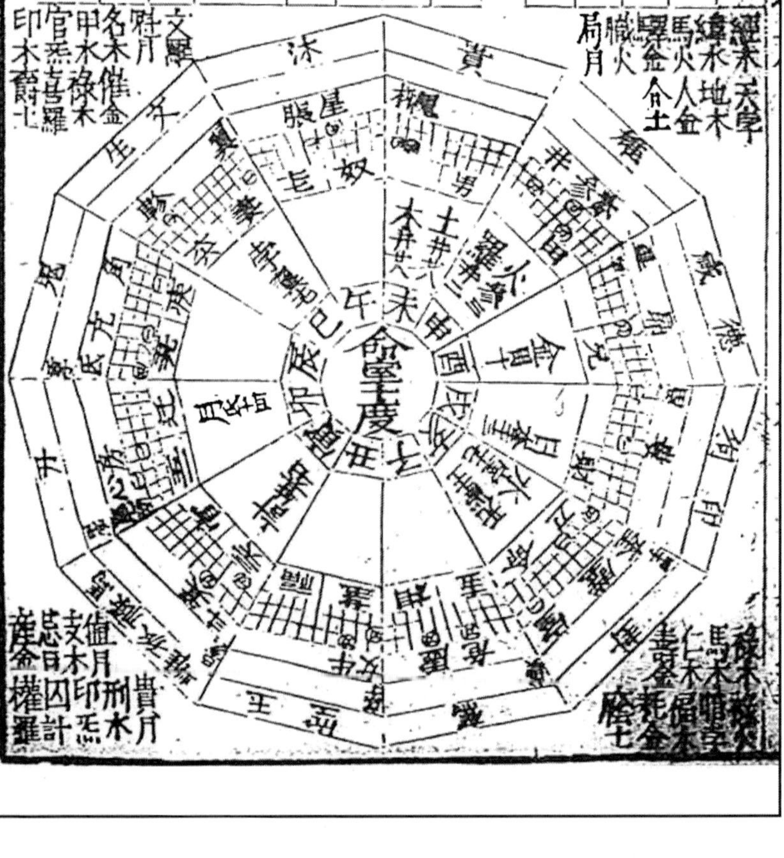

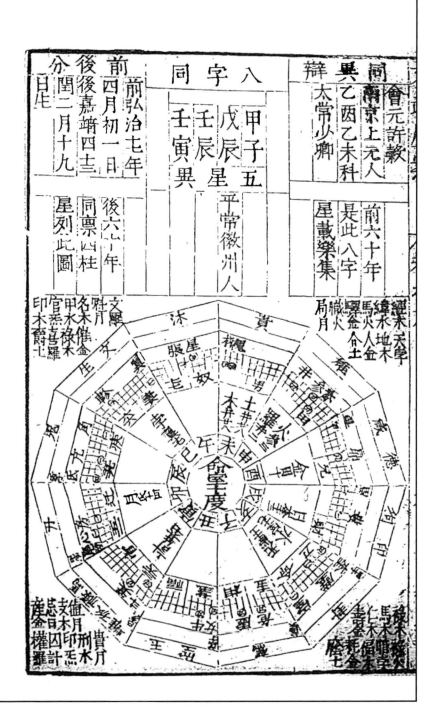

同異辯

會元劉以讚
江西新建人
丁卯辛未科
南吏部侍郎

前六十年
是這八字
星陳欒集

八字同

壬寅
辛亥
壬午
辛丑

五星異

儒童楊州人

前後分

前嘉靖廿一年
十月初六日
後萬曆三十
九月廿四日

後六十年
同此四柱
星列此圖

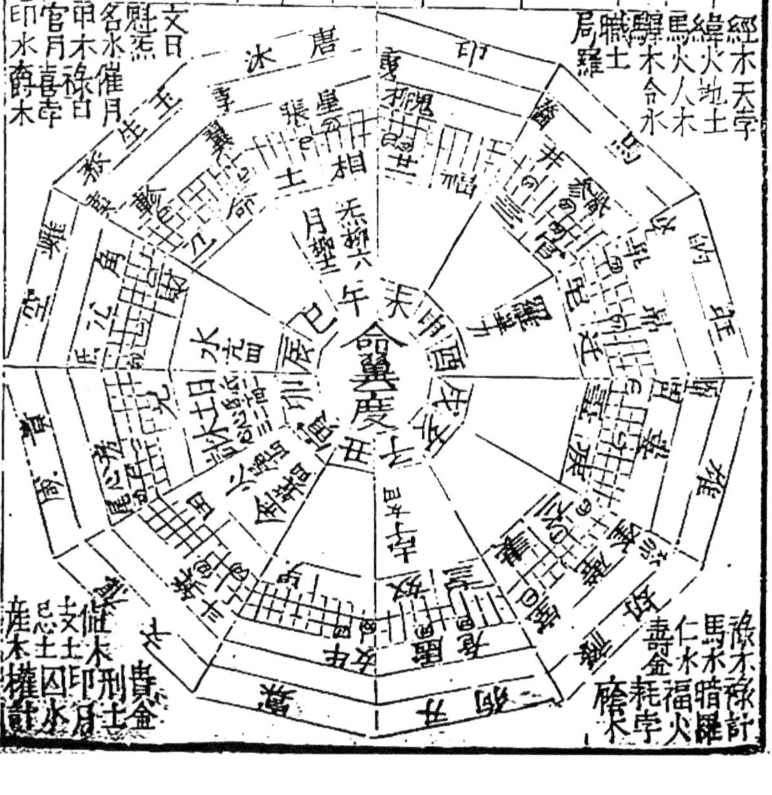

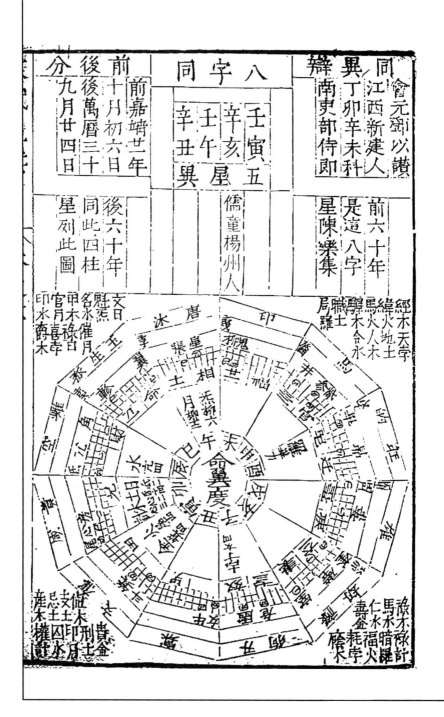

同異辯

會元吳默
南直吳江人
壬午壬辰科
丙辰太僕卿

前六十年
是斯八字
星載樂集

八字同

壬子
巳酉
丙戌
甲午

五星異

未來科第格

前後分

前嘉靖三十二
九月初七日
後萬曆四十
八月廿五日

後六十年
同此四柱
星列此圖

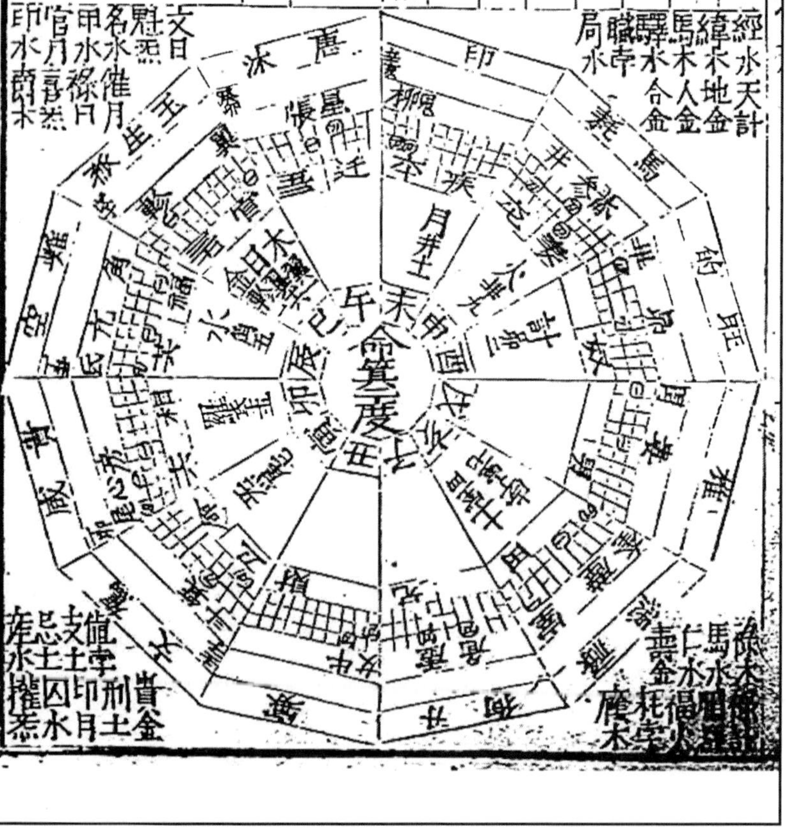

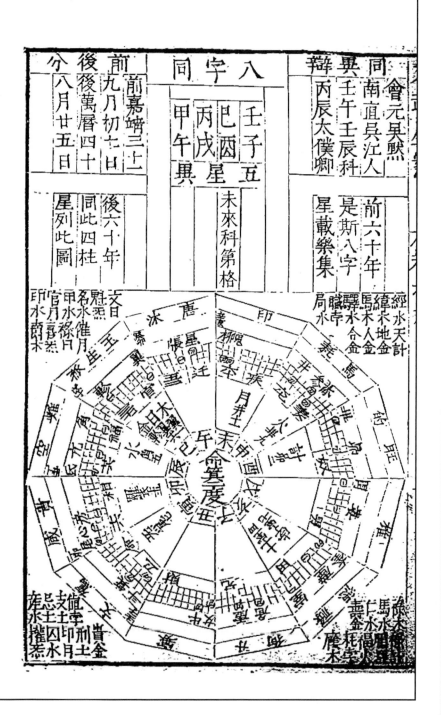

同異辯

會元曹大章
南直金壇人
丙午癸丑科
得子最遲

前六十年
是斯八字
星列樂集

八字同

辛巳
乙未
甲辰
丙寅

五星異

富南徽州人

前後分

前正德十六年
六月廿四日
後萬曆九年
六月十二日

後六十年
同此四柱
星列此圖

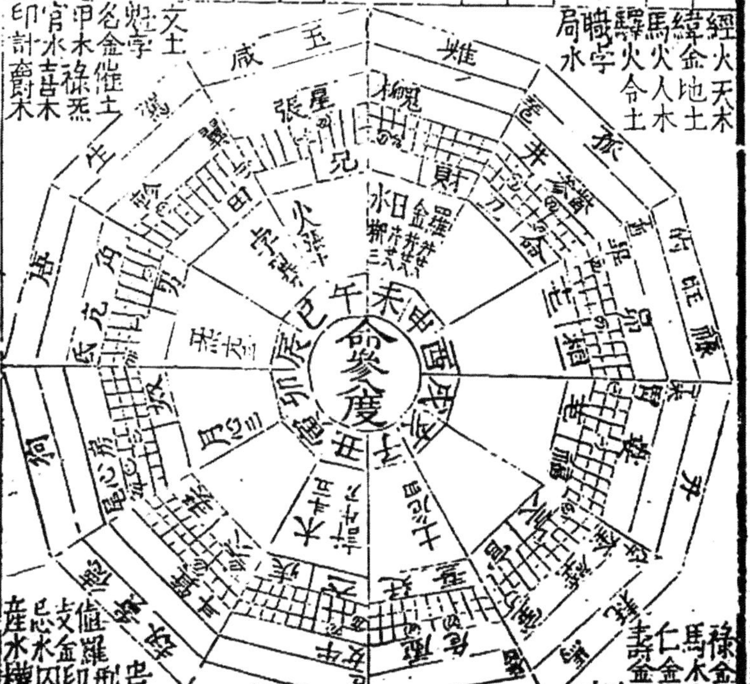

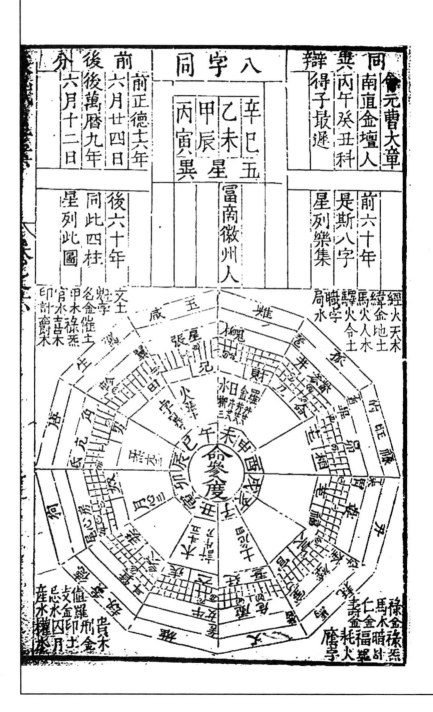

辯	異	同
仕至郎中	壬子巳未科	會元蔡茂春
	直隸三河人	
星陳樂集	是斯八字	前六十年

八字同

庚戌	壬申	辛丑	丙戌

五星異

和尚南京人	生員松江人

分	後	前
十二月十四	後萬曆十四年	十二月廿四
		前嘉靖五年
星具此圖	同此四柱	後六十年

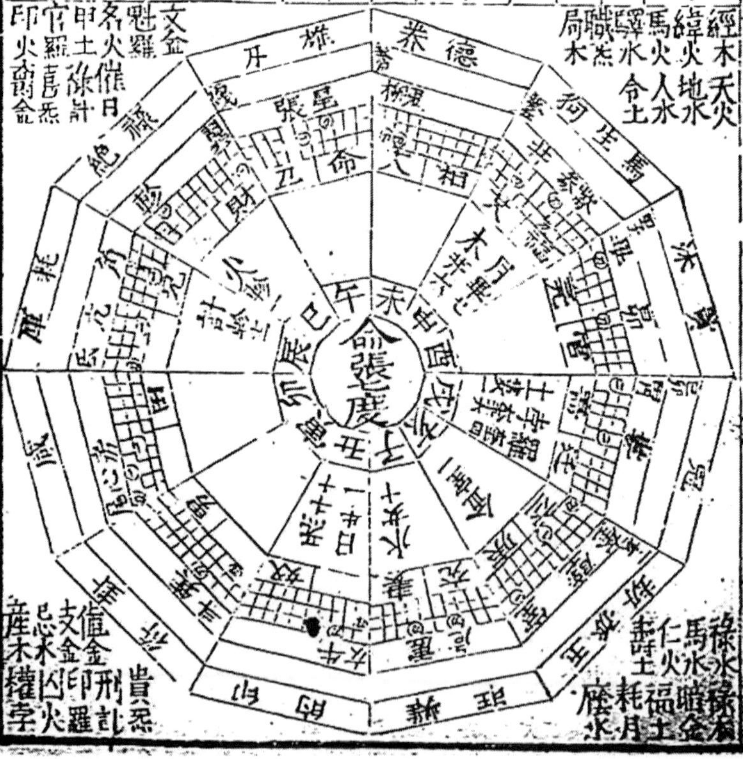

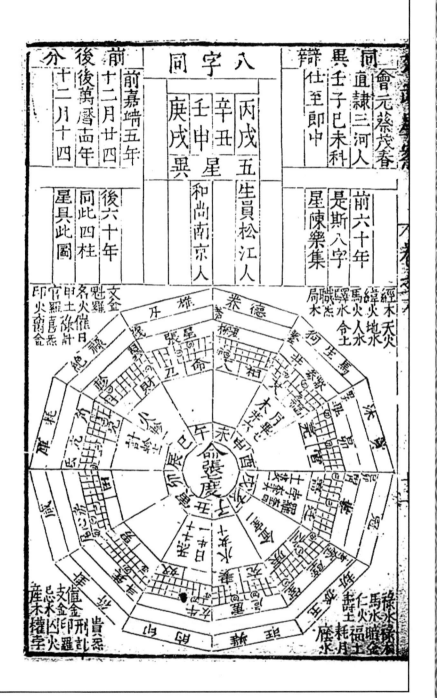

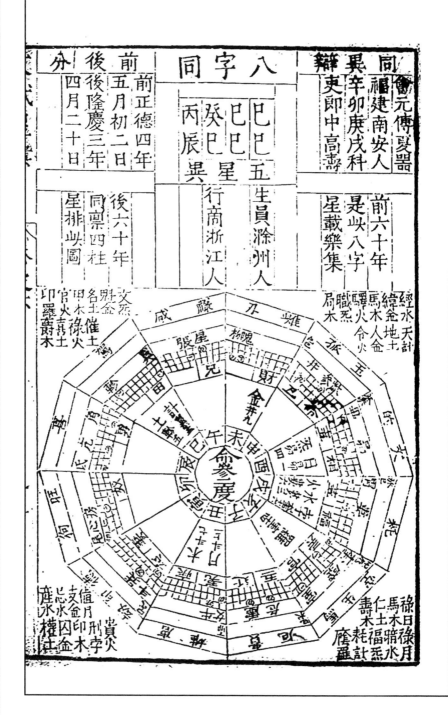

同異辯

會元傅夏器
福建南安人
辛卯庚戌科
吏部中高壽

前六十年
是此八字
星載樂集

八字同

巳巳
巳巳
癸巳
丙辰

五星異

生員滁州人
行商浙江人

前後分

前正德四年
五月初二日
後隆慶三年
四月二十日

後六十年
同稟四柱
星排此圖

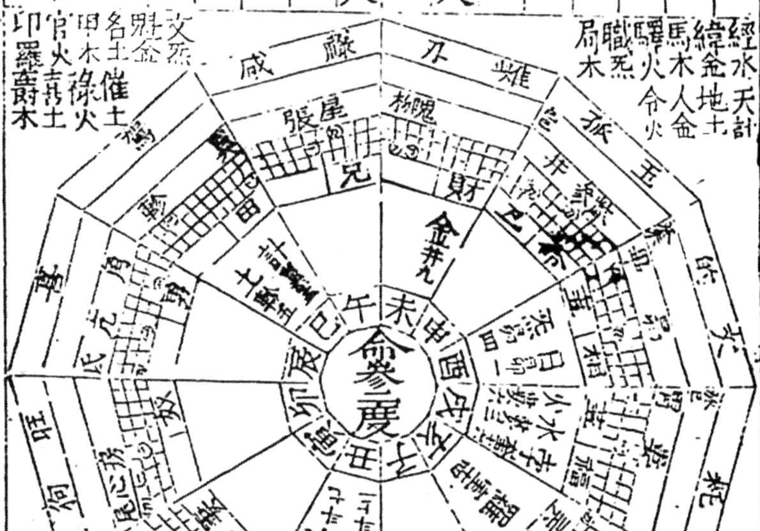

同異辯	八字同	前後分
會元金達 江西浮梁人 丙午丙辰科 四十六中	辛酉 乙未 丁巳 丙午 乾造	前弘治十四 七月十一日 後嘉靖四十 閏五月廿八
	五星異生	
前六十年 是此八字 星列樂集	生員江西人	後六十年 同此四柱 星載此圖

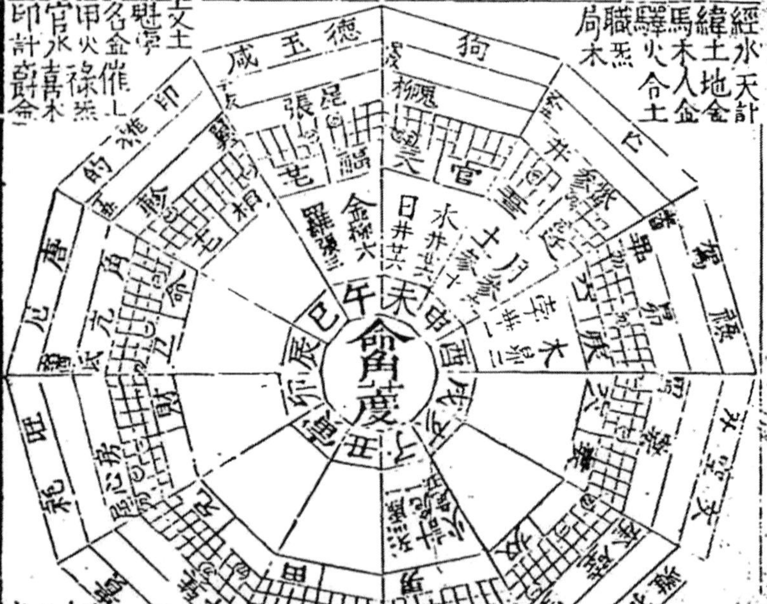

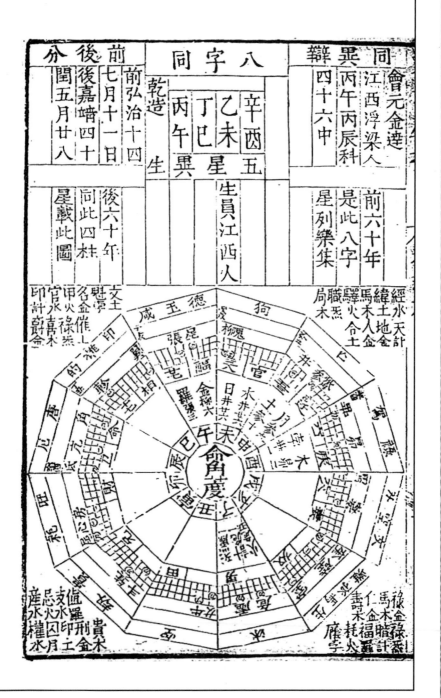

同異辯

狀元羅洪先
江西吉水人
嘉靖己未科
後好道歸隱

前六十年
是斯八字
星載樂集

八字同

甲子
乙亥
辛未
戊子

五星異

生員松江人
壬子山東人

前後分

前弘治十七年
十月十四日
後嘉靖四十三
十月初二日

後六十年
同此四柱
星列此圖

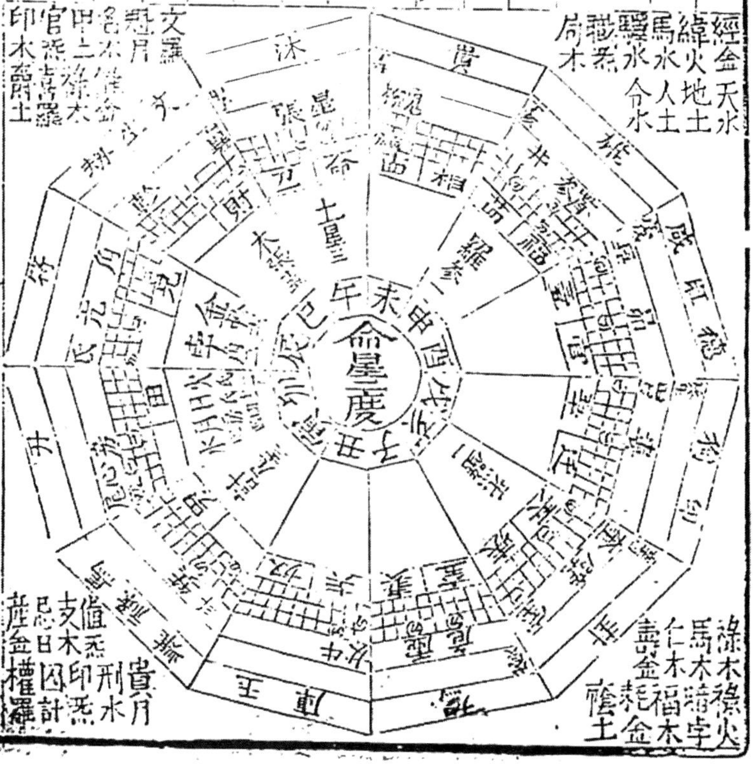

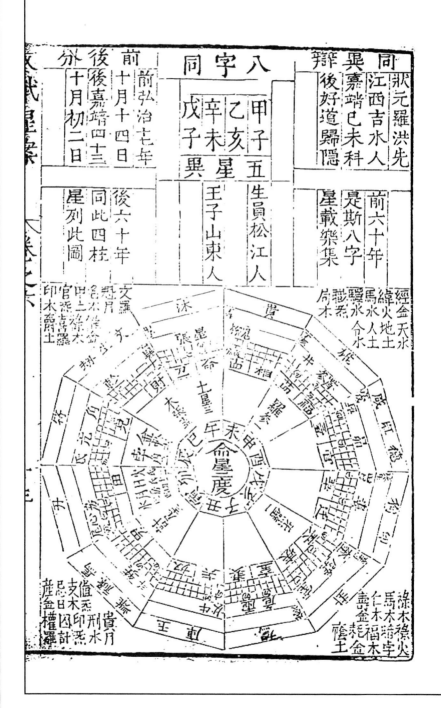

同異辯	八字同	前後分
狀元林大欽 廣東海陽人 辛卯壬辰科 仕至尚書	辛未 庚子 壬午 戊申 五星異	前正德六年 十二月初六 後隆慶五年 十一月廿四
六十年前 是斯八字 星具樂集	春元湖廣人	後六十年 同此八字 星列此圖

經火　天金
緯金　地土
馬金　人火
驛木　命水
職木
局炁

文土
魁孛
名金　催土
甲火　祿炁
官水　喜木
印計　蔭火

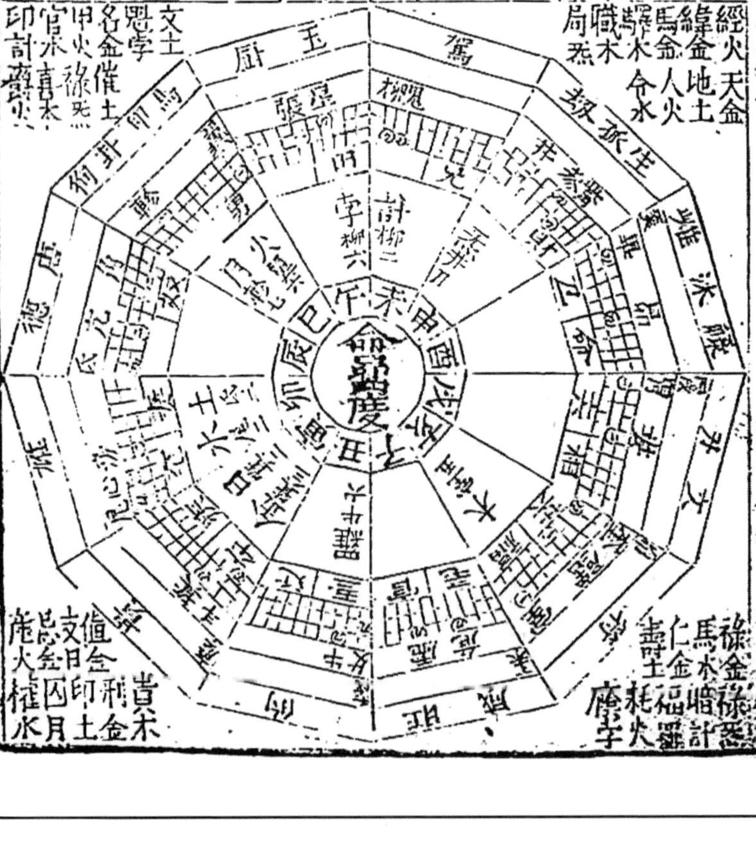

祿金　祿炁
馬木　暗計
仁金　福羅
壽土　耗火
廢孛

貴木
值金　刑金
支日　印土
忌金　囚月
產火　權水

前後分	八字同	同異辯
前正德四年 九月初六日 後隆慶三年 七月廿四日	巳巳 癸酉 乙未 甲申	狀元茅瓚 浙江錢塘人 丁酉戊戌科 仕至尚書
後六十年 同此四柱 星列此圖	五星異 恩生閣老子	前六十年 是這八字 星具樂集

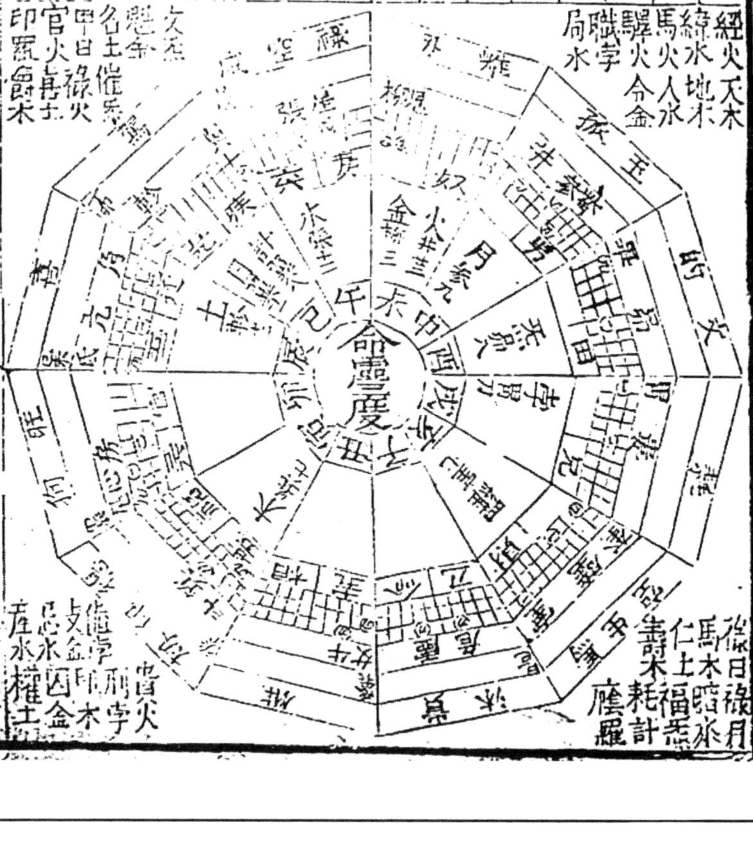

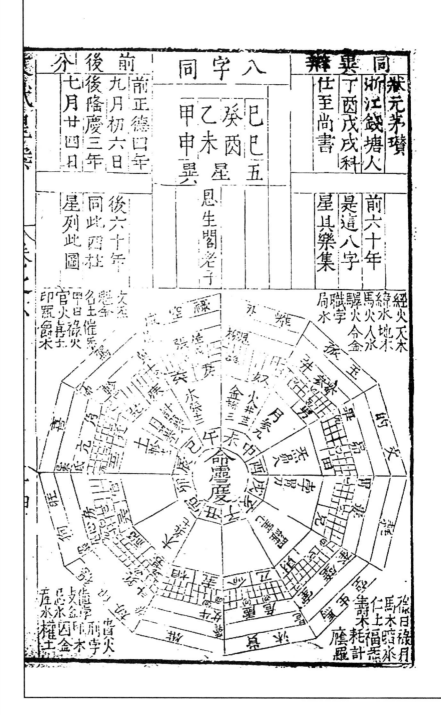

同異辯

狀元李春芳
南直興化人
辛卯丁未科
仕至閣老

前六十年
是此八字
星具樂集

八字同

庚午
己丑
丁酉
癸卯

五星異

吏員福建人

前後分

前正德五年
十二月十五
後隆慶四年
十二月初四

後六十年
同此四柱
星列此圖

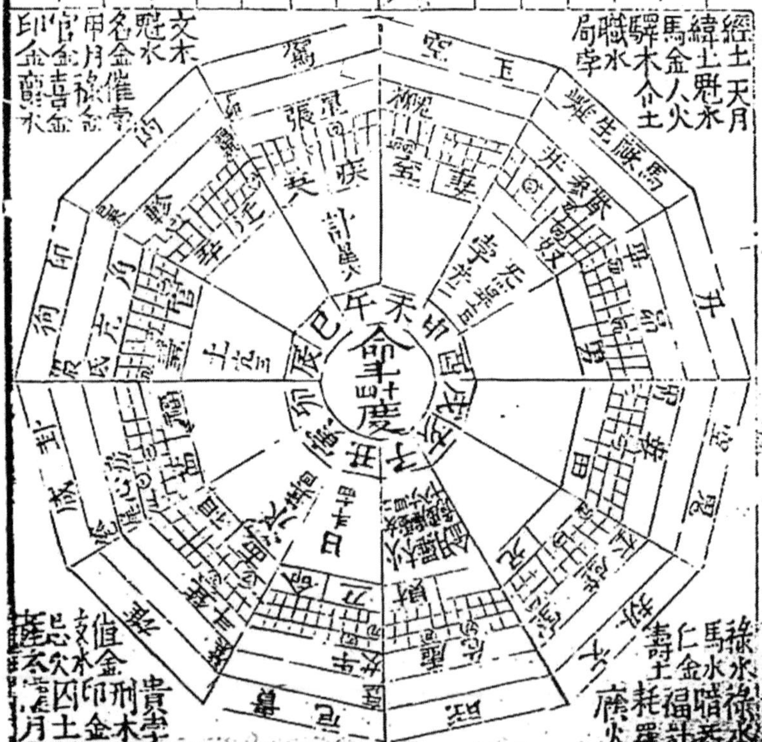

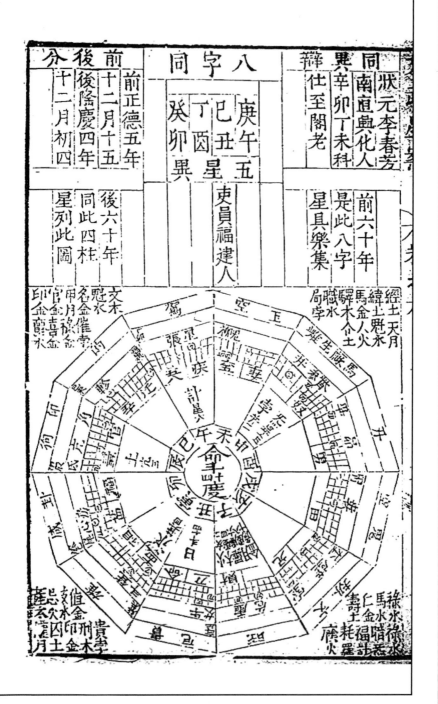

同異辨

狀元唐洪楫
已酉庚戌科
浙江蘭谿人
春坊諭德

前六十年
是這八字
星陳樂集

八字同

壬申
己酉
戊申
辛酉

五星異

成家江西人

前後分

前正德七年
八月初七日
後隆慶六年
七月廿五日

後六十年
同此四柱
星列此圖

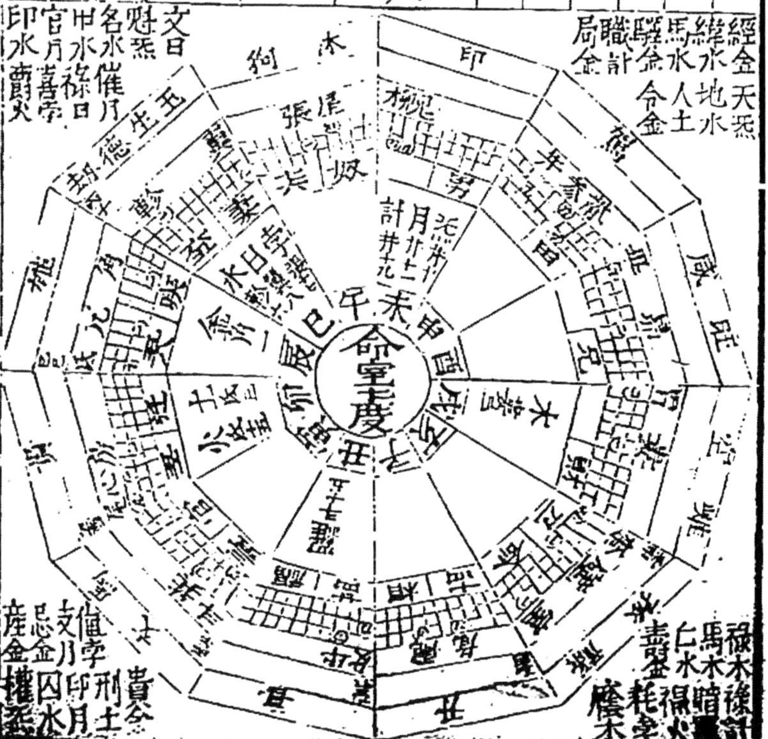

八字同

同異辯

狀元陳謹
福建閩縣人
壬子癸丑科
被軍毆亡

六十年前
是這八字
星陳樂集

乙酉 己丑 丙寅 己丑

五星異

平常蘇州人

前後分

前嘉靖四年
閏十二月十三
後萬曆十三年
十一月三十

六十年後
同此四柱
星具此圖

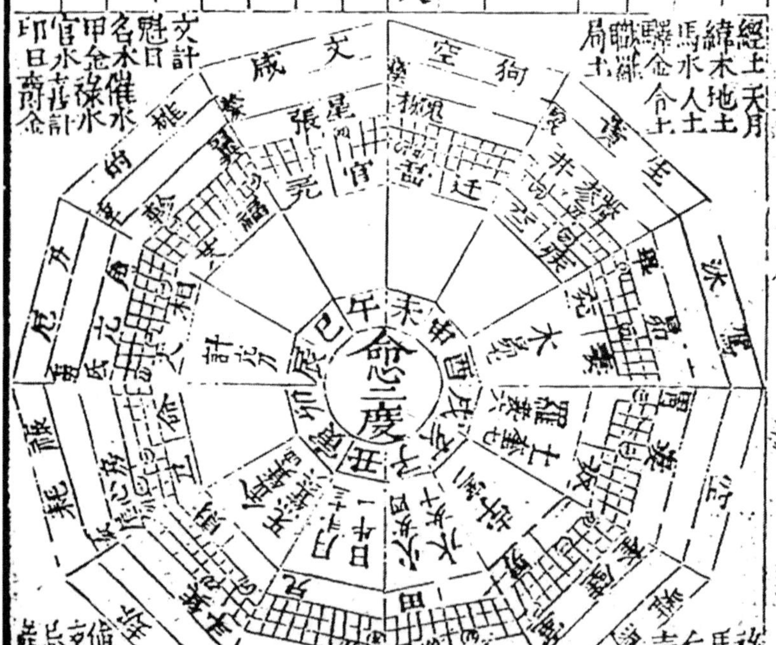

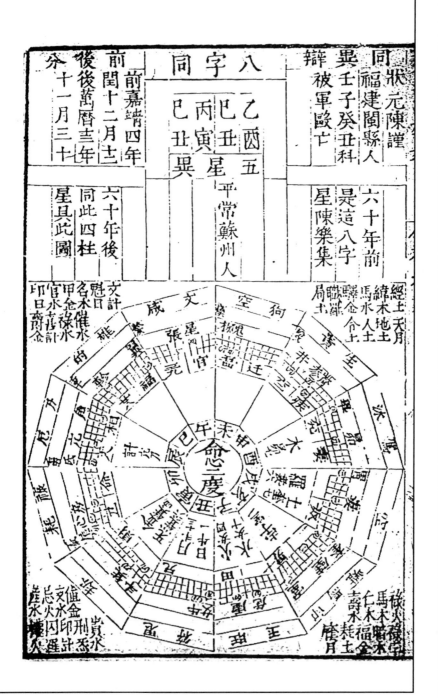

同異辯

狀元諸大綬
浙江山陰人
癸卯丙辰科
吏部侍郎

六十年前
是這八字
星陳樂集

八字同

癸未
甲子
辛巳
己亥

五星異

孤寒南直人

前後分

前嘉靖二年
十一月十五
後萬曆十一年
十一月十三

六十年後
同此四柱
星具此圖

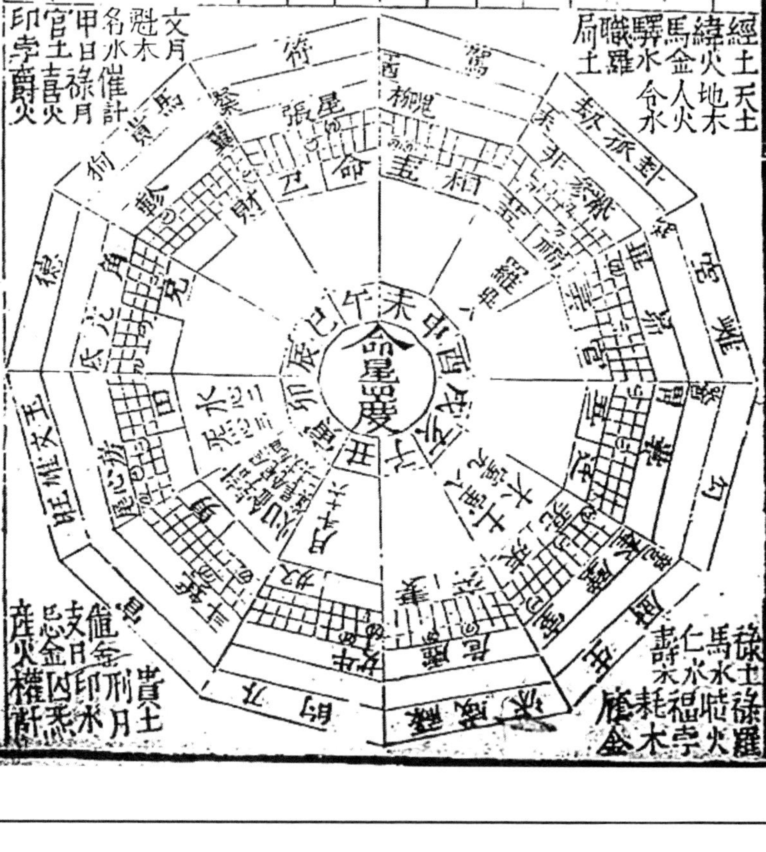

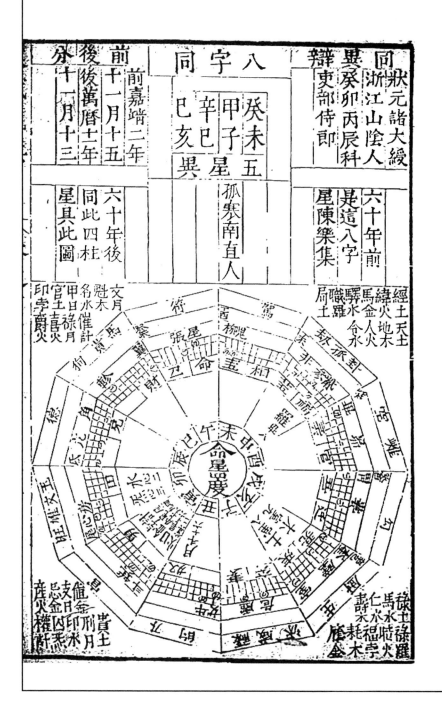

同異辯	八字同	前後分
狀元丁士美 直隸清河人 嘉靖己未科 吏部侍郎	辛巳 壬辰 己未 戊辰 五星異	前正德十六 三月初七日 後萬曆九年 二月廿五日
六十年前 是這八字 星列樂集	三考四川人	六十年後 同此四柱 星具此圖

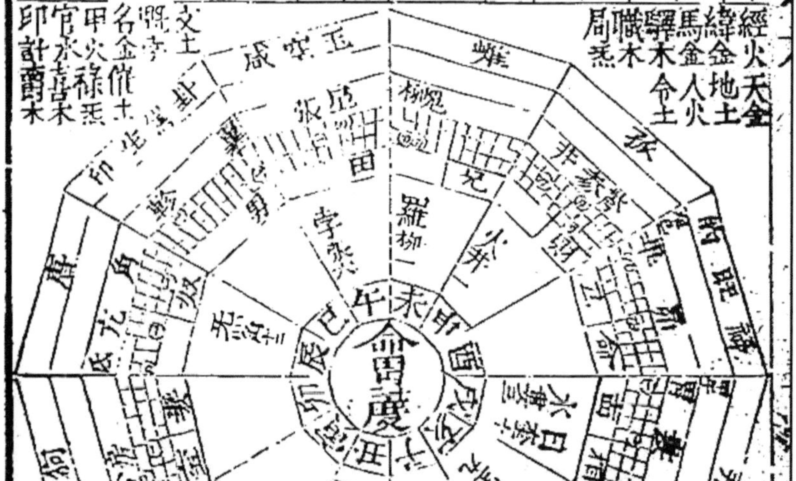

同異辨	八字同	前後分
狀元申時行 直隸吳縣人 辛酉壬戌科 任至閣老	乙未 乙酉 甲辰 乙亥	前嘉靖十四 八月十六日 後萬曆廿三 八月初四日
	五星異	
六十年前 是這八字 星載樂集	平常南京人	六十年後 同此四柱 星列此圖

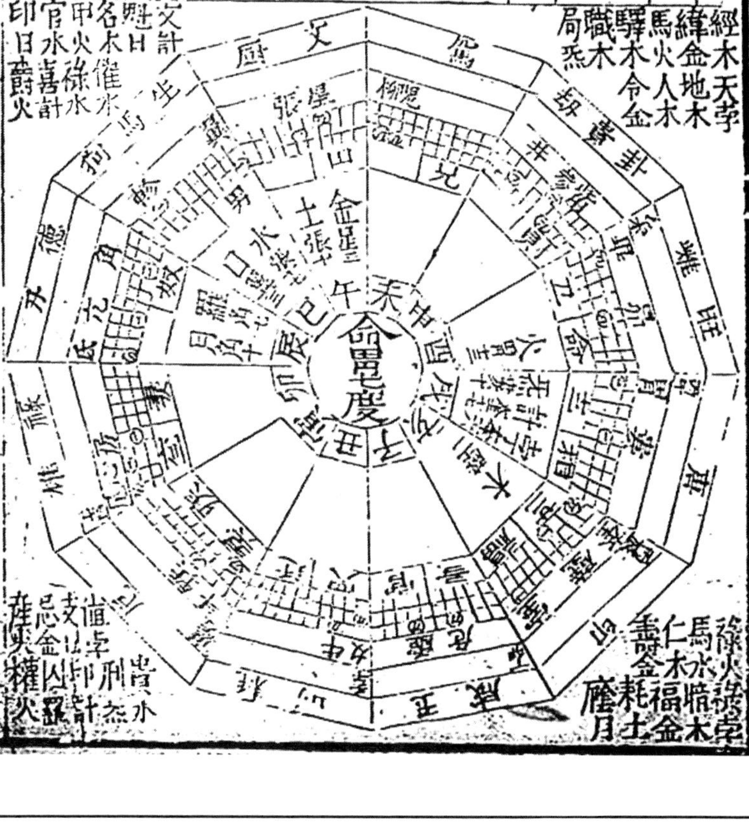

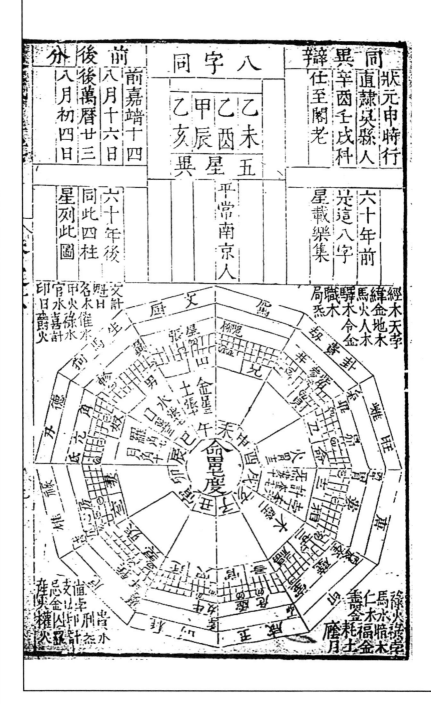

同異辯

狀元沈懋學
直隸宣城人
丁卯丁丑科
戊寅年告病

六十年前
是這八字
星列樂集

八字同

巳亥	壬申	巳亥	乙亥

五星異

大學蘇州人

前後分

前嘉靖十八
閏七月初四
後萬曆廿七
六月廿二日

六十年後
同此四柱
星其此圖

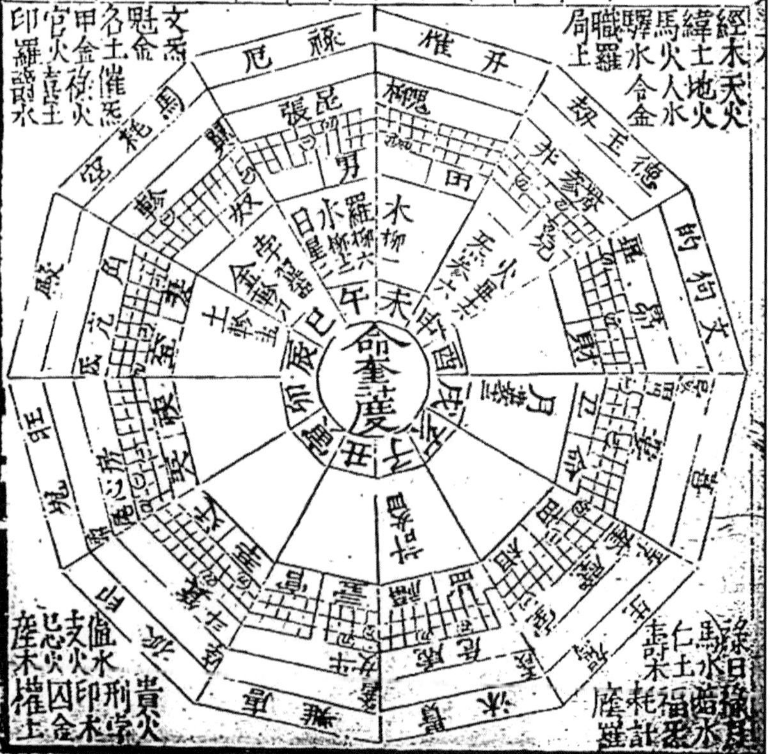

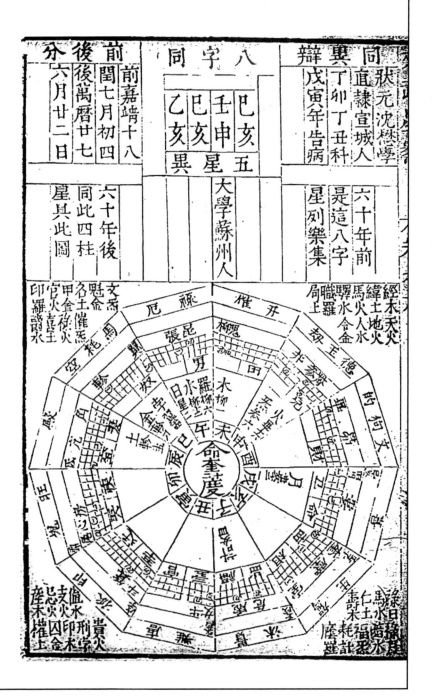

同異辯

狀元焦竑
南京旗手衛
甲子巳丑科
養高道學

六十年前
是這八字
星具樂集

八字同

庚子
戊子
癸丑
壬戌

敘童常州人

前後分

前嘉靖十九
十一月廿六
後萬曆廿八
十一月十三

六十年後
同此四柱
星列此圖

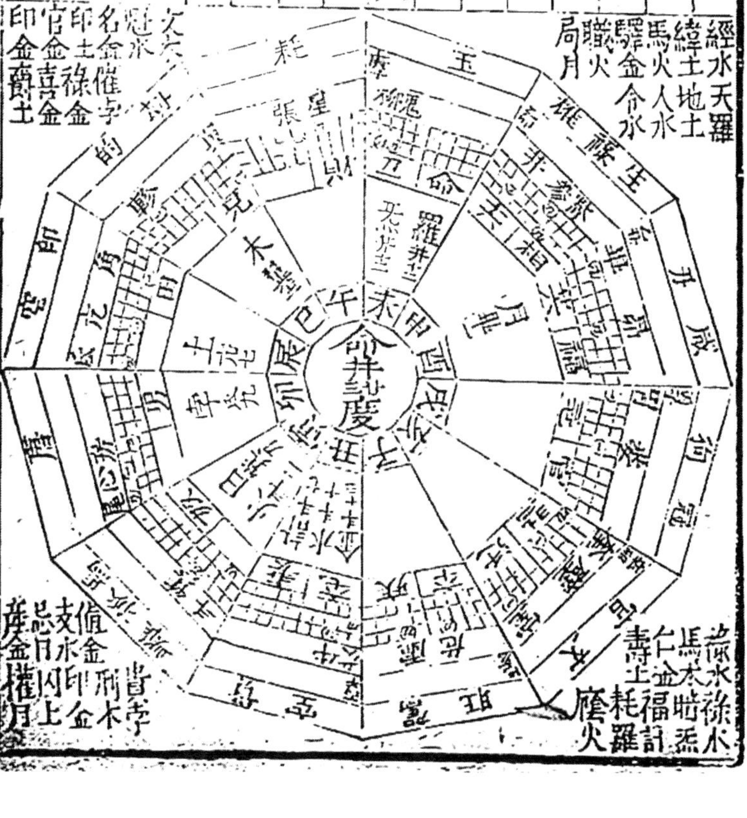

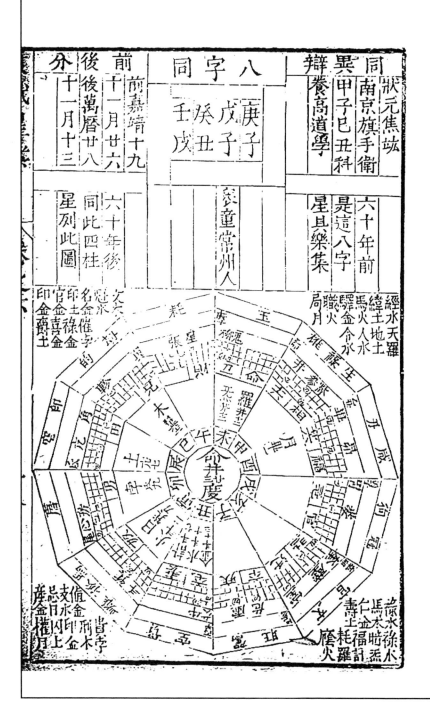

同具辯

狀元翁正春
福建侯官人
巳卯壬辰科
吏部侍郎

前六十年
是這八字
星列樂集

八字同

壬子
癸丑
巳卯
巳巳

五星異

吏員湖廣人

前後分

前嘉靖三十二
癸丑正月初三
後萬曆四十一
閏十一月二十

後六十年
同此四柱
星具此圖

經金 天〇
緯水 地水
馬水 人土
驛金 合土
職計
局金

文曰
魁〇
名水 催月
甲水 祿日
官月 喜字
印水 爵〇

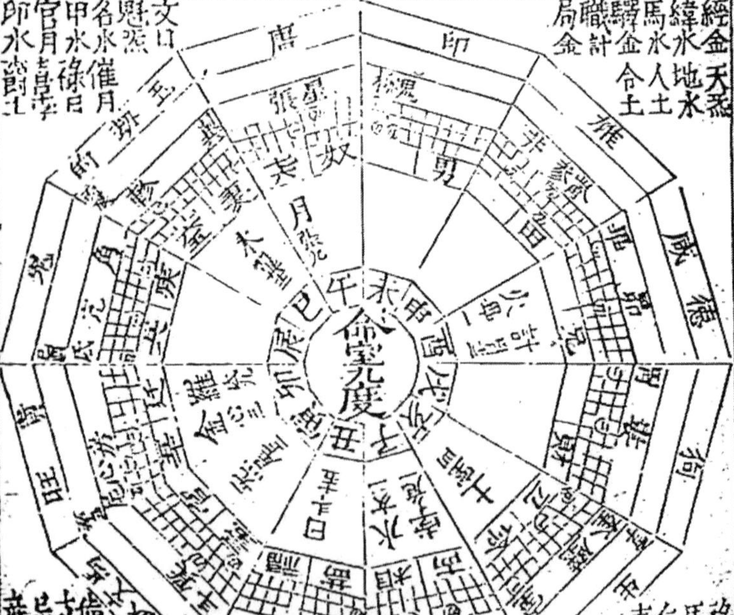

祿木 祿計
馬木 暗羅
仁水 福火
壽木 耗字
蔭木

貴金
刑土
偏金 印月
文木 印水
忌日 囚〇
產金 遲〇

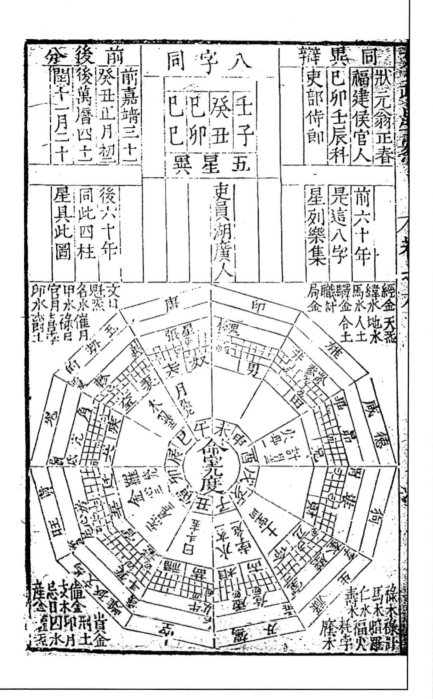

同異辯

閣老呂本
浙江餘姚人
戊子壬辰科

前六十年
是這八字
星載射集

八字同

甲子
辛未
庚申
壬午

五星異

平常南京人

前後分

前弘治十七
六月初七日
後嘉靖四十
五月十九日

後六十年
同禀四柱
星列此圖

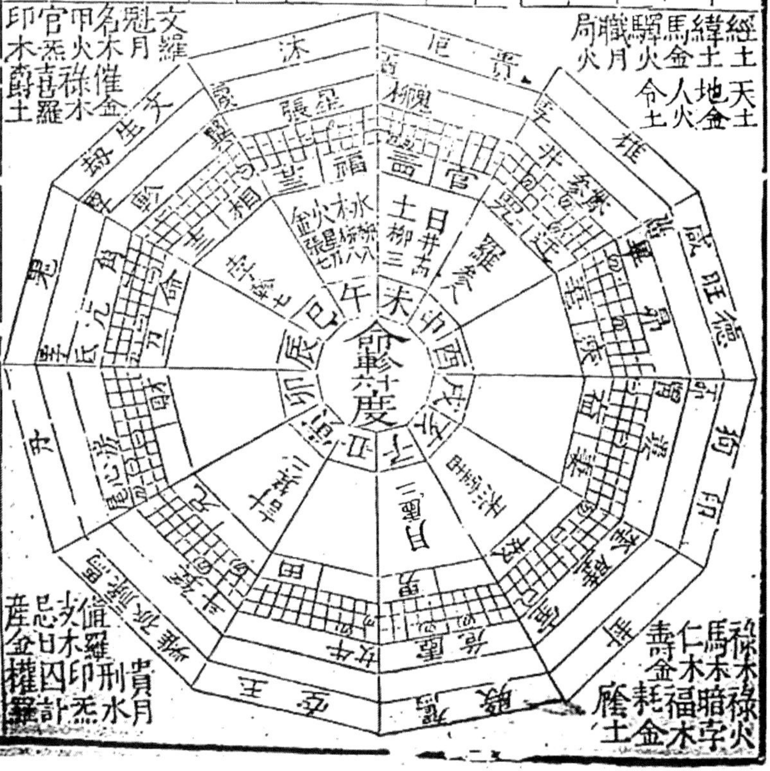

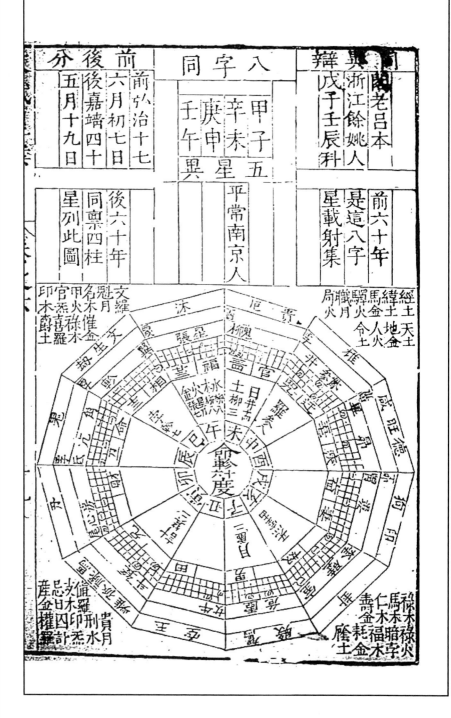

前後分	八字同	同異辯
前正德十年 十二月十三 後隆慶六年 十二月初一	壬申 癸丑 癸丑 甲寅	閣老高拱 河南新鄭人 庚子辛丑科
	五星異	
六十年後 同禀四柱 星列此圖	生員浙江人	六十年前 是這八字 星具射集

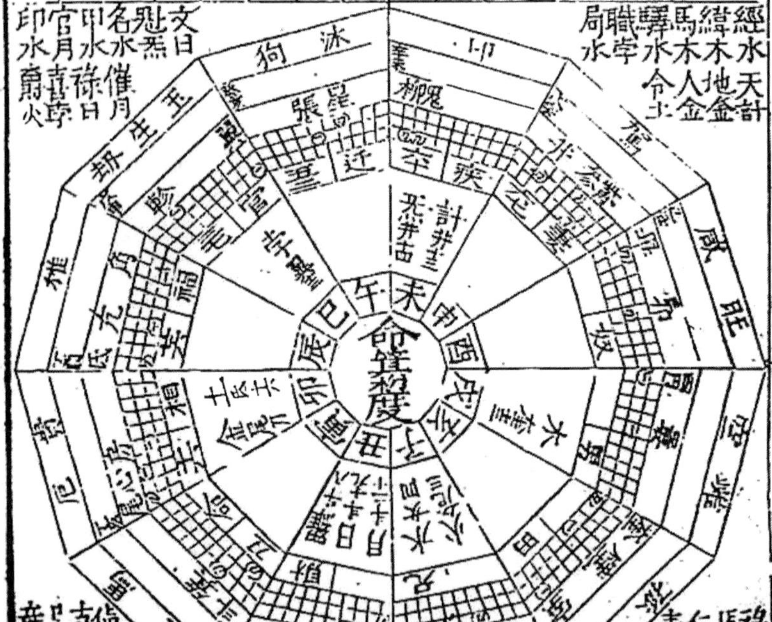

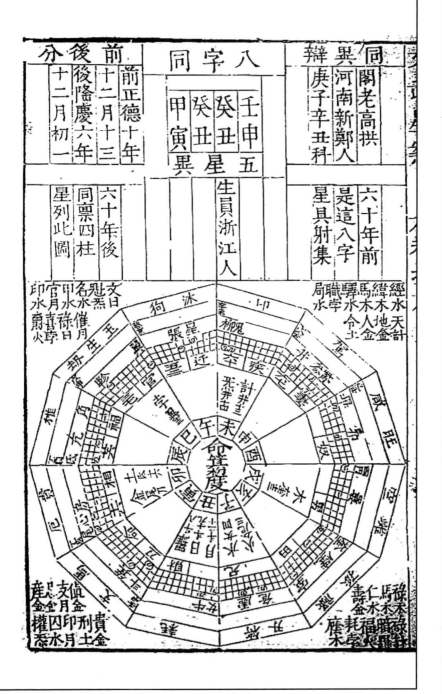

同異辯	
閣老高儀	前六十年
浙江新昌人	是這八字
庚子辛丑科	星具射集

八字同
丁丑
庚戌
乙巳
癸未
五星異
百戶松江人

前後分	
前正德十二年	後六十年
十月初三日	同稟四柱
後萬曆五年	星列此圖
閏八月廿日	

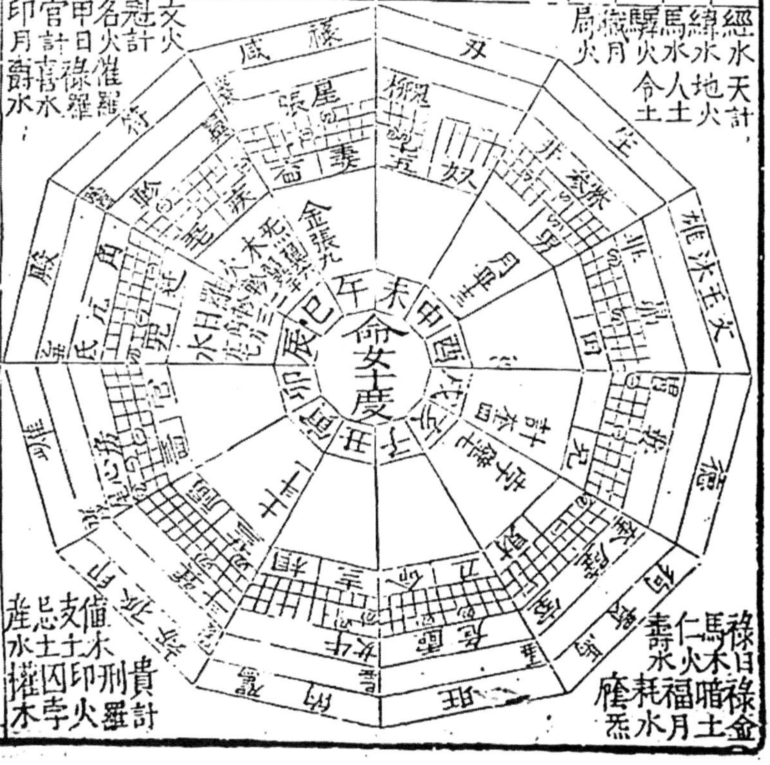

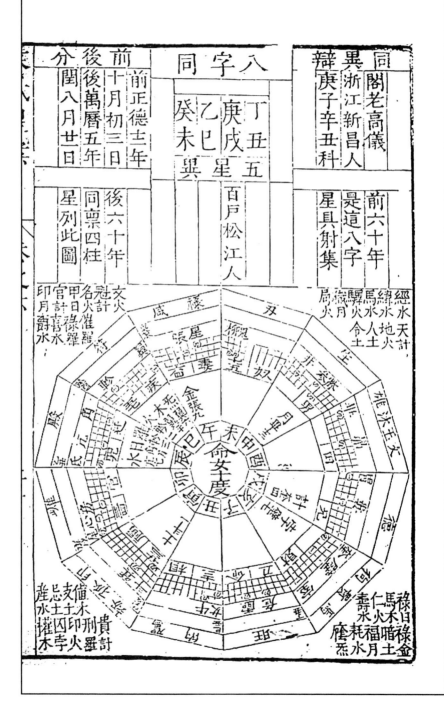

同異辨	八字同	前後分
閣老張居正 湖廣江陵人 庚子丁未科	乙酉 辛巳 辛酉 辛卯	前嘉靖四年 五月初三日 後萬曆十三年 四月二十日
六十年前 是這八字 星列射集	五星異 吏典江西人	六十年後 同禀四柱 星具此圖

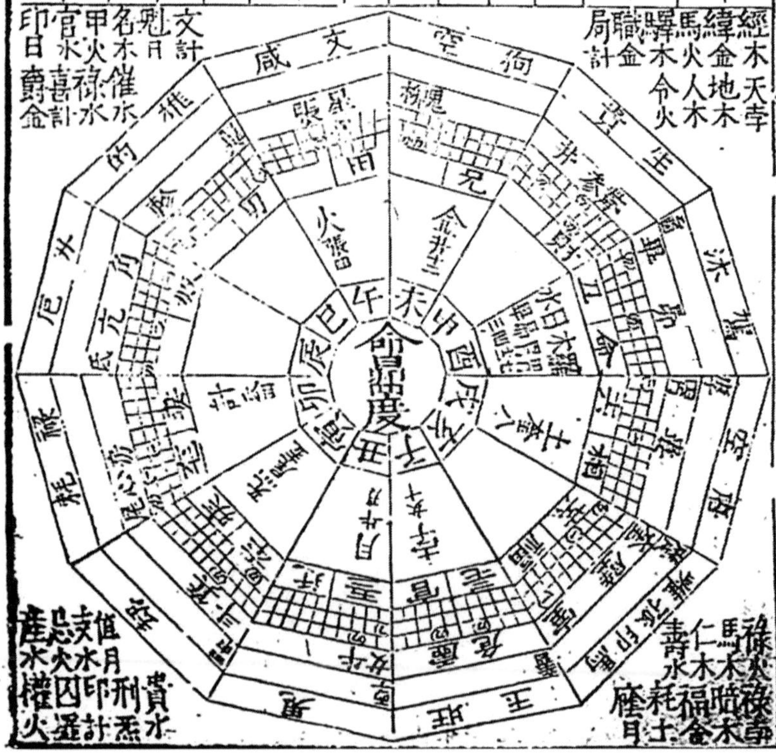

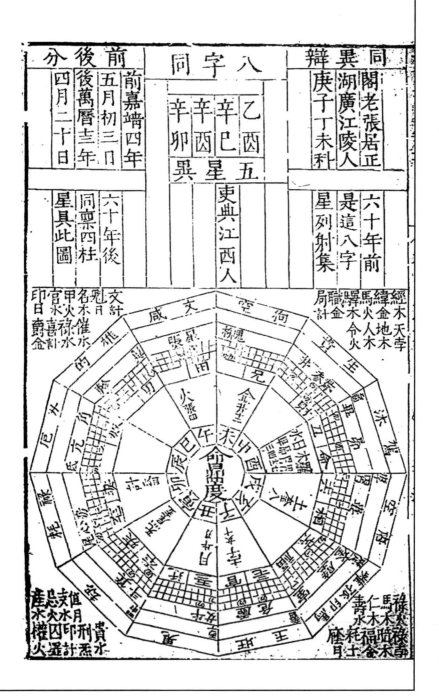

同異辨	八字同	前後分
閣老張四維 山西蒲州人 已酉癸丑科 二子科第	丙戌 甲午 甲午 甲子	前嘉靖五年 五月十二日 後萬曆十四 四月三十日
	五星異	
前六十年 是這八字 星具射集	生員浙江人	後六十年 同此四柱 星具此圖

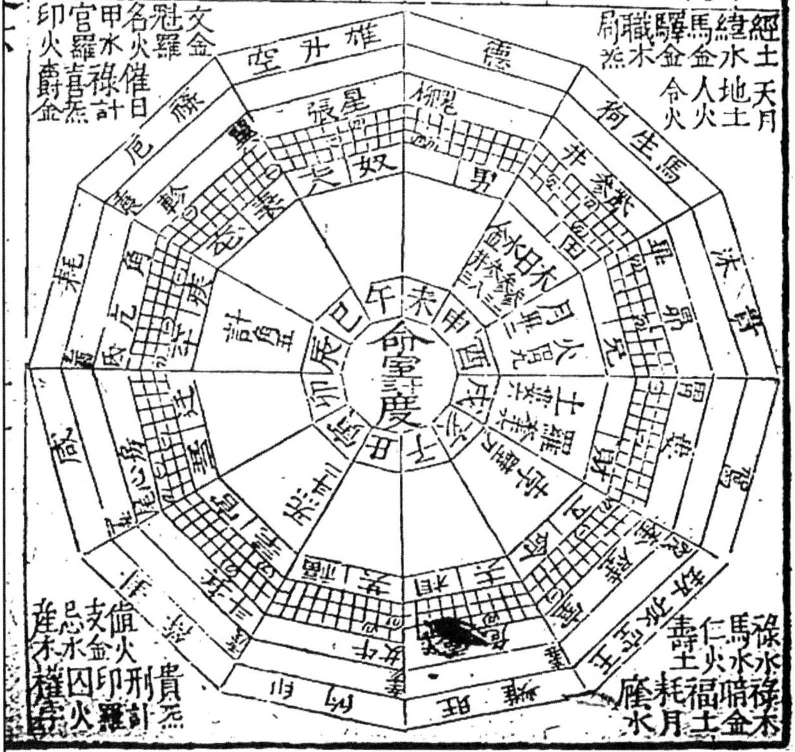

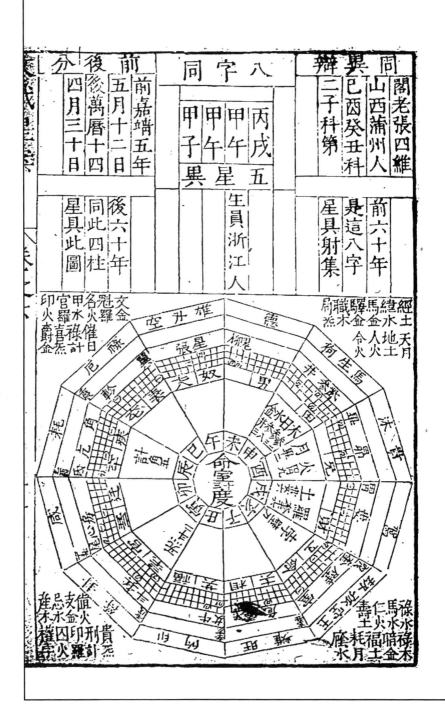

同異辯			八字同				前後分			
閣老王家屏	山西山陰人	隆慶戊辰科	丙申	辛丑	癸丑	癸丑	前嘉靖十五	閏十二月初二	後萬曆廿四	十一月廿一日
			五星異							
六十年前	是這八字	星陳射集	寒儒福建人				六十年後	同稟四柱	星列此圖	

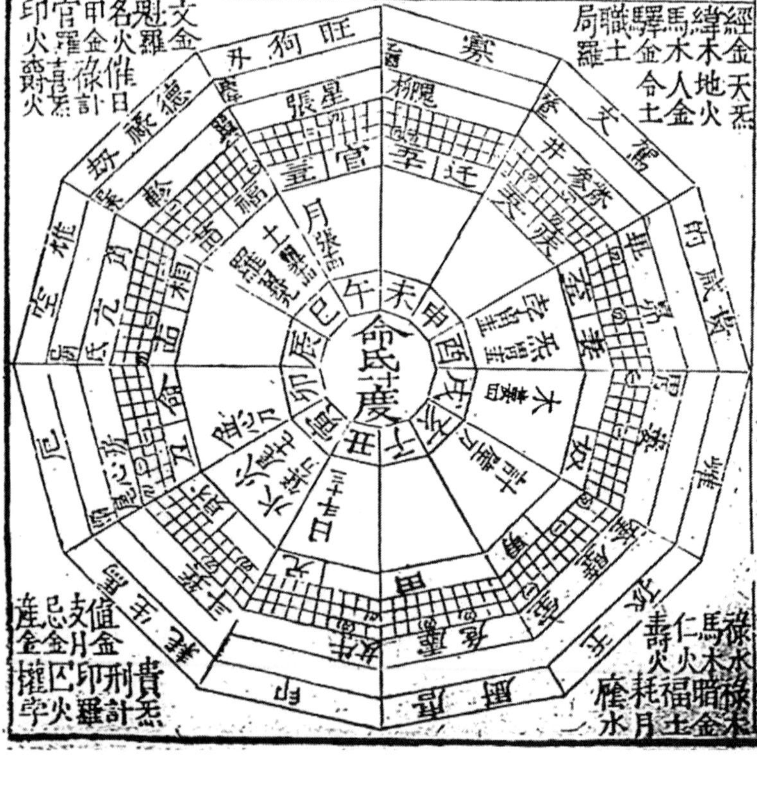

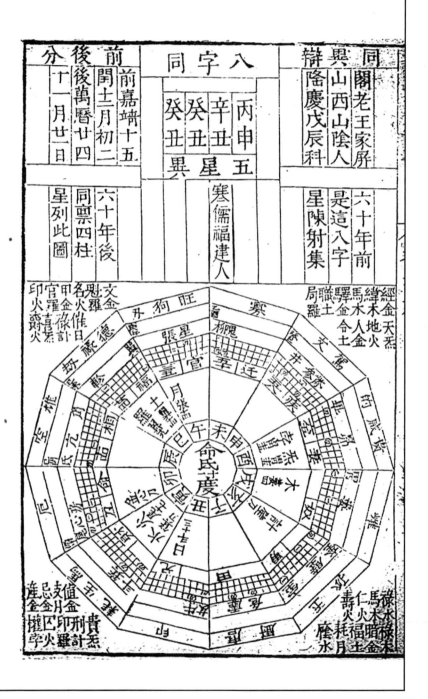

同異辯

閣老張位
江西新建人
戊午戊辰科

前六十年
是這八字
星具射集

八字同

癸巳
乙丑
丁未
辛亥

五星異

尋常揚州人

前後分

前嘉靖壬年
正月初十日
後萬曆廿年
閏十一月廿

後六十年
同此四柱
星列此圖

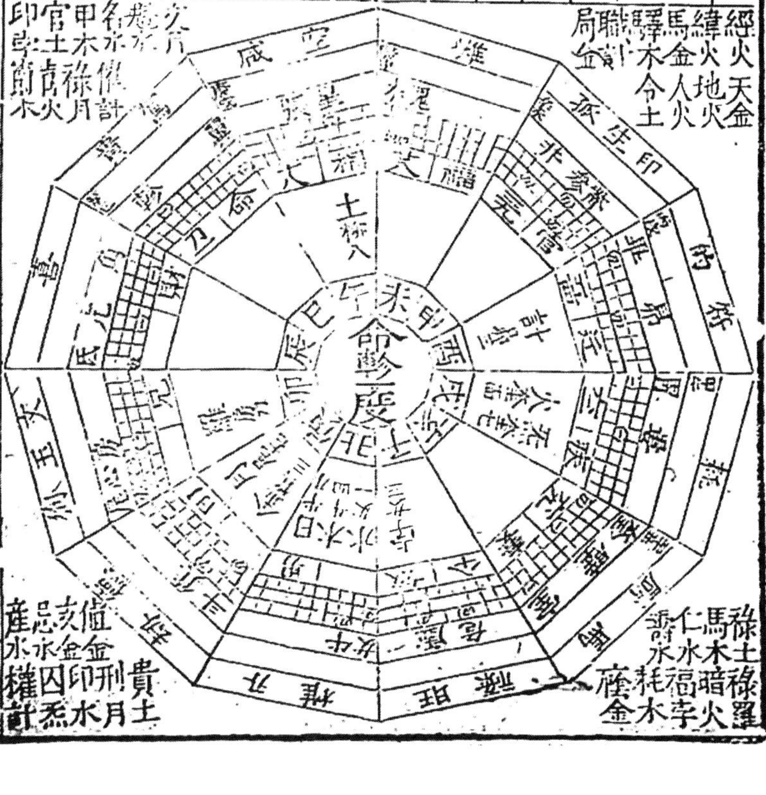

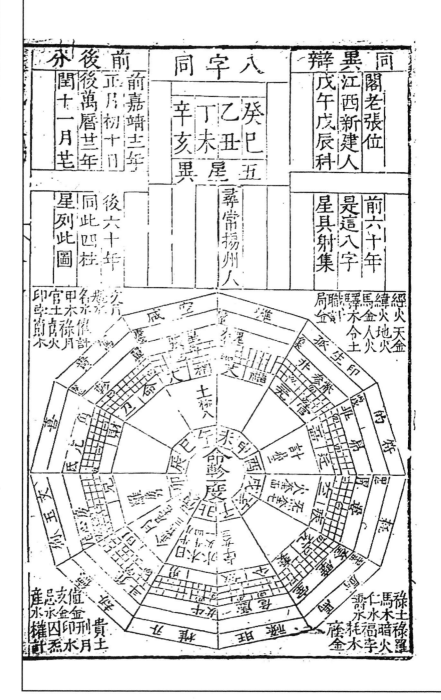

同異辨	八字同	前後分
閣老沈一貫 辛酉戊辰科 浙江寧波人	丁酉 甲辰 庚寅 壬午	前嘉靖十六年 三月十一日 後萬曆廿五 二月廿九日
六十年前 是這八字 星列射集	五星異 儒生南京人	六十年後 同斯四柱 星具此圖

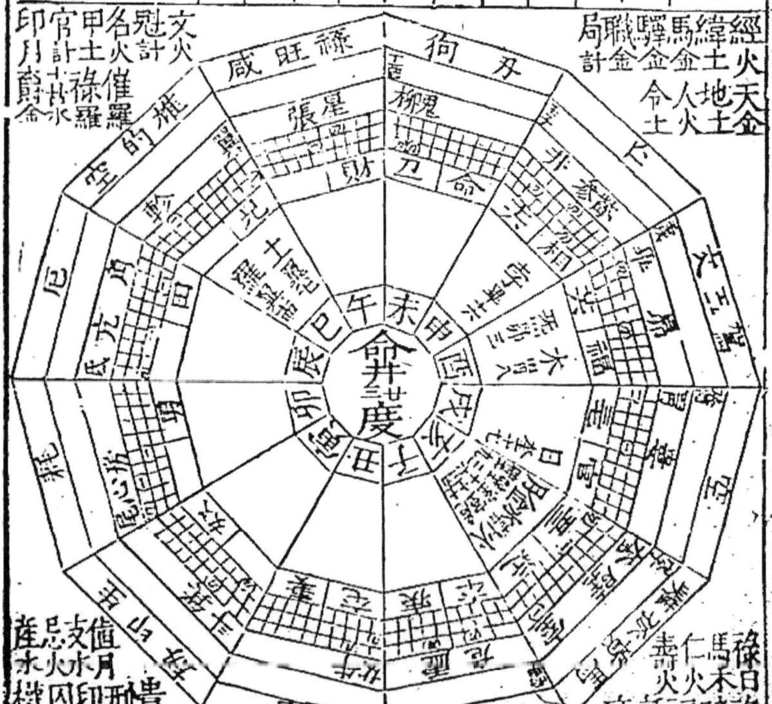

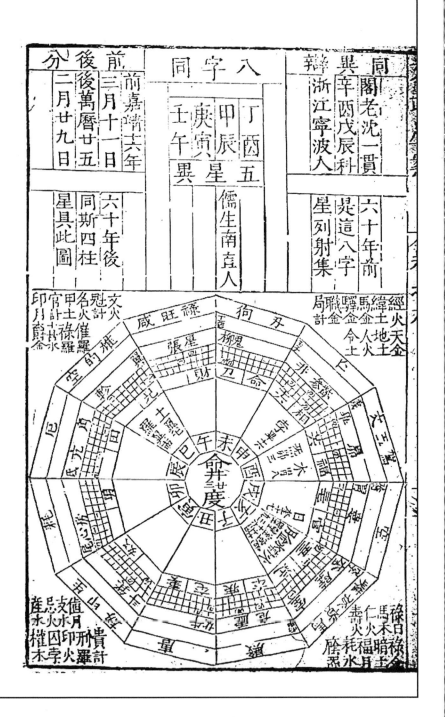

同異辯

閣老陳于陛
四川南充人
辛酉戊辰科
父子閣老

前六十年
是此八字
星具射集

八字同

乙巳
己丑
壬寅
乙巳

五星異

未來元魁造

前後分

前嘉靖廿四
十二月十三
後萬曆三十三
十二月初二

後六十年
同禀四柱
星列此圖

經火 天金
緯水 地木
馬火 人木
驛金 令土
職土
局羅

文計
魁日
名木 催水
甲水 祿水
官水 喜計
印口 壽木

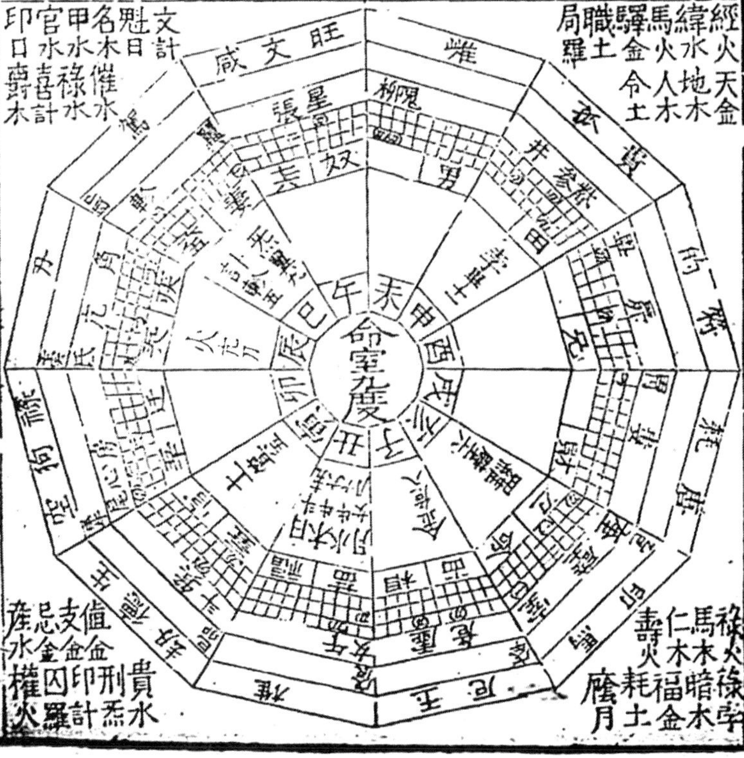

祿火 祿孛
馬木 暗木
仁木 福金
壽火 耗土
蔭月

貴水
值金 刑炁
支金 印計
忌金 囚羅
産水 權火

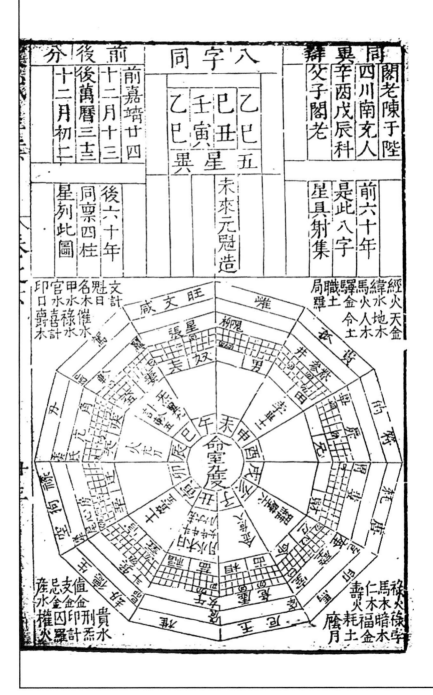

同異辯

閣老吳道南
江西崇仁人
壬午巳丑科

六十年前
是此八字
星陳射集

八字同

庚戌
戊子
戊子
丙辰

五星異

幼童平常命

前後分

前嘉靖廿九
十月廿八日
後萬曆三十六
十月十七日

六十年後
同此八字
星具此圖

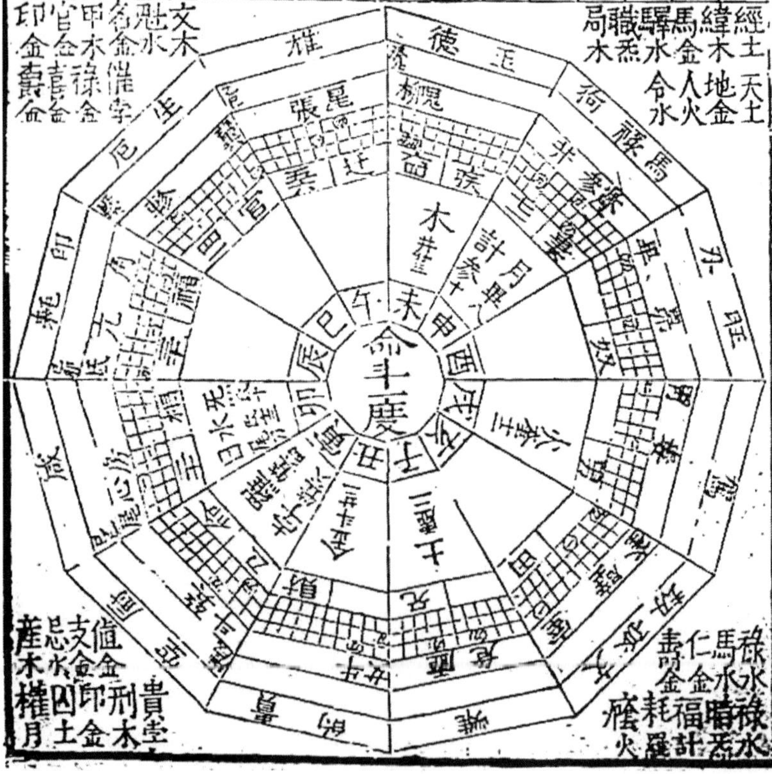

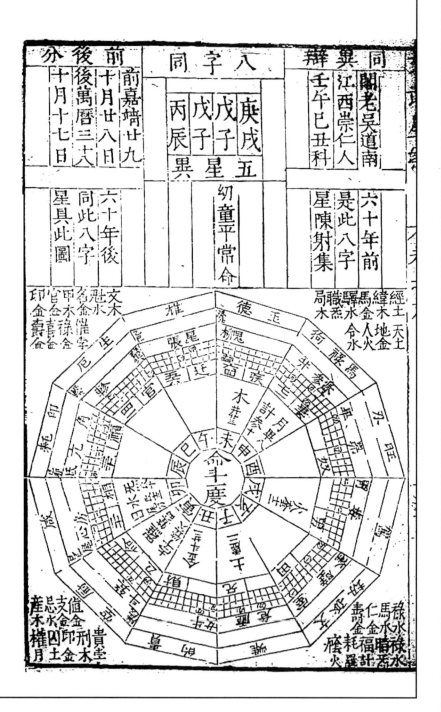

同異辨	八字同	前後殊
尚書萬虞愷 江西南昌人	乙丑 庚辰 戊戌 甲寅	前弘治十八 十二月十三 後嘉靖四十三 三月初一日
	五星異	
前六十年 是這八字 星載朔集	平常徽州人	後六十年 同稟四柱 星列此圖

文計
魁日催水
名木祿水
甲水喜計
官水壽水
印日

經火天金
緯水地水
馬火人木
驛金命土
職月
局火

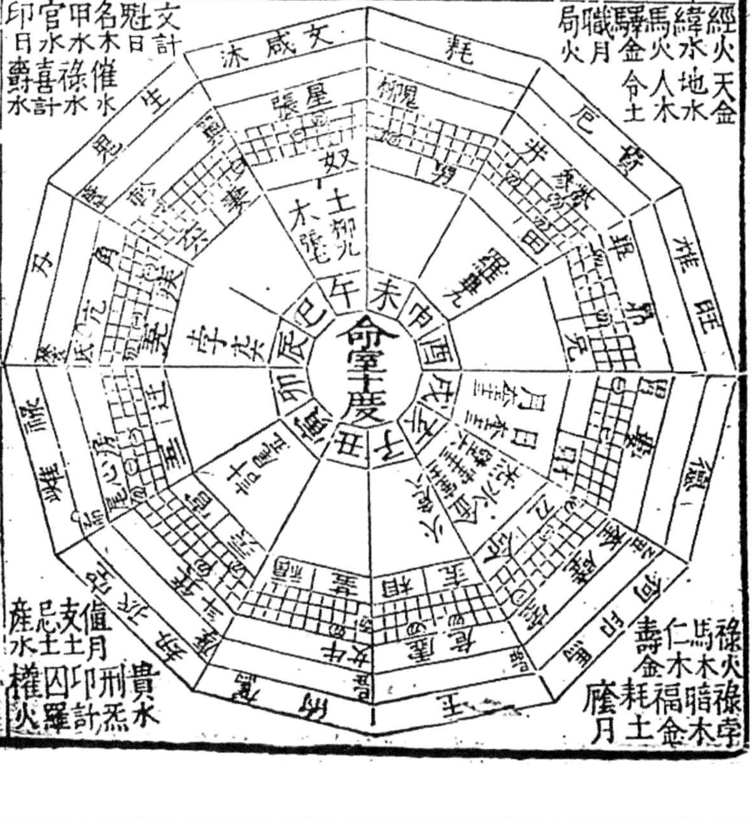

貴水
值月刑炁
支土印計
忌土囚羅
産水權火

祿火祿孛
馬木暗木
仁木福金
壽金耗土
蔭月

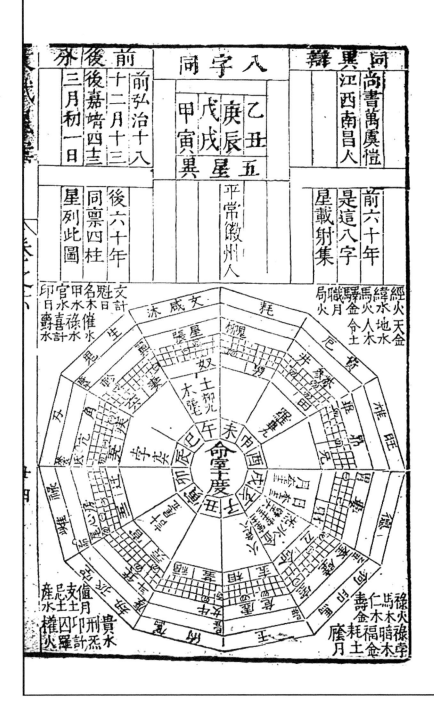

同異辨

尚書陳紹儒
廣東南海人
彌洛南

六十年前
是這八字
星具射集

八字同

丙寅
庚寅
辛丑
乙未

五星異

監生江西人

前後分

前正德元年
正月二十日
後嘉靖四十五
正月初九日

八十年後
同斯四柱
星列此圖

經火 緯金 馬火 驛火 職羅 局土
天木 地金 人木 合木

文金 魁羅 名火 甲木 宮羅 印火
催日 祿計 喜炁 爵木

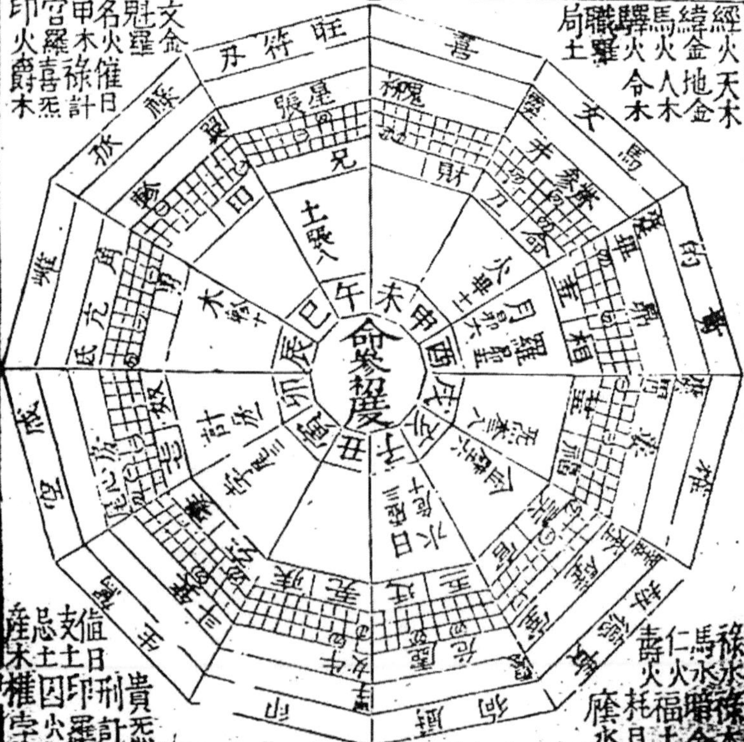

祿水 馬火 仁火 壽火
祿木 暗金 福土 耗月 蔭水

值日 支土 忌土 產木
貴炁 刑計 印羅 囚火 權孛

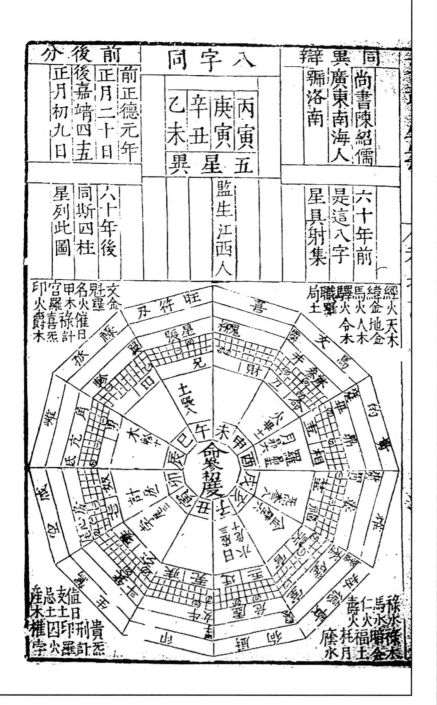

同異辯

尚書張瀚
嘉靖己未科
高壽重望
位列天官

前六十年
是這八字
星陳則集

八字同

辛未
庚子
丙子
己亥

五星異

行商廣東人
義男南京人

前後分

前正德六年
十一月三十日
後隆慶五年
十一月十八日

後六十年
同斯四柱
星具此圖

經木 天火
緯火 地水
馬火 人水
驛水 命水
職計
局金

文土
魁孛
名金 催土
甲土 祿炁
官水 喜木
印計 蔭火

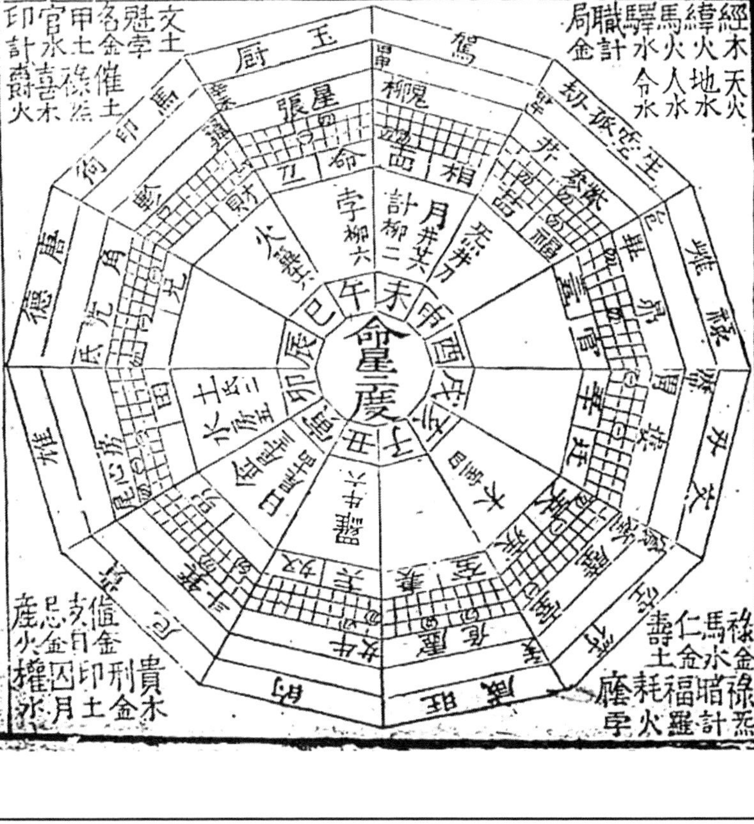

祿金 祿炁
馬水 暗計
仁金 福羅
壽土 耗火
蔭孛

貴木
刑金 催金
印土 支日
囚月 忌金
權水 產火

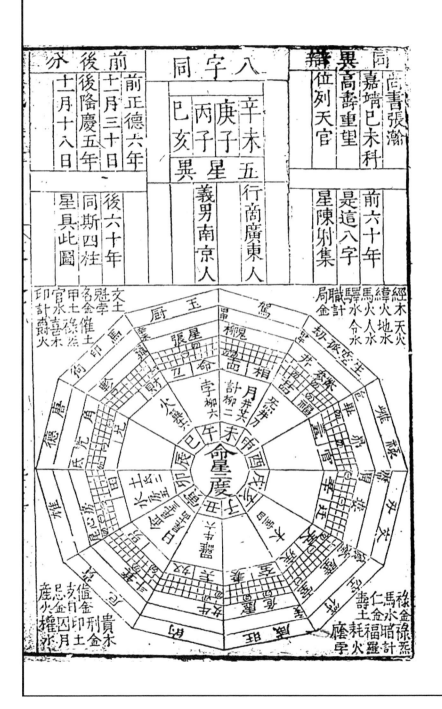

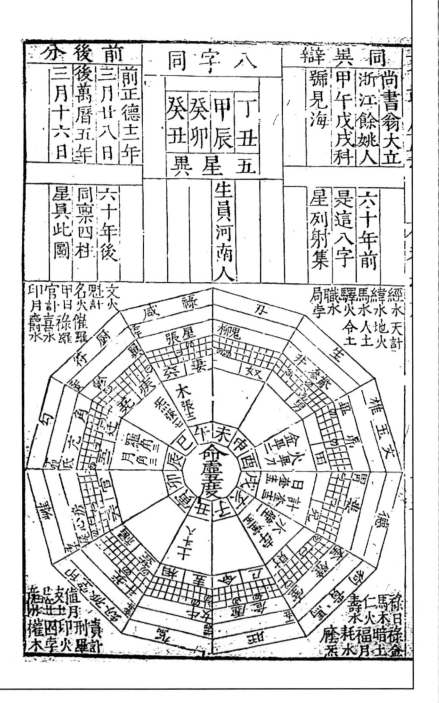

同異辯

尚書翁大立
浙江餘姚人
甲午戊戌科
號見海

六十年前
是這八字
星列射集

八字同

丁丑
甲辰
癸卯
癸丑

五星異

生員河南人

前後分

前正德十二年
三月廿八日
後萬曆五年
三月十六日

六十年後
同稟四柱
星異此圖

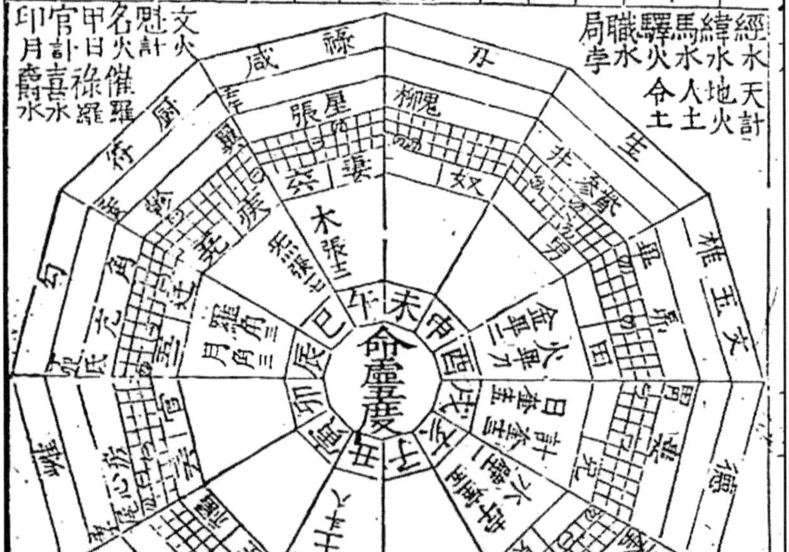

同異辨

尚書陳炌
江西臨川人
庚子辛丑科
歸見所

前六十年
是這八字
星具躬集

八字同

丙子
丁酉
壬申
辛亥

五星異

平常南京人

前後分

前正德十一年
八月廿三日
後萬曆四年
八月十二日

後六十年
同稟四柱
星具此圖

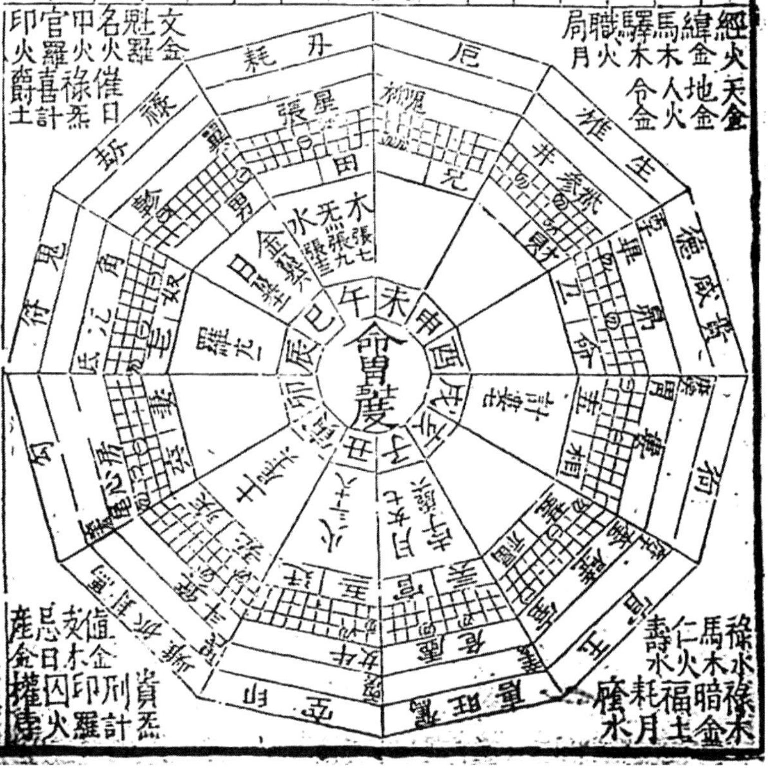

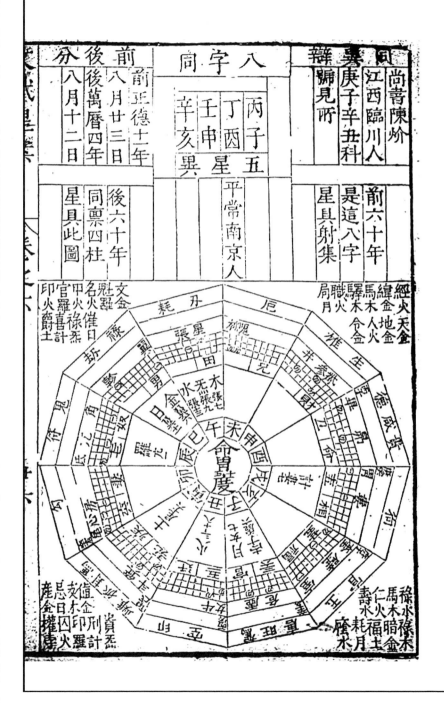

前後分	八字同	同異辯
前嘉靖元年 四月廿八日 後萬曆十年 四月十七日	壬午 乙巳 甲辰 巳巳 五星異	尚書方逢時 湖廣人 庚子辛丑科 宮保賜玉帶
六十年後 同稟四柱 星異此圖	道士南京人	六十年前 是這八字 星陳射集

經火 天金
緯土 地火
馬金 人火
驛金 命火
職水
局孛

文昌
魁炁
名水 催月
宗土 祿日
官月 喜孛
印水 爵水

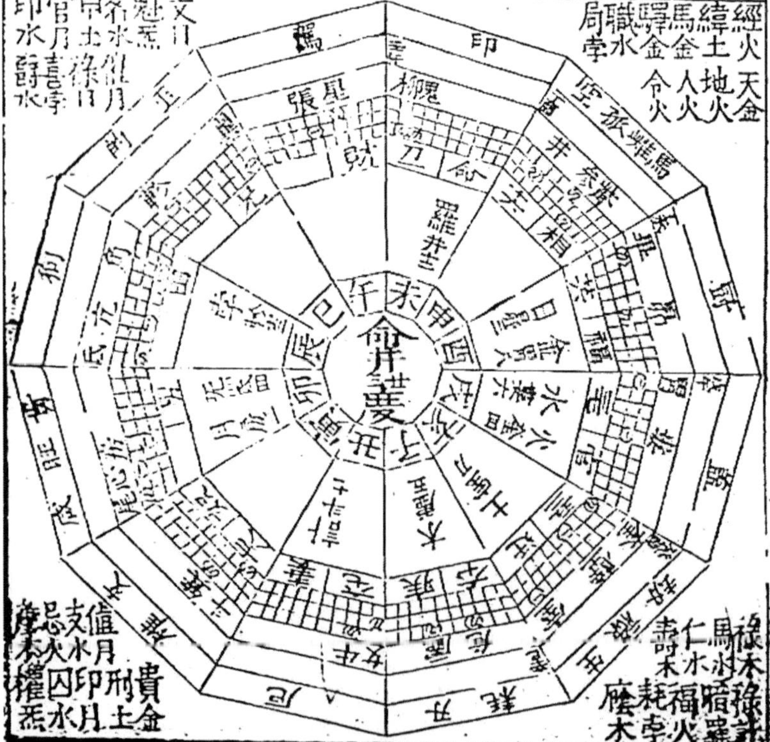

祿木 孫計
馬水 暗羅
仁水 福火
壽木 耗孛
蔭木

值月 貴金
支水 刑土
忌火 印月
魔木 囚水
權炁

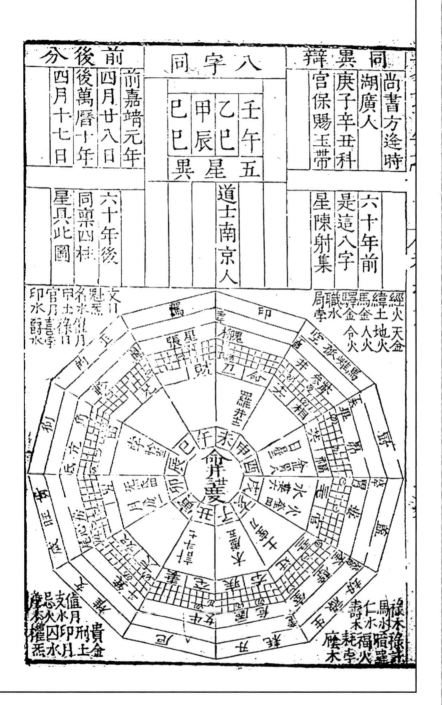

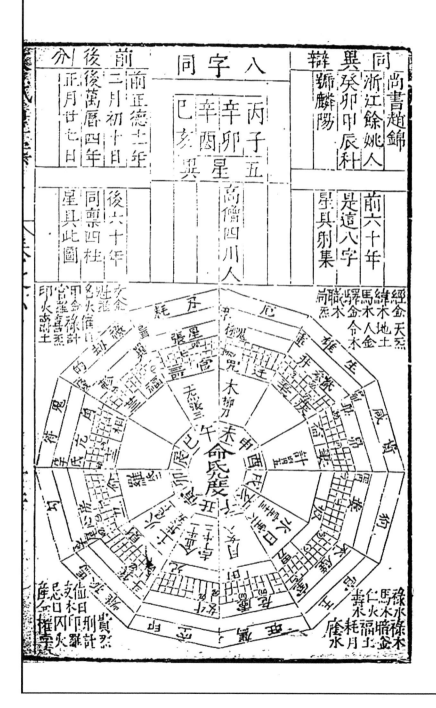

同異辯

尚書趙錦
浙江餘姚人
癸卯甲辰科
獅麟陽

前六十年
是這八字
星具別集

八字同

丙子
辛卯
辛酉
己亥

五星異

高僧四川人

前後分

前正德十二年
二月初十日
後萬曆四年
正月廿七日

後六十年
同稟四柱
星具此圖

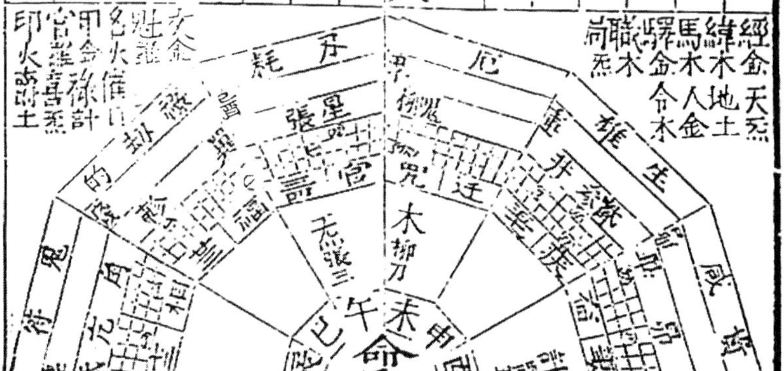

同異辨

尚書曹三暘
直隸宜興人
癸卯甲辰科
子司勳進士

六十年前
是這八字
星列射集

八字同

丙子
戊戌
丁酉
辛亥

五星異

平常山西人

前後分

前正德十一年
九月十九日
後萬曆五年
九月初八日

六十年後
同禀四柱
星異此圖

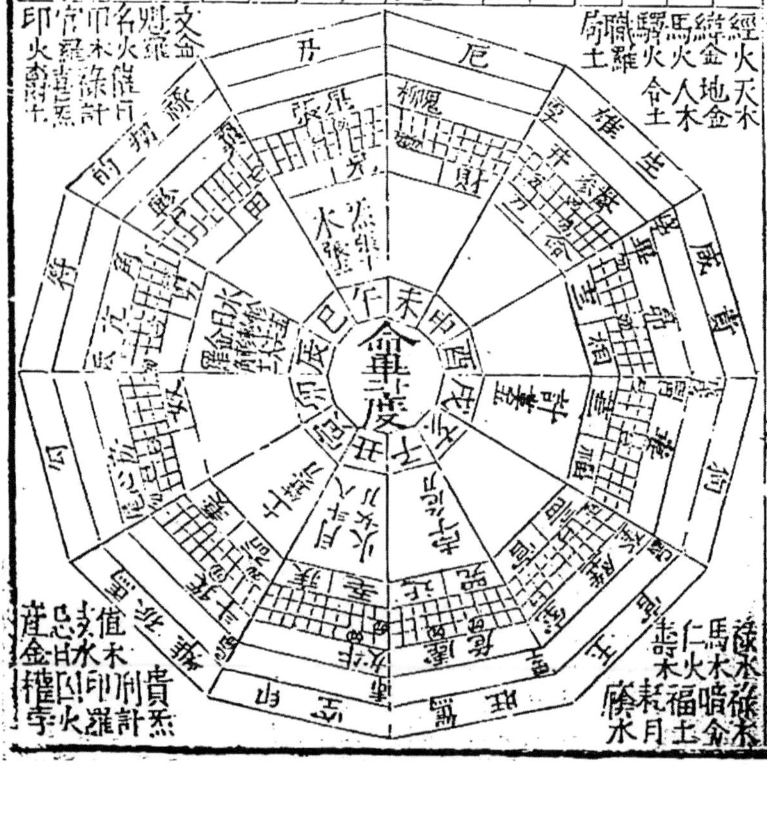

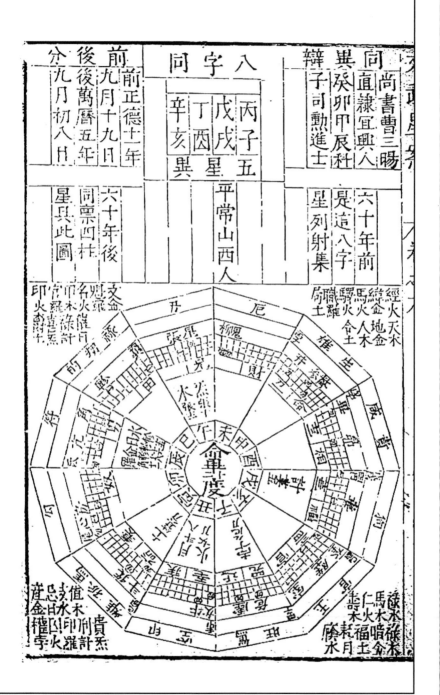

同異辯

尚書畢鏘
直隸石埭人
癸卯甲辰科
膺一子高壽

前六十年
是這八字
星陳射集

八字同

丁丑
乙巳
己卯
庚午

五星異

生員浙江人

前後分

前正德十二年
五月初五日
後萬曆五年
四月廿二日

後六十年
同稟四柱
星異此圖

經火天大
緯火地金
馬火人木
驛水合火
職木
局炁

文火
魁計
名火催羅
甲土祿羅
官計喜水
印月爵水

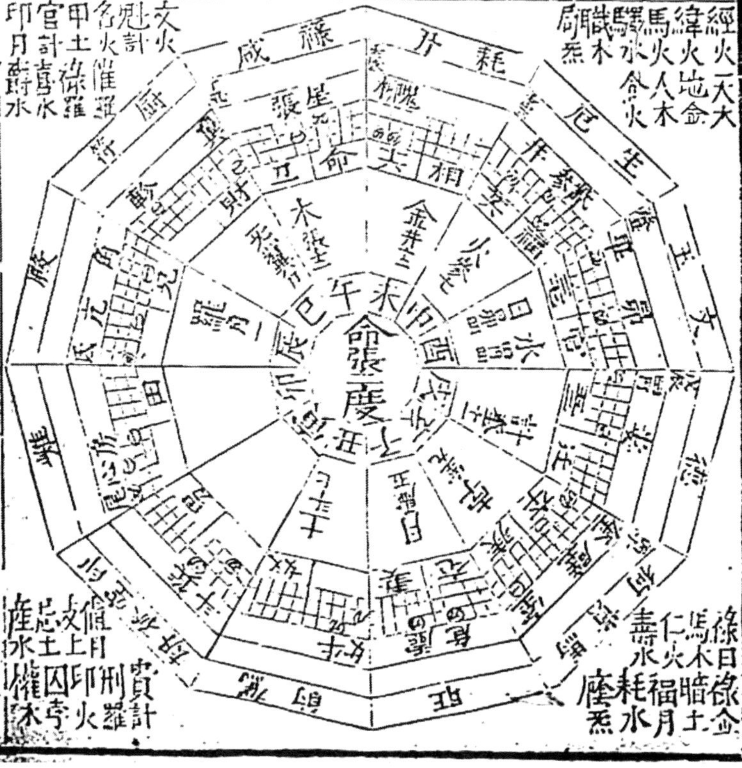

祿日 馬木 仁火 壽水
祿金 暗土 福月 耗水 廕炁

倌月 文上 忌土 產水
貴計 刑羅 印火 囚孛 權木

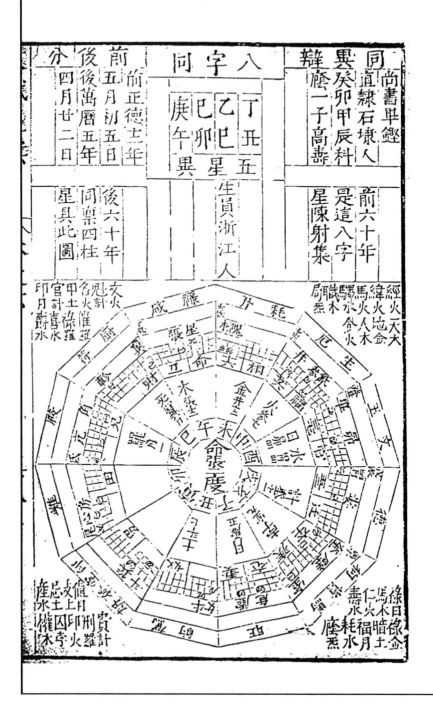

前後分	八字同	同異辯
前嘉靖四年四月十八日	甲申	尚書嚴濟
後萬曆十二年四月初六日	巳巳	雲南籍嘉興人
	壬子	嘉靖甲辰科
	庚子	子忝政
	五星異	
後六十年	平常比直人	六十年前
同禀四柱		是這八字
星具此圖		星陳附集

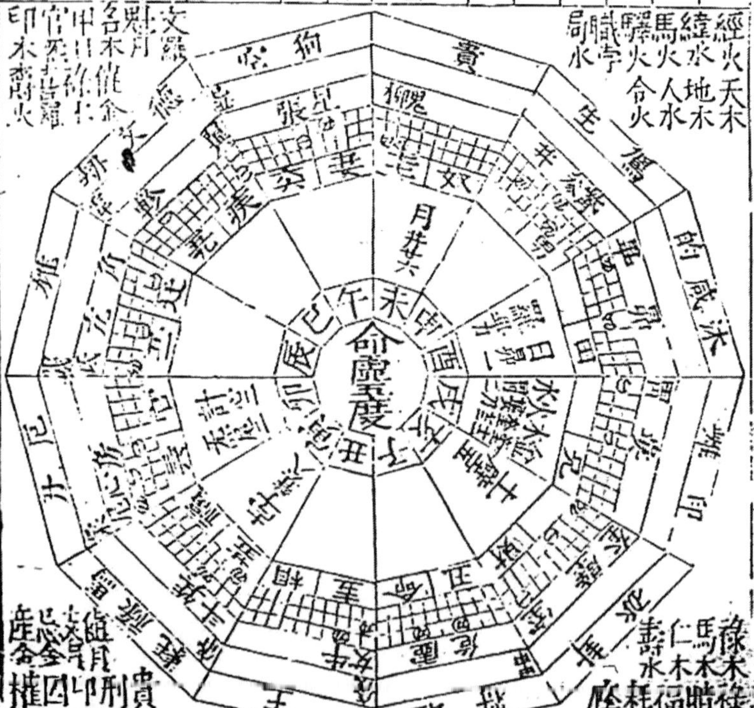

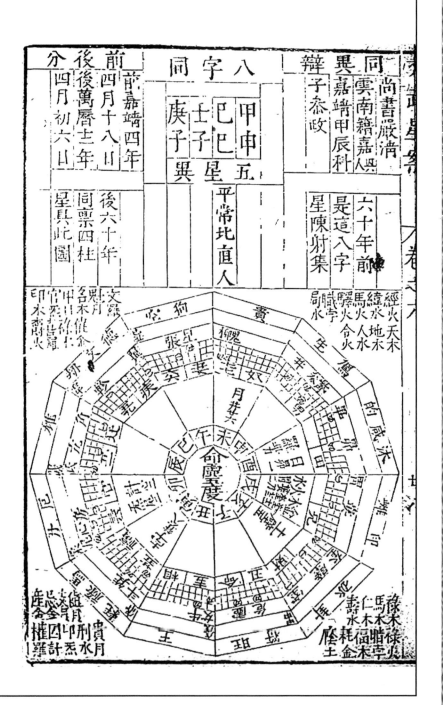

同異辯	八字同	前後分
尚書凌雲翼 直隸蘇州人 癸卯丁未科 號陽山	己卯 甲戌 乙丑 丙戌	前正德十四 十月初五日 後萬曆七年 九月廿二日
前六十年 是這八字 星列別集	五星異 蕭曾江西人	後六十年 同禀四柱 星具此圖

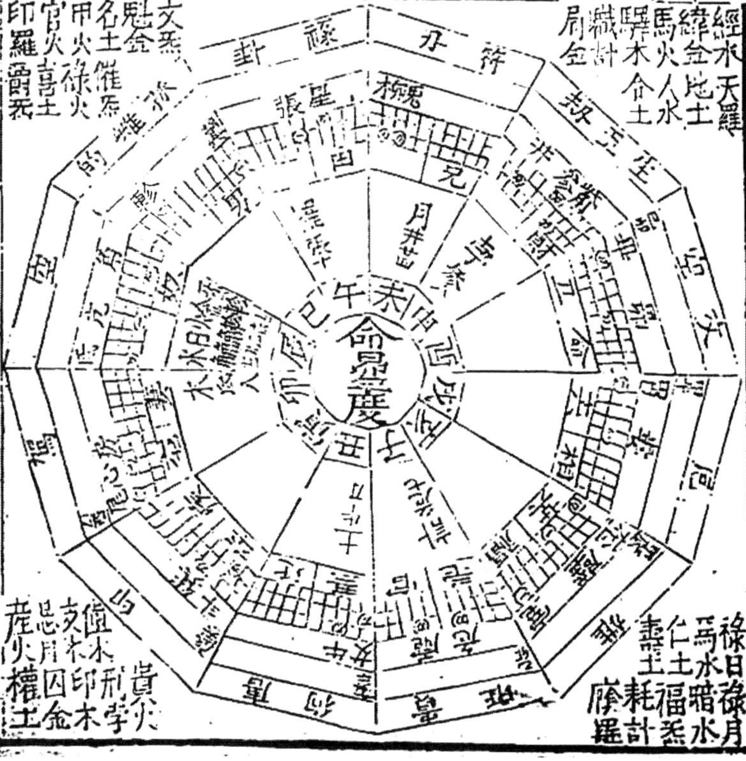

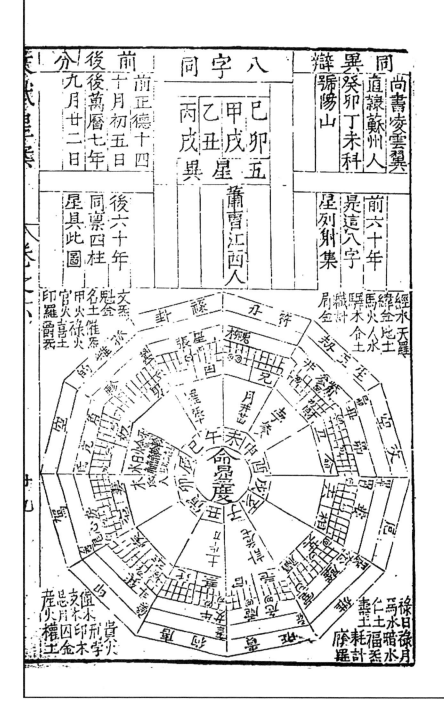

前後分				八字同				同異辯		
十一月十九	後萬曆二年	十二月初一	前正德九年	甲子	巳丑	丙子	甲戌	庚子庚戌科	浙江臨海人	尚書何寬
				五星異						
星具此圖	同禀四柱	六十年後			平常南京人			星列射集	是這八字	六十年前

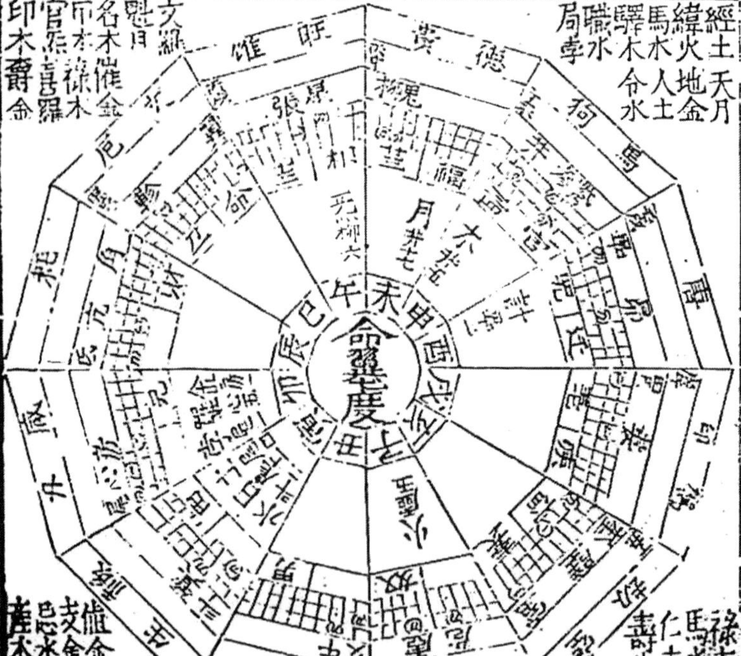

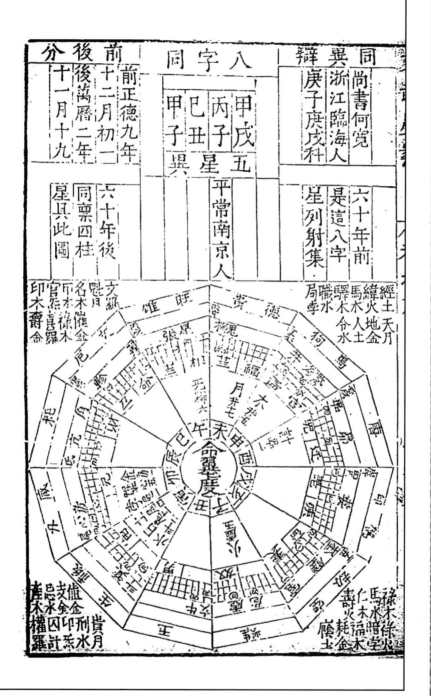

同異辯

尚書郭應聘
福建莆田人
丙午庚戌科
廕一子

前六十年
是這八字
星陳㓨集

八字同

庚辰
甲申
癸亥
乙卯

五星異

監生松江人

前後分

前正德十五
八月初八日
後萬曆八年
六月廿五日

後六十年
同稟四柱
星具此圖

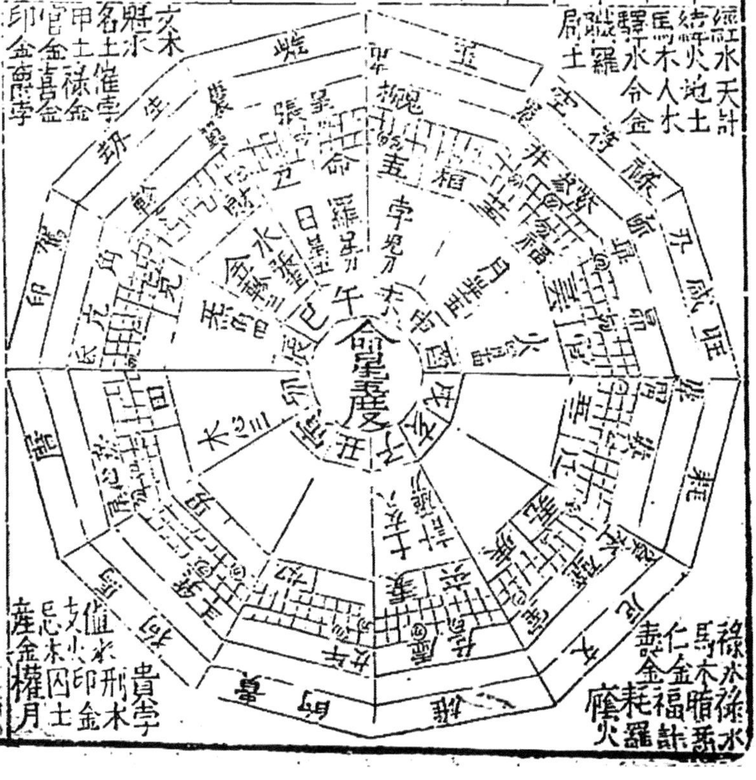

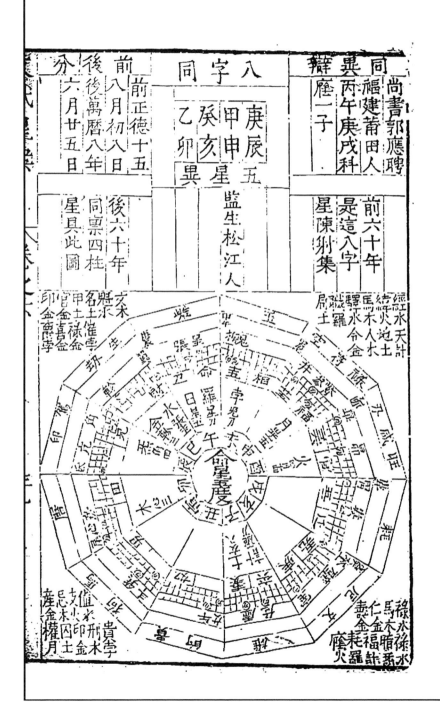

同異辯

尚書姜寶
直隸丹陽人
丙午癸丑科
子士昌進士

六十年前
是這八字
星陳俱集

八字同

甲戌
壬申
己亥
乙丑

五星異

平常徽州人

前後分

前正德九年
八月初七日
後萬曆二年
七月廿七日

六十年後
同禀四柱
星具此圖

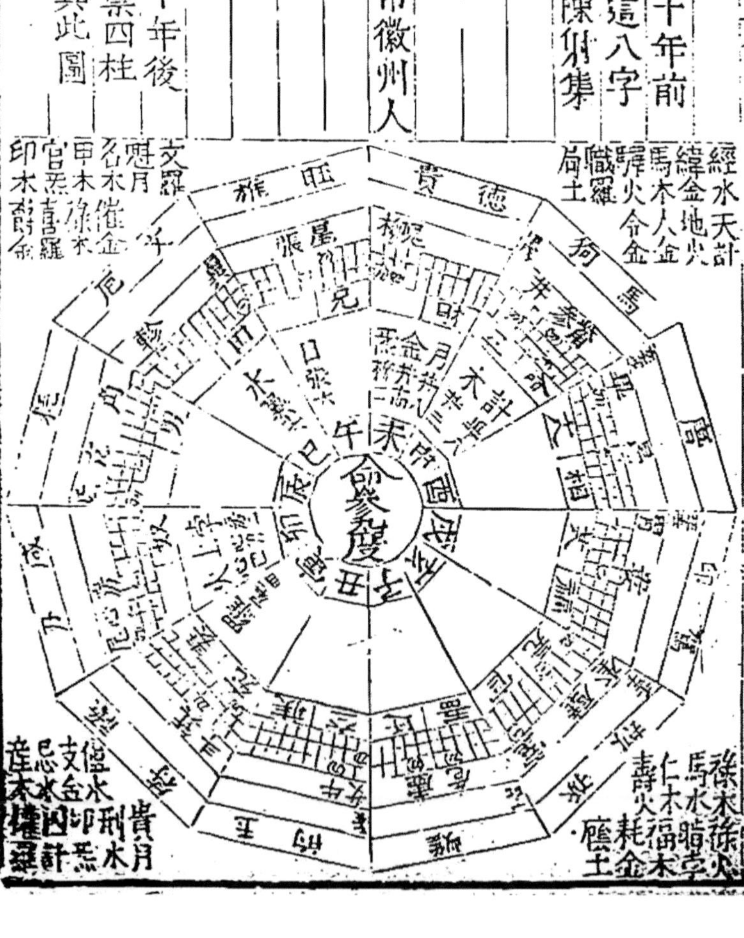

同異辯

尚書陳瑞
福建長樂人
丙午癸丑科
子孫皆科第

六十年前
是這八字
星具射集

八字同

乙亥
乙酉
丙戌
乙丑

五星異

行商徽州人

前後分

前正德十年
八月二十日
後萬曆三年
八月初九日

六十年後
同稟四柱
星具此圖

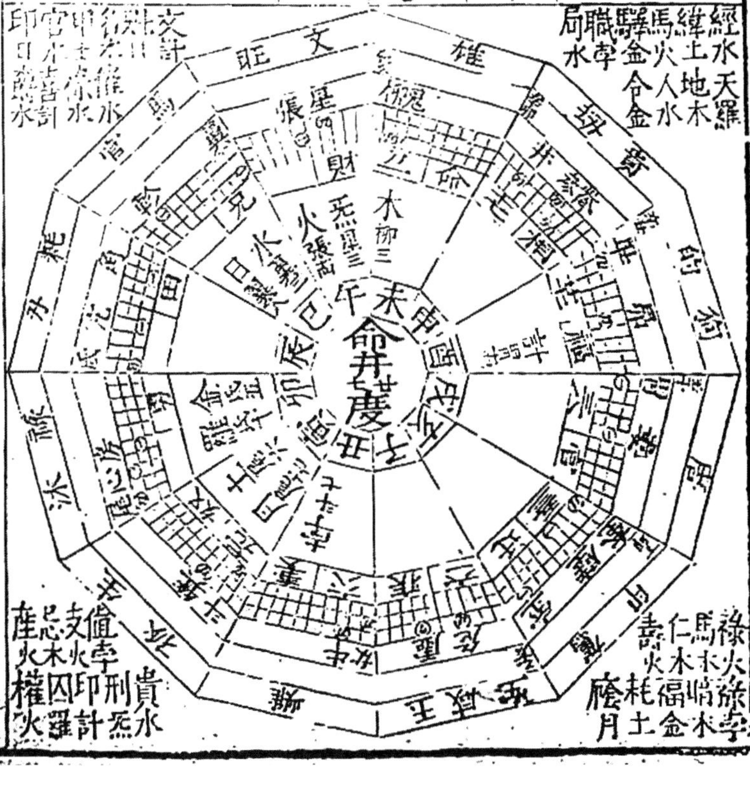

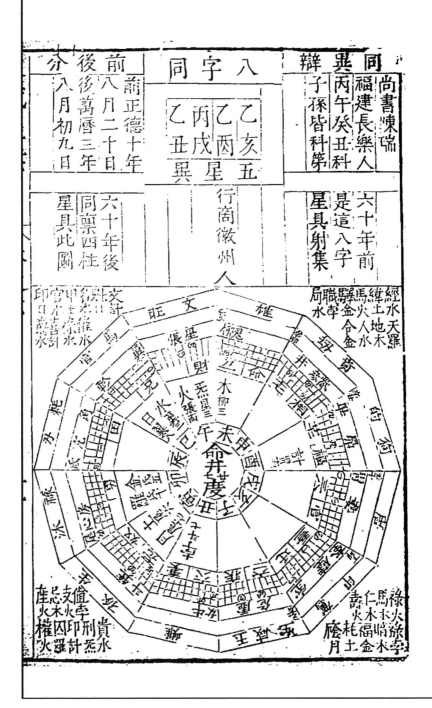

同異辯

尚書蔡國珍
江西奉新人
乙卯丙辰科
天官膺子

前六十年
是這八字
星具刋集

八字同

丁亥
癸卯
庚午
乙酉

五星異

生員嘉定人

前後分

前嘉靖六年
二月廿三日
後萬曆十五
二月十一日

後六十年
同稟四柱
星列此圖

經木 緯火 馬木 驛木 職炁 局木
天孛 地木 人木 合木

文火 魁計 名火 甲木 官計 印月
催羅 孫炁 喜水 爵水

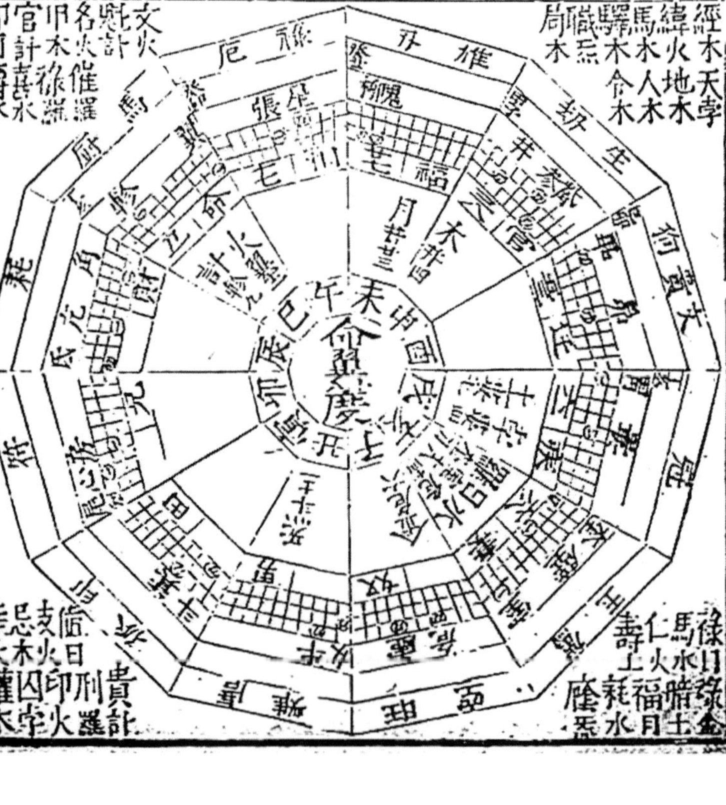

祿日 馬水 仁火 壽土
緣金 暗土 福月 耗水 蔭炁

倚日 支火 忌木 産火
貴計 刑羅 印火 囚孛 權木

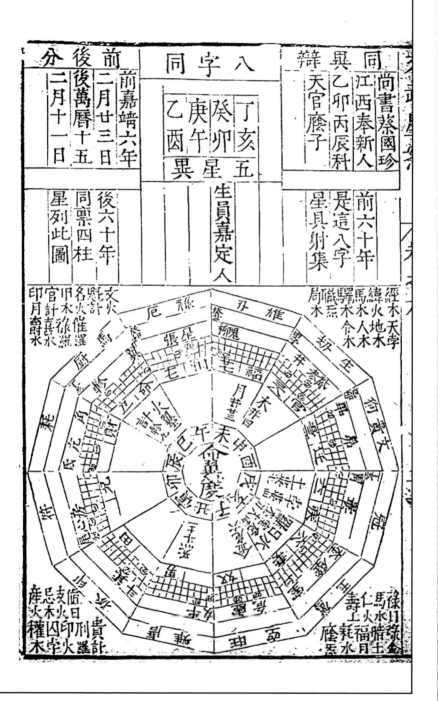

同異辨	八字同	前後分
尚書陰武卿 四川内江人 壬子丙辰科 應一子	丁亥 庚戌 丁酉 庚戌 五星異	前嘉靖六年 九月廿三日 後萬曆十五 九月十一日
前六十年 是這八字 星具射集	平常宣城人	後六十年 同票四柱 星列此圖

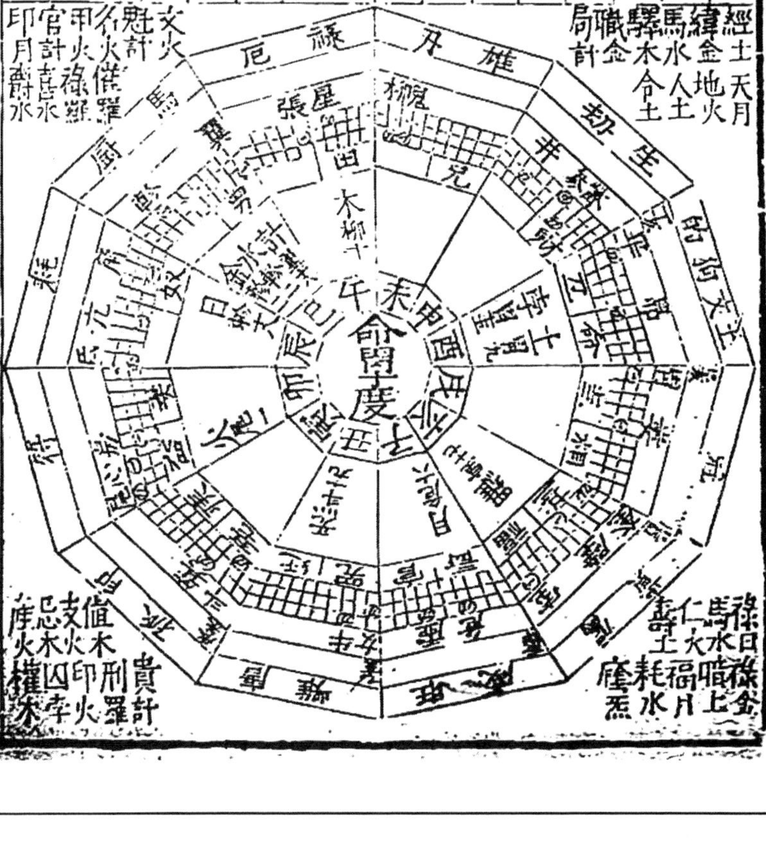

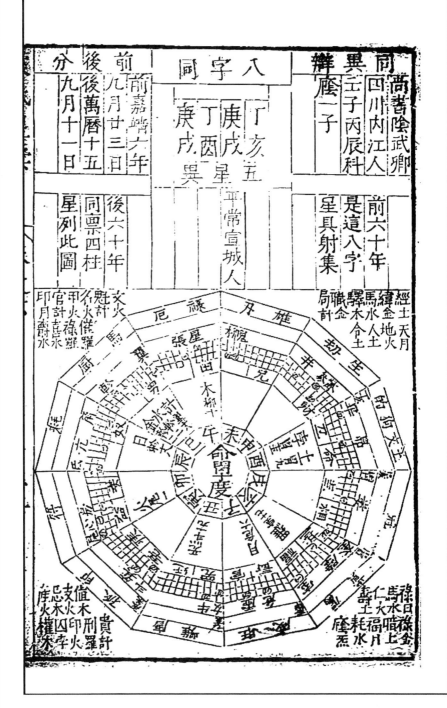

同異辯	八字同	前後分
尚書鄭洛 北直安肅人 乙卯丙辰科 北兵加太保	庚寅 丁亥 壬辰 辛丑	前嘉靖九年 十一月初六 後萬曆十八 十月廿四日
六十年前 是這八字 星陳躬集	五星異 青松嘉興人	六十年後 同稟四柱 星具此圖

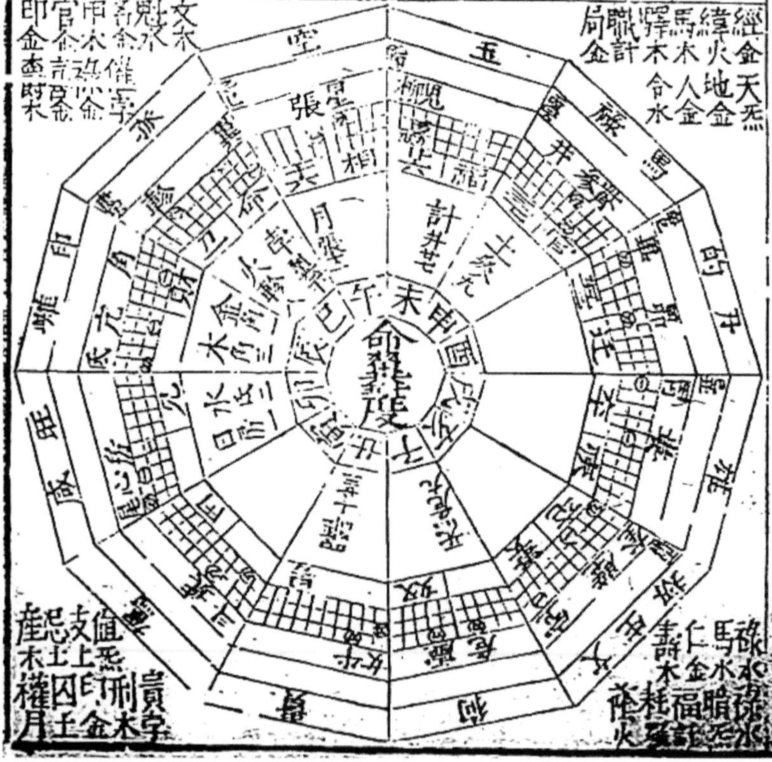

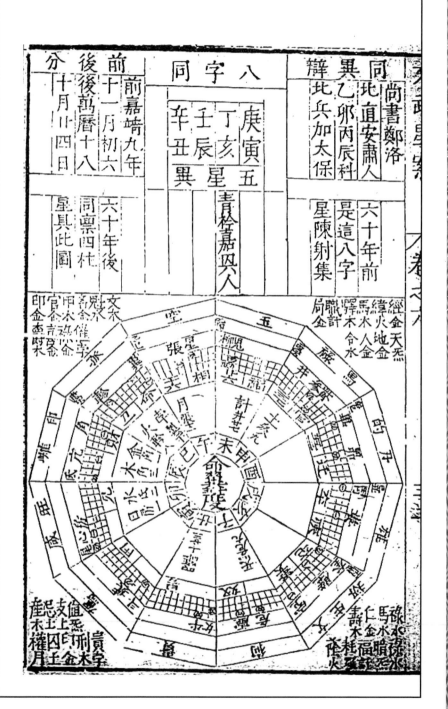

同異辯

尚書吳兌
浙江山陰人
戊午巳未科

前六十年
是這八字
星具射集

八字同

乙	辛	庚	乙
酉	巳	戌	酉

五星異

生員杭州人

前後分

前嘉靖四年
四月廿一日
後萬曆十三年
四月初九日

後六十年
同禀四柱
星具此圖

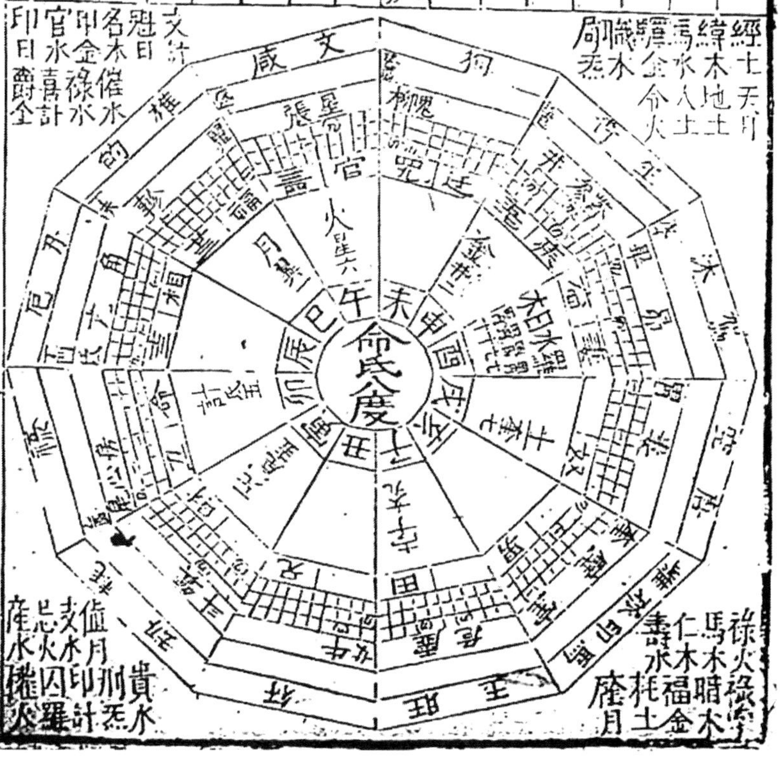

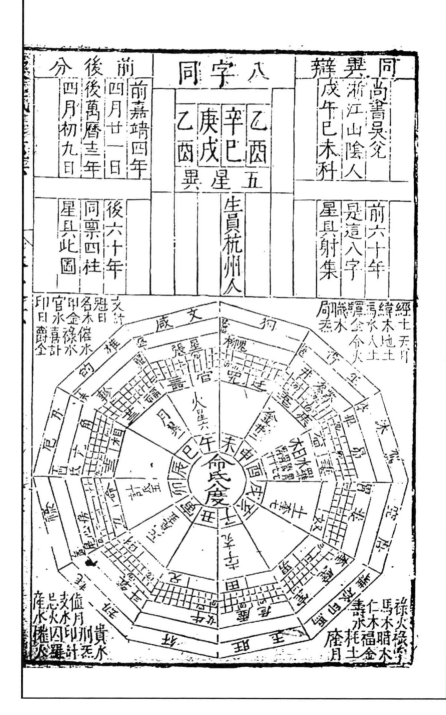

同異辨

尚書魏時亮
江西南昌人
乙卯巳未科

六十年後
是這八字
星具射集

八字同

巳丑
丁丑
壬午
辛丑

五星異

讀書無錫人
刀䇿而川人

前後分

前嘉靖八年
十二月二十
後萬曆十七
十二月初九

六十年後
同票四柱
星列此圖

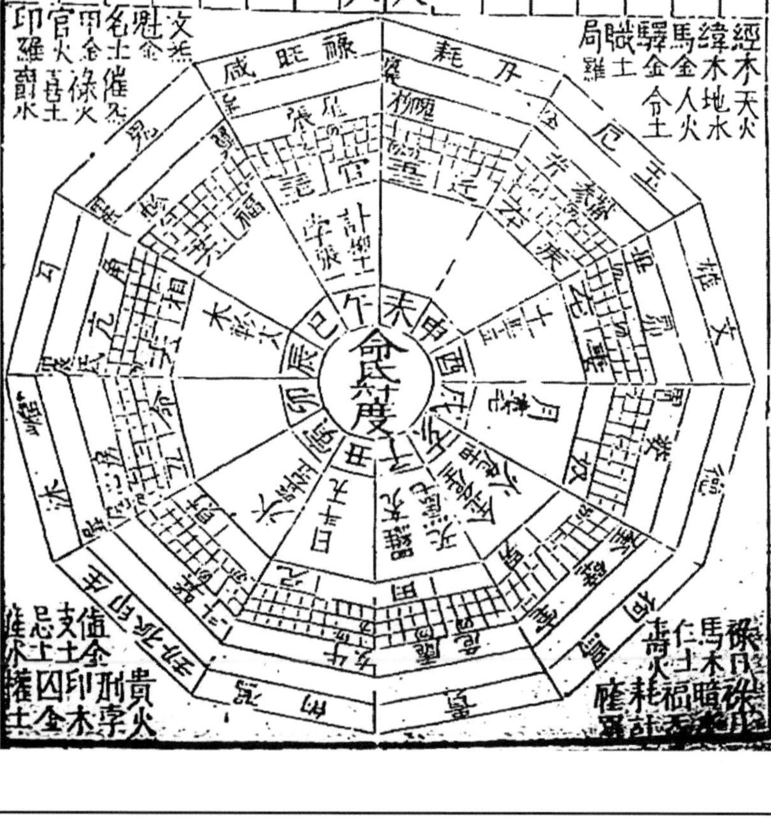

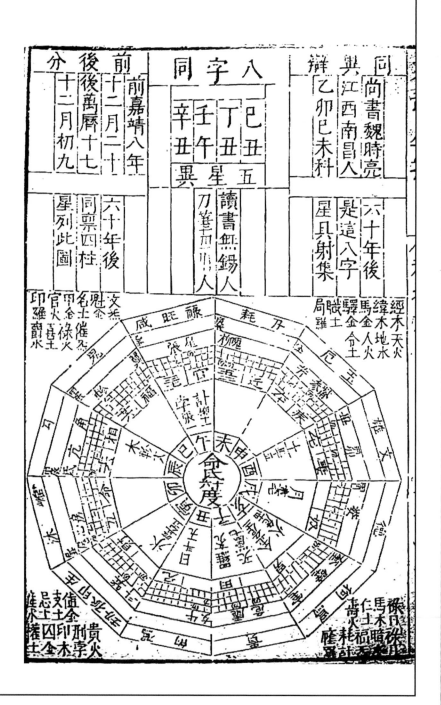

同異辯	八字同	前後分
尚書曾同享 江西吉水人 戊午巳未科 南吏部	癸巳 乙卯 戊戌 丁巳	前嘉靖十二 二月廿五日 後萬曆廿一 二月十三日
	五星異	
前六十年 是這八字 星陳射集	貴路湖廣人	後六十年 同票四柱 星列此圖

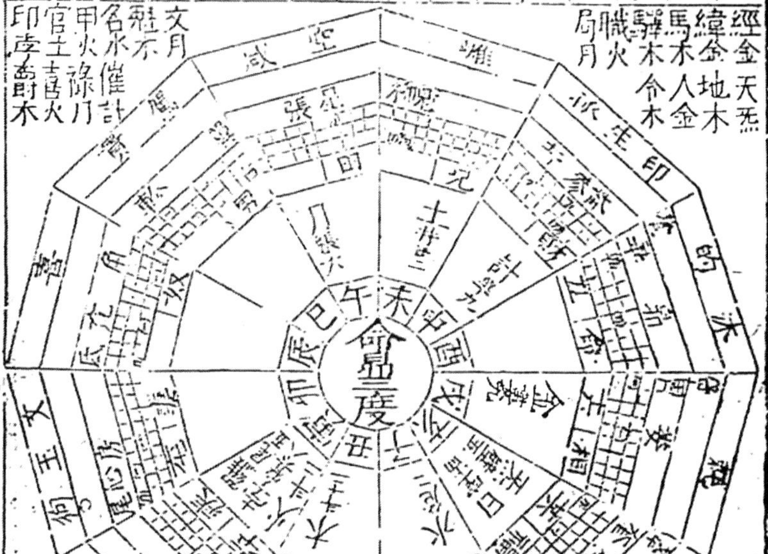

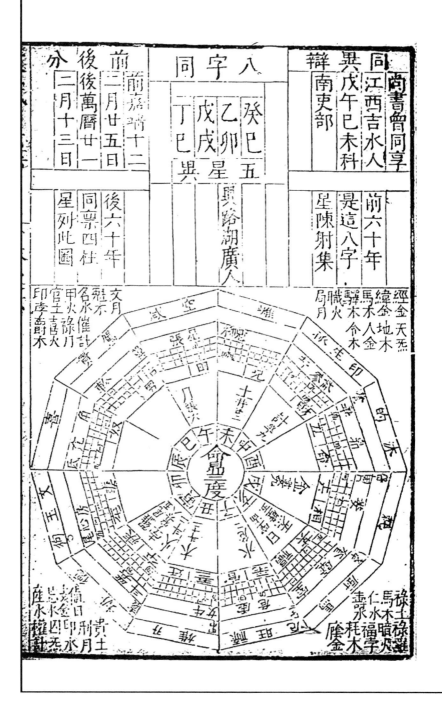

同異辯	
尚書石星	六十年前
北直東明人	是這八字
戊午巳未科	
北兵卒獄	星具射集

八字同			
丁酉	癸丑	庚申	甲申
五星異			
寒儒饒江人			

前後分	
前嘉靖十六	六十年後
十二月十五	
後萬曆廿五	同禀四柱
十二月初四	星陳心

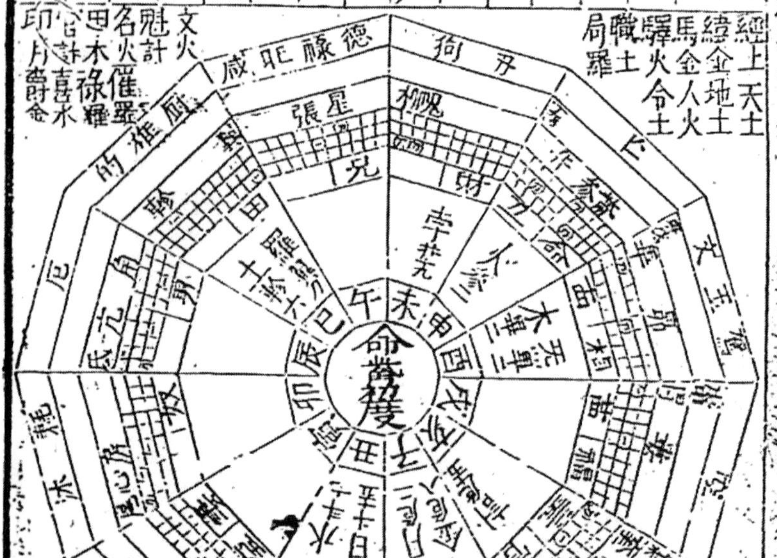

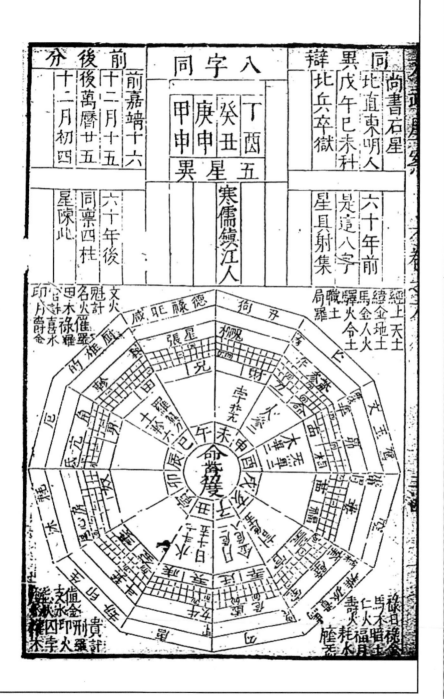

同異辨	八字同	前後分
尚書劉一儒	乙未	前嘉靖十四
湖廣夷陵人	戊寅	正月十四日
戊午巳未科	乙亥	後萬曆廿二
蔭一子	辛巳	正月初二日
	五星異	
前六十年	平常南京人	後六十年
是這八字		同票四柱
星陳射集		星具此圖

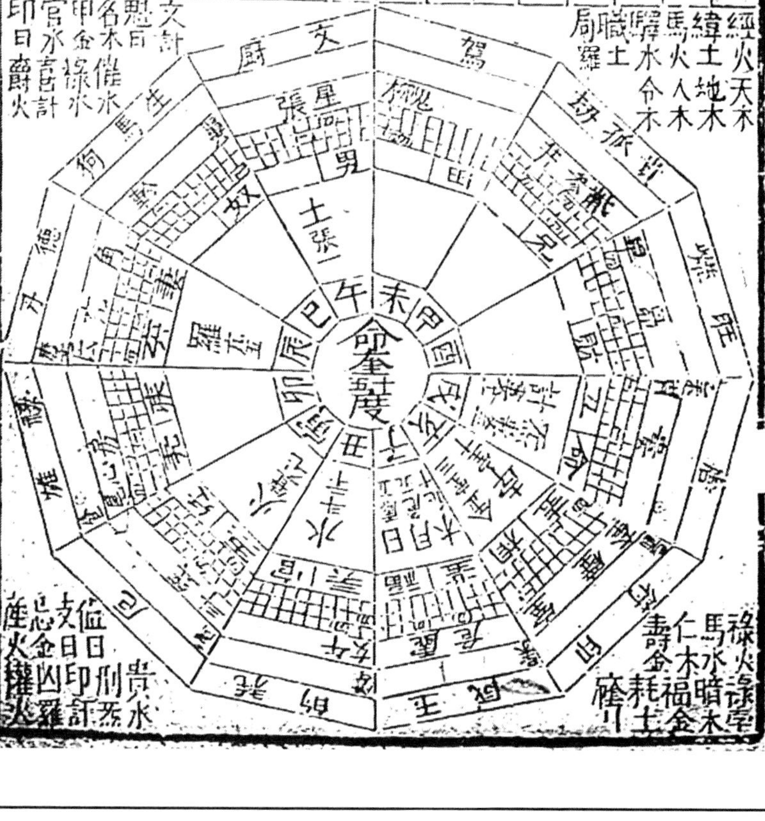

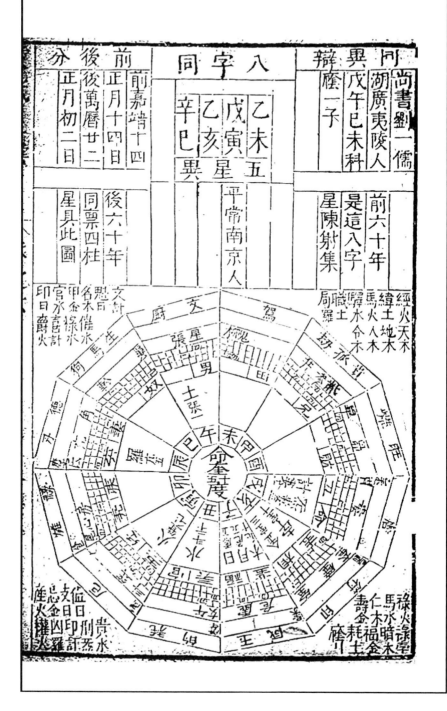

分	後	前	同	字	八	辯	異	同

正月廿七日	後萬曆十九	二月初九日	前嘉靖十年	甲戌	甲子	庚寅	辛卯	南北吏部	壬子壬戌科	浙江餘姚人 / 尚書陳有年
				異	星		五			
星列此圖	同稟四柱	六十年後				壬子湖廣人		星具射集	是這八字	六十年前

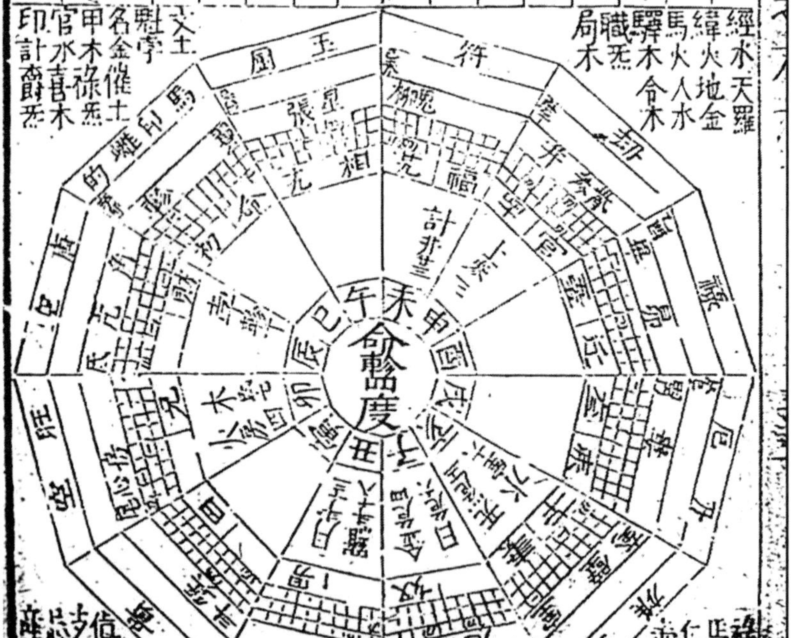

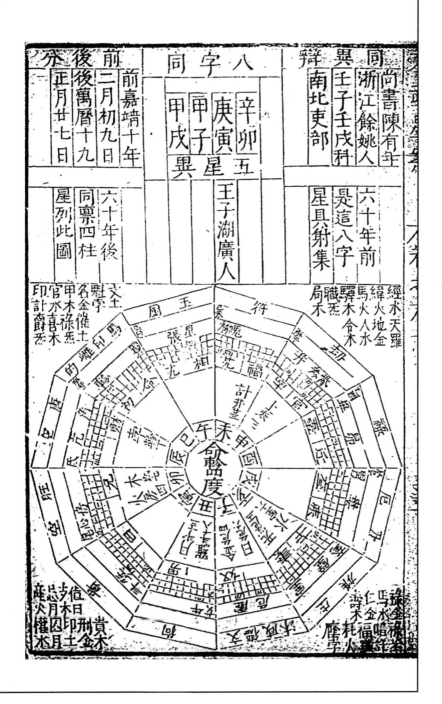

同異辨	八字同	前後分
尚書李汝 比直任丘人 辛酉壬戌科 總制宮保	丙申 戊戌 癸未 癸亥 五星異	前嘉靖十五 十月初一日 後萬曆廿四 閏八月十九
前六十年 是這八字 星具射集	幼孤蘇州人	後六十年 同稟四柱 星列此圖

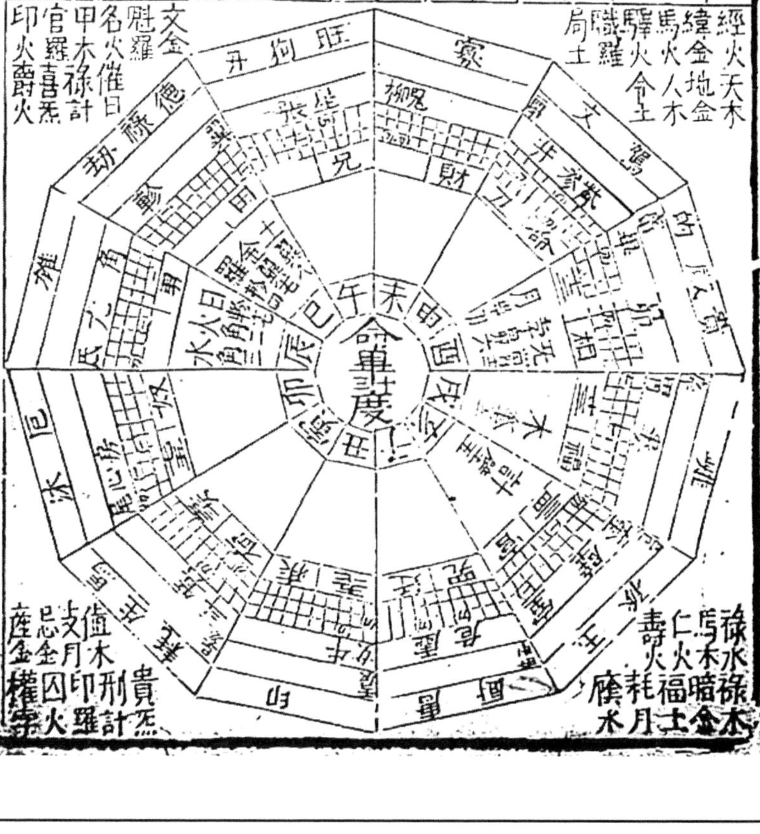

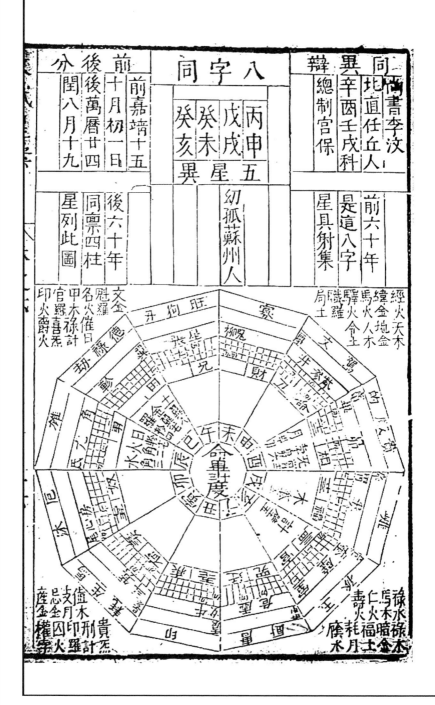

前後分	八字同	同異辯
前嘉靖十三年 四月初四日 後萬曆廿二年 三月廿二日	甲午 巳巳 庚子 巳卯	尚書范崙 直隸丹徒人 戊午乙丑科 南工部
	五星異	
六十年後 同禀四柱 星具此圖	家富常州人	六十年前 是這八字 星具射集

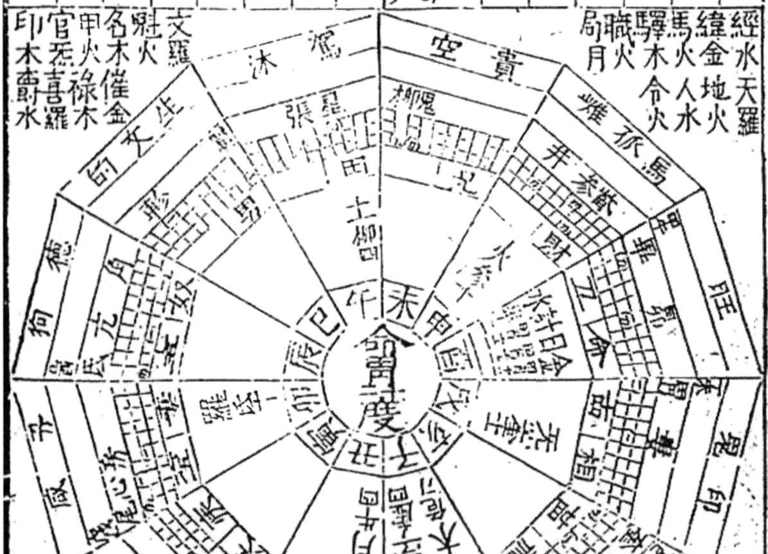

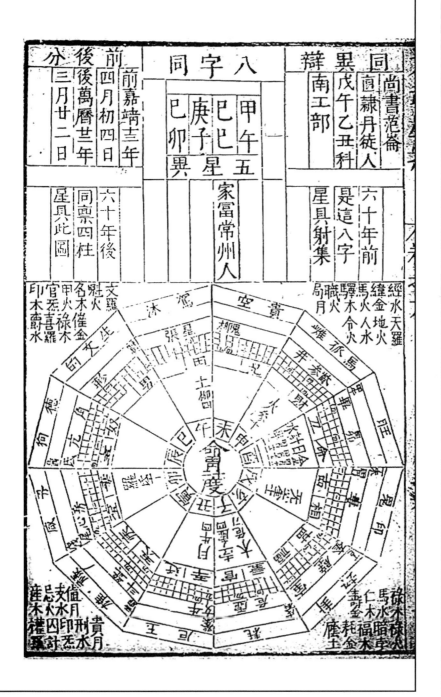

同異辨

尚書葉夢熊
廣東歸善人
辛酉乙丑科
世襲錦衣

六十年前
是這八字
星凡射集

八字同

辛卯
庚寅
壬子
庚子

五星異

壬子湖廣人

前後分

前嘉靖十年
正月廿七日
後萬曆十九
正月十五日

六十年後
同禀四柱
星列此圖

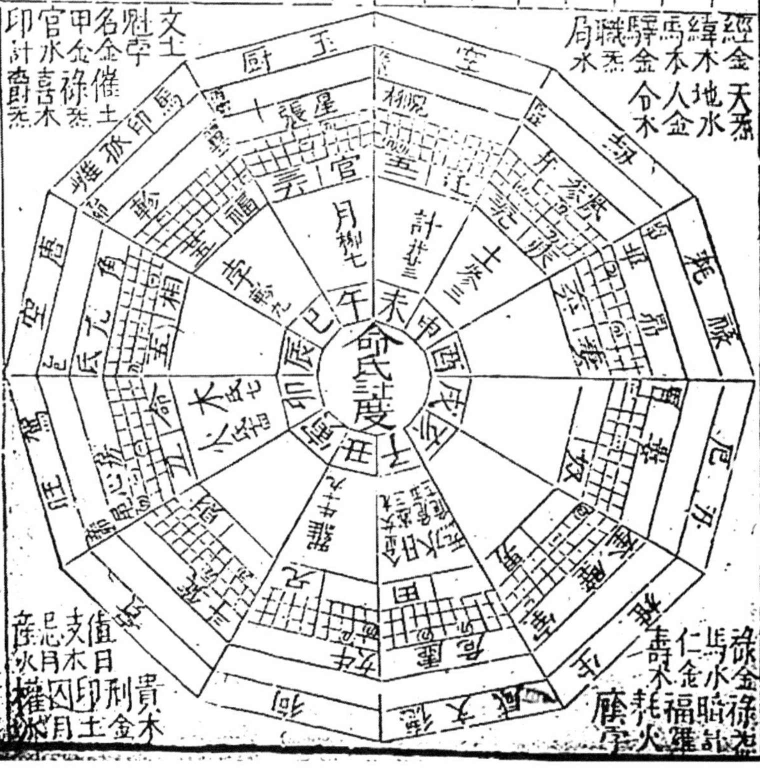

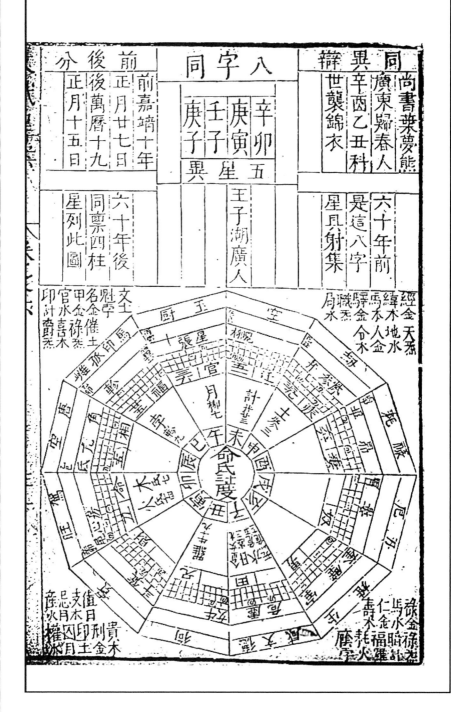

同異辯	八字同	前後分
尚書王弘誨 廣東定安人 辛酉乙丑科 南禮部	壬寅 戊申 丙辰 己丑 五星異	前嘉靖廿年 七月初八日 後萬曆三十 六月廿六日
前六十年 是這八字 星具射集	將來科第命	後六十年 同禀四柱 星列此圖

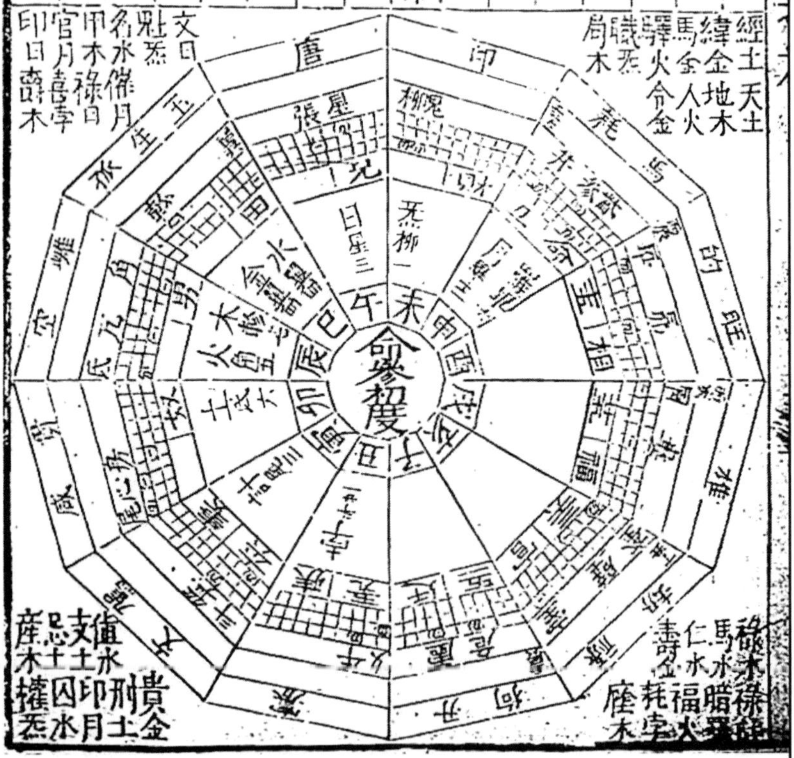

同異辯

尚書范謙
江西豐城人
乙卯戊辰科

前六十年
是這八字
星具射集

八字同

癸巳
乙丑
丙午
庚寅

五星異

平常蘇州人

前後分

前嘉靖十二年
甲午正月初九
後萬曆廿二年
閏十一月廿六

後六十年
同稟四柱
星列此圖

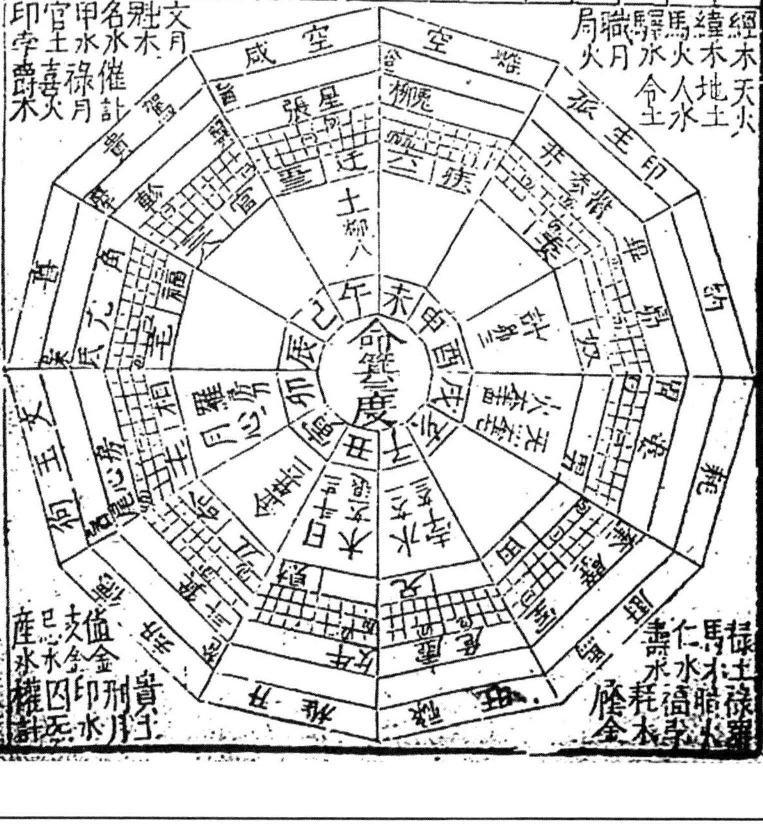

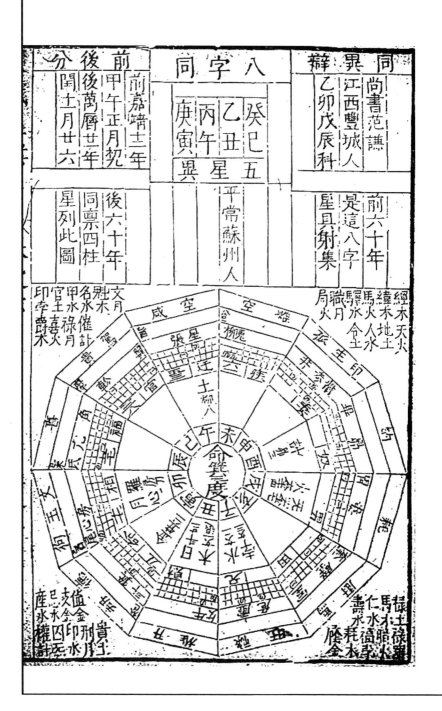

同異辯

尚書衛承芳

四川達州人

丁卯戊辰科

六十年前

是這八字

星具射集

八字同

甲辰

甲戌

辛酉

丁酉

五星異

將來鄉科命

前後分

前嘉靖廿三年

九月廿五日

後萬曆三十二

九月十四日

六十年後

同此四柱

星陳此圖

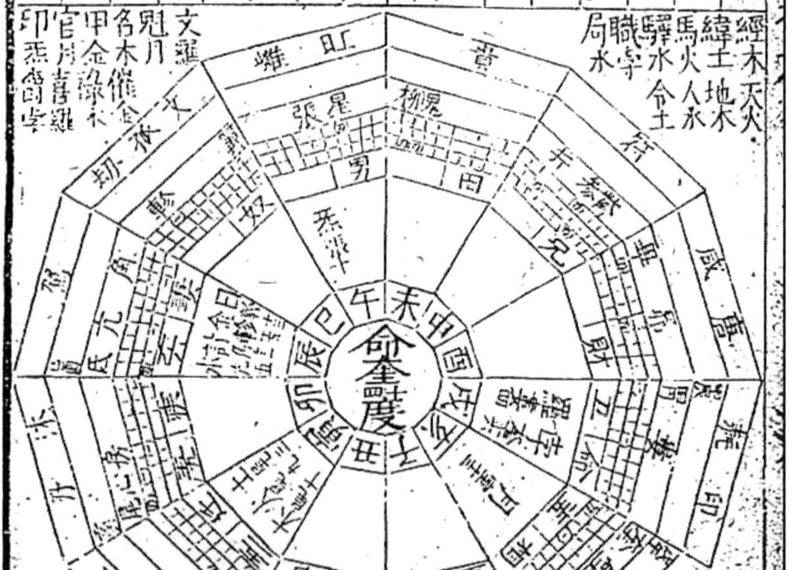

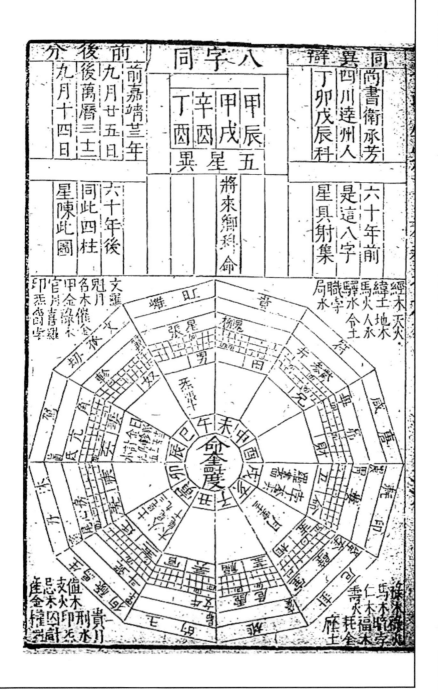

同	前尚書沈應文	前六十年	
異	浙江餘姚人	是此八字	
辯	甲子戊辰科	星異財豪	
	丙辰南吏部		

八字同

癸卯	乙丑	己丑	乙亥

五星異

成家立業命

前	前嘉靖廿二年	後六十年
	十二月十九	同斯四柱
後	後萬曆三十一	星刻此圖
水	十二月初八	

經火 天金
緯火 地火
馬金 人火
驛水 全土
職計
局金

文月
魁水
名水 催計
甲木 祿月
官土 喜火
刂字 爵孛

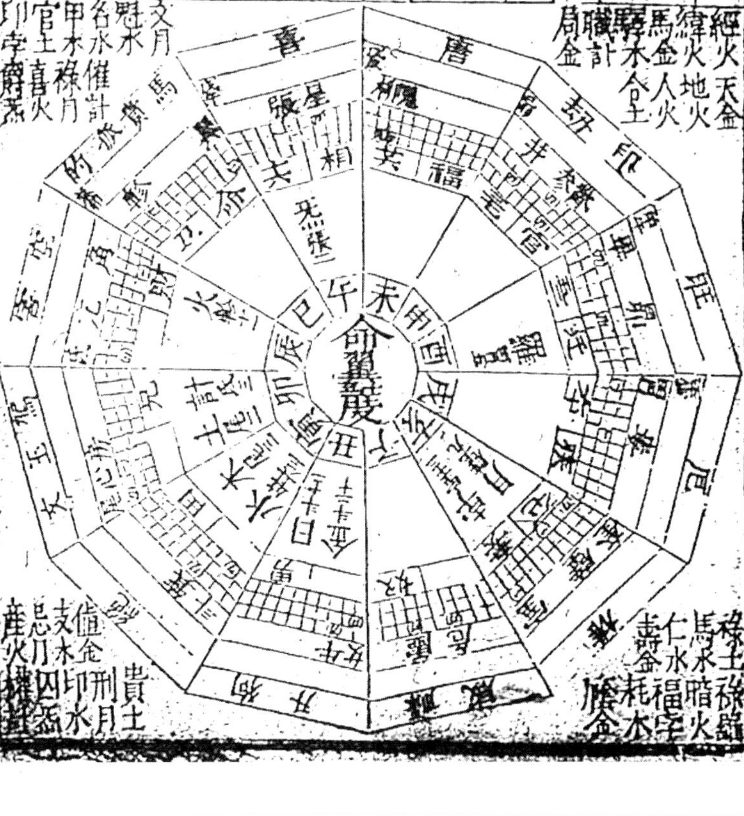

祿土 孫
馬水 暗火
仁水 福星
壽金 耗木
陰金

貴土
刑月
印水
值金
支木
忌月 四殺
產火
權

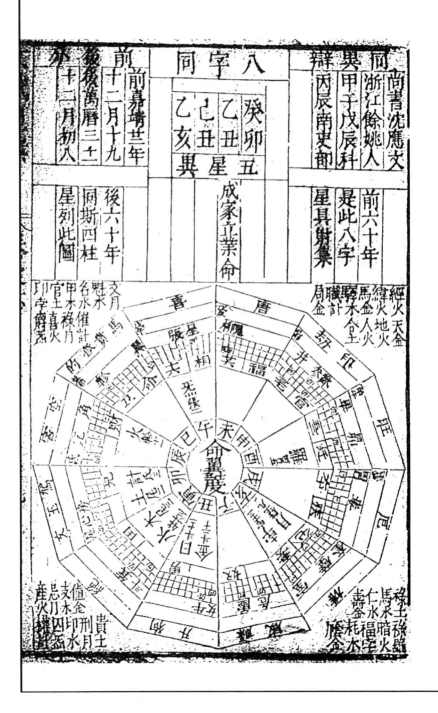

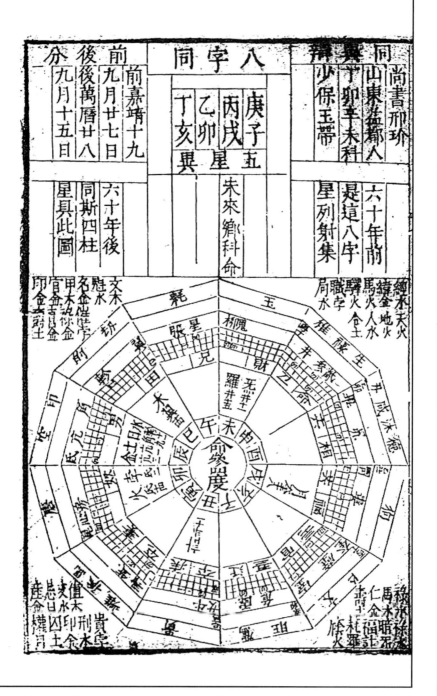

同異辯

尚書邢玠
山東益都人
丁卯辛未科
少保玉帶

六十年前
是這八字
星列射集

八字同

庚子
丙戌
乙卯
丁亥

五星異

朱來鄉科命

前後分

前嘉靖十九
九月廿七日
後萬曆廿八
九月十五日

六十年後
同斯四柱
星具此圖

同異辯

尚書趙世卿
山東歷城人
丁卯辛未科
號岱野

前六十年
是這八字
星具射集

八字同

戊戌
壬戌
甲午
乙丑

五星異

早年刑傷命

前後分

前嘉靖七年
九月廿四日
後萬曆廿六
九月十二日

後六十年
同此四柱
星列此圖

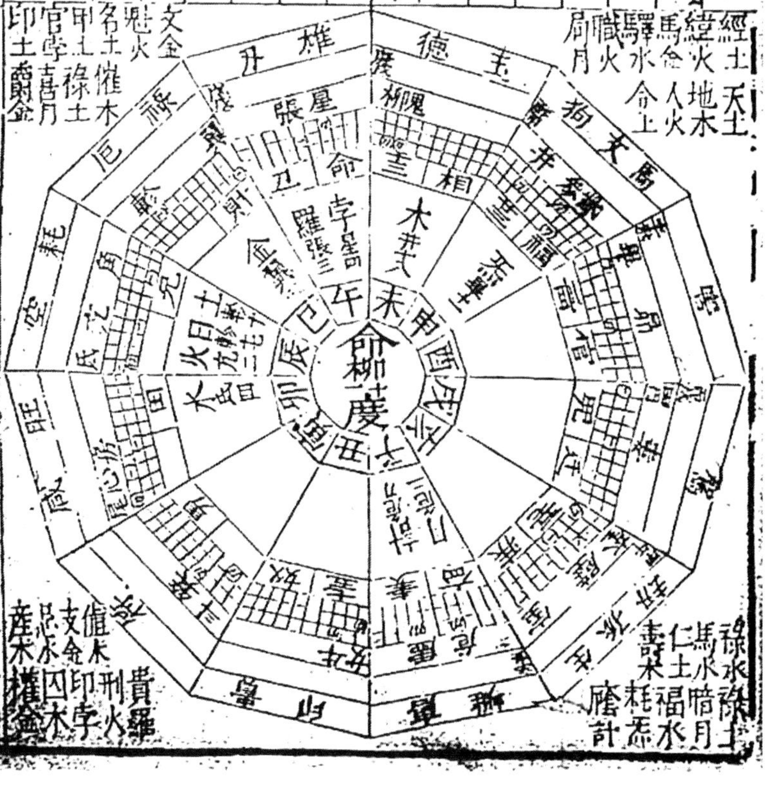

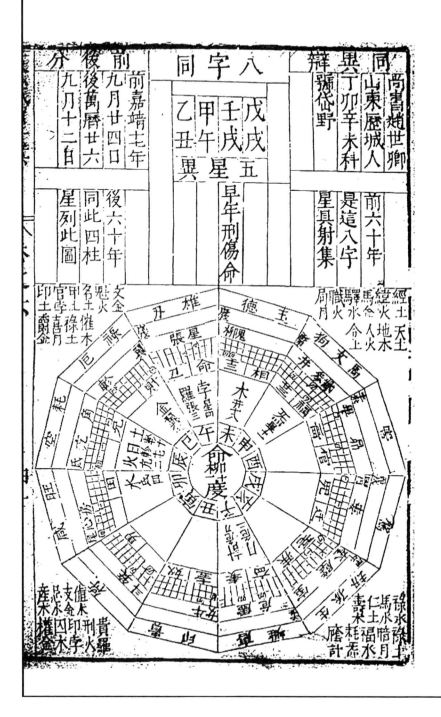

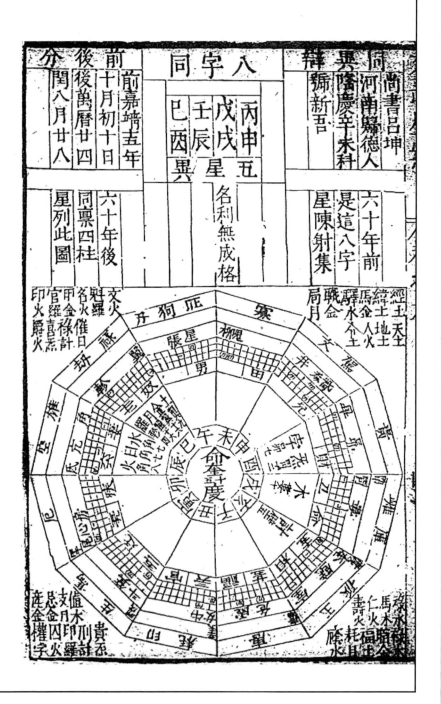

分 後 前	八字同	同異辨
前嘉靖五年 十月初十日 後萬曆廿四 閏八月廿八	丙申 戊戌 壬辰 己酉	尚書呂坤 河南歸德人 隆慶辛未科 號新吾
	五星異	
六十年後 同稟四柱 星列此圖	名利無成格	六十年前 是這八字 星陳射集

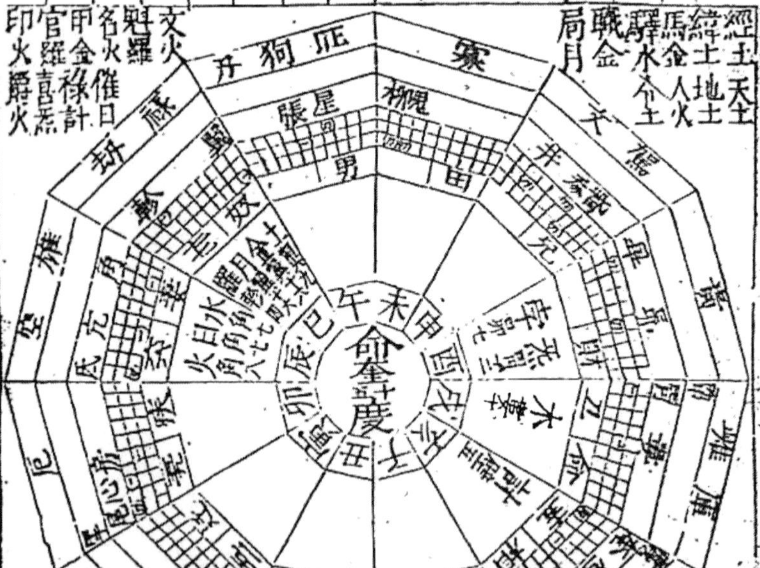

同異辯

尚書王象乾
山東新城人
庚午辛未科
號霽宇

前六十年
是這八字
星陳射集

八字同

丙午
庚寅
癸酉
乙卯

五星異

貢選成名格

前後分

前嘉靖廿五
正月十五日
後萬曆三十
正月初四日

後六十年
同票四柱
星刻此圖

經金天水
緯水地火
馬金人火
驛火命木
職金
局計

文金
魁羅
名火催日
甲土祿計
官羅喜禾
印火爵水

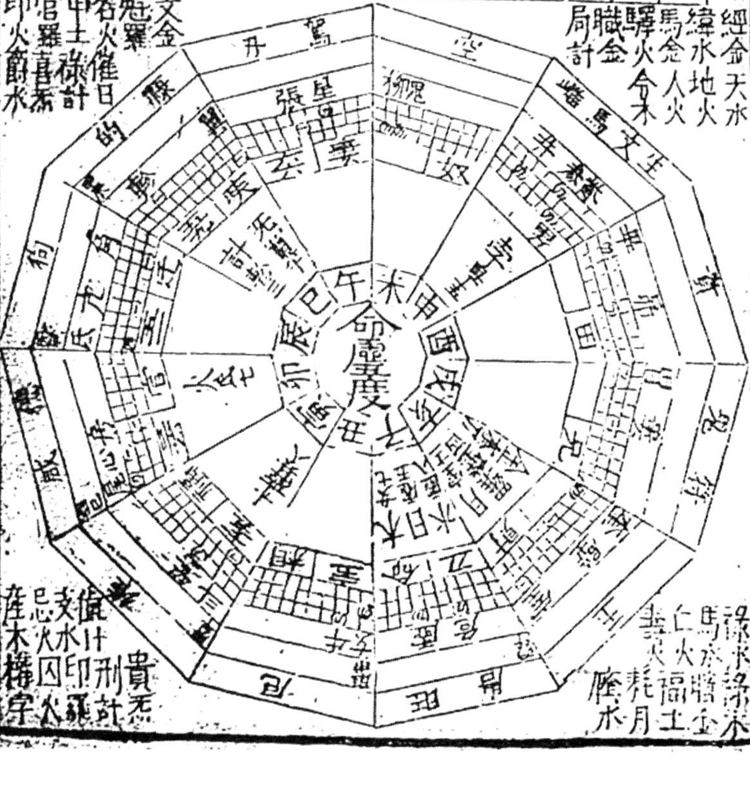

祿木絲木
馬木暗金
仁火福土
孛火耗月
蔭水

貴炁
刑計
傷什印羅
文水囚火
忌火權字
產木

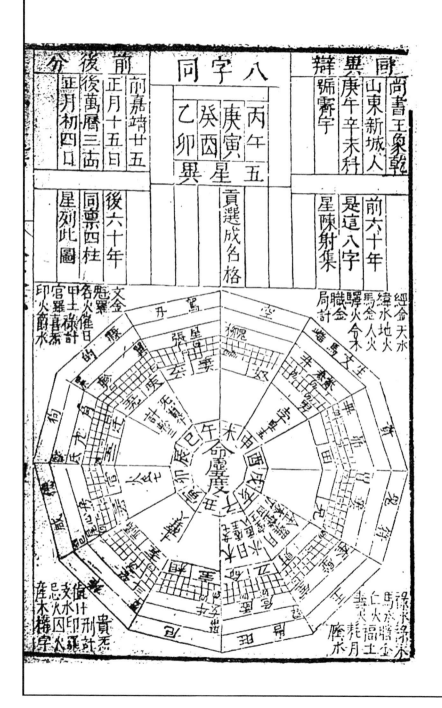

同異辨

尚書陳薦
湖廣祁陽人
隆慶辛未科
號楚石

六十年前
是造八字
星陳射集

八字同

乙巳
甲申
乙亥
庚辰

五星異

功名有成造

前後分

前嘉靖廿四
七月十五日
後萬曆三十三
閏八月十九

六十年後
同禀四柱
星列此圖

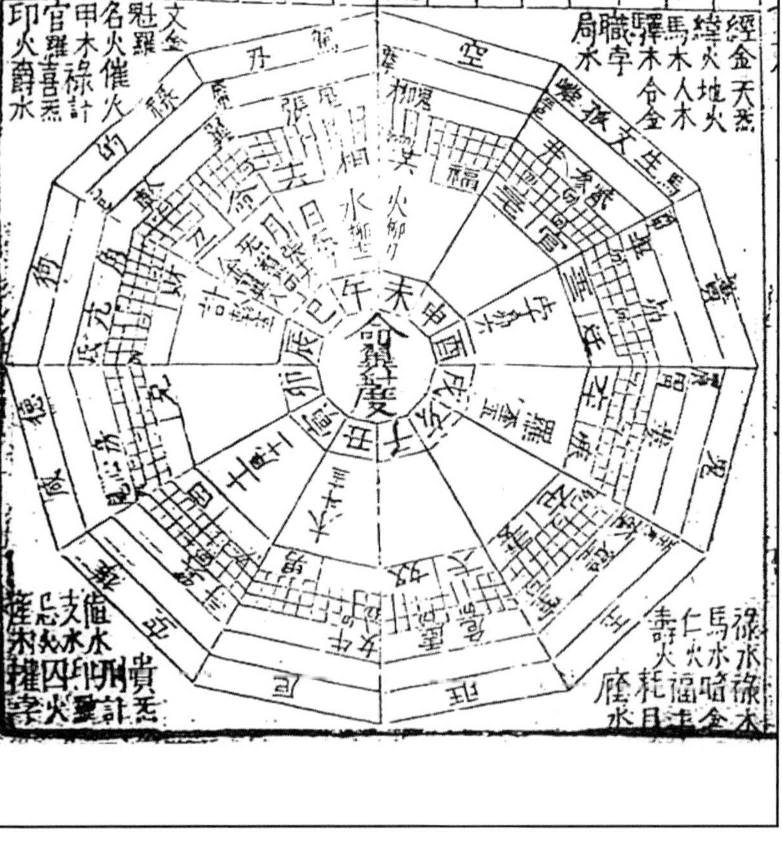

同異辨

尚書丁賓
浙江嘉善人
甲子辛未科
南丁部

前六十年
是這八字
星陳射集

八字同

癸卯 甲寅 乙卯 己卯

五星異

異途功名局

前後分

前嘉靖二十
正月廿二日
後萬曆三十
壬寅十二月廿八

後六十年
同此四柱
星列此圖

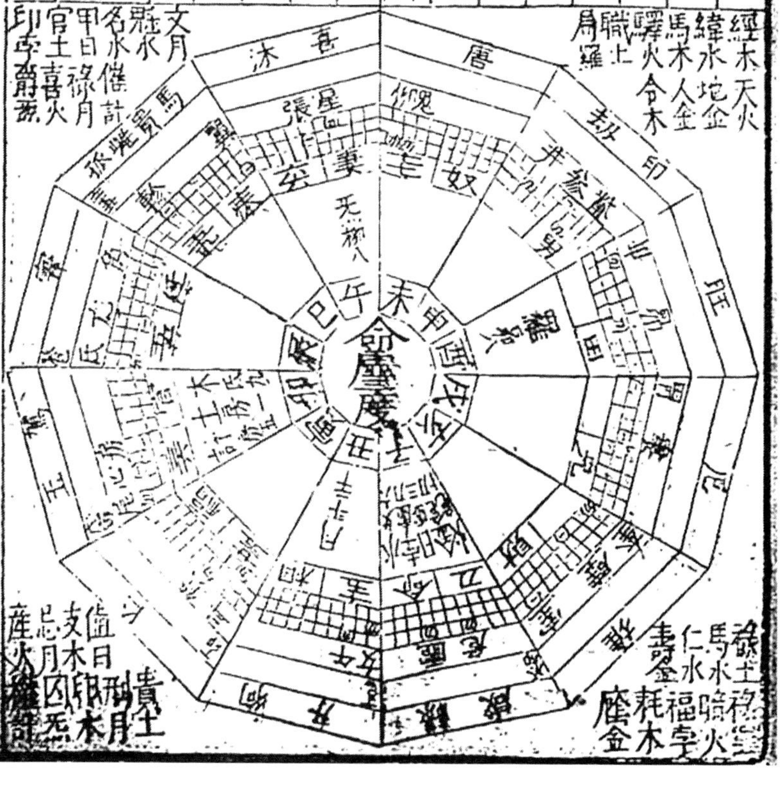

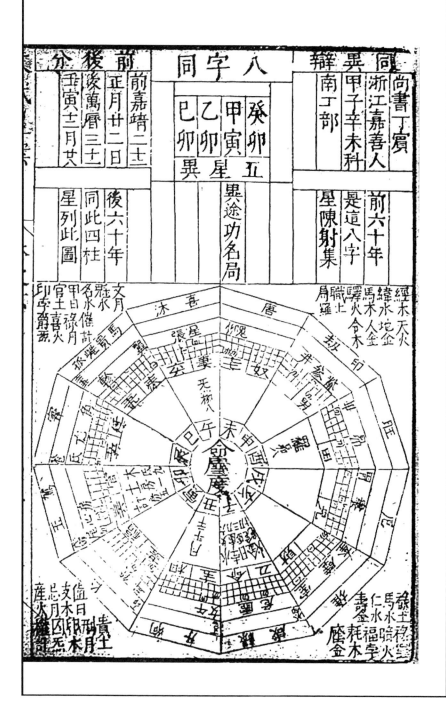

前後分	八字同	同異辨
前嘉靖乙未年 九月廿六日 後萬曆廿三 九月十五日	乙未 丙戌 甲申 癸酉	尚書李銑 浙江縉雲人 萬曆甲戌科 北刑部、
	五星異	
六十年後 同禀四柱 星列此圖	巨富徽名	六十年前 是這八字 星陳射集

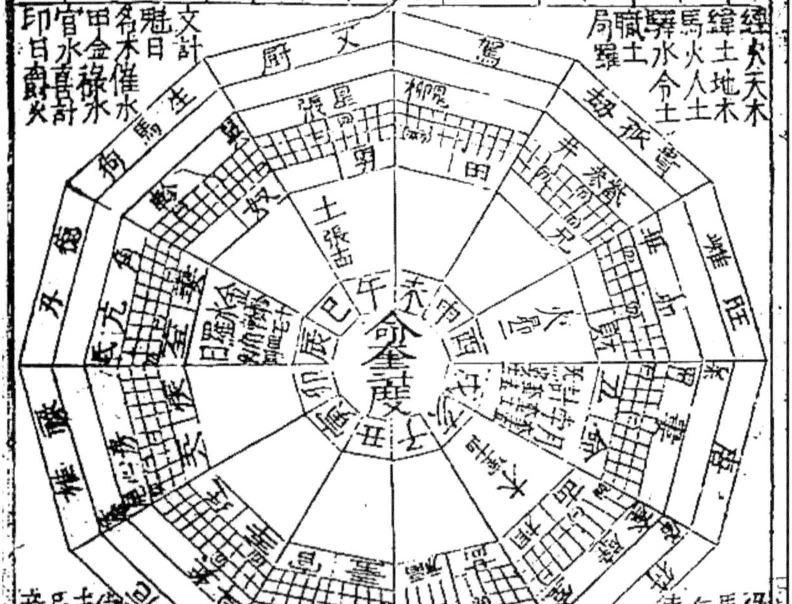

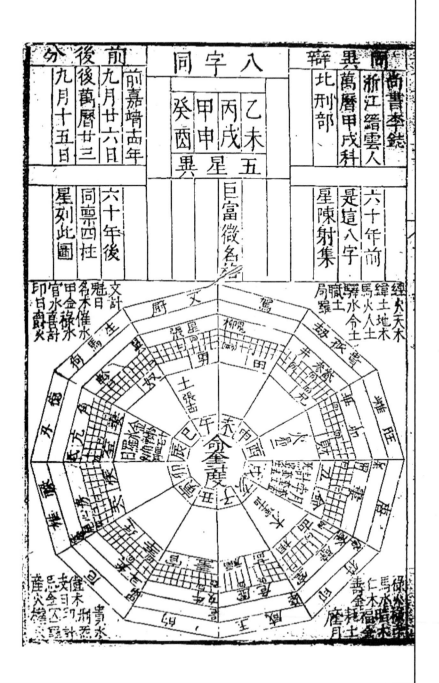

同異辯	八字同	前後分
尚書許嘉善 山東即墨人 丙子丁丑科 甲寅年戎政	巳酉 庚午 癸巳 乙卯	前嘉靖廿八 五月廿四日 後萬曆三七 五月十三日
	五星異	
前六十年 是這八字 星具射集	先富後貧格	後六十年 同稟四柱 星列此圖

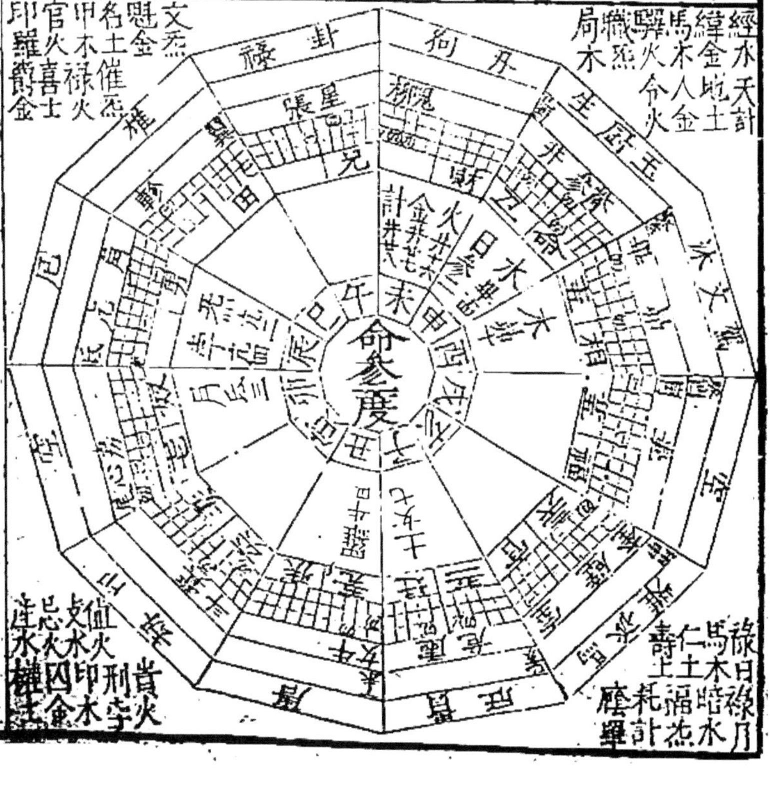

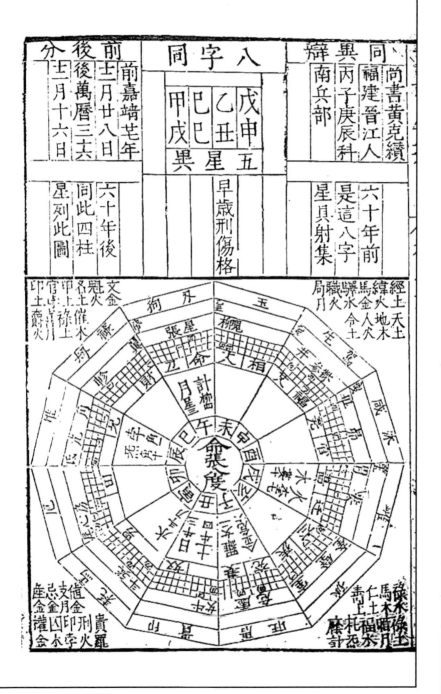

同異辯

尚書黃克續
福建晉江人
丙子庚辰科
南兵部

六十年前
是這八字
星貝射集

八字同

戊申	乙丑	己巳	甲戌

五星異

早歲刑傷格

前後分

前嘉靖廿七年
十二月廿八日
後萬曆三十六
十二月十六日

六十年後
同此四柱
星列此圖

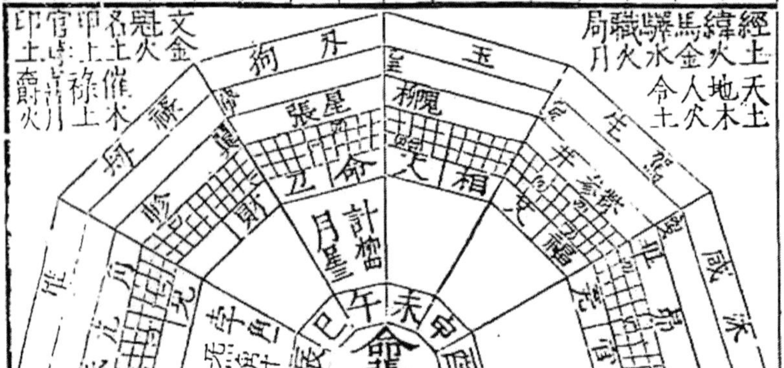

貴格

五曜環陽
四餘拱陰
火月高明
福官升殿
日月得位

忌格

日月弱宮
四餘向拱

二人同命

九月十四日浙江永康人
甲午 癸丑 戊午辛未科
甲戌 評 知縣內戌卒
丁丑 應變 浙江義烏人
庚戌 忠 丁卯辛未科
乾造夜生 癸巳年布政

經證

四餘拱月於酉
五曜拱日於東
且福官日月身
命高明客病四
餘向朝五星背行

年限

早中鄉科十年
官早壽減遲中
樂者官尊有壽

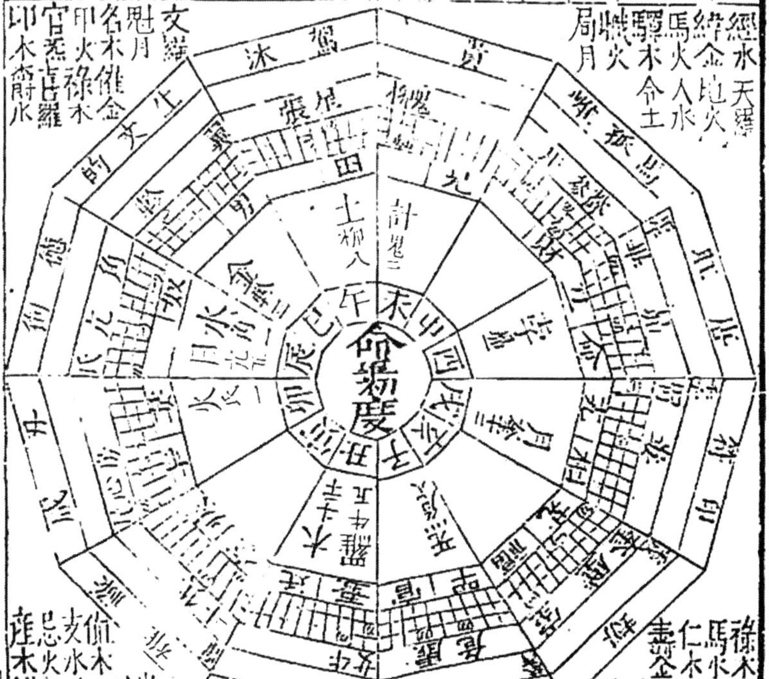

喜格

四餘列外
七政在内
文武兩班
群星朝比
日月夾命

忌格

寒月单行
計孛交戰
金騎人馬

二人同命

十一月初六日

丁未 遷 巳卯癸未科
壬子 亨 尚書子遲生
癸未 梓學 福建晉江人
丙辰 酉 壬辰科少卿

安慶籍發人

乾造 書 生子先招

經讖

計羅截斷群星
環拱陰陽夾命
是皆棟梁之材
廟堂之器

限年

早歲登官者子
見遲遲中者子
先招佔吏部

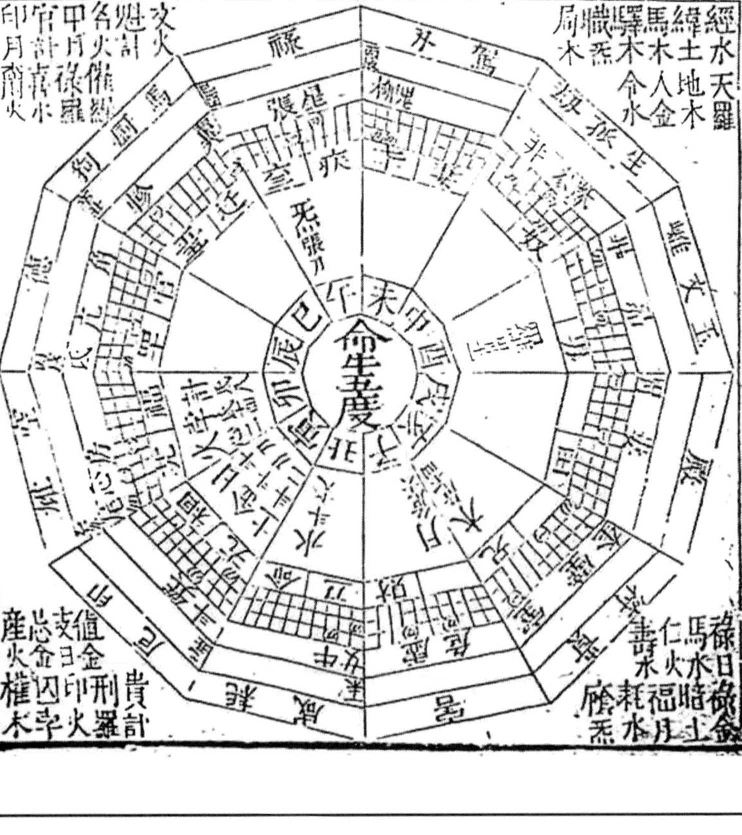

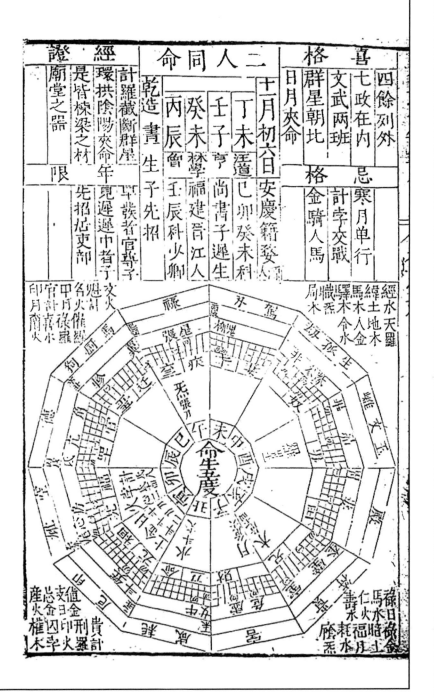

喜格
福官拱篤
日月拱貴
金羅夜會
身祿傷恩
田財炎身

忌格
孤陽失輝
金木對傷
日月背行

二人同命
十月廿一日　河南南陽人
丁酉　元九　甲子乙丑科
壬子　侍郎戊子卒
丙申　鍾化　浙江崇德人
戊子　巳卯庚辰科
乾造夜生　知府甲午卒

經驗
日月福祿最宜
拱篤拱貴火土
田財更喜夾身
夾祿又云夜遇
火金而煥發

年限
至中亞卿先卒
後發黃堂遲終
乘除之說信不
誣矣

經木天火
緯土地水
馬火人水
驛火命水
職火
身月

文火
科計
名火催羅
甲火祿羅
官計喜水
印月爵金

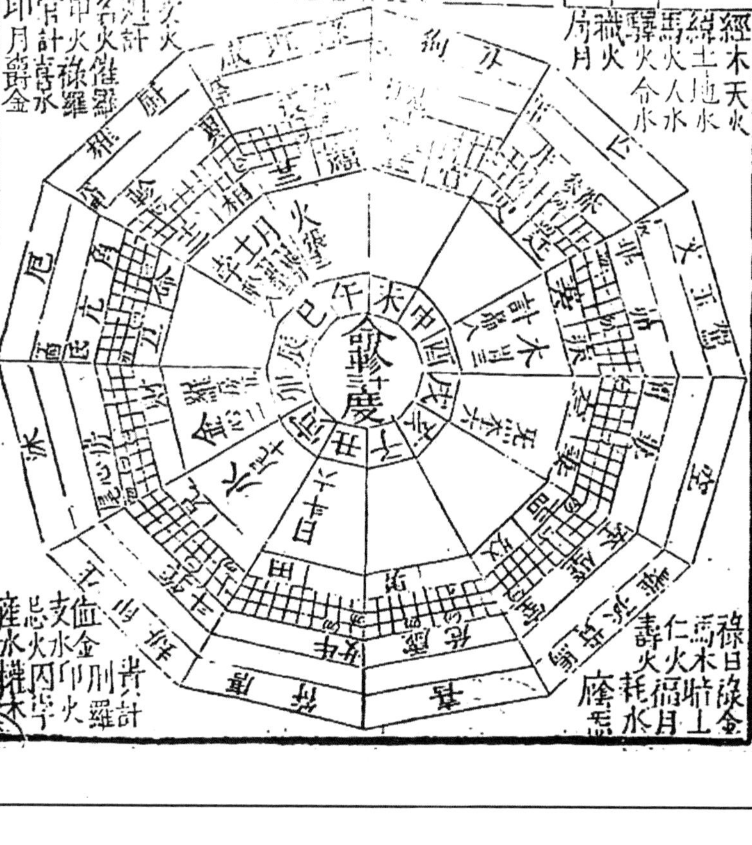

祿日祿金
爲木暗土
仁火福月
壽火耗水
蔭忌

貴計
刑羅
印火
血金
文水
忌火
產水權木

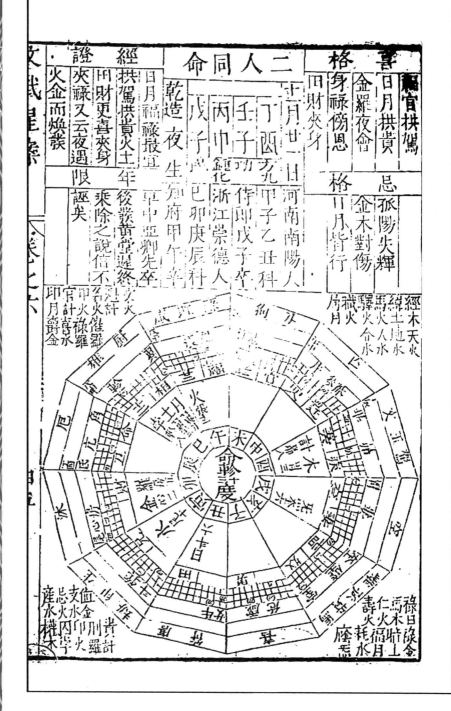

二人同命

喜格	
太乙抱蟾	
福官升殿	
官福夾陽	
日月拱貴	
財壽歸垣	

忌格
水計相刑
火金交戰
嗣祿失次

九月十二日 福建浦城人

巳酉 徐民 丙子庚辰科

甲戌 式 巡撫子中卒

戊寅 李應 直隸婺源人

丁巳 蔚 丙子科知州

乾造 晝生 子巳酉中舉

經證

日月分明是貴

人官福高強格

最尊五宮主到

官福子必出貴

年限

官尊者子中舉

卒不獲甲者子

登科見在所謂

與其同祈缺共

闕

經火 天木 緯木 地水 馬火 人木 驛水 命土 職金 局計

文炁 魁金 名土 備炁 中水 祿火 官火 喜土 印羅 蔭令

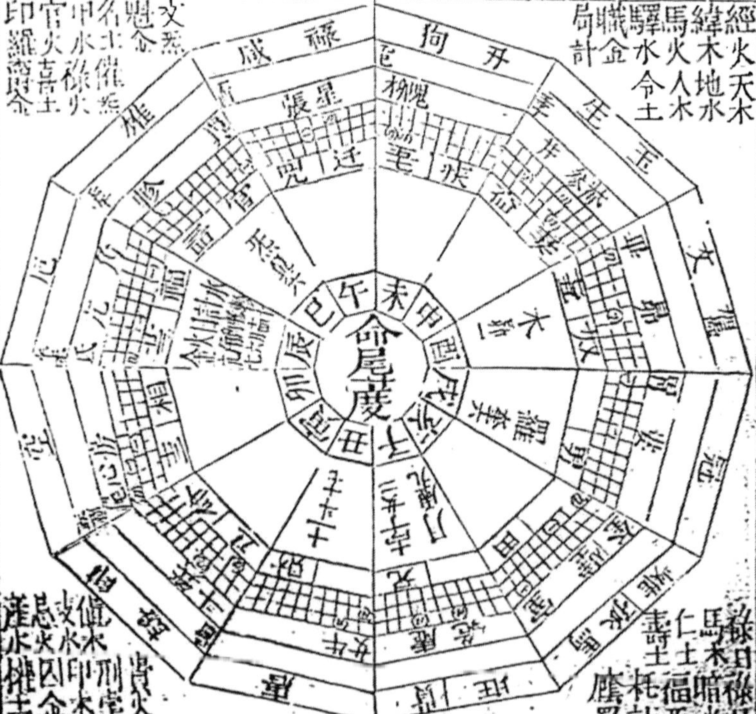

祿日 馬木 仁土 壽土 祿孛 暗水 福炁 耗計 麿羅

貴火 刑孛 印木 囚金 催土 偏木 攻水 忌火 產水

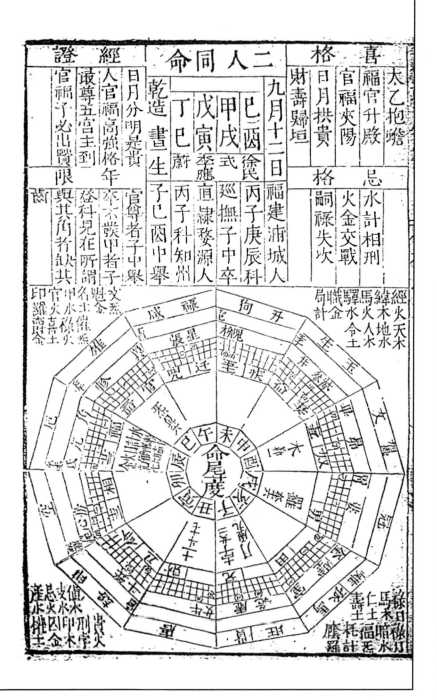

喜格
日月麗正
水金夾陽
官福夾主
四令環日月
四餘拱季土

忌格
身臨死地
土孛交戰
木到大梁

二人同命
六月廿九日
巳酉㷷　徽州歙縣人
辛未　可　庚午科推官
丁卯㷷　福建晉江人
癸卯　采　丙子科學正
乾造　晝生

經
日月最宜拱夾　前後科分不同
水金須要分明年　其實品位無異
大喜金水日月　就裡細微不可
證之滿用宿拱南限　曉也
歹乃異人

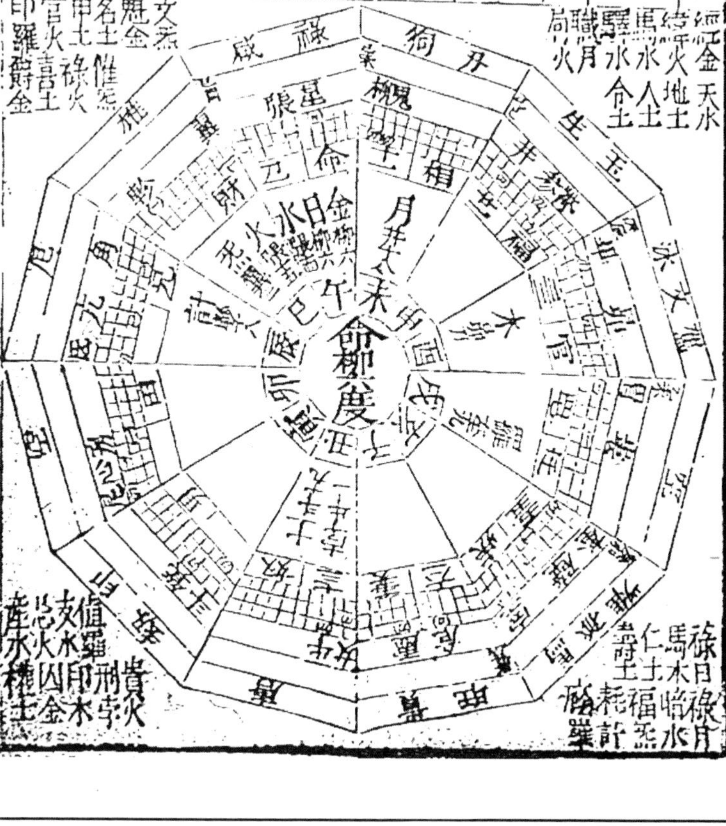

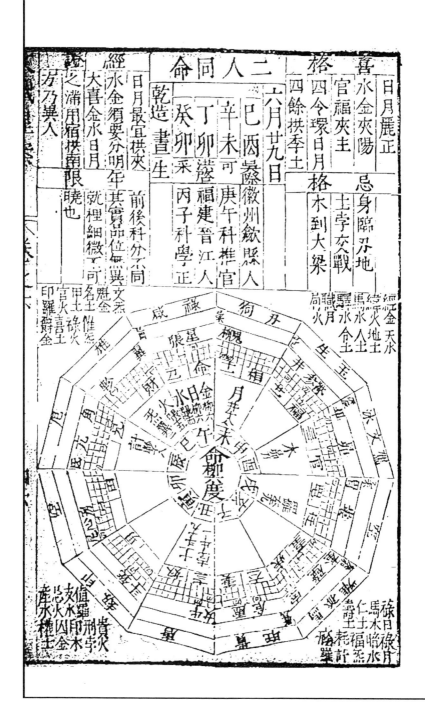

格

日月拱貴
喜太乙抱蟾
福星守福
命度朝陽

忌格

木到大梁
命官失次
孖狗臨兒

二人同命

九月十二日直隸金壇人
己酉貢己卯己丑科
甲戌堂　翰林無子
戊寅向德南京上元人
庚申相　辛卯科知縣
乾造　晝生有子先卒

經

日月分明是貴　早中翰林無子
人陰陽拱貴亦年　發鄉科知縣者
同推太乙抱蟾　有子先卒以理

證

官必顯福星守限推之還是有後
福爲真福　者好

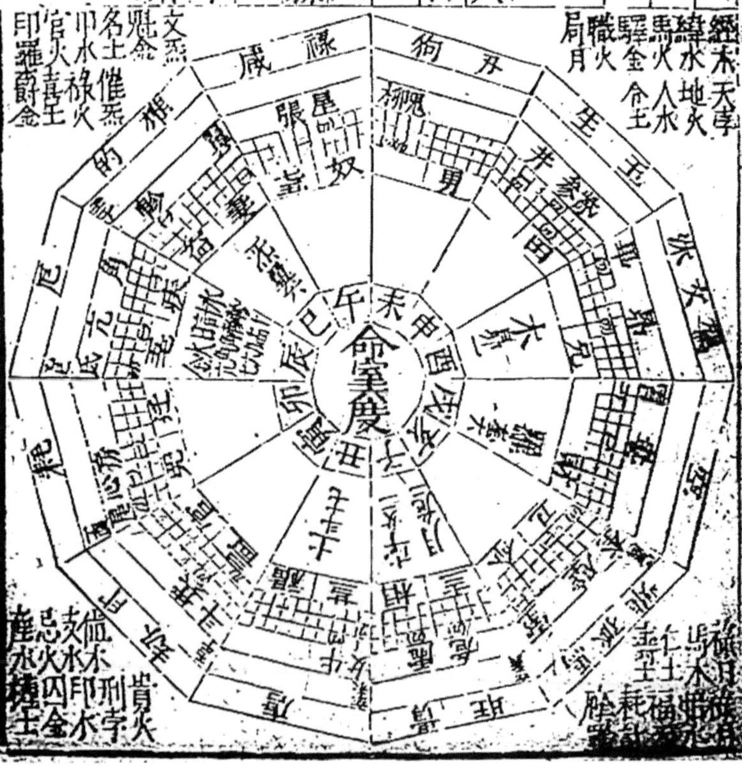

貴格
四餘環七政
日月包五星
文東武西
命官朝陽
身福高明

忌格
計犯太陽
金寒水冷
七政背限

二人同命
七月十九日浙江餘姚人
癸卯沈應甲子戊辰科
乙丑 文尚書
己丑程監徽州歙縣人
乙亥生 巨富
乾造夜生

經年
七政連茹四餘
刻外名曰文武
兩班是皆棟梁
之材廊堂之器

論限
非貴即富之格

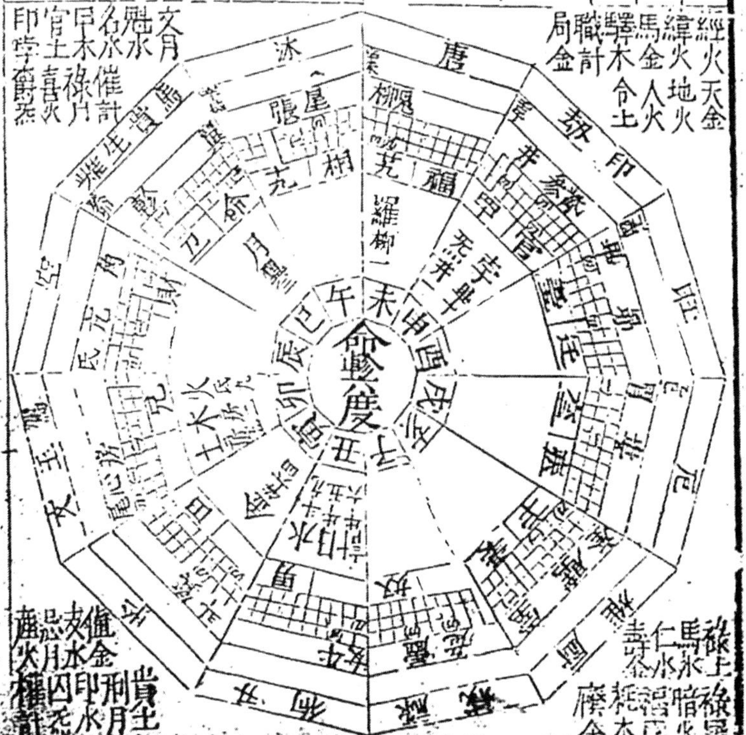

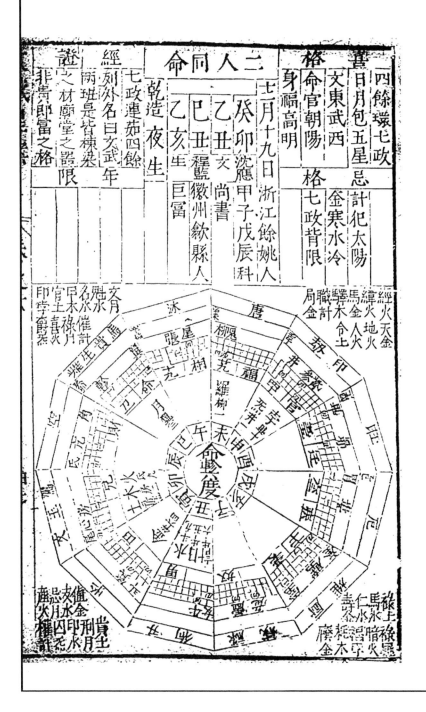

喜

夜火朝陽

祥雲捧月

命主朝君

格

身星傍母

金羅相刑

忌

日月拱尼

陰陽背行

格

金羅相刑

二人同命

十二月廿二日直隸武進人

癸丑 諸 癸酉丙戌科

乙丑 曾 主事丙申中式

癸巳 賁 浙江餘姚人

壬子 辛卯甲辰科

乾造 夜生主事

經

主星若去朝君

位定作常朝顯年

證

貴人設若毋恩

依日月必能大限

富潤其身

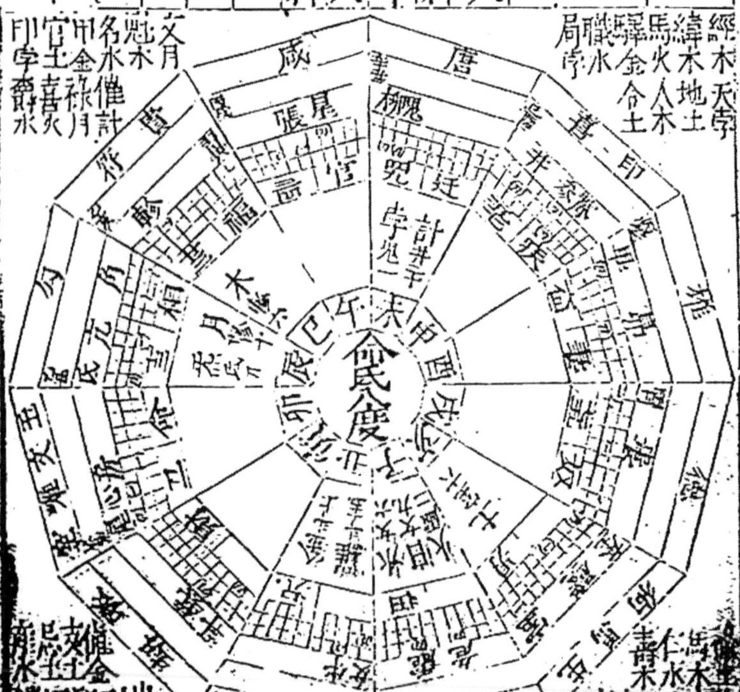

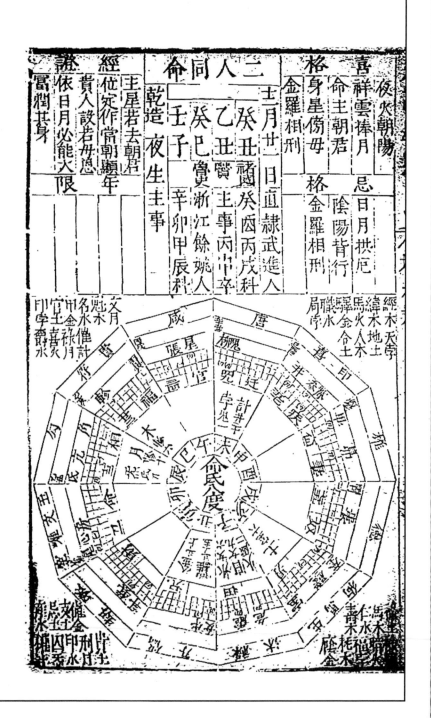

喜格

日月拱官
日月拱福
祥雲捧月
火歸坤地

忌格

木土對傷
日月背行

二人同命

六月十一日浙江海寧人

甲寅 壬午科三子
辛未 丙戌卒
庚辰 浙江海鹽人
丙子 辛卯科無子

乾造夜生後居官

經證

尊莫尊乎日月
美莫美於官福
但土木對傷日
月背行醇疵同
途非孤即夭

年 有子早中故此
先卒遲發無子
限 居官享年

經木 天火
緯土 地木
馬火 人水
驛水 合土
職亭
局水

文羅
魁月
名木 催金
甲金 祿木
官炁 喜羅
印木 爵木

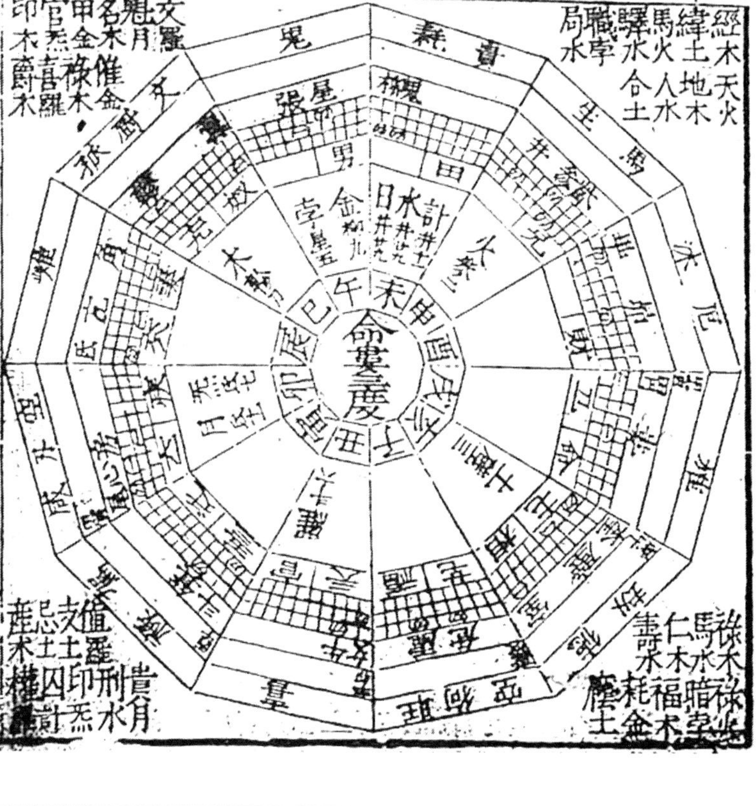

祿木 孫炁
馬水 暗孛
仁木 福木
壽水 耗金
廳土

貴月
刑水
值羅 印炁
文土 囚計
忌土 權
產木

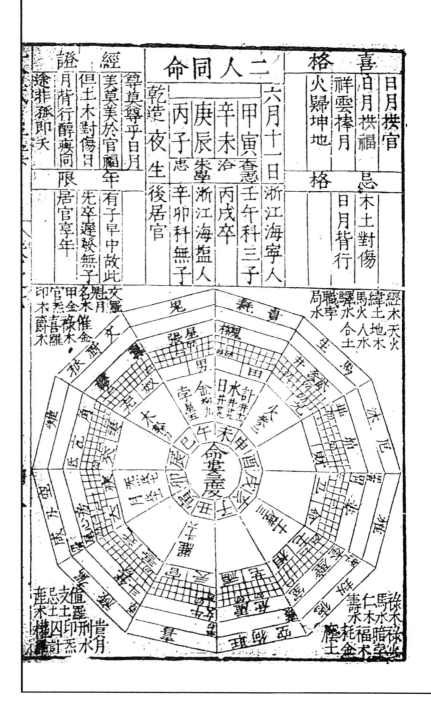

經證	二人同命	喜格
青雲得路恩星	十月初七日福建晉江人	天月當手
命祿兩朝陽官	丙子 癸欲 癸卯丁未科	水金從陽
曜顯而福星明	巳亥 權 康吉士	官恩朝君
官高福厚火孛	丙寅 壬加 江西金谿人	身福高明
同宮須防夭折	巳丑 延 甲午科戊戌	坐祿向貴
	乾造夜生卒	

年限	忌格
鄉會連登延年	火孛交戰
益美秋試登捷	水金怒地
所以損壽	衆聯背行

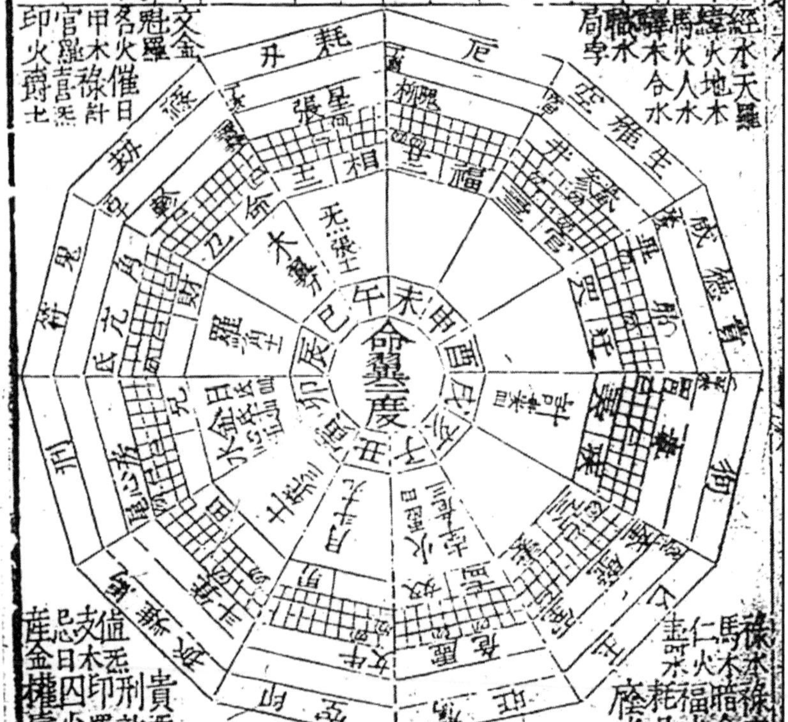

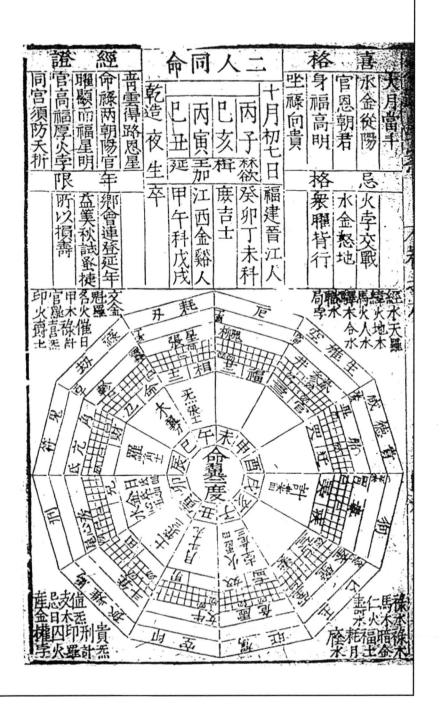

喜格

日月得體
福官得所
水潤金明
命官臨財
身福高明

忌格

福官坐丑
火孛對傷
日月弱宮

雙生

十月十四日雲南永昌衛

丙午	巳亥	戊戌	甲寅

石元麟

丑時選貢官
寅時庚午甲
戌科刑郎中
乾造夜生戊寅年革職

經證

日月分明是貴人福官得地必顯名寅時斷命官臨財身福高明榮富者此也

年限

爲官須要福星厚福薄終難久盖午爲福宮坐丑而計又犯日福主亦陷

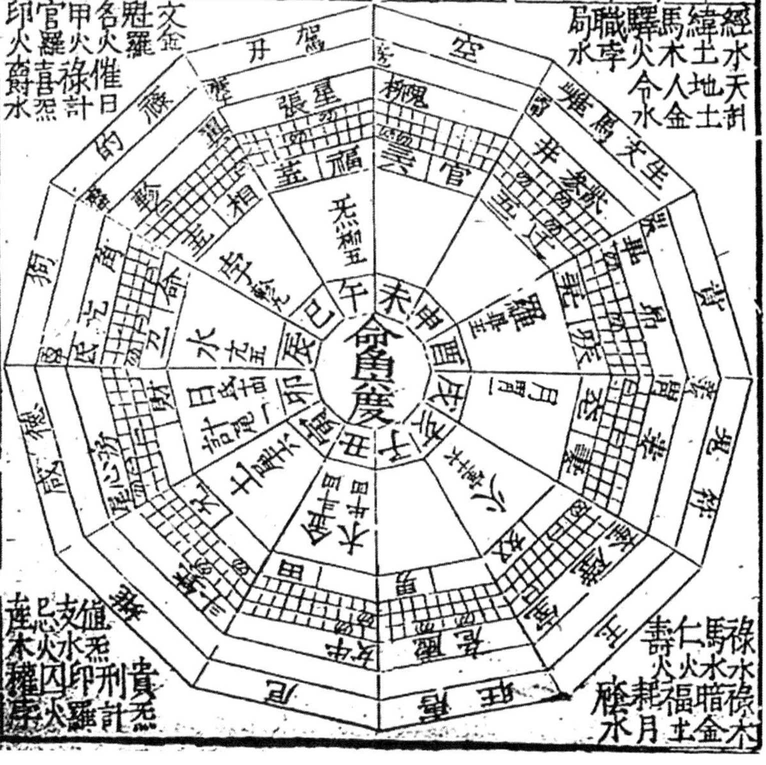

喜格				
四餘列外	七政連茹	日月同宮	水金會垣	福官升殿

忌格		
七政背行	四餘向朝	日月西沉

雙生				
十二月初二日	巳巳	丁丑	庚子	甲申
乾造晝生	彭大純			
	江西大庾人	上刻生廩膳	下刻癸卯舉	

經證

計羅截斷格合文武兩班至尊之局稍疵命泊四餘之間以減分數

年限

上刻兼未時論則坐命於酉日月身命皆在弱宮次之

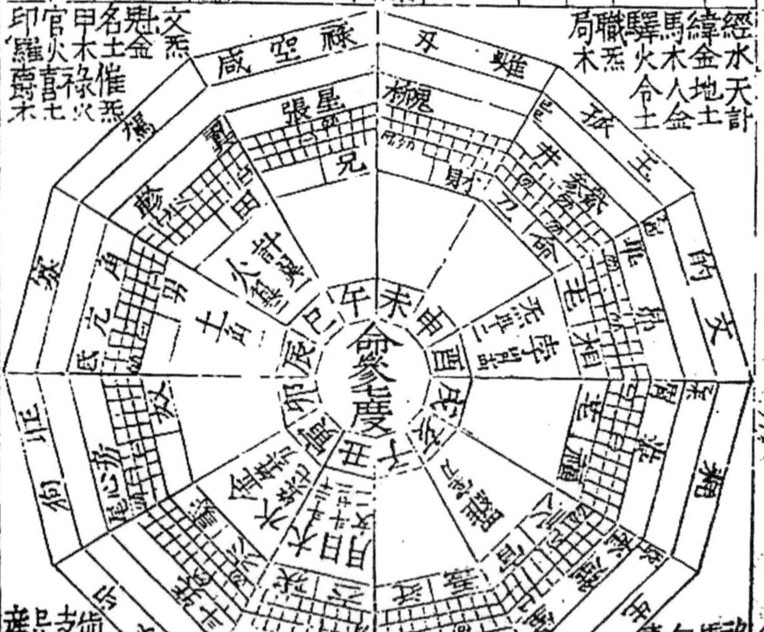

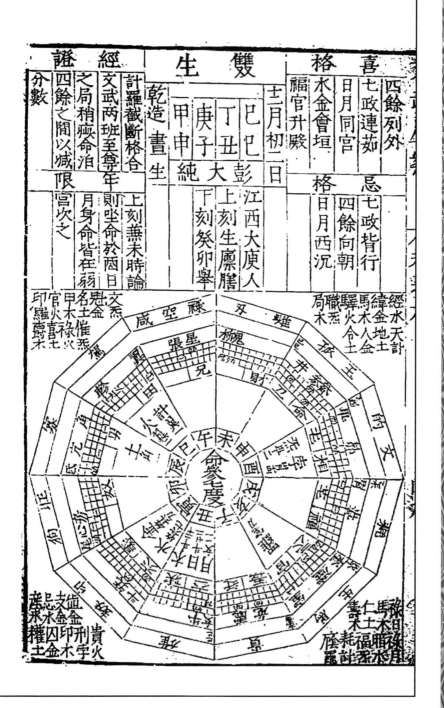

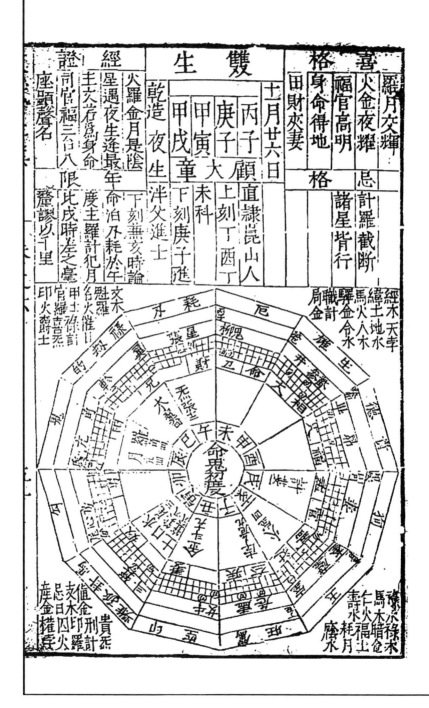

喜格

經月文輝
火金夜耀
福官高明
身命得地
田財夾妻

忌格

計羅截斷
諸星背行

雙生

十一月廿六日

丙子
庚子
甲寅
甲戌

顧大章 直隸崑山人
上刻丁酉丁未科
下刻庚子進

乾造夜生 泮父進士

經證

火羅金月是陰星遇夜生逢最年主文若爲身命司官福三台八座顯聲名

下刻無亥時論命泊乃耗於午度主羅計犯月限比戌時差之毫釐謬以千里

經木 天孛
緯土 地水
馬火 八木
驛金 命水
職計
局金

文木
魁羅
名火
催
甲土
祿計
官締
壽炁
印火
蔭孛
尉土

祿木
馬木
暗金
仁火
福土
壽水
耗月
蔭水

貴炁
刑計
值金
印羅
支木
囚火
忌日
產金
權孛

喜格

日月夾命宮
官福夾度嗣
計羅攔截
群星環拱
漏出木炁

忌格

陰陽無輔
官福弱宮
計孛戰福

一品誥封

十一月廿六日

癸丑　李直隸興化人
乙丑　石弘治六年生
丁巳　麓子春芳狀元
壬寅　父閣老

乾造夜生

經證

陰陽左右迎夾
主朝中朱紫貴年
且官福夾嗣天
祿臨兒命田居
官

限

水尅火火尅金
木化炁計躔軫
困限度參差格
高星困故受極
封

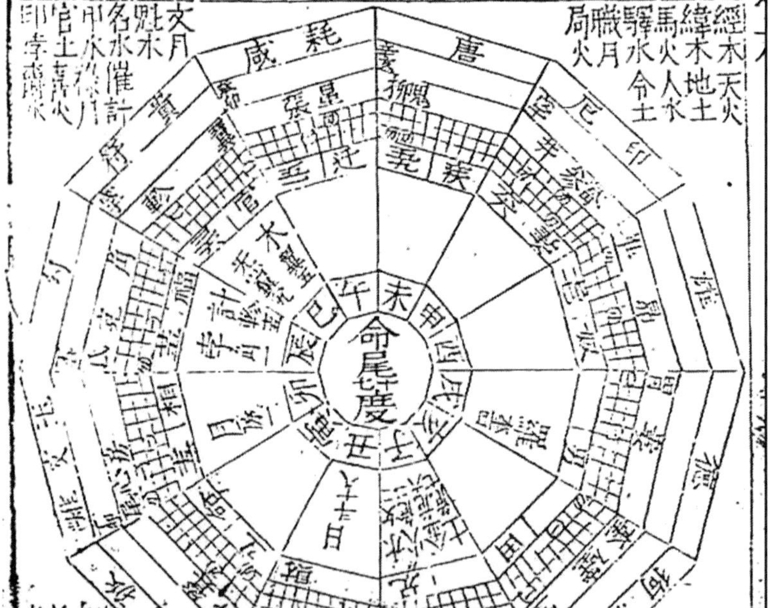

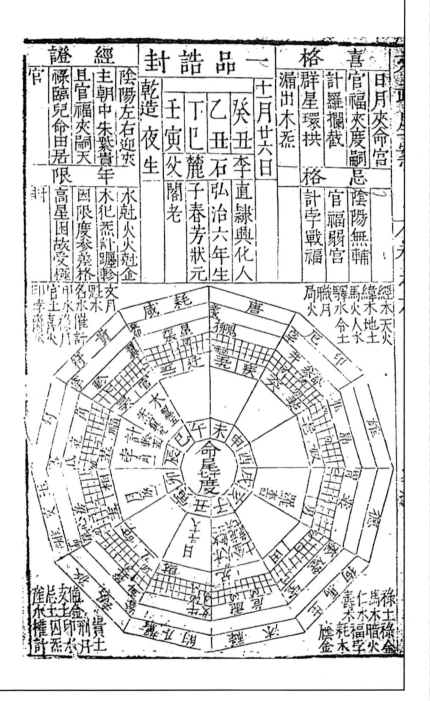

書格

日月夾命駕
日月夾嗣祿忌
衆曜朝拱
官福夾身
田財會垣

格

命坐刃鋒
日月夾刃
孛計居官

一品誥封

十一月初四日
癸丑　李直隸輿化人
甲子　石弘治六年生
乙未　蔡子春芳狀元
庚辰　母閣老
坤造書生

經證

陰陽夾命貴　非木犯烝奴惟行
輕福祿夾身爲年　木度隱痗其餘
上格五官上掌　俱屬尊衛比良
官祿子必出賢限　人星格尤高

經木天孛
緯土地金
馬火人水
驛木命水
職土
局羅

文月
恩木
名水催計
甲月祿月
官土吉火
印孛爵水

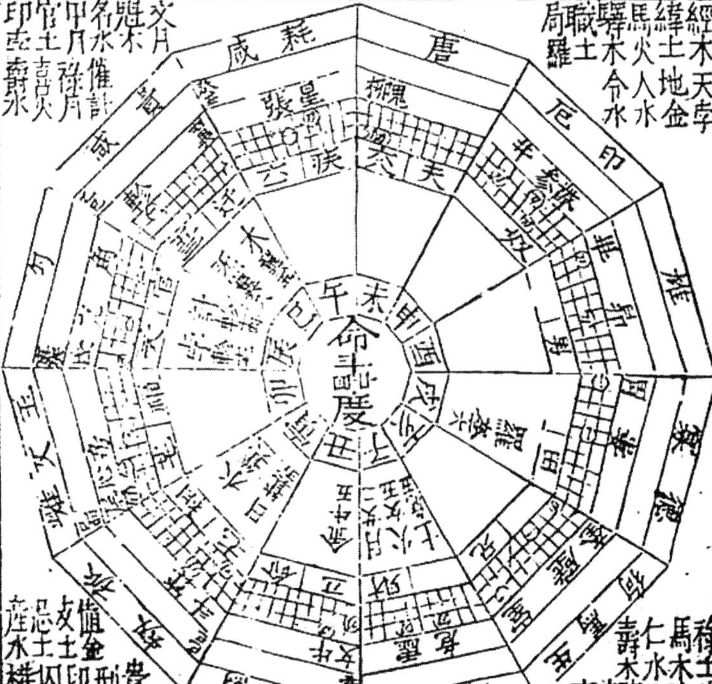

祿土祿羅
馬木暗火
仁水福孛
壽木耗木
痊金

値金貴土
文土刑月
忌土印水
産水囚烝
權計

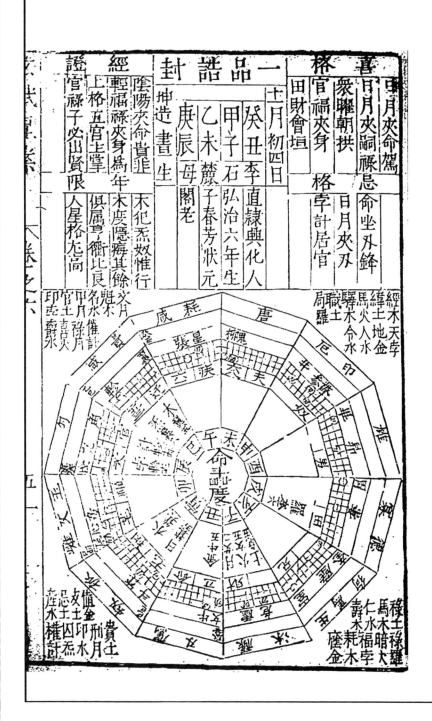

喜格

居三隔三
官福夾身
安身傷母
命主朝君
単羅獨計

忌格

日南日北
福官退度
金木對傷
水火相刑

一品誥封

十二月十五日
甲子 張 弘治十七年
丁丑 太
辛未 岳 子居正閣老
甲午 父
乾造 書生

經證

居三隔三乃爲
秀士主到官官年
當富貴福祿夾
身爲上客

限貴

日月夾水臘月
書逢謂巽谷同
春木昰嗣昰主

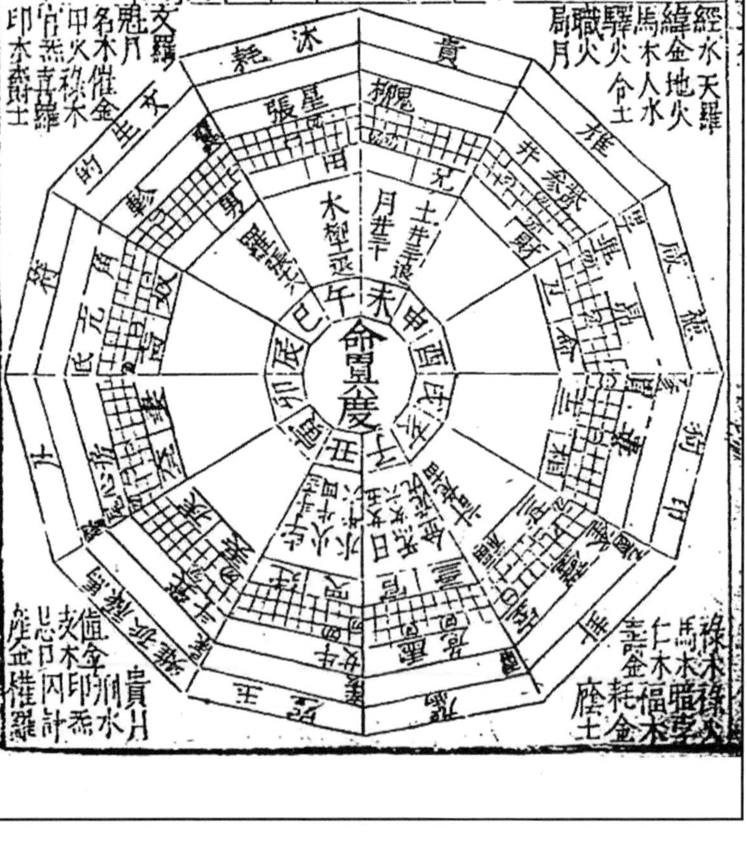

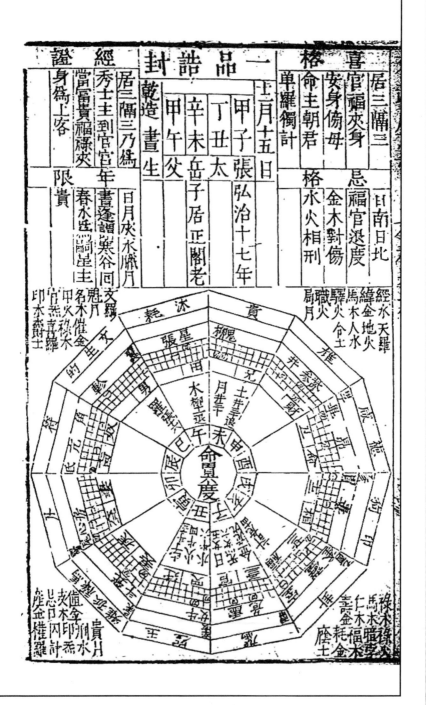

一品誥封

喜格	忌格
日月並明	水泛白羊
水金會垣	火計相泄
計羅擺截	陰陽無輔
漏出官福	
羣星向朝	

四月初一日

丙寅	張正德元年生	
壬辰	太	
辛亥	岳子居正閣老	
壬辰	母	

坤造晝生

經證	年限
計羅截諸星相	月躔胃土晝生
向漏出官福日	勿畏羅同火主
月並明一生專	又得土援寅尾
擅嗣主君福子	最忌
英賢	

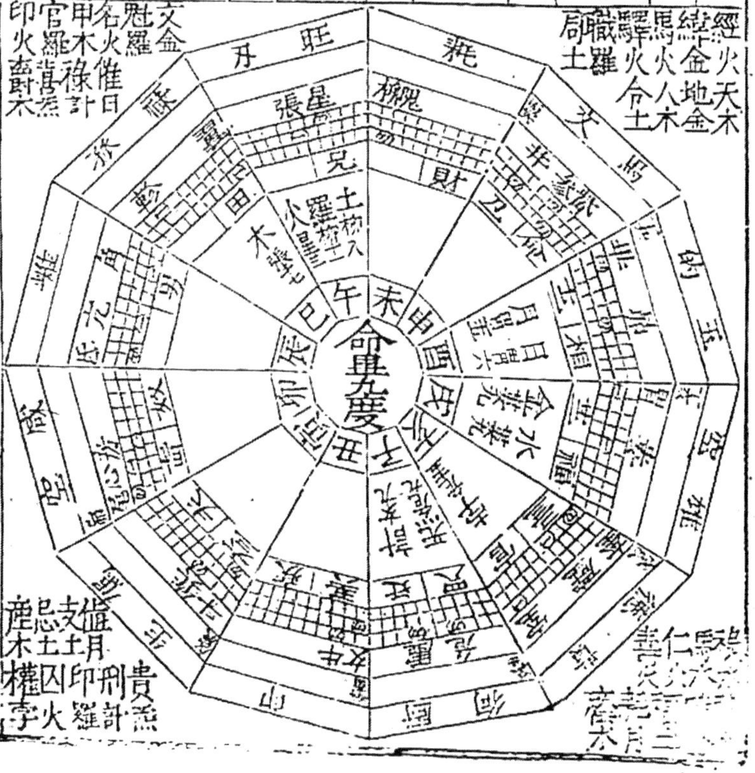

經讖		一品誥封		喜格
四餘獨步度主 居官日月官福 夾恩嗣水金會 垣祿馬夾命爲 最		九月初七日直隸太倉人 乙亥 王 正德十年生 丙戌 荆 子錫裔榜眼 庚寅 石 閣老次子叧 巳卯 父 裔進士孫衡 乾造晝生 解元榜眼		日月夾恩嗣 福官夾田嗣 四餘獨步 木入秦州 金水會垣
年限				忌格
水火交戰土墾 心月孛犯壁水 度行翼柳張單 壁炊之				水火交戰 孛金併命 炁羅合拱

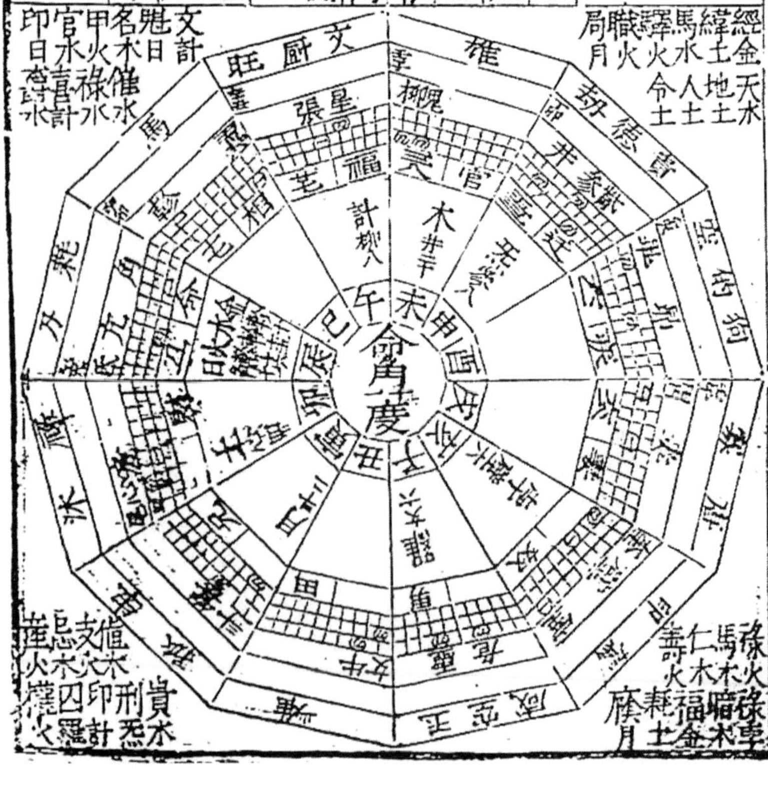

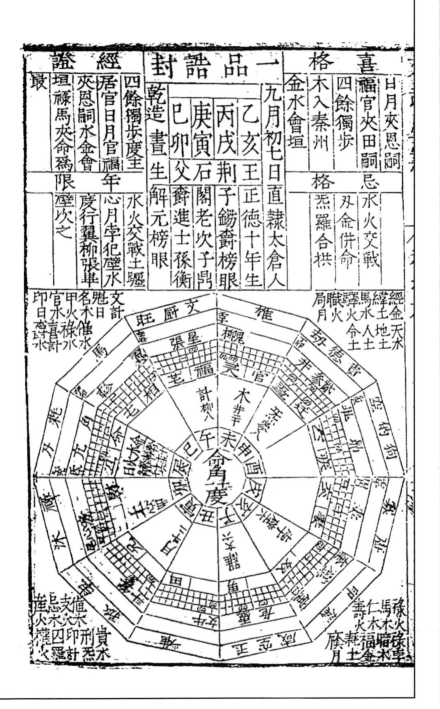

書格

日月夾駕垣
日月[illegible]祠祿
福官[illegible]道
田財居官[illegible]格

忌

火月晝晦
孛羅交戰
木到大梁

一品誥封

二月廿六日
癸亥
乙卯
癸亥
戊午
坤造 晝生

許顯陽母
許弘治十六年生
子許國解元
閣老

經證

淑人須是看遷
移日月官福夾
最奇崇動嵗駕
相關攝定為命
歸光門楣

年限

參壁奎丰水木
受傷不無憂滯

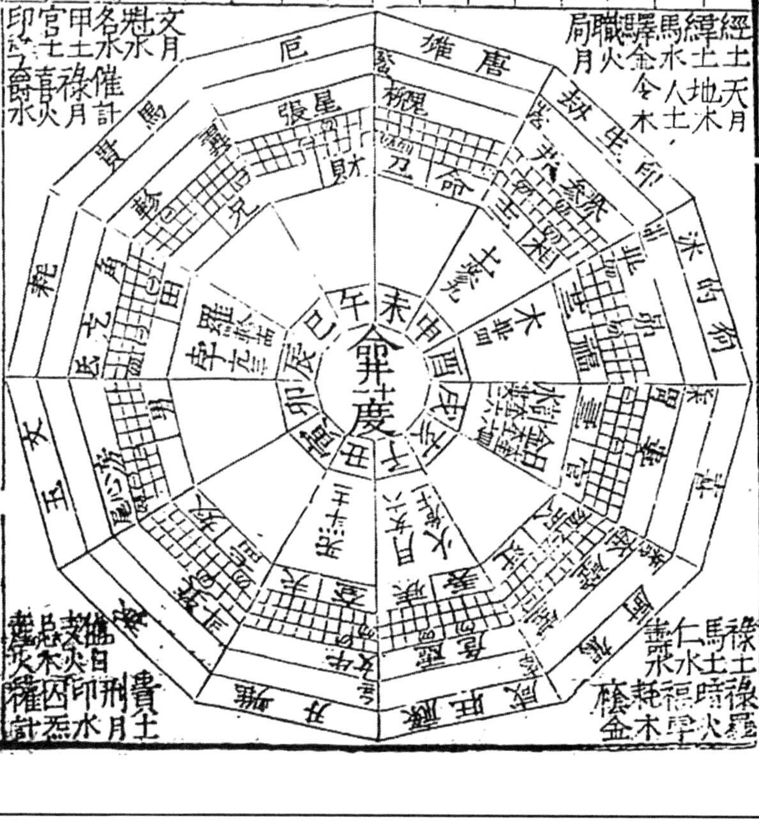

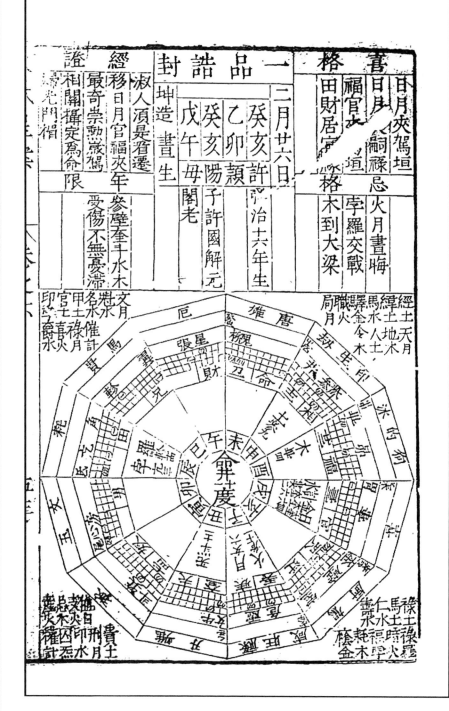

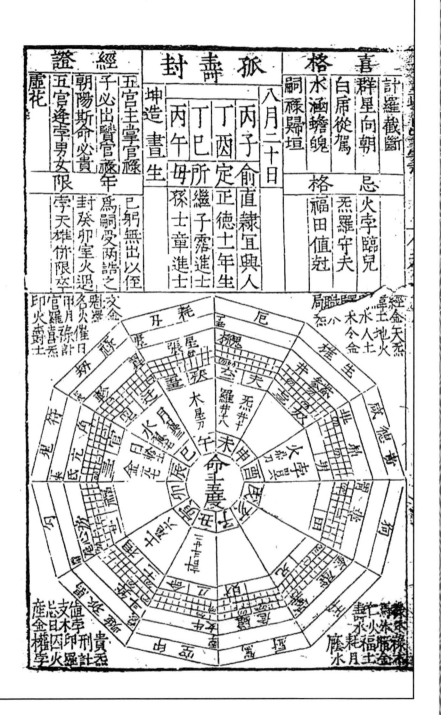

經證	孤壽封	喜格
五宮主掌官祿 子必出覽官祿年 朝陽斯命必貴 五宮逢孛男女限 虛花	八月二十日 丙子 丁酉 丁巳 丙午 坤造晝生	計羅截斷 群星向朝 白帠從駕 水涵蟾魄 嗣祿歸垣
巳躬無出以侄 爲嗣受兩誥之 封癸卯室火遐 孛天㭊併限卒	俞直隷宜與人 定正德十二年生 所繼子霑進士 母孫士章進士	忌格：火孛臨兒 炁羅守夫 福田值尅

書格

四餘拱月　水土互躔
五星從日　忌日月弱宮
金水夾陽　日月弱位
太乙抱蟾
嗣壽浔地

格

成化十六年生
十月十四日福建侯官縣人

貴壽

庚子　林　正德庚午戊午科
丁亥　春　由部屬知府
庚申　泽　壽二百四歲
丁丑　子應亮侍郎
乾造夜生　孫知府 知楚 侍郎

經證

五曜從陽於東　土歸鄉國乃為
拱四餘拱陰於年　壽元嗣星浔局
西沉且日月官　不惟遐齡百之
福身命咸加閑限　有四抑且後裔
列命出奇　屢世簪纓

經金天乘　緯火地金　馬木人金　驛木命水　職計　局金

文木　魁水　名金　催學　甲木　祿金　官金　喜金　印金　爵土

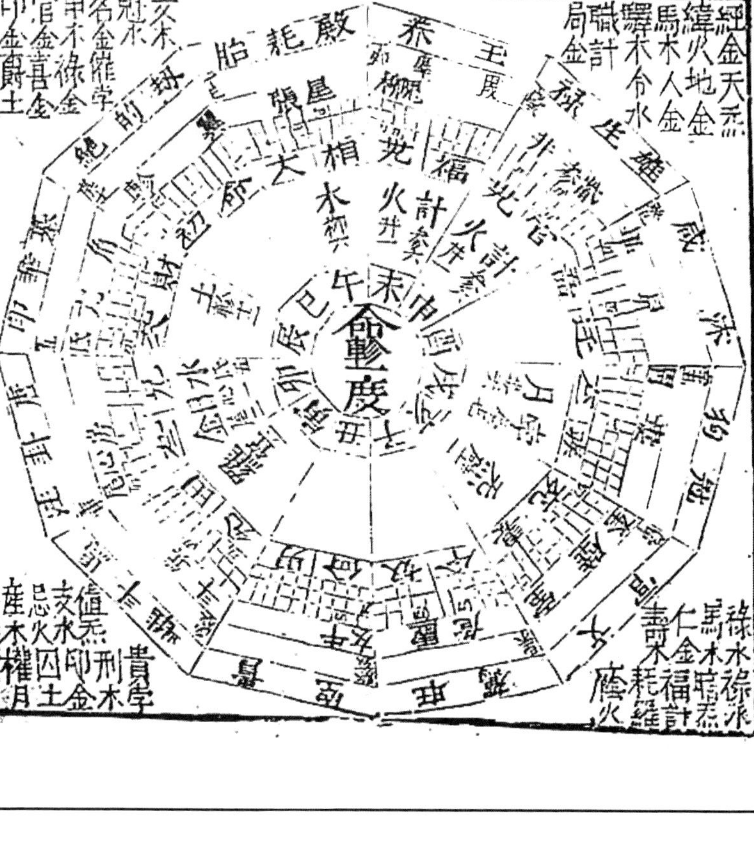

祿水　祿派　馬木　官乘　仁金　福計　壽木　耗羅　蔭火

貴學　刑木　值乘　印金　支水　四土　忌火　權月　產木

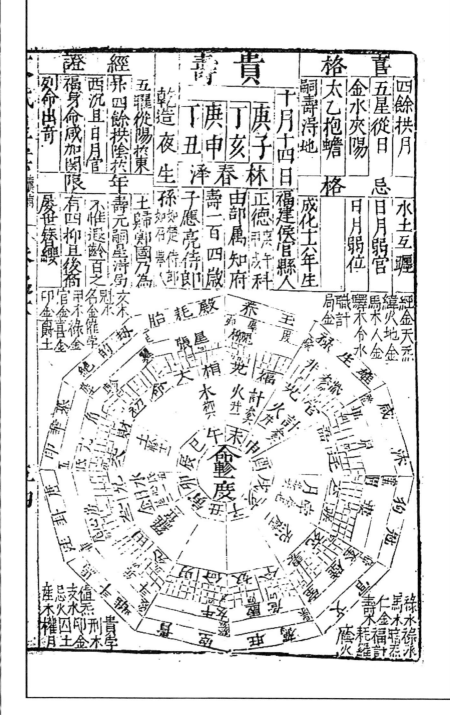

喜格

七政連茹
殿曜拱南
群星向朝
日月拱子
官度主強

忌格

羅間七政
及符祿位
日月背行

三世進士

六月初十日福建侯官人

乾造晝生

丙寅 林 嘉靖戊子科
乙未 應 父春澤貴壽
戊午 亮 子如楚侍郎
癸未 侄如召舉人

經證

水金從陽一月軫水朝陽翼火守命陰陽拱於午受生子辰兩榜兒位經云日月已驗矣五宮主分明是貴人宿限到官福子必出拱南方乃異人賢

經金 天乔
緯木 地火
馬木 人金
驛金 令土
職金
局計

文金
魁羅
名火 催日
田金 祿計
官爵 言杳杰
印火 爵木

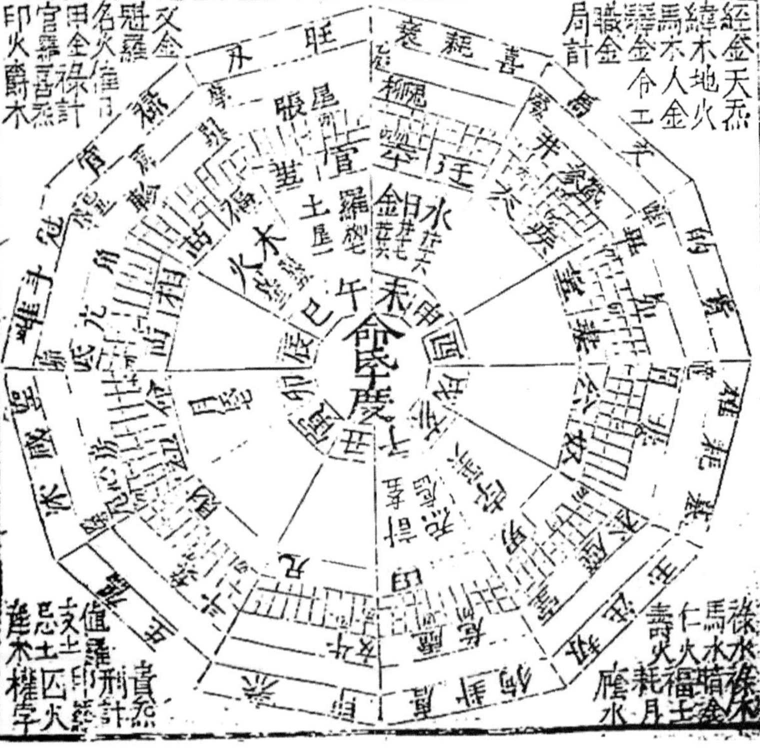

祿水 祿金
馬水 暗土
仁火 福土
壽火 耗月
蔭水

貴炁
刑計
值羅 印孛
支土 囚火
忌土
進木 權孛

喜	格
四餘列外	
七政在內	
文武兩班	
羅月交輝	
福官朝陽	
忌	金騎人馬
	水土相攻
	七政背行
格	福元次之

祖父子弟	
九月廿四日	福建侯官人
癸卯 林	嘉靖甲子乙丑科
壬戌 如	祖春淨貴壽
乙丑 楚	父應亮侍郎
丙戌	堂弟如召舉人
乾造夜生	

經證

羅計中分格合　水土相攻夯財

文武兩班是皆年嗣值魁二者有

棟梁之材廊廟斷壽令高旺

之器因命限向限當享遐齡遠

四餘背七政姿之　笄弁

文月　魁水　名水催計　甲火祿月　官土喜火　印孛貪炁

經金天炁　緯金地木　馬木人金　驛木分土　職火　局月

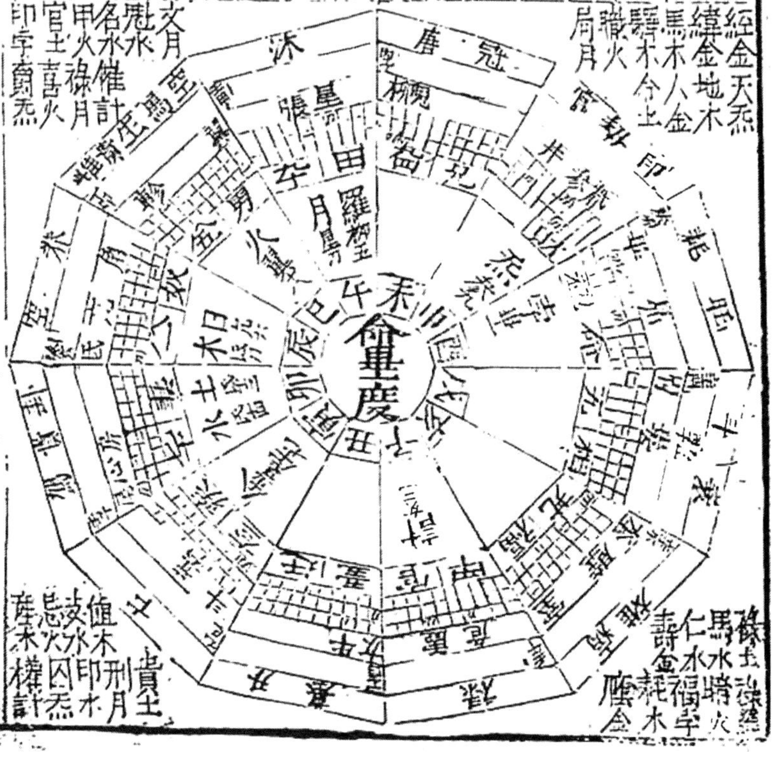

祿土殺炁　馬水暗火　仁水福孛　壽金耗木　[illegible]金

貴土刑月　值木印木　支水因炁　忌火　產木權計

祥雲捧月
喜 水陽相會
金居衛分
格 土歸太常
坐祿向貴

忌 火孛交戰
陰陽背行
格 諸星散誕

四世甲科

正月十六日
己卯
丙寅
壬戌
己酉
乾造 夜生

林如召

福建侯官人
祖春澤尚書
伯應亮侍郎
堂兄如楚侍郎
壬子科

水從陽炁伴月
稍嫌諸星散誕
經為命為身則倍年
日月背行宜乎
隹矣經云坐祿
逢發參水昴日
證向貴膽蹈功名
限 春秋榜中人矣
之士官福 高明九奇
子又無武

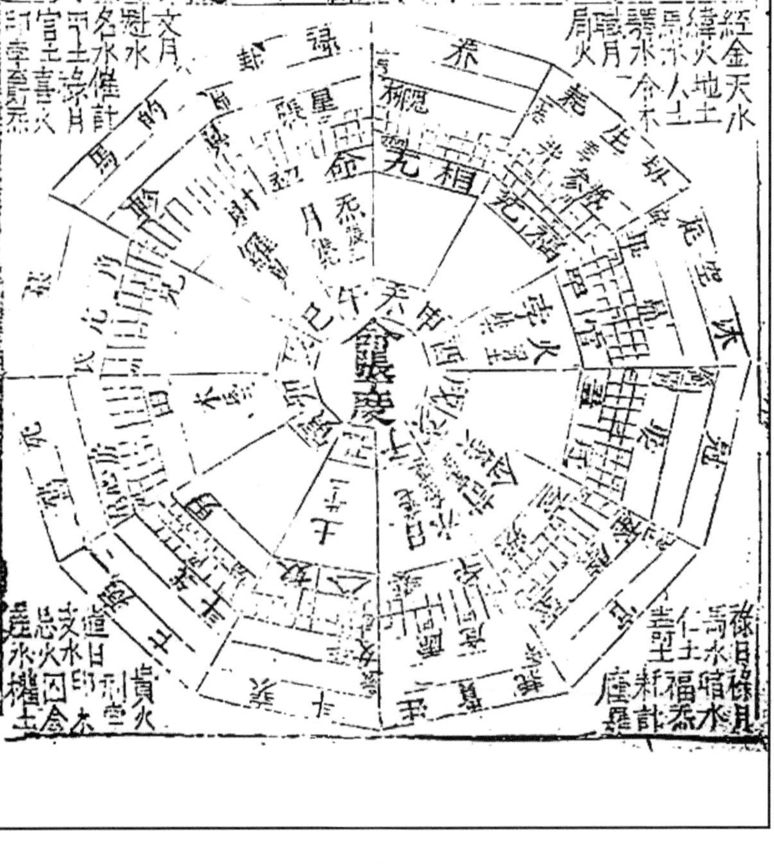

喜格

計羅拥拱
孽星向朝
日月夾命
日月夾子
仁壽高明

忌格

日月背宮
羅間七政
火犯太陽

封壽

六月初四日福建侯官人
戊子 翁夫運判三子
戊午 狀元正春壬辰科
甲辰 元三孫俱春元
辛未 母辛酉年現存
坤造晝生

經證

格合四令轄川大抵日月高明
月四餘拱季土而年官福独徒貴之
故日月夾命嗣壽源也經云壽令
元君息夾福誠五限若也逢生旺壽
福全備造也等魏魏等泰山

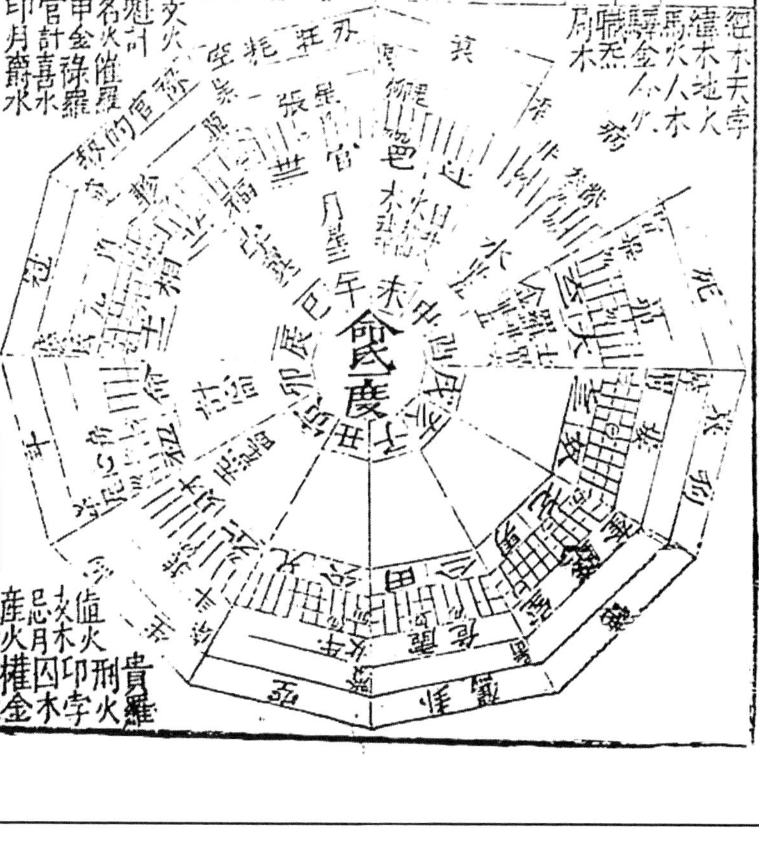

喜格

日月高明
日月夾夫
夫主居官
身命起高
福官會垣

忌格

孤陽獨立
水金失令
嗣值魁沖

一品夫人

四月廿八日福建福清人
乙未葉　良人向高
庚午閣　一子已逝
己巳老　三孫現存
己巳妻
坤造　晝生

經證

日月乃君后之象又掌身命最喜夾夫星於官祿然貴則貴々之極矣

年限

五星日月俱起高明已知限度遍行而有無窮妙處迢々焉奴劉度則止

經金　天水
緯火　地土
馬水　人土
驛水　令火
職月
局火

文炁
魁金
名土催炁
甲土　祿火
官火　喜土
印羅　爵火

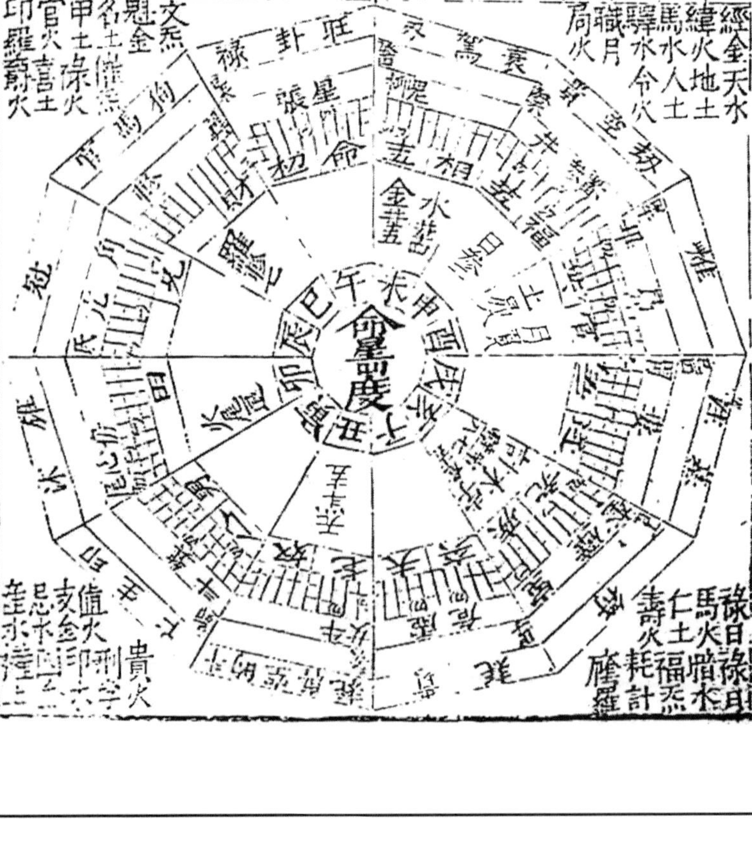

祿日　祿月
馬火　暗木
仁土　福炁
壽火　耗計
權羅

貴火
值火　刑孛
支金　印木
忌木
產水

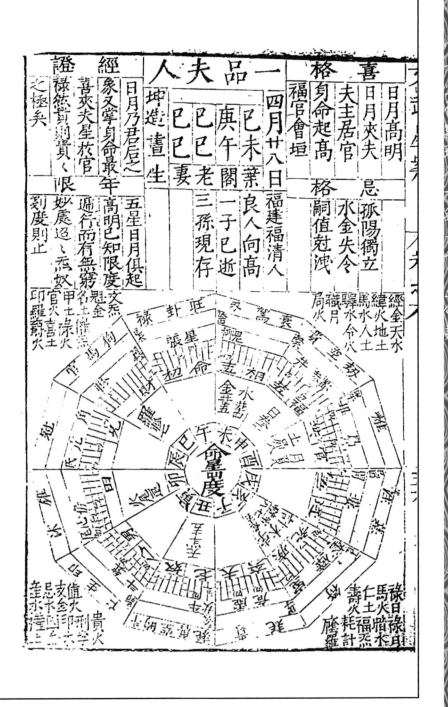

喜格

日月拱福
四令高明
福祿拱命
身嗣升殿
福主臨兒

忌格

丹雄臨兒
水計相刑

孤壽封

七月廿三日
壬辰 申 直隸吳縣人
戊申 瑶 嘉靖十一年生
己酉 泉 無子一女
癸酉 繼母 丙辰年卒
坤造夜生

經讖

月居閑極反為
祥為身為嗣兩年
福強官福拱命
膺封號田財垣
殿壽崇昌

限

土掌丹雄臨兒
宜乎各胞者貴
行四土度災重
因土木互尅耳

經金 天炁
緯水 地水
馬水 人土
暗金 命金
職計
局金

文日
魁炁
名水 催月
甲水 祿口
官月 喜学
印水 奇学

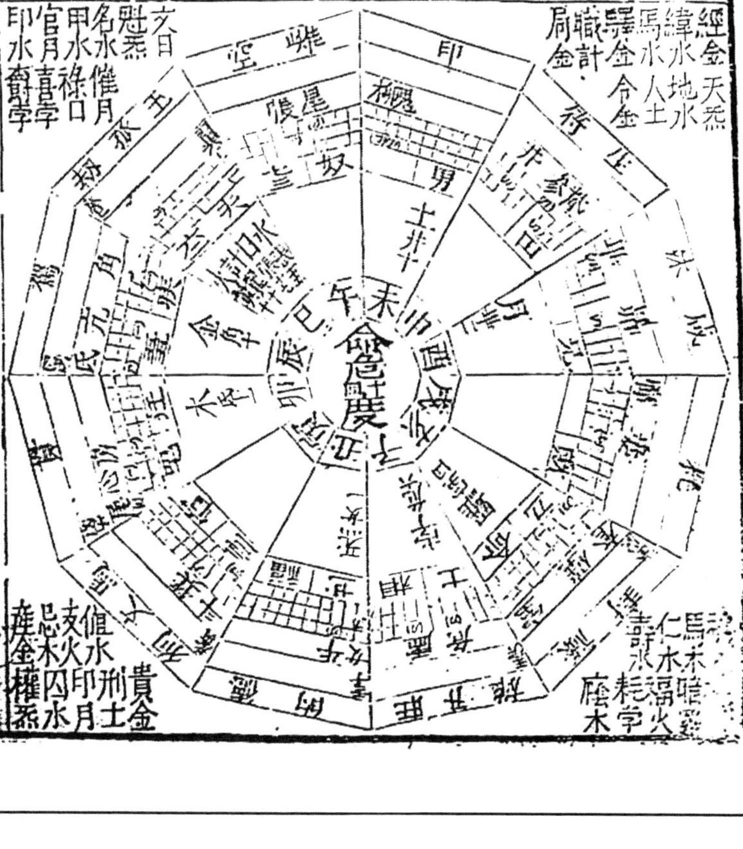

殺 馬木 暗炁
仁水 福火
壽水 耗字
廢木

貴金
值水 刑土
支火 印月
忌木 囚水
產金 權炁

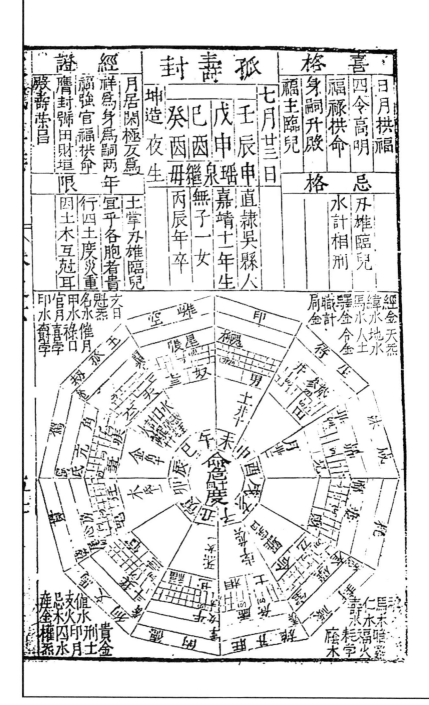

喜
金水會䐔
孤月獨明
白馬從駕
夫嗣俱貴
格

忌
火入金鄉
羅計犯殿
身福弱宮
格

一品命婦

八月初七日
癸巳 王嘉靖十二年生
庚申 荊夫錫爵閣老
丁丑 石子衡解元榜
庚子 妻限
坤造夜生

經
金水從陽木臨 土躔井火躔昴
寅垣無日月夾年 計羅擾殿凡行
水金所謂夫子 昴胃危女奎奎

證
俱貴堪斯兩誥 限俱同途
褒封

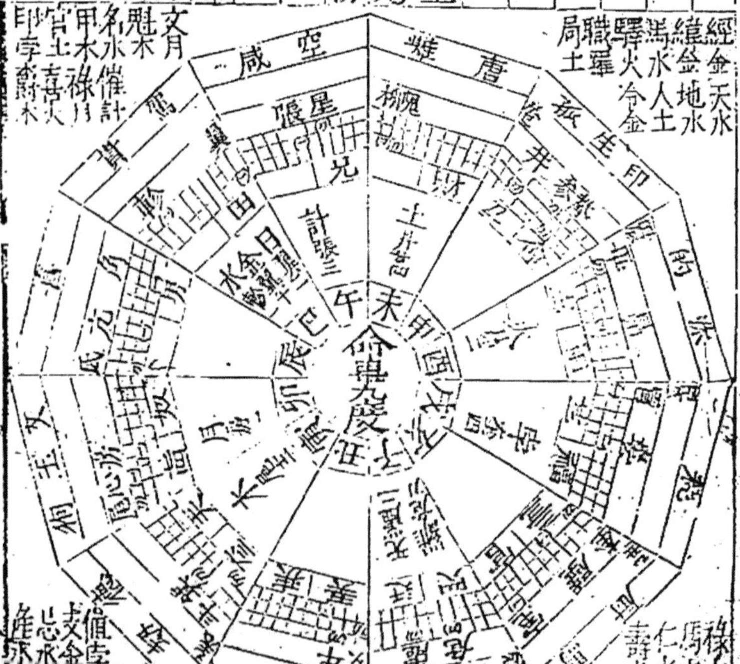

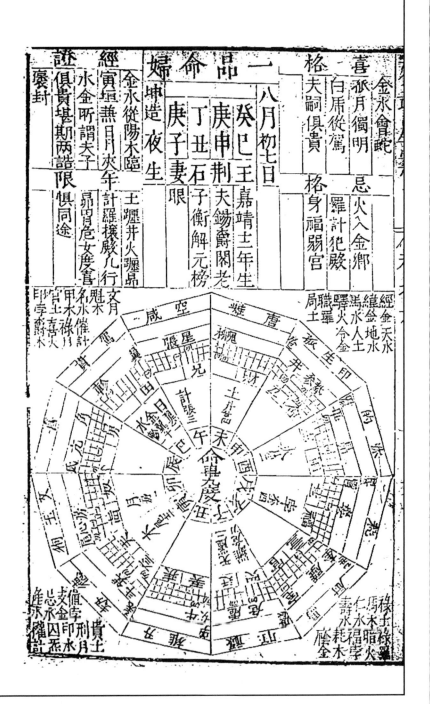

一品命婦

貴格
日月拱嗣
官福夾命
群星朝北
身命坐祿
夫嗣高明

忌格
日月背宮
刃厄守命
木犯炁奴

十二月廿二日
丙申 申 嘉靖十五年生
辛丑 瑤 夫時行閣老
癸卯 泉 丙辰年卒
乙卯 妻
坤造 晝生

經讃
貴賤先須明拱 井參畢昴限度
夾貴恩必要辨年 俱屬海霧蓋木
陰陽左右吉星 逢炁土犯月水
最吉拱主身命限 對計火犯日
坐祿左奇

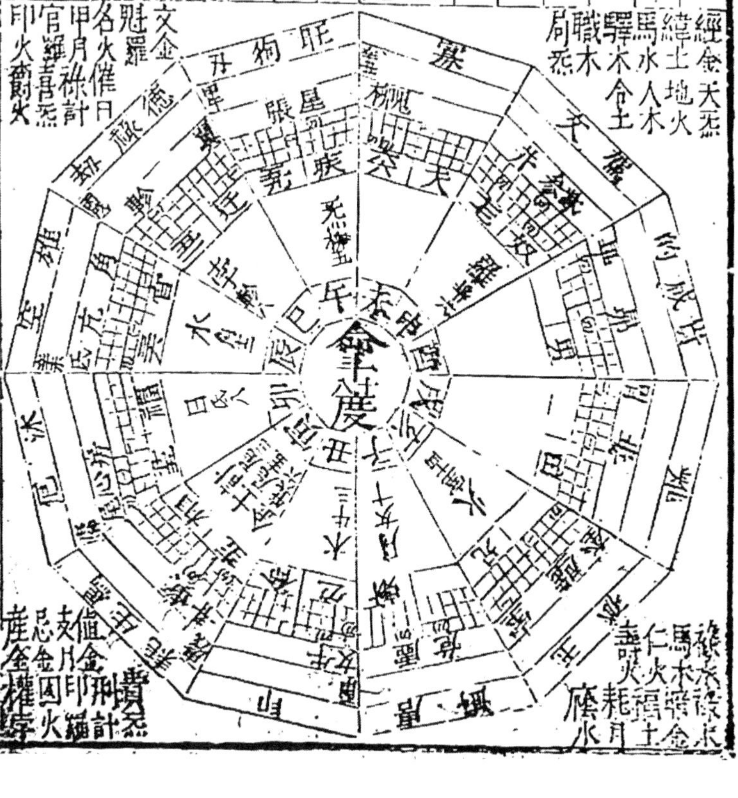

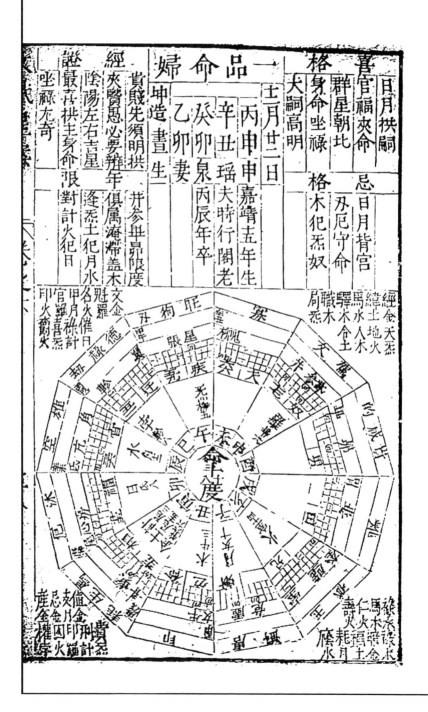

喜格
乘曜拱命
日月得體
上金豪富
福財守命
夫星秉令

忌格
日月無輔
金騎人馬
嗣火對孛

貴孤
十月初八日
丙午 于嘉靖廿五年
巳亥 王夫慎行閣老
壬辰 壘戊申年卒
甲辰 妻無子
坤造 晝生

經鑑
日月五星環拱 七宮水到福地
命宮所謂福祿
年
良人貴顯五位
相隨田財俱旺 火對孛傷桂子
宮言無比出連
限
凋零戊申井木
阡陌 困牛

經金天木
緯木地火
馬木人土
驛水令水
職金
局言

文金
魁羅
名火催日
印水祿計
官羅喜炁
印炁爵水

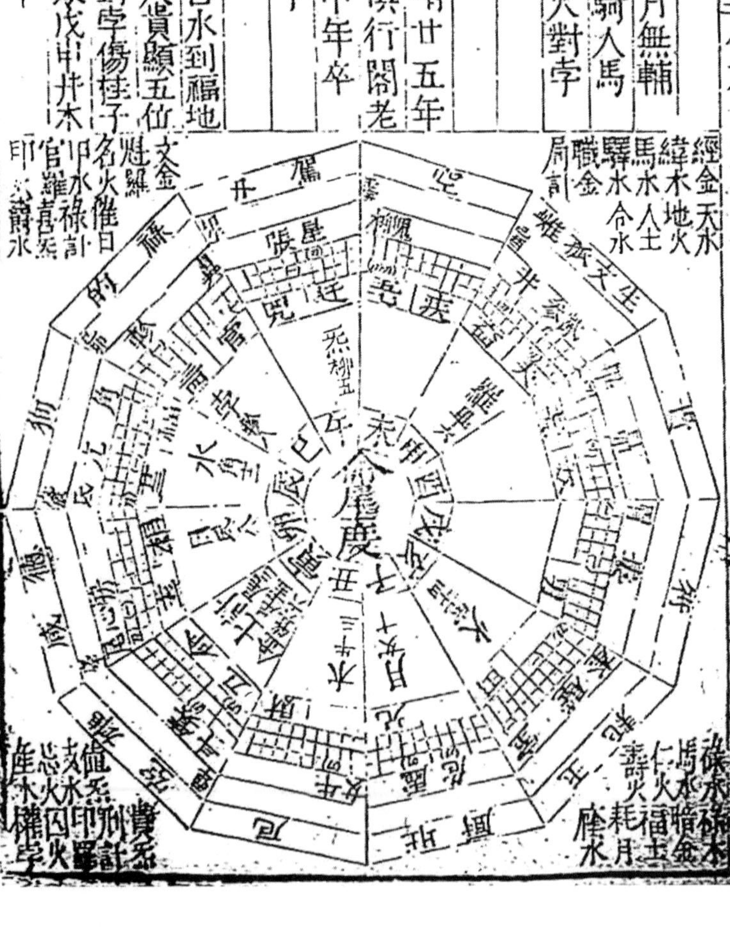

祿木科木
馬水暗金
仁火福土
壽火耗月
蔭水

值炁
殺水
忌火
産木
貴炁
刑計
印羅
囚火
權孛

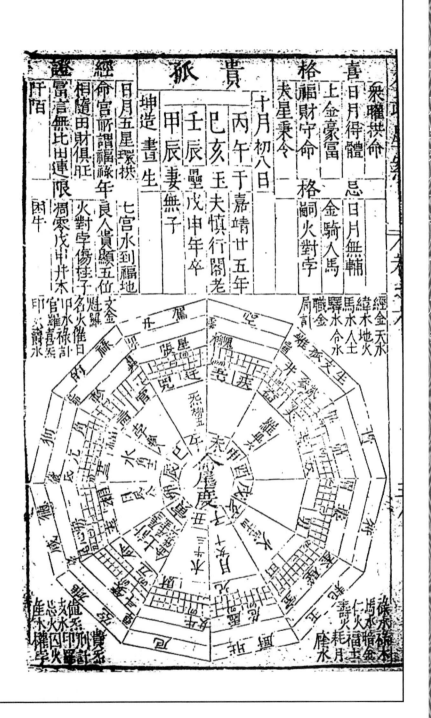

夫子俱貴

喜格

日月得位
玄武持旌
福木臨兒
夫嗣居官
身命得所

忌格

土埋僕女
火金相刑
孛羅交戰

十月十二日
戊戌 顧 嘉靖十七年
癸亥 璘 夫國輔副使
壬子 初 子長起元會元
丙午 母 孫起鳳進士
坤造書生

經證

日夫水子同居 但上軫水房火
官祿夫子俱貴年 金相刑金木對
堰期兩誥褒封 傷此調格高星
身土臨財財豐限 困疾殺減論
富

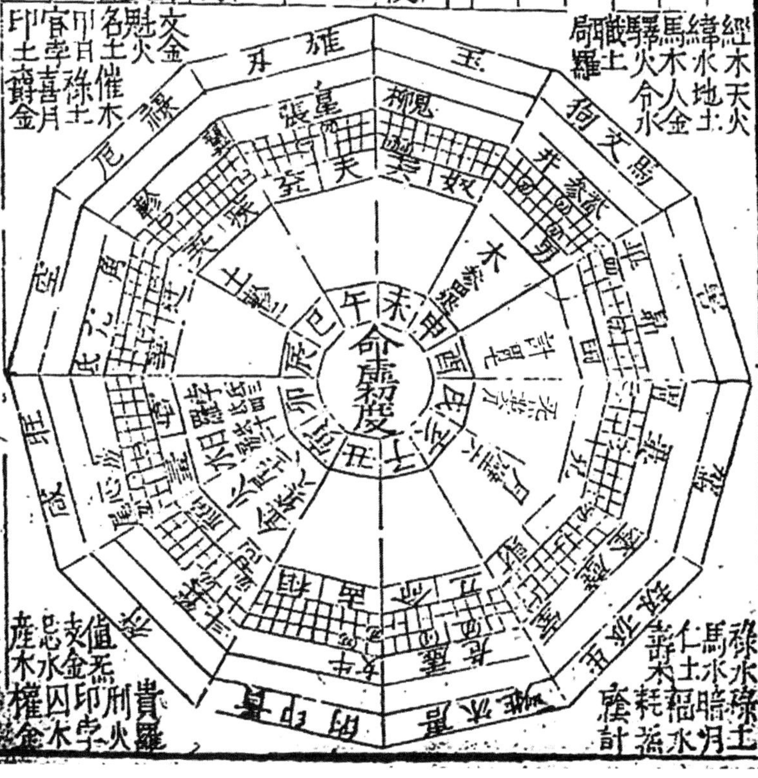

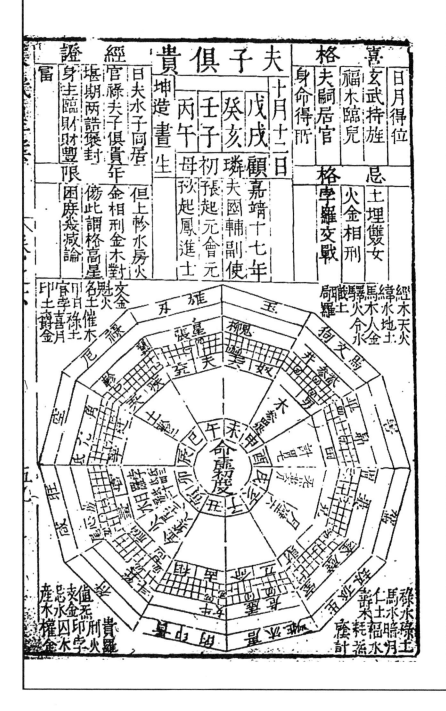

喜格

官福夾身命
官福夾妻嗣
日月夾壽祿
田財拱官
火金夜輝

忌格

身命坐刃
官福弱宮
日月無光

癸子三進士

乾造夜生

壬午
癸丑
癸卯
辛酉

劉嘉靖元年生 直隸任丘人
用名勃庚戌科
斋子元震元霖
父俱進士顯貴

經證

木爲壽元嗣星
喜日月官福夾年
轄經云星朝北
地真奇命

限

水犯孛火犯羅
土躔女限至水
火土度否

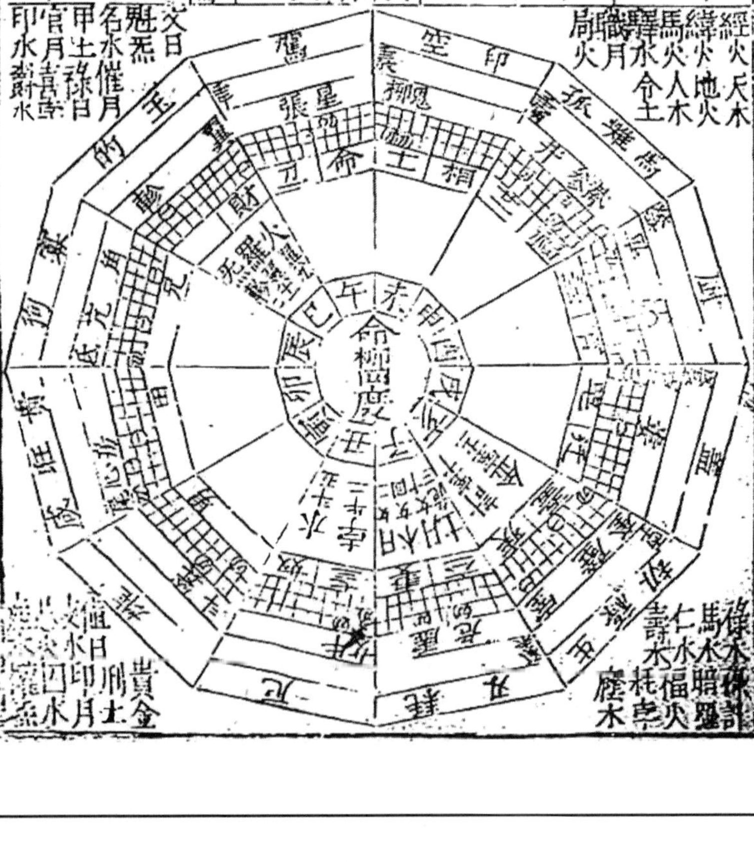

喜格

金水夾陽
木孛符印
火到南離
身財歸垣
嗣主居官

忌格

木入齊羝
水泛白羊
官福失次

夫子三誥贈

三月初九日
癸未 乙卯 庚戌 辛巳
坤造晝生

劉嘉靖二年生
用夫劉勃進士
斋子元震元霖
母俱進士

經讖

水化伏屍遇太
陽豈爲惡曜五
位主到官官子
必出賢

年限

夫星木孛符印
坐祿對福名曰
夫子俱貴然行
土月度不無災
滯

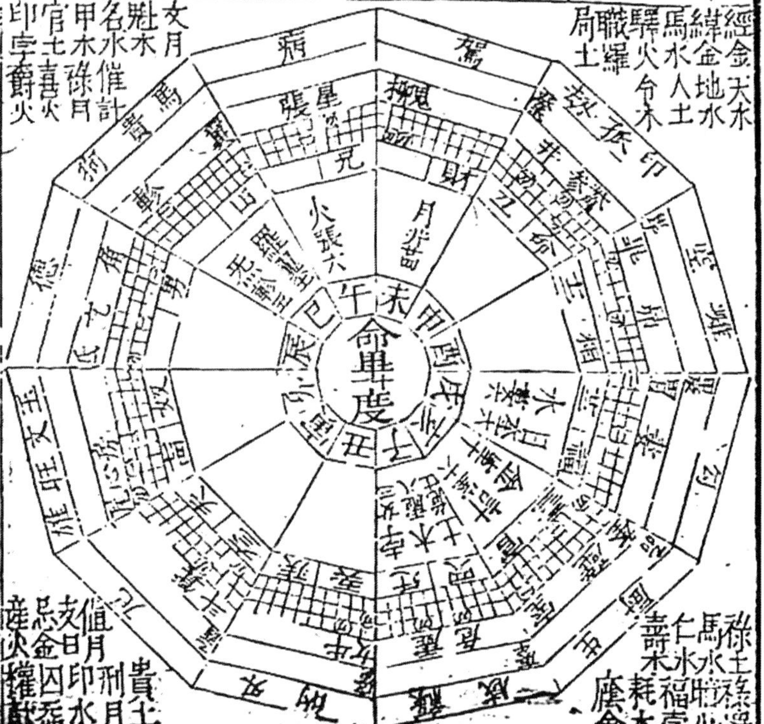

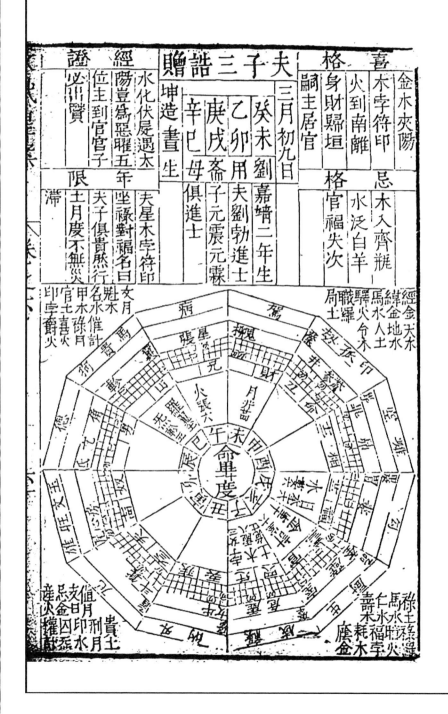

臺格

計羅截斷
漏出官福
日月得體
官福拱官
嗣星高明

忌格

孤陽失輔
火入金鄉
命坐夾的

誥封

十月十九日
庚寅　許　嘉靖九年生
丁亥　少　浙江東陽人
乙亥　微　子弘綱尚書
乙酉　父
乾造夜生

經證

計羅截出官福
因夜土水次之
所喜福祿拱官
嗣星掌祿發舊
秉令

年限

斗木金炁餘奴
救主冬逢水孛
奴主相扶次忌
月度犯土

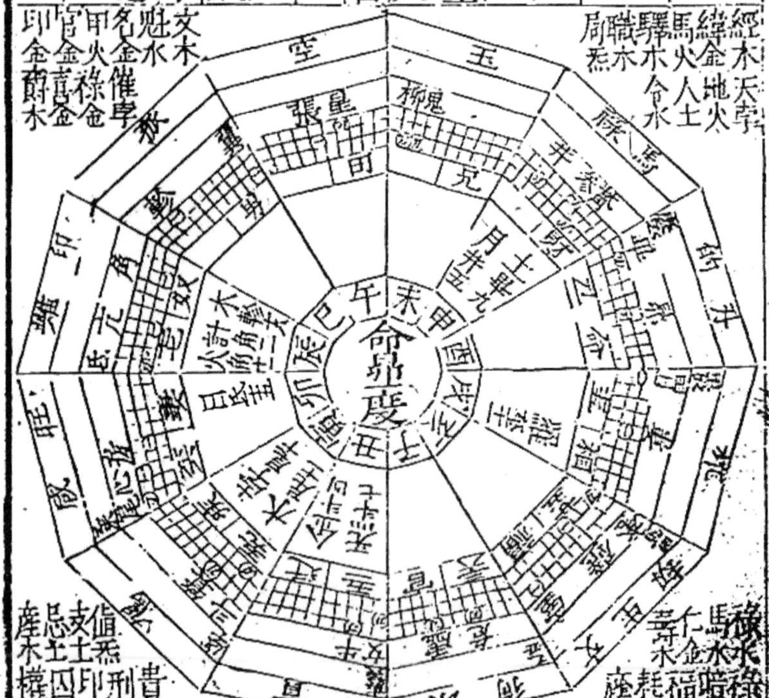

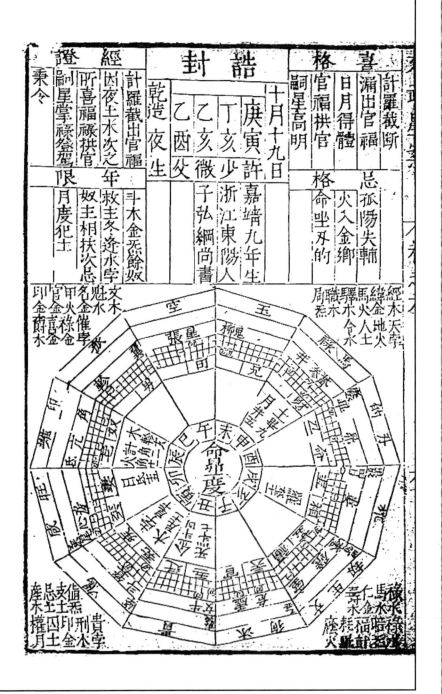

喜格

日月拱嗣宫
日月拱福田
命度朝君
嗣福朝天
身夫登駕

忌格

火入金鄉
木土對傷
刼木坐刃

誥封

十二月廿二日
癸巳 許 嘉靖廿二年
乙丑 少 浙江東陽人
庚寅 微 子弘綱中丞
己卯 母
坤造 耆生

經談

命度朝陽身星
登駕日月拱福
田拱嗣主掌祿
朝天為最

作限

土對木傷木效
陽光凡行土度
并星日最宜慎
之

經木 天孛
緯土 地金
馬火 人水
驛木 命土
職土
局羅

文月
魁木
名水 催計
甲月 祿月
官土 吉火
印孛 魯木

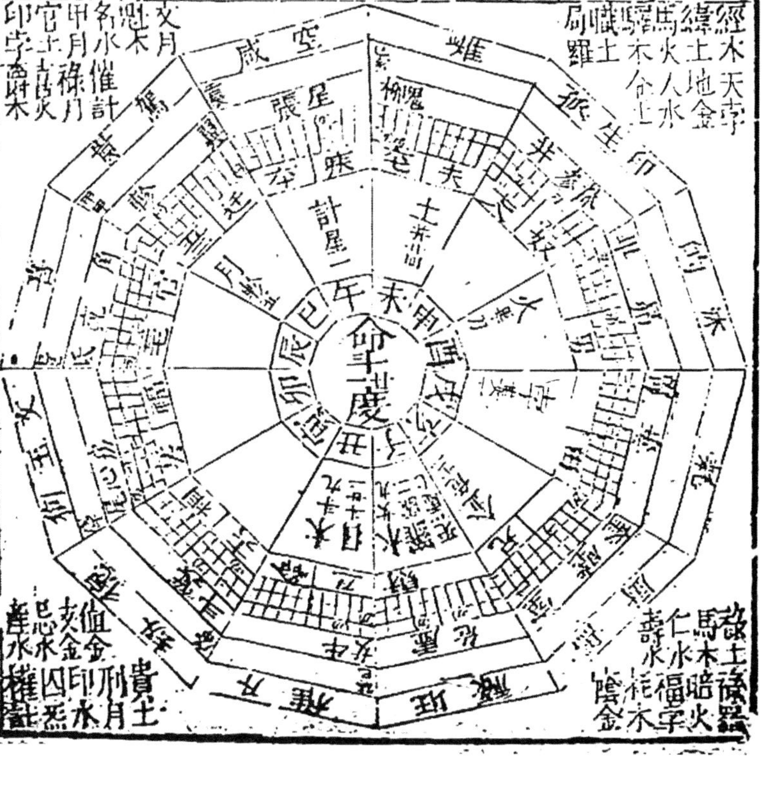

殺土 祿羅
馬木 暗火
仁水 福孛
壽水 杖木
蔭金

值金 貴土
爻金 刑月
忌水 印水
產水 囚孛
權計

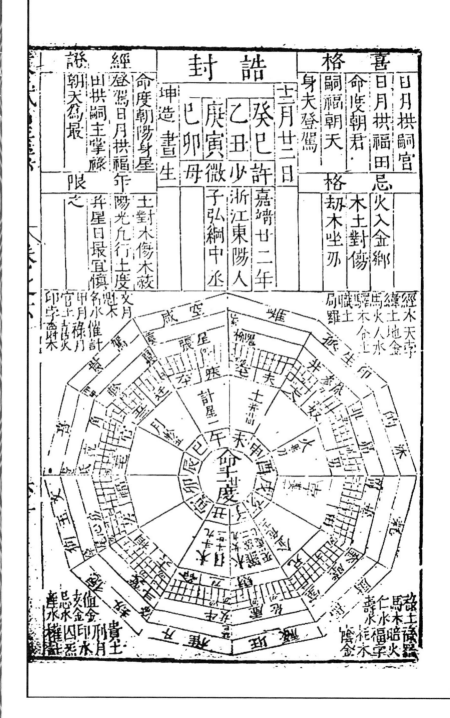

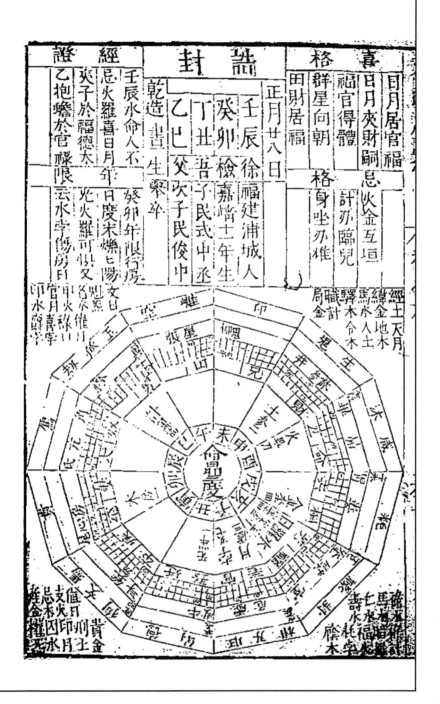

喜格

日月居官福
日月夾財嗣
福官得體
群星向朝
田財居福

忌格

火金互垣
計孛臨兒
身坐孛惟

誥封

正月廿八日
壬辰　徐福建浦城人
癸卯　檢嘉靖十一年生
丁丑　吾子民式中丞
乙巳　父子民俊中
乾造　書生　奚卒

經證

壬辰水命人不忌火羅喜日月夾子於福德太乙抱蟾於官祿

限年

癸卯年限行房日度末燥七陽光火羅可惧又云水孛傷房日

經土　天月
緯金　地木
馬火　人土
驛木　命木
職計
局金

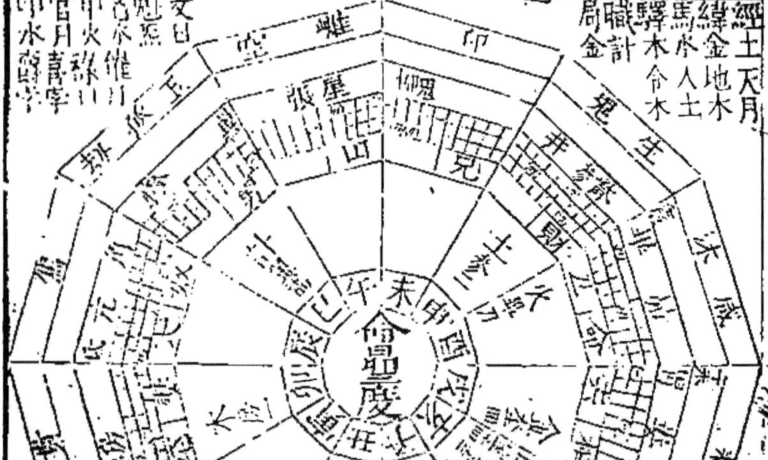

貴金
刑土
印月
囚水

喜格	忌格
官福臨兒	火金互垣
日月朝天	水羅交戰
財嗣秉令	
仁壽得所	

誥封

正月廿九日

壬辰 徐 福建浦城人

癸卯 檢 嘉靖十二年生

戊寅 吾子民 式都院

癸亥 毋 殃民 俊舉人

坤造夜生

經證

日月朝天福官臨兒嗣星秉令年必擬重ヒ封誥數比龜齡壽星得地

限

土遜參金源全水木度固當所忌經云木无挑照身命主有壽而聰明

經水 天羅
緯木 地金
馬火 人水
驛金 命木
職木
局流

文日 魁然
名水 催月
甲金 祿日
官月 吉字
印水 爵字

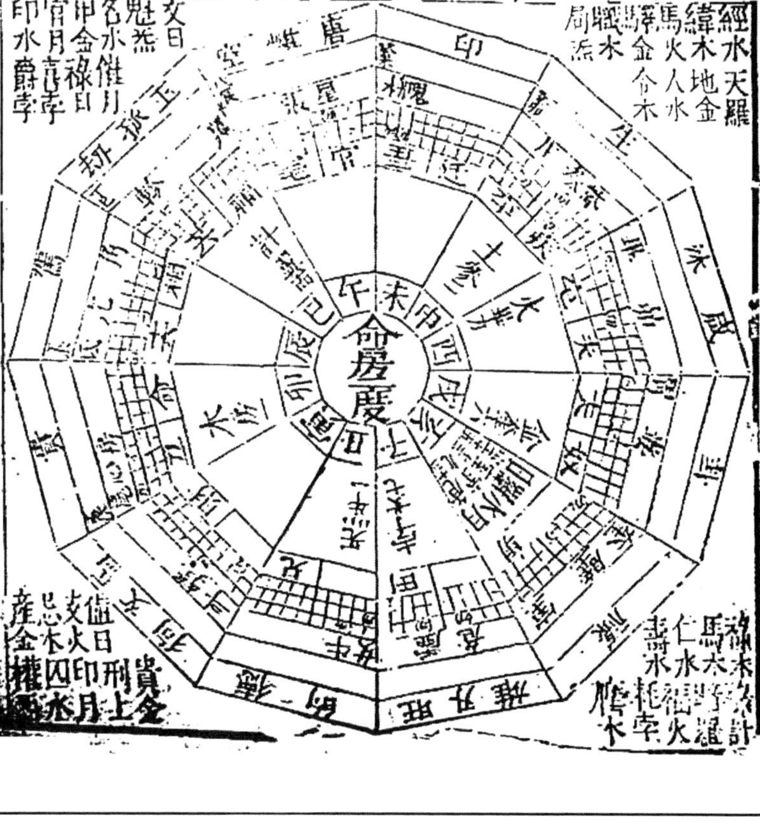

祿木 炎計
馬火 孛羅
仁水 福火
壽水 杖字
旛木

值日 貴金
支火 刑上
忌木 印月
產金 四水
權

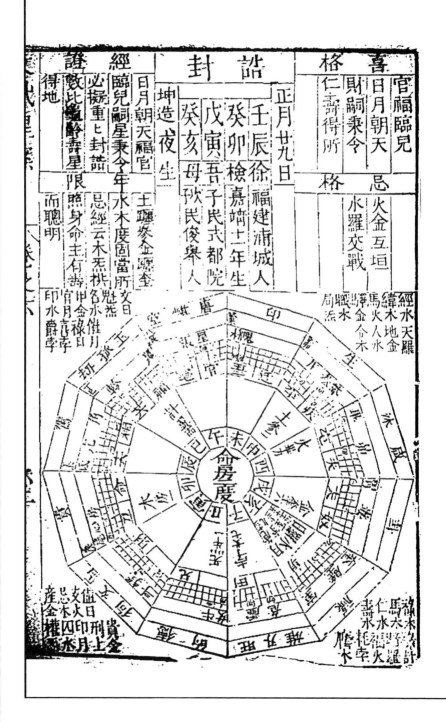

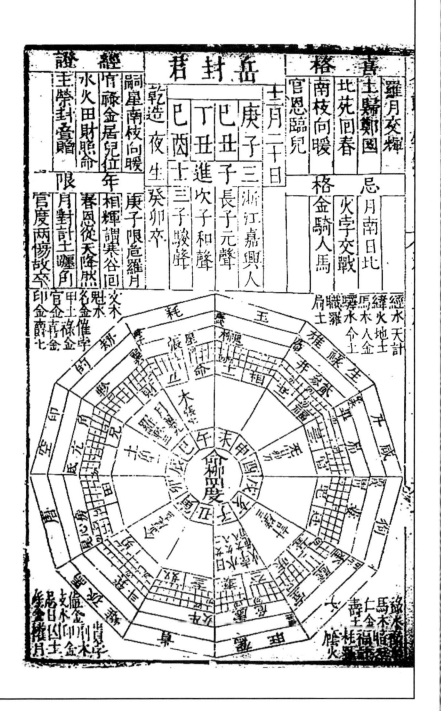

經證	岳封君	喜格
嗣星南枝向暖 / 官祿金居兒位 / 水火田財照命 / 王榮封疊贈	十二月二十日 / 庚子 三 浙江嘉興人 / 巳丑 子 長子元聲 / 丁丑 進 次子和聲 / 巳酉 士 三子駿聲 / 乾造夜生 癸卯卒	羅月交輝 / 土歸鄭國 / 比死回春 / 南枝向暖 / 官恩臨兒
年限		忌格
庚子限遇羅月 / 相輝謂寅谷回 / 春恩從天降然 / 月對計土遲角 / 官度兩傷故卒		月南日北 / 火孛交戰 / 金騎人馬

經水天計 緯火地土 馬木人金 驛水今土 職羅 局土

文木 鬼水 名金 催学 甲土 祿金 官金 吉金 印金 蔭七

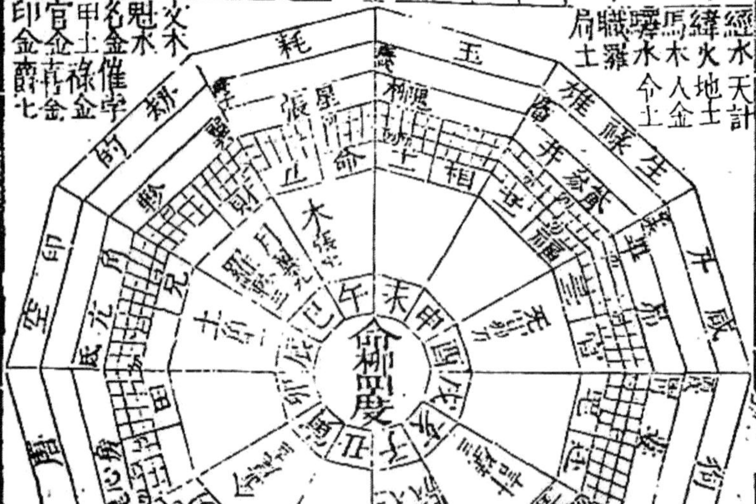

喜格	
四餘環月	五星從日
官福高明	身命得地
夫嗣登駕	

忌格

火入金鄉

土木共戰

封誥

十月十八日浙江嘉興人

癸卯　岳　長子元聲

癸亥　進　次子和聲

巳丑　十三子駿聲

乙丑　母　庚子年受封

坤造　夜　生　三丁未卒

經證

土星若也度躔

氏旌表門閭

錦衣木土掌夫

嗣星登駕坐貴

光奇

年限

氐土受封誥傷

艮入以木土朝

陽相刑故耳金

犯斗行奎頂度

卒

經火　天金

緯火　地火

馬金　人火

驛木　命水

職計

局金

文月

魁水　催計

名水　祿月

甲木　喜火

官土

印孛　爵計

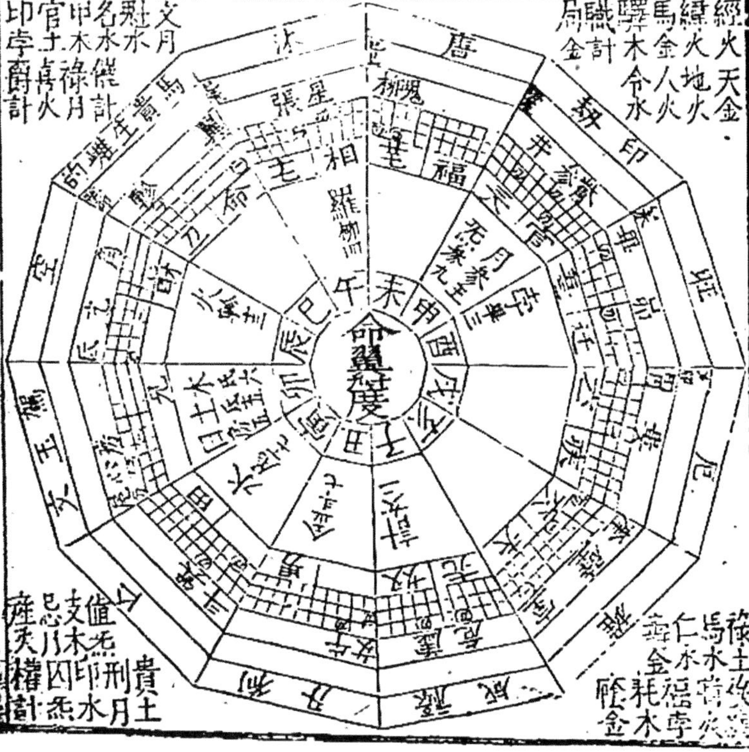

貴土

值炁　刑月

支木　印水

忌月　囚炁

蔭天　權計

祿土　炎火

馬水　暗火

仁水　福孛

壽金　耗木

蔭金

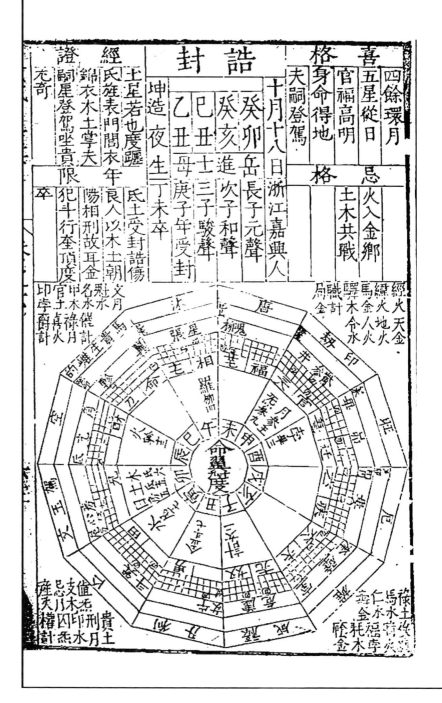

喜格

居三隅三
日月共貴
四餘環月
五曜從陽
嗣登駕貴

忌 群星背命
寒月单行
格 木土同宮

誥封

十二月十二日湖廣公安人
癸卯袁嘉靖廿三年生
乙丑玉長子宗道
壬午䆉次子宏道
庚子父三子中道
乾造夜生俱進士

經證

五星從陽於東
四餘捧陰於西
四令環嗣星登
歲駕坐玉堂

經云居三隅三
年乃爲秀士賤之
被木傷次之

限

經火 天木
緯土 地火
馬火 人木
驛火 令上
職炁
局木

文月
魁水
名水 催計
甲火 月
官土 火
印字 炁

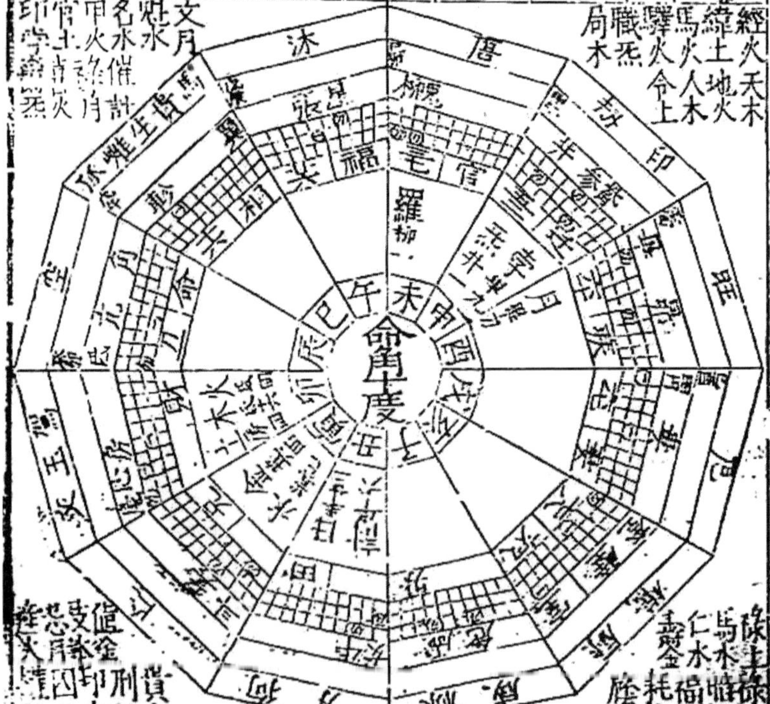

祿土 馬木 仁水 壽金
暗火 福孛 耗木 陰金

貴土 刑月 印木 囚炁
値途 受勝 忌月 進火

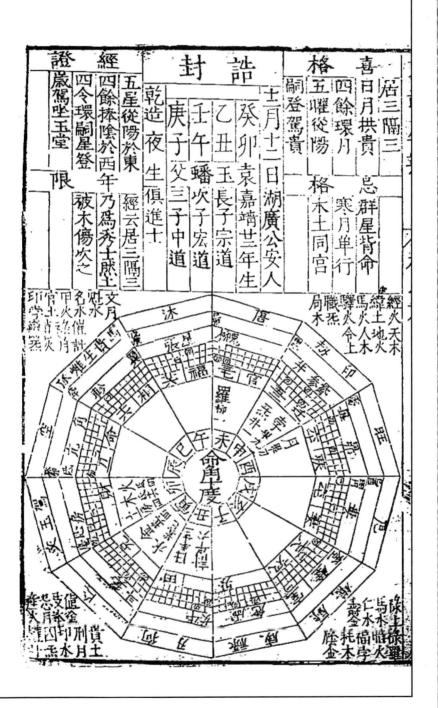

宮格	忌格
水陽度楚	金木對傷
羅月交輝	妻祿值尅
官福夾身	福元失次
嗣恩歸垣	

誥封

七月二十日

戊申 湯嘉靖芒年生

庚申 藿子賔尹會元

癸巳 林榜眼

壬子 父多子

乾造夜生

經證

太白當秋嗣恩 土號太常日月歸垣故貴而且年木金垣殿誥封衆但福元失次重七尾火遇孛祿主對傷次之限房日遇水否

經金天水
緯金地水
馬水人土
驛火合金
職木
局炁

文金
魁火
名土催木
甲木祿土
官孛喜月
印土爵火

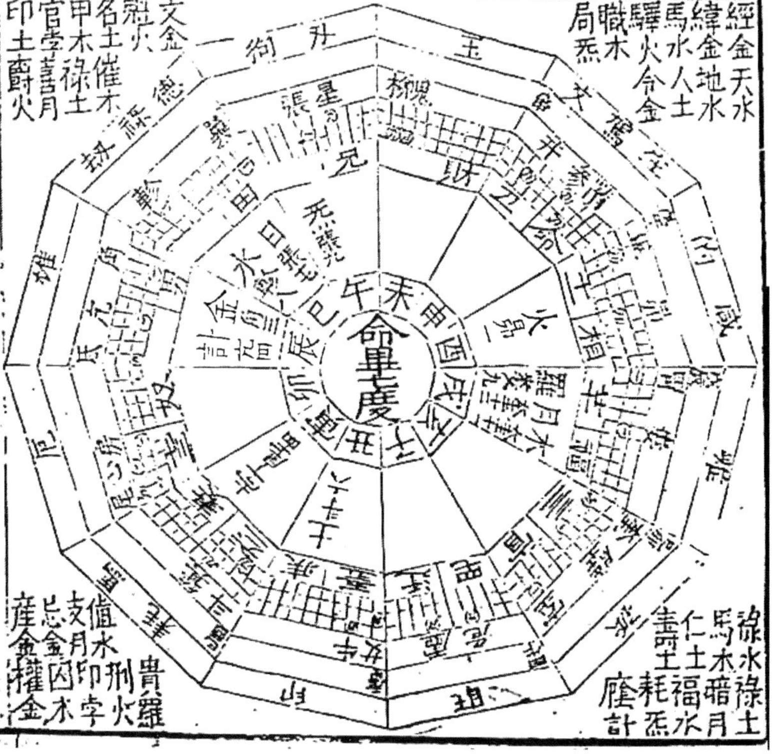

祿水祿土
馬木暗月
仁土福水
壽土耗炁
廕計

貴羅
值水刑火
支月印孛
忌金囚木
產金權金

喜格

身命居官
日月得體
福官生殿
田財夾命
嗣坐殿祿

忌格

孤陽掌丹
火金晝晦
水孛相犯

父子甲第

六月廿四日浙江湖州人
丙申　韓　嘉靖五年生
乙未　丁卯辛未科
丁未　紹　子敬己酉庚
癸卯　戊會狀
乾造晝生

經緯

身命同守官福
乃為上客福祿年
相隨田財俱旺
田連阡陌富比限
陶朱

昴日金水兩夾
胃土七昴坐秉令
甲寅年午斗木
對金命限兩傷

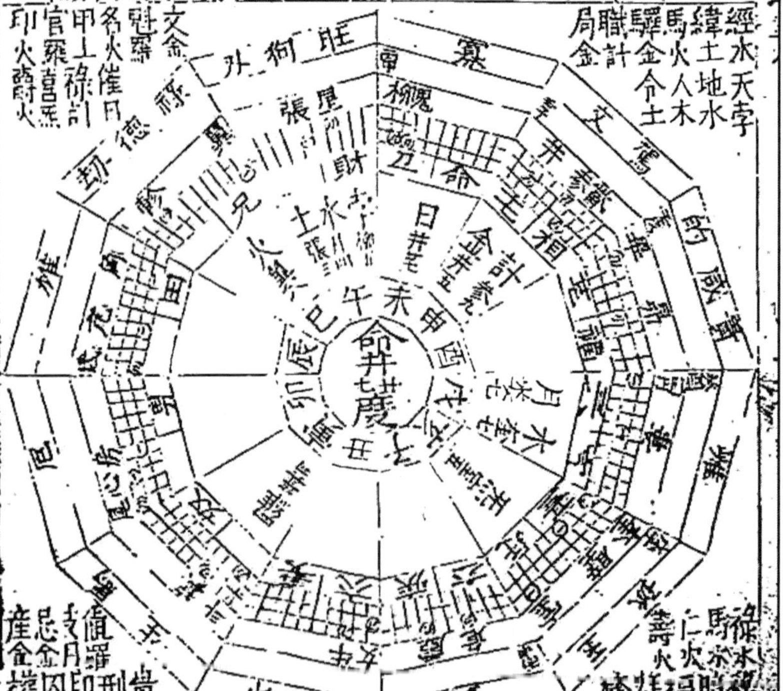

喜格

日月夾天門
日月夾夫子
官福夾主
福官臨田
田財得所

忌格

計炁夾身
水火交戰
土埋雙女

會狀毋

十二月初八日
戊戌 子 浙江湖州人
乙丑 韓 夫子俱貴
丁丑 敬 乙卯年卒
庚子
坤造夜生

經證

羅計截諸星於 癸丑計奴剋度
天門男女宮且年 奎木刼木作灾
夫元金居衛分 宮主水火相攻
夫子俱貴堪期限
兩誥褒封

經木 天孛
緯木 地火
馬火 人木
驛金 合土
職炁
局木

文金 魁火
名土 催木
甲金 祿土
官孛 喜月
印土 蔭金

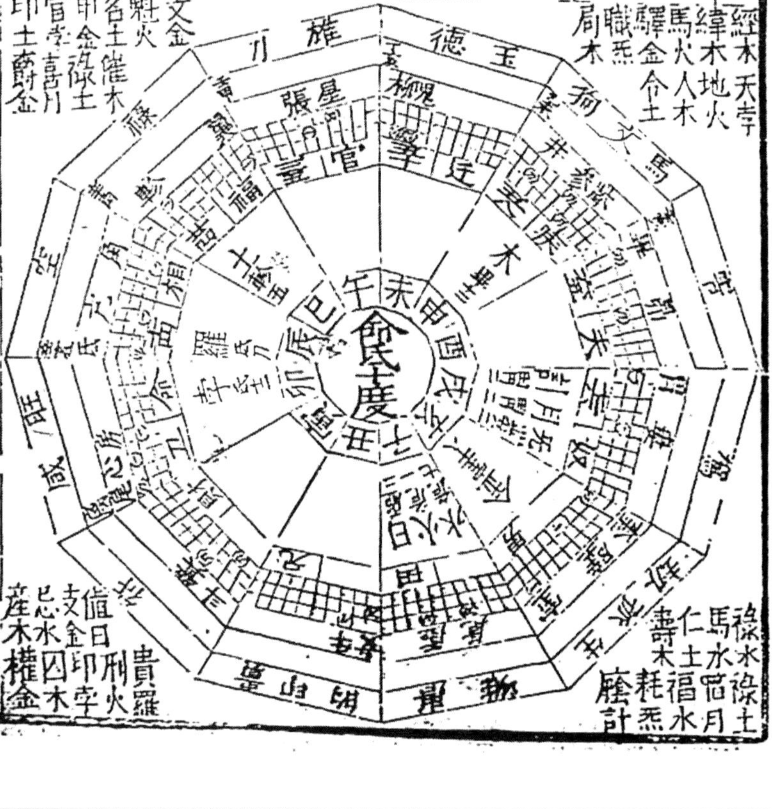

祿水 祿土
馬水 官月
仁土 福水
壽木 耗炁
蔭計

貴羅
館日 刑火
支金 印孛
忌水 囚木
產木 權金

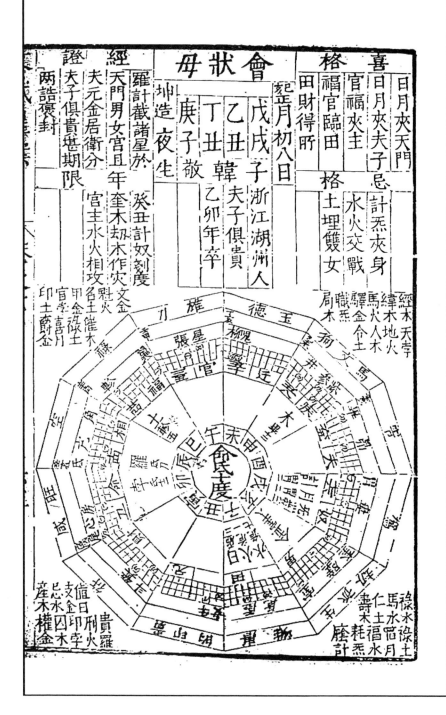

喜格

日月夾天門
日月夾歲駕
日月夾妻嗣
財嗣秉令
木火對生

忌格

土羅持夾
水計相刑
日月無輔

經木天孛
緯木地土
馬火人木
驛金命木
職水
局孛

會狀父

正月初六日
癸亥 周 直隸宜興人
甲寅 我 名天遂
乙酉 樵 子延儒會狀
丙子
乾造夜生

經證

君后日月兩夾 土羅相生宮主
嗣官嗣星木秉年 日臨祿動嗣胄
春令加以身命 月拱照以應贊
拱官榮封登誥限 卽大魁土井掌
一 孖喜中不足

文月
魁水
名水催計
甲金祿月
官土己火
印孛酉水

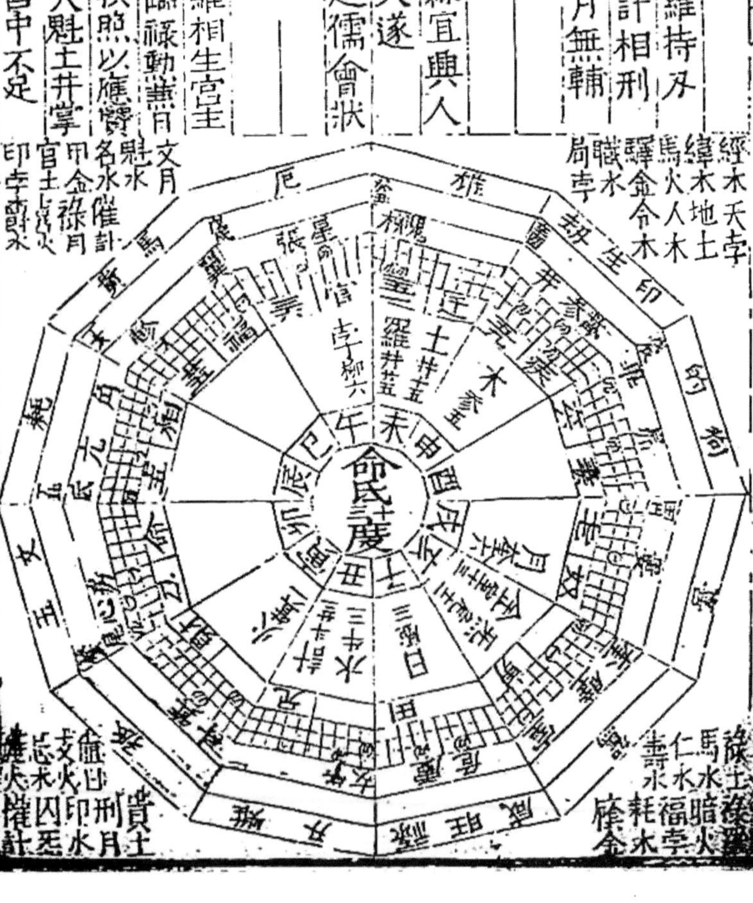

貴土
刑月
[illegible]印水
文火囚炁
忌木權計
暗火

祿土
馬水
仁水
壽水
暗火
福孛
耗木
蔭金

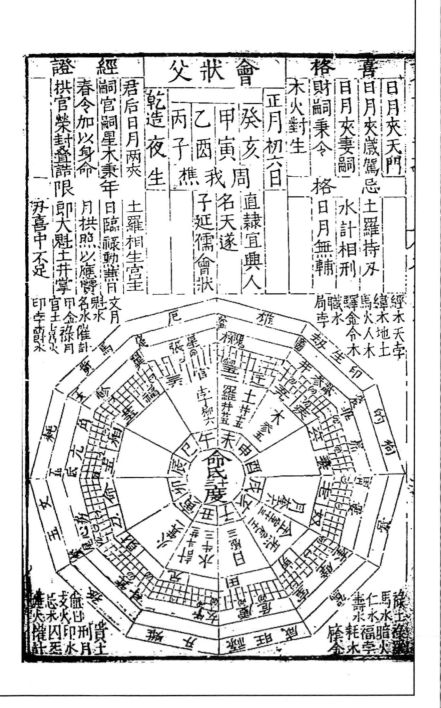

會狀母

四月十七日
癸亥
丁巳
甲子
庚午
坤造　晝生
子延儒
直隸宜興人
良人庠生
有四子

喜格

計羅攔截
群星向限
日月升殿
福官拱命
嗣主居福

忌格

陰陽無輔
土羅掌刄

經證

日升殿於官月
升殿於田水金
官福拱命五宮
主殿福德子必
出賢

年限

壬子癸丑年限
行胃土土羅相
又刻君恩官福
夾照限度爲最

經土　天土
緯火　地木
馬金　人金
驛水　令火
職羅
局土

文月
魁水
名水　催計
甲上　祿月
官上　喜火
印孛　爵水

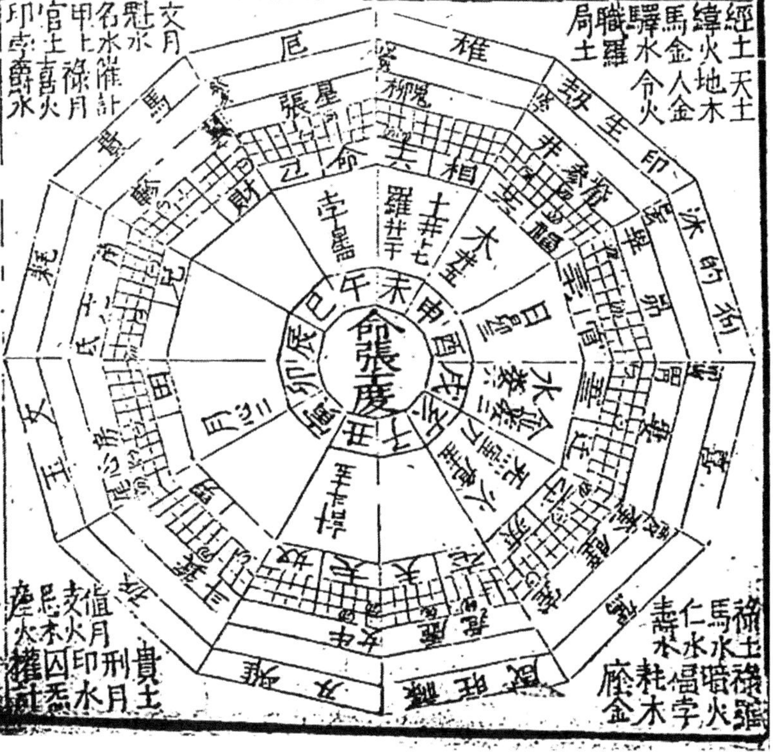

祿土　機強
馬水　暗火
仁水　福孛
壽木　耗木
廕金

貴土
刑月
值月　印水
孛火　囚炁
忌木　權計
產火

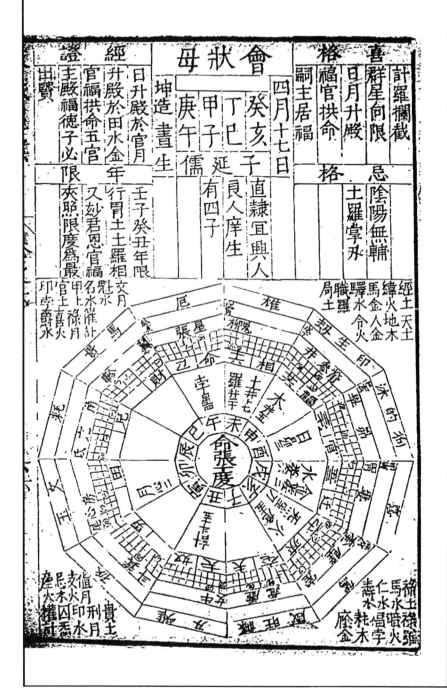

喜格	忌格	狀元父	經證	年限
命祠朝君	火月晝晦	二月廿九日	計羅截諸曜於	丁未限氐土升
計羅截斷	木入齊羅	乙未　子　嘉靖十四年生	命前漏出官恩	殿於柳火柔織
漏出官恩	水泛白羊	庚辰　黃廣東廣州人	且嗣星命主朝	權官慶兩強理
福官秉令		庚申　士　子丁未狀元	陽當擬榮封叠	宜子奪大魁
水金從陽		庚辰　俊	誥	
		乾造　晝生		

經木　天孛
緯金　地木
馬火　人木
驛木　合土
職金
局計

文計
魁日
名木　催水
甲火　祿水
官水　喜計
印日　蔭火

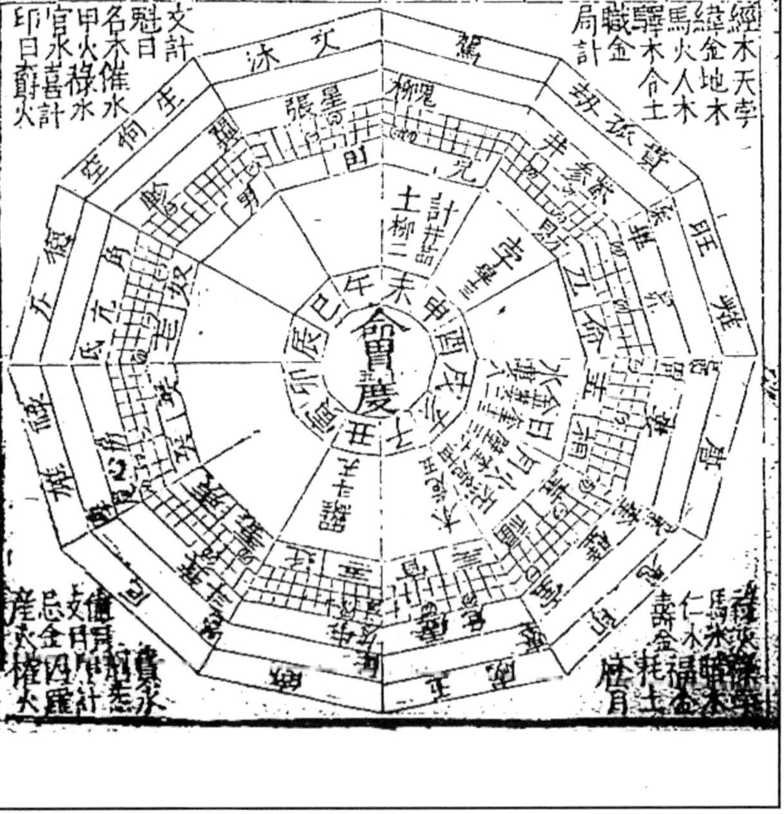

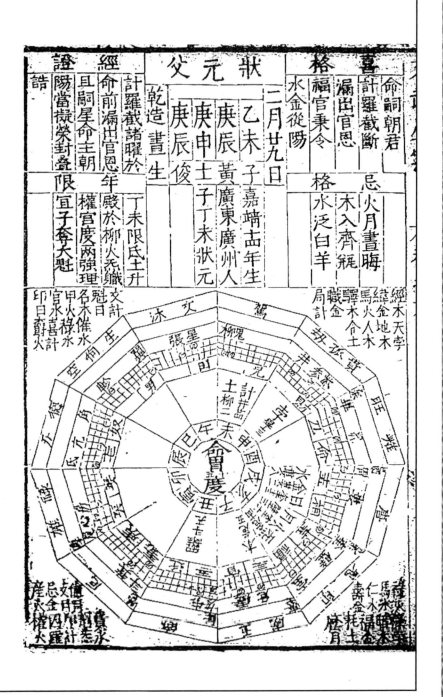

喜格

計羅攔截
群星向限
田財坐庫
官福夾田
祿田歸垣

忌格

金木相刑
日月夾計

貴富

八月初二日 鏞玉陽
乙卯 史 直隸溧陽人
甲申 弘治八年生
壬子 際 乙酉壬辰科
戊申 辛未年卒
乾造 書 生

經驗

福祿相隨田財
俱旺富可言其年
無比田可連於
阡陌

限

乙酉火升尾駁
壬辰祿貴塡限
日土高明井木
丹金剋度

經土天土
緯木地水
馬火人木
驛火命金
職水
局孛

文計
魁日
名木催水
甲日祿水
官水喜計
印日爵炁

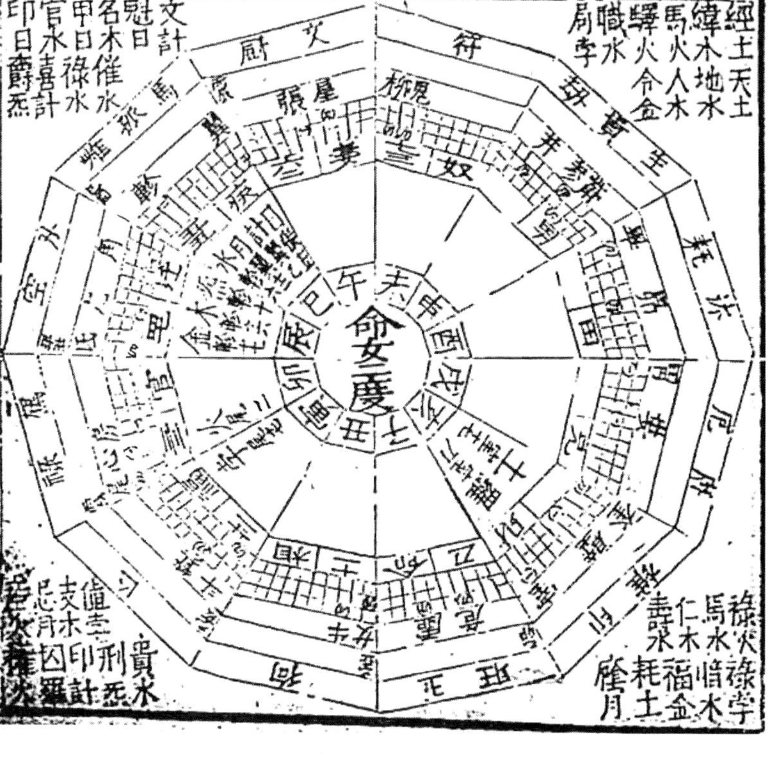

祿火祿孛
馬水情木
仁木福金
壽水耗土
蔭月

貴水
刑炁
印計
囚羅
權

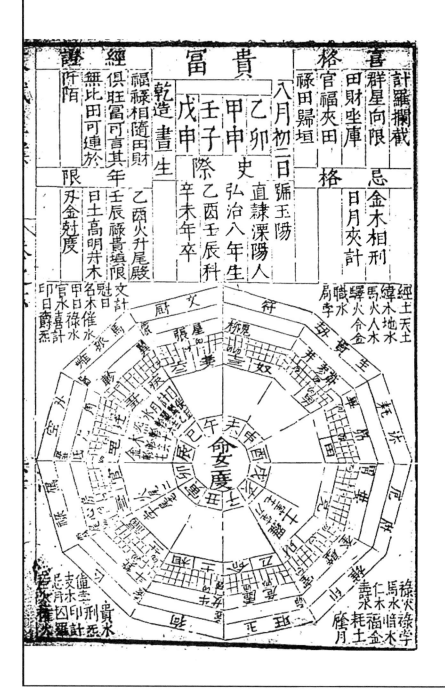

書格 貴富 經證

福官夾命田
日月夾財祿忌 七政背命
田財夾恩官 日月夫輝
七政在上 格火金同宮
四餘列下

八月初二日號嗣軒
巳亥 徐嘉靖大年生
癸酉 十魏國公親房
丙寅 一丁未年卒
巳亥 府
乾造 夜生

日月夾財祿福 丁未度交心月
官夾命田此謂 年 刃惟相併羅計
貴無傷富無耗 重逢
世代敷榮 限

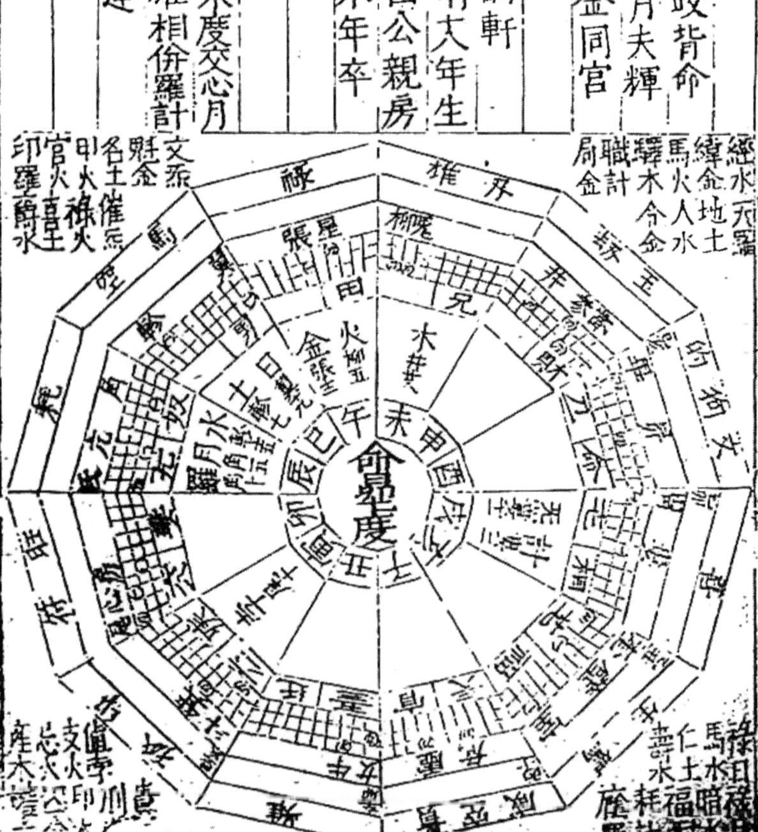

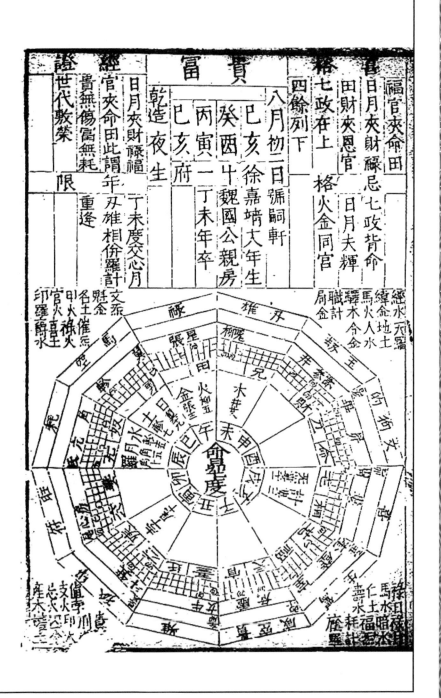

喜格

水金會垣
子毋重逢
火炁職權
土獅太常
木臨寅垣

忌格

日月背行
孛羅臨兒

巨商

十月廿一日

庚辰	正德十五年生
巳丑	直隸歙縣人
乙亥	寓楊州支塩
甲申	二百萬

吳守禮

乾造書生

經證

五曜分布均停
木火福官拱福
水月田財得所
子毋重逢貫朽
粟陳

年限

日月背行又拱
刃宮所以不貴
五星得地限度
順遂

經木　天火
緯金　地火
馬火　人水
驛火　令土
職孛
局水

文木
財水
名土　催孛
甲木　祿金
官金　喜金
印金　爵孛

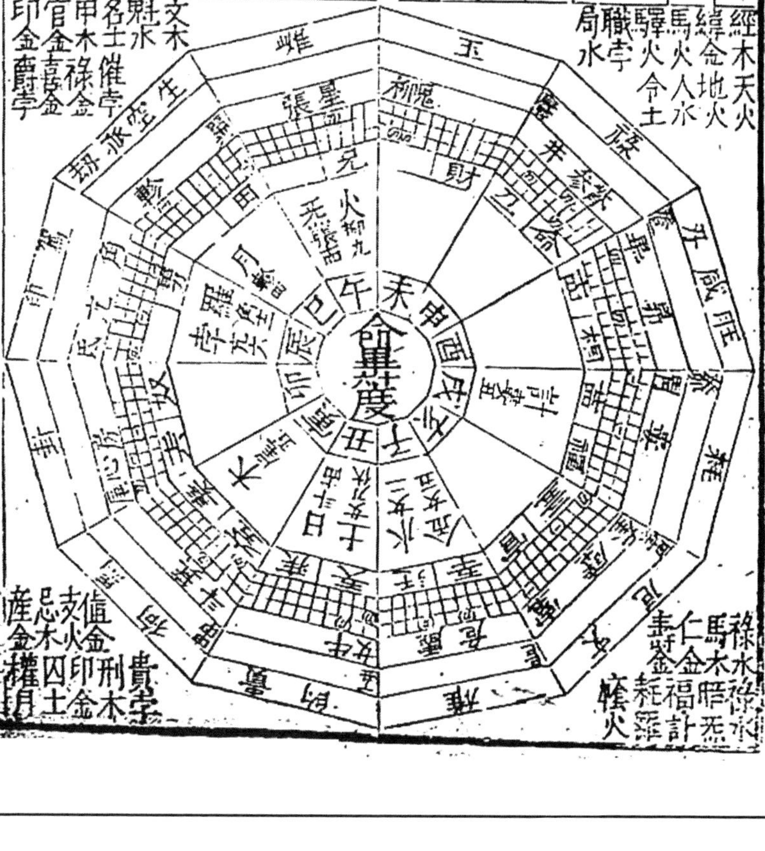

值金　貴孛
支火　刑木
忌木　印金
産金　四土
權月

祿水　祿水
馬木　暗炁
仁金　福計
壽金　耗羅
權火

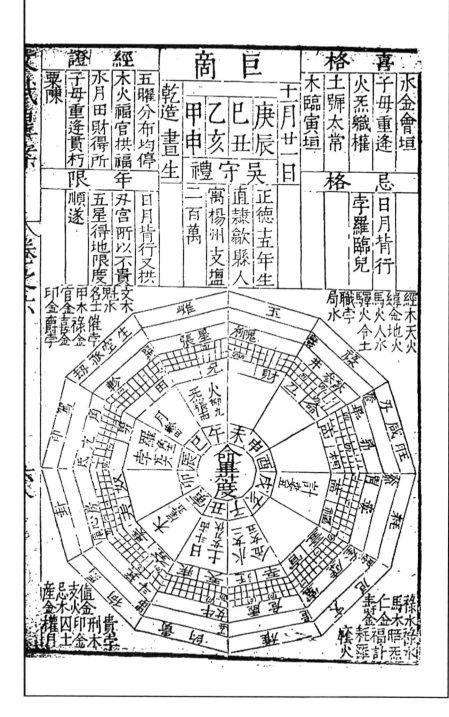

喜格	巨富	經證
陰陽拱駕 福官夾主 日月拱財 財福升殿 嗣主居福	十月廿一日 癸亥 癸亥 甲寅 庚午 乾造書生 王仰槐	陰陽拱輔田財 平地致富崇勳 歲駕相關擁日 月朝之定出倫

忌格		年限
官福臨弱 身命奴位 金木對傷	南直上海人 雪手成家 子納中書	金木對傷羔奴 敵之木土相刑 火星化之

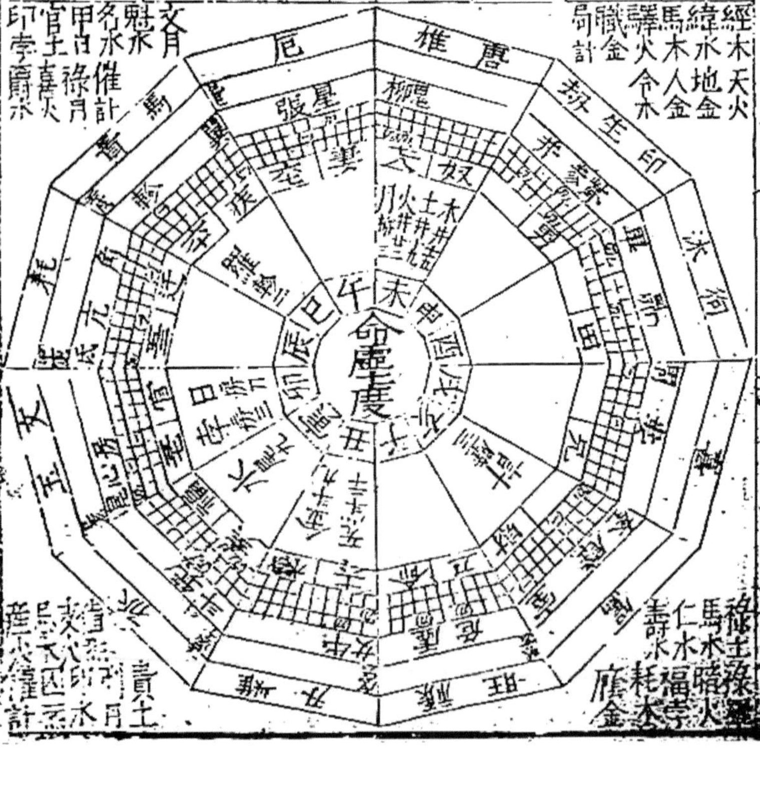

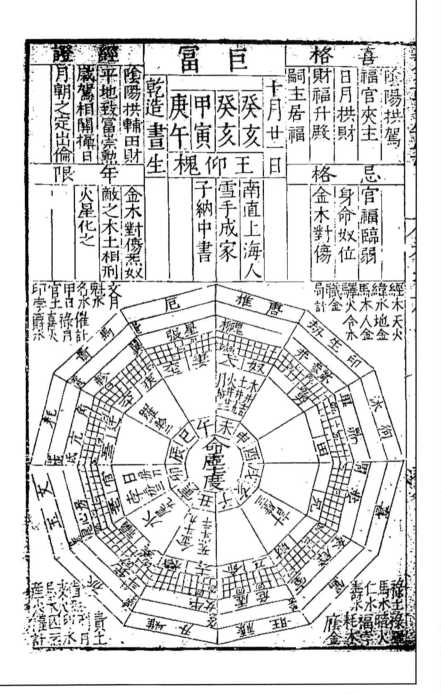

壽格

出乾入巽
水宿歸經
孫月獨明
四角有星
仁壽得所

忌格

月南日北
水冷月寒
金木對傷

貴壽

十二月十六日
癸亥
乙丑
巳酉
乙亥
乾造　夜生
王五湖

弘治十六年生
直隸無錫人
舉人授司務
年九十七歲
巳亥年卒

經讚

貴者水宿歸經
孫月獨明壽者
田主升殿仁壽
居高身命得地

年限

富而壽者榮乃
官福高而毋令
健巳亥角木對
金金坐殀雖

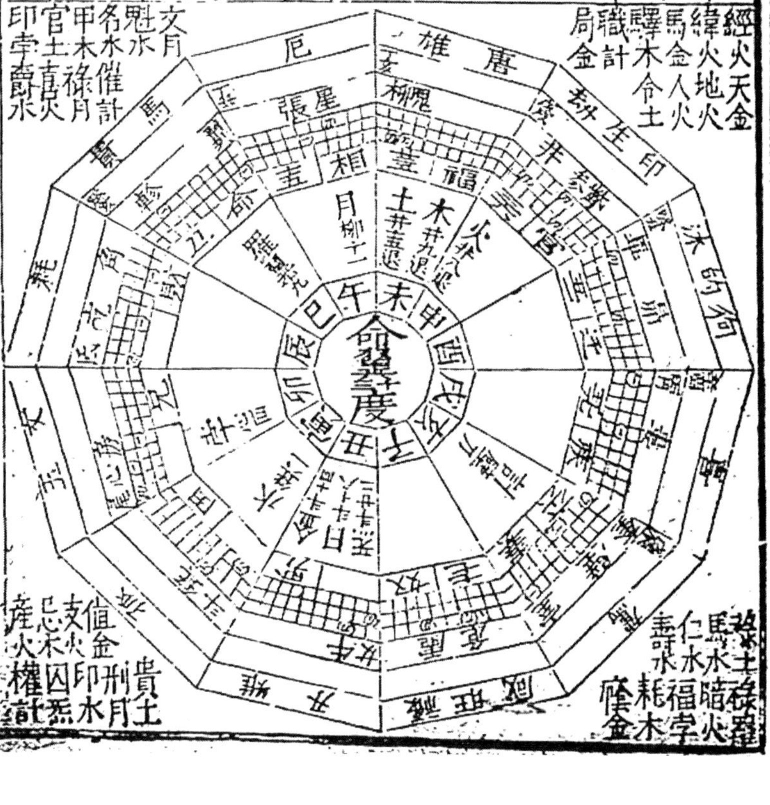

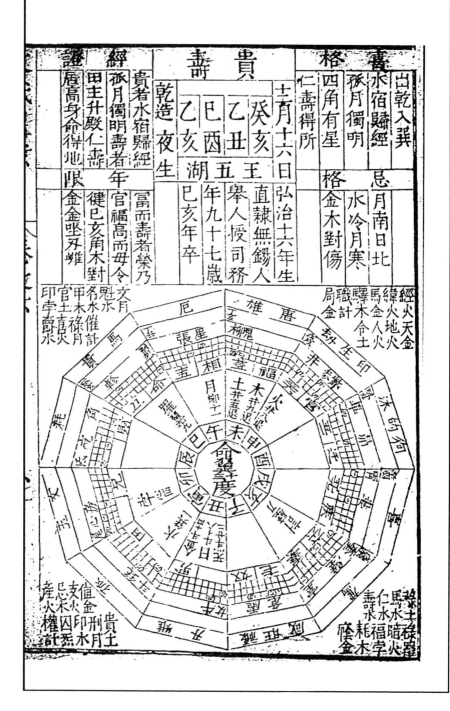

喜格

日月拱主
福官守福
日月得體
妻嗣得所

忌格

羅奴犯主
土奎迟行

封壽

八月廿一日
丁巳
己酉
庚寅
辛巳
乾造晝生

廣東人

弘治十年生
一子鄉科
次子經歷
年九十五

經證

本无拱夾身命
主有壽而聰明
日月拱主福官
守福壽而且榮

年限

孛傷室火得羅
奴救主土躔奎
木秋生不忌故
主壽考

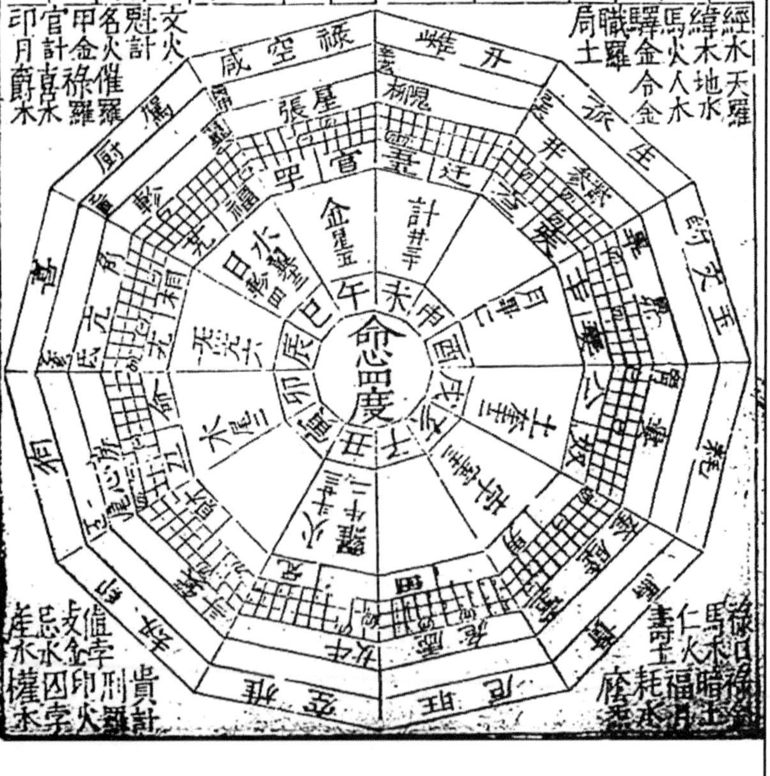

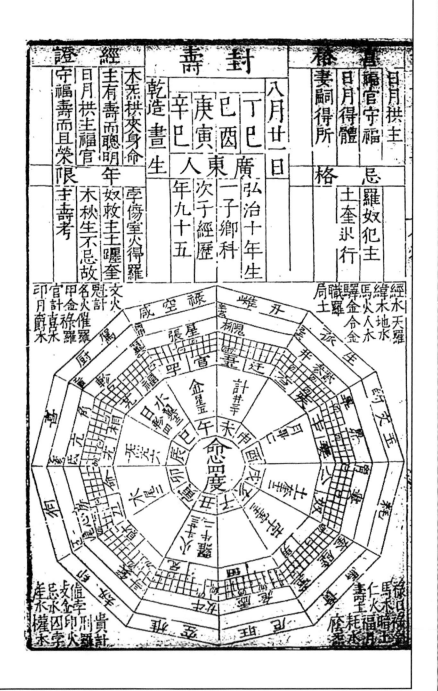

喜格

水輔陽光
命主朝君
福星守福
官祿升殿
身居八煞

忌格

土羅夾身
火孛交戰
劫刃守命

忠烈

五月十七日獅焦山

丙子	甲午	丁酉	癸卯

乾造晝生

楊繼盛

北直固安人
正德十二年生
嘉靖丁未科
論嚴嵩被戮

經讖

主星若是朝君
位定作當朝顯
貴人守曜顯而
福星明官高福
厚土羅夾身被誅

年限

丁未婁金限主
坐祿逢生乙卯
壁水卜土對傍
壽限兩尅福元
受制視死如歸

經火 天木
緯金 地金
馬火 人木
驛火 合火
職羅
局土

文金
魁羅
名火 催日
甲木 祿計
官羅 喜炁
印火 爵土

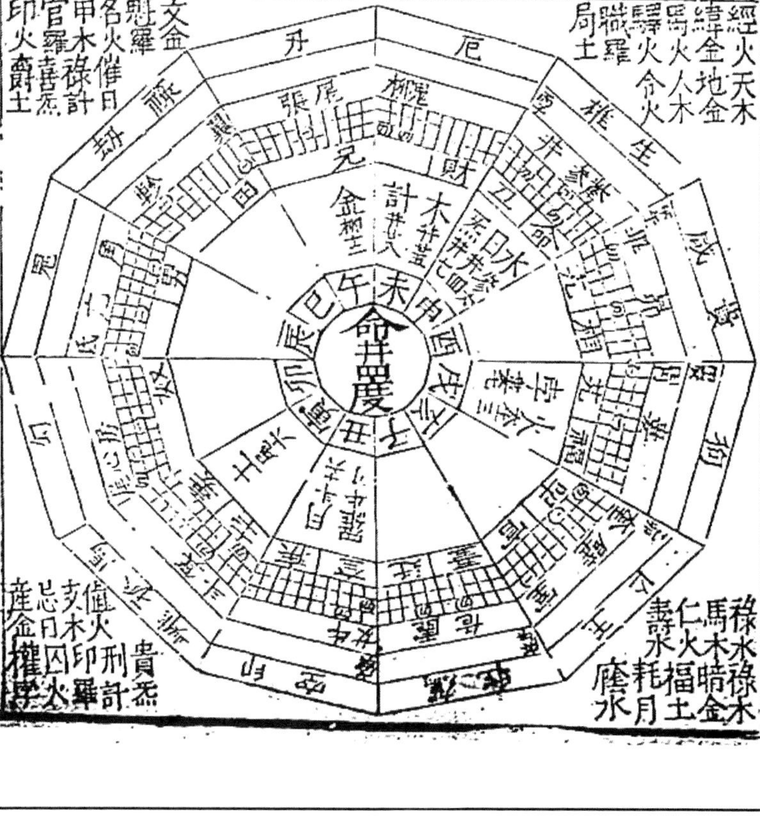

儀火 孛木 忌日 產金
貴炁 刑計 印畢 囚火 權孛

祿水 祿木
馬木 暗金
仁火 福土
壽水 耗月
蔭水

喜格

日月拱命
日月拱駕
太乙抱蟾
身命尊權
恩官升殿

忌格

身坐刃符
火計臨兒
孤炁守照

賤臣

八月初十日踊江風

癸酉	辛酉	乙巳	丁亥

海瑞

廣東瓊州人
正德八年生
鄉科無子仕
至南京右都

乾造夜生
丁亥年卒官

經證

陰陽拱命當膺
孟子之萬鍾土
星若也麼躔氐
旌表門閭衣錦
衣太乙抱蟾官必顯

年限

孤剋者木炁羅
守身命孛計臨
兒鄉攸哭子丁
亥限氐對炁木
冑刃中包殺

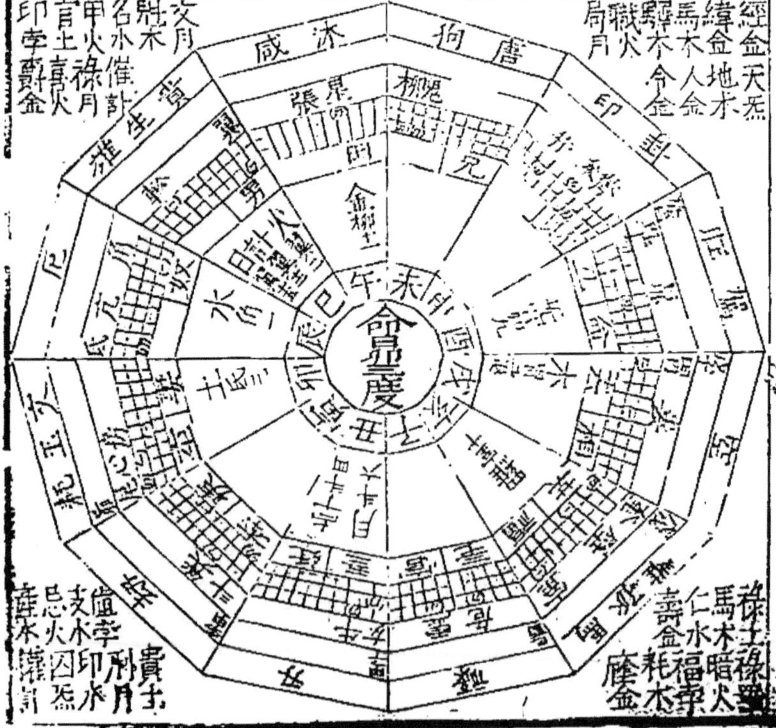

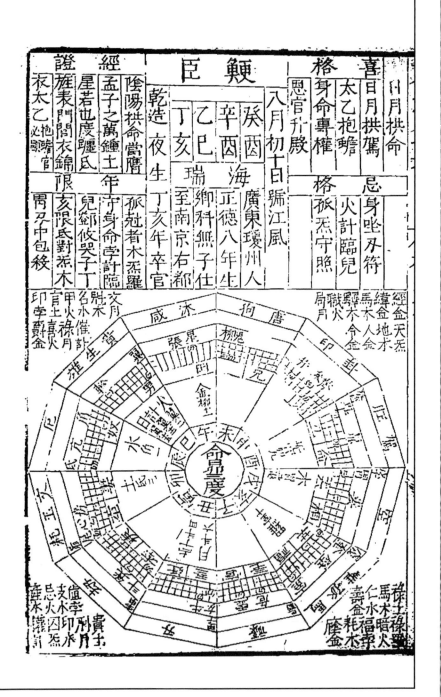

喜格

命主朝君
身星升殿
木入秦州
祿主臨財
田財得位

忌格

計月迎魁
身星傍難
水火交戰
福元值魁

鯁臣

八月廿七日號南皋
辛亥
丁酉
壬午
辛亥
乾造夜生

鄒元標
江西吉水人
癸酉丁丑科
建言謫戍
癸未吏科
庚申起大理卿

經讚

木入秦州旺鬼
而初歸巨蟹太年
陰最喜張星度
官入中書勢望
騰命主朝陽鮮

限

讀書全要福身
堅身福隔徒然
癸酉要金兼令
丁丑奎度木入
秦州刃限否

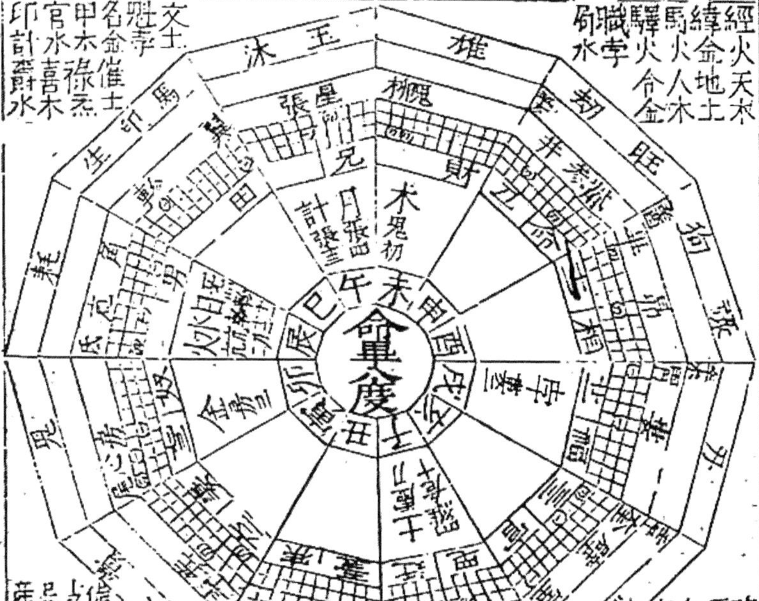

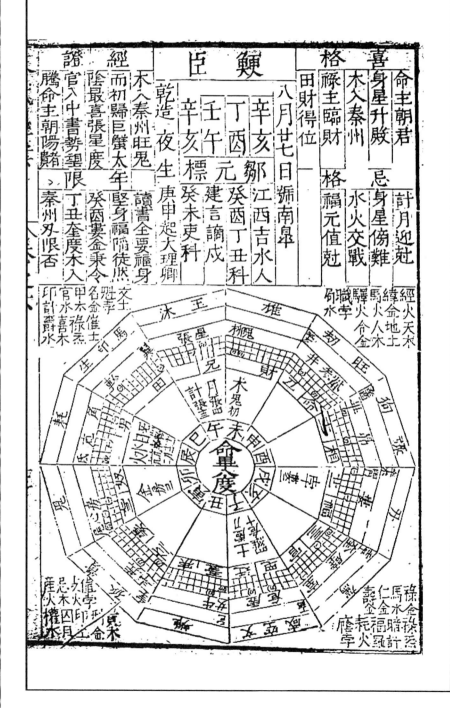

喜格
日月拱度
日月拱貴
水陽相會
火土相生
田財垣殿

忌格
羅犯太陽
福官孖推
土月通開
孖推併身

諫戌
三月初十日歸慎所
壬辰　癸卯　己丑　戊辰
乾造晝生
傅應禎
江西安福人
甲子辛未科
御史謫戍丁
亥卒贈少卿

經謠
福官火土相生
度主日月雙拱年
田財月金垣殿
所謂貴無傷富
無耗世代敷榮

限
福官孖併天推
有官福而無用
官乃藏其孖推
女土斗木逢生
秉令咸美

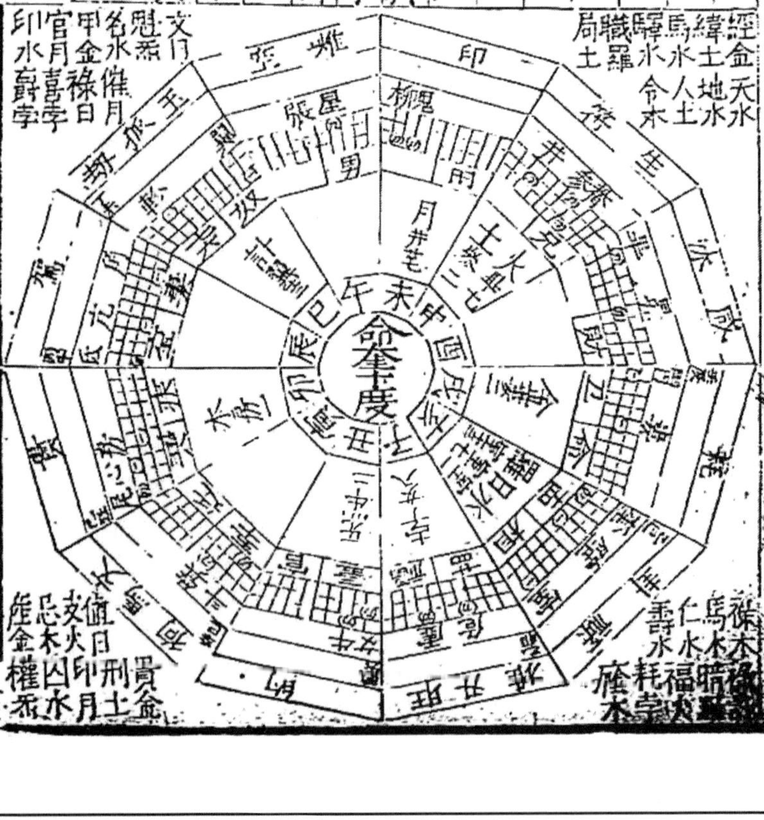

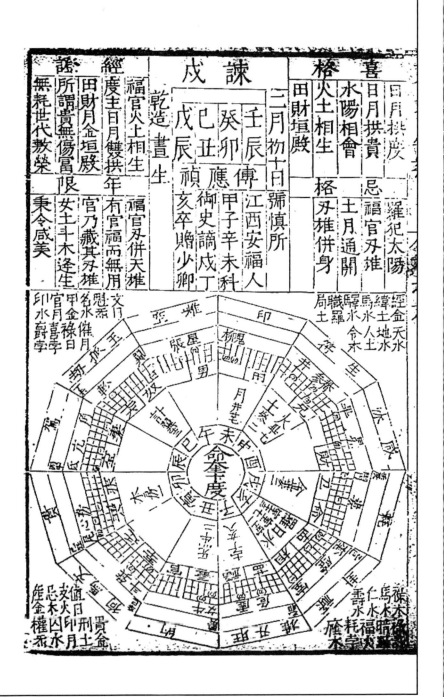

忠烈

乾造

庚辰 戊子 甲辰 丙寅

月日

孫燧生

浙江餘姚人

天順四年生

俟有曆排星

經證

年限

喜格

忌格

文魁名甲官印

催祿喜爵

經緯馬驛職局

天地人命

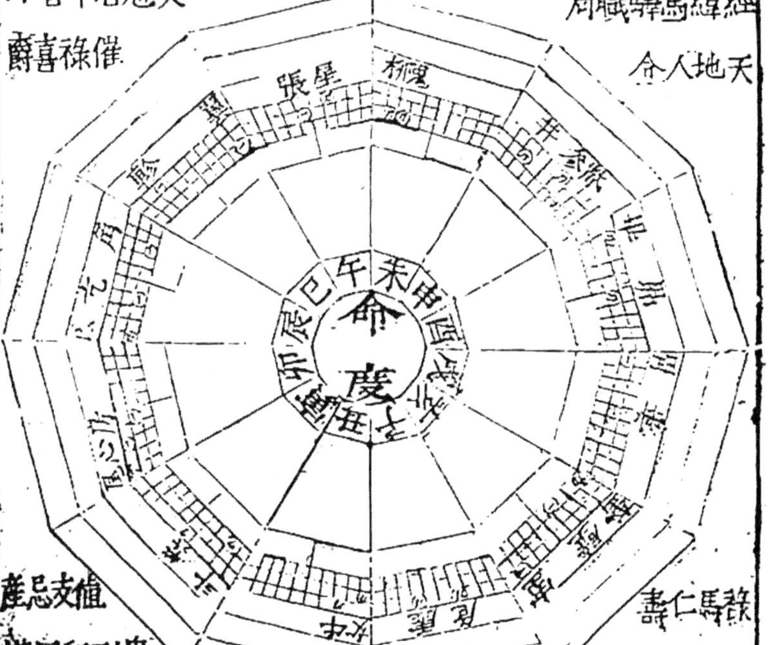

值支忌産

貴刑印囚權

祿馬仁壽

祿暗禍耗蔭

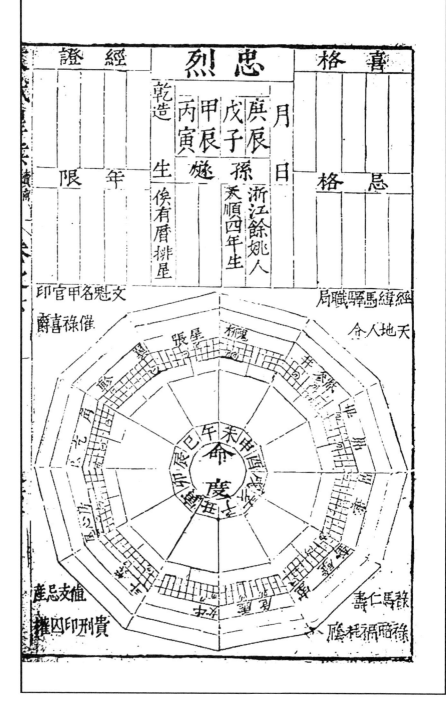

忠烈

正月初九日
己巳
丙寅
庚子
庚辰
乾造晝生

郭希顏

江西吉水人
正德四年生
劾嚴嵩被戮
庚申年

喜格

四角有星
日月夾命
火炁戟權
衆曜環拱

忌格

日月单行
及難夾命
圭煞同宮

經證

四角有星群曜
環拱日月夾命年
火炁戟權誠為
宮內人豪乾坤限
正氣世所罕見

月掌及雖日為
值難兩傍夾命
庚申限行心月
及度透金爲國
終身以成仁矣

經木天孛
緯水地火
馬火人水
驛金命木
職火
局月

文炁
魁金
名土催炁
甲水祿火
官火喜土
印羅爵木

祿日祿用
馬木暗木
仁土福炁
壽木耗計
蔭孛

貴火
刑孛
值日印木
天金囚金
忌水
產水權土

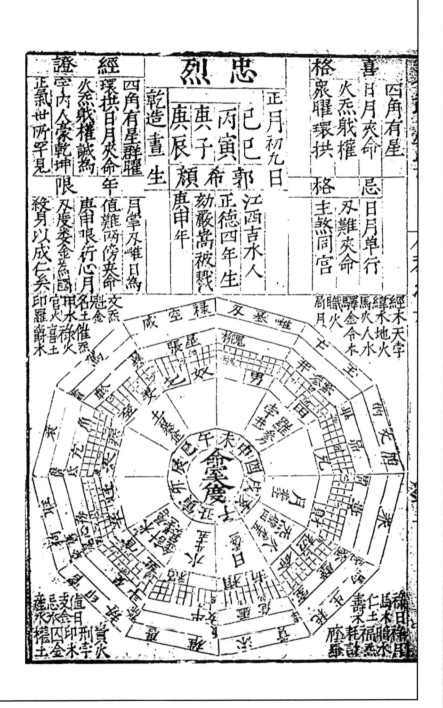

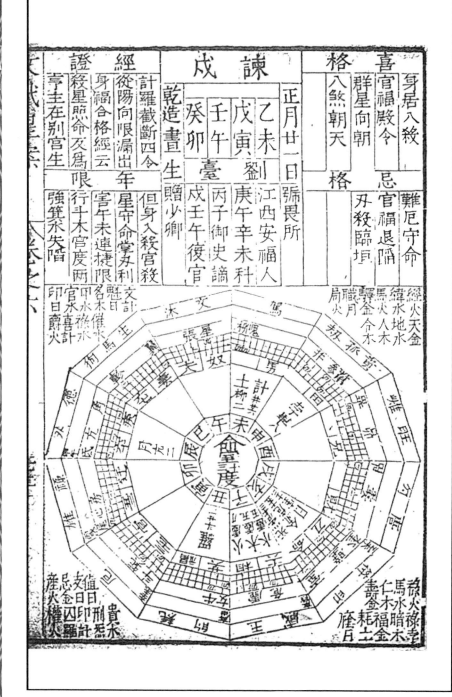

喜格

身居八殺
官福殿令
群星向朝
八煞朝天

忌格

難厄守命
官福退陷
刃殺臨垣

謙戌

正月廿一日弼艮所

劉臺

乙未　江西安福人
戊寅　庚午辛未科
壬午　丙子御史謫
癸卯　戍壬午復官
乾造畫生　贈少卿

經證

計羅截斷四令
從陽向限漏出
身福合格經云
殺星照命反爲
亭主在別宮生

年限

但身入殺宮殺
星守命掌秀利
害午未連捷限
行斗木宮度兩
強箕水失陷

經火天金
緯水地水
馬火人木
驛金合水
職月
局火

文計
魁日
名木催水
印水祿水
官水喜計
印日爵火

祿火祿孛
馬水暗木
仁木福金
壽金耗土
蔭日

貴木
刑孛
值日印計
支日囚羅
忌金
產火權火

喜格	貴戍	經證
日月並明 日月朝天 水金引從 单羅獨計 福官生旺	正月三十日 戊辰 乙卯 戊辰 乙卯 乾造書生	日月分明是貴 人官福高強貴 顯名又云金星 爲殺更帶殺非 命遭王法
忌格	鄢懋卿	年限
土埋雙女 難及守命 計入三陽	正德三年生 江西豐城人 丁酉戊戌科 尚書謫戍	金掌劍鋒併日 孛雖守命最凶 酉戌卿會限行 斗木宮度俱高

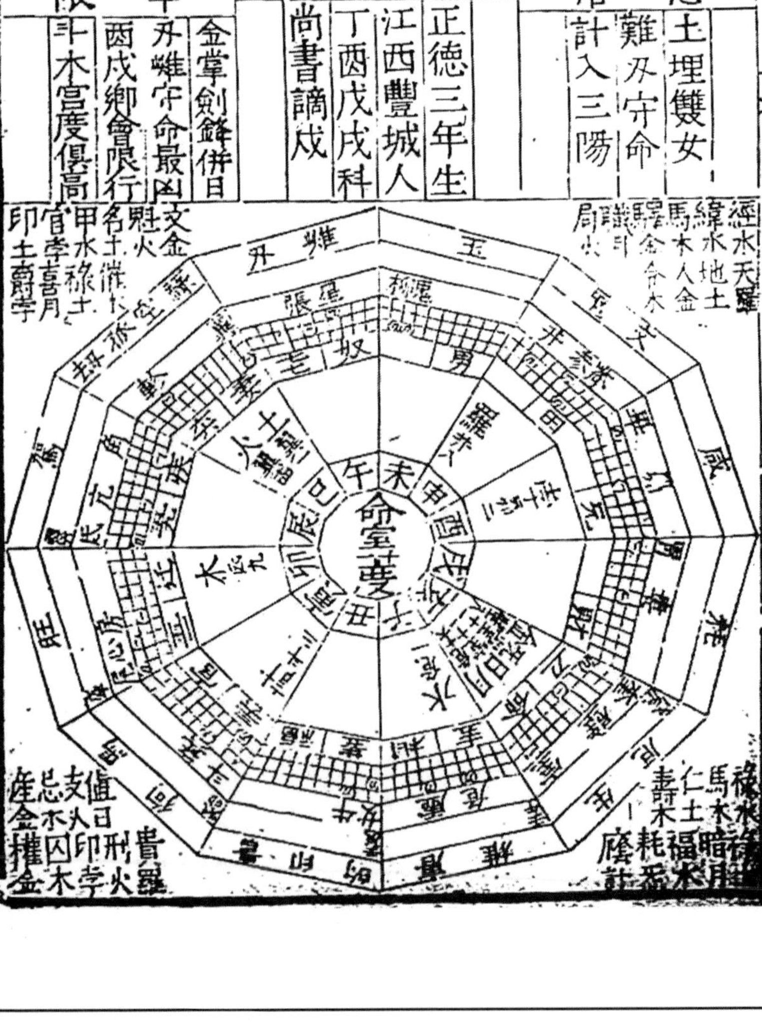

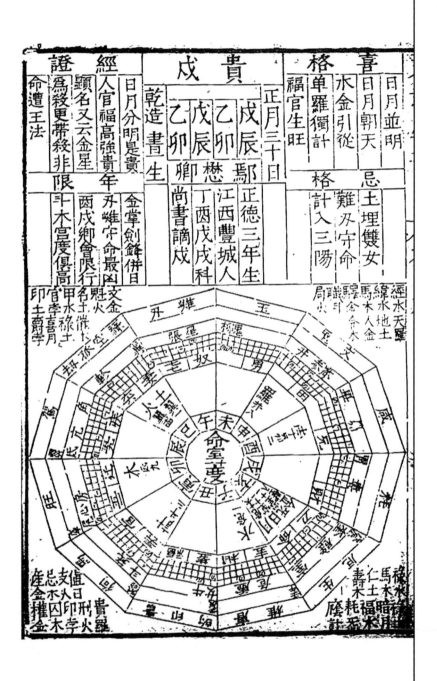

喜格

日月拱官
福官拱祿
土羅相生
火炁職權
田財升殿

忌格

陰陽拱刃
身祿掌刃
日月背行

貴戌

正月二十日嘉靖八年生

己丑 江西九江人
丁卯 乙卯丙辰科
丁巳 福建巡撫
庚戌 甲申謫戍

勞堪

乾造夜生

經證

日月最宜拱夾
福官最喜高明
茲妙日月福官
咸拱官祿不宜
拱外才祿遇計

年限

有官祿而無刑
官乃藏其殃雄
又嫌日月背行
張月遇計逆發
者官主高而已

文炁
魁金
名土催炁
甲火祿火
官火喜土
印羅尉水

經土
緯土
馬金
驛火
職月
局火

天土
地金
人火
命木

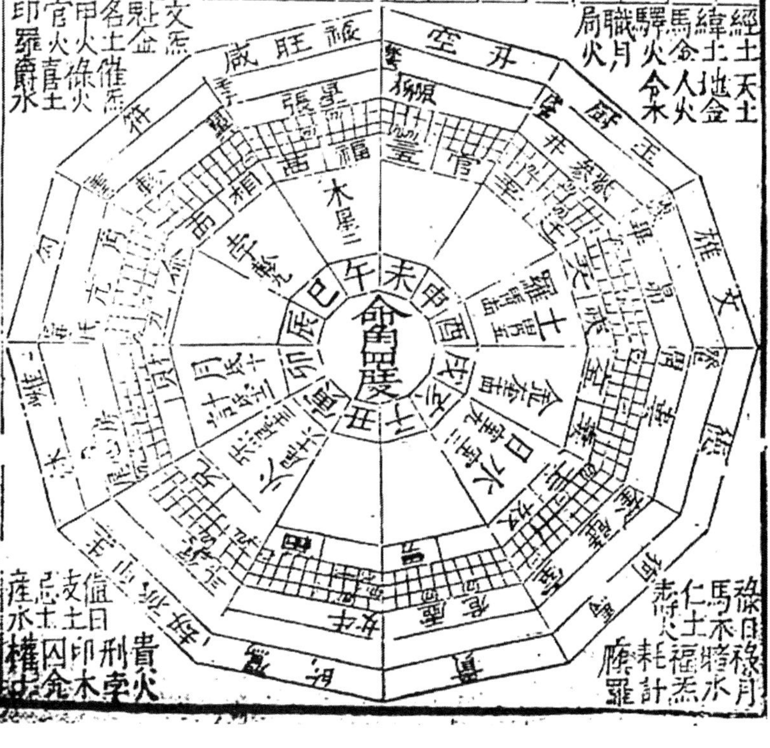

值日
支土
忌土
産水

貴火
刑孛
印木
囚炁
權土

祿日
馬木
仁土
壽火

祿月
暗水
福炁
耗計
療羅

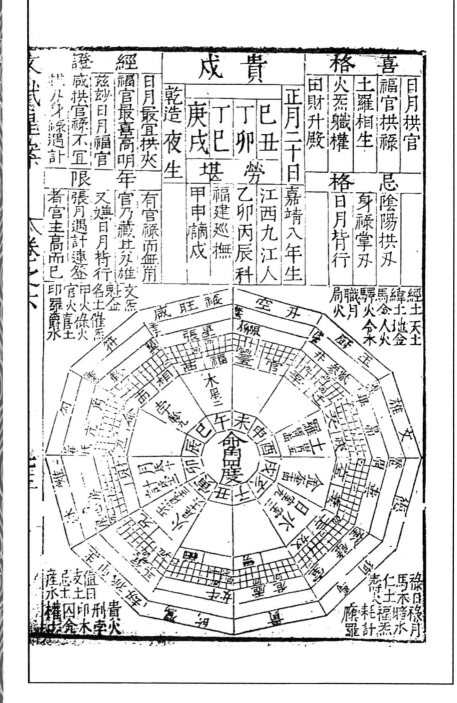

喜格						貴戌						經證				
福官夾命	日月夾福	日月夾財	日月夾子	天首同邦		七月初五日	壬寅	戊申	癸丑	乙卯	乾造晝生	初觀七政連茹	四餘得地福官	夾命誠爲奇格	惜乎羅蔽日土	犯月醇疵同途

忌格			
	土丹犯月	羅日同宮	

龍宗武

號澄源	嘉靖廿年生	江西泰和人	庚午辛未科	壬午叅議謫	戌

年限			
庚午辛未限歷	井木宮度兩强	壬午畢月犯土	刄

經火天木 緯火地火 馬火人木 驛水命金 職月 局火

文月 魁炁 名水催月 甲土祿日 官月喜孛 印水爵木

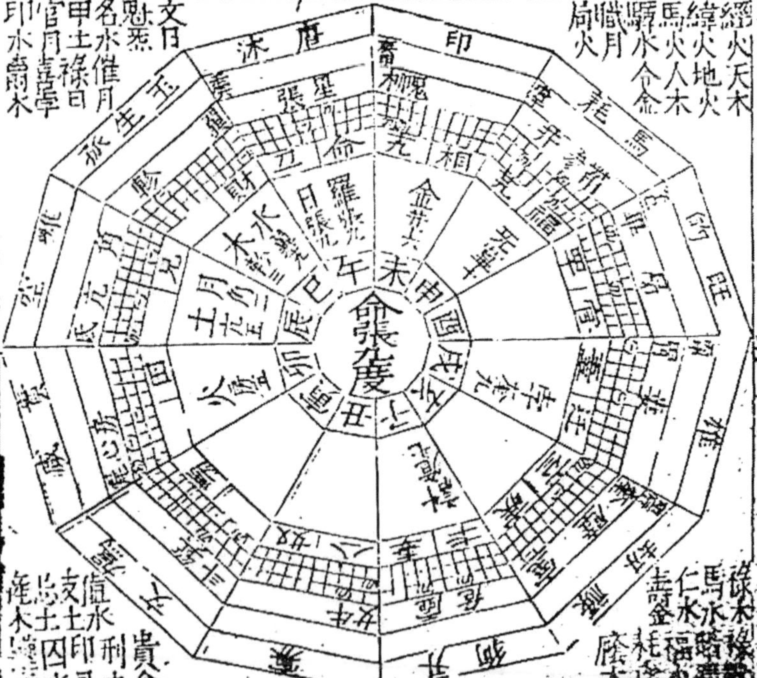

祿木 馬水 仁水 壽金 殺[illegible] 暗[illegible] 福火 耗孛 蔭木

貴金 刑土 值水印月 支土囚水 忌土 奄木炁

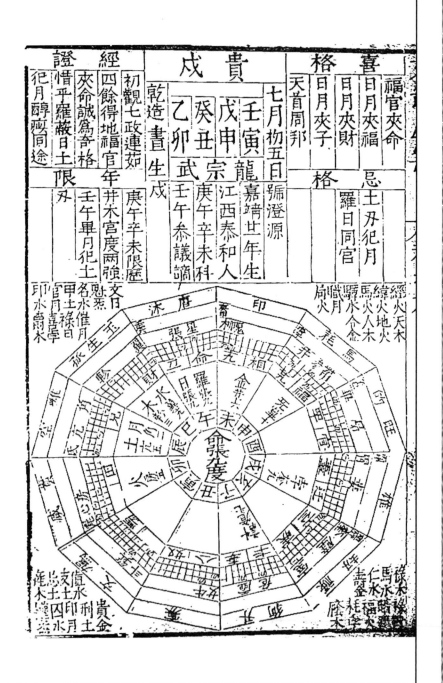

喜格

官福夾命
二主居福
福官殿令
七政拱命

忌格

日月無光
二刃夾命
二主坐刃

經火天金
緯土地木
馬火人木
驛水命木
職水
局炁

貴戌

正月三十日彌舜峯
甲辰 直隸無錫人
丙寅 泰 丁卯辛未科
巳巳 耀 湖廣巡撫
乙丑 庚寅謫戍
乾造 夜生

經證

星朝北地眞奇
命月升危殿性
涵靈官曜顯而
福星明官高祿
厚

年 限

官祿尅命以名
立身以名敗身
盖斗木遇金謂
官祿尅命又是
二刃夾命

文耀
魁月
名木催金
甲月祿木
官炁喜昌
卯木喬亭

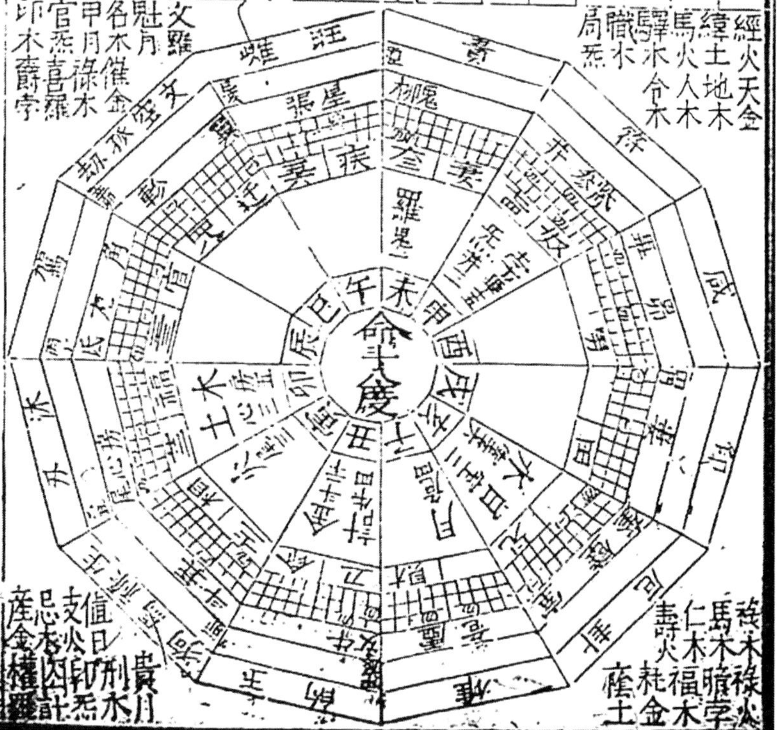

祿木 祿火
馬木 暗學
仁木 福木
壽火 耗金
蔭土

貴月
刑水
値日 印炁
支火 囚計
忌木 權羅
產金

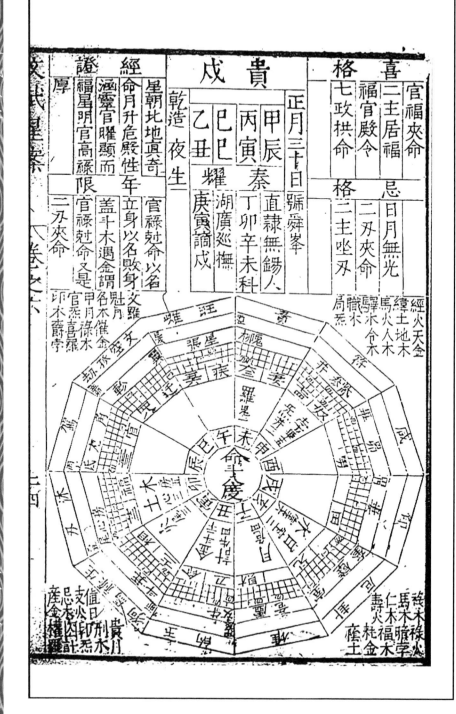

喜格

羅月交輝
火旺南離
主居八殺
身到官宮

忌格

日月背行
木到大梁
福元陷刼
祿坐刃雄

貴戌

三月十九日號浩峯
戊戌
丙辰
壬辰
辛丑
乾造夜生

祝大冊

浙江蘭谿人
癸酉庚辰科
江西巡按
庚寅謫戍

經證

恩居四正定超
凡身星傍母必
呼嗾八殺有星
權不小身到官
宮當富貴

年限

煞刼木掌福火
官坐刃併雄經
云十位逢羅誇
豪遶訟

經木天火
緯水地土
馬木人金
驛火命土
職土
局羅

文金
魁火
名土催木
甲日祿土
官孛喜月
印土爵金

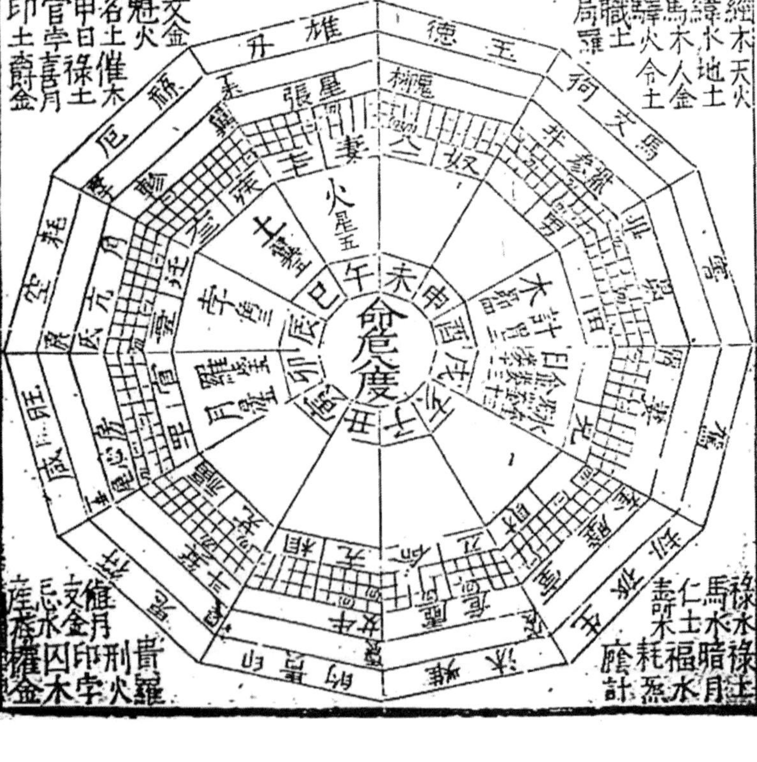

祿水祿土
馬水暗月
仁土福水
壽木耗炁
蔭計

貴羅
催月刑火
文金印孛
忌水囚木
産養權金

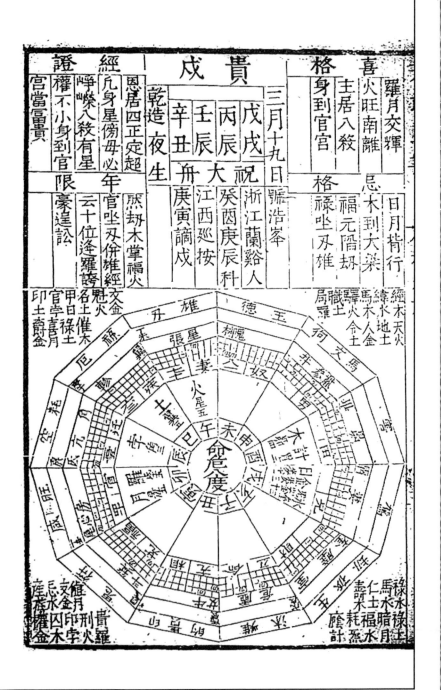

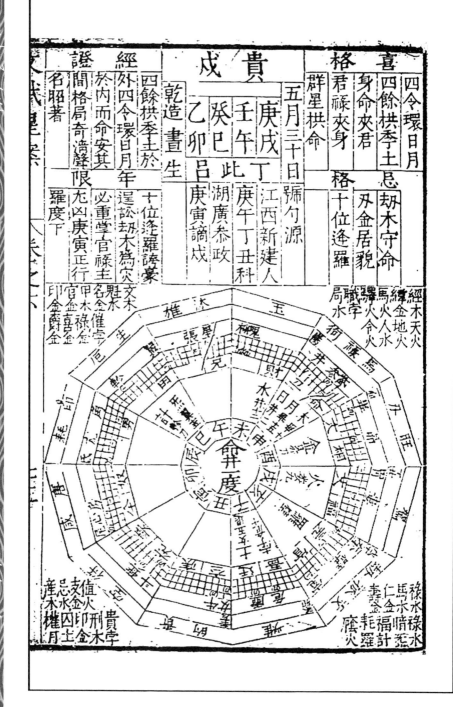

喜格

四令環日月
四餘拱季土忌
身命夾君
君祿夾身
群星拱命

刼木守命
丹金居貌

格
十位逢羅

貴戍

五月三十日歸句源
庚戌
壬午
癸巳
乙卯
乾造晝生

丁此吕

江西新建人
庚午丁丑科
湖廣叅政
庚寅謫戍

經證

四餘拱季土於
外四令環日月年
於內而命安其
間格局奇濟聲限
名昭著

十位逢羅誇豪
逞訟刼木為災
必重掌官祿主
尤凶庚寅正行
羅度下

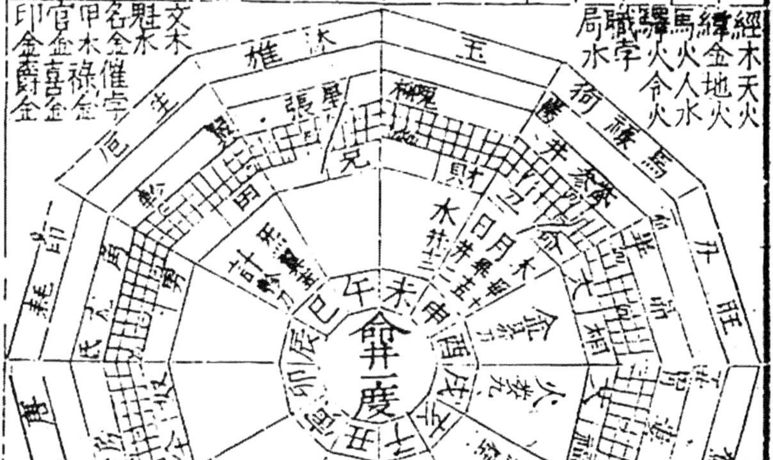

書格

日月得體
官福守命
田財歸垣
身命起垣

忌格

水土相攻
刃樵守命

貴戌

三月初七日
丙辰
壬辰
丙寅
辛卯
乾造書生
張應望
號凝益
直隸高淳人
辛卯壬辰科
烏程知縣
乙未謫戍

經證

日遇白羊月照魯邦立業辰從
廣寒金居衛分年鎮官福俱傷尽
火居婁宿官福天雄地雌怕居
同守身命乃為限官祿刃樵併命
上客田財歸垣都宫更凶

文金 煞羅 名火 催日 甲金 祿計 官羅 喜炁 印火 爵孛

經土 天土 緯土 地土 馬金 人火 驛水 命土 職孛 局木

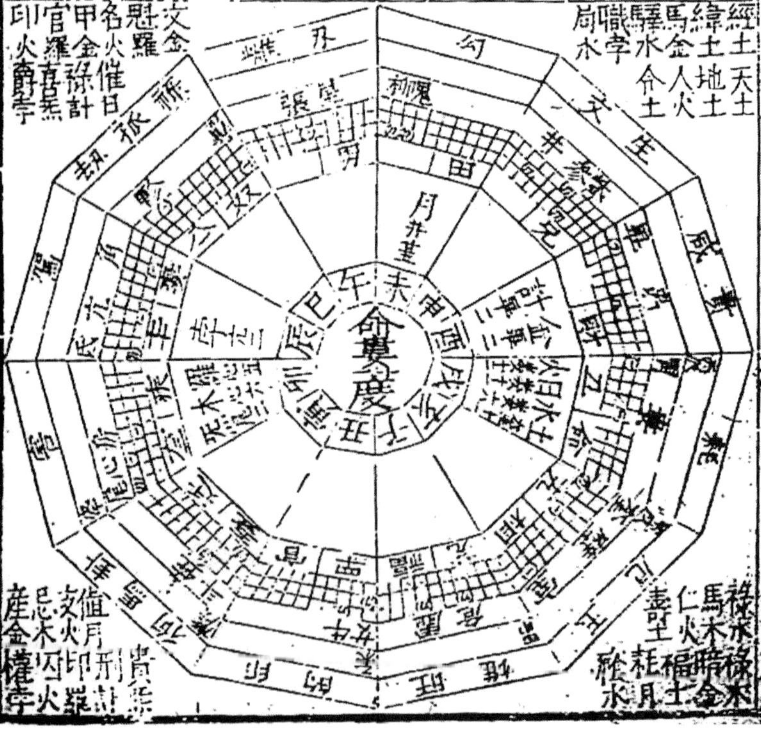

貴紫 刑計 值月 印火 文火 囚火 忌木 產金 權孛

祿水 祿木 馬木 暗金 仁火 福土 壽土 杖月 科水

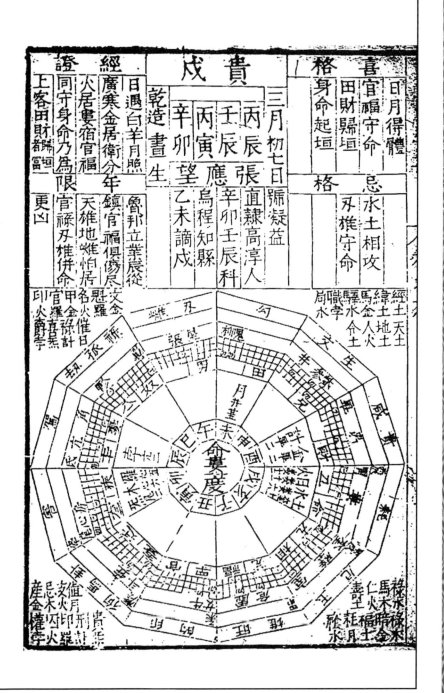

喜格

日月得位
福官拱駕
命壁身奎
主官登駕

忌格

水計相刑
土埋雙女
金騎人馬
炁羅逼刃

貴戌

九月十五日獅鎮庵

丁卯
庚戌
丙寅
丙申

戴士衡

福建莆田人
乙酉巳丑科
吏科給事
戊戌謫戍

乾造書生

經證

木從陽於東升
羅伴月於西沉
爲命爲身則倍
値兵木星登駕
平生足履王庭

年限

但官祿金騎人
馬福元土埋雙女
女度土水計相
刑晝美未晝善
也

文火
魁計
名火催羅
甲水祿羅
官計吉木
印月爵炁

經金天炁
緯水地火
馬水人土
驛金命土
職月
局火

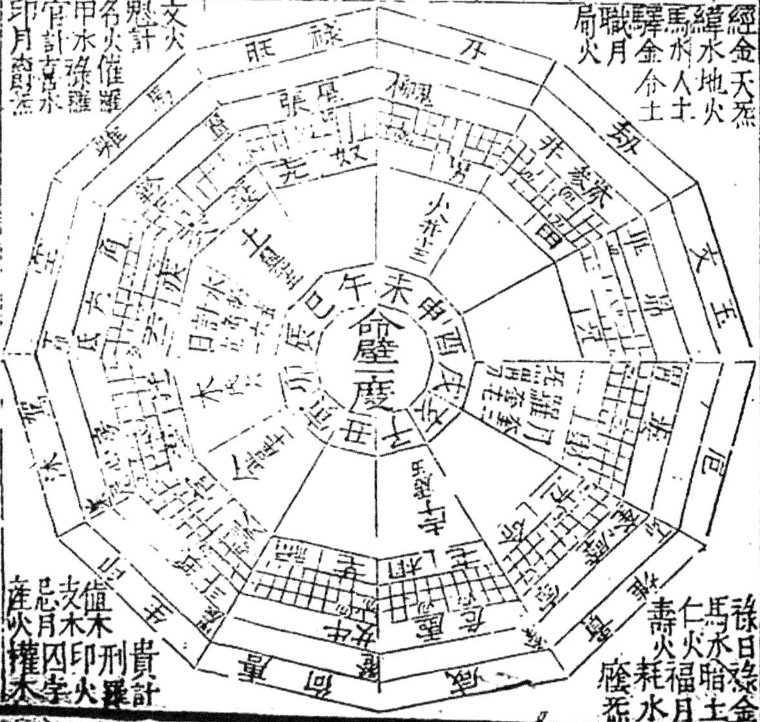

貴計
刑羅
値木印火
支木因孛
忌月權木
產火

祿日祿金
馬水暗土
仁火福月
壽火耗水
蔭炁

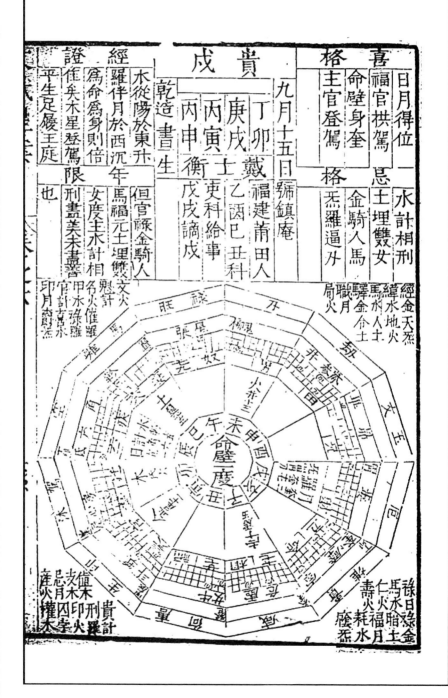

喜格	忌格
日月拱貴、 福官升殿 田財守命 四令環陽	日月拱夾推 身坐夾符 主難同宮

貴刑

三月廿三日
癸酉
甲辰
辛卯
辛卯
乾造書生

嚴世蕃

正德八年生
江西分宜人
父嚴嵩
恩蔭尚寶卿

經證

日月分明是貴
人官福升殿格
老真命入田七
入命必主豐腴

年限

惜乎火金殺後
主前身星月坐
夾符金星為殺
更帯殺非命遭
王法

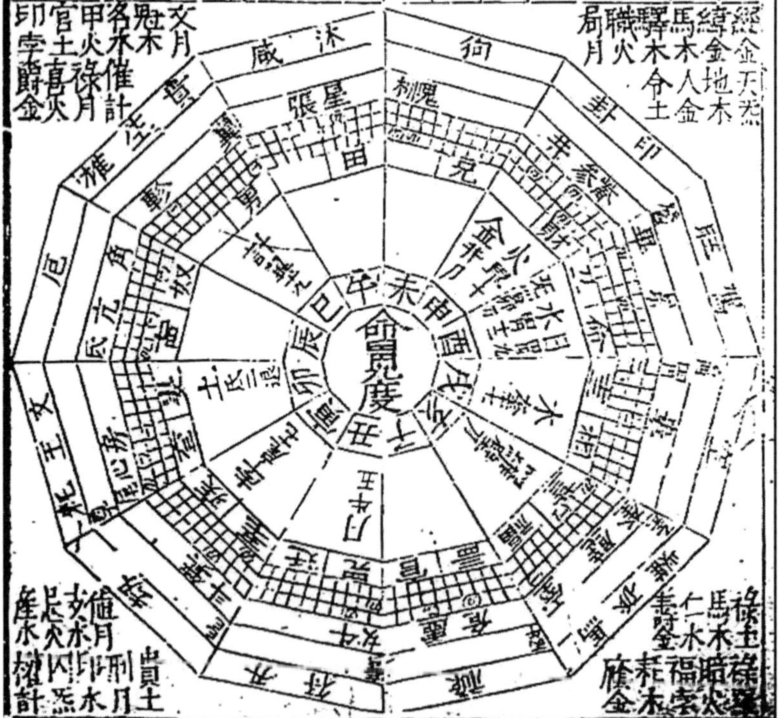

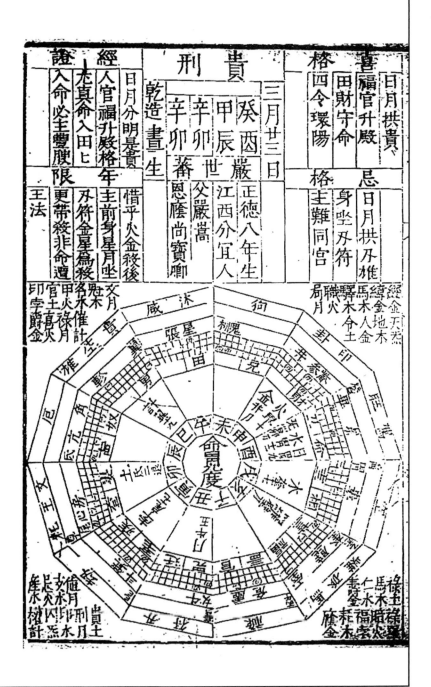

喜格	日月並明 金水會垣 木羅會舍 福官歸垣	
忌格	陰陽無輔 土夘加命 羅居十位	

貴刑

十二月三十日 正德八年生

癸酉 甲寅 庚午 癸未

乾造書生 潘仲騶

浙江烏程人 甲午乙未科 庶吉士 乙丑年擬罪

經讖

福星守福爲眞
福官羅居官作
顯官子母重逢
貫朽粟陳之宅
身命夾陽者貴

年限

金木會垣木忌
退於金後日月
同宮月要在於
日前土難夾符
加命甚凶

經金 天水 緯金 地水 馬水 人土 驛火 命木 職羅 局土

文月 魁木 名水 催計 甲木 祿月 官土 喜火 印孛 爵金

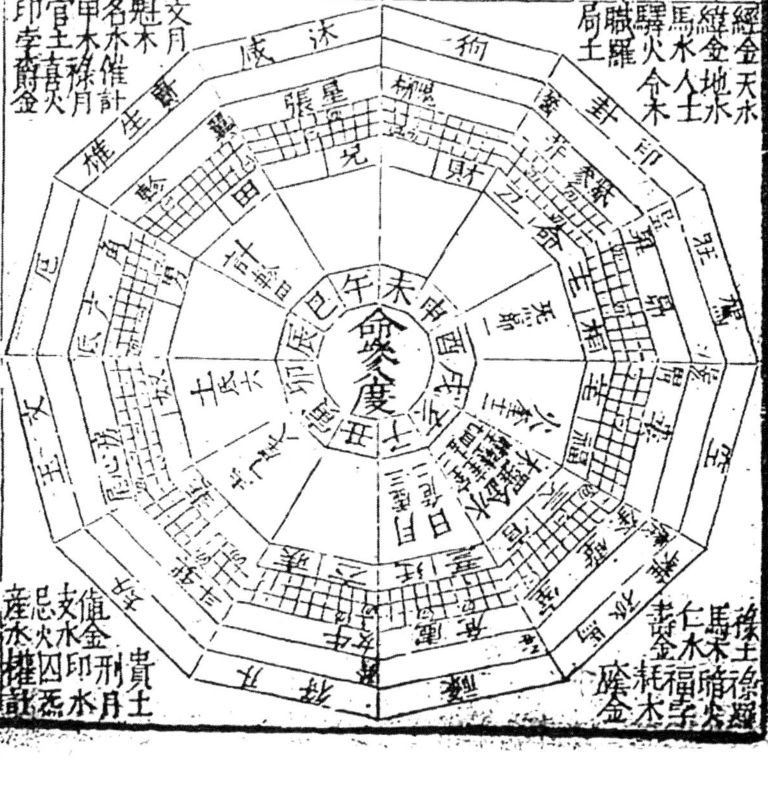

祿土 祿羅 馬木 暗火 仁水 福孛 壽金 耗木 蔭金

貴土 値金 刑月 支水 印水 忌火 囚炁 産水 權計

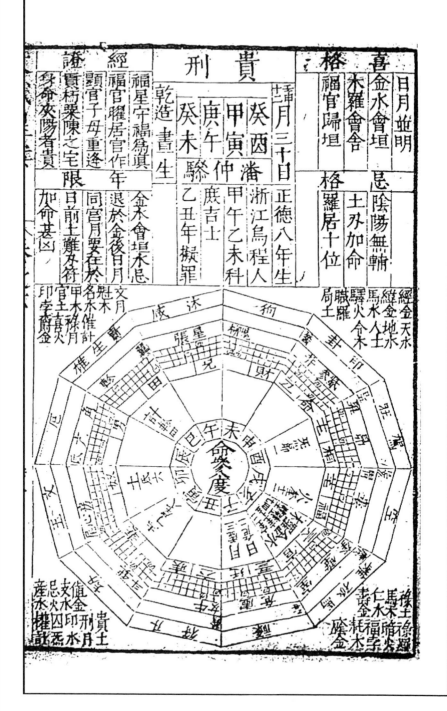

貴格

水陽相會
群星拱命
身命夾陽
命嗣歸垣
田財得所

忌格

日月夾羅
土羅夾身
身坐刃符
火羅夾命

貴刑

五月初四日聶思質
直隸太倉人

丁卯	丙午	丙午	辛卯
王		忏	
三巡按一經畧	三巡撫一總督		張世貞尚書

乾造 壹生 子欣世懋進士

經證

大喜金水日月
之滿用命主朝年
陽終富貴群星
守命多端合格
爲土

火羅夾命急是
招非羅計化月
忌孛刃符殺星
刼刃的身
惡逆

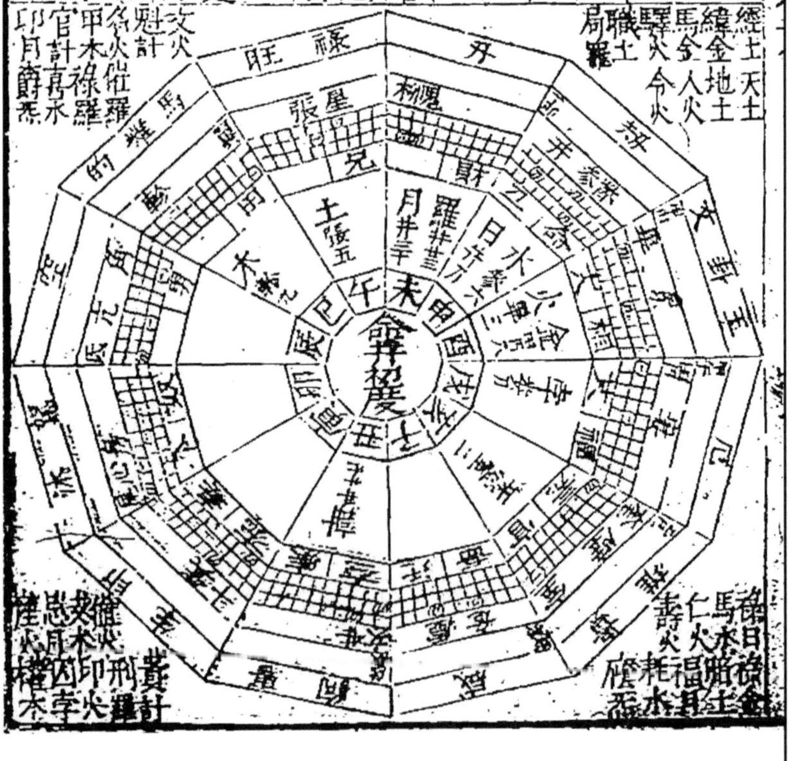

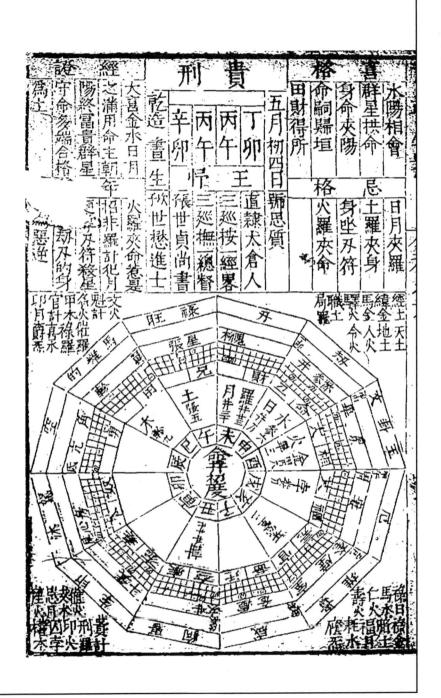

喜　格

日月夾福
官福夾主
身命臨田
身命夾財

忌　格

刃雄隨身
命坐刃難
火孛交戰
日月夾雄

貴　刑

十月初二日　正德十二年生

丙子
戊戌
庚戌
丙子

乾造夜生

黄懋觀

福建興化人
庚子甲辰科
南戶部侍郎
被象軍射死

經　謠

日月最宜拱夾
金水須要分明
左右有情功名
奠此福祿夾拱
爲上客

年　限

木居獅子居官
不能亨官然命
坐刃耗而身躔
刃度火孛戰於
官祿

經木　天火
緯火　地水
馬火　人水
驛水　命土
職水
局孛

文金
魁羅
名火　催日
甲土　祿計
官羅　喜炁
印火　爵土

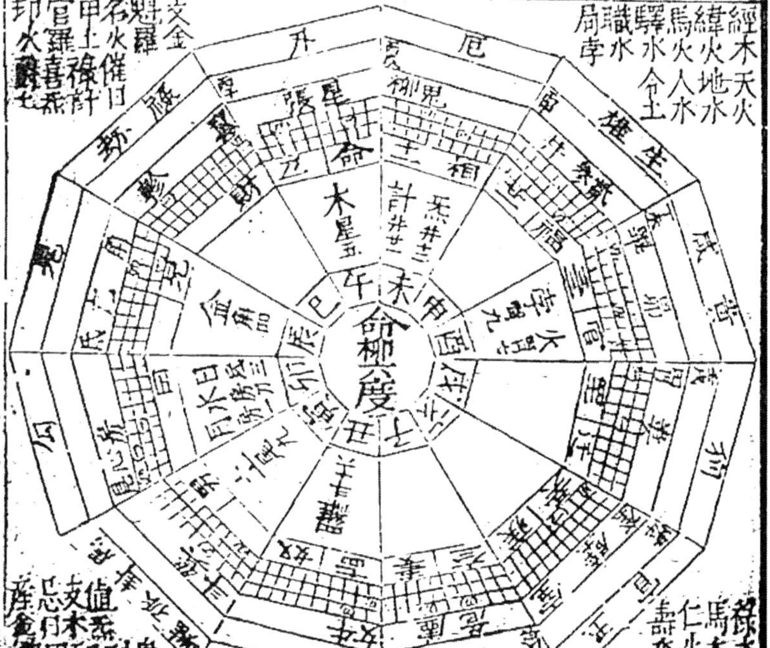

祿木
馬木　暗金
仁火　福土
壽水　耗月
廕水

貴炁
值炁　刑計
文木　印羅
忌月　囚火
產金　權孛

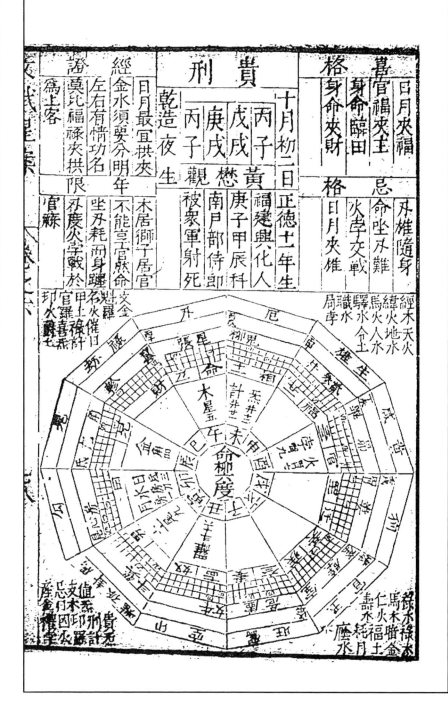

喜格
文武兩班
官恩守命
命主朝陽
四餘獨步

忌格
七政背限
身命坐歹
水火交戰
土羅夾身

貴刑
五月廿七日
庚寅
壬午
丙辰
巳丑
乾造夜生

董傳策
嘉靖九年生
直隸華亭人
巳酉庚戌科
兵部侍郎
巳卯被奴弑

經證
命主朝陽終當
貴身星傷母必
嘩嘩官來拜主
身輔帝闕文武
兩班尤為奇格

年限
身命官祿俱坐
歹破巳卯限行
斗木劫度歹金
犯井對傷斗木
被弑

經木 天孛
緯金 地火
馬火 人木
驛木 命火
職木
局炁

文木
魁水
名金 儀孛
甲火 祿金
官金 貴金
印金 [illegible]木

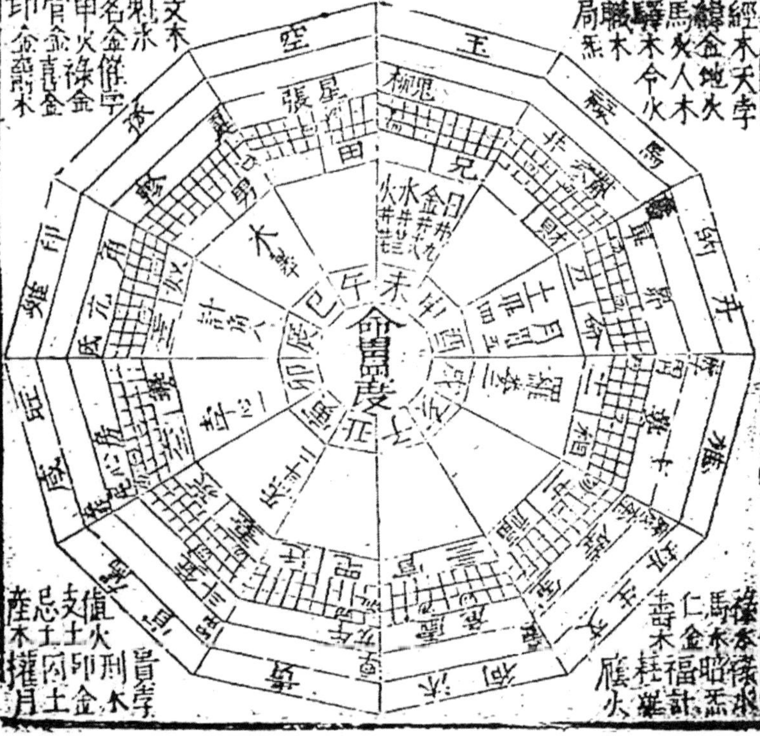

值火 貴孛
支土 刑木
忌土 卯金
產木 囚土
權月

祿炁 蔭水
馬木 暗炁
仁金 福計
壽木 耗羅
廄火

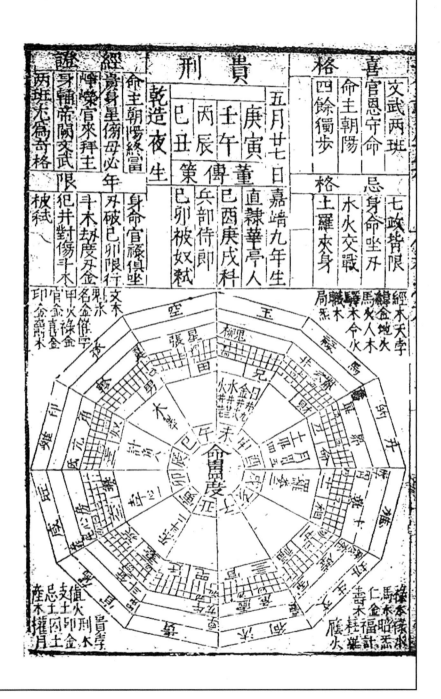

喜格

二曜雙清
日月夾命
日月夾田
金木夾陽
田嗣歸垣

忌格

日月無光
火孛交戰
木居獅子
福主受傷

貴刑

八月廿八日正德十一年生

丙子
丁酉
丁丑
辛亥

洪朝選

福建同安人
丁酉辛丑科
侍郎壬午年
卒獄

乾造夜生

經證

金伴月水從陽
名爲二曜雙清
學身命田財恩
嗣危奇大喜金
杳日月之滿用

年限

惜平祿主木居
獅子福元火孛
交戰土難當頭
壬午限歷尾火
宮度兩陷

文金 魁羅 名火 催日 甲木 祿計 官羅 喜炁 印火 爵土

經火 天木 緯金 地水 馬火 人木 驛火 命金 職炁 局木

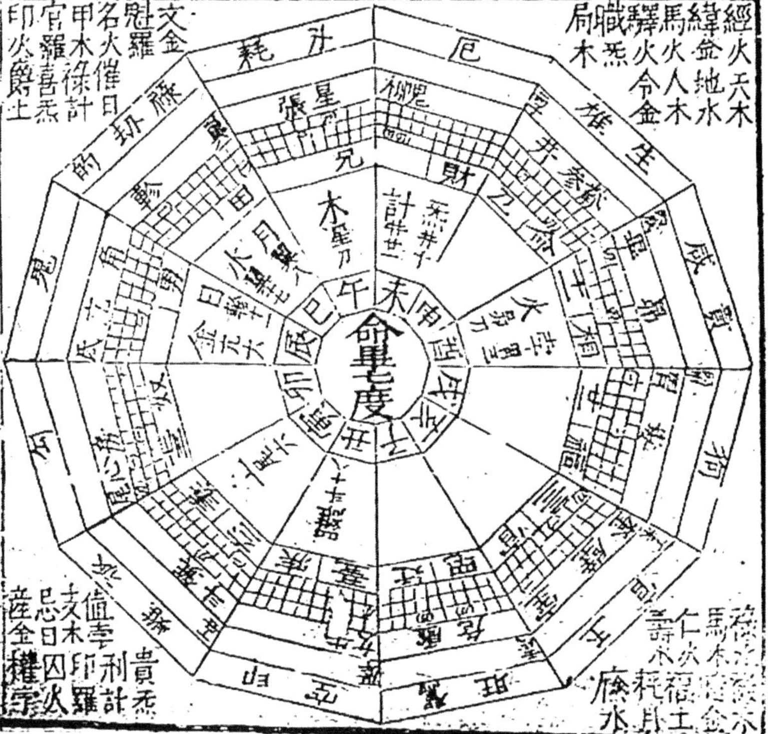

貴炁 刑計 值孛 印羅 支木 囚火 忌日 權孛 產金

馬木 仁火 壽水 福土 耗月 廕水

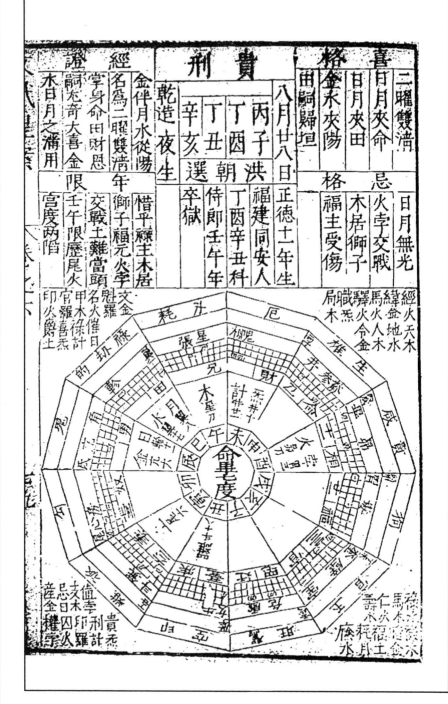

喜格

水陽相會
火月同宵
命田朝君
身福坐祿

忌格

身刃包殺
木到大梁
泉枯牛壑
金騎人馬
土埋雙女

貴刑

十二月十五日號東滇
直隸東明人
戊午巳未科
巳亥年卒獄
子遺戌

乾造　丁酉　癸丑　庚申　甲申

石星　書生

經證

夜誕月而火羅
戊午巳未鼎月
侍衛合此格者年
水陽得所然火
鳳閣高遷龍墀
逼刃月丁酉限
蚤入日月背行限
交女土木躔宵
諸星散誕次之
度宮度兩傷

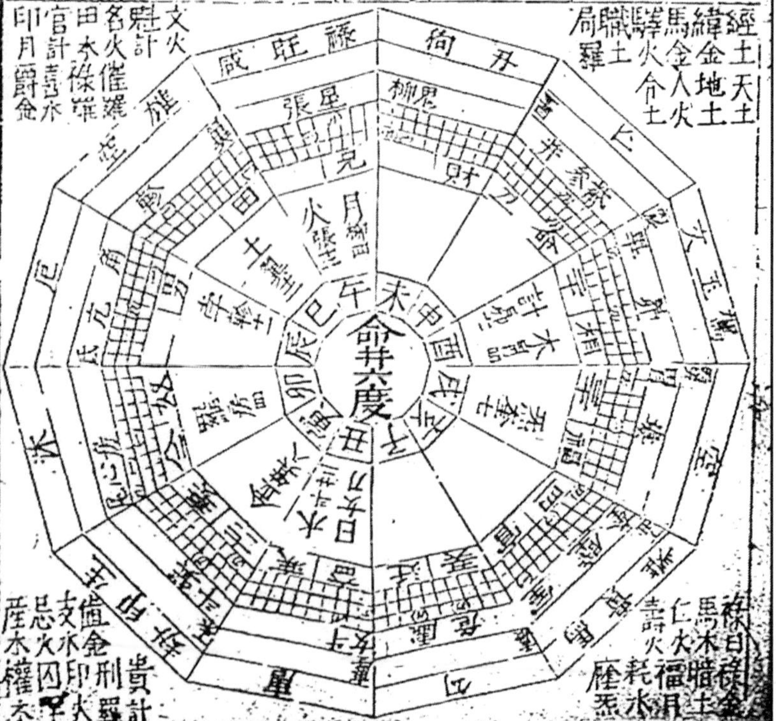

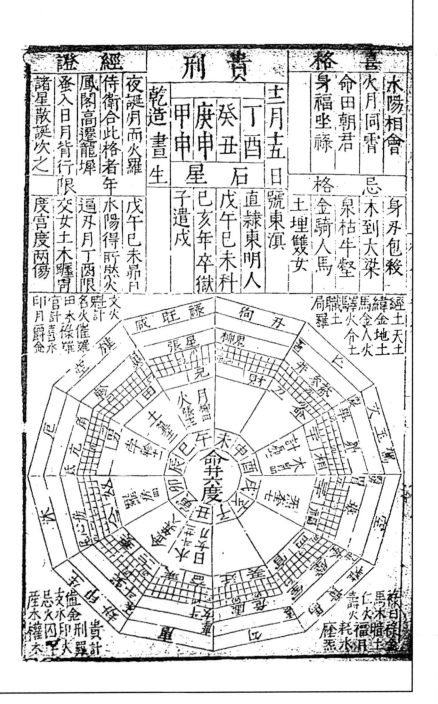

喜格

火土官高
田財守命
主恩同垣
日月同宮

忌格

日月無光
木孛拱命
土孛夾身
祿併刃鋒

貴刑

正月廿九日
庚戌 戊寅 甲午 丙寅
乾造夜生

錢若賡

浙江鄞縣人
庚午辛未科
臨江知府
戊午二子同科
長子靖中舉人
次子敬中進士

經證

四土坐命火羅
臨旺福猶昌熾
子母重逢貫朽
粟陳之宅星朝
北地眞奇命

年限

木炁二難拱命
土孛兩夾身星
所謂前後忌曜
尤恐傷身限行
柳土恩從天降

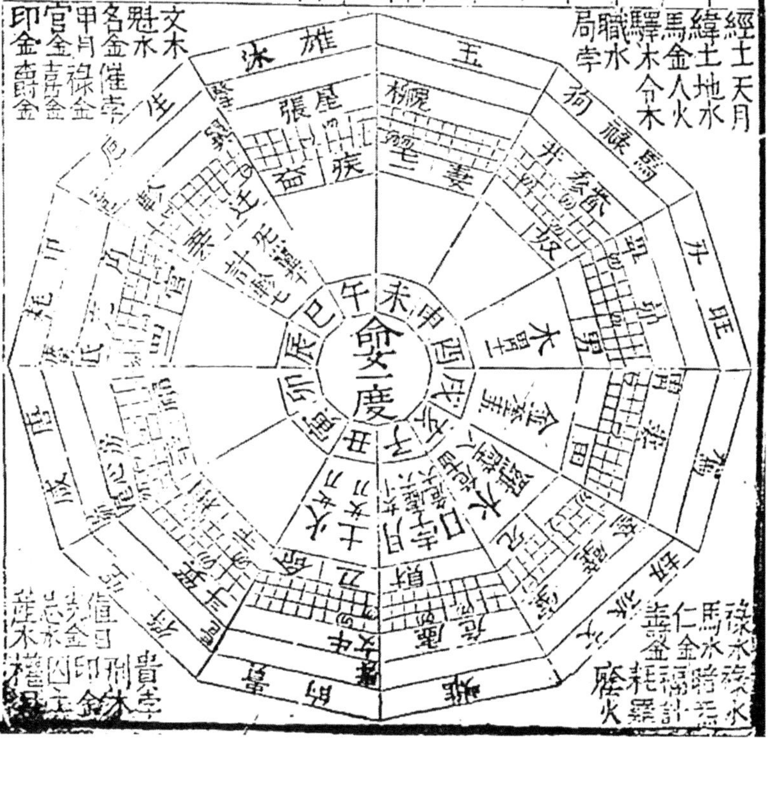

喜格			
四餘環月	五曜從陽	金居衛分	水清寶纏

忌格			
命坐刃鋒	日月反背	福宮失次	木土失宮

貴刑				
二月十五日直隸無錫人	丁未	癸卯	丁酉	丁未
乾造書生	鄒近光			
巳酉科辛卯	問典刑卒獄	兄迪光提學		

經證				
初觀四餘捧月	五曜環陽格局	非凡但嫌日月	背行五星失次	此謂格高星困

年限				
福宮火羅攻破	命坐刃鋒殺上	乙酉娄金限度	朝陽辛卯五鬼	併命流刃路限

經火 天金
緯土 地土
馬金 人火
驛金 令木
職金
局計

文火
魁計
名火 催羅
甲土 祿鑼
官計 喜水
卯月 奇財火

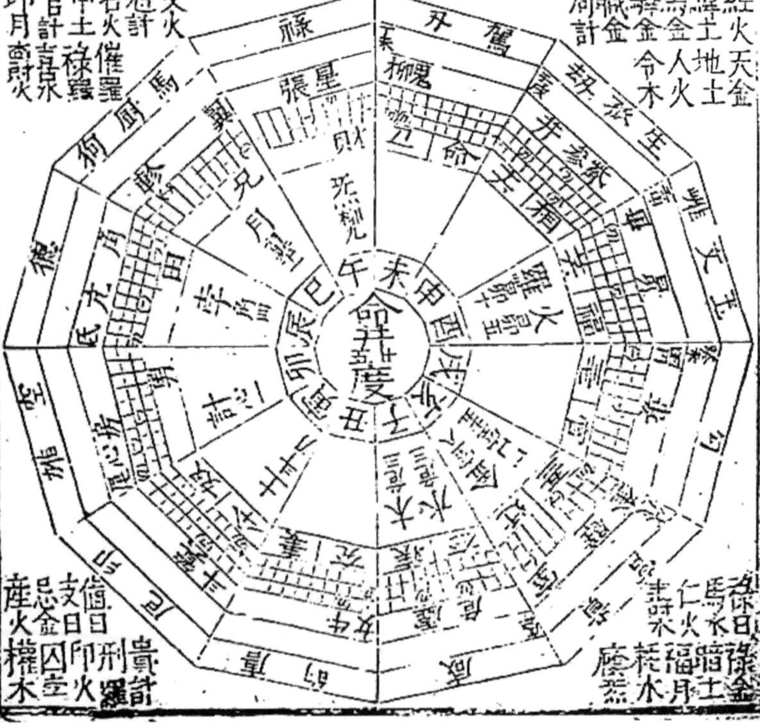

祿日 祿金
馬水 暗土
仁火 福月
壽木 耗木
廢炁

僞日 貴計
支日 刑羅
忌金 印火
囚孛
産火 權木

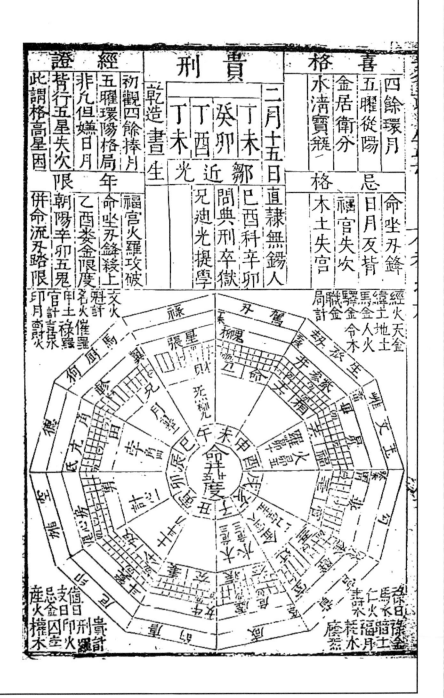

書格

羅計攔截
漏出主星
群星拱比
月明福德

忌格

日月無輔
水火交戰
金木互躔
刼刃夾命

貴刑

正月廿三日號萬里
戊午 韓 福建侯官人
甲寅 邦 壬午丙戌科
壬申 域 臨濟知州
壬寅 甲辰被門子
乾造夜生 弒

經證

經云群星朝拱
多端合格為上
一月孛臨福德
濟寧可憂

年限

甲辰限行角木
刼度又金木互
躔故死於非命

經木 天孛
緯土 地土
馬火 人水
驛木 命木
職月
局火

文金
魁火
名土 催木
甲月 祿土
官孛 喜月
印土 爵水

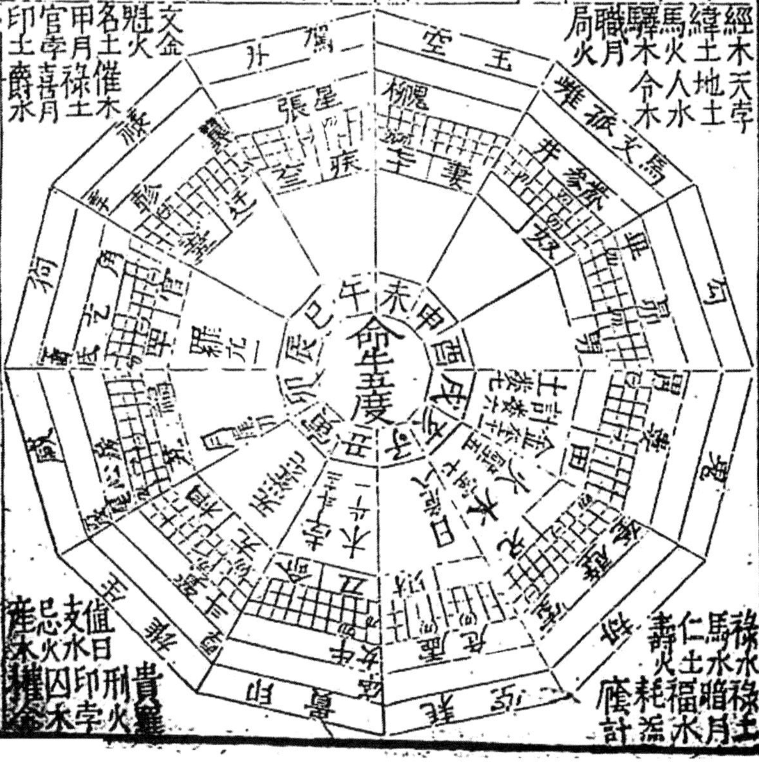

祿水 祿土
馬水 暗月
仁土 福水
壽火 耗羅
㢈計

值日 貴羅
支水 刑火
忌火 印孛
產木 囚禾
權金

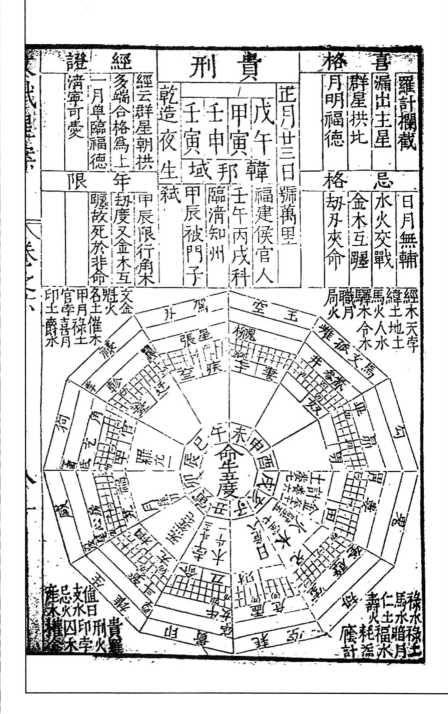

喜格

日月得體
水陽度楚
木孛符印
火臨燕分

忌格

刃鋒居官
身掌刃鋒
水羅交戰

貴刑

七月廿一日

己未
壬申
庚寅
庚辰

乾造晝生

劉廷柱

號杓陽
湖廣武昌人
壬午壬辰科
河澗知府
癸卯被奴殺

經證

少年身到鳳池
水陽度楚長庚年
對月少馳名官
曜顯而福星明
官高福厚

有官祿而無用
官乃藏其刃雄
癸卯限歷井木
限金躔角木刃鋒
併限故卒

經土 天土
緯土 地金
馬金 人火
驛火 令金
職月
局火

文炁
魁金
名土 催炁
甲火 祿火
官火 吉土
印羅 壽火

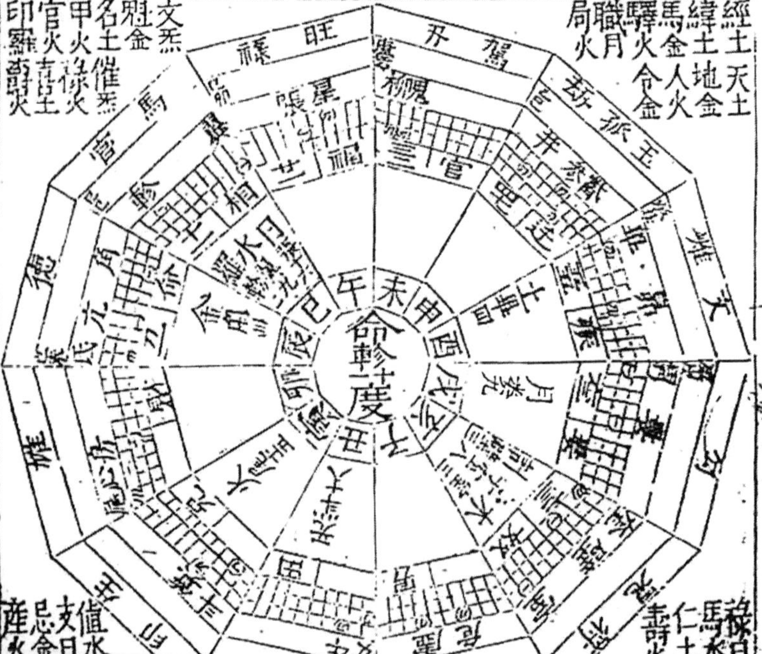

祿日 祿月
馬水 暗水
仁土 福炁
壽火 耗計
蔭孛

貴火
值水 刑孛
支日 印木
忌金 囚金
產火 權土

喜格

金水夾陽
群星向朝
官福守命
田財臨垣
月掛奎婁

忌格

官祿尅命
刃雄守命
火金相刑
土月對照

貴刑

六月廿二日獅寧宇

辛丑 乙未 丁丑 癸卯

趙可懐

乾造書生

四川巴縣人
辛酉乙丑科
胡廣巡撫
甲辰被王子
打死㾓一子

經證

一月卑臨官祿
清高可憂四餘年
獨步能教報國
來降官曜纔而限
福星明官高學祿

身坐刃刃守命
况火金二刃併
雄甲辰盧初危
末咸遇刃雄最
凶

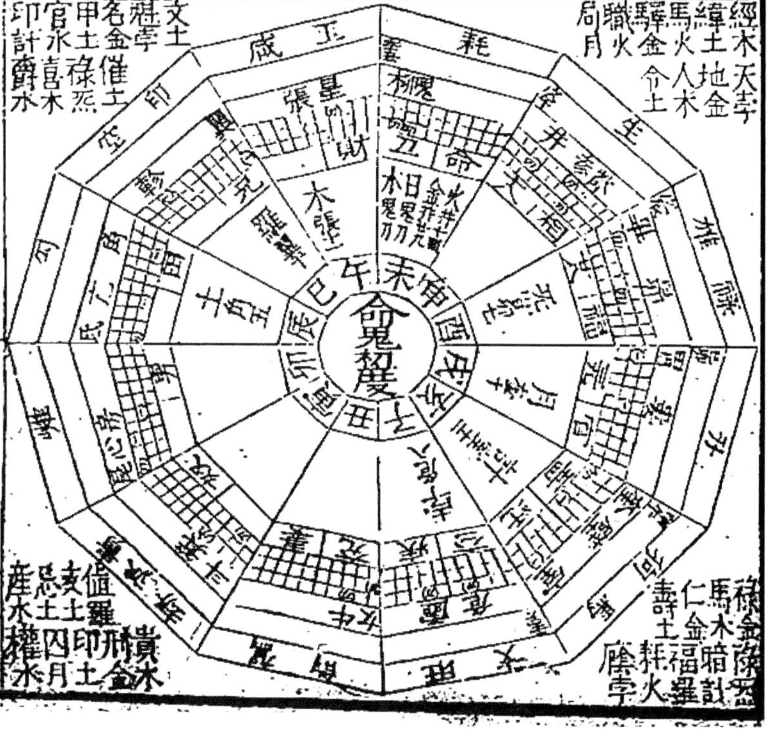

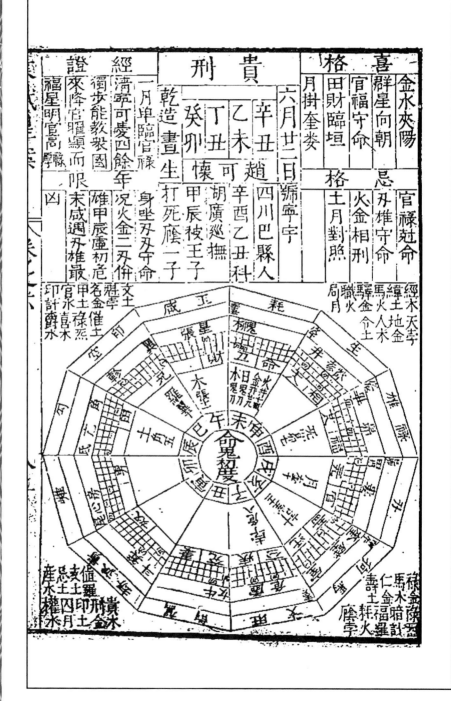

喜格

孫月獨明
命官朝君
金居衛分
土躔太常

忌格

三難夾主
火孛交戰
身掌刃符

貴天

正月十五日字啓陽
巳卯
丙寅
辛酉
戊戌
乾造夜生
翁家春
浙江永嘉人
巳酉庚戌科
蘇州節推
庚戌年卒

經證

水到齊飛躔玉
池亭衛快步莫年
遲疑崇勳藏駕
相關攝日月朝限
之定出倫

一

身星福德忌掌
刃符爲官須要
福星孛福薄終
難久戊年刃宮
一合殺故卒

文炁　魁金　名土　甲木　官火　印羅
催炁　祿火　官土　蔭炁

經土天月　緯火地金　馬水人土　驛木令木　職水　局孛

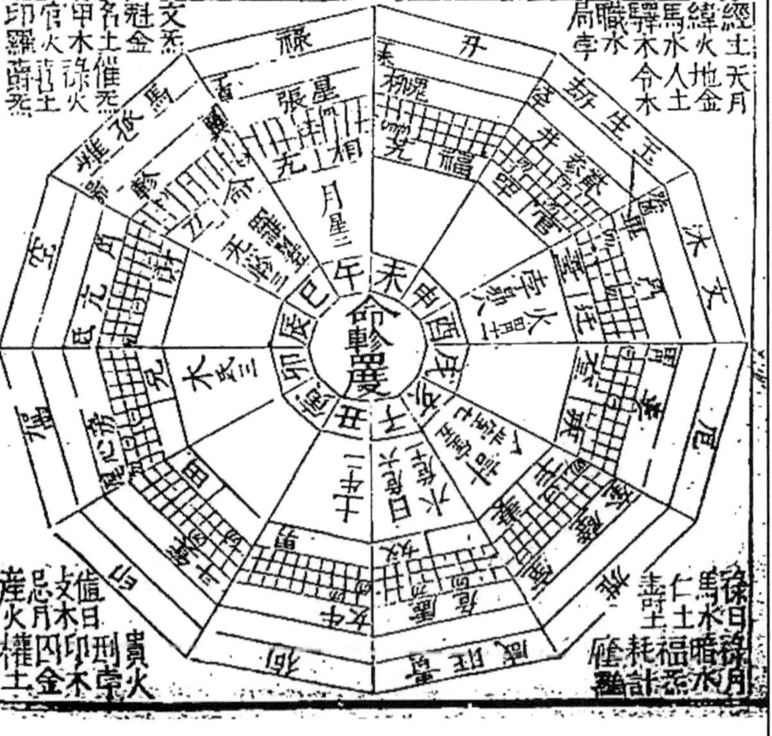

祿日　馬水　仁土　壽土
祿月　暗水　福炁　耗計　陰羅

貴火　刑孛　印木　囚金　權土
值日　文木　忌月　產火

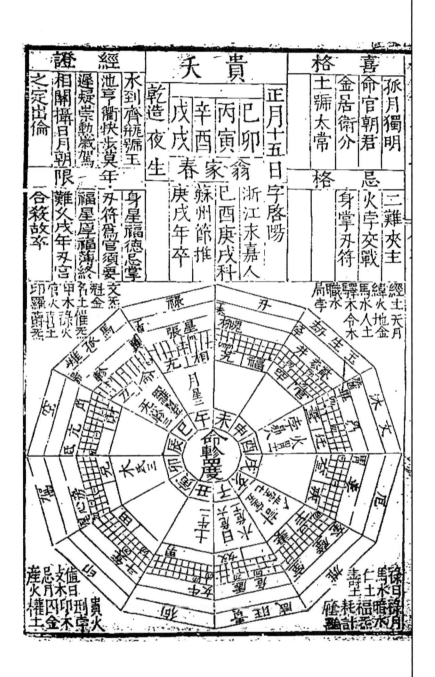

喜格

日月夾祿
日月夾田
命主朝君
身星居福
木羅會舍

忌格

水土相攻
羅奴犯火
火羅掌刃
日月夾雌

貴鵜死

十月初四日
辛丑
戊戌
丙辰
乙未
乾造晝生

蔡如川

號消泉
福建泉州人
鄉科知府
乙巳被奴毒
死

經證

七政連茹四餘
刻外囚間羅星
故不登甲日月
夾宮夾田者貴

年限

乙巳限行翼火
羅奴刻度更掌
刃雌歲君填實
猶爲凶害

經金 天水
緯水 地火
馬金 人火
驛火 合土
職土
局曜

文土
魁孛
名金 催土
甲日 祿炁
官水 喜木
印計 爵水

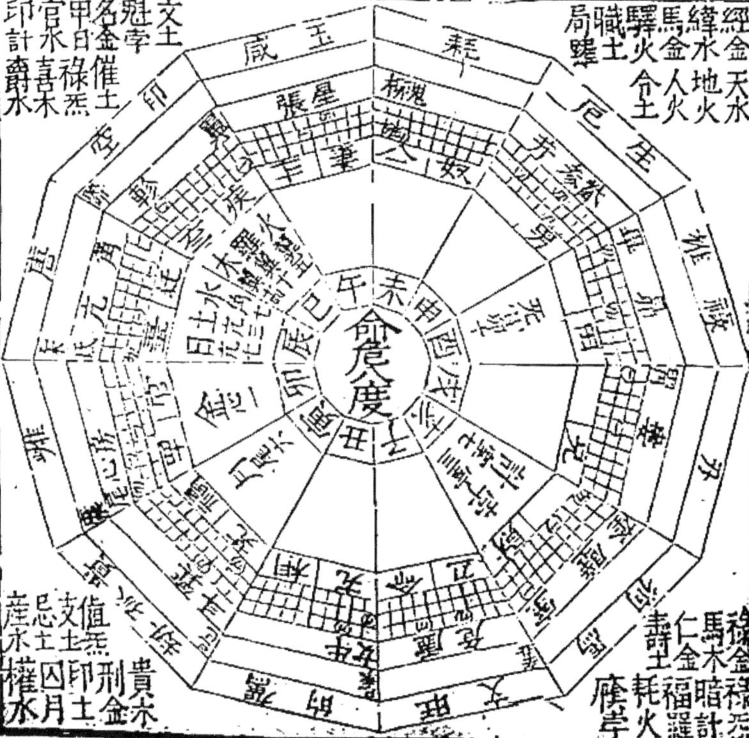

值炁 支土 忌土 産木
貴木 刑金 印土 囚月 權水

祿金 祿炁
馬木 暗計
仁金 福羅
壽土 耗火
廕孛

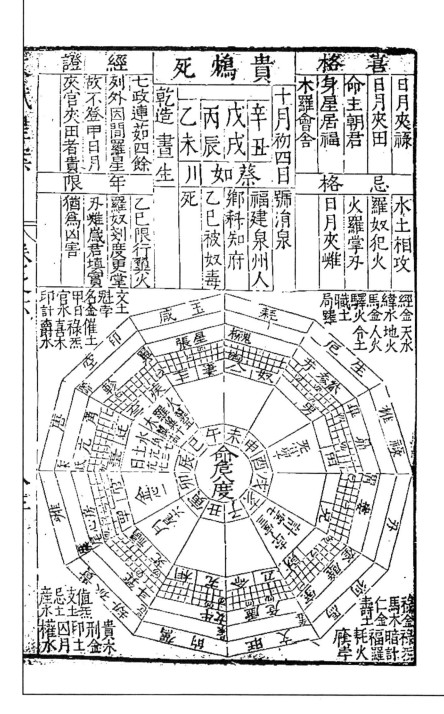

喜格

火月交輝
首星捧日
官福夾度
身命得地

忌格

日月夾刃
身命夾刃
官福失經
衆曜背行

貴夭

九月廿六日
乙亥 丁亥 辛酉 戊子
乾造夜生

董嗣昭

浙江湖州人
甲午乙未科
本年四月卒
祖芬尚書

經證

文人才士惟喜
木炁金水殘晦
之月見火羅以
助其輝然福主
失次日月夾刃

年限

木炁運枝火月
同宵所以限行
未井叠登科第
因木炁餘奴刻
度縱吉為凶

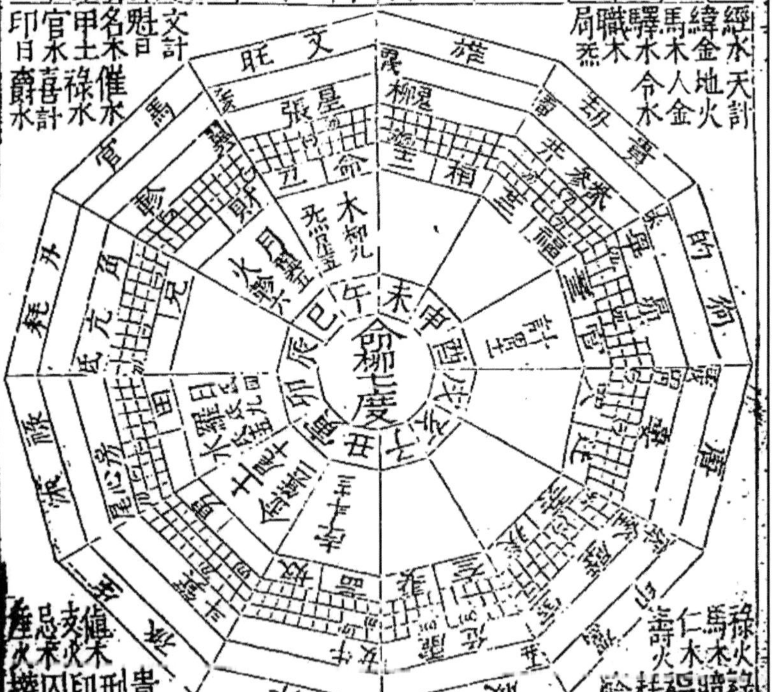

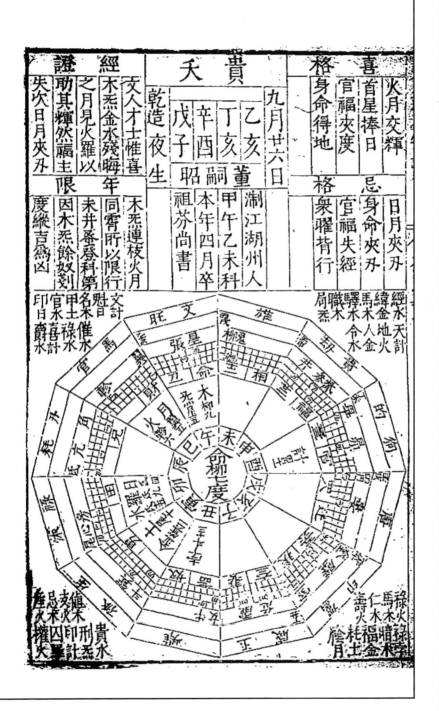

喜格

身居居官

主君居福

計羅截斷

群星向限

格

福元坐丑

丑推倂度

交戰

貴夭

八月三十日

號仰岐

甲寅

癸酉

戊戌

丁巳

乾造晝生

徐自興

江西進賢人

丙子庚辰科

梁山知縣

甲申年卒

經證

計羅截衆曜於

東南晝生向明

拱限爲貴但嫌

火孛同宮須防

夭折

年限

丙子亢金秉令

庚辰角木朝陽

甲申軫水對土

壽限內傷

忽火天木

緯木地木

馬火人木

驛水介金

職金

局計

文羅

魁月

名木催金

甲水祿木

官炁喜羅

印木爵木

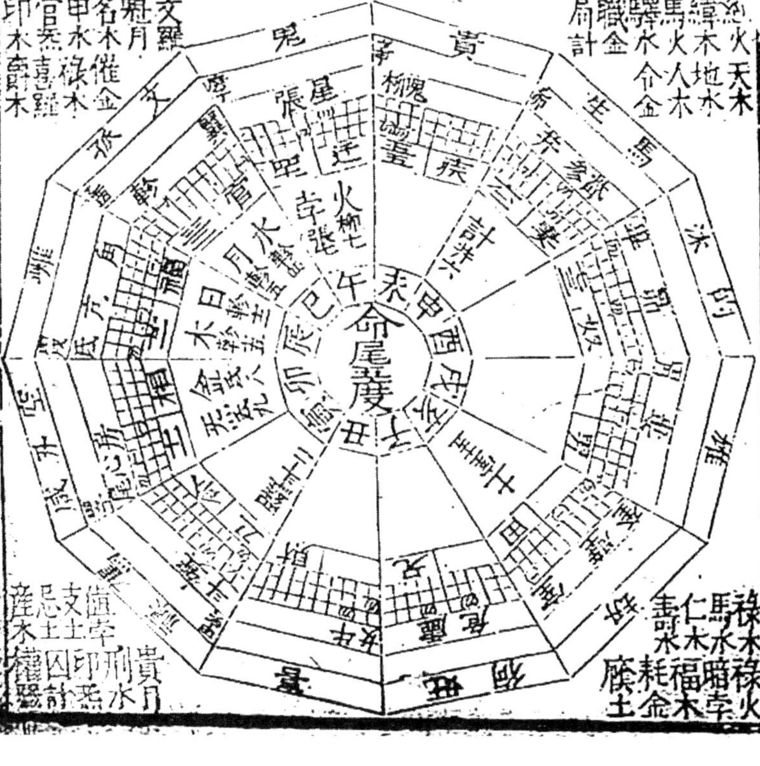

祿木祿火

馬水暗孛

仁木福木

壽水耗金

廕土

貴月

值孛刑水

支土印炁

忌土囚計

產木權嬰

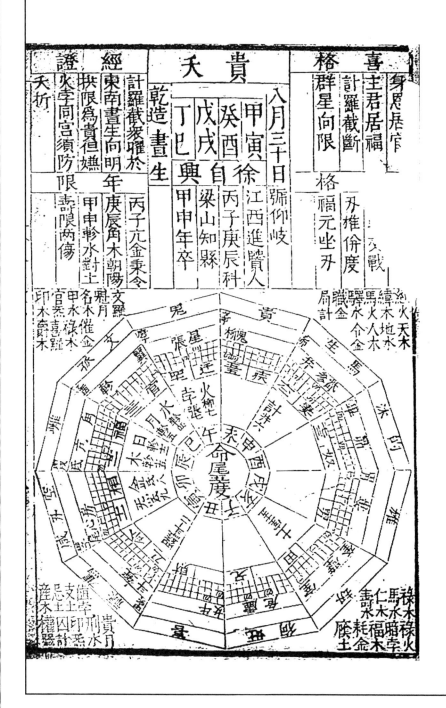

貴格
日月拱駕
官福拱駕
火燃天蝎
孫月獨明

忌格
命坐刃雄
月躔柳土
土羅持刃

貴天					
十一月十九日躔勾餘	壬戌	壬子	巳亥	乙丑	乾造夜生
周元	直隸應天人	甲午乙未科	安陽知縣	丙申年卒	

經證				
子午端座聖人	之位身命金月	宜居北地一月	单臨福德清夜	遇火金而煥發

年限			
甲午乙未限步	星日水陽得所	柳土躔井刃雄	併度最凶

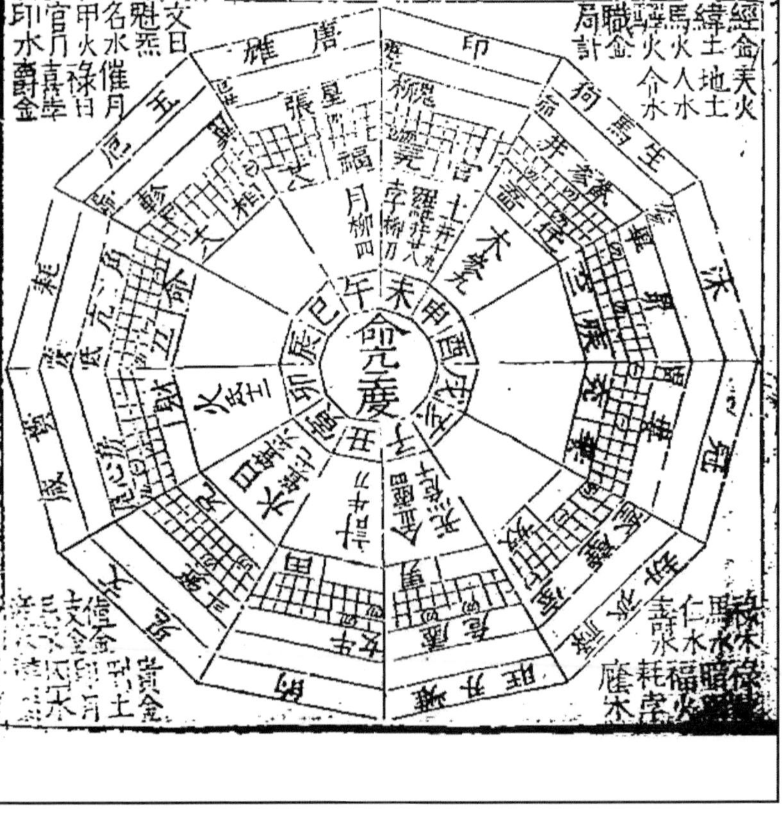

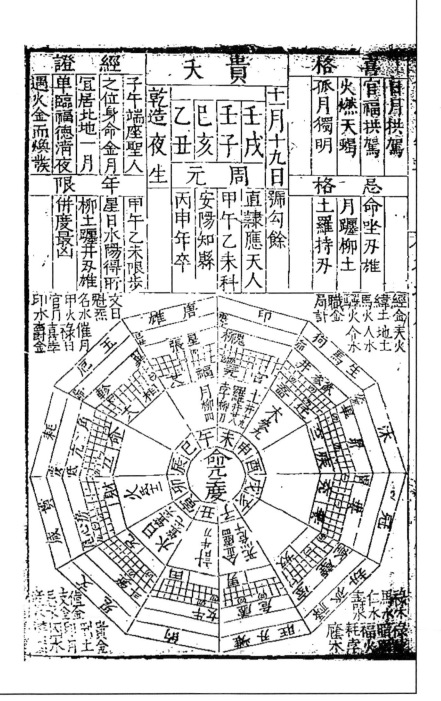

喜格
陰陽得位
水金夾陽
身福垣殿
命田得經
四餘四角

忌格
命坐孖度
土羅夾身
木土同躔
火犯羅奴

貴夭
閏月初八日
甲子
丁卯
辛巳
己亥
乾造夜生

曹文緯
號東滙
江西彭澤人
辛卯戊戌科
刑部主政
庚子年卒

經證
日遇白羊月照
廣寒水金官福
夾陽四餘宜居
四角日月分明
是貴人

年限
惜乎土羅夾身
火犯羅命坐孖
辛卯角木戊戌
軫水俱喜升殿
庚子亭傷翼火

經火 天木
緯木 地水
馬火 人木
驛水 命木
職金
局計

文羅 魁月
名木 催金
甲水 祿木
官炁 喜羅
印木 爵土

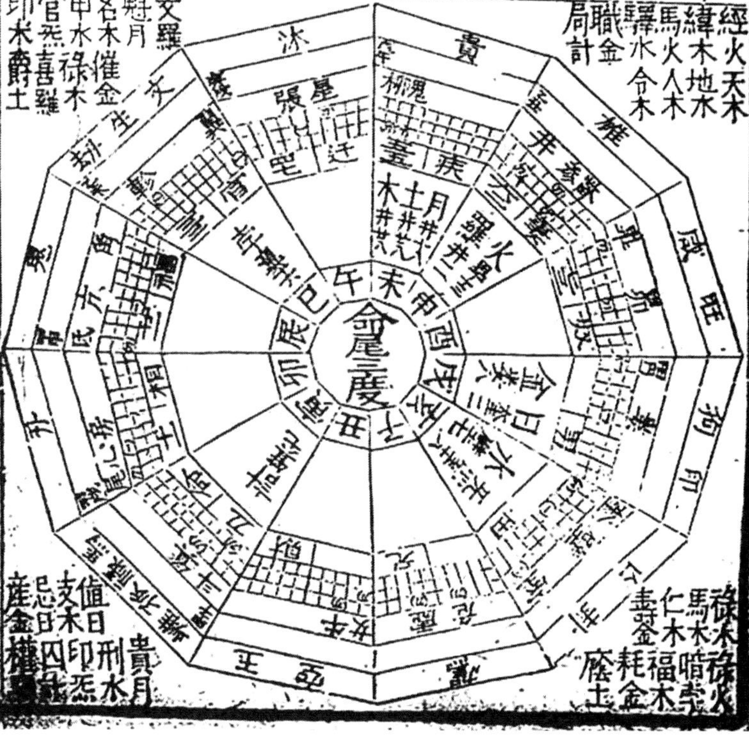

祿木 祿火
馬木 暗炁
仁木 福木
壽金 耗金
蔭土

值日 貴月
支木 刑木
忌日 印炁
產金 四[illegible]
權[illegible]

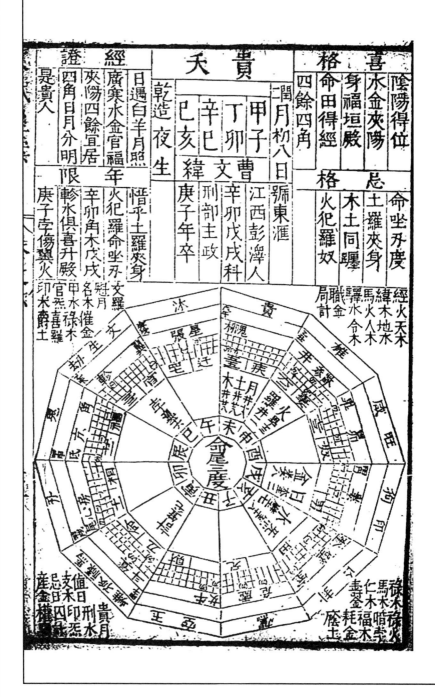

書格

命官朝陽
日月得體
身命得地
坐貴向祿

忌格

火躔軫水
木困婁金
羅月失輝
身命被傷
計刃犯陽

經木天孛
緯火地土
馬火人木
驛木令火
職土
局羅

貴天

五月十八日
壬申
丙午
壬寅
乙巳
乾造晝生

王思善

號鬱南
湖廣黃陂人
庚子辛丑科
宴日上馬破
卯而卒

經證

晝生日而金水
相從合斯格者
鳳閣高遷龍墀
登入官星貫日
顯達之久

年限

第嫵計刃犯陽
火土相泄木困
婁金庚子辛丑
水陽填限連捷
但木月失次凶

文日
魁炁
名水借月
甲木祿日
官月喜孛
印水爵火

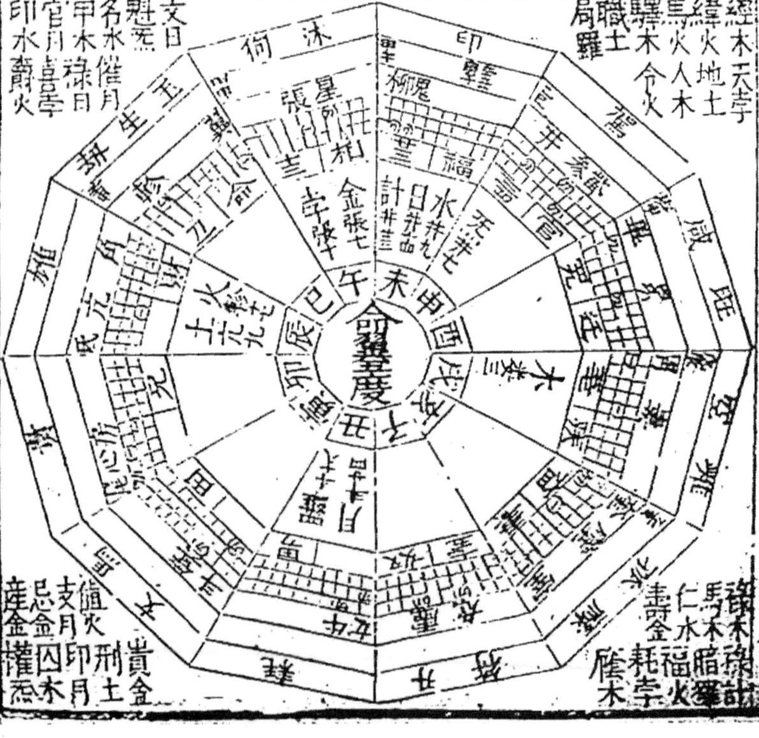

殺木
祿計
馬木
暗羅
仁水
福火
壽金
耗孛
蔭木

貴金
值火
刑土
支月
印月
忌金
囚木
產金
權炁

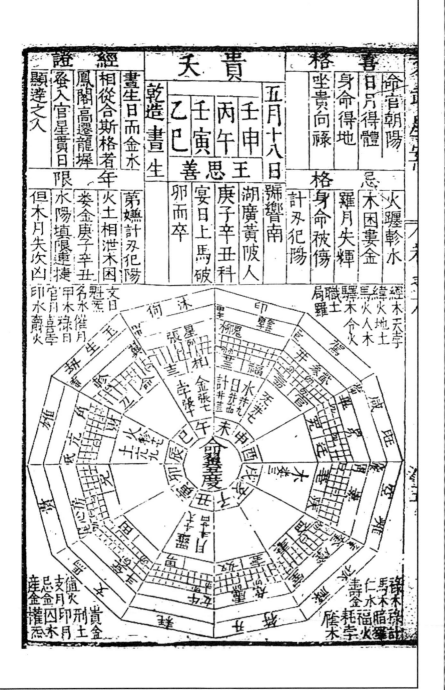

喜格

日月並明
水金夾輔
福官歸垣
月在日前

忌格

陰陽無輔
金羅相刑
福主值尅
計孛臨兒
土木共戰

貴夭

五月初二日
乙丑
壬午
丁酉
甲辰
乾造書生

夏景華

號凝初
直隸上海人
辛卯壬辰科
授推官
丙申卒

經證

日月同宮月要
在於日前福星
守福為真福官
曜居官作顯官

年限

為官須要福星
厚福薄終難久
卯辰運登限行
歸日福官陰陽
夾輔終於男土

經水 天羅
緯土 地木
馬火 人水
驛金 合火
職孛
局木

文計
魁日
名木 催水
甲土 祿木
官水 喜計
印日 壽水

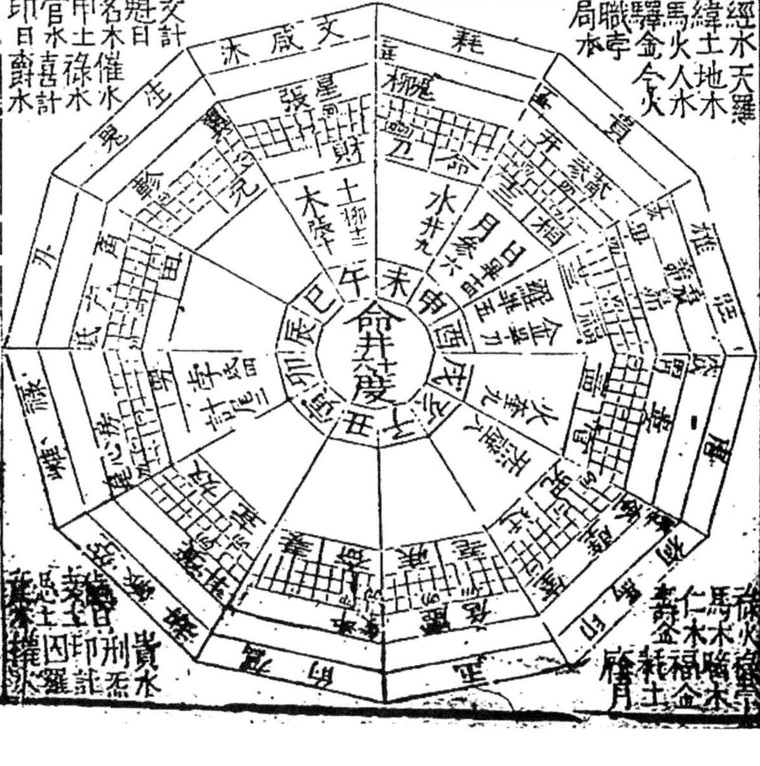

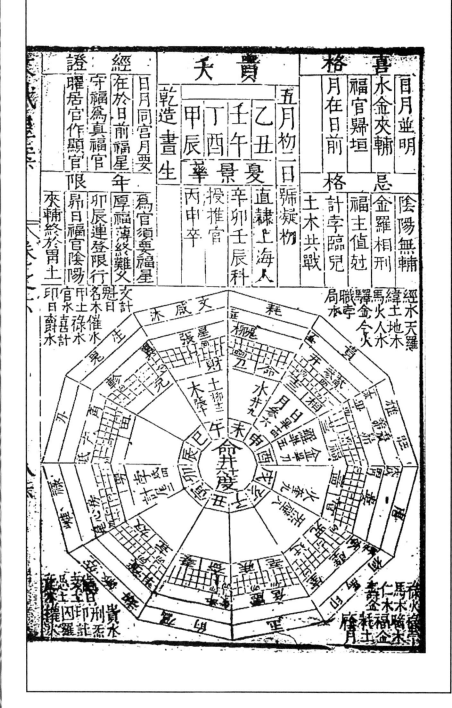

喜格

日月登駕
身命登駕
水陽相會
火金助月
身命轅君

忌格

計羅截斷
諸曜背行
土埋雙女
木觸金龍

貴夭

十一月初一日 號性宇
丙寅 河澗滄州人
庚子 辛卯壬辰科
丁巳 庚吉士
己酉 壬寅卒
劉生中
乾造夜生

經證

玄武持旌火金
助月俱登駕照年
命大喜金水日
月之潤用身命
登駕近明君

年限

土躔翼火羅躔
胃土以驗卯辰
高捷因木困亢
限金日夾合照故
卒

經火天木
緯金地金
馬火人火
驛火命水
職羅
局土

文金
魁羅
名火催日
甲木祿計
官羅喜元
印火爵木

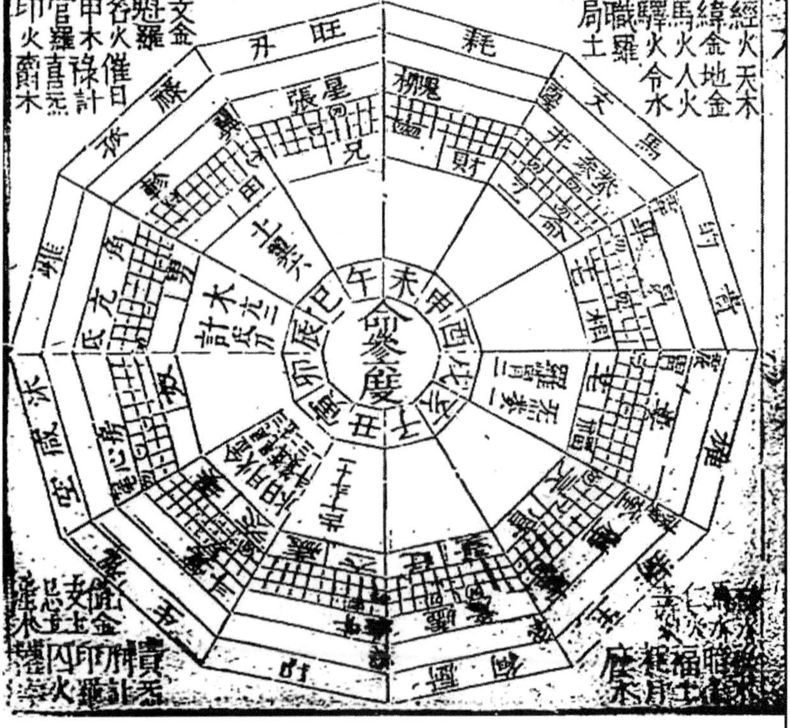

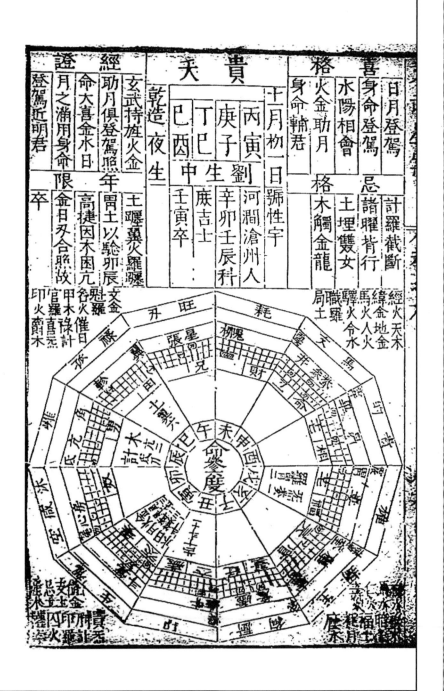

喜格
水陽度夾
火月昆崙
嗣祿秉令
二主臨財

忌格
日月弱宮
福官弱地
火月晝晦
諸星散誕

貴天
八月廿二日
壬午
巳酉
丁未
巳未
乾造晝生

吳友賢
號東璞
常州宜興人
庚子甲辰科
戶部主事
丙午年卒

經
晝生日而金水
相從夜誕月而年
火羅侍衛合此
土木共戰金木
對傷日月官福
俱在弱宮丙午

證
格者鳳閣高遷
推擇發入
限行房度水傷
房日

經水 天孛
緯上 地水
馬木 人金
驛木 合金
職火
局月

文日 魁炁
名水 催月
甲月 祿日
官月 喜孛
印水 爵水

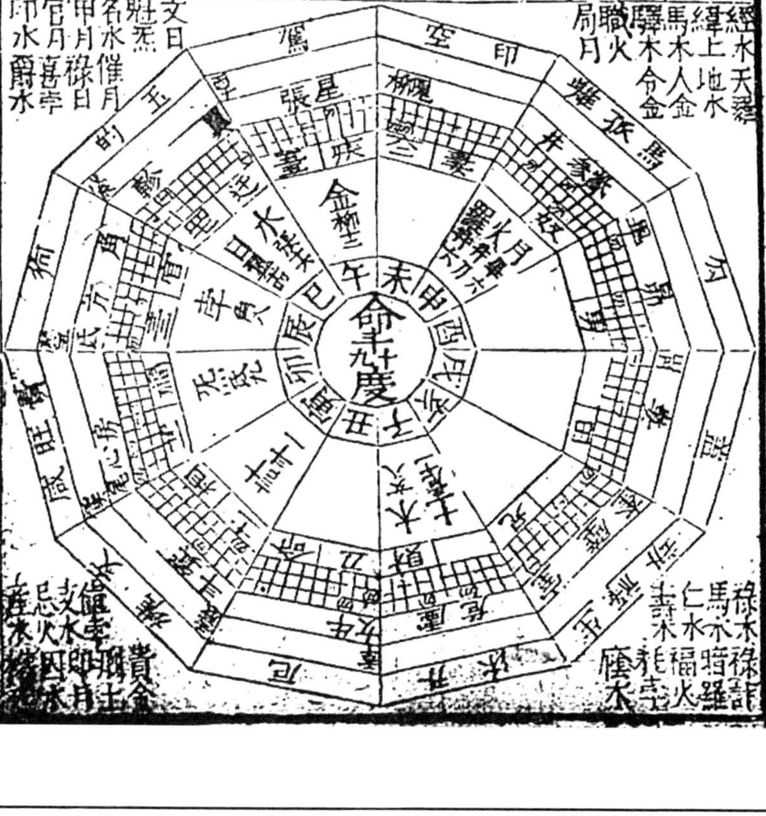

祿木 祿計
馬木 暗羅
仁水 福火
壽木 耗孛
蔭木

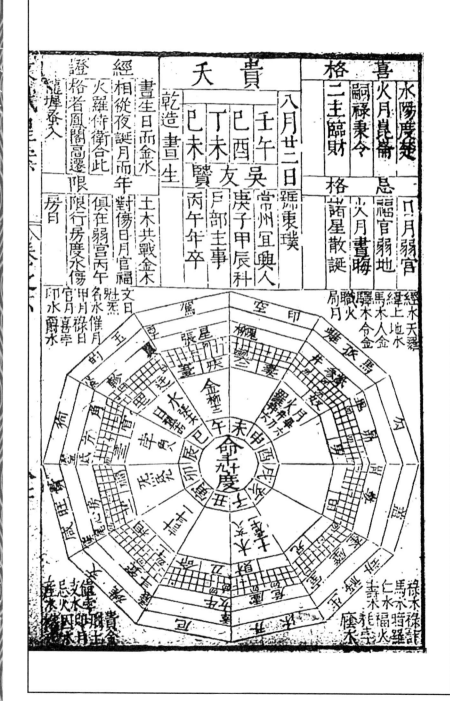

喜格	貴天	經證
祥雲捧月 官曜居官 日到白羊 山澤通氣 金水夾陽	三月十八日 庚辰 庚辰 丁巳 壬寅 乾造夜生	水金從陽祥雲 捧月兼以官福 起垣所謂官曜 顯而福星明官 高福厚
忌格	祝以岱	年限
水泛白羊 日月失位 火計相泄 土犯計奴	浙江海寧人 癸卯甲辰科 丙午年卒	癸卯甲辰女土 宮度垣殿午金 夾鋒金雜通關 夾中包殺

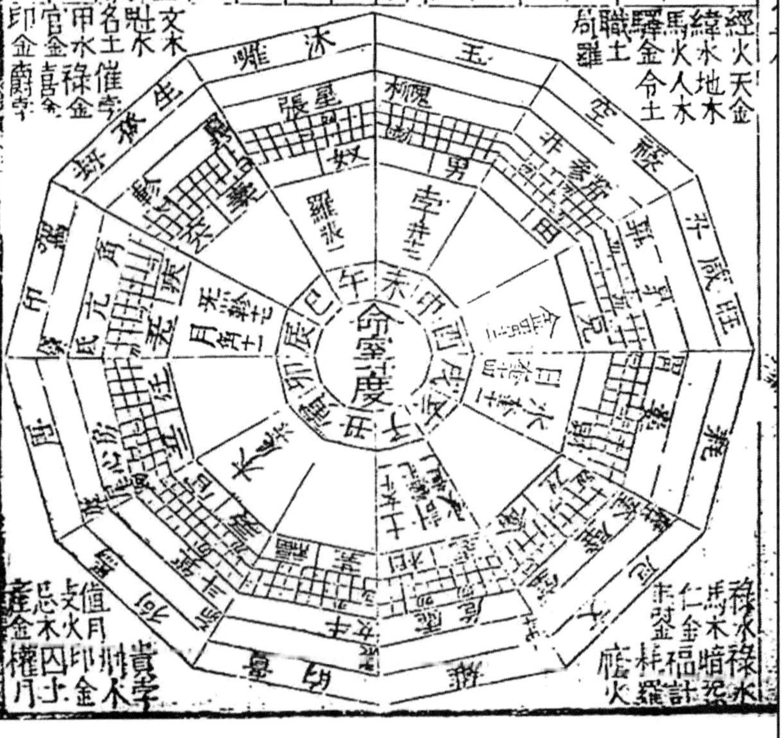

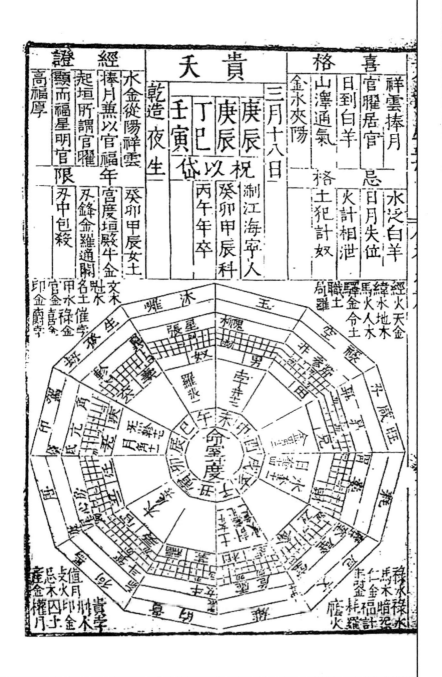

喜格	忌格
水陽相會	火金互垣
官福互垣	土月同宮
土歸鄭國	水火交戰
四餘獨步	

天舉

四月十五日

辛未　癸巳　丙午　癸巳

乾造晝生

鄧允浚

江西建昌人

丙午鄉科

丁未年卒

父進士

弟允淳官星

經證	年限
計羅截斷群星	惜乎日月背行
向限官福互垣	火金互尅土月
四餘獨步巳是	相傷此謂格高
青雲偉器	星弱苗而不秀
	秀而不實

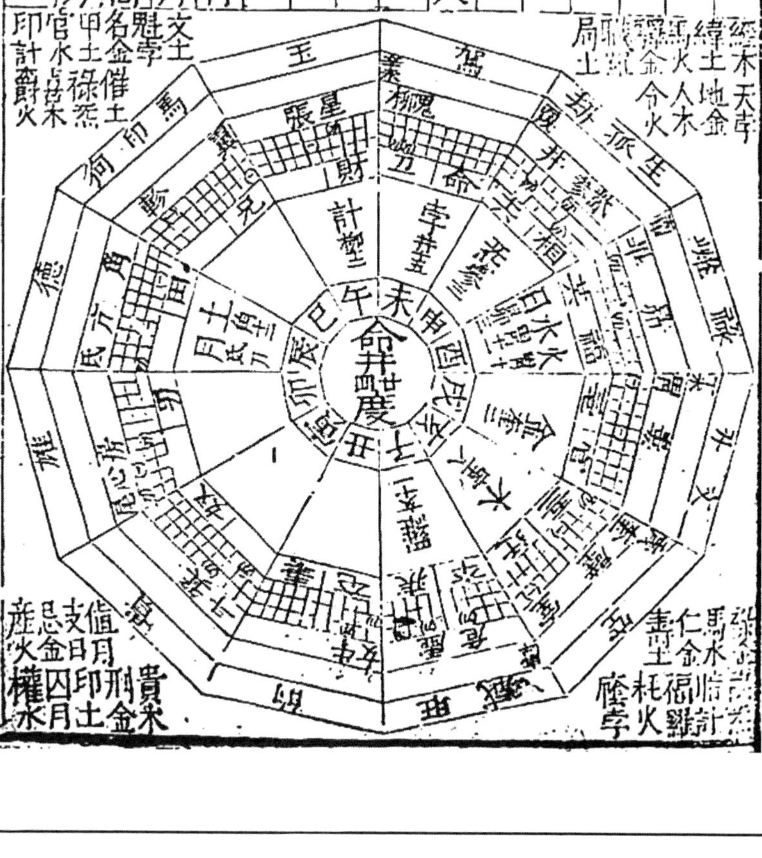

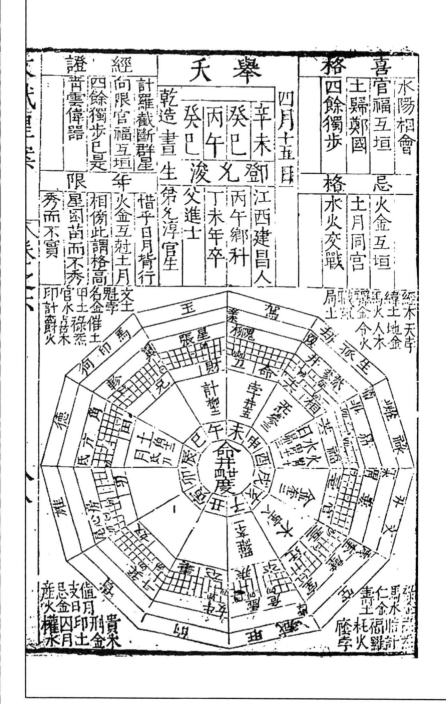

貴格

金水會垣
身命夾陽
君恩夾主
單羅獨計

忌格

日月無輔
金木相刑
土水對傷
火金對尅

舉天

三月廿九日
甲戌
戊辰
甲辰
壬申
乾造書生

吳繼芳
常州宜興人
丁酉鄉科
壬寅年卒
父少溪巨富

經

日月同宮失乎
輔佐金水會垣
水忌金後惟取

證

身命夾陽君恩
夾主財飛入局

年

丁酉張度月掛
奎婁日遇白羊
宮度兩強壬寅

限

柳土對木坐殃
利害

經土 天月
緯火 地金
馬水 人土
驛木 命土
職水
局字

文羅
魁月
名木 催金
甲木 祿木
官忌 喜羅
印木 貴金

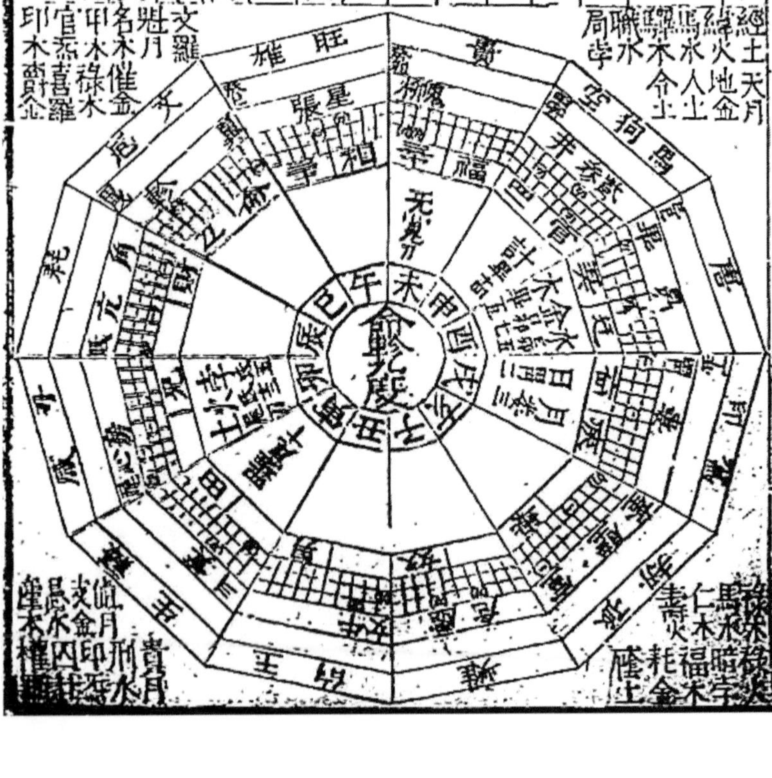

祿火 馬木 暗字
仁木 福木
壽火 耗金
蔭土

貴月
刑水
印土
權土
倒月
爻金
忌水
蔭木

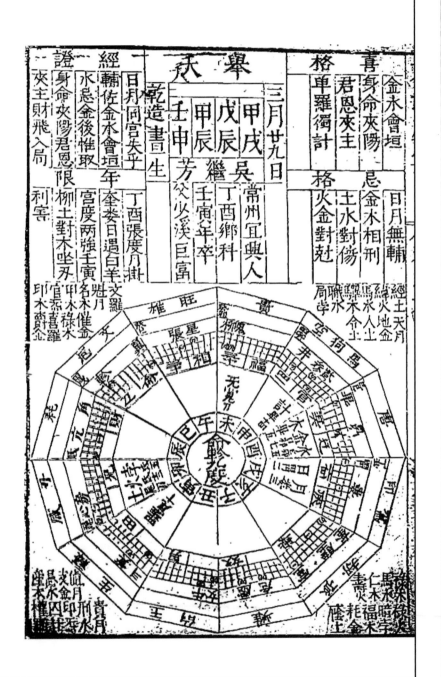

喜格

日月拱駕
官福朝天
福祿扶身
火炁職權
水金會垣

忌格

土木共戰
金騎人馬
土孛隨身

天舉

十月初十日
癸未
癸亥
戊午
癸亥
乾造夜生

吴洪亮

常州宜興人
巳酉鄉科
癸丑年卒
祖父進士
孙洪裕舉人

經證

崇勳歲駕相關
揃日月朝之定
由倫日月分明
是貴人官福高
強貴必真

年限

巳酉壁水水受
金生室火俱見
原流又忌土孛
填限

經金 天炁
緯金 地木
馬木 人金
驛木 令水
職火
局月

文月
魁木
名水 催計
甲火 祿月
官土 島火
印孛 爵火

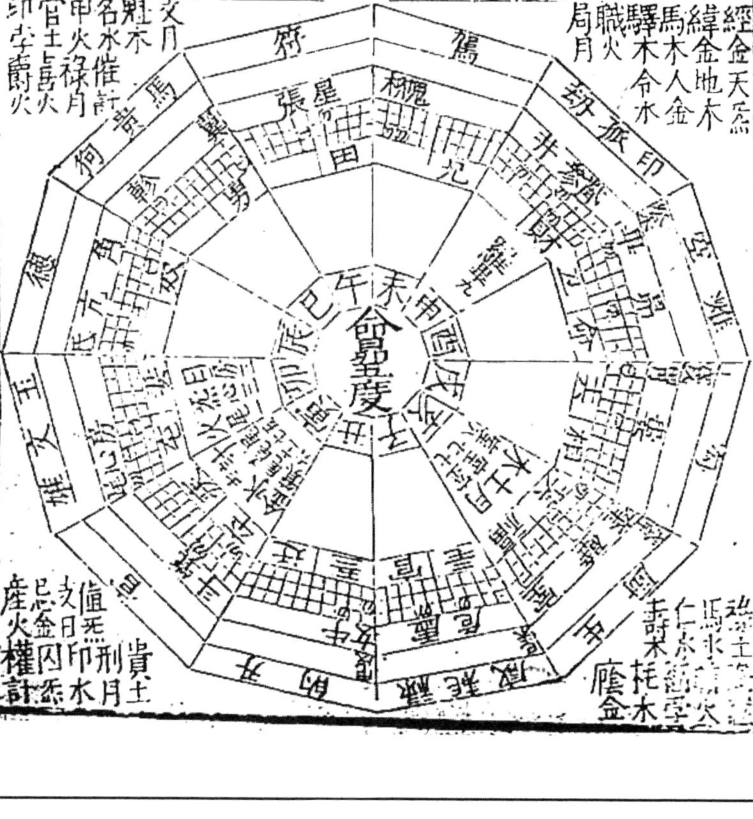

貴土
刑月
值炁 印水
文日 囚炁
忌金
産火 權計

祿土
馬水 火
仁木 孛
壽木
托木
蔭金

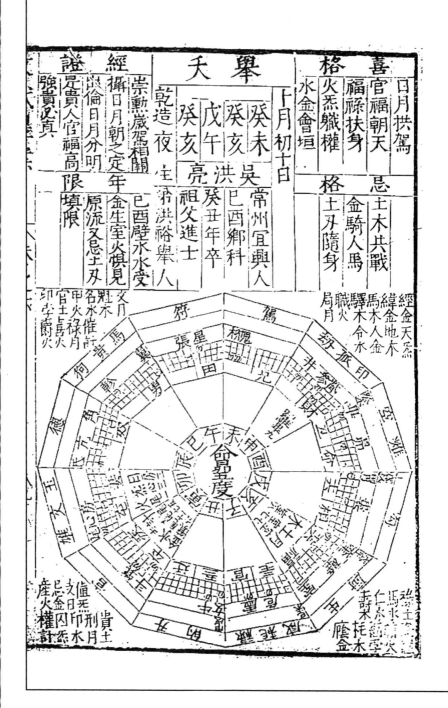

喜格

水金從陽
官福垣殿
命主居官
官來拜主
主恩夾君

忌格

土羅夾月
伉難夾身
日月背行

舉天

正月廿二日

乙亥	巳卯	壬戌	丙午

乾造 書生

王太眞

南直金壇人
丙午科中
壬寅冬卒

經證

背雲得路恩星
命主兩朝陽會年
命居官祿名成
利就官福高強限
貴必眞

土羅伉難夾月
所謂前忌曜尤
恐傷身丙午奎
木宮度兩張室
火水殺金刃卒

經木 天火
緯金 地火
馬火 八水
驛火 合木
職木
局炁

文計
魁日
名木 催水
巾木 祿水
官水 貴計
门月 貴水

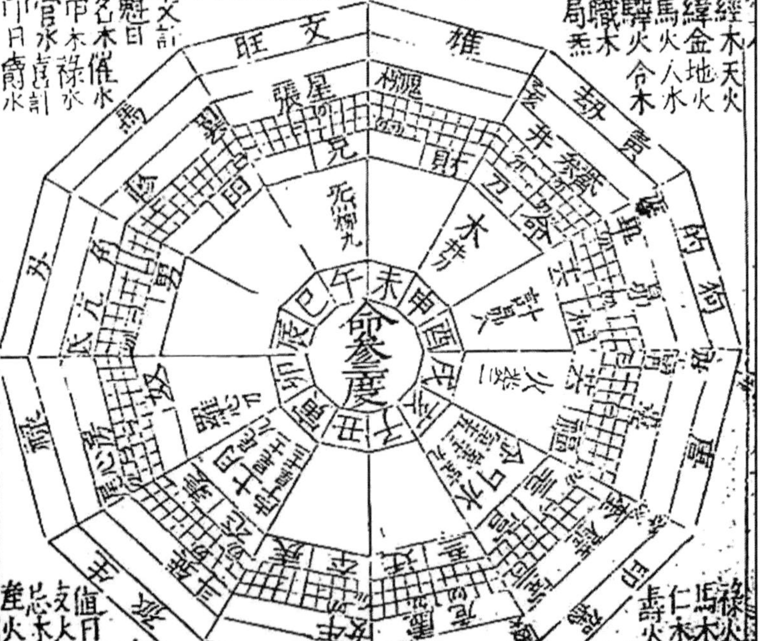

祿火 祿木
馬木 暗木
仁木 福金
壽火 耗土
痕月

貴木
刑炁
值月 印計
文火 印羅
忌木 囚火
產火 權火

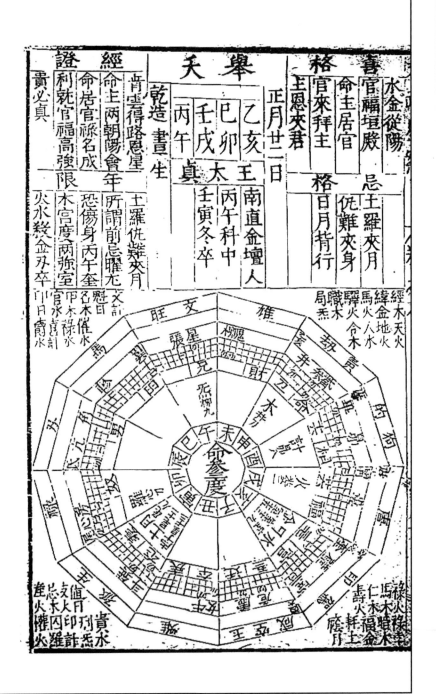

喜格

日月升殿
金木居垣
身官命福
田財臨財

忌格

日月失位
水火交戰
金木相刑
官福值魁

舉刑

四月十七日
丁未
乙巳
戊戌
壬子
乾造夜生

秋獻明

南直溧陽人
壬午科中
入獄二次

經證

日到日躔人侍
逢月升月殿性
涵靈身命同守
官福乃爲上客
福官垣合者貴

年限

但羅犯日
月福受傷官化
魁正謂格高星
困秀而不實

經水 天計
緯木 地火
馬水 人土
驛火 令火
職水
局亭

文火
魁計
名火 催羅
甲日 祿羅
官計 喜木
印月 奇火

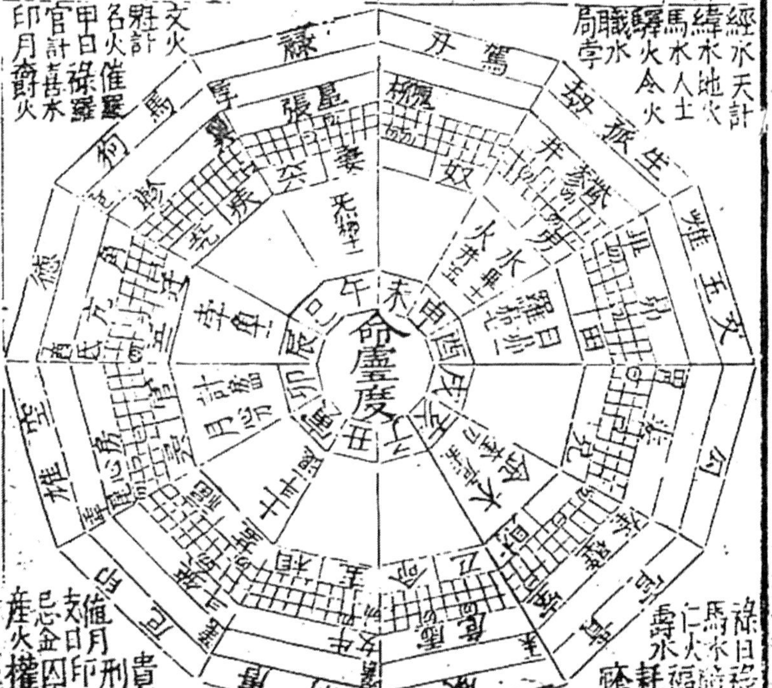

祿日 祿金
馬水 命土
仁火 福月
壽水 耗水
蔭炁

貴計
刑羅
催月 印火
支日 囚孛
忌金
産火 權木

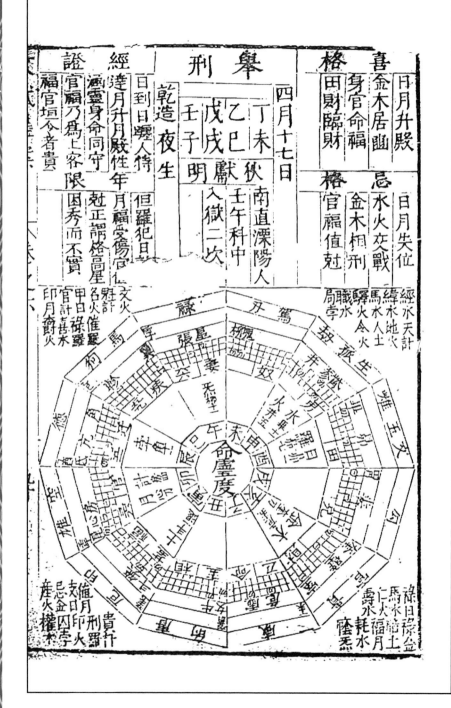

書格

水陽度楚

土羅相生

官曜居官

財歸歸垣

土羅恃刃

忌刃餘居官

金木相刑

格福星值魁

舉卒獄

八月初九日

蘇州吳縣人

壬子

巳酉

巳未

乙亥

文從龍

壬午鄉科

壬寅卒獄

乾造夜生

經證

四土坐命火羅

王羅持刃男子

臨旺福左昌織午

凶頑且福主木

更書孫月獨明

被金傷壬午室

水陽度楚太白限

危火月着明壬

當秋

寅斗木遇金卒

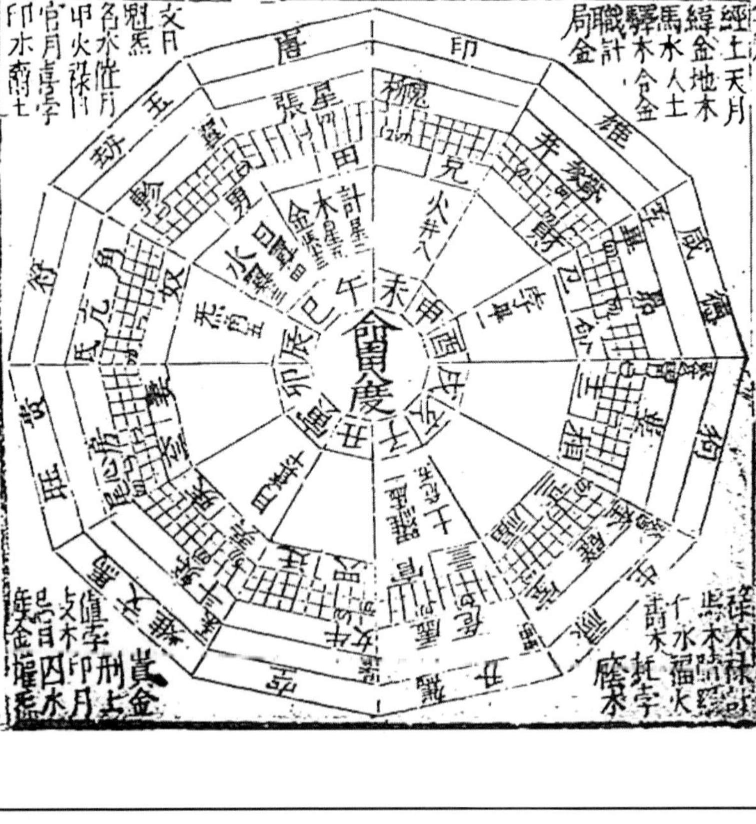

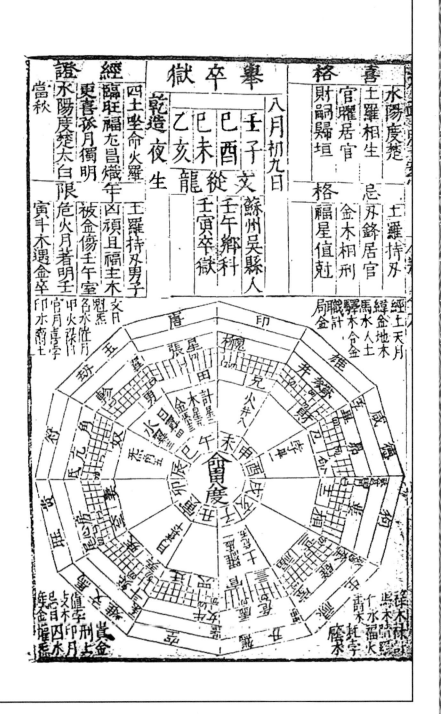

喜格	擧天	經證
日月得位	七月十四日	五曜從陽計羅
朱雀乘風	甲子	攔截惜乎間一
官福高明	壬申	孛於金星又是
田財居官	甲寅	福元値尅
	庚午	
	乾造晝生	

忌格	汪秉燮	年限
木蔽陽光	直隸婺源人	戊子角木宮度
水土相刑	戊子鄉科	兩強但秋木逢
福官失次	己丑卒	陽凋零何補
命躔刃度		

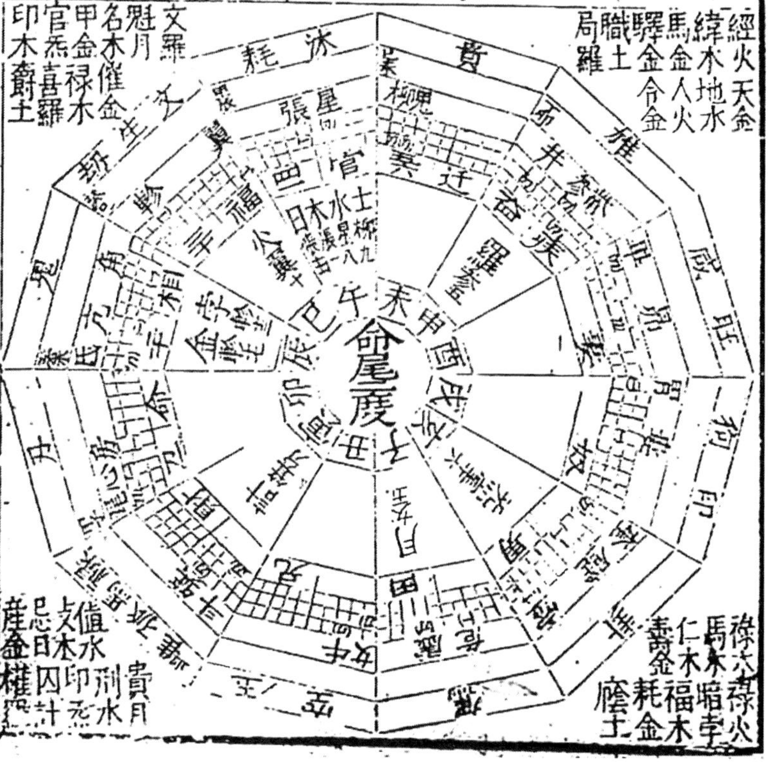

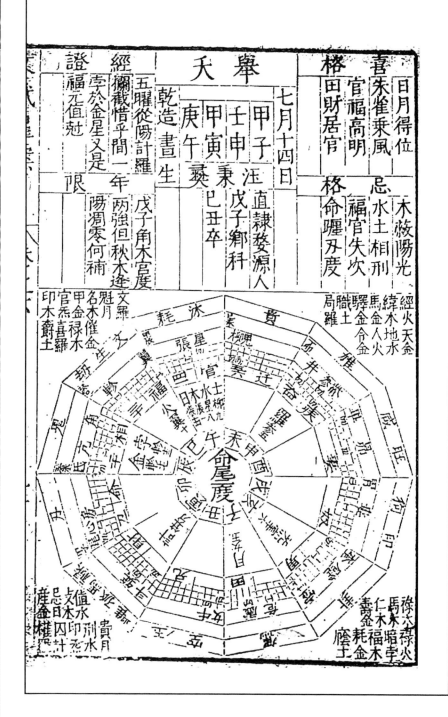

喜格	忌格
官福夾度	身福掌刃
日月夾主	刃星守命
衆曜拱南	計炁夾陽
木火南離	福官失次
	孛計居官

貴滄卒

六月初六日

丁丑	丙午	庚戌	辛巳

乾造 書生

楊旦 號見峯

浙江上虞人

丙午癸丑科

辛酉卒

正德十二年生

經證

衆曜拱南書生

丙午命宮坐祿

合格經云宿拱年向貴癸丑參水

南方乃巽入日朝陽辛酉畢月

月拱夾官祿主限刃度遇孛土羅

看貴對照

經木天孛	文火
緯火地金	魁計
馬火人木	名火催路
驛木合火	甲木祿羅
職孛	官計喜水
局水	印月爵水

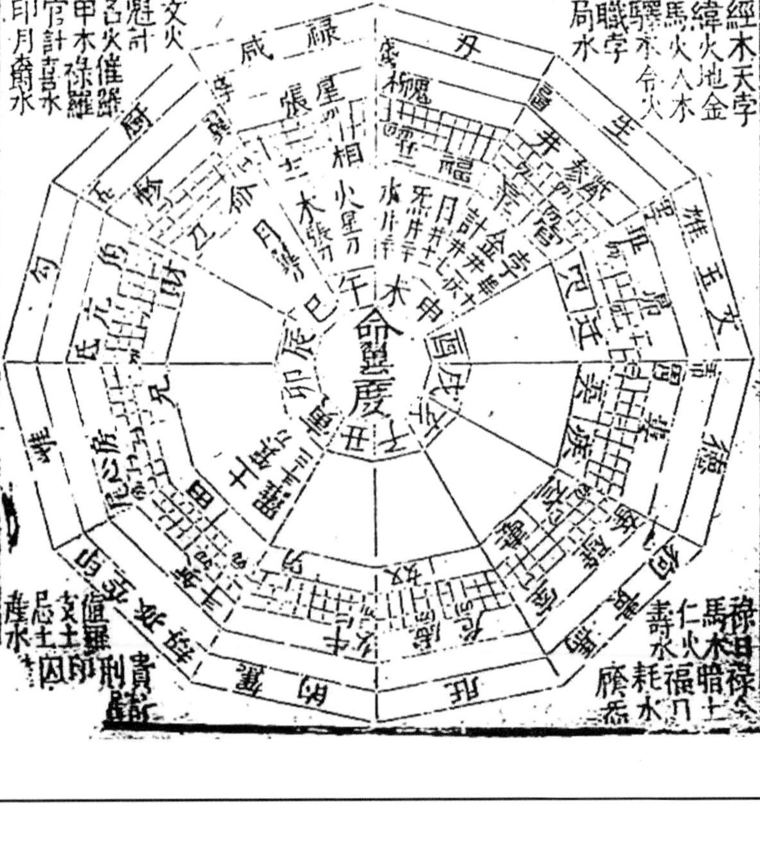

祿日祿土	貴祿
馬木暗土	刑
仁火福刃	值羅印
壽水耗木	文土囚
廢炁	忌土
	產水

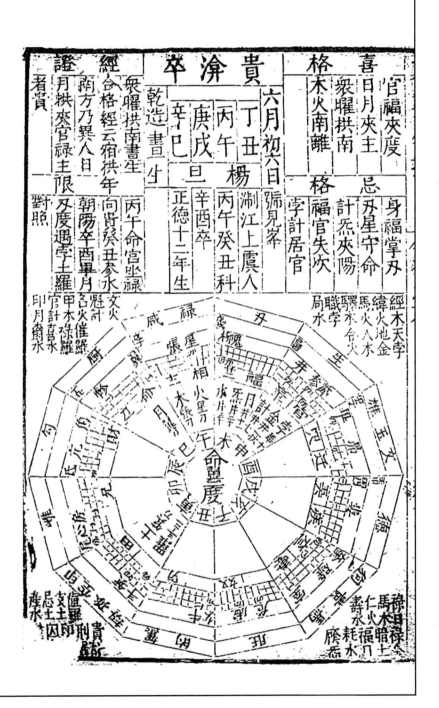

喜格

官福朝陽
身命得地
日月升殿
木炁拱命
土羅相生

忌格

日月背宮
水泛白羊
火金對傷
身星掌刄

貴淳卒

四月初八日
己丑
己巳
癸酉
丙寅
乾造夜生

號虹臺

沈位

直隸吳江人
甲子戊辰科
庚吉士
壬中卒

經讚

身星傷母必浮
嗉土到官官當年
富貴官曜顯而
福星明官高福限
厚

命宮水泛白羊
度主金臨刄地
女土牛金科解名
第十木對金數
止於此

經木天火
緯土地火
馬火人水
驛水命火
職羅
局土

文炁
魁金
名土催炁
甲火祿火
官火喜土
印難蔚水

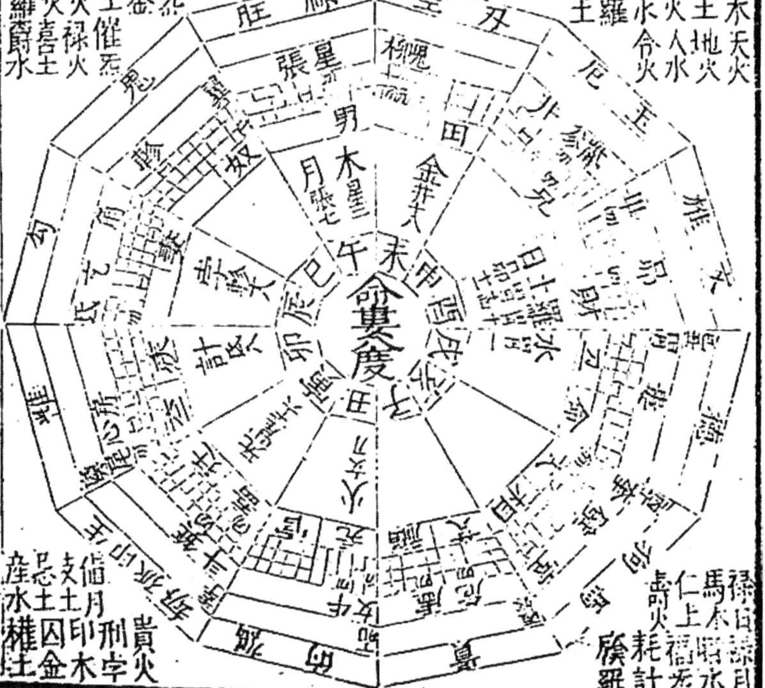

祿日
諒月
馬木
暗水
仁上
福炁
壽火
耗計
㨾羅

貴火
刑孛
偪月
印木
支土
囚金
忌土
水
權土
産水

貴淬卒

七月初十日

戊辰 庚申 丁巳 庚戌

乾造夜生

撫寧侯

鎬右衛 朱國弼命

河南夏邑人

巳酉卒

喜格

日月得體

龍帍拱命

福官合照

身嗣居官

忌格

陰隲 輔

忌孛雜交戰

水土相刑

福元失坎

經證

一月单臨官祿

清年可愛日到年

日躔人特達武

将功臣但重火限

羅計孛

巳酉年限步尾

火火躔軫水水

躔翼火日刄拱

限地雄天雄併

臨

經水 天羅
緯水 地土
馬木 人金
驛金 合金
職月
局火

文命
魁火
名土 催木
甲水 祿土
官孛 青月
印土 爵孛

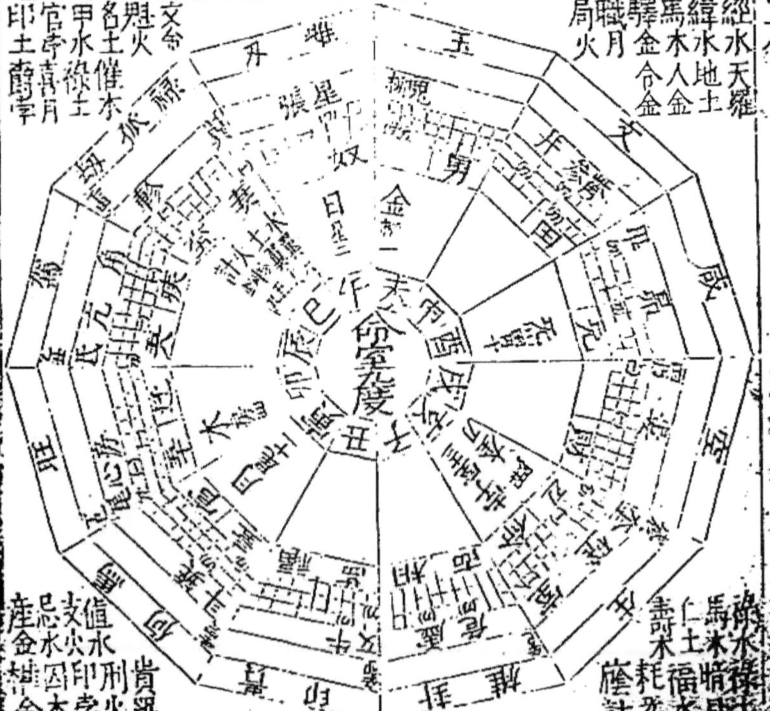

貴羅
値水 刑火
支火 印孛
忌水 囚木
産金 耕金

魁水 禄土
馬木 晴月
仁土 福水
壽木 耗炁
蔭計

貴諫謫

格

日月並明
金水會垣
官福夾福
福星居官

忌格

水計相刑
木土互尅
火金失陷

嫺月廿九日 號巨湖

丁未 辛亥 丁未 丁未

羅大紘

江西吉水人
萬曆丙戌科
禮科給事
辛卯爲民

乾造 書生

日出扶桑水金
丙戌年水受金
經助月拱
丁生命宮坐貴向
爲最惜乎
祿辛卯尾火失
證失經計孛交
依坎宮度兩弱
以減格局多

經金天祿 緯水地火 馬水人水 驛金合水 職月 局火

文火 魁計 名火 催羅 甲水 祿紐 官計 喜木 印月 爵火

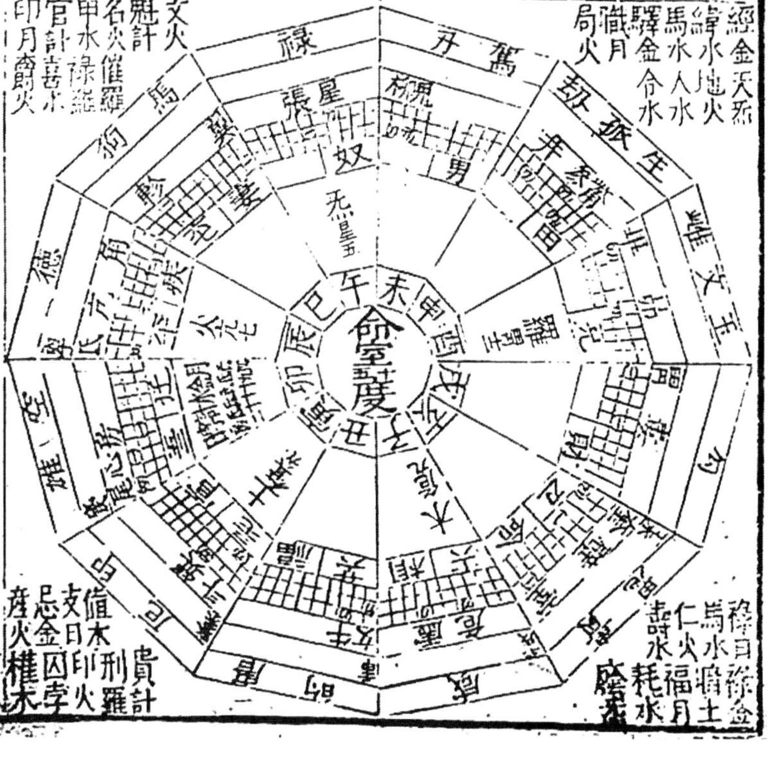

貴計 刑羅 値木 印火 支日 因孛 忌金 催木 產火 權木

祿日 祿金 馬水 爵土 仁火 福月 壽水 耗水 蔭木

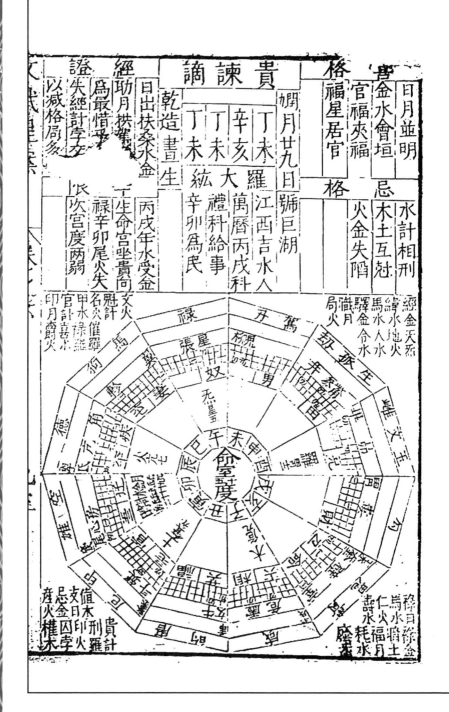

喜格	火月同霄	四餘獨步	水宿歸經	田財夾身	土金豪富									
忌格	日月背躔	群星背命	土木互躔	計羅截難										

貴刑赦

十一月初一日 號心洛
己酉 乙亥 丙寅 戊子
乾造夜生
曹學程
廣西全州人
癸未科巡按
丙申擬典刑
丙午赦

經
日月無光喜火 癸未參水升殿
以助其輝福官年 甲月昴日俱在
水金殿生左右 冒限土木互尅

證
有情功名莫比 限 且壽限兩傷
諸星背行次之

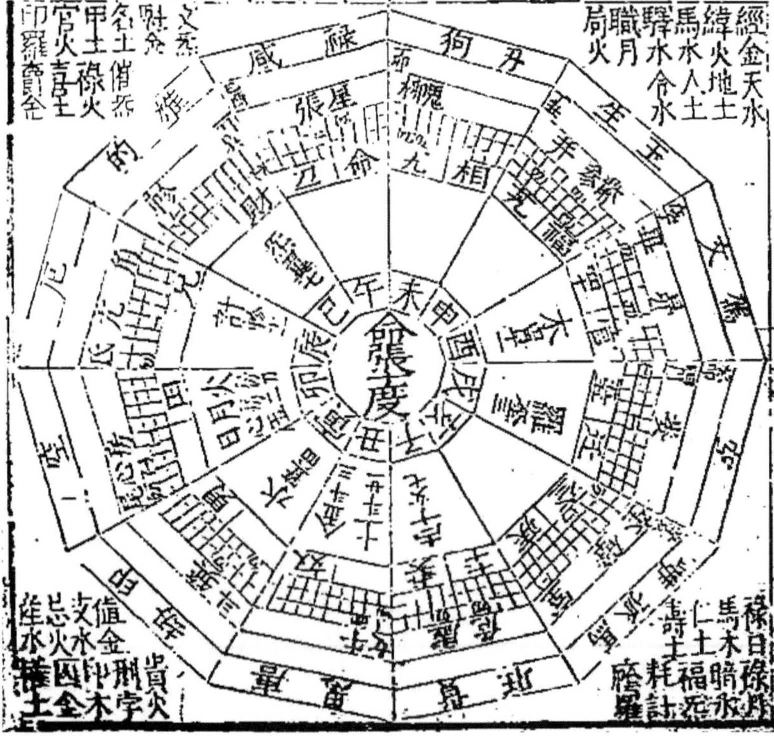

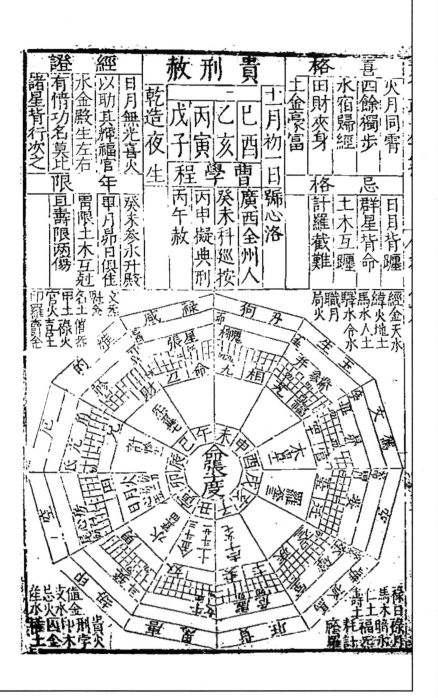

喜格			
日月並明	日月垣殿	日月登駕	福官夾身

忌格		
日月坐刃	水炁相泄	刃金併命

舉華

七月初三日

丙午 丙申 丁巳 癸卯

乾造書生

賀學易

南直丹陽人

萬曆壬午科

巨族家富

經證

日月同宮月要

在於日前福祿年官乃藏其刃權

夾身為上客惜

乎日月身命咸

坐刃鋒

限

有官祿而無用

壬午限身日晝

著明諸星夾輔

文命 斜羅
名火 催日
甲土 祿計
官羅 吉炁
印火 劍水

經木 天火
緯火 地水
馬火 人水
驛水 命金
職炁
局木

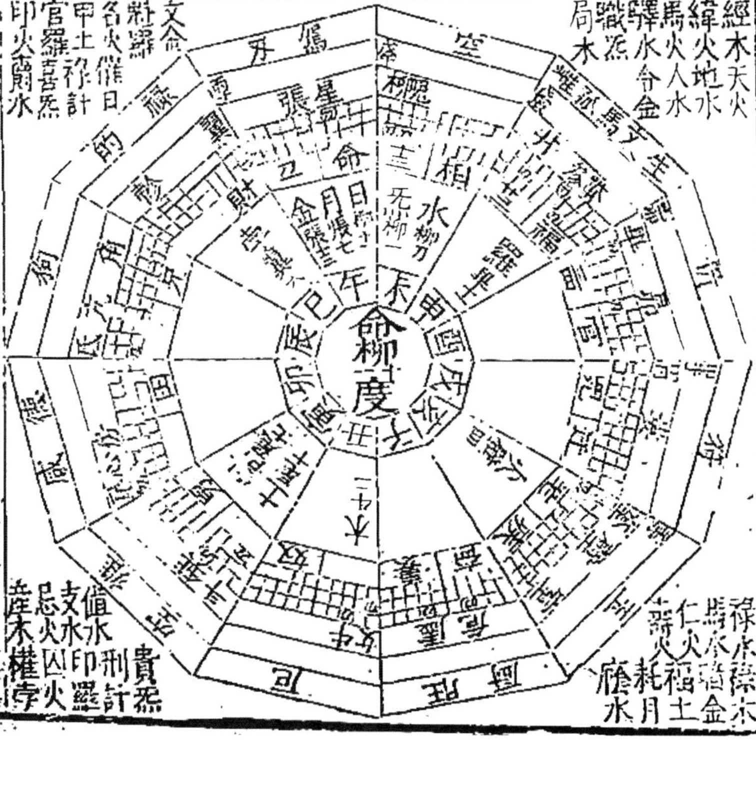

值水 貴炁
支水 刑計
忌火 印羅
產木 囚火
權孛

祿木 祿木
馬水 暗金
仁火 福土
壽火 耗月
蔭水

喜格	
太乙抱蟾	
日月夾財	
日月夾嗣	
官福夾主	

忌格	
計問七政	
日月無光	
金木相刑	
福官失次	

三中舉革

十月廿七日直隸婺源人

丙午	巳亥	辛亥	丁酉

王國昌

乾造夜生

淛塲胡正隨

北塲胡正道

南塲戊子科

被黍一人二

姓三名問革

經

土木福官夾主

日月無光官福

月孛太乙抱蟾年失次諸星背行

財嗣日月兩夾

此謂格高星困

證

夜遇金月而煥限首而不秀ヒ而

發

不實

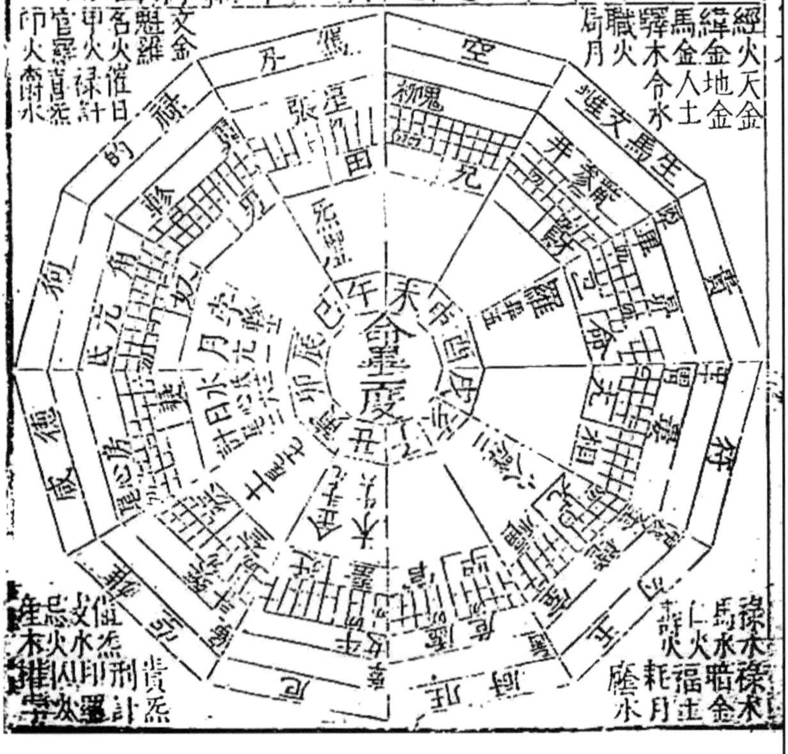

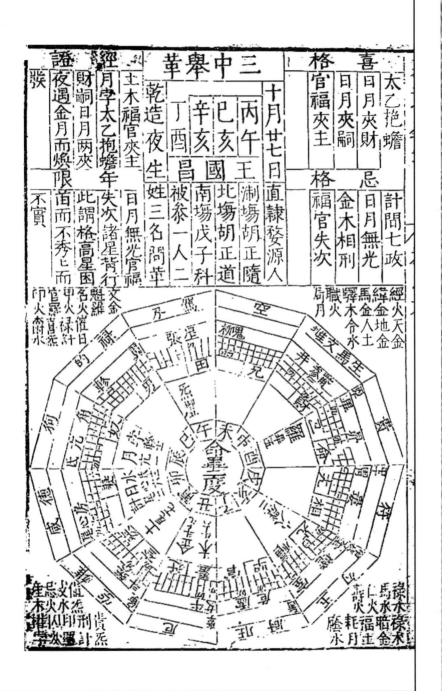

喜格

官福夾命
羣星向明
身命夾君
田財得地

忌格

福官失躔
殺後主前
火月失輝
孛間七政

中舉華

七月初三日號心齋
乙巳 江西南昌人
甲申 李 壬午鄉科
癸亥 問 辛亥年卒
戊午

乾造書生

經證

三曜朝陽喜併 為官須要齊璧
離明之位身命年 厚福壽終難久
同守官福乃為 壬午日月夾限
上客田拜主財限 辛亥畢度土躔
入垣 心月孛計拱照

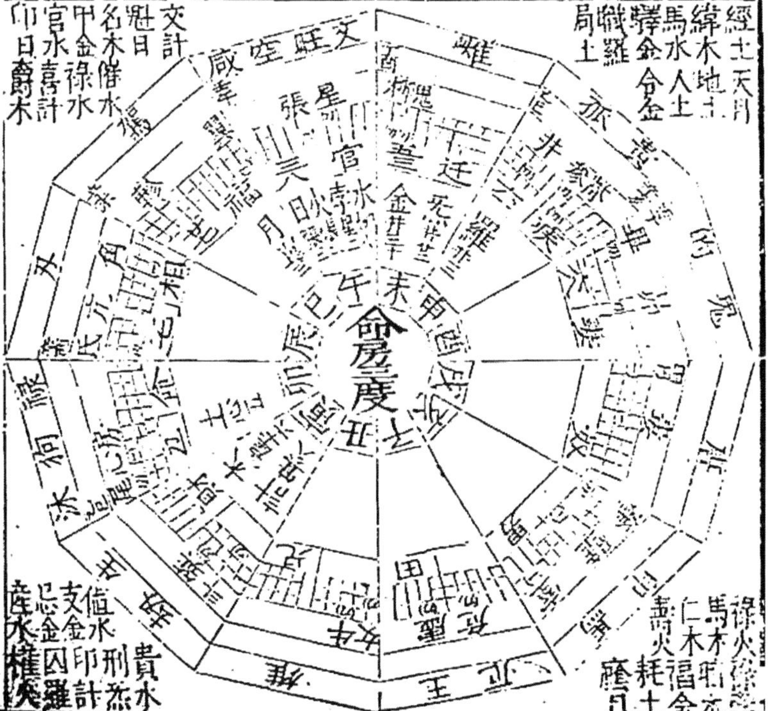

經土 天月
緯木 地土
馬水 人土
驛金 命金
職羅
局土

文計
魁日
名木 併水
甲金 祿水
官水 喜計
印日 爵木

祿火
馬木
仁木 福金
壽火 耗土
蔭月

值水 貴水
支金 刑杰
忌金 印計
產水 囚羅
權火

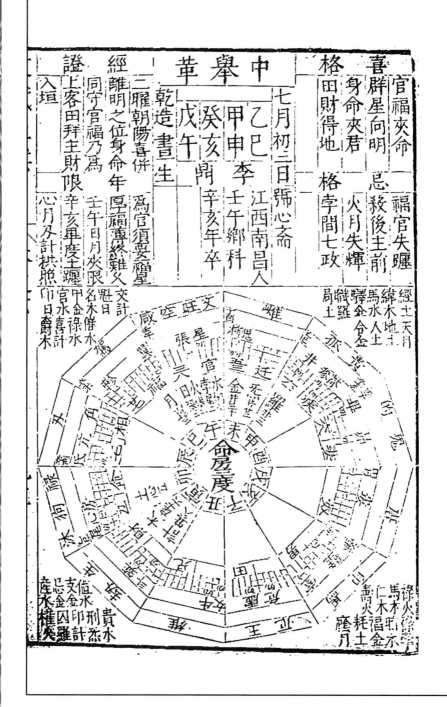

專格

日月得體
福官高明
群星相向
身命垣殿

格

忌

日月無輔
水火交戰
金羅相刑
身命及椎

科第華

八月廿五日獅危虛
乙亥 項 淛江秀水人
丙戌 昌 丁酉辛丑科
庚寅 鉉 考廉吉士華
庚辰 父德禎進士
乾造晝生

經證

尊莫尊乎日月 本居獅子居官
美莫美於官福 年不能享官有官
四星高明貴之 祿而無用官乃
求也群星守照 限敝其及椎
多端合格為上

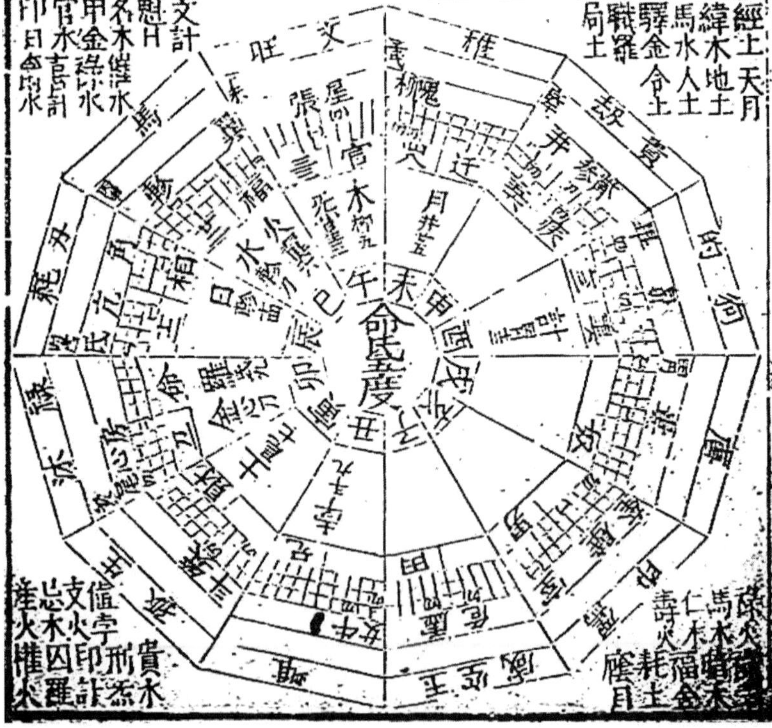

貴目疾

九月廿六日

壬辰	庚戌	辛未	甲午

乾造晝生

魏顯國

江西

丁卯鄉科居

官後雙目盲

喜格

日月夾官

日月夾田

四令環日月

四餘拱季土

忌格

命坐刃傩

主入奴宮

計月同宮

火金相刑

經驗

四令環陰陽四

餘拱季土無妙

日月夾官恩田

宅布奇

年限

經云刃在命必

有疾加天雄主

破相況計伴月

木犯陽

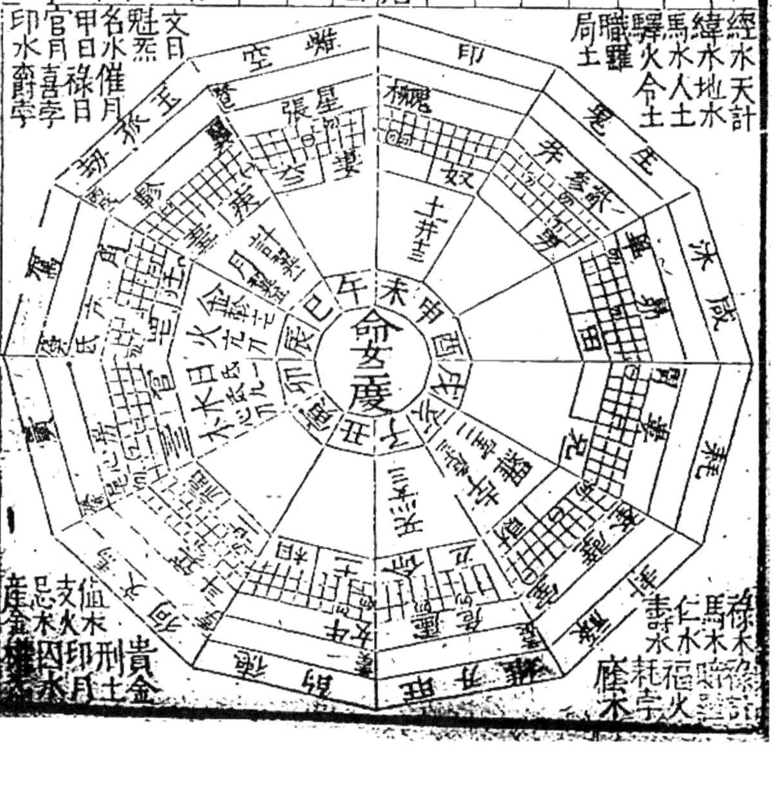

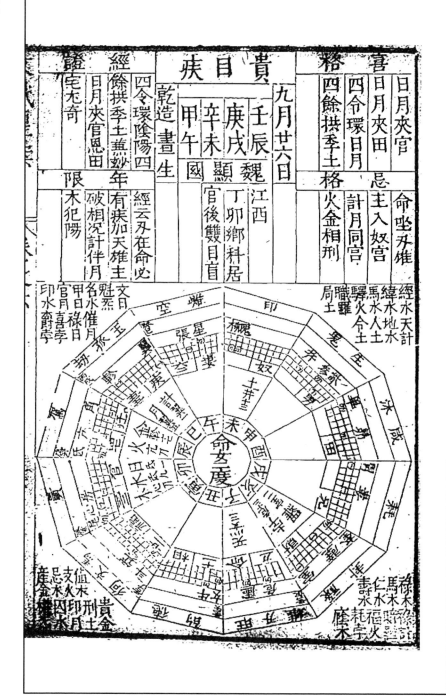

書格

日到白羊
月入月垣
身財臨財
單羅獨計

忌格

陰陽無輔
火金相刑
木土同宮

貴目疾

三月初七日

號觀我

乙丑　庚辰　甲辰　己巳

吳應賓

直隸桐城人
乙酉丙戌科
庶吉士
壬辰告病
崇禎設教

乾造晝生

經證

大喜日月金水之滿用單羅獨計能為福金水命居官祿名成利就

年限

酉戌連登甲上秉令假殺為權然日月無輔孛羅鬧照星辰散誕不免乎疾

經木　天火
緯金　地木
馬火　人水
驛火　令土
職木
局炁

文計
魁日
名木　催水
甲木　祿水
官水　喜計
印日　爵水

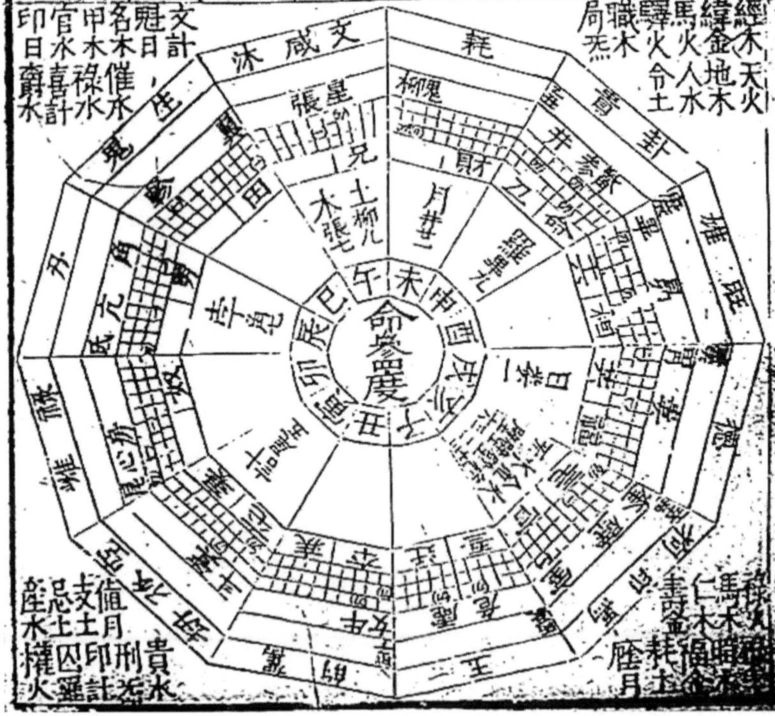

祿炁　馬木　仁木　壽金
[illegible]　暗[illegible]　福[illegible]　耗土　蔭月

偏月　支土　忌土　產水
貴水　刑炁　印計　囚羅　權火

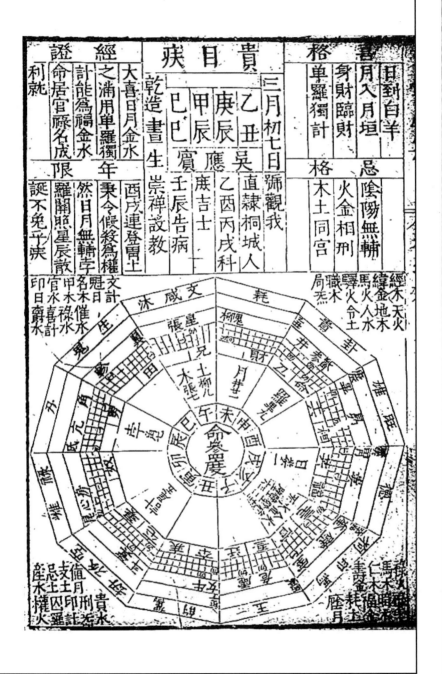

喜格

木入秦州
金水會垣
土歸鄭國

忌格

計炁犯月
身掌刃雄
孤陽臨奴
金寒水冷

經金 天水
緯火 地土
馬水 人土
驛水 命土
職月
局火

貧天

十二月初七日
己亥
丁丑
庚午
丙戌
乾造夜生
浙江人
甲戌癆瘵症
丙子五月卒

經證

孤陽臨於命限
勤苦勞心娟〻
月色土計為防
金水冬生孤寒
之嘆

年限

身守遷移須當
出祖甲戌限行
畢度得病天雄
併命丙子刃在
命雄併限卒

文炁 魁金
名土 催炁
甲土 祿火
官火 吉土
印羅 爵水

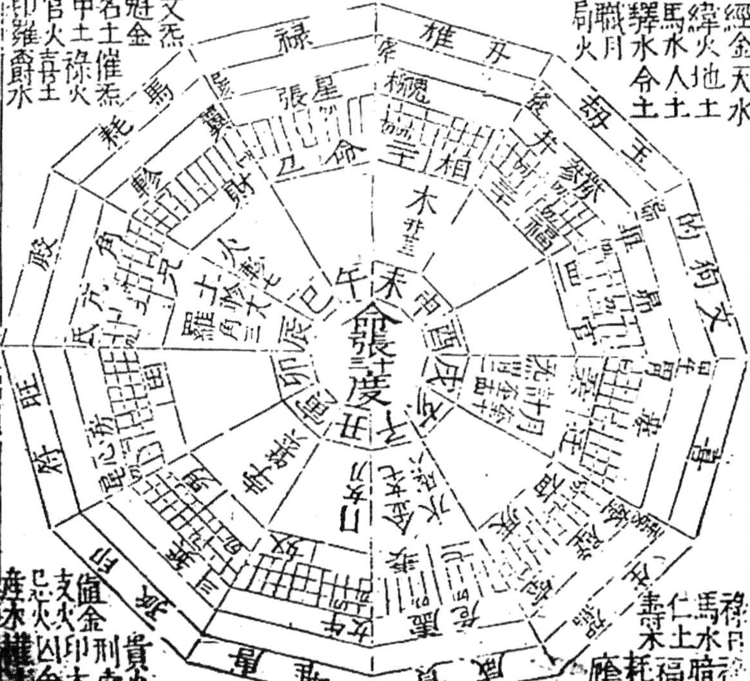

貴火 刑孛
值金 印木
支火 凶金
忌火 權土
難木

祿日 馬水 仁土 壽木
刃水 宿水 福炁 耗計 蔭羅

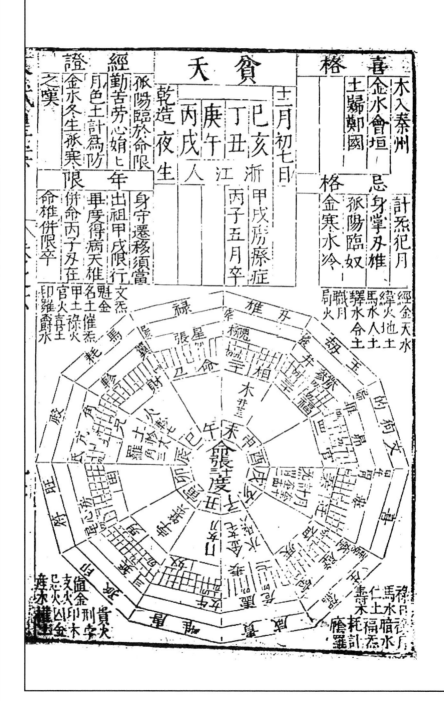

喜格

水金會垣
日月背躔

日月並明
忌身命坐刃

土好齊瓶
刼刃夾命

格
土孛交戰

木掩陽光

貧疾夭

五月初一日

庚戌
辛巳
甲子
丁卯

浙江人

四肢長短

耳聾音啞

辛未年卒

乾造晝生

經證

日月背躔刃金
辛未限歷殺金

刼木兩夾殺金年
刃度流刃併限

為刃休逢刼木
地雌到命

作災難避刃雄限

守命帶疾夭亡

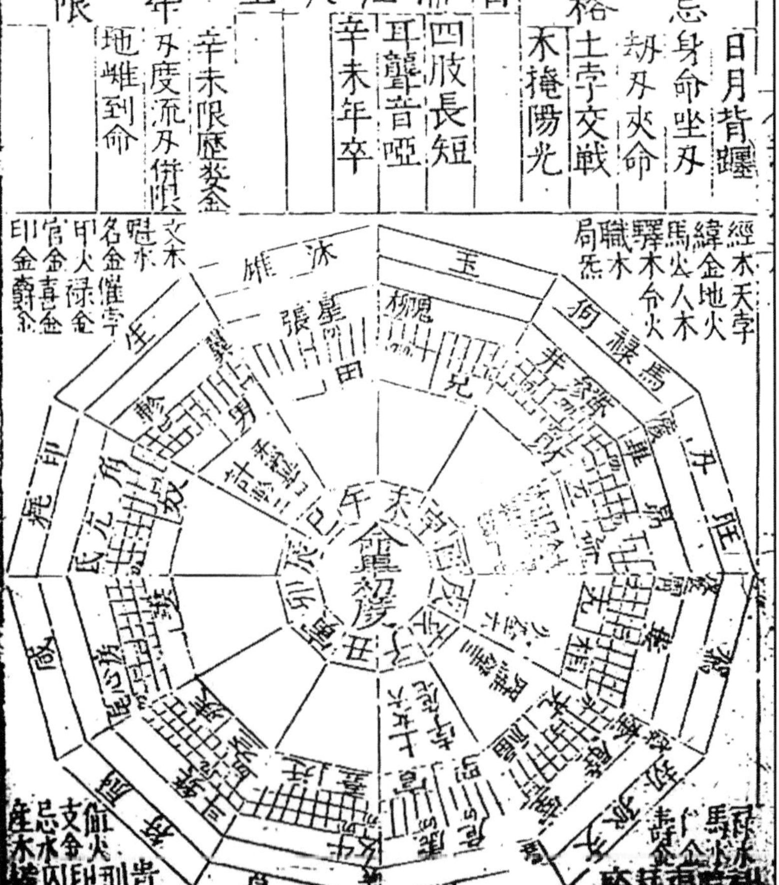

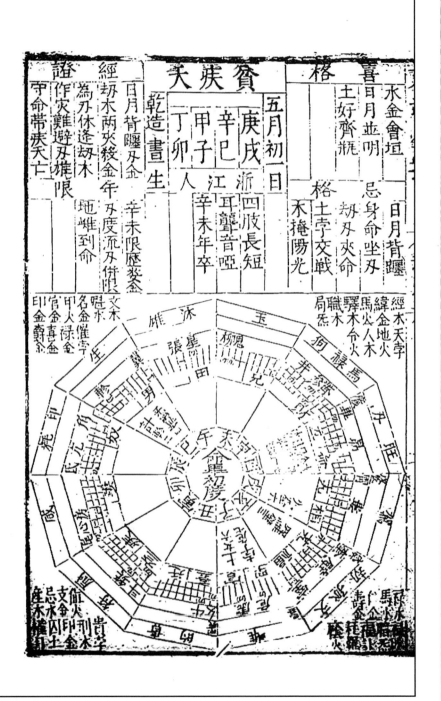

喜格

祥雲捧月
火旺南離
日月拱度

忌格

水羅值閒
土孛交戰
金羅相刑
田財弱宮

燒死

十月十一日
丁酉
壬子
丙戌
戊子
乾造夜生

浙江嘉善人
尋常之命
丁酉正月
失火燒死

經

命官水居火位
丁酉年限至胃
身福月入厄宮年土經云木炁不
刼刃火身土孛
宜居土度限行

證

戰命惟取日月
限此度有災危月
拱度主臨祿地
刄木刼兩來凶

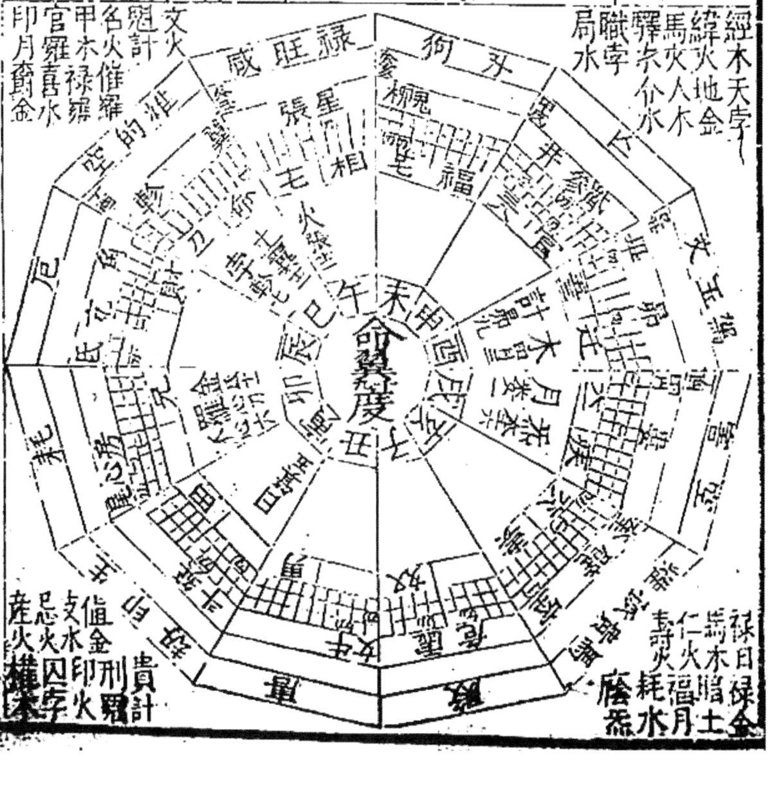

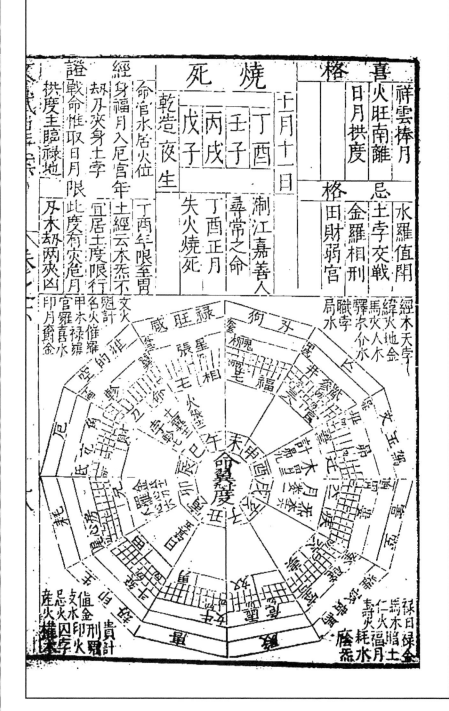

喜格

水陽相會一火金互尅
長庚伴月 忌木土同戰
命官朝陽 身坐刃椎
妻田起垣 格官祿尅命

水滸

八月初六日
癸未 淛江嘉興人
辛酉 邵 癸卯年入泮
乙卯 璟 戊申六月卒
巳卯
乾造書生

經譜

水陽度楚祥雲 命躔翼火水為
棒月金助其煇年 官祿尅命正謂
玉堂坐命宜脩 以名立身以名
學大喜金水口限 敗身戊申柳限
月之滿用 土木刃中包殺

經火天金
緯火地火
馬金人火
驛木合金
職計
局金

文月
冠木
名水催計
甲木祿月
官七喜火
印字府火

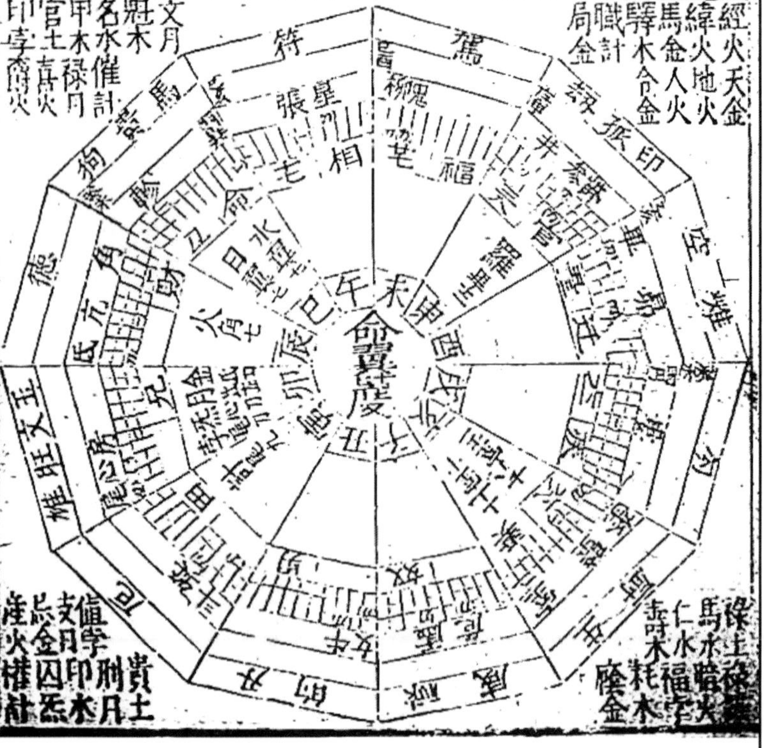

貴土 刑月 印木 囚炁

祿土 馬水 仁水 壽木

雷轟

喜格

月明婁宿
福田秉令
嗣祿升殿

忌格

水火相攻
刃雌守命
孛羅交戰
刼木坐度

八月十八日

壬戌
己酉
庚午
丁丑

乾造夜生

南京人
父母全無兄
弟一子
乙未七月卒

經證

經云拱趙有水計而不和秦楚年孛羅之交戰不是蛇傷虎咬也遭雷打沉波

乙未限行胃土土躔井木刃中包殺歲填命垣限地雌天雄併限

經火 天命
緯土 地火
馬金 人火
驛金 命金
職水
局孛

文日
魁炁
名水 催月
甲土 祿日
官月 喜孛
印水 爵金

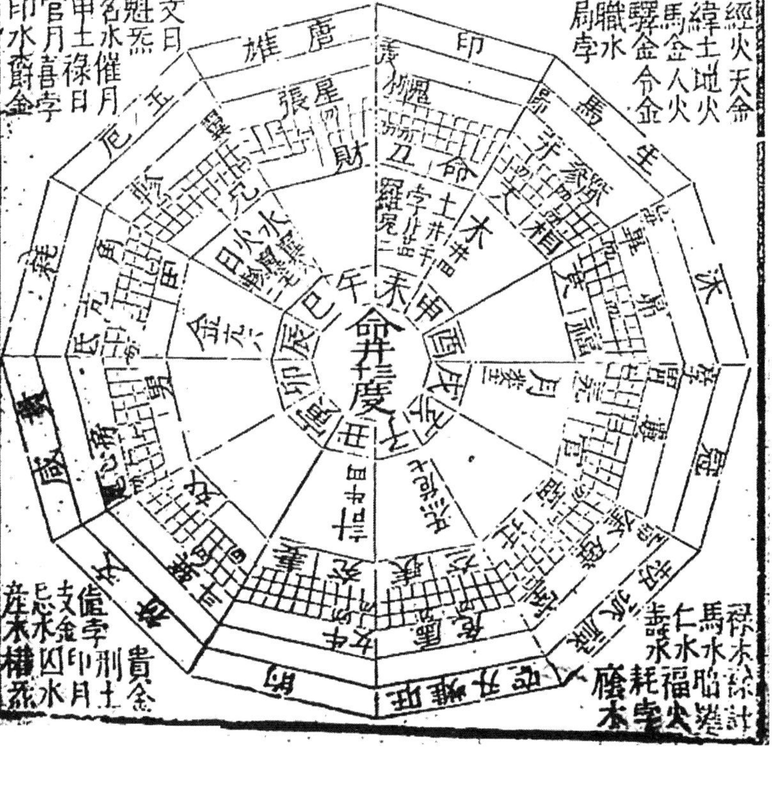

貴金
刑土
催孛 印月
支金 囚水
忌水
産木 權炁

祿木
馬水
仁水 福火
壽水 耗孛
蔭木

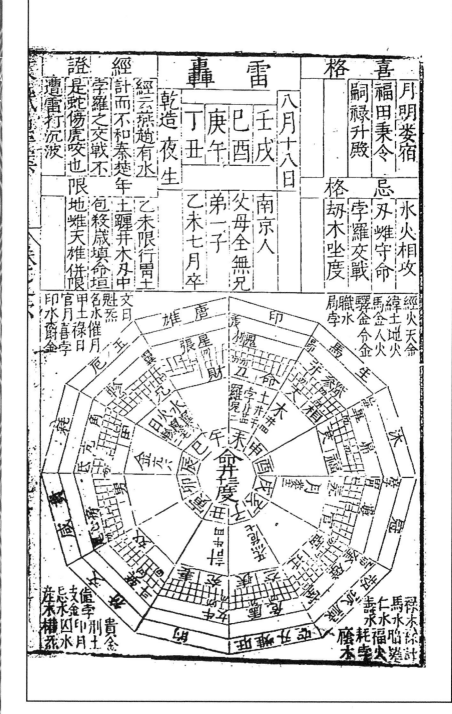

瘋疾燒死

二月初四日
甲戌
丙寅
巳酉
巳巳
乾造晝生

徽州婺源人
父母全無子
丁未卒

貴格
月金奎婁丶
火土互生

忌格
羅刃臨厄
二刃夾度
刼殺守命
雄刃互躔

經
木到大梁翻作
祭刼木為灾最
重度主土坐刃
丁未危月度火
年土刃㧻通關到
限加以計孛合

證
宮刼雄夾身夾限拱
命

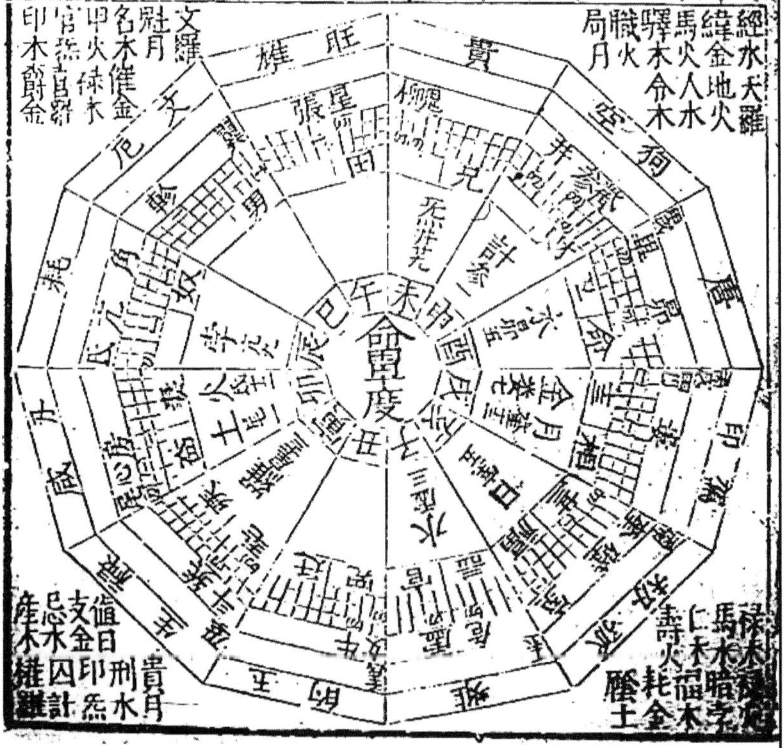

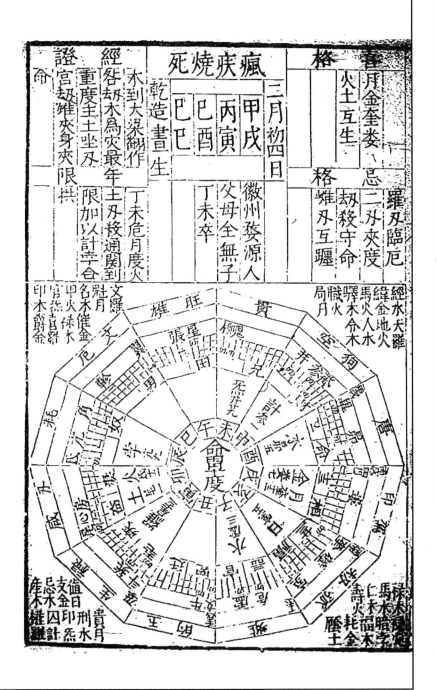

貧疾夭

喜格		忌格		
火日臨財	身居官祿	日月拱奴	命坐丑鄉	難金尅度
		木土對傷	水火夾陽	

十一月廿一日
癸丑
乙丑
癸巳
甲寅
乾造夜生

南京上元人
瞽目乙酉卒

經：四木怕逢金徤　木命生人金掌年　值難尤凶丹在

證：命必有疾疥木　為災最重

限：乙酉年氐土度　木土對傷掌陰　丹的殺利害

經木　天孛
緯土　地金
馬火　人水
驛木　命土
職金
局計

文月
魁木
名水　催計
甲月　祿月
官土　青火
印孛　爵水

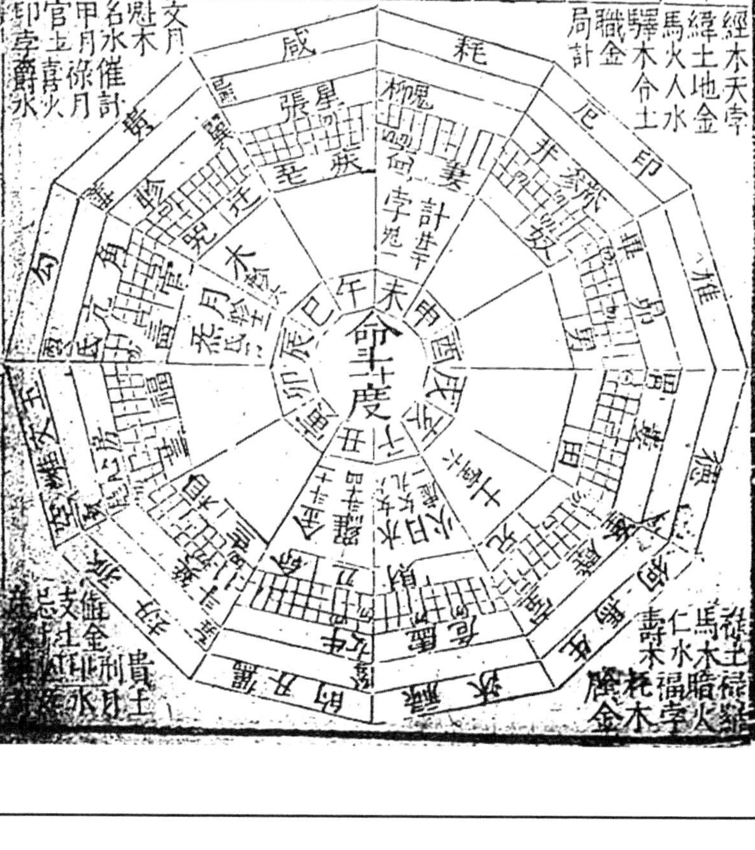

禍土　福土
馬木　暗火
仁水　福孛
壽木　耗木
陰金

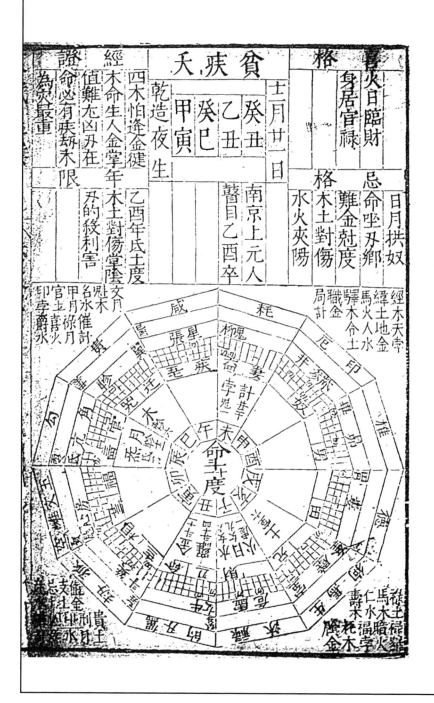